中国社会科学院创新工程学术出版资助项目

归善斋《尚书》别诰十种章句集解

下卷

尤韶华 ◎ 纂

SENTENTIAL VARIORUM ON TENOTHER ADMONISHMENT IN SHANGSHU

中国社会科学出版社

# 目 录

### ·下 卷·
### 篇 四

**周书　周官第二十二** ········· 1705
　　成王既黜殷命，灭淮夷 ········· 1705
　　还归在丰，作《周官》 ········· 1715
　　《周官》 ········· 1718
　　惟周王抚万邦，巡侯、甸 ········· 1729
　　四征弗庭，绥厥兆民 ········· 1738
　　六服群辟，罔不承德，归于宗周，董正治官 ········· 1741
　　王曰，若昔大猷，制治于未乱，保邦于未危 ········· 1746
　　曰，唐虞稽古，建官惟百，内有百揆四岳，
　　　外有州牧、侯伯 ········· 1754
　　庶政惟和，万国咸宁 ········· 1764
　　夏商官倍，亦克用乂 ········· 1768
　　明王立政，不惟其官，惟其人 ········· 1772
　　今予小子，祗勤于德，夙夜不逮 ········· 1776
　　仰惟前代时若，训迪厥官 ········· 1787
　　立太师、太傅、太保，兹惟三公，论道经邦，燮理阴阳 ········· 1790
　　官不必备，惟其人 ········· 1808
　　少师、少傅、少保，曰三孤 ········· 1812

1

贰公，弘化寅亮天地，弼予一人 …… 1819
冢宰掌邦治，统百官，均四海 …… 1822
司徒掌邦教，敷五典，扰兆民 …… 1834
宗伯掌邦礼，治神人，和上下 …… 1839
司马掌邦政，统六师，平邦国 …… 1844
司寇掌邦禁，诘奸慝，刑暴乱 …… 1848
司空掌邦土，居四民，时地利 …… 1853
六卿分职，各率其属，以倡九牧，阜成兆民 …… 1858
六年，五服一朝 …… 1864
又六年，王乃时巡，考制度于四岳 …… 1874
诸侯各朝于方岳，大明黜陟 …… 1878
王曰，呜呼！凡我有官君子，钦乃攸司，慎乃出令，令出惟行，
  弗惟反 …… 1881
以公灭私，民其允怀 …… 1898
学古入官，议事以制，政乃不迷 …… 1901
其尔典常作之师，无以利口乱厥官 …… 1910
蓄疑败谋，怠忽荒政，不学墙面，莅事惟烦 …… 1913
戒尔卿士，功崇惟志，业广惟勤，惟克果断，乃罔后艰 …… 1917
位不期骄，禄不期侈 …… 1929
恭俭惟德，无载尔伪 …… 1935
作德，心逸日休；作伪，心劳日拙 …… 1938
居宠思危，罔不惟畏，弗畏入畏 …… 1942
推贤让能，庶官乃和，不和政庞 …… 1946
举能其官，惟尔之能，称匪其人，惟尔不任 …… 1952
王曰，呜呼！三事暨大夫，敬尔有官，乱尔有政 …… 1955
以佑乃辟，永康兆民，万邦惟无斁 …… 1962
《贿肃慎之命》 …… 1966
成王既伐东夷，肃慎来贺 …… 1966
王俾荣伯，作《贿肃慎之命》 …… 1972
《亳姑》 …… 1975

周公在丰 …………………………………………………… 1975
将没，欲葬成周 ……………………………………………… 1981
公薨，成王葬于毕 …………………………………………… 1983
告周公，作《亳姑》 ………………………………………… 1986

## 周书　吕刑第二十九 …………………………………… 1991
吕命 …………………………………………………………… 1991
穆王训夏赎刑 ………………………………………………… 2005
作《吕刑》 …………………………………………………… 2010
《吕刑》 ……………………………………………………… 2013
惟吕命，王享国百年，耄荒 ………………………………… 2023
度作刑，以诘四方 …………………………………………… 2033
王曰，若古有训，蚩尤惟始作乱，延及于平民 …………… 2036
罔不寇贼，鸱义，奸宄，夺攘，矫虔 ……………………… 2048
苗民弗用灵，制以刑，惟作五虐之刑曰法 ………………… 2051
杀戮无辜，爰始淫为劓、刵、椓、黥 ……………………… 2057
越兹丽刑并制，罔差有辞 …………………………………… 2060
民兴胥渐，泯泯棼棼，罔中于信，以覆诅盟 ……………… 2063
虐威庶戮，方告无辜于上，上帝监民，罔有馨香，德刑发闻
　　惟腥 ……………………………………………………… 2067
皇帝哀矜庶戮之不辜，报虐以威，遏绝苗民，无世在下 …… 2071
乃命重黎，绝地天通，罔有降格 …………………………… 2081
群后之逮在下，明明棐常，鳏寡无盖 ……………………… 2093
皇帝清问下民，鳏寡有辞于苗 ……………………………… 2097
德威惟畏，德明惟明 ………………………………………… 2103
乃命三后，恤功于民，伯夷降典，折民惟刑；禹平水土，
　　主名山川；稷降播种，农殖嘉谷 …………………… 2107
三后成功，惟殷于民 ………………………………………… 2120
士制百姓于刑之中，以教祇德 ……………………………… 2124
穆穆在上，明明在下，灼于四方，罔不惟德之勤 ………… 2129

3

故乃明于刑之中，率乂于民棐彝 …… 2137
典狱非讫于威，惟讫于富 …… 2140
敬忌，罔有择言在身 …… 2149
惟克天德，自作元命，配享在下 …… 2152
王曰，嗟！四方司政典狱，非尔惟作天牧 …… 2156
今尔何监？非时伯夷播刑之迪 …… 2166
其今尔何惩？惟时苗民匪察于狱之丽 …… 2169
罔择吉人，观于五刑之中；惟时庶威夺货 …… 2172
断制五刑，以乱无辜，上帝不蠲，降咎于苗 …… 2175
苗民无辞于罚，乃绝厥世 …… 2178
王曰，呜呼！念之哉 …… 2181
伯父、伯兄、仲叔、季弟、幼子、童孙，皆听朕言，庶有格命 …… 2193
今尔罔不由慰曰勤，尔罔或戒不勤 …… 2196
天齐于民，俾我一日，非终惟终，在人 …… 2199
尔尚敬逆天命，以奉我一人，虽畏勿畏，虽休勿休 …… 2203
惟敬五刑，以成三德，一人有庆，兆民赖之，其宁惟永 …… 2206
王曰，吁！来，有邦有土，告尔祥刑 …… 2210
在今尔安百姓，何择，非人？何敬，非刑？何度，非及？ …… 2228
两造具备，师听五辞 …… 2231
五辞简孚，正于五刑 …… 2239
五刑不简，正于五罚 …… 2241
五罚不服，正于五过 …… 2245
五过之疵：惟官，惟反，惟内，惟货，惟来 …… 2248
其罪惟均，其审克之 …… 2254
五刑之疑有赦，五罚之疑有赦，其审克之 …… 2257
简孚有众，惟貌有稽 …… 2264
无简不听，具严天威 …… 2269
墨辟疑赦，其罚百锾，阅实其罪 …… 2272
劓辟疑赦，其罪惟倍，阅实其罪 …… 2287
剕辟疑赦，其罚倍差，阅实其罪 …… 2290

| 宫辟疑赦，其罚六百锾，阅实其罪 | 2293 |
| --- | --- |
| 大辟疑赦，其罚千锾，阅实其罪 | 2297 |
| 墨罚之属千，劓罚之属千，剕罚之属五百，宫罚之属三百， | |
| 　　大辟之罚其属二百，五刑之属三千 | 2300 |
| 上下比罪，无僭乱辞，勿用不行 | 2305 |
| 惟察惟法，其审克之 | 2314 |
| 上刑适轻，下服 | 2317 |
| 下刑适重，上服，轻重诸罚有权 | 2327 |
| 刑罚世轻世重，惟齐非齐，有伦有要 | 2331 |
| 罚惩非死，人极于病 | 2334 |
| 非佞折狱，惟良折狱，罔非在中 | 2344 |
| 察辞于差，非从惟从 | 2347 |
| 哀敬折狱，明启刑书胥占，咸庶中正 | 2350 |
| 其刑其罚，其审克之 | 2355 |
| 狱成而孚，输而孚 | 2358 |
| 其刑上备，有并两刑 | 2361 |
| 王曰，呜呼！敬之哉！官伯族姓，朕言多惧 | 2364 |
| 朕敬于刑，有德惟刑 | 2377 |
| 今天相民，作配在下，明清于单辞 | 2380 |
| 民之乱，罔不中听狱之两辞 | 2383 |
| 无或私家于狱之两辞 | 2388 |
| 狱货非宝，惟府辜功，报以庶尤 | 2391 |
| 永畏惟罚，非天不中，惟人在命 | 2395 |
| 天罚不极，庶民罔有令政在于天下 | 2398 |
| 王曰，呜呼！嗣孙，今往何监？非德于民之中， | |
| 　　尚明听之哉 | 2401 |
| 哲人惟刑，无疆之辞，属于五极，咸中有庆 | 2414 |
| 受王嘉师，监于兹祥刑 | 2417 |
| **后　记** | 2421 |

・下 巻・

篇　四

# 周书　周官第二十二

## 成王既黜殷命，灭淮夷

**1.（汉）孔氏传、（唐）陆德明音义、孔颖达疏《尚书注疏》卷十七《周书·周官》**

序，成王既黜殷命，灭淮夷。

传，黜殷在周公东征时，灭淮夷在成王即政后，事相因，故连言之。

疏，正义曰，成王于周公摄政之时，既黜殷命，及其即位之后，灭淮夷，于是天下大定。

传正义曰，据《金縢》之经，《大诰》之序，知黜殷命在周公摄政三年，东征之时也。据《成王政》之序，《费誓》之经，知灭淮夷在成王即政之后也。淮夷于摄政之时，与武庚同叛。成王既灭淮夷，天下始定。淮夷本因武庚而叛，黜殷命与灭淮夷，其事相因，故虽则异年而连言之，以见天下既定，乃作《周官》故也。下经言"四征弗庭"，是黜灭之事也。"罔不承德"，是安宁之状也。序顾经文，故追言"黜殷命"，以接灭淮夷，见征伐乃安定之意也。

《尚书注疏》卷十七《考证》

《周官》序"成王既黜殷命，灭淮夷"传"黜殷在周公东征时，灭淮夷在成王即政后"。

臣召南按，灭淮夷，即在灭武庚之后，此序可证，而孔传见《多方》次于《多士》诸篇，于是谓成王即政，奄复叛而王灭之，其实不然也。

## 2.（宋）苏轼《书传》卷十六《周书·周官第二十二》

成王既黜殷命，灭淮夷，还归在丰，作《周官》。

殷未黜，淮夷未灭，则成王有所不暇。

## 3.（宋）林之奇《尚书全解》卷三十六《周书·周官》

成王既黜殷命，灭淮夷，还归在丰，作《周官》。

《周官》。

惟周王抚万邦，巡侯、甸，四征弗庭，绥厥兆民。六服群辟，罔不承德归于宗周，董正治官。王曰，若昔大猷，制治于未乱，保邦于未危。曰，唐虞稽古，建官惟百，内有百揆四岳，外有州牧、侯伯，庶政惟和，万国咸宁。夏、商官倍，亦克用乂。明王立政，不惟其官，惟其人。今予小子，祗勤于德，夙夜不逮，仰惟前代时若，训迪厥官。

《周官》于每篇之首，皆曰惟王建国，辨方正位，体国经野，设官分职，以为民极。当周公之摄政，既以洛水之地居天下之中，四方诸侯之朝觐、贡赋，道里为均，故建以为都，以居九鼎，而朝诸侯于此矣。当其营洛也，召公先至于洛而卜之，既得吉卜则经营，以攻其位。周公续至，则达观之，而用书以命庶殷，则所谓建国而辨方正位，体国经野者是也。若夫设官分职，则见于此篇焉。武王虽灭纣，而犹以其故都封纣子武庚，则是命未黜也。及武庚挟管、蔡以叛，周公讨而平之，犹封微子于宋，以存汤之祀，而殷之故都，无复汤之子孙，是谓黜商命也。灭淮夷者，逸书序所谓，成王东伐淮夷，遂践奄。成王既践奄，将迁其君于蒲姑是也。武庚之乱，淮夷与之同恶。及成王既即政，而又叛成王，以其恃远不宾，故屡叛命。既讨平之，乃迁其君于中国之地，故谓之灭也。"黜殷命"与"灭淮夷"，非一时之事，而序连言之者，盖周兴于西土，而其化自北而南，故西南夷最所先服，而东夷之服也为最后。观其封建诸侯，以太公居齐，周公居鲁。此二人者亲贤之最，而其分土乃在乎青徐之境，去周为最远者，欲以控御东夷故也，则是周家之所虑惟在于东夷。东夷未平，则天下未为太平，官制虽欲董而正之，倥偬有所未暇也。观武王之封武庚，而使三叔监之，盖已恐其有不轨之心矣，岂得已而封之哉。且使天下无变，则武庚虽欲举事无由而发。不幸武王之即世，而成王幼冲，此武庚之所以借口而反。淮夷既未服于周，必与之相挺而为乱。周公讨平之矣，而犹不悛。即政之后又复犯命，方其始伐之也。犹冀其回心而向善，故未迁之，及其再乱也，则是不可复化矣，故必迁之，而乃能绝其后患焉。既迁之矣，则四方无倔强不宾之邦以干天诛。天下大定，然后可以讲明官制，此所以作此篇。自黜商命、灭淮夷则连言之也，先儒所谓事相因是也。"还归在丰者"，自灭淮夷而归也。丰，文王之都，故有文王之庙。丰、镐相去二十五里。武王虽迁镐，而丰都犹存。其在丰而作此篇者，陈少南曰，发册以告庶官，且为一代之大典，故必于丰。是也。《召诰》序曰"成王在丰，欲宅洛邑，使召公先相宅"，盖宅洛者，亦是朝廷之大事，故至于丰以告庙也。

"抚万邦，巡侯、甸"，曾博士以为，"抚万邦"，则其仁足以怀；"巡侯、甸"，则其智足以察。林子和之说，又以远近而分之。薛博士又曰，若周公之所以抚邦国，此之谓"抚"；巡守殷国，此之谓巡。虽然此一时之事，不必若《行人》之数。盖"抚万邦"，则或使人焉，然"巡侯、甸"不及其远，则远者遣人抚之故也。曾博士、林子和固为凿矣。薛博士以《行人》之所载为证，所谓"抚"之、"巡"之，虽其字偶合，然非《书》之本意。盖《书》之本意，只言成王抚安万国，而巡守之也。不可对说，对说则凿矣。"万邦"者，总言其多也。如《左传》曰"禹合诸侯于涂山，执玉帛者万国"，亦是举其大数。郑氏引《益稷》"州十有二师"之言，以为每一师领百国，州十有二师，每州千二百，国畿外八州，总九千六百国，其余四百国在畿内。此毋乃泥乎。言"万国"，则必计之，以为诚有此数，如言"兆民""万民"亦将计之可乎？诸家之说，盖泥于"万邦""侯甸"之言，则以为或远或近。盖此言"抚万邦，巡侯、甸"，正犹《易》言"建万国，亲诸侯"云尔，不必分也。庭，直也。师，直为壮，曲为老。彼既不直，则我伐之也。为有名，故四征之，而可以绥兆民也。盖王之君万邦，而抚之也，必以时巡守。而巡之也，则择其不庭而讨之。既讨之矣，则兆民得以安堵，故曰"绥厥兆民"。说者亦多以此两句对说，亦非。自此"抚万邦"而下，皆是指伐淮夷事。唐孔氏曰，此言巡行天下，其实只巡向淮夷之道所过之诸侯尔，未是用四仲之月大巡守也。以抚诸侯、巡守，是天子之大事，因即大言之尔。惟伐淮夷，非"四征"也，言"四征"，亦是大言之尔。是也。侯、甸，即下"六服"是也。言"侯、甸"者，略言之耳，上下互言也。当成王之时，六合为周声教，所暨率皆臣服，独淮夷未平尔。淮夷未平，则当时六服之君，固虽洗心涤虑，以奉承天子之德而行之，然谓之莫不承德则不可也。惟灭淮夷。而迁以化之，则是莫不承德矣。如舜之世声教所暨，迄于四海，惟三苗不服，必至于苗民之格，然后为至治也。《周官》有九服，而中国五。《康诰》曰"侯、甸、男邦、采、卫"是也。此言"六"者，王氏以为，近中国之夷狄，意谓并蛮服数之。唐孔氏亦以"六服"不数夷、镇、藩，与之同。苏氏则曰，《禹贡》五服，通畿内。周五服，在王畿千里之外，并畿内为六服。夫禹之畿内，谓之甸服，故可以服言之。周之王畿，在九服之外，不名曰服，安得谓之六服乎？观《大行人》载，侯服岁一见，自此降杀，至于要服，六岁一见。要服，即蛮服也。注曰，此六服，去王畿三千里，五服相距方七千里。公、侯、伯、子、男封焉。至于夷服、镇服、蕃服，则总言曰九州岛之外，谓之蕃国，世一见。正此所谓"六服"，盖指九州岛之内也。王氏谓近中国之夷狄，承德则国家闲暇，可以修政刑之时，此盖强为之说也。宗周，镐京也。《毕命》曰"王朝步自宗周，至于丰"，则宗周非丰矣。序曰还归在丰，而此曰"归于宗周"，故多异说。薛博士以"宗周"即丰，非也。唐孔氏则曰，周为天下所宗，王都所在皆得称之，故丰、镐与洛邑，皆名"宗周"。不如陈少南曰，史言归于宗周，董正治官，是归镐京，审订官号，而正之者也。序言"还归在丰，作《周官》"，是官号已正，发册以告之之时也。"治官"者，凡治事之官也。董，督也。督正也，循名责实之谓也。

"若"者，发语之辞。"若昔"，犹曰在昔也，言昔之有大猷，所以制治于未乱，保邦于未危者也，即下文"唐虞稽古"而下是也。盖治乱安危之势。相为消长，若循环然。乱而制之，不若未乱而制之为愈也。将危而保之，不若未危而保之为愈也。或曰奔垒之车，沉流之航可乎？曰否。

或曰焉用智，曰用智。于未奔沉，故必制于未乱，保于未危而后为古之大猷也。唐虞之建官惟百，夏商之官倍，所谓"大猷"，"庶政惟和，万国咸宁"，"亦克用乂"；所谓"制治于未乱，保邦于未危"也。先儒以"若"训"顺"言，当顺古大道。此言"若昔"，正《吕刑》言"若古"。有训以"若昔大猷"为"顺古大道"，则可。以"制治于未乱，保邦于未危"，尚可为说。《吕刑》言"若古"有训，而下文曰"蚩尤惟始作乱"，亦以为"顺古"之训可乎？唐虞之建官，止于百数，而其建之也，盖考古之制，斟酌其宜而为之。在内之官，则有百揆及四岳；在外之官，则有州牧及侯伯。"百揆"者，揆度百事之职，犹后世之宰相也。尧之世，盖舜为之。舜既受禅，则禹代为之焉。"四岳"者，汉孔氏曰，即上羲和之四子，分掌四岳之诸侯，故称焉。按《国语》以四岳为四伯，盖各为一方，以总诸侯。诸侯来朝，则率其方之诸侯，以见于天子。天子巡守，则亦率其诸侯，以见于方岳之下。《舜典》云"既月，乃日觐四岳群牧，班瑞于群后。岁二月，东巡守，至于岱宗，肆觐东后；五月，南巡守至于南岳，如岱礼；八月，西巡守，至于西岳，如初；十有一月，朔巡守至于北岳，如西礼"，孔氏之言盖本于此。"州牧"者所谓"十有二牧"也。"侯、伯"者，侯也，伯也，盖言诸侯也。诸侯而言"侯、伯"者，犹六服而言侯、甸也。侯、伯各以其州而属所牧。州牧各率其方之诸侯而属于四岳。四岳而下则百揆兼总之也。四岳虽掌四方之诸侯，然其职任则在于内也。国以有政，而理政以有人而治，故"建官惟百"，则"庶政惟和"。庶政和，则万国宁也。"夏、商官倍"，盖二百也。"亦克用乂"，盖庶政亦和。而万国亦宁史省文也亦者因前之辞不惟其官者言明王之立政不徒多其官而惟在于其人之如何也？夫唐虞百，夏、商倍，周三百六十，其多寡如此之不同，盖其人才自有优劣。若唐虞之世百人足以致治。至夏商之天下，亦唐虞之天下也，然非倍官则不可以为治。周之天下，亦夏、商之天下也，而其官之数遂至于三百六十。盖周之三百六十，仅足以比夏商之倍；夏商之倍，仅足以当唐虞之百，故曰"不惟其官惟其人"也。夫周之官既多于夏、商，而尤多于唐虞，盖以其人才之不若。既人才之不若，则虽其官数之盛，而其治效亦将有所不如矣。故今我虽小子致敬，而勤于德，力行而不息，朝夕之间惟恐不及，仰是前代而顺之以之，而"训迪厥官"也。成王之"夙夜不逮，仰惟前代时若"，此正如颜子之"瞻之在前，忽焉在后。夫子循循然善诱人，博我以文，约我以礼，欲罢不能，既竭吾才。如有所立卓尔，虽欲从之，末由也已"。虽自知其不及，而其战战兢兢之心未尝少怠也。"董正"者，"立太师、太傅"以下是也。"训迪"者，"凡我有官君子"以下是也。"董正"之，而后"训迪"之也。观《立政》之篇，周公以成王即政之初，选用人才之始，而邪正两途自此分，故谆谆以用人为戒。今观此篇，成王知夫人才之不如前代，故建官虽多，而惟恐其不及，既"董正"之，而又"训迪"之，则孰有瘝官旷职者哉？于此不独见成王之贤，亦足以见周公启沃之有素也。

### 4.（宋）史浩《尚书讲义》卷十八《周书·周官》

成王既黜殷命，灭淮夷，还归在丰，作《周官》。

周公相成王黜商，宜灭也，而迁于洛。践奄，亦灭也，而迁于蒲姑。今灭淮夷，未必果灭也。周家忠厚于此可见。既旋宗周，治定矣，功成矣，乃作《周官》，以命官之意告群臣也。周公尝作《周官》一书，以其命官之目，告成王矣。其区别分隶，纤悉备载，无虑数万言。而成王乃能撮其机要，自为此篇，不过数百言间，而群臣之分职率属，与夫人材之邪正，判然无余蕴，非有得于周公，焉能如是乎？然则周公之教成王之学，盖异于后世矣。

### 5.（宋）夏僎《尚书详解》卷二十二《周书·周官》

《周官》。

成王既黜殷命，灭淮夷，还归在丰，作《周官》。

按《大诰》与《微子之命》叙言，则黜殷命，乃周公东征之后，命微子之前，已黜绝之矣，不应至此又再黜之也。然此叙又言"成王既黜殷命"者，盖三监之叛，淮夷实同恶相济，周公既诛首恶之管叔与武庚，而淮夷之民，皆降其命而不诛，是虽黜殷命，而淮夷则未灭也。奈何至成王即政，曾未几时，而淮夷乃与徐、奄之民复扇叛逆，如逸书《成王政》之序所言，则淮夷再叛可知矣。夫淮夷、徐、奄，本与三监共叛中间，虽已诛武庚，黜殷命，而余党则未尽扑灭，是殷命虽黜，而余孽犹存，未得为尽黜也。虽小人日稔其恶，自取歼夷，再扇叛逆，使圣人之仁有不能容，践之灭之，则余孽扫尽，昔之黜者今可绝其本根，不复再蔓，而所黜者尽无余矣。故此序所以又言"成王既黜殷命，灭淮夷"者，正所以结前说，以见前日之黜，尤有不忍之意，尚贷其余孽，庶几其自新。今既生之而不能自谋生全之道，至烦再黜，此所以不得不再举而灭淮夷也。盖淮夷、徐、奄之再叛，亦必以复殷鄙周为言，故虽灭夷、践奄，亦可以"黜殷命"为言也。成王既灭淮夷之后，还以其事告于文王之庙，所以归而在丰。是时在丰，因而"董正治官"，故此书所以谓之《周官》也。唐孔氏谓，《周礼》每官言人之员数，及职所掌，立为定法授与成王。即政之初，即有淮夷叛逆，未暇以立官之意，号令群臣。今既灭淮夷，天下清泰，故以《周官》设官分职用人之法以告群臣。以此考之，则此书乃成王以周公所制周官六职，颁示群臣，故以此告之也。

## 6. （宋）时澜《增修东莱书说》卷三十《周书·周官第二十二》

《金縢》，成王初年之书也；《洛诰》，周公还政之书也；《无逸》《立政》，周公教戒成王之书也；《周官》，成王亲政，开物成务之书也。合是数篇以观成王，可以见其本质焉，可以见其昏明疑信之变焉，可以见其讲贯启发之深焉，可以见其知类通达，离师傅而不反焉。过此而有《君陈》，乃周公既没之后。又过此而有《顾命》，乃其身将没之时。成王进德终始之序备矣，周公格君造化之功着矣。

成王既黜殷命，灭淮夷，还归在丰，作《周官》。

内修外攘，治之序也，而成王黜殷命、灭淮夷，乃始归丰，作《周官》何也？境外之寇，乡邻之斗者也，先修而后攘可也；境内之寇，同室之斗者也，苟不先治其斗，室可得而治乎？武庚、三监之叛，近在肘腋，实系王室安危，而淮夷亦在封域之中，声势相倚者也，二患既除，海内清晏，然后创制立法之事可兴矣，是固治之序也。

## 7. （宋）黄度《尚书说》卷六《周书·周官》

成王既黜殷命，灭淮夷，还归在丰，作《周官》。

黜殷，《微子之命》序已见灭；淮夷，《成王政》序已见，又见于此者，《书》言"周王抚万邦，巡侯甸四征弗庭"，疑又一时事，故此复出见。"抚巡"，即自黜殷后，至践奄也。《书》言"归于宗周，董正治官"，序言"还归在丰，作《周官》"，《周官》书成，自文王之庙发之。古者，大命令，大诰，誓皆发于祖庙。

## 8. （宋）袁燮《絜斋家塾书钞》

（归善斋按，无此篇）

## 9. （宋）蔡沈《书经集传》卷六《周书·周官》

（归善斋按，未解）

## 10. （宋）黄伦《尚书精义》卷四十四《周书·周官》

成王既黜殷命，灭淮夷，还归在丰，作《周官》。

无垢曰，成王由周公克由绎之之说深得用人之术思为天下后世计乃以其所见作为周官以谓必如是者乃为三公必如是者乃为三孤如是者为冢宰如是者，为司徒，以至为司马，为司寇，且总告，别告，以为子孙之守，使子孙，高明者得其心，而常才者得免过。居位者，有此才则无愧，无此才则怀羞。其有补于人主也大矣。

## 11. （宋）陈经《尚书详解》卷四十《周书·周官》

成王既黜殷命，灭淮夷，还归在丰，作《周官》。

据《大诰》之书、《微子之命》之书，知黜商在周公东征之时；据成王《立政》之序与《多方》之叙，知灭淮夷在即政之后。其事非同时，以其相因，故连言之。"还归在丰"，谓既灭淮夷之后，归于宗周之都，天下无事，始作《周官》。夫黜商、灭淮夷，而继以还归在丰，作《周官》何也？天下既定，然后可以修太平之盛典。当其外侮未除，外患未去，君臣之间不得一日宁，天下犹有梗吾治者，成王虽欲"训迪厥官"，其可得哉？于此又有以见先后缓急，各有其序，而商之命不可以不黜，淮夷之不可以不灭也。

## 12. （宋）钱时《融堂书解》卷十七《周书·周官》

《周官》。

成王既黜殷命，灭淮夷，还归在丰，作《周官》。

成王之为周王，固也。史氏叙述其事，则如所谓"惟王建国"之例足矣，何必曰"周王"，且自周公居摄，以至复辟，诸书不闻有此称谓，独揭之此书之首，此正是明周家一代，设官分职之制于此而定，故书曰《周官》，而史氏则首提曰"周王"。惟孔子知之，于序特书曰"成王既黜殷命"，其旨深矣。

## 13. （宋）魏了翁《尚书要义》卷十七《周书·立政、周官、君陈》

二十四、黜殷、灭淮夷，年异事相因。

"成王既黜殷命，灭淮夷"，黜殷，在周公东征时；灭淮夷，在成王即政后，事相因，故连言之。"还归在丰，作《周官》"，成王虽作洛邑，犹还西周。《周官》言周家设官分职用人之法。正义曰，据《金縢》之经、《大诰》之序，知黜殷命在周公摄政三年东征之时也；据《成王政》之序《费誓》之经，知灭淮夷在成王即政之后也。淮夷于摄政之时，与武庚同叛。成王既灭淮夷，天下始定。淮夷本因武庚而叛，"黜殷命"与"灭淮夷"，其事相因，故虽则异年而连言之，以见天下既定，乃作《周官》故也。

## 14. （宋）陈大猷《书集传或问》卷下《周书·周官》

《周官》。

或问，书叙吕说如何？曰，《周礼》六官之首，皆曰"惟王建国"，体国经野，乃立某官，以为民极，则宅洛之后，官制已行，虽淮夷再乱，而朝廷之六官，何害于自举其职，岂待淮夷既灭而后，官制可行邪？盖成王虑外忧患既平，内治或至玩弛，故撮举《周礼》建官之大旨，敬饬群臣，使各尽其职，故作《周官》之书，非至此始行官制也。

1713

## 15.（宋）胡士行《尚书详解》卷十一《周书·周官第二十二》

成王既黜殷命（尽去武庚余党），灭淮夷（成王即政再叛），还归在丰（告文王庙），作《周官》。

海内清晏，创制立法之事可兴矣。

## 16.（元）吴澄《书纂言》卷四下

（归善斋按，无此篇）

## 17.（元）陈栎《书集传纂疏》卷六《朱子订定蔡氏集传·周书·周官》

（归善斋按，未解）

## 18.（元）许谦《读书丛说》卷六《周书·周官》

（归善斋按，未解）

## 19.（元）董鼎《书传辑录纂注》卷六《周书·周官》

（归善斋按，未解）

## 20.（元）朱祖义《尚书句解》卷十一《周书·周官第二十二》

成王既黜殷命（杀武庚而黜绝殷命），灭淮夷（三监既叛，淮夷同恶，成王灭之）。

## 21.（明）王樵《尚书日记》卷十四《周书·周官》

（归善斋按，未解）

## 22.（清）库勒纳等撰《日讲书经解义》卷十一《周书·周官》

（归善斋按，未解）

# 还归在丰，作《周官》

## 1.（汉）孔氏传、（唐）陆德明音义、孔颖达疏《尚书注疏》卷十七《周书·周官》

还归在丰，作《周官》。

传，成王虽作洛邑，犹还西周。

音义，还，音旋，徐音全。

疏，正义曰，自灭淮夷，还归在丰，号令群臣，言周家设官、分职、用人之法。史叙其事，作《周官》。

传正义曰，成王虽作洛邑，犹还西周者，以《洛诰》之文言"王在新邑"，今复云"在丰"，故解之也。《史记·周本纪》云太史公曰"学者皆称周伐纣，居洛邑。综其实不然，武王营之，成王使召公卜居九鼎焉，而周复都丰镐"是言"成王虽作洛邑，犹还西周"之事也。《多方》云"王来自奄，至于宗周"，宗周即镐京也。于彼不解，至此始为传者，宗周虽是镐京，文无"丰""镐"之字，故就此解之。武王既以迁镐京，今王复在丰者，丰、镐相近，旧都不毁，丰有文王之庙，故事就丰宣之故也。

## 2.（宋）苏轼《书传》卷十六《周书·周官第二十二》

（归善斋按，见"成王既黜殷命，灭淮夷"）

## 3.（宋）林之奇《尚书全解》卷三十六《周书·周官》

（归善斋按，见"成王既黜殷命，灭淮夷"）

**4.（宋）史浩《尚书讲义》卷十八《周书·周官》**

(归善斋按，见"成王既黜殷命，灭淮夷")

**5.（宋）夏僎《尚书详解》卷二十二《周书·周官》**

(归善斋按，见"成王既黜殷命，灭淮夷")

**6.（宋）时澜《增修东莱书说》卷三十《周书·周官第二十二》**

(归善斋按，见"成王既黜殷命，灭淮夷")

**7.（宋）黄度《尚书说》卷六《周书·周官》**

(归善斋按，见"成王既黜殷命，灭淮夷")

**8.（宋）袁燮《絜斋家塾书钞》**

(归善斋按，无此篇)

**9.（宋）蔡沈《书经集传》卷六《周书·周官》**

(归善斋按，未解)

**10.（宋）黄伦《尚书精义》卷四十四《周书·周官》**

(归善斋按，见"成王既黜殷命，灭淮夷")

**11.（宋）陈经《尚书详解》卷四十《周书·周官》**

(归善斋按，见"成王既黜殷命，灭淮夷")

**12.（宋）钱时《融堂书解》卷十七《周书·周官》**

(归善斋按，见"成王既黜殷命，灭淮夷")

## 13.（宋）魏了翁《尚书要义》卷十七《周书·立政、周官、君陈》

二十五、成王虽作洛，犹还丰镐，丰镐相近。

正义曰，以《洛诰》之文言"王在新邑"，今复云"在丰"故解之也。《史记·周本纪》云，太史公曰，学者皆称周伐纣，居洛邑。综其实，不然。武王营之，成王使召公卜，居九鼎焉。而周复都丰、镐，是言成王虽作洛邑，犹还西周之事也。《多方》云"王来自奄，至于宗周"，即镐京也。于彼不解，至此始为传者，宗周虽是镐京，文无丰、镐之事，故就此解之。武王既以迁镐京，今王复"在丰"者，丰、镐相近，旧就不毁，丰有文王之庙，大事就丰宣之故也。

## 14.（宋）陈大猷《书集传或问》卷下《周书·周官》

（归善斋按，未解）

## 15.（宋）胡士行《尚书详解》卷十一《周书·周官第二十二》

（归善斋按，见"成王既黜殷命，灭淮夷"）

## 16.（元）吴澄《书纂言》卷四下

（归善斋按，无此篇）

## 17.（元）陈栎《书集传纂疏》卷六《朱子订定蔡氏集传·周书·周官》

（归善斋按，未解）

## 18.（元）许谦《读书丛说》卷六《周书·周官》

（归善斋按，未解）

## 19.（元）董鼎《书传辑录纂注》卷六《周书·周官》

（归善斋按，未解）

## 20. （元）朱祖义《尚书句解》卷十一《周书·周官第二十二》

还归在丰（乃还归在丰，以灭淮夷之事告于文王之庙。还，旋），作《周官》（因而"董正治官""训迪百官"，故作此篇）。

## 21. （明）王樵《尚书日记》卷十四《周书·周官》

（归善斋按，未解）

## 22. （清）库勒纳等撰《日讲书经解义》卷十一《周书·周官》

（归善斋按，未解）

# 《周官》

## （汉）孔氏传、（唐）陆德明音义、孔颖达疏《尚书注疏》卷十七《周书·周官》

《周官》。

传，言周家设官、分职、用人之法。

疏，传正义曰，《周礼》每官言人之员数及职所掌，立其定法，授与成王。成王即政之初，即有淮夷叛逆，未暇得以立官之意，号令群臣。今既灭淮夷，天下清泰，故以周家设官、分职、用人之法，以诰群臣，使知立官之大旨也。设官、分职，《周礼》序官之文言，设置群官，分其职掌；经言，立三公、六卿，是设官也。各言所掌，是分职也。各举其官之所掌，示以才堪乃得居之，是说用人之法。

## （宋）蔡沈《书经集传》卷六《周书·周官》

《周官》。

成王训迪百官，史录其言，以"周官"名之，亦训体也。今文无，古文有。按，此篇与今《周礼》不同，如三公三孤，《周礼》皆不载，或谓公孤兼官，无正职，故不载。然三公，论道经邦；三孤，贰公弘化，非职乎？职任之大，无逾此矣。或又谓，师氏即太师，保氏即太保，然以师、保之尊而反属司徒之职，亦无是理也。又此言"六年五服一朝"，而《周礼》六服诸侯，有一岁一见者，二岁一见者，三岁一见者，亦与此不合。是固可疑，然《周礼》，非圣人不能作也。意周公方条治事之官，而未及师、保之职，所谓未及者，郑重而未及言之也。书未成而公亡，其间法制有未施用，故与此异，而《冬官》亦缺。要之，《周礼》首末未备，周公未成之书也，惜哉。读书者参互而考之，则周公经制可得而论矣。

## （宋）陈经《尚书详解》卷四十《周书·周官》

《周官》之书，乃《立政》之效也。二篇大率相为表里。傅说之告高宗曰"知之非艰，行之惟艰"；周公作《立政》以戒成王，成王不但知之而已，又且推而见于躬行。苟成王不能躬行，周公之训，则言为徒言，知为徒知而已。考此篇之书，如"抚万邦，巡侯甸，四征弗庭"，即《立政》"诘尔戎兵，方行天下"之意也。如立太师、太傅、太保而下，即常伯、常任、准人之意也。如戒百官君子"其尔典常作之师"，即其"惟克用常人"之意也。尊其所闻，则高明矣；行其所知，则光大矣。成王所以能进于高明光大之地者，其惟能尊周公而行其所言者欤。不然，自非践履之深者，必不能为此书也。

## （宋）魏了翁《尚书要义》卷十七《周书·立政、周官、君陈》

二十六、周公以天下既平，授成王以立官之法。

《周礼》每官言人之员数及职所掌，立其定法，授与成王。成王即政之初，即有淮夷叛逆，未暇得以立官之意号令群臣，今既灭淮夷，天下清泰，故以周家设官分职用人之法，以诏群臣，使知立官之大旨也。

## （宋）胡士行《尚书详解》卷十一《周书·周官第二十二》

《金縢》幼年书也；《洛诰》还政书也；《无逸》《立政》教戒书也；《周官》亲政书也。合而观，可以见成王之本质，与其昏明疑信之变，讲贯启发之深，与其知类通达，离师傅而不反，过此《君陈》，又过此《顾命》，而成王进德终始之序，周公格君造化之功著矣。

## （元）陈栎《书集传纂疏》卷六《朱子订定蔡氏集传·周书·周官》

《周官》。

成王训迪百官，史录其言，以"周官"名之，亦训体也。今文无古文有。案，此篇与今《周礼》不同，如三公、三孤，《周礼》皆不载。或谓，公孤兼官，无正职，故不载。然三公论道经邦，三孤贰公弘化，非职乎？职任之大，无逾此矣。或又谓，师氏即太师，保氏即太保。然以师、保之尊，而又属司徒之职，亦无是理也。又此言《周官》。"六年五服一朝"，而《周礼》六服诸侯，有一岁一见者，二岁一见者，三岁一见者，亦与此不合。是固可疑，然《周礼》，非圣人不能作也。意周公方条治官之事，而未及师保之职。所谓未及者，郑重而未及言之也。书未成，而公亡。其间法制有未施用，故与此异，而《冬官》亦缺。要之，《周礼》首末未备，周公未成之书也，惜哉。读《书》者参互而考之，则周公经制可得而论矣。

纂疏：

问，司徒、司马、司空，三公、三少之官。先生曰，汉自古文《尚书》出，方有《周官》篇。伏生口授二十五篇无《周官》，故汉只置太尉、司徒、司空为三公，而无周三公、三少。盖未见古文《尚书》，但见伏生《书》。《牧誓》《立政》篇中所说司徒、司马、司空而置也。古者，诸侯之国，只置得司徒、司马、司空三卿，惟天子方得置三公、三少六卿。《牧誓》《立政》所说周家，是时方为诸侯，故不及三公、三少。及《周官》篇所说，则周，是时已得天下矣，三公、三少本以师道佐天子，只是加官。周公以太师兼冢宰，召公以太保兼冢宰，是以加官而兼宰相之职也。后世官职益紊，今遂以三公、三少之官为加官，不复有师、保之任论道经邦之责矣。然古者，犹是文臣之有功德重望者，方得加师、保之官，以其有教辅天子之名也。后世遂以诸子或武臣为之，既是天子之子与武臣，岂可任师、保之责耶？讹谬传袭，不复改正。

陈氏经曰，《周官》，《立政》之效也，二篇大率相为表里。周公作《立政》告武王，王能推行之。考此篇，如"抚万邦，征弗庭"，即"诘戎兵行天下"之意也。立太师、傅、保以下，即"用三宅"之意也。戒有官以"典常作师"，即"克用常人"之意也。成王尊所闻，行所知如此，其高明光大宜哉。

吕氏曰，《金縢》，成王初年书也；《洛诰》，周公还政之书也；《无逸》《立政》，公戒王之书也；《周官》，王亲政开物成务之书也。合数篇以观成王，可以见其本质焉，可以见其昏明疑信之变焉，可以是其讲贯启发之深焉，可以见其知类通达，离师傅而不反焉。过此有《君陈》，乃周公没后；有《顾命》乃王将没时。成王进德始终之序备矣。周公格君始终之功着矣。

愚谓，《周礼》，周公拟议未全未行之书；《周官》，成王建置训迪已施行之书也。今只当据《周官》以解。《周官》其与《周礼》不合处，略之可也。又吕氏以作《周官》时，周公尚在，深玩《周官》文意，公时不在矣，此殆成王老于世故后之书也，如以不学戒卿士可见。

## （元）董鼎《书传辑录纂注》卷六《周书·周官》

《周官》。

成王训迪百官，史录其言以"周官"名之，亦训体也。今文无，古文有。案，此篇与今《周礼》不同，如三公、三孤，《周礼》皆不载。或谓，公、孤兼官，无正职，故不载。然三公论道经邦，三孤贰公弘化，非职乎？职任之大，无逾此矣。或又谓，师氏即太师，保氏即太保。然以师、保之尊而反属司徒之职，亦无是理也。又此言"六年五服一朝"，而《周礼》六服诸侯，有一岁一见者，二岁一见者，三岁一见者，亦与此不合。是固可疑，然《周礼》，非圣人不能作也。意周公方条治事之官，而未及师、保之职。所谓未及者，郑重而未及言之也。书未成而公亡，其间法制有未施用，故与此异，而《冬官》亦阙。要之，《周礼》首末未备，周公未成之书也，惜哉。读《书》者参互而考之，则周公经制可得而论矣。

辑录：

问，司徒、司马、司空，三公、三少之官。先生曰，汉自古文《尚书》出，方有《周官》篇。伏生口授二十五篇，无《周官》，故汉只置太尉、司徒、司空为三公，而无周三公、三少，盖未见古文《尚书》，但见伏生《书》。《牧誓》《立政》篇中所说司徒、司马、司空而置也。古者，诸侯之国只置得司徒、司马、司空三卿，惟天子方得置三公、三少六卿。《牧誓》《立政》所，周家，是时方为诸侯，故不及三公、三少。及《周官》篇所说，则周是时已得天下矣。三公、三少本以师道辅佐天子，只是加官。周公以太师兼冢宰，召公以大保兼冢宰，是以加官而兼宰相之职也。后世官职益紊，今遂以三公、三少之官为阶官，不复有师、保之任论道、经邦之责矣。然古者，犹是文臣之有功德重望者，方得加师、保之官，以其有教辅天子之名也。后世遂以诸子或武臣为之，既是天子之子与武臣，岂可任师保之责邪？讹谬传袭，不复改正。庚。

纂注：

吕氏曰，《金縢》，成王初年之书也；《洛诰》，周公还政之书也；《无逸》《立政》，周公教戒成王之书也；《周官》，成王亲政开物成务之书也。合是数篇以观成王，可以见其本质焉；可以见其昏明疑信之变焉；可以见其讲贯启发之深焉；可以见其知类通达，离师傅而不反焉。过此而有《君陈》，乃周公既没之后；又过此而有《顾命》乃其身将没之时。成王进德始终之序备矣，周公格君始终之功着矣。

新安陈氏曰，《周礼》，乃周公拟议未全未行之书；《周官》，则成王吻合处，姑略之可也。又吕氏以作《周官》时，为周公尚在此，亦以亡书序及《君陈》挨排而意之耳，未见其必然也。深玩《周官》文意，周公时不在矣。此殆成王老于世故后之书也，如以不学骄侈戒卿士可见。

## （元）朱祖义《尚书句解》卷十一《周书·周官第二十二》

《周官第二十二》。

（成王四征来归，董正周之百官，而作此篇，以训迪之，故曰《周官》）

周官（竹简所标）。

## （明）王樵《尚书日记》卷十四《周书·周官》

《周官》。

孔氏曰，《周官》，言周家设官分职用人之法。正义曰，经言立三公六卿，是设官也；各言所掌，是分职也；各举其官之所掌，示以材堪乃得居之，是说用人之法。

## （清）库勒纳等撰《日讲书经解义》卷十一《周书·周官》

《周官》。

此一节书是，成王训戒百官之词，史臣记之以"周官"名篇。

## （元）陈师凯《蔡氏传旁通》卷六上《周官》

按，此篇与今《周礼》不同，如三公、三孤，《周礼》皆不载。
《周礼》未尝不言公孤之名，但不载其专职耳，如位次之高下，未尝不显然可考也。如云王之三公，八命出封加一等，则九命为伯，是举朝无尊于此者。而外朝之位，三公在前，三槐之下，孤卿大夫在左，公、侯、伯、子、男在右，是惟三公可以面天子，天子之所礼也。孤，则亚于三公，故其位与诸侯之公相对，六卿莫敢先也。其六卿之职，曰太宰卿一人，大司徒卿一人，余皆然。其挚，孤执皮帛，卿执羔，则卿亚于孤又可见矣。但公、孤之任，坐而论道者也。六卿之职，作而行之者也。周公六典，专为治事而设，故以公、孤为郑重，而未及言之，非《周礼》与《周官》二书迥绝也。

或又谓，师氏即太师；保氏即太保。然以师保之尊，而反属司徒之职，亦无是理也。

师氏仅中大夫，保氏乃下大夫，岂有三公之尊而资级如是之卑邪？《周礼》注谓，周、召兼此官，必无是理。按，师氏，以三德三行教国子；保氏，以六艺六仪教国子，犹后世国子先生之俦耳，故列在司徒之属。

《周礼》六服，诸侯有一岁一见者，二岁一见者，三岁一见者。

《秋官·大行人》云，侯服，岁壹见；甸服，二岁壹见；男服，三岁壹见；采服，四岁壹见；卫服，五岁壹见；要服，六岁壹见。九州岛之外谓之蕃国，世壹见。注云，九州岛之外夷服、镇服、蕃服也。

《周礼》非圣人不能作也，意周公方条治事之官，而未及师保之职。书未成而公亡，其间法制有未施用，故与此异，而冬官亦阙。要之，《周礼》首末未备，周公未成之书也，惜哉。

新安陈氏曰，《周礼》乃周公拟议未全未行之书。《周官》则成王建置训迪已施行之书也。今只当据《周官》以解《周官》，其与《周礼》未吻合处，姑略之可也。王莽时，刘歆置《周礼》博士。《司空》篇亡，购千金不得，以《考工记》充之。临川俞庭春曰，《司空》之篇为逸书，汉人以《考工记》附益之。相传之久，习以为然。虽有巨儒硕学，不复致思研虑，后世遂以考工之事，为六官之一。司空所掌，日渐讹误，并与其官废。盖尝纟由绎是书，伏而读之。《司空》之篇实未尝尽亡也。六官之属，诚有颠倒错乱，而未尽正者，编次而辨正焉。《周官》三百六十，未闻有溢员也。《小宰》曰其属六十，则六十之外，皆羨矣。《周礼》得于秦火之后，宜少不宜羨。今《天官》之羨者三，《地官》之羨者十有六，《春官》之羨者九，《夏官》之羨者九，《秋官》之羨者五。从其羨而求之，冬官不皆亡矣。又云《诗》之逸不可复考，独《周礼》司空有可得言者，反复之于经，质之于书，验之于王制，皆有可以是正焉者。而《司空》之篇实杂出于五官之属，且因《司空》之复而五官之讹误，亦遂可以类考，一一摘其要者，议之诚有犂然，当于人心者，不啻宝刀大玉之得，而郓讙龟阴之归也。

## （明）马明衡《尚书疑义》卷六《周书·周官》

《周官》皆成王训迪之言，《周礼》则周家一代典章之书也。《周官》惟三公、三少，及六年一朝之典，与《周礼》不同。宋儒遂疑《周礼》为周公未成之书。然则，周公亦若后世著书矣，岂其然乎？盖《周礼》者，周公之经制，而其为书，则儒者纂成之也。一代八百年之久，其制有沿有革，而儒者之纂集，有详有略，此其所以不同也。且《周官》之书，古文亦是晚出，乌能以此而废彼乎？陈氏傅良谓，周、召以师保为冢宰，是卿兼三公也。《顾命》自"同召太保奭"以下皆卿也。是时召公为保兼冢宰，芮伯为司徒，彤伯为宗伯，毕公为司马，皆是以三公兼之。卫侯康叔为司寇，毛公为司空。三公多是六卿兼官，有其人则置，无其人则止，而六卿则不可缺也。由是言之，则三公、三孤亦无专职，此周礼所以不列于前。然《周礼》射人、司士、朝士皆有公、孤之位，则与《周官》所叙亦未尝不同，或设置与否不定，故不列其职，而列其位欤。

## （明）陈第《尚书疏衍》卷四《周书·周官》

愚读《周官》一篇，叹其设官分职，要而有体。时巡、朝觐，简而不烦。至其统命百官，切实而可见。诸施行，恳恻而无长语也，非周公孰能作之乎？昔虞之命官也，总之曰"咨汝二十有二人，钦哉"，兹亦总之曰"三事暨大夫敬尔有官"，诚帝王一揆矣。虽其五载巡狩，三载考绩，微有不同。然"三考黜陟幽明"与"六年大明黜陟"者，不异也。周家之经纶制度，可以推而尽之矣。沿此以治天下有余也。乃蔡仲默氏致疑于《周官》《周礼》之不同，不知《周礼》非尚古之书，固不足援以为据也。何以言之，圣王之治必修德以为天下先，故"三公论道经邦"，三孤"弼予一人"，此不可一日缺者。《周礼》不首录公、孤，失其本矣。

冢宰虽列于六卿，五卿皆其所进退也。故邦教、邦礼之不修，则简其司徒，简其宗伯；邦政、邦禁、邦土之不修，则简其司马，简其司寇、司空，故曰"掌邦治，均四海"也。今《周礼》，太宰之职，掌建邦之六典，曰治典、教典、礼典、政典、刑典、事典，何其侵五卿之职也。且八法之内，有官刑、官计；八则之内，有赋贡、田役，冢宰之烦若是，何以照临百官，而佐王辨贤能，纠百职也。《冬官》固不存矣，而地官、宗伯、司马、司寇之相纠溷者，不可一二数，岂所以责成官守之意乎？夫民之所重者食，国之所宝者财。故躬行节俭，自天子始。今曰，惟王及后、世子之膳，不会；惟王及后之膳禽，不会；惟王及后之服，不会；惟王之裘与其皮事，不会，何以训子孙俭德也。夫纣之所以亡，非以湎于酒乎？故《酒诰》《无逸》重为惓惓，欲使成王畏相，不敢暇逸而崇饮也。今置酒正，掌酒之政令，辨五齐之名，三酒之物，以共王之四饮三酒之馔，及后世子之饮。曰岁终则会，惟王及后之饮酒不会，以酒式诛赏，是使仪狄常在左右，而杜康不离于侧也。且违酒式而诛，与杀熊蹯不熟者奚异乎？

吾闻民可使由，不可使知，以其愚也。今冢宰于正月之吉始和布治于邦国都鄙，乃悬治象之法于象魏，使万民观治象，挟日而敛之。司徒布教，司马布政，司寇布刑，亦皆悬之正月之吉而敛之。挟日之后，吾恐万民之不能悉识也。远者阻于道路，近者厌于耳目，非实政之所宜先矣。西旅底贡厥獒，太保用训于王曰，不役耳目，百度惟贞，不宝远物，则远人格，所以昭王度，而敷文德也。今曰凡式贡之余，则以共玩好之用，又有山师以致其山珍异之物，有川师以致其川珍异之物。又曰九州岛之外，谓之蕃国，世一见，各以其所贵宝为挚，非所以令四夷见也。

古者，天子理阳道，后治阴德。天子听外治，后听内职，所以别嫌疑，慎风化也。今置内宰，以治王内之政令。大祭祀，后祼献则赞。凡建国佐后立市，岁终佐后受献，功者比其大小，与其粗良而赏罚之，不几于乱男女之别乎？

六年五服一朝，周官画一之制。今曰，侯服岁一见，贡祀物；甸服二岁一见，贡嫔物；男服三岁一见，贡器物；采服四岁一见，贡服物；卫服五岁一见，贡材物；要服六岁一见，贡货物，则其制紊矣。

列爵惟五，分土惟三，故公侯百里，伯七十里，子男五十里。周之定制也。今曰，诸公之地方五百里，诸侯四百里，诸伯三百里，诸子二百里，诸男百里。此春秋战国并吞者有之，岂封建之本初乎？

古者树后王君公，承以大夫、师长以至庶人之役于官，皆以治民，故省一官，民之福；多一官民之残也。《周礼》设官何其猥琐而冗乱乎？既有甸师，又有兽人、渔人、鳖人、腊人；既有医师，又有食医、疾医、疡医、兽医；既有浆人，又有笾人、醢人、醯人、盐人；既有内司服，又有缝人、染人、追师、屦人。推此数之，莫能更仆，岂皆不可以兼摄乎？凡此皆非周公意也。可一恒人而辨之也。昔者，孟子之言曰"诸侯恶其害己也，而皆去其籍"，是自孟子之时，而《周礼》不存矣。至汉武帝，河间王得而献之，徒藏之秘府。刘歆始深好之，以为周公致太平之书。郑玄又注之，显于世。林孝存诋以为黩乱不经。何休亦以战国阴谋之书目之。嗣是，诸儒疑信相半，未能决其左袒也。愚详其书文字颇古，度数颇备，亦秦末汉初之人所作，后世莫及也。其存周之迹十之二三，其杂秦之制十之四五。然破碎繁杂，决不可以治天下国家。设举而行之官，日奔走而匪宁，民日烦苛而匪息，亡无日矣。始缺《冬官》，河间献王以《考工记》补之。俞廷椿氏谓，《冬官》杂在五官中，复割裂而编辑之，以为全书，亦竟何益矣？盖读其文，虽浑雅可观，措诸事实，窒塞不达。自汉至宋千四百年，惟刘歆、苏绰、王安石锐意行之，皆破坏天下。夫以三小人而信其书，则其书可知也已。故修齐治平，其惟取信于《周官》。

### （清）朱鹤龄《尚书埤传》卷十四《周书·周官》

《周官》。

朱子曰，汉自古文《尚书》出，方有《周官》，伏生所口授无此篇。故汉只置太尉、司徒、司空为三公，而无周三公、三少盖未见古文《尚书》故也。古者诸侯之国，只置司徒、司马、司空三卿，惟天子得置三公、三少、六卿。三公、三少，本以师道辅佐天子，只是加官。周公以太师兼冢宰，是以加官而兼宰相之职也。后世官职益紊，遂以诸子或武臣为之。既是天子之子，与武臣岂可任师保之责耶？邵宝曰，《立政》三宅在《周官》前；《周官》六卿在《立政》后，《立政》图任人而未定其制；《周礼》拟分职而未见于行。《周官》者，《周礼》之纲，而《立政》之成也。

### （清）张英《书经衷论》卷四《周书·周官》

《周官》一篇，首一节叙作书之由。"王曰"一节乃冒语唐虞，稽古述古建官也。"今予小子"自述也，次言公孤，次言六卿，复以数语总结之。内治既举，外政聿修，此一段言制度之大略也。"王曰"以下训诫百官之辞。首一节言居官出令之当谨；二节、三节言学古立志之要，戒以蓄疑勖以果断也；四节、五节言居宠利之道；六节又勉之以荐贤为国之忠；末复总结之。此一段，言官守之要道也。通篇两大段文字，典重齐整，明白正大，乃后世制诰之权舆也。

《立政》与《周官》二篇相较，《立政》自是纯古之文，《周官》则言从字顺，明白易晓。细思三代时，如《诗》，如《易》文，皆古奥如此。言从字顺者亦少。《立政》诸篇，虽佶屈聱牙，蹊径难寻，而意味深长，耐人绎玩。故愚每味《尚书》中今文远胜古文，今文真三代之宝典，古文多杂秦汉以后之音。三代人语气似不如此。《大全》引新安陈氏注《周官》篇云脱佶屈聱牙而得此，犹刍豢之悦口，是先辈犹以《立政》诸篇为佶屈聱牙，而未能深得其旨趣也。

前"蓄疑败谋"，后言"惟克果断，乃罔后艰"，古人每以果断训人，得无疑其有径情直遂，而致违戾乎？又曰"学古入官"，"不学面墙"，盖学于古而行之以断，两者盖相成，而不可废也。

莅事惟烦，"烦"字极有意味。古人云，天下之事当前，学者，是应之一定之理；不学者，是应之以一己之才。理则万变而不尽，才则有时而或穷。故当事务纷至，但觉其烦扰而无措者，此欲应之以才，而不能应之以理也。心逸日休，心劳日拙，自是不刊之语。作伪者，经营布置于前，遮盖掩饰于中，补苴救败于后，何其劳也。究之情见势穷，全体皆见，岂非愈巧则愈拙乎？此语于当官者，尤为药石之言。

或疑《周官》所言官制，与《周礼》不同。公、孤之官不见于《周礼》。愚谓，《周官》载六官而不及公孤者，《书》明言"官不必备，惟其人"，则知公孤不定设也。周公为师，召公为保，未闻更设太傅。周公既没，独召公为保。有芮伯、彤伯、毕公、卫侯、毛公，周之六卿也，皆未闻兼师、傅。盖六卿乃常设之官，而公、孤为特设之名，且以论道为职，而无所事事，故《周礼》不载者，尊之于六官之上也。若以师氏、保氏为公、孤，更失之远矣。

# 惟周王抚万邦，巡侯、甸

## 1.（汉）孔氏传、（唐）陆德明音义、孔颖达疏《尚书注疏》卷十七《周书·周官》

惟周王抚万邦，巡侯、甸。

传，即政抚万国，巡行天下侯服、甸服。

音义，行，下孟反。

疏，正义曰，惟周之王者，布政教，抚安万国，巡行天下侯服、甸服。

传正义曰，检《成王政》之序，与《费誓》之经，知成王即政之年，奄与淮夷又叛，即往伐，今始还归。《多方》云"五月丁亥王来自奄，至于宗周"，与此"灭淮夷"而"还归在丰"为一事也。年初始叛，五月即归，其间未得巡守于四方也。而此言抚万国，巡行天下，其实止得抚巡向淮夷之道所过诸侯尔，未是用四仲之月大巡守也。以抚诸侯巡守，是天子之大事，因即大言之尔。周之法制，无万国也。

## 2.（宋）苏轼《书传》卷十六《周书·周官第二十二》

惟周王抚万邦，巡侯、甸，四征弗庭，绥厥兆民，六服群辟，罔不承德，归于宗周，董正治官。

《书》曰"侯、甸、男邦、采、卫"，此周五服之名也。《禹贡》五服通畿内，周五服在王畿千里之外，并畿内为六服。董，督也。治官，治事之官也。

## 3.（宋）林之奇《尚书全解》卷三十六《周书·周官》

（归善斋按，见"成王既黜殷命，灭淮夷"）

## 4.（宋）史浩《尚书讲义》卷十八《周书·周官》

《周官》。

惟周王抚万邦，巡侯、甸，四征弗庭，绥厥兆民，六服群辟，罔不承德，归于宗周，董正治官。

此成王赞文武之德，叙文武命官之由也。"巡侯、甸"者，巡狩而考礼，正刑一德也。"群辟承德，归于宗周"者，朝觐、会同也。"董正治官"，以绥兆民。兹，其时矣。

## 5.（宋）夏僎《尚书详解》卷二十二《周书·周官》

《周官》。

惟周王抚万邦，巡侯、甸，四征弗庭，绥厥兆民。六服群辟，罔不承德归于宗周，董正治官。

此史官序成王所以作《周官》之端也。周王，即成王也。史官谓，成王抚临万邦，谓为君也，言成王自即位以来，乃巡行于侯服、甸服。所谓"巡侯、甸"，非谓直巡此二服也，特泛言其即位之后，巡省于侯国，故且以侯、甸言之。成王既巡于侯、甸，其有不庭者，成王于是四面而征之，以正其罪。不庭，先儒谓，庭，直也。不直，谓叛逆王命。其它诸儒，皆谓，诸侯，朝王皆于庭下，故不朝者，谓之"不庭"。二说皆通。以经考之，成王即位，即有淮夷、徐、奄之变。成王之征，特践奄，灭淮夷，乃东南一隅耳，安得谓之四征。唐孔氏谓，巡守，天子大事，史官大言之耳。然成王之征，亦岂喜攻好杀，而为是举哉。特以诸侯负固不服，割害下民，征其害民者，乃所以安民耳。故史官所以谓成王之征不庭，乃所以安其众民耳。惟成王之征，不在于喜杀，而在于安民，故义师一举，而六服之内，皆知成王非威我，乃宁我也。故六服之众民，无不承奉成王之德，盖以怀德而服，非畏威而服，乃心悦而诚服也。此即谓践奄、灭淮夷之后，四方肃清，万国效顺，天下无事，成王于是还师，而归至于丰邑，即文王之庙，宣示天下，以周公所制作之法于天下，故谓之"董正治官"。盖周公制作《周官》，其间所建之官，所职之事，岂皆能如文武之旧，必有所厘正，因革于其间，所以谓之"董正"。盖谓董督而厘正其治事之官也。唐孔氏谓，宗周者，言周为天下所宗，王都所在，皆得称之，故丰、镐、洛邑皆可言宗周。此说是也。唐孔氏又谓，检《成王政》之序，与《费誓》之经，知成王即政之年，奄与淮夷又叛，即往伐，今始还归。《多方》云"五月丁亥，王来自奄，至于宗周"，与此"灭淮夷，还归在丰"为一事，此说极然。

## 6. （宋）时澜《增修东莱书说》卷三十《周书·周官第二十二》

惟周王抚万邦，巡侯、甸，四征弗庭，绥厥兆民。六服群辟，罔不承德，归于宗周，董正治官。

天下，大物也，非绵力小材所能运转；非薄物细故所能维持。向也，成王不出闺闼之屡王耳，今焉"抚万邦，巡侯、甸，四征弗庭，绥厥兆民，六服群辟，罔不承德"，乾开坤辟，秋杀春生，四海皆随其运转，功成治定。"归于宗周，董正治官"，训督裁正，品式备具，本末内外，体统相承，万世皆人其维持。是其进，不可以阶级数；而其大，不可以尺度量也。呜呼！不如是何以觐文王之耿光而扬武王之大烈乎。

## 7. （宋）黄度《尚书说》卷六《周书·周官》

《周官》。

惟周王抚万邦，巡侯、甸，四征弗庭，绥厥兆民。六服群辟，罔不承德，归于宗周，董正治官。

周之官制，其详在《周礼》，其要在《书》。《洛诰》言"未定于宗礼"，宗礼，专为"称秩元祀"，其实吉、凶、军、宾、嘉，五礼必相因也。六官分职，治教、礼政、刑事，必相须也。然则，周公惇宗将礼，制度遂定。成王于是"董正治官"以推行之。称"周王"，一王号令，由是行乎天下也。"巡侯、甸"，言自丰至洛，遂伐东夷，用天子适诸侯之名，非时巡，一岁遍至方岳也。周九服，此六服，夷、狄与中国礼节不同也。六服承德，而后"董正治官"，制度于此颁行，不容或有阻隔也。禹建正长，行井法，苗顽弗即工，故征苗。周画六服，颁礼乐制度，而淮夷不式王命，故伐淮夷。

## 8. （宋）袁燮《絜斋家塾书钞》

（归善斋按，无此篇）

## 9. （宋）蔡沈《书经集传》卷六《周书·周官》

惟周王抚万邦，巡侯、甸，四征弗庭，绥厥兆民。六服群辟，罔不承德，归于宗周，董正治官。

此，书之本序也。庭，直也。葛氏曰，弗庭，弗来庭者。六服，侯、甸、男、采、卫，并畿内，为六服也。《禹贡》五服通畿内，周制五服在王畿外也。《周礼》又有九服，侯、甸、男、采、卫、蛮、夷、镇、蕃，与此不同。宗周，镐京也。董，督也。治官，凡治事之官也。言成王抚临万国，巡狩侯、甸，四方征讨不庭之国，以安天下之民。六服诸侯之君，无不奉承周德。成王归于镐京，督正治事之官，外根之功举，而益严内治之修也。唐孔氏曰，周制无万国，惟伐淮夷，非四征也，大言之尔。

## 10. （宋）黄伦《尚书精义》卷四十四《周书·周官》

《周官》。

惟周王抚万邦，巡侯、甸，四征弗庭，绥厥兆民。六服群辟，罔不承德，归于宗周，董正治官。

林氏曰，朝廷，政教之权舆；政教，百官之纲纪。人君之于天下，正身以正朝廷；正朝廷以正百官，始之不正，终莫克正。昔文王之时，在位皆节俭正直，德如羔羊，先后、御侮、奔奏、疏附，莫匪正人。《棫朴》之诗美其能官人。成王者，继文武之丕绪，绍祖宗之令猷，持盈守成，神祇安乐，人人有士君子之行。其作人有道，官人有法，虽百僚之间，皆有忠嘉正直之行，不必伤戒而自循，董正而自治。而成王于此犹云"董正"者，何哉？盖既黜殷命，灭淮夷，尚虑朝廷之显人，左右之百官，蹈其遗风，染其旧恶，不能自正。成王归于宗周，正当闲暇之时，得不修其政刑，而复其治官乎？史氏曰，致治甚易，求所以致治者不易；安邦非难，求所以保邦者惟难。昔成王承文武之大业，德未着于人，道未孚于下，于是抚万邦而使之服命；巡侯、甸，而使之述职。诸侯之不庭者，征之；兆民之不安者，绥之。

六服群辟，自是奔走服役，而皆知所畏，治可谓已致，邦可谓已安矣。然成王制治于未乱，保邦于未危，其谋犹汲汲也。归于宗周，董正治事之官，所以为子孙凭藉扶持之计，长久远大之法，何其至哉。

张氏曰，万邦为远矣，故抚之；侯、甸为近矣，故巡之。抚之者，所以致其美，而其事略；巡之者，所以致其察，而其事详。"四征弗庭"，所以诛恶也，而恶者有所畏；"绥厥兆民"，所以佑善也，而善者有所怙。当周之时，"六服群辟罔不承德"，则天子之德意志虑，得以下达也，此成王之归于周，所以董正治官也。

## 11.（宋）陈经《尚书详解》卷四十《周书·周官》

惟周王抚万邦，巡侯、甸，四征弗庭，绥厥兆民。六服群辟，罔不承德。归于宗周，董正治官。

此史官叙述其所以作《周官》之由。惟成王即位之初，镇抚万邦时，巡侯、甸之服。侯、甸，近王畿者也。"四征弗庭"，四方征讨其诸侯之不服者，以绥定其兆民，此皆成王所以振励奋发，以耸动天下，使诸侯不敢怀欺以玩其上，亦所以示其礼乐征伐自天子出者也。"六服群辟罔不承德"，禹时有五服，成周则有六服，通王畿而为一服，与侯、甸、男、邦、采、卫而言之也。圣人既有以威天下而后有以怀天下，惟其"四征弗庭，绥厥兆民"，故六服诸侯，因圣人之威，自然有以怀其德，莫不精白一心，以奉承其上。"归于宗周，董正治官"，天下之诸侯既皆承德，则四方无虞矣。当国家闲暇，必于是，时明其政刑，迨天之未阴雨，必绸缪其牖户，此归于宗周之日，所以董督而正其治，谓之百官不敢后也。读此一章，有以知人主守成之道，在《易》之"泰，上下交"，"其志同"之时也。九三，以阳刚之才。圣人于此爻，发明治泰之道，曰"包荒，用凭河，不遐遗；朋亡，得上于中行"。治安之世，人情溺于久安，安于守常，怠于因循，惮于改作。又况人情于此，易于玩法，易于废弛，蠹弊自此而生，非有刚断之才，凭河之勇，则不足以治泰。天下既平，无事可虑，则必不能为深思久远之计，故事之隐微者，人材之在下僚者，未必加之意，非有"不遐遗"之智，则亦不能以治泰。观周王"巡侯、甸"，以"征弗庭"，"归于宗周，董正治官"，其得泰卦"用凭河不遐遗"之意乎？

## 12.（宋）钱时《融堂书解》卷十七《周书·周官》

惟周王抚万邦，巡侯、甸，四征弗庭，绥厥兆民。六服群辟，罔不承德。归于宗周，董正治官。

四征，商、奄、徐、夷之四国也。四国正在侯、甸二服之内，故曰"惟周王抚万邦，巡侯、甸，四征弗庭"。先儒往往泥"巡"为"时巡"，遂谓巡狩而独止于侯、甸二服，未免疑焉。殊不知下文"六年五服一朝"，又六年王乃时巡，考制度于四岳，方是定为此制。见得前此实未讲行时巡之礼，则所谓"巡侯、甸"者，特出而亲征二服之"弗庭"者耳。

## 13.（宋）魏了翁《尚书要义》卷十七《周书·立政、周官、君陈》

二十七、数月间未得大巡守，惟所过诸侯。

检《成王政》之序，与《费誓》之经，知成王即政之年，奄与淮夷又叛，叛即往伐，今始还归。《多方》云"五月丁亥，王来自奄，至于宗周"与此灭淮夷而还归在丰，为一事也。年初始叛，五月即归，其间未得巡守四方也，而此言抚万国，巡行天下，其实止得抚巡向淮夷之道所过之诸侯尔，未是用四仲之月大巡守也。

## 14.（宋）陈大猷《书集传或问》卷下《周书·周官》

（归善斋按，未解）

## 15.（宋）胡士行《尚书详解》卷十一《周书·周官第二十二》

《周官》。

惟周王抚（临）万邦，巡侯、甸（侯国），四征弗庭（朝），绥（安）厥兆民。六服群（众）辟（侯），罔不承（奉）德（王德），归于宗周（丰），董（督）正（裁）治官。

虞，五服：

甸、侯、绥、要、荒。

周，六服：

侯、甸、男、采、卫、要。

六服承德，则四海皆随其运转；治官董正，则万世皆入，其维持，其进不可阶级，数其大不可尺度量也。

## 16. （元）吴澄《书纂言》卷四下

（归善斋按，无此篇）

## 17. （元）陈栎《书集传纂疏》卷六《朱子订定蔡氏集传·周书·周官》

惟周王抚万邦，巡侯、甸，四征弗庭，绥厥兆民。六服群辟，罔不承德。归于宗周，董正治官。

此，书之本序也。庭，直也。葛氏曰，弗庭，弗来庭者。六服，侯、甸、男、采、卫并畿内，为六服也。《禹贡》五服，通畿内；周制五服，在王畿外也。《周礼》又有九服，侯、甸、男、采、卫、蛮、夷、镇、蕃，与此不同。宗周，镐京也。董，督也。治官，凡治事之官也。言成王抚临万国，巡狩侯甸，四方征讨不庭之国，以安天下之民。六服诸侯之君，无不奉承周德。成王归于镐京，督正治事之官。外攘之功举，而益严内治之修也。唐孔氏曰，周制无万国，惟伐淮夷，非四征也，大言之尔。

纂疏：

吕氏曰，天下，大物也，非绵力小才所能运量，非薄物细故所能维持。向也，成王不出闺闼之屏王耳；今抚万邦，至莫不承德，乾开坤阖，秋杀春生，四海皆随其运转，功成治定，归宗周，正治官，训督裁正，体统相承，万世皆入其维持，不知是何以觐文之耿，光扬武之大烈乎？

愚谓，巡侯、甸，即六服，而略言之也。六服承德，九服中以内五服并王畿言之也。内五服，九州内外；四服，九州外。以内五服，并畿内为六，正与"侯、甸、男邦、采、卫"之辞合，略外四服尔。

## 18. （元）许谦《读书丛说》卷六《周书·周官》

（归善斋按，未解）

## 19.（元）董鼎《书传辑录纂注》卷六《周书·周官》

惟周王抚万邦，巡侯、甸，四征弗庭，绥厥兆民。六服群辟，罔不承德。归于宗周，董正治官。

此，书之本序也。庭，直也。葛氏曰，弗庭，弗来庭者。六服，侯、甸、男、采、卫并畿内，为六服也。《禹贡》五服，通畿内；周制五服，在王畿外也。《周礼》又有九服，侯、甸、男、采、卫、蛮、夷、镇、蕃，与此不同。宗周，镐京也。董，督也。治官，凡治事之官也。言成王抚临万国，巡狩侯、甸，四方征讨不庭之国，以安天下之民。六服诸侯之君，无不奉承周德。成王归于镐京，督正治事之官。外攘之功举，而益严内治之修也。唐孔氏曰，周制无万国，惟伐淮夷，非四征也，大言之尔。

纂注：

吕氏曰，天下，大物也，非绵力小才所能运量，非薄物细故所能维持。向也，成王不出闺闼之屏主耳；今抚万邦，至罔不承德，乾开坤阖，秋杀春生，四海皆随其运转，功成治定，归于宗周，董正治官，训督裁正，品式备具，本末内外，体统相承，万世皆入其维持，不如是，何以觐文王之耿光，武王之大烈乎？

新安陈氏曰，巡侯、甸，即六服而略言之也。六服承德，即九服，而以内五服并王畿言之也。内五服，九州内，外五服九州外，以内五服并畿内为六。正与"侯、甸、男邦、采、卫"之辞合，略外四服耳，无不同也。又案，成王巡狩征讨，绥御之大力量如此，可谓能以周公诘戎兵，陟禹迹，行天下，至海表，罔不服之言，而真见之行事矣。周公宗臣，成王贤君，盖两得之。

## 20.（元）朱祖义《尚书句解》卷十一《周书·周官第二十二》

惟周王抚万邦（惟成王抚临万邦以为君），巡侯、甸（乃巡行于侯服、甸服）。

## 21.（明）王樵《尚书日记》卷十四《周书·周官》

"惟周王抚万邦"至"董正治官"。

巡侯、甸，即六服而略言之也。六服承德，即九服，而以内五服，并王畿言之也。《禹贡》五服，通畿内而言；此以内五服，并畿内，为六服，正与"侯、甸、男邦、采、卫"之辞合，略外四服尔。庭，直也。董，督也。治官，治事之官。正义曰，《周礼》九服，此惟言六者，夷、镇、蕃三服，在九州岛之外，边徼之地，王者之于远人，羁縻而已，不可同于华夏，故惟举六服诸侯奉承周德，言协服也。周为天下所宗，王都所在皆得称之，故丰、镐与洛邑，皆名宗周。

"抚万邦"，只言君临天下之意，省方观民，去暴除残，皆所以安天下之民也。六服群辟，罔不奉承周德，则是素直而贤者，固于旬于宣，以广一人之德化；悔其不直者，亦来享来王，以奉天子之威灵。"归"字对"巡""征"言。董正，有二意，正其体统，训其职守。

## 22.（清）库勒纳等撰《日讲书经解义》卷十一《周书·周官》

惟周王抚万邦，巡侯、甸，四征弗庭，绥厥兆民。六服群辟，罔不承德。归于宗周，董正治官。

此一节书是，史臣首序成王训迪百官之由，见外攘之功既举，内治即宜修备也。侯、甸，是侯服、甸服，并男、采、卫，及畿内为六服。独言侯、甸，举近以该远也。弗庭，是诸侯叛逆不来朝贡者。绥，安也。群辟，谓诸侯。董者，督责之意。治官，言凡治事之官也。史臣曰，我周王治隆一统，抚临万邦，乃出而巡狩于侯、甸诸服之国，以考稽其政事。其违逆王命，弗贡于庭者，则征讨四向，以明正其罪。然此巡之、征之者，岂慢游黩武哉？正以布德除残，使天下安生乐业，绥我兆民耳。周德如此，惟时六服诸侯皆相与，承流宣化，上承德意。其素所忠顺者，固于旬于宣，以广一人之德化；即间有悖逆者，亦来享来王，以奉天子之威灵。盖我王一巡狩征讨间，而恩威远被，外攘之功已成矣，又以朝廷者四方之本。内治者，外治之倡，于是归于镐京，凡在朝治事之官，悉督责而教正之，使体统各有所遵，而不相侵越；职业各有所尽，而罔敢怠荒。庶内修既严，本原大治，而群辟承德之盛可保无穷矣。夫帝王绥定天下，因民立政，因政设官，官不举，事不治，民弗安矣。周成课吏最严，而其先谆谆告戒，所以董正者无不至此，所以民安物阜，号称上治。后之人主于吏治清浊之源，诚不可不加之意也。

### （元）王充耘《读书管见》卷下《周官》

抚万邦。

成王始亲政，故巡守而归整肃在朝之官。此继立政之后，其巡守，奉行周公诘戎兵，方行天下之训；其董正治官也，奉行周公立政三宅之语，隐然相应。

### （清）朱鹤龄《尚书埤传》卷十四《周书·周官》

巡侯、甸；四征弗庭；六服群辟。

孔疏，六服而惟举侯、甸者，二服去王圻近，略言之尔。《左传》注，下之事上，皆成礼于庭中。弗庭，言不趋走于王庭也。

孔疏，《周礼》九服，此惟言六者，夷、镇、蕃三服在九州岛之外，夷狄之地，王者羁縻之而已，不可同于诸夏也。程伯圭曰，按《周礼·行人职》云，侯服岁一见，以次五服亦岁一见，是六服者，侯、甸、男、采、卫、要也。畿内不在其数。然周有九服，而王之巡狩止于侯、甸；群辟承德，止于六服，视唐虞之世有间矣（陈启源曰，蔡传解六服，数王畿而不及要。夫王畿之内，何待四征之后始承德耶）。

黄度曰，必六服承德而后董正治官，制度颁行，不容或有阻隔也。

# 四征弗庭，绥厥兆民

## 1. （汉）孔氏传、（唐）陆德明音义、孔颖达疏《尚书注疏》卷十七《周书·周官》

四征弗庭，绥厥兆民。

传，四面征讨诸侯之不直者，所以安其兆民。十亿，曰兆，言多。

疏，正义曰，四面征讨诸侯之不直者，所以安其海内兆民。

传正义曰,惟伐淮夷,非四征也。言万国、四征,亦是大言之尔。《释诂》云,庭,直也。绥,安也。诸侯不直,谓叛逆王命,侵削下民,故四面征讨诸侯之不直者,所以安其兆民。《楚语》曰"十日,百姓,千品,万官,亿丑,兆民",每数相十,知十亿曰兆。称"兆",言其多也。四征从京师而四面征也。

## 2.（宋）苏轼《书传》卷十六《周书·周官第二十二》

(归善斋按,见"惟周王抚万邦,巡侯、甸")

## 3.（宋）林之奇《尚书全解》卷三十六《周书·周官》

(归善斋按,见"成王既黜殷命,灭淮夷")

## 4.（宋）史浩《尚书讲义》卷十八《周书·周官》

(归善斋按,见"惟周王抚万邦,巡侯、甸")

## 5.（宋）夏僎《尚书详解》卷二十二《周书·周官》

(归善斋按,见"惟周王抚万邦,巡侯、甸")

## 6.（宋）时澜《增修东莱书说》卷三十《周书·周官第二十二》

(归善斋按,见"惟周王抚万邦,巡侯、甸")

## 7.（宋）黄度《尚书说》卷六《周书·周官》

(归善斋按,见"惟周王抚万邦,巡侯、甸")

## 8.（宋）袁燮《絜斋家塾书钞》

(归善斋按,无此篇)

## 9.（宋）蔡沈《书经集传》卷六《周书·周官》

(归善斋按,见"惟周王抚万邦,巡侯、甸")

**10.（宋）黄伦《尚书精义》卷四十四《周书·周官》**

（归善斋按，见"惟周王抚万邦，巡侯、甸"）

**11.（宋）陈经《尚书详解》卷四十《周书·周官》**

（归善斋按，见"惟周王抚万邦，巡侯、甸"）

**12.（宋）钱时《融堂书解》卷十七《周书·周官》**

（归善斋按，见"惟周王抚万邦，巡侯、甸"）

**13.（宋）魏了翁《尚书要义》卷十七《周书·立政、周官、君陈》**

（归善斋按，未引）

**14.（宋）陈大猷《书集传或问》卷下《周书·周官》**

（归善斋按，未解）

**15.（宋）胡士行《尚书详解》卷十一《周书·周官第二十二》**

（归善斋按，见"惟周王抚万邦，巡侯、甸"）

**16.（元）吴澄《书纂言》卷四下**

（归善斋按，无此篇）

**17.（元）陈栎《书集传纂疏》卷六《朱子订定蔡氏集传·周书·周官》**

（归善斋按，见"惟周王抚万邦，巡侯、甸"）

**18.（元）许谦《读书丛说》卷六《周书·周官》**

（归善斋按，未解）

## 19.（元）董鼎《书传辑录纂注》卷六《周书·周官》

（归善斋按，见"惟周王抚万邦，巡侯、甸"）

## 20.（元）朱祖义《尚书句解》卷十一《周书·周官第二十二》

四征弗庭（四面而征诸侯不朝于王庭者），绥厥兆民（特以诸侯负固不服，割害下民，征之乃所以安其兆民）。

## 21.（明）王樵《尚书日记》卷十四《周书·周官》

（归善斋按，见"惟周王抚万邦，巡侯、甸"）

## 22.（清）库勒纳等撰《日讲书经解义》卷十一《周书·周官》

（归善斋按，见"惟周王抚万邦，巡侯、甸"）

## （元）陈师凯《蔡氏传旁通》卷六上《周官》

庭，直也。
《释诂》文。

## （清）朱鹤龄《尚书埤传》卷十四《周书·周官》

（归善斋按，见"惟周王抚万邦，巡侯、甸"）

# 六服群辟，罔不承德，归于宗周，董正治官

## 1.（汉）孔氏传、（唐）陆德明音义、孔颖达疏《尚书注疏》卷十七《周书·周官》

六服群辟，罔不承德，归于宗周，董正治官。

传，六服诸侯，奉承周德，言协服，还归于丰，督正治理职司之百官。

音义，辟，必亦反。治，直吏反。下至冢宰，经注同。

疏，正义曰，六服之内群众诸侯之君，无有不奉承周王之德者，自灭淮夷而归于宗周丰邑，乃督正治理职司之百官，叙王发言之端也。

传正义曰，六服而惟言侯、甸者，二服去圻最近，举近以言之，言王巡省遍六服也。《周礼》九服，此惟言六者，夷、镇、蕃三服在九州岛之外，夷狄之地，王者之于夷狄，羁縻而已，不可同于华夏，故惟举六服。诸侯奉承周德，言协服也。序云"还归在丰"，知宗周即丰也，周为天下所宗，王都所在，皆得称之，故丰、镐与洛邑，皆名宗周。《释诂》云"董，督正也"是董得为督，督正治理职司之百官，下戒敕，是董正也。

《尚书注疏》卷十七《考证》

"六服群辟，罔不承德"疏"周礼九服，此惟言六者，夷、镇、蕃三服在九州岛之外"。

陈栎曰，巡侯、甸即九服，而以内五服并王畿言之也。正与侯、甸、男邦、采、卫之辞相合，略外四服耳，无不同也。臣召南按，疏谓夷、镇、蕃三服羁縻而已，则所谓六服，指侯、甸、男、采、卫、蛮，已与《周礼》九服理不相碍。但蛮服，亦属荒远，而并数之，又未若葛氏，以侯、甸、男、采、卫并畿内数之为明确也。陈栎说是。

## 2.（宋）苏轼《书传》卷十六《周书·周官第二十二》

（归善斋按，见"惟周王抚万邦，巡侯、甸"）

## 3.（宋）林之奇《尚书全解》卷三十六《周书·周官》

（归善斋按，见"成王既黜殷命，灭淮夷"）

## 4.（宋）史浩《尚书讲义》卷十八《周书·周官》

（归善斋按，见"惟周王抚万邦，巡侯、甸"）

### 5.（宋）夏僎《尚书详解》卷二十二《周书·周官》

(归善斋按，见"惟周王抚万邦，巡侯、甸")

### 6.（宋）时澜《增修东莱书说》卷三十《周书·周官第二十二》

(归善斋按，见"惟周王抚万邦，巡侯、甸")

### 7.（宋）黄度《尚书说》卷六《周书·周官》

(归善斋按，见"惟周王抚万邦，巡侯、甸")

### 8.（宋）袁燮《絜斋家塾书钞》

(归善斋按，无此篇)

### 9.（宋）蔡沈《书经集传》卷六《周书·周官》

(归善斋按，见"惟周王抚万邦，巡侯、甸")

### 10.（宋）黄伦《尚书精义》卷四十四《周书·周官》

(归善斋按，见"惟周王抚万邦，巡侯、甸")

### 11.（宋）陈经《尚书详解》卷四十《周书·周官》

(归善斋按，见"惟周王抚万邦，巡侯、甸")

### 12.（宋）钱时《融堂书解》卷十七《周书·周官》

(归善斋按，见"惟周王抚万邦，巡侯、甸")

### 13.（宋）魏了翁《尚书要义》卷十七《周书·立政、周官、君陈》

二十八、九服，惟举六宗。周，即丰。

《周礼》九服，此惟言六者，夷、镇、蕃三服在九州之外，夷狄之地，王者之于夷狄羁縻而已，不可同于华夏，故惟举六服诸侯奉承周德，言协服也。序云"还归在丰"，知宗周即丰也。周为天下所宗，王都所在皆得称之，故丰、镐与洛邑皆名宗周。

## 14.（宋）陈大猷《书集传或问》卷下《周书·周官》

（归善斋按，未解）

## 15.（宋）胡士行《尚书详解》卷十一《周书·周官第二十二》

（归善斋按，见"惟周王抚万邦，巡侯、甸"）

## 16.（元）吴澄《书纂言》卷四下

（归善斋按，无此篇）

## 17.（元）陈栎《书集传纂疏》卷六《朱子订定蔡氏集传·周书·周官》

（归善斋按，见"惟周王抚万邦，巡侯甸"）

## 18.（元）许谦《读书丛说》卷六《周书·周官》

六服，《周礼·大行人》邦畿方千里，其外方五百里谓之侯服，又外五百里甸服，又外五百里男服，又外五百里采服，又外五百里卫服，又外五百里要服。九州岛之外，谓之蕃国。《职方氏》方千里曰王畿，其外侯、甸、男、采、卫、蛮、夷、镇、蕃，各方五百里，二说不同。盖方五百里，总言两面也，一面二百五十里，王畿及九服，共方五千五百里。《职方》九服，而《大行人》自"侯"至"要"，止六服，要服，蛮服也，谓九州岛内也。九州岛外，蕃国，则兼夷、镇、蕃，而言世一见者也。此书六服，即要以上六服也。传曰，有虞氏官百，夏二百，商三百，周三百，有六十道，即事理当行之路。

**19.（元）董鼎《书传辑录纂注》卷六《周书·周官》**

（归善斋按，见"惟周王抚万邦，巡侯、甸"）

**20.（元）朱祖义《尚书句解》卷十一《周书·周官第二十二》**

六服群辟（由是侯、甸、男邦、采、卫之众君。辟，壁），罔不承德（无不奉承成王之德，心悦诚服）。归于宗周（成王于是还师归于丰邑，谓之宗周，以周家为天下之所尊），董正治官（董督厘正朝廷治事之官）。

**21.（明）王樵《尚书日记》卷十四《周书·周官》**

（归善斋按，见"惟周王抚万邦，巡侯、甸"）

**22.（清）库勒纳等撰《日讲书经解义》卷十一《周书·周官》**

（归善斋按，见"惟周王抚万邦，巡侯、甸"）

**（元）陈师凯《蔡氏传旁通》卷六上《周官》**

六服，侯、甸、男、采、卫并畿内为六服也。《禹贡》五服，通畿内，周制五服在王畿外也。《周礼》又有九服，侯、甸、男、采、卫、蛮、夷、镇、蕃，与此不同。

新安陈氏曰，巡侯、甸，即六服而略言之也。六服承德，即九服而以内五服并王畿言之也。内五服，九州岛内，外五服九州岛外。以内五服并畿内，为六，正与侯、甸、男、邦、采、卫之辞合，略外四服耳，无不同也。

**（清）朱鹤龄《尚书埤传》卷十四《周书·周官》**

（归善斋按，见"惟周王抚万邦，巡侯、甸"）

1745

# 王曰，若昔大猷，制治于未乱，保邦于未危

## 1.（汉）孔氏传、（唐）陆德明音义、孔颖达疏《尚书注疏》卷十七《周书·周官》

王曰，若昔大猷，制治于未乱，保邦于未危。

传，言当顺古大道，制治安国，必于未乱、未危之前，思患预防之。

疏，正义曰，治，谓政教；邦，谓国家。治有失则乱家，不安则危。恐其乱，则预为之制；虑其危，则谋之使安。制其治于未乱之前，安其国于未危之前，张官、设府，使分职明察；任贤、委能，令事务顺理。如是，则政治而国安矣。标此二句于前，以示立官之意，必于未乱未危之前为之者，思患而预防之。思患而预防之，《易·既济卦》象辞也。

《尚书注疏》卷十七《考证》

"王曰，若昔大猷"传"言当顺古大道"。

林之奇曰，若，发语辞，"若昔"，犹曰在昔也。

## 2.（宋）苏轼《书传》卷十六《周书·周官第二十二》

王曰，若昔大猷，制治于未乱，保邦于未危。曰，唐虞稽古，建官惟百。内有百揆四岳，外有州牧、侯伯，庶政惟和，万国咸宁。夏商官倍，亦克用乂。

唐虞官百，而天下治。夏商曷为倍之，德衰而政卑也。尧舜官天下无患失之忧，故任人而不任法，人得自尽也。故法简官少而事省。夏商家天下，惟恐失之，不敢以付人，人与法相持而行，故法烦官多而事冗。后世德愈衰，政愈卑。人愈不信，而一付之法吏，不敢任事相倚以苟免，故法愈乱，官愈多，而事不举，人主知此则治（一作几）矣。

## 3.（宋）林之奇《尚书全解》卷三十六《周书·周官》

（归善斋按，见"成王既黜殷命，灭淮夷"）

## 4.（宋）史浩《尚书讲义》卷十八《周书·周官》

王曰，若昔大猷，制治于未乱，保邦于未危。

此成王能窥见文武得天下之本也，故曰"大猷"。夫治安之道，不能于未乱、未危之时维持谨守之，及至危乱而后求定，大寒索裘亦已晚矣。《凫鹥》之诗美成王能持盈守成，盖以其得先王制治保邦之道也。其所以神祇祖考安乐之者，盖以天地生一圣君，祖宗生一圣子，创业垂统为一代之明主，郊天告地，其神灵岂不欢喜，即所谓安乐之也。然而其心惴惴然，惟恐其不能继继承承，以永天命。既幸成王能知持守，而为太平之君，则神祇祖考皆安乐之，固其宜也。即政之初，能发此言，《凫鹥》之诗颂其成功不为过也。

## 5.（宋）夏僎《尚书详解》卷二十二《周书·周官》

王曰，若昔大猷，制治于未乱，保邦于未危。曰，唐虞稽古，建官惟百，内有百揆四岳，外有州牧、侯伯。庶政惟和，万国咸宁。夏、商官倍，亦克用乂。明王立政，不惟其官，惟其人。

自此以下，成王作《周官》辞也。若，助辞，犹"如"也。"若昔大猷"谓如古之大道也。成王谓，如古之大道，于天下之治，则制之于未纷乱之初；于邦国，则保之于未倾危之先。其意盖以为，政事当于未纷乱之前制之，既乱则无及；邦国当于未倾危之始保之，既危则无及，此乃古之大道如此。成王既言古之大道如此，于是更端而言曰，唐尧、虞舜，惟能稽考此古道，知治之所以能至于不乱邦，之所以能至于不危者，特在于建官得人而已。是故，建立其官，其数惟百。所谓惟百，非惟止百人也，乃大略言之耳。成王既言其官之数如此，不欲尽举其名数，于是略举其大者，谓唐虞所谓惟百者，其内则有百揆，以揆度百官而为长；四岳，以掌方岳诸侯为之长，是内之建官，其尊且大，莫过此也。其外，则每州立一牧，以总管二百一十国。而五国又立一长，而谓之侯伯，言其为诸侯之长也，是外之建官，其尊且大莫过此也。惟唐虞考于古道，而知治当制于未乱，邦当保于未危，遂建此内外之百官。故当时内外相维，果能至于庶政之惟和，则其治果不乱矣。万邦之咸宁，则其邦果不危矣。则此二句盖所

1747

以缴前意也。唐虞之后，如夏禹、商汤之时，亦知此理，故其时，虽去古既远，事业丛多，用人不得不广，至于倍唐虞之数，然而用得其人，亦能至于治，所谓克用治者，谓其政和国宁，不减于唐、虞也。夏、商所谓倍，特泛言其数之倍于唐、虞耳，非谓唐、虞一百，而夏商二百也。而《明堂位》乃有"有虞氏五十，夏后氏百，商二百，周三百"之说，妄矣。成王既言唐、虞、夏、商建官之意如此，故遂言，大抵明哲之王，凡于立政之际，不惟其官之多寡，而惟在于得人，盖谓唐、虞、夏、商大略如此。人君，正不可泥其数，必取其备，惟得人则必可以治。盖当时周公定周官之制，又详于夏、商，故成王言此，所以谓建官不可以多寡为疑，苟得其人，则多亦治，寡亦治也。

## 6.（宋）时澜《增修东莱书说》卷三十《周书·周官第二十二》

王曰，若昔大猷，制治于未乱，保邦于未危。

建官分职，固自古制治保邦之大道也，曰制治于未乱，保邦于未危，岌岌乎若危乱，踵其后一何迫也。是岂成王之过虑哉？成王深观乎古，而深见乎此也。阖、辟非二气，屈伸非二体，而治乱安危非二机也。反治即乱，去安即危，其间本不容发也。若昔帝王，建其长，立其贰，设其参，傅其伍者，岂苟云乎哉？皆所以制其未乱，而保其未危也。非曰文其治，而饰其安也。大官大职，固所当谨，同舟济海，一事不牢，则俱受其败。盖虽贱有司，亦不敢忽也。后世之主，或舛逆体统，而失其建官之意；或简畀庸谫，而违其任官之材。彼惟以为爵出于口，而视之若不甚急耳。呜呼！舜发畎亩，禹躬胼胝，相与戚嗟。官人之难备，尝险阻，固诚知其急也。成王长于周家十六王积累平富之余，而亲发未乱未危之论，学之于人，大矣哉。

## 7.（宋）黄度《尚书说》卷六《周书·周官》

王曰，若昔大猷，制治于未乱，保邦于未危。曰，唐、虞稽古，建官惟百，内有百揆、四岳，外有州牧侯伯，庶政惟和，万国咸宁。夏、商官倍，亦克用乂。

皋陶曰，"兢兢业业，一日二日万几，无旷庶官，天工人其代之"，此"制治于未乱，保邦于未危"也。制治未乱，保邦未危，譬若五谷养生，无绩效可见。已乱而救之，已危而持之，譬若药石伐病，虽有绩效可见，而伤和伐性多矣。此非明炳几先足，以成天下之务，未有不忽之者也。故皋陶有兢业之戒。唐、虞以前建官，至周犹有可考，大抵随事损益。百揆、四岳，皆居内。"百揆亮采惠畴；四岳辟四门，明目达聪"。然则，四岳本主外也。侯伯，二伯分左右，统治诸侯。百官奉职，故庶政惟和；内外一体，故万国咸宁。夏、商事渐多，置官亦稍广，随时之宜也。

## 8.（宋）袁燮《絜斋家塾书钞》

（归善斋按，无此篇）

## 9.（宋）蔡沈《书经集传》卷六《周书·周官》

王曰，若昔大猷，制治于未乱，保邦于未危。

治，去声。若昔大道之世，制治、保邦于未乱、未危之前，即下文"明王立政"是也。

## 10.（宋）黄伦《尚书精义》卷四十四《周书·周官》

王曰，若昔大猷，制治于未乱，保邦于未危。

张氏曰，图治者，必在夫未乱；图安者，必在夫未危。乱而后思治，危而后思安，则无如之何矣。古之人，作炳于忽湛绵之际，用智于未奔沉之前者，此也。

## 11.（宋）陈经《尚书详解》卷四十《周书·周官》

王曰，若昔大猷，制治于未乱，保邦于未危。曰，唐、虞稽古，建官惟百，内有百揆四岳，外有州牧、侯伯，庶政惟和，万国咸宁。夏、商官倍，亦克用乂。明王立政，不惟其官，惟其人。

若，顺也。大猷，大道也。顺古之大道而行之。自"制治于未乱，保邦于未危"而下，皆古之大道也。当未乱、未危之时，常致其所以为乱、为危之虑，故制其治，而使政教之无缺；保其邦，而使上下之无虞。此成王深见治道，有无穷之忧，不以目前苟安而自治也。古今之变，不齐治，不长治者，皆自人主怠忽之心生，以治视治，而不以乱视治；以安视安，而不以危视安也。"曰，唐、虞稽古，建官惟百"，皆古人所以制治、保邦之具也。唐、虞考古以建官，其数止于百，盖其民淳、事简故也。在内，则有百揆宰相之任，四岳以分掌诸侯；在外，则有十二州之牧，与乎诸侯之长，皆方伯、连帅之职也。既曰"建官惟百"矣，而在内则特举百揆、四岳，在外则特举州牧、侯伯，何也？唐、虞之世，执要以御详，故上下相维，内外相制，莫不有法，此亦"王省惟岁"之意也。内举百揆、四岳之大臣，而朝廷百僚之政无不举矣；外举州牧、侯伯，而邦国、都鄙之政无不举矣。为治之纲领，莫有过于此者，所以庶政得其和，而政教礼刑无不理，万国得其宁，而远近内外无不安。此唐、虞建官，其治效所以若此也。至于夏、商与唐、虞时异、事异矣，故廷官之数，则倍于唐、虞。唐、虞官百，夏、商二百，圣人观时之会通，以行典礼，以唐、虞之官而治。夏、商则废事以夏、商之官而治。唐、虞则空官时之不得不然也，故亦克用乂也。要之，圣人建官，虽多寡各因时而不同，然其致治之意则一而已。虽然记《礼》者之言与《书》不合，何也？《礼》曰"唐、虞之官五十，夏氏官百，商二百，周三百"，盖《礼记》出于汉儒所记，当以《周官》为正也。"明王立政，不惟其官，惟其人"，立政之要，不在于官之多，惟在于得其人。盖为人择官者，惟取其具官而已；为官择人者，必欲其得人焉。苟不得其人，徒取其具官，谓之"旷官"可也。自非王者有明德，足以灼知治乱安危之本，与乎邪正贤否之辨，安能如此，故曰"明王立政"。

## 12. （宋）钱时《融堂书解》卷十七《周书·周官》

王曰，若昔大猷，制治于未乱，保邦于未危。曰，唐、虞稽古，建官惟百，内有百揆、四岳，外有州牧、侯伯，庶政惟和，万国咸宁。夏、商官倍，亦克用乂。明王立政，不惟其官，惟其人。今予小子，祗勤于德，夙夜不逮，仰惟前代时若，训迪厥官。立太师、太傅、太保，兹惟三公，论道经邦，燮理阴阳，官不必备，惟其人。少师、少傅、少保，曰三孤，贰公，弘化寅亮天地，弼予一人。冢宰，掌邦治，统百官，均四海；司徒，掌邦教，敷五典，扰兆民；宗伯，掌邦礼，治神人，和上下；司马，掌邦政，统六师，平邦国；司寇，掌邦禁，诘奸慝，刑暴乱；司空，掌邦土，居四民，时地利。六卿分职，各率其属，以倡九牧，阜成兆民。六年五服一朝，又六年王乃时巡，考制度于四岳，诸侯各朝于方岳，大明黜陟。

此下，皆成王"董正治官"之辞也。猷，道也。愚于此有以见成王之学，大进六通、四辟，无往而非道矣。使其学未至六通、四辟之地，则昔之人制治于未乱，是制治而已，保邦于未危，是保邦而已，安知其为大道也。成王既提此三语，而重着一"曰"字，正是应上文，言昔之大道，所以制治、保邦者如此也。百揆，尤尊，盖不常置。尧在位七十载，得舜而后始宅；舜亦得禹而后始宅。四岳，大臣，亦不止于掌四方诸侯也。尧欲治水，则咨之，欲禅位，则咨之，及舜欲宅百揆，则咨之。事体可见"不惟其官，惟其人"。如皋之刑，夔之乐，益之虞，垂之工之类，断断乎不容错居而杂处，真所谓"惟其人"矣。冢宰而下，谓之六卿，则各有职掌矣。然周官六卿，三百六十官，而不列三公至宰夫之职，则云，正王及三公、六御、群吏之位，盖三公，非常职也，有其人则任之；若六卿，则不可一日缺者。尝考周公为师，而又位冢宰。《顾命》所称太保奭、芮伯、彤伯、毕公、卫侯、毛公六卿也，而太保、毕、毛，实三公，以此见得，三公之任未必别建，其人往往六御之中，足以任三公者，则兼之耳。山顶曰冢，位居最上，故取"冢"义。司徒，徒，众也，司众之道，莫大于教也，师之于弟子，亦以徒目之，即此义欤。司空，空，有平治、恳辟之义，土不空，则何以居民。大概六卿之属，各六十。冢宰者，六卿之纲也；六卿者，三百六十官之纲也。朝廷者，又九州岛之纲；而九州岛之牧，又天下诸侯之纲也。前言"六服群辟"，而此言"五服一朝"，何也？盖周有九服，而夷、镇、蕃三服，在九州岛之外，羁縻之而已，故前止言六服。六服之中，要服最远。舜之五服，服五百里，乃并王畿算之。周之九服，亦服五百里，乃在王畿千里之外，然则周之要服，去舜五服之外，且千里矣。其朝贡，难于期定，故此止言侯、甸、男、采、卫，而不及要服欤。

## 13. (宋)魏了翁《尚书要义》卷十七《周书·立政、周官、君陈》

(归善斋按,未引)

## 14. (宋)陈大猷《书集传或问》卷下《周书·周官》

(归善斋按,未解)

## 15. (宋)胡士行《尚书详解》卷十一《周书·周官第二十二》

王曰,若(顺)昔(上古)大(远)猷(谋),制治于未乱,保邦于未危(阖辟屈伸,间不容发)。曰,唐虞稽(考)古(上古),建(立)官惟百,内有百揆、四岳(统内治);外有州牧(十二牧)侯伯(五国一长,统外治),庶政惟和,万国咸宁。夏商官(建官)倍(二百),亦克用乂。明王(注云,圣帝明王)立政,不惟其官(具官),惟其人(得人)。

揆、岳、牧、伯,挈其纲也。纲举则目张矣。和、宁者,无为而治。唐虞之治体然也。百而倍焉,不矜于同,而同于治,要在得人而已。

## 16. (元)吴澄《书纂言》卷四下

(归善斋按,无此篇)

## 17. (元)陈栎《书集传纂疏》卷六《朱子订定蔡氏集传·周书·周官》

王曰,若昔大猷,制治于未乱,保邦于未危。
若昔大道之世,制治、保邦于未乱未危之前,即下文"明王立政"是也。

## 18. (元)许谦《读书丛说》卷六《周书·周官》

(归善斋按,未解)

### 19.（元）董鼎《书传辑录纂注》卷六《周书·周官》

王曰，若昔大猷，制治于未乱，保邦于未危。

若昔大道之世，制治保邦于未乱、未危之前，即下文"明王立政"是也。

### 20.（元）朱祖义《尚书句解》卷十一《周书·周官第二十二》

王曰（成王言），若昔大猷（如欲顺古昔大道而行之），制治于未乱（常制其治于未乱之先，使政教无阙），保邦于未危（安其国于未危之日，使上下无虞）。

### 21.（明）王樵《尚书日记》卷十四《周书·周官》

"王曰若昔大猷"至"保邦于未危"。

正义曰，治谓政治，邦谓国家。治有失则乱，国不治则危。思其乱，预为之制；虑其危，谋之使安。制其治于未乱之前，安其国于未危之前，张设官府，使分职明；任委贤能，使事务理，如是，则政治而国安矣。标此二句于前，以示立官之意。按，"归于宗周，董正治官"，正以制治、保邦之本在此也。官者，治乱安危之所出；人，则制之，保之者也。

### 22.（清）库勒纳等撰《日讲书经解义》卷十一《周书·周官》

王曰，若昔大猷，制治于未乱，保邦于未危。

此一节书是，成王将欲"董正治官"而先述所以求治之意也。大猷，大有道之世也。史臣叙成王之词曰，盛世之所以久安长治者，亦在人主审乎治乱安危之机而已。如古昔大有道之世，圣帝明王，孜孜求治。其时，虽法度修明，世已治而无乱矣，犹以为治者，乱所倚也。其图维治道，常在未乱之前，虽海宇宁谧，世已安而无危矣，犹以为安者，危所伏也。其保固邦家，常在未危之日，故能长治久安，永无危乱之患，若待已乱已危而图之，则无及矣。

## （明）梅鷟《尚书考异》卷四《周官》

若昔大猷，制治于未乱，保邦于未危。

《老子》曰，为之于未有，治之于未乱。

## 曰，唐虞稽古，建官惟百，内有百揆四岳，外有州牧、侯伯

### 1.（汉）孔氏传、（唐）陆德明音义、孔颖达疏《尚书注疏》卷十七《周书·周官》

曰，唐虞稽古，建官惟百，内有百揆四岳，外有州牧、侯伯。

传，道尧舜，考古以建百官，内置百揆四岳，象天之有五行；外置州牧十二及五国之长，上下相维，外内咸治，言有法。

音义，之长，丁丈反。下官长、助长、君长，并同。

疏，正义曰，既言须立官之意，乃追述前代之法，止而复言，故更加一"曰"。唐尧、虞舜，考行古道，立官惟数止一百也。内有百揆四岳者，百揆，揆度百事，为群官之首，立一人也。四岳，内典四时之政，外主方岳之事，立四人也。外有州牧，侯伯。牧一州之长，侯伯五国之长，各监其所部之国。

传正义曰，百人无主，不散则乱。有父，则有君也。君不独治，必须辅佐，有君则有臣也。《易序卦》云，有父子，然后有君臣，则君臣之兴，次父子之后。人民之始，则当有之未知其所由来也。虽远举唐虞，复考古也。《说命》曰"明王奉若天道，建邦设都"，则王者立官，皆象天为之。故内置百揆、四岳，象天之有五行也。五行佐天，群臣佐主，以此为象天尔。不必其数有五，乃象五行，故以百揆、四岳为五行之象。《左传》云少昊立五鸠氏，颛顼已来立五行之官，其数亦有五，故置于五行矣。《舜典》云"肇十有二州"此说虞事，知置州牧十二也。侯伯，谓诸侯之长。《益稷》篇禹言治水时事云"外薄四海咸建五长"，知侯伯是五

国之长也。成王说此事者，言尧舜所制，上下相维，内外咸治，言有法也。此言"建官惟百"，"夏商官倍"，则唐虞一百，夏商二百。《礼记·明堂位》云"有虞氏官五十，夏后氏官百"者，《礼记》是后世之言，不与经典合也。

### 2. （宋）苏轼《书传》卷十六《周书·周官第二十二》

（归善斋按，见"若昔大猷，制治于未乱，保邦于未危"）

### 3. （宋）林之奇《尚书全解》卷三十六《周书·周官》

（归善斋按，见"成王既黜殷命，灭淮夷"）

### 4. （宋）史浩《尚书讲义》卷十八《周书·周官》

曰，唐、虞稽古，建官惟百，内有百揆、四岳；外有州牧、侯伯，庶政惟和，万国咸宁。夏、商官倍，亦克用乂。明王立政，不惟其官，惟其人。

唐、虞建官，亦因前代，故曰"稽古"，想见古之建官，必又简少，盖结绳而治，官不必多也。后世生齿渐伙，民事渐繁，故设官分职，不得不多。然百揆、四岳、州牧、侯伯，未尝不具也。至于夏、商之世，官虽倍，而亦"克用乂"者，言其事益繁，而仅能致治也。然则，前代明主之立政，不在乎官，而在乎人之有德。苟无德以堪，则阙之，故曰"不必备"也。夏、商以来，非无三公，其见于典籍者，伊尹曰保衡，太公曰维师而已。尹之为保，望之为师，可以当此矣，他人安得而比肩乎？此"惟其人"之证也。

### 5. （宋）夏僎《尚书详解》卷二十二《周书·周官》

（归善斋按，见"若昔大猷，制治于未乱，保邦于未危"）

### 6. （宋）时澜《增修东莱书说》卷三十《周书·周官第二十二》

曰，唐、虞稽古，建官惟百内，有百揆、四岳，外有州牧、侯伯，庶政惟和，万国咸宁。夏、商官倍，亦"克用乂"。明王立政，不惟其官，惟其人。今予小子，祗勤于德，夙夜不逮，仰惟前代时若，训迪厥官。

成王既原自古建官之道，复序自古建官之法。唐、虞"建官惟百"，而谓之"稽古"，则官之有百，盖前于唐、虞矣。上古官制于此可推也。百揆，无所不总者也。四岳，兼总方岳者也。州牧，各总其州者也。侯伯，逮春秋，犹袭以霸者之称，在唐、虞则必次州牧而总诸侯者也。若曰五等之侯、伯，则奚独置其三者，而举二也。治道之达，自百揆而受之以四岳；自四岳而受之以州牧；自州牧而受之以侯伯，本自一源派于万浍。"庶政惟和，万国咸宁"，唐、虞之治纲可识矣。唐、虞之官见于《书》者犹多，成王独举其四，惟识其大，故能挈其纲也。夏、商之官倍也，观其会通，而制其繁简也。百焉而治，倍焉而亦能用治，则夏商之于唐、虞不期于同，而期于治。"明王立政，不惟其官，惟其人"，官者，位也，非其人则虚位也。然位之布列，其法岂真可轻哉。首尾倒置，承受参错，虽得其人，亦何所施？成王既序唐、虞、夏、商建官之法矣，复恐人得其徒法而不循其本也，故抑扬其辞，而使识之也。"今予小子，祗勤于德，夙夜不逮"，成王实用力于此，而真知其不足，所以"仰惟前代时若，训迪厥官"，而共治之也。德，君德也。祗，勤于德，则止其所而非丛脞也。"训迪厥官"，训导之，俾各知所职，下文所序是也。

## 7．（宋）黄度《尚书说》卷六《周书·周官》

（归善斋按，见"若昔大猷，制治于未乱，保邦于未危"）

## 8．（宋）袁燮《絜斋家塾书钞》

（归善斋按，无此篇）

## 9．（宋）蔡沈《书经集传》卷六《周书·周官》

曰，唐、虞稽古，建官惟百，内有百揆、四岳，外有州牧、侯伯，庶政惟和，万国咸宁。夏、商官倍，亦克用乂。明王立政，不惟其官，惟其人。

倍，薄亥反。百揆，无所不总者；四岳，总其方岳者；州牧，各总其州者；侯伯，次州牧，而总诸侯者也。百揆、四岳总治于内；州牧、侯伯总治于外，内外相承，体统不紊，故"庶政惟和"而"万国咸安"。夏、商之时，世变事繁，观其会通，制其繁简，官数加倍，亦能用治。明王立政，不惟其官之多，惟其得人而已。

## 10.（宋）黄伦《尚书精义》卷四十四《周书·周官》

曰，唐、虞稽古，建官惟百，内有百揆、四岳，外有州牧、侯伯，庶政惟和，万国咸宁。夏、商官倍，亦克用乂。明王立政，不惟其官，惟其人。

无垢曰，唐、虞去上古未远，民淳事简，此所以建官百而已。内止责成于百揆、四岳，外止责成于州牧、侯伯，而内外庶政无不和协，天下万国无不安宁矣。夏、商民渐浇浮，事渐丛大，此所以不及唐、虞之简静，而建官有倍于唐、虞也。建官虽倍，亦仅能无危乱而已，岂敢复望惟和、咸宁之盛乎。大抵明王立政，不惟其官之众多，惟在得其人而已。观成王此言，其亦心地明白，而乃能自立名言矣。此盖周公保佑之力，而力学"克由绎之"之效也。

东坡曰，唐、虞官百而天下治，夏、商曷为倍之，德衰而政卑也。尧、舜，官天下，不为患失之忧，故任人而不任法，人人得自尽也，故法简官少而事省。夏、商，家天下，惟恐失之，不敢以付人，人与法相持而行，故法繁官多而事冗。后世德愈衰，政愈卑，人愈不信，而一付之法，吏不敢任事，相倚以苟免，法愈乱，官愈多，事愈不举。人主知此则智矣。

又曰，天下之事，古略而今详。天下之官，古寡而今众。圣人非有意于其间，势则然也，火化之始，燔黍捭豚，以为糜矣。至周，而醯醢之属，至百二十瓮，栋宇之始，茆茨采椽，以为泰矣。至周九尺之室，山节藻棁，圣人随世而用之节文，岂得已哉。

又曰，圣人不以官之众寡论治乱者，以为治乱在德，而不在官之众寡也。

## 11. (宋)陈经《尚书详解》卷四十《周书·周官》

(归善斋按,见"若昔大猷,制治于未乱,保邦于未危")

## 12. (宋)钱时《融堂书解》卷十七《周书·周官》

(归善斋按,见"若昔大猷,制治于未乱,保邦于未危")

## 13. (宋)魏了翁《尚书要义》卷十七《周书·立政、周官、君陈》

二十九、此经四代之官,与《礼记》异。

《舜典》云"肇十有二州",此说虞事,知置州牧十二也。侯伯,谓诸侯之长。《益稷》篇禹言治水时事,云"外薄四海咸建五长",知侯伯是五国之长也。成王说此事者,言尧、舜所制,上下相维,内外咸治,言有法也。此言"建官惟百,夏、商官倍",则唐、虞一百,夏、商二百。《礼记·明堂》云"有虞氏官五十,夏后氏官百"者,《礼记》是后世之言,不与经典合也。

## 14. (宋)陈大猷《书集传或问》卷下《周书·周官》

(归善斋按,未解)

## 15. (宋)胡士行《尚书详解》卷十一《周书·周官第二十二》

(归善斋按,见"若昔大猷,制治于未乱,保邦于未危")

## 16. (元)吴澄《书纂言》卷四下

(归善斋按,无此篇)

## 17. (元)陈栎《书集传纂疏》卷六《朱子订定蔡氏集传·周书·周官》

曰,唐、虞稽古,建官惟百,内有百揆、四岳,外有州牧、侯伯,庶政惟和，万国咸宁。夏、商官倍，亦克用乂。明王立政，不惟其官，惟其人。

百揆，无所不总者；四岳，总其方岳者；州牧，各总其州者；侯伯，次州牧而总诸侯者也。百揆、四岳，总治于内；州牧、侯伯，总治于外，内外相承，体统不紊，故"庶政惟和"，而"万国咸安"。夏、商之时，世变事繁，观其会通，制其繁简，官数加倍，亦能用治。明王立政，不惟其官之多，惟其得人而已。

纂疏：

张氏震曰，唐、虞官百，夏、商倍之，周又几倍之，事繁故官多。然大体未尝变也。舜命九官，至商列为八政，至周合为六典，大纲皆出于一，所增特其属耳。

## 18. （元）许谦《读书丛说》卷六《周书·周官》

（归善斋按，未解）

## 19. （元）董鼎《书传辑录纂注》卷六《周书·周官》

曰，唐、虞稽古，建官惟百，内有百揆、四岳，外有州牧、侯伯庶政惟和，万国咸宁。夏、商官倍，亦克用乂。明王立政，不惟其官，惟其人。

百揆，无所不总者；四岳，总其方岳者；州牧，各总其州者；侯伯，次州牧，而总诸侯者也。百揆、四岳总治于内；州牧、侯伯总治于外，内外相承，体统不紊，故"庶政惟和"，而"万国咸安"。夏、商之时，世变事繁，观其会通，制其繁简，官数加倍，亦能用治。明王立政，不惟其官之多，惟其得人而已。

纂注：

张氏震曰，唐、虞官百，夏商倍之，周又倍之，事繁故官多，然大体未尝变也。舜命九官，至商列为八政，至周合为六典，大纲皆出于一，所增特其属耳。

## 20. （元）朱祖义《尚书句解》卷十一《周书·周官第二十二》

曰，唐、虞稽古（因论尧、舜稽考古道），建官惟百（建官之数惟止于百），内有百揆、四岳（在内则有百揆宰相之位，四岳以分掌诸侯），外有州牧、侯伯（在外则有十二州之牧与诸侯之长）。

## 21. （明）王樵《尚书日记》卷十四《周书·周官》

"曰，唐、虞稽古，建官惟百"至"不惟其官，惟其人"。

上文盖述古语，此"曰"字，成王自言也。建官，其来久矣，虽唐、虞亦稽之上古，损益随宜，建为百职。内，则百揆无所不总，四岳总方岳之事；外，则州牧各总其州，侯伯次州牧，而长其属国。内外相承，体统不紊，故"庶政惟和"而"万国咸安"。夏、商之时，世变事繁，观其会通，制其繁简，官数加倍，亦能用乂。然此特制数尔，大抵官得其人，则治；非其人庸，则废。事邪，则乱政。明王立，政不惟其官，惟其得人而已。夏、商官倍，亦内外相承，体统不紊，盖官不相沿，而此意不可易。唐、虞能使庶政和而万国安，夏、商亦克用乂者，盖不恃其建官惟得人尔。贤者能立政，官不足恃也。百揆、四岳总治于内，而方岳之事，四岳主之，则内通乎外；州牧、侯伯总治于外，而州牧又总于四岳，则外通乎内。《益稷》篇禹言"州十有二师"，即侯伯也。孔氏以为五国之长，盖本五国以为属，属有长之说，未知唐、虞之制然否。正义引"咸建五长"，此五长在五服之外，岂侯伯也。"惟和"者，总治、分治之事皆得其理也。有乖宜，则不和矣。万国咸宁，又本于庶政来以其时而言五兵虽设而不试也五刑虽制而不用也以其民而言帝则顺之而弗知也帝力赖之而弗庸也此唐虞万国咸宁之气象也。"不惟其官，惟其人"，官不必备，惟其人。"惟其人"三字，是一篇之要。

## 22. （清）库勒纳等撰《日讲书经解义》卷十一《周书·周官》

曰，唐、虞稽古，建官惟百，内有百揆、四岳，外有州牧、侯伯，庶政惟和，万国咸宁。夏、商官倍，亦克用乂。明王立政，不惟其官惟其人。

此一节书是，言制治、保邦之在于得人也。百揆，无所不总者；四岳，总其方岳者；州牧，各总其州者；侯伯，次州牧而总诸侯者也。成王曰，所谓大猷之世，远则有唐、虞，近则有夏、商，而所以制治、保邦者，亦惟建官之得其道耳。唐、虞去古未远，事简民淳，稽考旧典，损益随宜，建为百职，内，则有百揆、四岳以总理在朝之治；外，则有州牧、侯伯以总理四方之治，内外相承，体统不紊，故其时，礼乐、政刑，一切化理，无有一之不和；四方万国，时雍风动，无有一之不宁。此唐、虞建官之效也。至于夏、商去古少远，而世变事繁，则建官之数不得不较唐、虞为倍，然皆观其会通，制其繁简，故当时九功叙而耿命厘，政亦以和；文命敷而兆民殖，国亦以宁。此夏、商建官之效也。夫帝王建官立政，繁简不同，而制治、保邦如归一辙者，何哉？盖尧、舜、禹、汤号称明哲，其选贤任能，不惟其官之多寡，惟在得其人而已，以故和、宁之效，先后同揆。然则，人之系于国也，顾不重哉。

## （元）王充耘《书义矜式》卷六《周书·周官》

唐、虞稽古，建官惟百，内有百揆四岳，外有州牧侯伯，庶政惟和，万国咸宁。

莫善于尧舜官人之法，莫大于尧舜安民之功。夫官人之法，非尧舜所自为也。上考于古人，而官得其要；安民之功，非尧舜所自能也，下总于大臣，而民得其安。盖能官人，能安民者，尧舜之仁。合之与仁，而后可论唐虞之治。夫尧舜之知以其不自用而取法诸人也。尧舜之仁，不遍爱人，急亲贤也；不自用而取法诸人。是以官百之建，必稽于古；不遍爱人而急亲贤，是以内外之治，必总于大臣。盖不稽于古，则不能以简而御烦；不总于人，则不能自近而及远。一则知人之哲也；一则安民之惠也。非尧舜其孰能之。或者谓，古之时，官以云纪，而未尝有百揆四岳也；官以鸟纪，而未尝有州牧侯伯也。则是曰揆，曰岳，曰牧，曰侯，此唐虞之制，而非古之制也，则未可以为稽古也。抑孰知稽古，稽其实，不徇其名；求其心，不泥其迹。吾想古之时，太朴未散，风气未漓。其建官有甚

1761

简，而政治有甚隆者。此后世所不能知，尧舜所独知。是以天下虽广，而建之官，惟止于百，是唐虞之稽古，非若后世之泥于古也。尧舜以一心之微，而莅乎百官之众，安得人人而总之，内焉而总治，有百揆、四岳也，而尧舜无与焉。外焉而总治，有州牧、侯伯也，而尧舜无与焉。所谓有者，非徒有也，是人有才足以胜位也，而非虚位也，非徒有是名也。其德足以称职，而无旷官也。尧舜所建之官，虽极于百，而内外总治之职，咸有其人，此非所谓能官人者欤？于是曰百揆者，亮采惠畴，而天下无废事。曰四岳者，宾于四门，而天下无凶人。州牧则曰食哉惟时，而十二州之民各得其养；侯伯则曰各迪有功，而五服之诸侯，各敬其事。内外相承而体统不紊，如身之使臂，臂之使指。以言庶政，则九功惟叙，九叙惟歌，而庶政和矣。以言万国，则五服四朝，黎民于变，而万国宁矣。此非所谓能安民者欤？世未有能官人，而无安民之惠者；亦未有能安民，而非知人之哲者欤。能哲而惠，吾于尧舜见之。尧舜之能哲而惠，是必于古人得之，故方其建官也。都俞吁咈，不使一职旷，尧舜之心惟恐其不如古，及其至也，垂衣拱手无为而天下化。唐虞之治，复何愧于古哉。降自夏殷，而官数加倍，是未能如唐虞之简矣。论其治功，则曰亦克用乂，是未能如唐虞之盛矣，成周之制建官三百六十，而其职愈多，世变事繁，而其职愈重。然则，三代之制，非不欲稽古也。不幸而居唐虞之后，三代之治，非不欲如唐虞也。不幸而去古之远，世道之降，帝王之分，呜呼甚哉。

内有百揆、四岳，外有州牧、侯伯庶政惟和，万国咸宁。

内外之体统不紊，则远近之治效无间。此唐虞之盛，所以为不可及也。夫朝廷之上，莫先于百揆，百揆既宅，而又承之以四岳，则内足以统夫外矣；九州岛之内，莫重于州牧，州牧既置而又参之以侯伯，则外有以承乎内矣。内外之体统既立，由是而施之政事，则政虽不一，而无不和。由是而推之天下，则邦虽有万，而无不安。凡其庶绩咸熙，而黎民于变者，皆由其内外之相承，体统之不紊也，成王训迪厥官，而有及于此，其亦知所慕者欤，故曰（云云），嗟乎天下之大，人君以一身而加于亿兆之上。天地赖其位，万物赖其育。三纲五常，五礼六乐，无一事之非吾责也。唐虞之时，徒见庶绩凝，而万邦宁，遂以为圣人垂拱无为之所致。呜呼，是岂知圣人维持当世，而措天下于平治之故哉。天下之理，变而后通，作而后应，未有不勇于有为，而后能安于无为者也。不然尧以不得舜为己忧，舜以不得禹、皋陶为己忧。凡其孜孜焉命九官者，果何为耶？自今而观，越在内服，百揆既叙，则自天子而下，凡天下之事，无不在所揆度矣；四岳既布，则自百揆而下，凡州牧之官无不在所统率矣。先之以百揆，次之以四岳，其内外体统为何如？越在外服，既领之以州牧，又分之以侯伯者，盖天下之州，有九州岛，立之牧，则侯伯有所属矣；天下之爵有五，命侯及伯，则州牧有所托矣。夫既先之以州牧，而又次之以侯伯，其内外体统为何如？夫惟内有以统乎，外则上之临下，犹身之使臂；外有以承乎内，则下之事上，犹网之在纲。夫如是，政事虽多，其有不和者乎？万邦虽广，其有不宁者乎？且见于设施者，谓之政；布于天下者，谓之邦。一事之乖其礼，非和也；一物之失其性，非宁也。今也，不惟一政之和，而无一事之不和；不惟一邦之宁，而无邦之不宁，其治效之无间者。如此推原其故，盖有在矣。曾谓，不能正内外之体统，而能致其治效之如此乎？其唐虞之际，于此为盛，而成王言之以"训迪厥官"，盖知所慕矣。且成王以幼冲之资，持盈宁之运，以言其内，则冢宰之统百官者，既无异于百揆；以言其次，则六卿之分职，以率其属者，又无异于牧伯。彼其时异事殊，虽其官三百六十者，若繁于建官之惟百，然其制礼作乐而天下太平者，乃与庶政之惟和者无间也。既奏太平而皆有士君子之行者，与万邦之咸宁者，无愧也。后之论者，谓太和在虞周，岂无谓也哉？

## （元）王充耘《读书管见》卷下《周官》

唐、虞稽古。

盖自黄帝得六相，设左右大监，监万国，云龙鸟火之号，其来尚矣。到尧舜时，监前代沿革，而总集大成，故其法度体统，森严周密，内有百揆四岳。百揆，即九官也。明王立政，是总唐虞夏商之君言之，言唐虞能使庶政和，而万国安。夏商亦克用乂者，盖不恃其建官，恃得人耳。贤者能立政，官不足恃也。传云不惟其官之多，经无此意。

## (元)陈悦道《书义断法》卷六《周书·周官》

唐、虞稽古,建官惟百,内有百揆、四岳,外有州牧、侯伯,庶政惟和,万国咸宁。

稽古而建官惟百,犹古意之存,而官职之简也。内外之体统相承,则简而有要而治之不扰者也。内之百揆总百官,四岳总方岳;外之州牧,各总其州之诸侯。侯伯义次州牧,而总诸侯,是其制与古不殊,而独得其要,可谓和矣。未有庶政之和,而万国之民不安也,后世官愈烦,而政愈扰;政愈扰,而民亦不宁。盖亦未明稽古之制,而亦未得举要之道耳。

## (清)朱鹤龄《尚书埤传》卷十四《周书·周官》

侯伯;夏、商官倍。

《左传》注,侯伯,州长也,列职于王,即曰牧;于诸侯,则谓之侯伯。王樵曰,侯伯,即《益稷》之"州十有二师"也。孔传以为五国之长,盖本五国以为属,属有长之说,未知唐虞之制然否?疏引"咸建五长",此五长在五服之外,岂侯伯也。

《礼记·明堂位》有虞氏之官五十,夏后氏官百,殷官二百,周官三百。苏传,尧舜官天下无或失之忧,任人而不任法,人得自尽也,故法简官少而事省;夏商家天下惟恐失之,不敢以付人,人与法相持而行,故法繁官多而事冗。后世德日衰,故日卑人愈不信,而一付之法,吏不敢任事,相持以苟免,故法愈乱,官愈多,而事不举,人主知此则几矣。

# 庶政惟和,万国咸宁

## 1.(汉)孔氏传、(唐)陆德明音义、孔颖达疏《尚书注疏》卷十七《周书·周官》

庶政惟和,万国咸宁。

传，官职有序，故众政惟和，万国皆安，所以为正治。

疏，正义曰，外内置官，各有所掌，众政惟以协和，万邦所以皆安也。

## 2. （宋）苏轼《书传》卷十六《周书·周官第二十二》

（归善斋按，见"若昔大猷，制治于未乱，保邦于未危"）

## 3. （宋）林之奇《尚书全解》卷三十六《周书·周官》

（归善斋按，见"成王既黜殷命，灭淮夷"）

## 4. （宋）史浩《尚书讲义》卷十八《周书·周官》

（归善斋按，见"曰，唐虞稽古，建官惟百，内有百揆、四岳，外有州牧、侯伯"）

## 5. （宋）夏僎《尚书详解》卷二十二《周书·周官》

（归善斋按，见"若昔大猷，制治于未乱，保邦于未危"）

## 6. （宋）时澜《增修东莱书说》卷三十《周书·周官第二十二》

（归善斋按，见"曰，唐虞稽古，建官惟百，内有百揆、四岳，外有州牧、侯伯"）

## 7. （宋）黄度《尚书说》卷六《周书·周官》

（归善斋按，见"若昔大猷，制治于未乱，保邦于未危"）

## 8. （宋）袁燮《絜斋家塾书钞》

（归善斋按，无此篇）

## 9. （宋）蔡沈《书经集传》卷六《周书·周官》

（归善斋按，见"曰，唐虞稽古，建官惟百，内有州牧、侯伯")

### 10.（宋）黄伦《尚书精义》卷四十四《周书·周官》

（归善斋按，见"曰，唐虞稽古，建官惟百，内有百揆、四岳，外有州牧、侯伯"）

### 11.（宋）陈经《尚书详解》卷四十《周书·周官》

（归善斋按，见"若昔大猷，制治于未乱，保邦于未危"）

### 12.（宋）钱时《融堂书解》卷十七《周书·周官》

（归善斋按，见"若昔大猷，制治于未乱，保邦于未危"）

### 13.（宋）魏了翁《尚书要义》卷十七《周书·立政、周官、君陈》

（归善斋按，未引）

### 14.（宋）陈大猷《书集传或问》卷下《周书·周官》

（归善斋按，未解）

### 15.（宋）胡士行《尚书详解》卷十一《周书·周官第二十二》

（归善斋按，见"若昔大猷，制治于未乱，保邦于未危"）

### 16.（元）吴澄《书纂言》卷四下

（归善斋按，无此篇）

### 17.（元）陈栎《书集传纂疏》卷六《朱子订定蔡氏集传·周书·周官》

（归善斋按，见"曰，唐虞稽古，建官惟百，内有百揆、四岳，外有州牧、侯伯"）

### 18. （元）许谦《读书丛说》卷六《周书·周官》

（归善斋按，未解）

### 19. （元）董鼎《书传辑录纂注》卷六《周书·周官》

（归善斋按，见"曰，唐虞稽古，建官惟百，内有百揆、四岳，外有州牧、侯伯"）

### 20. （元）朱祖义《尚书句解》卷十一《周书·周官第二十二》

庶政惟和（所以为政得其和，而政教、礼刑无不理），万国咸宁（万国得其宁，远近内外无不安）。

### 21. （明）王樵《尚书日记》卷十四《周书·周官》

（归善斋按，见"曰，唐虞稽古，建官惟百，内有百揆、四岳，外有州牧、侯伯"）

### 22. （清）库勒纳等撰《日讲书经解义》卷十一《周书·周官》

（归善斋按，见"曰，唐虞稽古，建官惟百，内有百揆、四岳，外有州牧、侯伯"）

### （元）陈师凯《蔡氏传旁通》卷六上《周官》

周制无万国，大言之耳。

《周礼》王畿千里，外有九服，每服五百里，则每方五九四千五百，合之为九千里，通王畿为方万里。以开方法计之，方千里者为方，百里者百，则方万里者为方，百里者万矣。以百里为诸侯之国率之，是九服之内，可容万国。然周初会于牧野者，八百诸侯。《王制》所计，亦止千七百七十三国，故孔氏以此为大言之，非实数也。然史官例以万邦、万国，言一统之广，其来久矣。

### （元）王充耘《读书管见》卷下《周官》

（归善斋按，见"曰，唐虞稽古，建官惟百，内有百揆、四岳，外有州牧、侯伯"）

### （元）陈悦道《书义断法》卷六《周书·周官》

（归善斋按，见"曰，唐虞稽古，建官惟百，内有百揆、四岳，外有州牧、侯伯"）

# 夏商官倍，亦克用乂

### 1. （汉）孔氏传、（唐）陆德明音义、孔颖达疏《尚书注疏》卷十七《周书·周官》

夏商官倍，亦克用乂。

传，禹汤建官二百，亦能用治，言不及唐虞之清要。

疏，正义曰，夏禹、商汤立官，倍多于唐虞，虽不及唐虞之清简，亦能用以为治。

### 2. （宋）苏轼《书传》卷十六《周书·周官第二十二》

（归善斋按，见"若昔大猷，制治于未乱，保邦于未危"）

### 3. （宋）林之奇《尚书全解》卷三十六《周书·周官》

（归善斋按，见"成王既黜殷命，灭淮夷"）

### 4. （宋）史浩《尚书讲义》卷十八《周书·周官》

（归善斋按，见"曰，唐虞稽古，建官惟百，内有百揆、四岳，外有州牧、侯伯"）

## 5.（宋）夏僎《尚书详解》卷二十二《周书·周官》

（归善斋按，见"若昔大猷，制治于未乱，保邦于未危"）

## 6.（宋）时澜《增修东莱书说》卷三十《周书·周官第二十二》

（归善斋按，见"曰，唐虞稽古，建官惟百，内有百揆、四岳，外有州牧、侯伯"）

## 7.（宋）黄度《尚书说》卷六《周书·周官》

（归善斋按，见"若昔大猷，制治于未乱，保邦于未危"）

## 8.（宋）袁燮《絜斋家塾书钞》

（归善斋按，无此篇）

## 9.（宋）蔡沈《书经集传》卷六《周书·周官》

（归善斋按，见"曰，唐虞稽古，建官惟百，内有百揆、四岳，外有州牧、侯伯"）

## 10.（宋）黄伦《尚书精义》卷四十四《周书·周官》

（归善斋按，见"曰，唐虞稽古，建官惟百，内有百揆、四岳，外有州牧、侯伯"）

## 11.（宋）陈经《尚书详解》卷四十《周书·周官》

（归善斋按，见"若昔大猷，制治于未乱，保邦于未危"）

## 12.（宋）钱时《融堂书解》卷十七《周书·周官》

（归善斋按，见"若昔大猷，制治于未乱，保邦于未危"）

## 13. (宋)魏了翁《尚书要义》卷十七《周书·立政、周官、君陈》

(归善斋按,未引)

## 14. (宋)陈大猷《书集传或问》卷下《周书·周官》

(归善斋按,未解)

## 15. (宋)胡士行《尚书详解》卷十一《周书·周官第二十二》

(归善斋按,见"若昔大猷,制治于未乱,保邦于未危")

## 16. (元)吴澄《书纂言》卷四下

(归善斋按,无此篇)

## 17. (元)陈栎《书集传纂疏》卷六《朱子订定蔡氏集传·周书·周官》

(归善斋按,见"曰,唐虞稽古,建官惟百,内有百揆、四岳,外有州牧、侯伯")

## 18. (元)许谦《读书丛说》卷六《周书·周官》

(归善斋按,未解)

## 19. (元)董鼎《书传辑录纂注》卷六《周书·周官》

(归善斋按,见"曰,唐虞稽古,建官惟百,内有百揆、四岳,外有州牧、侯伯")

## 20. (元)朱祖义《尚书句解》卷十一《周书·周官第二十二》

夏商官倍(夏、商之官倍于唐、虞,其数二百),亦克用乂(亦能用之以致治）。

## 21.（明）王樵《尚书日记》卷十四《周书·周官》

（归善斋按，见"曰，唐虞稽古，建官惟百，内有百揆、四岳，外有州牧、侯伯"）

## 22.（清）库勒纳等撰《日讲书经解义》卷十一《周书·周官》

（归善斋按，见"曰，唐虞稽古，建官惟百，内有百揆、四岳，外有州牧、侯伯"）

## （元）王充耘《读书管见》卷下《周官》

（归善斋按，见"曰，唐虞稽古，建官惟百，内有百揆四岳，外有州牧、侯伯"）

## （元）陈悦道《书义断法》卷六《周书·周官》

夏商官倍，亦克用乂。明王立政，不惟其官，惟其人。

唐虞官百，夏、商倍之，用人之多，乃可致治者，夏、商权宜之制也。有王者明于治体，为官择人，不为人择官者，明王立政之经也。用权宜之制，则观其会通，以制其繁简，非曰官制之一定，而不可易也。审立政之经，则择其实才，以列于庶位，非曰官职之既多，而可妄用也。任人乃所以立政；立政则所以用乂，三代之所损益于此可见矣。

## （清）朱鹤龄《尚书埤传》卷十四《周书·周官》

（归善斋按，见"曰，唐虞稽古，建官惟百，内有百揆、四岳，外有州牧、侯伯"）

1771

# 明王立政，不惟其官，惟其人

## 1.（汉）孔氏传、（唐）陆德明音义、孔颖达疏《尚书注疏》卷十七《周书·周官》

明王立政，不惟其官，惟其人。

传，言圣帝明王立政修教，不惟多其官，惟在得其人。

疏，正义曰，明王立其政教，不惟多其官，惟在得其人，言自古制法皆明开，官司求贤以处之也。

## 2.（宋）苏轼《书传》卷十六《周书·周官第二十二》

明王立政，不惟其官，惟其人。

明王，观唐虞夏商之政，而知为国不在官多，而在得人，故官不必备也。

## 3.（宋）林之奇《尚书全解》卷三十六《周书·周官》

(归善斋按，见"成王既黜殷命，灭淮夷")

## 4.（宋）史浩《尚书讲义》卷十八《周书·周官》

(归善斋按，见"曰，唐虞稽古，建官惟百，内有百揆、四岳，外有州牧、侯伯")

## 5.（宋）夏僎《尚书详解》卷二十二《周书·周官》

(归善斋按，见"若昔大猷，制治于未乱，保邦于未危")

## 6.（宋）时澜《增修东莱书说》卷三十《周书·周官第二十二》

(归善斋按，见"曰，唐虞稽古，建官惟百，内有百揆、四岳，外有州牧、侯伯"）

### 7.（宋）黄度《尚书说》卷六《周书·周官》

明王立政，不惟其官，惟其人。

虽建官多寡不同，必皆务得人，不肖幸容，则其事废矣。

### 8.（宋）袁燮《絜斋家塾书钞》

(归善斋按，无此篇)

### 9.（宋）蔡沈《书经集传》卷六《周书·周官》

(归善斋按，见"曰，唐虞稽古，建官惟百，内有百揆、四岳，外有州牧、侯伯")

### 10.（宋）黄伦《尚书精义》卷四十四《周书·周官》

(归善斋按，见"曰，唐虞稽古，建官惟百，内有百揆、四岳，外有州牧、侯伯")

### 11.（宋）陈经《尚书详解》卷四十《周书·周官》

(归善斋按，见"若昔大猷，制治于未乱，保邦于未危")

### 12.（宋）钱时《融堂书解》卷十七《周书·周官》

(归善斋按，见"若昔大猷，制治于未乱，保邦于未危")

### 13.（宋）魏了翁《尚书要义》卷十七《周书·立政、周官、君陈》

(归善斋按，未引)

### 14.（宋）陈大猷《书集传或问》卷下《周书·周官》

(归善斋按，未解)

1773

## 15. (宋)胡士行《尚书详解》卷十一《周书·周官第二十二》

(归善斋按,见"若昔大猷,制治于未乱,保邦于未危")

## 16. (元)吴澄《书纂言》卷四下

(归善斋按,无此篇)

## 17. (元)陈栎《书集传纂疏》卷六《朱子订定蔡氏集传·周书·周官》

(归善斋按,见"曰,唐虞稽古,建官惟百,内有百揆、四岳,外有州牧、侯伯")

## 18. (元)许谦《读书丛说》卷六《周书·周官》

(归善斋按,未解)

## 19. (元)董鼎《书传辑录纂注》卷六《周书·周官》

(归善斋按,见"曰,唐虞稽古,建官惟百,内有百揆、四岳,外有州牧、侯伯")

## 20. (元)朱祖义《尚书句解》卷十一《周书·周官第二十二》

明王立政(信乎,明王立政之要),不惟其官(不在官多),惟其人(惟在得人)。

## 21. (明)王樵《尚书日记》卷十四《周书·周官》

(归善斋按,见"曰,唐虞稽古,建官惟百,内有百揆、四岳,外有州牧、侯伯")

## 22.（清）库勒纳等撰《日讲书经解义》卷十一《周书·周官》

（归善斋按，见"曰，唐虞稽古，建官惟百，内有百揆、四岳，外有州牧、侯伯"）

## （元）王充耘《书义矜式》卷六《周书·周官》

明王立政，不惟其官，惟其人。

人君致治之要，不以备官为贵，惟以得贤为先。盖设官所以任庶政，苟非其人，则不足以胜其任也。是以，成王"训迪百官"，谓夫古之明王，有以立天下之事也，非以其官之多，以其得人而已耳。夫苟得其人以任众职，则天下岂有不立之事者哉？然则人君之建官，亦惟取法于明王立政，斯可矣。圣人知天下之事，非一心两目之聪明能辨，故设官分职，以共治之。然事几之来无穷，任使之设有限，苟一官之不备，则一事为之不修，未有厌其繁而求简者也。岂知亿兆夷人不足以救商之亡，而乱臣十人反足以致周之盛，审如是，则建官者将以多为贵乎，抑亦得人为重乎？盖世有非常之事，必有待于非常之人。得其人，则一人任之而有余；非其人，则虽众人任之亦不足。古之明王，能使上无废事者，本于下无遗材，初非有他道也，是故纲纪法度之昭明，礼乐刑政之修举，朝无废坠之典，外无失职之民，人孰不曰，此明王之能立政也。殊不知人君高拱南面，而深居九重，所赖以燮理阴阳，而整齐庶务者，在朝之三公、九卿也；所藉以宣明教化，而惠安黎元者，在外之州牧、侯伯也。圣人惟责成于庶官，未尝以君行臣职也。然而三公、九卿非取其充位而已，必其德之足以胜此职而无慊也；州牧、侯伯，非徒取其备员而已，必其才之足以称此任，而无愧也夫。然后，内焉得人，而在内之职，无不修；外焉得人，而在外之职，无不举。唐虞官百，而庶政惟和；夏商官倍，而亦克乂，用皆以得人之故也，岂徒备官而已哉。盖尝因是而论之，懦夫不足以举千钧，必乌获而后可；驽马不足以致千里，必骐骥而后可；常人不能以立政，必贤能而后可。是以伊尹之训太甲，必曰，任官惟贤材，左右惟其人；傅说之告高宗，亦曰，官不及私昵，惟其能爵，罔及恶德，惟其贤。武王胜商，而致

1775

垂拱无为之治，亦本于建官惟贤，位事惟能而已。然则惟官择人，诚立政之要务，古之明王率用此道也，宜成王训迪百官，而首明乎此。且于三公之下，复拳拳于官不必备惟其人之语焉，其丁宁之意至深切矣，后之人君，可不深思而敬守之哉。

### （元）王充耘《读书管见》卷下《周官》

（归善斋按，见"曰，唐虞稽古，建官惟百，内有百揆、四岳，外有州牧、侯伯"）

### （元）陈悦道《书义断法》卷六《周书·周官》

（归善斋按，见"夏商官倍，亦克用乂"）

# 今予小子，祗勤于德，夙夜不逮

### 1.（汉）孔氏传、（唐）陆德明音义、孔颖达疏《尚书注疏》卷十七《周书·周官》

今予小子，祗勤于德，夙夜不逮。

传，今我小子敬勤于德，虽夙夜匪懈，不能及古人，言自有极。

音义，逮，音代，一音，大计反。懈，佳卖反。

疏，正义曰，王言，今我小子敬勤于德，虽早夜不懈怠，犹不能及于唐虞。

### 2.（宋）苏轼《书传》卷十六《周书·周官第二十二》

今予小子，祗勤于德，夙夜不逮，仰惟前代时若，训迪厥官，立太师、太傅、太保。兹惟三公，论道经邦，燮理阴阳。

师、傅、保皆论道。国以道为经，以政事纬之，与刑无相夺伦，而阴阳和。

## 3.（宋）林之奇《尚书全解》卷三十六《周书·周官》

（归善斋按，见"成王既黜殷命，灭淮夷"）

## 4.（宋）史浩《尚书讲义》卷十八《周书·周官》

今予小子，祗勤于德，夙夜不逮，仰惟前代时若，训迪厥官。立太师、太傅、太保，兹惟三公，论道经邦，燮理阴阳。官不必备，惟其人。少师、少傅、少保，曰三孤，贰公，弘化寅亮天地，弼予一人。冢宰，掌邦治，统百官，均四海；司徒，掌邦教，敷五典，扰兆民；宗伯，掌邦礼，治神人，和上下；司马，掌邦政，统六师，平邦国；司寇，掌邦禁，诘奸慝，刑暴乱；司空，掌邦土，居四民，时地利。六卿分职，各率其属，以倡九牧，阜成兆民。六年五服一朝，又六年王乃时巡，考制度于四岳。诸侯各朝于方岳，大明黜陟。

周公作书，以六官配两仪、四时者，所以明天、地、春、夏、秋、冬之不可易。六者具，而岁功成，后人不可加损，如两仪、四时之不可差忒也。而六官之首，皆曰"设官分职，以为民极"者，言其建官，专在于"阜成兆民"也。成王之学于周公者，《大学》也，先王之道也。尧、舜、禹、汤，惟精惟一，懋昭大德。文、武之景光大烈，莫不执其两端，而用中于民，故"以为民极"也。想夫成王方在冲幼，听受周公之训，自诚意、正心、修身、齐家、治国、平天下之道，莫不稔闻而熟究之，故始即政，便能"祗勤于德，夙夜不逮"，此诚尧、舜、禹、汤、文、武之汲汲，传所谓，学如不及，夙夜不逮之意也。"仰惟前代"者，"稽古"也。"时若训迪厥官"，乃立三公，以论道经邦，调和阴阳；三孤，以贰公，洪化敬信天地，上以道揆，下以法守，皆所以佐王，故曰"弼予一人"也。非其人则缺之，故曰"不必备"也。夫官与职异，职则自委吏，乘田以上不可不专。至于官，则"惟其人"也。然则，公、孤者，所任之官；六卿者，所掌之职也。周公为师，召公为保，而传无闻焉，"不备"也。周公，师也，亦得以总冢宰之职，以此知公、孤为官，而六卿为职也。观六官所掌，与周公之《书》，虽略有异，然而要其义，则皆同。唯司空之职"掌邦事"，而今曰"邦土"，则不可不辨。盖后世官既亡，以考工记定之，论者遂以为司空掌凡共工之事，非也。惟见于经传，曰司空，度地居民。司空掌舆地图，此"邦土"之证也。不然，则禹平水土，何以当司空之任乎？"六卿分职，各率其属，以倡九牧"，"以倡"者，倡导于诸侯也。诸侯安得不化上之德乎？唐、虞诸侯五岁一朝，周则六年五服一朝；唐、虞天子"五载一巡狩"，周则"又六年王乃时巡"，是十二年一行，时异则事异也。"考制度于四岳"者，"协时月正日，同律度量衡"，所以"齐不齐"也。诸侯各朝于方岳，群后四朝也。"大明黜陟"，《王制》所谓不敬者，君削以地；不孝者，君黜以爵；有功德于民者，加地进律也。凡此，皆周之制。然而，前言六服，今曰五服，何哉？六服者，以《大行人》考之，侯服、甸服、男服、采服、卫服、要服是也。兹言五服者，要服，戎狄之国，不可以常礼拘，故羁縻之而不废，其来朝之期，亦圣人兼怀之意也。

## 5. （宋）夏僎《尚书详解》卷二十二《周书·周官》

今予小子，祗勤于德，夙夜不逮，仰惟前代时若，训迪厥官。立太师、太傅、太保，兹惟三公，论道经邦，燮理阴阳，官不必备，惟其人。少师、少傅、少保，曰三孤，贰公，弘化寅亮天地，弼予一人。冢宰，掌邦治，统百官，均四海。司徒，掌邦教，敷五典，扰兆民；宗伯，掌邦礼，治神人，和上下；司马，掌邦政，统六师，平邦国；司寇，掌邦禁，诘奸慝，刑暴乱；司空，掌邦土，居四民，时地利。六卿分职，各率其属，以倡九牧，阜成兆民。六年五服一朝，又六年，王乃时巡，考制度于四岳。诸侯各朝于方岳，大明黜陟。

成王上既陈唐、虞、夏、商建官之大略，故此，遂自谓我小子以此之故，敬勤于所为，夙夜之间不敢懈怠，仰思前代之事，而是顺之，即谓仰思唐、虞、夏、商建官之意也，以此而教训启迪于众官，即谓下文所谓三公、三孤与六卿所职各有常事也。"立太师、太傅、太保，兹惟三公"，自此以下即成王训迪之辞也。以其师法于王，故曰"师"；以其辅助于王，故曰"辅"；以其保安于王，故曰"保"。然必以"太"言者，以其亚有少师、少傅、少保，故以大言，见其职大于三孤也。成王谓，我仰惟前代之建官如此，其至于是，立此太师、太傅、太保三职，此谓之三公，

1778

谓其公于国家而无私也。然三公之职尊，不当屑屑于事，为之末，故惟在于讲论治道，以经纬邦国，谓论其治道因革之宜，损益之节以此经纬国事，不屑屑于兴事造业也。所以然者，以三公之职尊，将以和理阴阳，使三光全寒暑平，不当丛脞于小务，故论道以经纬邦国，使国安则民和，民和则天地之和，应而阴阳自得其调理矣。是阴阳所以能燮理，以其能论道经邦也。三公之职既如此之尊，而所任之事又如此之大，故其官则不可徒备具，惟得其人，则以任之；无其人，宁阙以待用，不可取其具官充数，而用非其人也。此成王训迪三公之意也。三公之次，则有三孤，谓其上有三公之尊，则易以曲从，故欲孤特自守，所以谓之三孤。三孤，谓少师、少傅、少保也，谓之"少"者，以其贰于三公之职，视公为次，故谓之"少"也。成王所以立此三孤者，将以副贰于三公，而弘大其道化，而敬明于天地之理。盖三公之职，将以燮理阴阳。阴阳者，天地之气也。今三孤，将以贰公弘化，若不明于天地之理，何以贰公燮理哉。此所以必在乎敬明天地之理也。由是言之，则燮理者，若有所裁成辅相于中。至于寅亮，则特明其理而已，不能预力于其间也。此成王训迪三孤之意也。三公、三孤，所职虽不同，然皆所以辅相于人君，故成王总而训之曰"弼予一人"，盖谓公之"燮理"，孤之"寅亮"，皆以辅我一人也。三孤之次，则有六卿。六卿之长，谓之冢宰。冢者，山之顶也，谓至高也，言冢宰与六卿虽分掌一职，而其官则尊于众卿，故以"冢"。言六卿之事，虽各司其一，而冢宰得以兼制之，故以"宰"言。冢宰以分职言，则掌治典。惟冢宰兼统六卿，故百官皆其所统，而四海皆待其均。统，谓统而率之也；均，谓平定之，使远近多寡，各得其平也。林少颖，谓有伦有要，作纲作纪，使各得其序，非"统"而何？或远或近，或多或寡，咸得其正，非"均"而何？司徒者，教官之长也。教官谓之司徒，谓无乘骑而空行者，皆主以教之也。司徒所掌者，邦之教。惟其掌教，故君臣、父子、兄弟、夫妇、朋友，五常之教，司徒当有以敷布之。兆民之不顺于五品者，司徒当以此教扰劝之，使改其故习，而得其顺，故司徒所以言"敷五典，扰兆民"。宗伯，礼官之长也。礼官而谓之宗伯，宗，尊也。礼所以尊，事天地、人鬼，而此为之长，故谓之宗伯。然六卿皆以司言，惟冢宰、宗伯不言"司"者，以冢宰天官，天与地对，则天尊、地卑，故冢宰不可言"司",示其尊,异于地官也。宗伯,春官。春,与夏、秋、冬对,则春先,而夏、秋、冬后,故宗伯不言"司",亦示其尊,异于后之三官也。春官掌礼,故言掌邦礼。然礼施之于祭祀,则所以事天神、地祇、人鬼,故谓之治神;施之于人事,则有吉、凶、军、宾、嘉之异,故谓之治人。勉之于交接,则有君臣、父子、兄弟、长幼、上下之分,不可渎乱,故谓之"和上下"。司马,政官之长。政官谓之司马,政所以正不正,谓军旅之事也。军旅之事,莫急于马,故以司马名官,谓所主在马也。以司马之职考之,如凭弱犯寡,则眚之;贼贤害民,则伐之;暴内凌外,则坛之;野荒民散,则削之;负固不服,则侵之,皆所谓政也。故此司马之职,所以言"掌邦政、统六师"。天子畿内六卿,一卿一军,故司马职在于统率六师,以平邦国。邦国,谓诸侯也。诸侯有骄横叛上而不平,此有以削平之,故谓之"平邦国"。司寇,刑官之长。刑官谓之司寇者,群行攻劫曰寇。刑官主治此事,故谓之司寇。司寇掌刑,不言刑而言"禁"者,林少颖谓,治于已然,未若沮于未然,刑于已至,不若戢于未至。先王之立刑法,惟虑天下之人入其中而不能自出,故明示利害之端,使之知有如是之罪,必陷如是之刑;有如是之恶,必丽如是之辟,有所畏惧,无蹈机阱,此司寇所以言"掌邦禁"也。"诘奸慝刑暴乱"者,奸诈慝恶,乃暴乱之未着者;暴虐,为乱,乃奸慝之已着者,故奸慝,特穷诘切责而已;暴乱则加之以刑焉。此皆刑戮之事,故司寇掌之。司空,事官之长。事官,而言"掌邦土",谓其掌空土,度之以居民,邦国之事,莫大于此也。惟司空在于度地居民,故士农工商四民,司空当有以居之。然居之又不可以无所养,故地之所生,各有其时,司空则又当因其时而使民之种植以时,而获其利,故谓之"时地利"。成王既条六卿之职于上,于是总而训迪之曰,六卿分职,谓六卿各分其职,以掌其一也。然事不能独治,故又转相副贰,而每职有属六十,则各率其属,以共治之。此盖言六卿各掌一职,当各自率属以治乃职也。然所职虽异,而均在利民,故六卿之职离而言之,虽分职率属,各自不同,至于任事,于内以倡率;于外,共九州岛之牧,以阜成就其众民,则一而已矣。此又成王训迪六卿之辞也。成王上训迪三公、三孤又及六卿与其六属,则训迪在内者至矣,故又及于诸侯焉,谓尔诸侯,六年则五服各一朝,谓五服,每一年一服入觐，一年则各休于其本国，故六年则五服，各一朝。"又六年王乃时巡"，谓十二年五服各二朝，天子乃以四时而巡省于四方。四时，谓春东、夏南之类，然天下万国，人君岂能遍至，故特四方方岳之下，考其国之制度，如舜同度量，协时月之法。而诸侯则各朝于其方岳之下，如东巡则诸侯毕朝于东岳，西巡则诸侯毕朝于西岳也。人君则于其毕至，考其制度，有功则陟而升之，谓加地进律也；无功则黜而责之，谓削地贬爵也。此又成王训迪诸侯之辞也。

## 6.（宋）时澜《增修东莱书说》卷三十《周书·周官第二十二》

（归善斋按，见"曰，唐虞稽古，建官惟百，内有百揆、四岳，外有州牧、侯伯"）

## 7.（宋）黄度《尚书说》卷六《周书·周官》

今予小子，祗勤于德，夙夜不逮，仰惟前代时若，训迪厥官。

周公立政，固曰文王"克厥宅心"，乃能"立兹常事司牧人"，以"克俊有德"。成王"训迪厥官"，必自谓当"祗勤于德"，是为"克迈"，周公之训矣。"祗勤于德"，修身也。"前代时若"，"稽古"也。傅说曰"念终始典于学，厥德修罔觉，监于先王成宪，其永无愆"。

## 8.（宋）袁燮《絜斋家塾书钞》

（归善斋按，无此篇）

## 9.（宋）蔡沈《书经集传》卷六《周书·周官》

今予小子，祗勤于德，夙夜不逮，仰惟前代时若，训迪厥官。

逮，徒耐反，又汤亥、大计二反。逮，及；时，是；若，顺也。成王祗勤于德，早夜，若有所不及，然盖修德者，任官之本也。

## 10.（宋）黄伦《尚书精义》卷四十四《周书·周官》

今予小子，祗勤于德，夙夜不逮，仰惟前代时若，训迪厥官，立太

1781

师、太傅、太保,兹惟三公,论道经邦,燮理阴阳。官不必备,惟其人。少师、少傅、少保,曰三孤,贰公,弘化寅亮天地,弼予一人。

林氏曰,君子与上下同流,人和,则天地之和应。上下之理虽殊,交感之情不异。今夫三公之官,师道则尊,傅道则亲,保则尤亲。亲则几于亵而不严,故师尊于傅,傅尊于保。此三者,皆以道为事而佐王者也。夫阴阳者,天之事;经邦者,人之事。论道而后能经邦,经邦而后能燮理阴阳。非以道佐主至公无私者畴克任尔。

又曰,天能天,而不能地;地能地,而不能天。孰主张是,孰维持是,必有主之者耳。大臣特立而无朋,故曰孤。化待德而后立,天地待阴阳而后立,此三公之任,特"燮理阴阳"耳。至三孤之任言,"寅亮天地"者,惟道足以握造化之权,故先阴阳而调之;惟德足以赞化育之妙;故后天地而奉之。天地之化,不能无愆忒,则范围而罔弃,曲成而不遗,使自生自育,若形,若色,举皆自遂,而无夭阙之患者,孰谓非"寅亮"之功乎?天地之道,本以固存,我则辅相而罔阙,裁成而不亏,使亘古亘今,作昼作夜,流通不穷,而无凝滞之患者,孰谓非"寅亮"之德乎?此则三孤之官,所以不得不立也。

史氏曰,其任专则其责重;其责重,则其选不容轻,甚矣。三公之官,不可以轻授也。师,所以传其道;傅,所以作其德;保,所以保其躬,各专其职,如鼎足之承君,其任不亦专乎?讲论道义,以正君;经纶邦国,以治民;燮理阴阳,以事天。苟失一职,则三者不治,其责不亦重乎?责既重矣,若无全材宿德之人,以居其官,其敢虚冒而轻议哉。

吕氏曰,三公之职,朝夕纳诲格人主之非心处,便是燮理阴阳处,何故?人主之心,乃万化之原,一都一俞,论道间,使人主果识本源,于本源处转移得时,上则日月星辰,无不顺其序;下则山川草木,无不得其性。这是三公之职,惟命世间出之材,然后可居,若不能论道经邦,不知天之精微无缘居得此职。"官不必备,惟其人",则居之无其人,则缺之,此见三公之职甚重处,不敢说常有其人。

## 11. (宋) 陈经《尚书详解》卷四十《周书·周官》

今予小子,祇勤于德,夙夜不逮,仰惟前代时若,训迪厥官,立太师、太傅、太保。兹惟三公，论道经邦，燮理阴阳，官不必备，惟其人。少师、少傅、少保，曰，三孤，贰公，弘化寅亮天地，弼予一人。

今我小子，深见治道无穷，故祗敬而勤勉于为德，夙夜之间，常如有所不及。然此三句，乃"训迪厥官"之本也。惟其人主，不自以为能，故不自用，而用人，所以立三公、三孤、六卿，无不得其人也。苟人主自以为能，是自用，而不用人也，三公、三孤、六卿岂知所以择人哉？"仰惟前代"，唐、虞、夏、商，所以"迪官"之意。而顺训之，"若"亦"顺"也。迪，蹈也，即前人所以建官之法，顺训而迪蹈之。然则，唐、虞官百，夏、商二百，周三百六十，安在其能"训迪厥官"哉？盖惟识时变者，斯足以行古人之法；不识时变，惟区区陈迹之泥守，虽则法古，适所以为变古，则知成王所谓"前代时若训迪厥官"者，得其意而不泥其迹也。立太师、太傅、太保，谓之三公，先儒释之曰，师，天子所师法；傅，傅相天子；保，保安天子。《文王世子》曰，"师也者，教诸以事而谕之德；保也者，谨其身而辅翼之，使归诸道"。三公之官，其职果安在乎？曰，"论道经邦，燮理阴阳"者，三公之职也。坐而论道，谓之三公，为国者，以道为经，而以政事纬之，是三公之官，与天子论道，上，以格其君之心初，不断狱，听讼，簿书，期会之末也。人主之心既正，则百姓安于下，而人得其和，则天地之和应之，所以"燮理"之责者在此而已。岂复如后世灾异之说，与纵闭之术用求之于森茫不可测之间，而后谓之"燮理"乎？三公之职如此其大，故"官不必备"，惟其得人。有人则居其位，无人则阙之，不可以非其人而居此位也。古人所以重其官如此。重其官，所以重其责也，必能"论道经邦"，必能"燮理阴阳"者，然后可以处此。若夫自以为能"论道经邦"，能"燮理阴阳"，至于人主之心不格，百姓不得其和，日月薄蚀，五星失次，水旱相仍，妖孽并作，此岂可诬也哉。成王于此篇，举三公之职，至于《周礼》则有六卿，而无三公，何也？曰，此古人之深意也。三公万化之本原，故无定员，不可以职事言三公。而有职事，则事一有司而已。古人之意不立员者，所以见有司之职，皆由三公而出，而三公非有司之职也。"论道经邦，燮理阴阳"，特其大者而言之耳。至若太保，率东方诸侯；毕公率西方诸侯。自陕以东周公主之，自陕以西，召公主之，是三公亦统诸侯也。

1783

至若乡老二卿，则公一人。郑康成谓，三公，内与王论道，中参六官之事，外与六乡之教，是三公以教乎民也，以其无所不统，而不可以一职拘之，故《周礼》不立三公之职。虽然周之六卿，乃三公兼之也。《顾命》之书曰"乃同召太保奭、芮伯、彤伯、毕公、卫侯、毛公"，是召公领冢宰，毕公领司马，毛公领司空矣。惟周公位冢宰，正百官，是以公兼卿也。春秋有"宰周公"，是以卿而兼公也。自是而后，不知古人建官之深意。汉以太尉为三公，太尉，武官也，何以得与三公。又其后，以司徒、司马、司空为三公。司徒、司马、司空，古之卿也，何以为三公之官，名既不正，故三公皆存其名，而其实不举矣。虽汉人窃其"燮理阴阳"之意，而以灾异，策免三公似矣。殊不知三公而遇灾异，自知其失职而去可也。人主以灾异而策勉之，不惟人主无畏天之诚，反移过臣下，而所以待大臣之礼意，亦已薄矣。少师、少傅、少保，曰三孤。孤，特也，言卑于公，尊于卿也，特置此三者，所以赞贰三公，而弘大三公之化也。何以知之？《文王世子》曰，太傅，审父子、君臣之道以示之；少傅，奉世子以观太傅之德行而审谕之，可见三孤赞贰三公，而弘大其化也。寅，敬也。亮，明也。敬明其天地之道，以辅一人，使人主知所以畏天也。公、孤之位不同，故其人才，亦亚于公者也。三公，则"燮理阴阳"，是阴阳之权，皆在三公也。孤，则特敬明天地，是以一人而奉天之意也。三公不言弼一人，三孤言弼一人，是三公者，人主之师，不敢以弼一人待之也，此公、孤之所以异也。

## 12.（宋）钱时《融堂书解》卷十七《周书·周官》

(归善斋按，见"若昔大猷，制治于未乱，保邦于未危")

## 13.（宋）魏了翁《尚书要义》卷十七《周书·立政、周官、君陈》

(归善斋按，未引)

## 14.（宋）陈大猷《书集传或问》卷下《周书·周官》

(归善斋按，未解)

## 15.（宋）胡士行《尚书详解》卷十一《周书·周官第二十二》

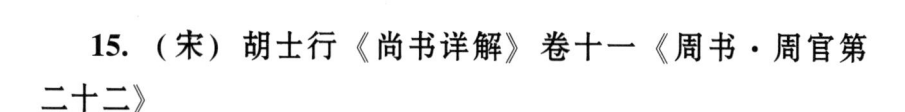

今予小子，祗勤于德（君德），夙夜（恐）不逮（及），仰惟前代时（是）若（顺），训（教）迪（启）厥官。

正身，以正百官。

## 16.（元）吴澄《书纂言》卷四下

（归善斋按，无此篇）

## 17.（元）陈栎《书集传纂疏》卷六《朱子订定蔡氏集传·周书·周官》

今予小子，祗勤于德，夙夜不逮，仰惟前代时若，训迪厥官。

逮，及；时，是；若，顺也。成王祗勤于德，早夜若有所不及。然盖修德者，任官之本也。

纂疏：

陈氏经曰，仰前代唐、虞、夏、商建官之意、而时若之。

林氏曰，"董正"者，立太师以下是也；"训迪"者，"凡我有官君子"以下是也。董正而后训迪之也。

愚谓，王意谓，今兆民绥，六服承，若已安、已治，然治乱在庶官，当先几而备之，将言唐、虞、夏、商、周之建官，故以此三言开端焉。"唐、虞稽古"至"亦克用乂"，此唐、虞、夏、商之建官，所以制治、保邦者也。立政而官"惟其人"，为政在人也；训官而先"祗勤于德"，取人以身也。此成王仰若唐、虞、夏、商而训官以制治、保邦者也。

## 18.（元）许谦《读书丛说》卷六《周书·周官》

（归善斋按，未解）

## 19.（元）董鼎《书传辑录纂注》卷六《周书·周官》

今予小子，祗勤于德，夙夜不逮，仰惟前代时若，训迪厥官。

逮，及；时，是；若，顺也。成王祗勤于德，早夜若有所不及，然盖修德者，任官之本也。

篡注：

张氏曰，"仰惟前代时若"，即前所谓"若昔大猷"也。

林氏曰，"董正"者，立太师以下是也；"训迪"者，"凡我有官君子"以下是也，董正而后训迪之也。

## 20. （元）朱祖义《尚书句解》卷十一《周书·周官第二十二》

今予小子（成王自称），祗勤于德（只敬而勤勉于为德），夙夜不逮（早夜之间常如不及）。

## 21. （明）王樵《尚书日记》卷十四《周书·周官》

"今予小子，祗勤于德"至"训迪厥官"。

成王以己之德，弗若古人，祗敬勤勉，夙夜不怠，仰惟其制治、保邦之意，是顺以"训迪厥官"也。制治、保邦之本，先求修身，而"训迪""董正"，固非空言也。训官之意，欲官皆得其人也。而身又人之本，故此言"予小子，祗勤于德，夙夜不逮"，本其平日自勉之心也，此"训迪"以前事。"仰惟前代时若，训迪厥官"，则言今日所以"董正"之意也。"时若"，指唐、虞、夏、商建官得人而言"训迪"之意，是欲使今日之官皆如之也。自史臣言之曰"董正"，自成王言之曰"训迪"一也。分为二节，正其体统一也。训其职守，二也，如"三孤贰公"，"六卿分职"六职之中，冢宰又统百官；六卿又各率其属。外之九牧，又统诸侯以听六卿之倡，此所谓体统也。公论道，孤弘化，六卿各有所掌，六属受六卿之率，各有所司。凡牧受六卿之倡，宣布于诸侯，各有其事，以至成王之所告戒，自"有官君子"以下，皆职守也。

## 22. （清）库勒纳等撰《日讲书经解义》卷十一《周书·周官》

今予小子，祗勤于德，夙夜不逮，仰惟前代时若，训迪厥官。

此一节书是，成王先以敬勤自勉，将以畅发"训迪"之意也。祗者，敬谨之意；勤者，敏勉之意。不逮，犹言不及。若，顺也。成王曰，唐、虞、夏、商得人图治，而和宁、用乂尚矣。今予小子，缵承前绪，亦惟兢兢业业，敬勤于德，夙夜常恐有所不及，如尧、舜、禹、汤，建官任人，皆治天下者之良法也。予仰承而效法之，惟奉顺不违，以训迪在廷之百官，使各尽厥职，以赞成化理而已。尔百官，其惟予训迪之言是听乎？盖得人固致治之要，而修德，又任人之本。苟君德未修，虽日事"训迪"，其为信从无由矣。成王将欲训迪群工，而先以自勉正朝廷，以正百官，斯言信夫。

### （元）王充耘《读书管见》卷下《周官》

今予小子祗勤于德，夙夜不逮，仰惟前代时若，训迪厥官。盖前代制治保邦者无他，建官择人以立政而已。故予小子，亦仰惟前代时若，而训迪厥官。盖天下之事，非一人所能为也。

# 仰惟前代时若，训迪厥官

### 1.（汉）孔氏传、（唐）陆德明音义、孔颖达疏《尚书注疏》卷十七《周书·周官》

仰惟前代时若，训迪厥官。

传，言仰惟先代之法是顺，顺蹈其所建官而则之，不敢自同尧舜之官，准拟夏、殷而蹈之。

疏，正义曰，仰惟先代夏商之法是顺。顺蹈其前代，建官而法则之，言不敢同尧舜之官，准拟行夏殷之官尔。"若"与"训"俱训为"顺"也。

### 2.（宋）苏轼《书传》卷十六《周书·周官第二十二》

（归善斋按，见"今予小子，祗勤于德，夙夜不逮"）

### 3.（宋）林之奇《尚书全解》卷三十六《周书·周官》

(归善斋按,见"成王既黜殷命,灭淮夷")

### 4.（宋）史浩《尚书讲义》卷十八《周书·周官》

(归善斋按,见"今予小子,祗勤于德,夙夜不逮")

### 5.（宋）夏僎《尚书详解》卷二十二《周书·周官》

(归善斋按,见"今予小子,祗勤于德,夙夜不逮")

### 6.（宋）时澜《增修东莱书说》卷三十《周书·周官第二十二》

(归善斋按,见"曰,唐虞稽古,建官惟百,内有百揆、四岳,外有州牧、侯伯")

### 7.（宋）黄度《尚书说》卷六《周书·周官》

(归善斋按,见"今予小子,祗勤于德,夙夜不逮")

### 8.（宋）袁燮《絜斋家塾书钞》

(归善斋按,无此篇)

### 9.（宋）蔡沈《书经集传》卷六《周书·周官》

(归善斋按,见"今予小子,祗勤于德,夙夜不逮")

### 10.（宋）黄伦《尚书精义》卷四十四《周书·周官》

(归善斋按,见"今予小子,祗勤于德,夙夜不逮")

### 11.（宋）陈经《尚书详解》卷四十《周书·周官》

(归善斋按,见"今予小子,祗勤于德,夙夜不逮")

### 12.（宋）钱时《融堂书解》卷十七《周书·周官》

（归善斋按，见"若昔大猷，制治于未乱，保邦于未危"）

### 13.（宋）魏了翁《尚书要义》卷十七《周书·立政、周官、君陈》

（归善斋按，未引）

### 14.（宋）陈大猷《书集传或问》卷下《周书·周官》

（归善斋按，未解）

### 15.（宋）胡士行《尚书详解》卷十一《周书·周官第二十二》

（归善斋按，见"今予小子，祗勤于德，夙夜不逮"）

### 16.（元）吴澄《书纂言》卷四下

（归善斋按，无此篇）

### 17.（元）陈栎《书集传纂疏》卷六《朱子订定蔡氏集传·周书·周官》

（归善斋按，见"今予小子，祗勤于德，夙夜不逮"）

### 18.（元）许谦《读书丛说》卷六《周书·周官》

（归善斋按，未解）

### 19.（元）董鼎《书传辑录纂注》卷六《周书·周官》

（归善斋按，见"今予小子，祗勤于德，夙夜不逮"）

### 20.（元）朱祖义《尚书句解》卷十一《周书·周官第二十二》

仰惟前代时若（仰慕唐、虞、夏、商用人致治之效、顺而行之），训迪厥官（以训导启迪其百官）。

### 21.（明）王樵《尚书日记》卷十四《周书·周官》

（归善斋按，见"今予小子，祗勤于德，夙夜不逮"）

### 22.（清）库勒纳等撰《日讲书经解义》卷十一《周书·周官》

（归善斋按，见"今予小子，祗勤于德，夙夜不逮"）

### （元）王充耘《读书管见》卷下《周官》

归善斋按，见"今予小子，祗勤于德，夙夜不逮"）

# 立太师、太傅、太保，兹惟三公，论道经邦，燮理阴阳

### 1.（汉）孔氏传、（唐）陆德明音义、孔颖达疏《尚书注疏》卷十七《周书·周官》

立太师、太傅、太保，兹惟三公，论道经邦，燮理阴阳。

传，师，天子所师法；傅，傅相天子；保，保安天子于德义者，此惟三公之任，佐王论道，以经纬国事，和理阴阳，言有德乃堪之。

音义，燮，素协反。相，息亮反。

疏，传正义曰，三公俱是教道天子，辅相天子，缘其事而为之，名三公，皆当运致天子，使归于德义，傅于保，下言保安天子于德义，总上三者言，皆然也。《礼记·文王世子》云"师也者，教之以事，而喻诸德者也；保也者，慎其身以辅翼之，而归诸道者也"，道、德别掌者，内得于心，出行于道，道德不甚相远，因其并释师保，故分配之尔。于"公"云"燮理阴阳"，于"孤"云"寅亮天地"，和理敬信，义亦同尔。以"孤"副贰三公，故其事所掌不异。

## 2. （宋）苏轼《书传》卷十六《周书·周官第二十二》

（归善斋按，见"今予小子，祗勤于德，夙夜不逮"）

## 3. （宋）林之奇《尚书全解》卷三十六《周书·周官》

立太师、太傅、太保，兹惟三公，论道经邦，燮理阴阳，官不必备，惟其人。少师、少傅、少保，曰三孤，贰公，弘化寅亮天地，弼予一人。冢宰掌邦治，统百官，均四海；司徒掌邦教，敷五典，扰兆民；宗伯掌邦礼，治神人，和上下；司马掌邦政，统六师，平邦国；司寇掌邦禁，诘奸慝，刑暴乱；司空掌邦土，居四民，时地利。六卿分职，各率其属，以倡九牧，阜成兆民。六年，五服一朝。又六年，王乃时巡考制度于四岳，诸侯各朝于方岳，大明黜陟。

上既言夏、商之官倍于唐虞，盖以人才之优劣而为是多寡之数，使夏、商而必为唐虞之百官，数固同矣，而其职必不举，故不得不倍。夏、商既不得不倍，则我周当如之何？是以其数至于三百六十，比之夏、商又为多也。其多寡之不同者，盖以后之不如昔，故仰惟前代而惟恐其不及，祗勤于德，以训迪百官，不敢少怠。自此以下，则董正其官职而后训迪之也。周之设官分职，比之前代最为详，而其大概盖准唐虞之制。唐虞之百官，内有百揆、四岳，外有州牧、侯、伯，此其百官之中所谓要重者也。夏、商虽倍于唐虞，其数可得而见之，而其职号统属，无所传闻。故汉表有曰，夏、商亡闻焉。虽无所传闻，要之，比于唐虞虽间有增损，而其大概亦不外是，观之周自可以见矣。三公、三孤者，百揆之任六卿者，四岳之任九牧，五服与夫朝觐、巡守之礼，则所谓州牧、侯、伯者也。建官之制至于周室，至纤至备，无以复加。而其源流，则自唐虞以来，历夏历商，或损或益，而后大备也。太师、太傅、大保，此天子三公之官也。"三公"者，皆是教导天子之职。其曰师，曰傅，曰保者，所以别之也。贾生曰，保，保其身体；傅，傅之德义；师，导之教训。应劭《汉书注》曰，师，训也。傅，覆也。保，养也。颜师古则曰，傅，相也。汉孔氏则曰，师，天子所师法；傅，傅相天子；保，保安天子于德义者。此皆是缘名以生义。盖必欲释其名，则其义当如此然。要之，三公之职，同皆是王者之师，既有三人，则必立名，以寓其尊卑之等。而王氏曰，师道严，傅道亲，保则尤亲。尤亲则几于亵而不严，故师尊于傅，傅尊于保。此盖强以其尊卑之等而为之说。

观此篇，自冢宰以下，各有所掌，其职不同，而于三公，同曰"论道经邦燮理阴阳"；于三孤同曰"贰公弘化，寅亮天地，弼予一人"，则其职无有异，安得以其名有尊亲之义以分其差等哉？《汉表》曰太师、太傅、太保是为三公。盖参天子坐而议政，无不总统，故不以一职为官名。既谓不以一职为官名，则安得以其名而区别之哉？夫天位乎上，地位乎下，而人主位乎天地之间，则其心术，盖与天地通。天地之气行，而有愆阳伏阴者，以人主之心术不正也，故必以三公与王论道也。以经纬邦国，而其心术正，则阴阳无有不和理者矣。《考工记》曰，坐而论道，谓之三公，正所谓"论道"也。盖其朝夕之所启沃，以格君心之非者，无非道也。故其精神之所感通，可以和理阴阳。为是官也，自非道全德备，可以为王者之师者，不足以称其职，故无其人，则不必备建，宁阙之可也。盖尤不可以非其人也。若六卿之职，各有所掌，一职不建，则必有一事之不举，故无司徒则何以敷五典；无宗伯则何以治神人。其它皆然，故不得不备。三公既不下掌有司之职，故可以不必备也。三孤者，三公之副也，故曰贰公。观三公谓之太师、太傅、太保，而三孤曰，少师、少傅、少保。曰太，曰少，则其为副贰可知矣。此犹六卿有大司徒，又有小司徒；有大宗伯，又有小宗伯，曰大，曰小，是其贰也。惟六卿之长贰，其职同，则三孤之于三公，其职岂有异哉？故三孤之所以洪大道化，以敬明于天地之道，而辅翼予一人者，皆以贰公也。盖"洪化寅亮天地，弼予一人"，指三公言之，而三孤为之贰焉。既曰"燮理阴阳"，又曰"寅亮天地"，唐孔氏曰，和理敬信，义亦同耳。以孤副贰三公，故其事所掌亦不异。此说得之。王氏曰，化待道而后立，天地待阴阳而后立，论道而不谕，然后弼。本在于上，末在于下，故公论道，孤洪化；公燮理阴阳，孤寅亮天地；公论于前，孤弼于后。此意谓三孤之职不若三公。果如是说，则以阴阳为本，以天地为末可乎？以此一节观之，则其说皆凿矣。王氏又曰，号曰公者，容乃公之谓；大臣之义当特立而无朋，故曰孤。此亦缘名以生义。夫天子之臣，其上为公，其次为孤，其次又为卿，其次又为大夫；其次又为士，亦犹五等诸侯，曰公，曰侯，曰伯，曰子，曰男，皆假其名以别之，不必求其义也。后世于九州岛十二牧之类，皆求其义于名，非也。少师、少傅、少保，曰三孤，盖卑于公，而在九卿之上。《汉表》曰，立三少，是孤卿，与六卿为九卿。此其为说，本于《礼记》"天子立六官、三公、九卿"，郑氏注以此夏时制，亦不可得而见。然经言"三孤""六卿"，则"孤"与"卿"异，而乃为"九卿"，既谓之"孤"，又谓之"卿"可乎？且当以《书》为正。"冢宰"而下则"六卿"也。

曾博士曰，先王建官分治，未尝不以正名为先。名既正矣，然后分职以听于上而事，各有所系焉。自"冢宰"以至"司空"则所正之名也。自"掌邦治"以至"掌邦土"则所分之职也。自"统百官"以至"时地利"则事各有所系也。此说是也。然冢宰之职虽其与六卿分掌有司之事，不若"三公"之专以教导天子为务，然又不若"司徒"而下，但掌一事而已。盖冢宰为六卿之首，故凡有司之事，又冢宰总之。观其所正之名，则自"司徒"而下，各取一事而名之。曰"司徒"者，以其掌徒役之事也。林子和曰，徒，众也。众则必有所从，故士从其所教，谓之徒；卒从其所将，谓之徒。"司徒"者，主教之官也。曾博士曰，有戎曰师，无戎曰徒。名教官以司徒，则以其所司之众，无事于戎故也。此说泥于"教"字以为说。殊不知先王之名官，但取其所掌之一事以为之别耳。故教官而曰"徒"也，不必以"徒"有"教"义也。"宗伯"者，《楚语》观射父曰"使名姓之后能知四时之生，牺牲之物，玉帛之类，采服之仪，彝器之重，次主之度，屏摄之位，坛场之所，上下之神，氏姓之出，而心率旧典者，以为之宗"，以其为名姓之后，故曰"宗"也。惟以名姓之后而曰"宗"，不可以谓之"司宗"，故曰"宗伯"，言其为长也。"司马"者，主戎马之事也。"司寇"者主寇贼也。"司空"者，唐孔氏曰，《冬官》既亡，不知其本。《礼记·王制》记"司空"之事云，量地以制邑，度地以居民，此所以谓之"司空"。《考工记》曰国有六职，百工居一焉。郑氏曰，百工，司空事官之属。司空，掌营城郭，建都邑，立社稷、宗庙，车服器械，监百工者。以此观之，则名曰"司空"者亦其一事，若"司徒"然也，皆取其一事以为之别。惟"冢宰"则名曰"宰"，不以一事目之也。"冢"者，郑氏《周礼注》曰，《尔雅》曰，冢，大也。"冢宰"，

"太宰"也，盖冢宰、太宰一也。其所分之职，则司徒掌邦教，宗伯掌邦礼，司马掌邦政，司寇掌邦禁，司空掌邦土，而冢宰则掌邦治。自"教"至"土"，皆一事，而"治"则兼教、礼、政、刑、土而言之，不以一事目之也。其所系之事，则"掌邦教"者，"敷五典，扰兆民"。"敷五典"者，"教"也。"掌邦礼"者，"治神人，和上下"。"治神人"者，"礼"也。以至政也，禁也，土也，皆然，无非系之以所主也。事至冢宰，则曰"统百官，均四海"而已，不以一事系之也。观太宰虽同为六卿，而其掌建邦之六典，则一曰治典，二曰教典，三曰礼典，四曰政典，五曰刑典，六曰事典。六典无不掌也。小宰虽同为六卿之贰，而以其官府之六属，举邦治，则一曰天官，二曰地官，三曰春官，四曰夏官，五曰秋官，六曰冬官，其属各六十，无不统也。以官府之六职，辨邦治，则一曰治职，二曰教职，三曰礼职，四曰政职，五曰刑职，六曰事职，无不主也。此其所以为统百官，平邦国欤。苏氏曰，冢宰必三公兼之。余卿或特命。盖冢宰虽不若三公之为尊，然其要重如此，故必以三公兼之。观周成王世，周公以太师兼之；周公没，召公则以太保兼之。《春秋》书宰，周公亦是以公兼冢宰之任。惟其以无所不统故也。"均四海"者，先儒曰，均平四海之内邦国是也。《周官》亦曰，以佐王均邦国。而王氏曰，为其以赋式理财为职，故曰"均"。夫九赋敛财贿，九式均节财用，此特其一事而已。若夫"均四海"，则所言者大，非指此也。王氏谓，《周官》一书，理财居其半，故以理财为冢宰之职。王氏置制置三司条例，议者皆讥其以天子之宰相，而下行有司之事。此言盖自为地尔。"敷五典"，即舜之命契敬敷五教也。扰，安也。夫民逸居而无教，则近于禽兽，其能一朝居乎，故敷五典者所以安之也。宗伯以吉礼，事邦国之鬼神，示所以治神也。凶、宾、军、嘉，所以治人也。和上下，则神祇无不安其位，而人无不当其分也。六师平居，无事则属于司徒为六卿，及其有事则为六师，司马统之以战，伐叛讨罪，则邦国无有倔强之人，此所以"平"也。诘，治也。"奸慝"言"诘"，"暴乱"言"刑"，驳文也。"居四民"，若管仲制法令，士、农、工、商四民不杂之类是也。"时地利"者，使人顺天时，以修地利也。司寇不言"刑"，而言"禁"；司空不言"事"，而言"土"，曾博士以为，言"禁"者，期于无刑；言"土"者，期于无为。此盖凿也。刑，即禁也。事，谓百工之事；土，即百工之事。变刑言禁，变事言土，而以为有深义存于其间，皆求之之过。程氏曰，古之时，分职主察天时，以正四时，遂居其方之官。主其时之政，在尧谓之四岳，于周乃六卿之任。统天下之治者也，盖周之六卿，本于羲和之四子。羲和四子分主四时之政，周之六卿则不然矣。然本自准四子而为之，故以六卿之故，加"天地"二字，而曰天官，地官，春官，夏官，秋官，冬官也。盖虽不主四时之政，而其名犹有唐虞之遗意。如诸家之说，必求其如是而为天官，如是而为地官，皆有义焉，余恐非古人之本意也。"分职"，即上文是也。各率其属者，六官之属，各六十，共三百六十。"以倡九牧"者，为九州岛州牧之倡率，此亦唐虞州牧、侯伯统于四岳之遗意。"阜成兆民"，亦所谓"庶政惟和，万国咸宁"也。

"六年，五服一朝"者，更六年，而五服各一朝也。《舜典》曰"群后四朝"，盖不巡守之间，四年四方诸侯分来朝于京师，亦是各一朝也。《周官·大行人》云，侯服，一岁一见；甸服，二岁一见；男服，三岁一见；采服，四岁一见；卫服，五岁一见；要服，六岁一见。如此，则侯服，于六年之中六朝；甸服，三朝；男服，二朝；采服，计六岁之二而三朝；卫服，计六年之五而六朝。惟要服六年一朝，与经文不同。唐孔氏虽引岁聘以志业，间朝以讲礼，再朝而会以示威，再会而盟以显昭明焉，与此经相当。然《左氏》之言是，三年一朝，六年一会，十二年一盟，计一十二年之中诸侯之朝，不止于二。此则十二年止于二朝，然后王巡守，亦不得为相当。唐孔氏又以《大行人》所云，见者皆言贡物，或可因贡而见，何必见者皆是君自朝乎？按《周官》，朝、觐、宗、遇、会、同，皆其君自行，故皆言"见"。至于"问"与"俯"则其臣，故曰时聘殷俯而已，不言"见"也，以见为遣使，亦非《周官》之本意。盖虞氏五年一巡守，故一巡守之前，而诸侯朝于京师者各一，是六年各一朝。此曰一朝，与《舜典》曰四朝，其实一也。当以《书》为正，不可以《周礼》之言而溷之。然此篇所载六卿与《周礼》同，而惟"六年，五服一朝"一句与《周礼》异，此当阙之以俟知者。言"五服"者，唐孔氏曰，要服路远，外逼四夷，故不数。义或然也。此言五服，而《大行人》所言者六服，则其事不同，尤可以"见"也。

"又六年，王乃时巡"者，十有二年也。《大行人》曰，十有二岁，王巡守殷国是也。五服两朝，而王一巡守也。"时巡"者，亦如《舜典》岁二月，东巡守；五月，南巡守；八月，西巡守；十有一月，朔巡守。各以其时而巡其方也。"考制度"者，即《虞书》所谓"协时月正日"而下是也。"于四岳"者，就方岳之下也，各朝于方岳，即《舜典》所谓"肆觐东后"是也。"大明黜陟"者，《王制》所谓，不敬者，君削以地；不孝者，君黜以爵；不从者，君流；叛者，君讨；有功德于民者，加地进律是也。亦《舜典》所谓"车服以庸"也。盖此皆斟酌舜之事而行之，惟五年之与十二年异。舜则各以其方而朝，以其不巡守之间，有四年故也。周则各以其服而朝，以其不巡守之间有十一年故也。此亦为异耳。按《文中子》叔恬问曰，舜一岁而巡四岳，国不费，而民不劳，何也？文中子曰，兵卫少，而征求寡也。周之时兵卫日多，征求日众，故不能五年而以十二年也。按此篇而见周之不如唐虞者二，设官数倍，而人才不逮；巡守浸简，而主势愈尊。然自秦汉以来，官愈多而事愈不治，巡守之礼不讲，而下情不通，则其视成周，不啻成周之视唐虞也。

## 4. （宋）史浩《尚书讲义》卷十八《周书·周官》

（归善斋按，见"今予小子，祗勤于德，夙夜不逮"）

## 5. （宋）夏僎《尚书详解》卷二十二《周书·周官》

（归善斋按，见"今予小子，祗勤于德，夙夜不逮"）

## 6. （宋）时澜《增修东莱书说》卷三十《周书·周官第二十二》

立太师、太傅、太保，兹惟三公，论道经邦，燮理阴阳，官不必备，惟其人。少师、少傅、少保，曰三孤，贰公，弘化寅亮天地，弼予一人。

立，始辞也。三公，非始于此，立以为周家之定制，则始于此也。"经邦"而下，皆"训迪"之辞也。三公，位皆上公，所论之道，即以"经邦，燮理阴阳"者也。经者，经纶之谓也。燮理者，和调之谓也。明，则邦国；幽，则阴阳。幽明之所以然，乃所谓道也。经纶之用，藏于无迹，和调之妙，间不容声，亦何待于论乎？论云者，拟议以成其变化，讲明启沃而精一之者。也非经纶天下之大经，参天地之化育者，不足以与此，故"官不必备惟其人"也。三孤，位皆孤卿，贰三公，而弘大其化。寅，敬也。亮，明也。敬明天地之理，以辅予一人也。阴阳，以气言也；天地，以形言也。燮理，运之者也；寅亮，承之者也。公、孤之分，于此着矣。然"弼予一人"，乃格君心之任，独于孤言之，而公之职反不与言，何耶？论道经邦，燮理阴阳，未有不自君心者，特成王尊三公之至，若不敢以身烦之，盖曰斯人也，乃造物之友，非予一人之弼也，尊之至也。考之成王之序，公、孤慨然有感于周之人材焉。成王所序三公之职。在后世，盖旷千百年而不见者也。成王不曰不必有，而曰"不必备"，盖亦有之，特不备耳。三孤之职者，亦后世旷千百年而不见者也。成王乃不论备与不备，是可以常备矣。何其盛也。

## 7.（宋）黄度《尚书说》卷六《周书·周官》

立太师、太傅、太保，兹惟三公，论道经邦，燮理阴阳，官不必备，惟其人。

苏文忠曰，国之道为经，而政事纬之。皋陶之陈谟，箕子之陈《洪范》，皆论道也。而皋陶曰"抚于五辰庶绩其凝"，箕子曰"五者来备，各以其叙，庶草蕃庑"，此所谓善言天者，必有征于人也。阴阳，上下一气流通，"不惟其官，惟其人"，非才则旷也。"官不必备惟其人"，才难宁阙也。

## 8.（宋）袁燮《絜斋家塾书钞》

（归善斋按，无此篇）

## 9.（宋）蔡沈《书经集传》卷六《周书·周官》

立太师、太傅、太保，兹惟三公，论道经邦，燮理阴阳。官不必备，惟其人。

立，始辞也。三公非始于此，立为周家定制，则始于此也。贾谊曰，保者，保其身体；傅者，传之德义；师，道之教训，此所谓三公也。阴阳，以气言；道者，阴阳之理恒而不变者也。《易》曰"一阴一阳之谓道"是也。论者，讲明之谓；经者，经纶之谓；燮理者，和调之也。非经纶天下之大经，参天地之化育者，岂足以任此责，故"官不必备惟其人"也。

## 10.（宋）黄伦《尚书精义》卷四十四《周书·周官》

（归善斋按，见"今予小子，祗勤于德，夙夜不逮"）

## 11.（宋）陈经《尚书详解》卷四十《周书·周官》

（归善斋按，见"今予小子，祗勤于德，夙夜不逮"）

## 12.（宋）钱时《融堂书解》卷十七《周书·周官》

（归善斋按，见"若昔大猷，制治于未乱，保邦于未危"）

## 13.（宋）魏了翁《尚书要义》卷十七《周书·立政、周官、君陈》

三十、立三公，论道经邦；三孤，贰公弘化。

"立太师、太傅、太保，兹惟三公，论道经邦，燮理阴阳"，师，天子所师法；傅，傅相天子；保，保安天子于德义者。此惟三公之任，佐王论道，以经纬国事，和理阴阳，言有德乃堪之。"官不必备，惟其人"，三公之官，不必备员，惟其人有德乃处之。"少师、少傅、少保，曰三孤"，此三官，名曰三孤，孤，特也，言卑于公，尊于卿，特置此三者。"贰公，弘化寅亮天地，弼予一人"，副贰三公，弘大道化，敬信天地之教，以辅我一人之治。正义曰，《礼记·文王世子》云，"师也者，教之以事，而喻诸德者也；保也者，慎其身，以辅翼之而归诸道者也"。道、德别掌者，内得于心，出行于道。道、德不甚相远，因其并择师、保，故分配之尔。于公，云"燮理阴阳"；于孤云"寅亮天地"，和理敬信，义亦同尔。以孤副贰三公，故其事所掌不异。

## 14.（宋）陈大猷《书集传或问》卷下《周书·周官》

或问，王氏谓，公论道，而孤弘化；公燮理阴阳，而孤寅亮。吕氏曰，内修外攘，治之序也。而成王黜商命，灭淮夷，乃始归丰，作《周官》何也？境内之寇，同室之斗者也，苟不先治其斗室可得而治乎？武庚、三监之叛，近在肘腋，实与王室安危；而淮夷亦声势相倚，二患既除，海内清晏，然后创制立法之事可兴，固治之序也。天地，林氏谓其凿，如何？曰，荆公穿凿固多，至其的确处，不可例以为凿而弃之。林氏多辟王氏，其疏畅条达处诚佳，然惩创之过率略处，间亦不免，此类是也，不可不知。

## 15.（宋）胡士行《尚书详解》卷十一《周书·周官第二十二》

立太师（导之教训）、太傅（辅以德义）、太保（保其身体），兹惟三公，论道经（经纶）邦，燮（和）理（调）阴阳（三光全，寒暑平）。官不必备（具官），惟其人（得人则任，无人宁阙）。

明则邦国，幽则阴阳，所以然者，乃所谓道也。经纶之功，藏于无迹，和调之妙，间不容发论云者，拟议以成其变化，讲明启沃，而精一之者也。

## 16.（元）吴澄《书纂言》卷四下

（归善斋按，无此篇）

## 17.（元）陈栎《书集传纂疏》卷六《朱子订定蔡氏集传·周书·周官》

立太师、太傅、太保，兹惟三公，论道经邦，燮理阴阳。官不必备，惟其人。

立，始辞也。三公非始于此，立为周家定制，则始于此也。贾谊曰，保者，保其身体；傅者，傅之德义；师，道之教训，此所谓三公也。阴阳，以气言；道者，阴阳之理，恒而不变者也。《易》曰"一阴一阳之谓道"是也。论者，讲明之谓；经者，经纶之谓；燮理者，和调之也。非经纶天下之大经，参天地之化育者，岂足以任此责，故"官不必备，惟其人"也。

## 18.（元）许谦《读书丛说》卷六《周书·周官》

论道者，论修身治人之常道，所以为经邦之本者也。阴阳，则天地所以造化，气运有不齐，人君固当燮和调理。经邦，即燮调也。

## 19.（元）董鼎《书传辑录纂注》卷六《周书·周官》

立太师、太傅、太保，兹惟三公，论道经邦，燮理阴阳。官不必备，惟其人。

立，始辞也。三公非始于此，立为周家定制，则始于此也。贾谊曰，保者，保其身体；傅者，傅之德义；师，道之教训，此所谓三公也。阴阳，以气言；道者，阴阳之理恒而不变者也。《易》曰"一阴一阳之谓道"是也。论者，讲明之谓；经者，经纶之谓；燮理者，和调之也。非经纶天下之大经，参天地之化育者，岂足以任此责，故"官不必备，惟其人"也。

## 20.（元）朱祖义《尚书句解》卷十一《周书·周官第二十二》

立太师（建立太师，以其师法于王）、太傅（曰傅，以其辅翼于王）、太保（曰保，以其保安于王），兹惟三公（此谓之三公，以其公于国家而无私也），论道经邦（讲论治道因革之宜损益之节，以经理邦国），燮理阴阳（国安民和，则天地之和应，而阴阳自得其调理矣）。

## 21.（明）王樵《尚书日记》卷十四《周书·周官》

"立太师、太傅、太保"至"官不必备，惟其人"。

程子曰，三代之时，人君必有师、傅、保之官。师，道之教训；傅，傅之德义；保，保其身体。后世作事无本，知求治而不知正君；知规过而不知养德，傅德义之道固已疏矣，保身体之法复无闻焉。

又曰，辅养之道，非谓告诏以言过而后谏也。

又曰，傅德义者，在乎防见闻之非，节嗜好之过；保身体者，在乎适起居之宜，存畏慎之心。

愚按，程子之言，深得古圣人设官之意。唐虞时未有此官，然舜命禹宅百揆，禹曰"帝慎乃在位，安汝止，惟几惟康，其弼直"，而帝亦曰"予违汝弼"，则亦论道之任矣。禹、皋陶每相与语帝前，而曰"予思日赞赞襄哉"，固论道经邦之实事也。微子曰"父师""少师"，是师、傅官前已有之，立为定制，则自成王始尔。道者，阴阳之理，凡邦国之务不外此理。三公坐论其理，以经邦，使天地四时得其职，而阴阳得其调，即"燮理阴阳"也。论道之义，不明久矣，所论者何道？即经纶邦国，和调阴阳之道也。夫邦国，若此其大也，要使礼乐、刑政之施，君臣、父子之叙，井然有条而不乱，此必有其道。阴阳运行于天地之间，而能使三光全寒暑平，无愆阳伏阴以多变，此亦必有其道。惟三公以道为天子师，为能知其所以然之故，则使之论说于天子之前，故论道皆所以经邦而燮理阴阳。经邦燮理皆实事，则论道非空言也。论者，谟谋之谓；经者，政治之谓。三公论之，天子、宰相相与施行之，盖一事也。"燮理阴阳"，别无他道，惟区处人事，各得其宜，则天地之气自顺。燮，和也。理字，始见于此，事之有理，犹物之有脉，循之则治，逆之则乱。物之脉理，惟玉最密，故字从玉。凡治必循其理，故治事、治民，皆曰理。治玉曰理，治狱曰理，导阴阳曰理。周子曰，阴阳理而后和。"惟其人"与《商书》"左右惟其人"语意同。谓此三公必其人足以为师、为保者始居之，无其人则阙。师、傅、保，所以必，三者正君养德之道，不可以不备也。官不必备者，以论道经邦燮理阴阳之任，不可以虚居也。后代详于政治，而不详于人主之身成。周治事之官六，而三师并三少亦六，所以致详于人主之身，以正君为求治之本，辅德于先不待过而后谏也。

## 22. （清）库勒纳等撰《日讲书经解义》卷十一《周书·周官》

立太师、太傅、太保，兹惟三公，论道经邦，燮理阴阳。官不必备，惟其人。

1801

此一节书是，训迪三公之职也。太者，无以加尚之辞；师，天子所师法也。傅，傅相也。保，保安也。公者，无私之意。经，经纶也。燮理，和调也。成王曰，君天下者，一日万几，岂能独理，故设官分职，古有定典矣。今参酌古制，立太师、太傅、太保三者为三公。然此三公者，名高位尊，所职岂如百僚之细哉。盖天人之理至微，惟三公日与人主讲析而辩论之，启沃君心，涵养君德意，不进君于尧舜而不止。于是，推此道，以经纶邦国，则教化行，政事举，万物得所，而人治有其咸宁；推此道，以和调阴阳，则四时行，五行运，万化咸序，而天治臻于时若。凡此皆三公之职，而非百僚之所敢拟也。虽然此三公者任大责重，又岂可徒取其名哉，必得天下之道全德备者居之，然后帝王有任贤之诚，而圣贤有行道之实，否则宁虚其位以待非常之人而已，勿轻为授也。

## （元）王充耘《读书管见》卷下《周官》

立太师、太傅、太保（止）官不必备，惟其人。

三公为天子之师，不亲政事，所职者，坐而论道耳。所论者何道？即经纶邦国，和调阴阳之道也。夫邦国若此，其大也。要使之君君、臣臣、父父、子子，井然有条而不乱，此必有其道。阴阳运行于天地之间，而能使三光，全寒暑，平无愆，阳伏阴，以多变，此亦必有其道。是道也，惟三公为能明达其所以然，则使之论说于天子之前，至于以其道见之。施为，则天子宰相之责也。"官不必备，惟其人"，非其人之难得也，以知道者之不可多得也。六卿分任庶政，一官不备，则一政阙。三公同论此道，则得一知道者足矣。否则虽多，亦奚以为三公，燮理阴阳。燮理阴阳，别无他道，惟区处人事，各得其宜，则天地之气自顺。故尧舜在上，而天灾灭熄，庶征太和。有夏懋德，而罔有天灾。考其所为，不过"咨四岳"。九官、十二牧，分任庶政，使人人各遂其性而已。初未尝特设燮理阴阳之官，亦未闻别有燮理阴阳之政。太戊修德以弭桑谷之妖，亦不过早朝晏罢，吊死问生，勤于政治而已。然以道经邦，乃所以燮理阴阳也，故天灾少见于治平之世，而迭见于衰乱之时者，以其所为，有以召之也。彼匹夫衔冤，犹足致三年之旱，况政乘民困，而千万人咒诅叹恨，岂不足以伤两间之和。今论者不察此，徒曰，吾能治一身之中，和则心正气顺，而天地自位，万物自育，世宁有是理哉。甚者，灾变之来，则归过于三公，而策免之，谓其燮理无状。夫论燮理之道者，三公也；而行燮理之政，殆君相之责，非尽三公所得为也。使三公而无所建明，则策免之诚不为过。若其言之而不听，听之而不行，君相所为，自有以召天变，不知自反徒归咎于三公，岂不过哉。且后世三公居散地，经邦之事全不干，与而徒责其燮理阴阳，其讹谬益甚矣。丙吉逢群斗死伤不问，而问牛喘，以为三公调阴阳职当忧，不知当春而热，阴阳失序，吉忧之当如何而调之邪。夫治争斗，固非宰相之职，然使有司失职而死伤冤抑无所告诉，其干阴阳之和，不亦大可虑邪。故为吉者，问争斗则不可。至于戒饬有司，审理冤滥，不可不加之意也。

## （元）陈师凯《蔡氏传旁通》卷六上《周官》

立，始辞也。三公非始于此，立为周家定制，则始于此也。

新安陈氏曰，文王时，太公已为太师；武王时，召公已为太保，是三公非自成王始立也。叶氏曰，成王以周、召为师、保，而太傅无闻。周公没，召公仍为保，而不闻设师、傅，盖难之也。陈傅良曰，周、召以师、保为冢宰，是卿兼三公也。《顾命》自"同召太保奭"以下，皆卿也。是时，召公为保，兼冢宰。芮伯为司徒，彤伯为宗伯，毕公为司马，皆是以三公兼之。卫侯康叔为司寇，毛公为司空，审如是，则三公多是六卿兼之，但其人足以兼公，则加其公之职位，无其人，则止为卿而已。三公、三孤皆无其人，则阙焉而已，而六卿自若也。要之，成周以三公、三孤待非常之德，故曰"官不必备，惟其人"而已。

阴阳，以气言道者。阴阳之理，恒而不变者也。

《易》曰"一阴一阳之谓道"是也。论者，讲明之谓。经者，经纶之谓。燮理者，和调之也。非经纶天下之大经，参天地之化育者，岂足以任此责。古者王佐之才，上有以参天地之常道，下有以修国家之常典，惟其论道，则讲明精至，必能推天而达之人，而天下之常经不紊矣。惟其燮理阴阳，则调和清穆，必能存心以事天。而天地之常道不变矣。一阴一阳之谓道。阴阳，气也，所以一阴一阳者，道也。道谓太极之理也。元亨利贞，万古周流而不息，故曰恒而不变者也。其不变者，此理而已。若论阴阳二气，苟燮理之不至，则有常者不能不为之变。日月之薄食，星纬之错行，山川之崩竭，年谷之凶荒，札瘥之夭折，皆阴阳之变耳。如朝廷之上，三公得人，则必讲论精密，内有以修其身，上有以启其君，经纶有要，燮调有道。在造化，则使三光全，而四时和；在国家，则使三纲止，而九法叙，而后无愧三公之职焉。然岂可以易言哉，故曰"惟其人"而已。

## （元）王充耘《书义矜式》卷六《周书·周官》

立太师、太傅、太保，兹惟三公，论道经邦，燮理阴阳。官不必备，惟其人。少师、少傅、少保，曰三孤，贰公，弘化寅亮天地，弼予一人。

建大臣以任其参赞之职者，其选严；命大臣以佐其参赞之职者，其责备。盖明王之设官分职，无非欲其参赞天地之化育。大臣之参赞，又乌可无其贰哉？故其弼成于后者，正将以助大臣之有所不及耳。昔者，周家建立三公之官，以讲明阴阳之道，经理邦国之大，而尽其燮理之职，其任至不轻也。苟非其材，则岂足以任此职乎？故不必其官之备，而惟其人之贤。则夫贰三公，以范围天地之化，而张大之者，以其有三孤在焉耳。自三孤之特建也，以之寅亮乎天，而仰不愧焉；以之寅亮乎地，而俯不怍焉，则其弼一人之道，亦无间于三公矣。吁，三公论道而既重其职于前，三孤弘化而复备其责于后，古之人所以能与天地参者，其以此欤（云云）。见于《周官》之书，其意以此。尝谓阴阳之道，非人则不能以任其经纶之责，天地之化；非人则不能以致其张大之功。上而一人，次而三公，其事皆所当任者也。然一人不可以无弼，三公不可以无贰，特建夫三孤之职，实所以上弼一人，而下贰乎三公者也。苟惟三孤之名不定，而使之属于三公，则其将助三公所为之不暇，又何以事其己职之所为乎？吾由是而知建官之制，至于成周而无弊也。今夫三公之位，而谓之立者，何也？盖始辞也。三公虽非始于此时，而立为周家之定制，则始于此时也。师道之教训，傅之德义，保之于身体，名虽不同，而其人皆未易得也。是故，三公之于斯道，既讲明之，复经纶之，而必尽其燮理之妙焉。盖阴阳以气言，而道者，阴阳之理，恒而不变者也。《易》曰，一阴一阳之谓道者是也。然经纶之用，藏于无迹；和调之妙，间不容发，又何待于论耶。

盖论之云者，拟议以成其变化，讲明启沃而精一之也。苟非经纶天下之大经，参天地之化育者，其孰能与于此。故曰，官不必备，惟其人。盖古者建官惟贤，况以三公之尊位，而不在于得其人乎？位事惟能，况以三公之重任，而不求其人以称其职乎？与其苟且是官以充员，孰若阙其职，以待其人之为愈也。苟惟其人，则官固无害于备，亦无害其为不备也。三公之官，夫既不求其备矣，则夫贰三公而谓之少师、少傅、少保者，容可不特建其职，而定其名乎？夫谓之三少者，特其名数少贬，而非辽绝于三公者也。谓之曰三孤者，以其名位特立，而非统摄于三公者也。一则经纶于前，而一则弼成于后，此公、孤之职所由分也。夫天地以形言，而化者，天地之用运而无迹者也。《易》曰"范围天地之化者"是也。弘者，张而大之。谓寅亮者，敬而明之之谓。三孤之于天地之用，既张而大之于天地之形，复敬而明之，则其弼一人，而能尽其道矣。苟职之不专，名之不立，责之不重，则何以成其弘大之功，而致其寅亮之实也哉。抑尝考之三公之设，其法已久。至成王而始参定以为一代之定制耳。夫苟立之为定制，宜其有定人矣。而周公为师，召公为保，仅见于载籍之传，而傅无闻焉。其后周公既没，则以召公为保而已，而师亦无闻焉，何哉？盖非常之任，所以待非常之人，惟其非常之人，而后可以当非常之任。三公之不必备者，所以难其人也。于是而三孤立焉，所以贰三公，而必重其责也。故太仪所掌有，孤仗焉；朝士所掌，有孤位焉。正之必有其贰，三公既难其任，而三孤则能分其任矣。成王训迪之际，既尊三公之至，而欲不敢以身烦之者。"弼予一人"之语，成王不与三孤言之，而谁言之耶。虽然《周官》一书与《周礼》正相为表里，《周官》所载，自公而孤，自孤而卿，而于公特言其不必备矣，未始无常职也。而《周礼》所载，惟止于师，孤亦不言，是必有其说也。盖公、孤无职，卿则分职；公、孤命道，而卿则行其道也。公、孤是未定之佐卿，乃不易之官，或以卿而兼公、孤之任，亦不害其为官之不备矣。噫，论至于此，则周人立官之深意，岂不复明于千载之上也哉。

## （元）陈悦道《书义断法》卷六《周书·周官》

立太师、太傅、太保。兹惟三公，论道经邦燮理阴阳，官不必备，惟其人。少师、少傅、少保，曰三孤，贰公，弘化寅亮天地，弼予一人。

三公之任大矣，三孤特其副贰，而责任之浅深，亦自不同。盖三公坐而论道，以经大经；燮理阴阳，以赞化育，不有非常之质，固难以任非常之责也。三孤，范围天地之化，辅弼一人之身。三孤，苟难于得人，则亦可以为三公之副也。论道大于弘化，燮理重于寅亮，而一人之身若不敢以累三公者，则轻重浅深之分，而国家所以立公、孤之本意也。

## （明）梅鷟《尚书考异》卷四《周官》

三公、三孤。

《周礼·司服》"王为三公六卿锡衰"，公之服自衮冕而下，如王之服；孤之服自希冕而下，如子男之服；卿大夫之服自玄冕而下，如孤之服。

《典命》王之三公八命，卿六命，大夫四命，公之孤四命。《巾车》孤乘夏篆，卿乘夏缦，大夫乘墨车。《司常》王建太常，诸侯建旗，孤、卿建旜，大夫、士建物。射人，掌国之三公、孤、卿、大夫之位，三公北面，孤东面，卿大夫西面。其贽，三公执璧，孤执皮帛，卿执羔，大夫雁。孤卿大夫以三耦，相孤卿大夫之法仪。《司士》三公北面东上，孤东面北上，卿大夫西面北上，孤卿特揖。《太仆》掌三公、孤、卿之吊劳，王不视朝，则辞于三公及孤卿也。《弁师》孤卿大夫之冕。《小司寇》三公及州长、百姓，北面。《朝士》左九棘，孤、卿、大夫位焉；面三槐，三公位焉。贾子曰，昔者，成王幼在襁抱之中，召公为太保，周公为太傅，太公为太师。保，保其身体；傅，傅之德义；师，道之教训。此三公之职也。于是为置。三少皆上大夫也，曰少保、少傅、少师，是与太子宴者也，故乃孩提，有识三公、三少，因明孝仁礼义，以道习之。《文王世子》曰，太傅，审父子君臣之道以示之；少傅奉世子，以观太傅之德行，而审喻之。太傅在前，少傅在后，入则有保，出则有师，是以教谕而德成也。师也者，教之以事，而喻诸德者也。保也者，慎其身，而辅翼之，而喻诸道者也。《记》曰，虞、夏、商、周有师保，有疑丞，设四辅及三公。不必备，唯其人，语使能也。今按《周礼》孤厕于三公之下，卿、大夫之上，而无三孤之数。贾子有三公三少之数，而非三孤之称。今太师、太傅、太保，曰三公；少师、少傅、少保，曰三孤，则正用贾生保傅之篇，而特改三少之"少"字，从《周礼》之"孤"字耳。盖《周官》一篇，全是约《周礼》一书而成之。《周礼》三公及三孤无定位。无专职。乃六卿之兼官也。故周公、召公皆以太师、太保兼领冢宰，延及宣王之世。王命卿士、太师、皇父，犹率旧也。盖得其人，可以兼则兼之，不得其人，不可以兼，则直虚其位，而不轻任也。故《周礼》一书于公、孤，不言所掌，不详所统，因服位仪等，而偶道及之耳。作古文者亦窥见此意，故首为《周礼》分数，以三公三孤，先言之于六卿之上。其义如此也。

## （清）朱鹤龄《尚书埤传》卷十四《周书·周官》

论道经邦，燮理阴阳。

吕祖谦曰，明则邦国，幽则阴阳，幽明之所以然，所谓道也。道何待于论论，道者，拟议以成，变化讲明，而启沃之也。阴阳属气，天地属形。燮理运之者也，寅亮承之者也。公、孤之分于此著矣。然"弼予一人"，乃格君心之任，独于孤言之，而公反不与焉，何也？"论道经邦，燮理阴阳"，未有不自君心者，特成王尊三公之至，若不敢以身烦之，盖曰斯人也，乃造化之友，非予一人之弼也。邵宝曰，道贯天人，律天以立人，于是乎有论。论者谋谟，于是乎有经经者。政事燮理阴阳，以是而已，考祥焉，更化焉，以人事而赞天功，其道固在我也。若曰坐而无为，如陈平、丙吉之云，岂知相体者哉？叶梦得曰，成王以周、召为师、保，而太傅无闻。周公没，召公即为保，而不闻设师、傅，盖难之也（陈启源曰，按贾谊疏云，成王幼在襁褓之中，召公为太保，周公为太傅，太公为太师，则未尝无太傅也。《顾命》召太保，毕公，毛公，三公皆备。又毕公代周公为太师，不得云周公没后不设师傅也。石林语，尚未核）。陈傅良曰，周、召以师、保为冢宰，是卿兼三公也。《顾命》召太保奭以下皆卿也。其人足以兼三公，则加其公之职位，无其人则止，为卿而已。三公、三孤皆无其人则阙焉，而六卿自若也。成周以三公、三孤待非常之德,故曰"官不必备,惟其人"。程伯圭曰,《周礼》多言三公、三孤,但不言其职,盖三公位尊,出诸侯之上,论道燮理,若无所职,且官不必备,或无其职,非如诸卿之分职联事,各相统属也,故不必列之于五官篇也。

## 官不必备,惟其人

### 1.（汉）孔氏传、（唐）陆德明音义、孔颖达疏《尚书注疏》卷十七《周书·周官》

官不必备,惟其人。

传,三公之官不必备员,惟其人有德乃处之。

音义,处,昌吕反。

《尚书注疏》卷十七《考证》

官不必备,惟其人。

陈傅良曰,周、召以师、保为冢宰,是卿兼三公也。《顾命》所序,三公以六卿兼之,但其人足以兼公,则加公职,位无其人,则止为卿而已。周以公、孤待非常之德,故曰"官不必备,惟其人"。臣召南按,《汉书·百官公卿表》曰,三公,盖参天子坐而议政,无不总统,故不以一职为官名,又立三少为之副,是为孤卿,与六卿为九焉。《记》曰,三公无官,言有其人,然后充之。舜之于尧,伊尹于汤,周公、召公于周是也。《汉书》此段,是此文确解。但孟坚不见古文,故引《记》之说,而暗与官不必备相合耳。

### 2.（宋）苏轼《书传》卷十六《周书·周官第二十二》

官不必备,惟其人。少师、少傅、少保,曰三孤。贰公,弘化寅亮天地,弼予一人。

孤,特也。此虽三公之贰,而非其属官,故曰"孤",以重之。

**3.（宋）林之奇《尚书全解》卷三十六《周书·周官》**

(归善斋按，见"立太师、太傅、太保，兹惟三公，论道经邦，燮理阴阳")

**4.（宋）史浩《尚书讲义》卷十八《周书·周官》**

(归善斋按，见"今予小子，祗勤于德，夙夜不逮")

**5.（宋）夏僎《尚书详解》卷二十二《周书·周官》**

(归善斋按，见"今予小子，祗勤于德，夙夜不逮")

**6.（宋）时澜《增修东莱书说》卷三十《周书·周官第二十二》**

(归善斋按，见"立太师、太傅、太保，兹惟三公，论道经邦，燮理阴阳")

**7.（宋）黄度《尚书说》卷六《周书·周官》**

(归善斋按，见"立太师、太傅、太保，兹惟三公，论道经邦，燮理阴阳")

**8.（宋）袁燮《絜斋家塾书钞》**

(归善斋按，无此篇)

**9.（宋）蔡沈《书经集传》卷六《周书·周官》**

(归善斋按，见"立太师、太傅、太保，兹惟三公，论道经邦，燮理阴阳")

**10.（宋）黄伦《尚书精义》卷四十四《周书·周官》**

(归善斋按，见"今予小子，祗勤于德，夙夜不逮")

## 11. (宋)陈经《尚书详解》卷四十《周书·周官》

(归善斋按,见"今予小子,祗勤于德,夙夜不逮")

## 12. (宋)钱时《融堂书解》卷十七《周书·周官》

(归善斋按,见"若昔大猷,制治于未乱,保邦于未危")

## 13. (宋)魏了翁《尚书要义》卷十七《周书·立政、周官、君陈》

(归善斋按,未引)

## 14. (宋)陈大猷《书集传或问》卷下《周书·周官》

(归善斋按,未解)

## 15. (宋)胡士行《尚书详解》卷十一《周书·周官第二十二》

(归善斋按,见"立太师、太傅、太保,兹惟三公,论道经邦,燮理阴阳")

## 16. (元)吴澄《书纂言》卷四下

(归善斋按,无此篇)

## 17. (元)陈栎《书集传纂疏》卷六《朱子订定蔡氏集传·周书·周官》

(归善斋按,见"立太师、太傅、太保,兹惟三公,论道经邦,燮理阴阳")

## 18. (元)许谦《读书丛说》卷六《周书·周官》

(归善斋按,未解)

### 19.（元）董鼎《书传辑录纂注》卷六《周书·周官》

(归善斋按，见"立太师、太傅、太保，兹惟三公，论道经邦，燮理阴阳")

### 20.（元）朱祖义《尚书句解》卷十一《周书·周官第二十二》

官不必备（三公所任如此其大，故其官不可用备具），惟其人（惟得其人，则以任之，无其人宁阙以待用）。

### 21.（明）王樵《尚书日记》卷十四《周书·周官》

(归善斋按，见"立太师、太傅、太保，兹惟三公，论道经邦，燮理阴阳")

### 22.（清）库勒纳等撰《日讲书经解义》卷十一《周书·周官》

(归善斋按，见"立太师、太傅、太保，兹惟三公，论道经邦，燮理阴阳")

### （元）陈师凯《蔡氏传旁通》卷六上《周官》

(归善斋按，见"立太师、太傅、太保，兹惟三公，论道经邦，燮理阴阳")

### （元）王充耘《读书管见》卷下《周官》

(归善斋按，见"立太师、太傅、太保，兹惟三公，论道经邦，燮理阴阳")

### （元）陈悦道《书义断法》卷六《周书·周官》

(归善斋按，见"立太师、太傅、太保，兹惟三公，论道经邦，燮理

阴阳"）

**（明）梅鷟《尚书考异》卷四《周官》**

（归善斋按，见"立太师、太傅、太保，兹惟三公，论道经邦，燮理阴阳"）

# 少师、少傅、少保，曰三孤

**1.（汉）孔氏传、（唐）陆德明音义、孔颖达疏《尚书注疏》卷十七《周书·周官》**

少师、少傅、少保，曰三孤。

传，此三官，名曰三孤，孤，特也，言卑于公，尊于卿，特置此三者。

音义，少，诗照反，下同。

**2.（宋）苏轼《书传》卷十六《周书·周官第二十二》**

（归善斋按，见"官不必备，惟其人"）

**3.（宋）林之奇《尚书全解》卷三十六《周书·周官》**

（归善斋按，见"立太师、太傅、太保，兹惟三公，论道经邦，燮理阴阳"）

**4.（宋）史浩《尚书讲义》卷十八《周书·周官》**

（归善斋按，见"今予小子，祗勤于德，夙夜不逮"）

**5.（宋）夏僎《尚书详解》卷二十二《周书·周官》**

（归善斋按，见"今予小子，祗勤于德，夙夜不逮"）

## 6. （宋）时澜《增修东莱书说》卷三十《周书·周官第二十二》

（归善斋按，见"立太师、太傅、太保，兹惟三公，论道经邦，燮理阴阳"）

## 7. （宋）黄度《尚书说》卷六《周书·周官》

少师、少傅、少保，曰三孤，贰公，弘化寅亮天地，弼予一人。

师、傅、保，有太有少，岂所谓"三宅三俊"欤，故谓之"贰公"。六卿皆有亚贰，或称少，或称小。孤与卿命秩同，而高于卿，故称"孤"。寅，敬。亮，明。敬明天地，以辅相人主。

## 8. （宋）袁燮《絜斋家塾书钞》

（归善斋按，无此篇）

## 9. （宋）蔡沈《书经集传》卷六《周书·周官》

少师、少傅、少保，曰三孤，贰公，弘化寅亮天地，弼予一人。

少，失照反。孤，特也。三少，虽三公之贰，而非其属官，故曰"孤"。天地，以形言。化者，天地之用运而无迹者也。《易》曰"范围天地之化"是也。弘者，张而大之；寅亮者，敬而明之也。公论道，孤弘化；公燮理阴阳，孤寅亮天地；公论于前，孤弼于后，公、孤之分如此。

## 10. （宋）黄伦《尚书精义》卷四十四《周书·周官》

（归善斋按，见"今予小子，祗勤于德，夙夜不逮"）

## 11. （宋）陈经《尚书详解》卷四十《周书·周官》

（归善斋按，见"今予小子，祗勤于德，夙夜不逮"）

## 12. （宋）钱时《融堂书解》卷十七《周书·周官》

（归善斋按，见"若昔大猷，制治于未乱，保邦于未危"）

## 13. （宋）魏了翁《尚书要义》卷十七《周书·立政、周官、君陈》

（归善斋按，未引）

## 14. （宋）陈大猷《书集传或问》卷下《周书·周官》

（归善斋按，未解）

## 15. （宋）胡士行《尚书详解》卷十一《周书·周官第二十二》

少师、少傅、少保，曰三孤（孤特自守），贰（副）公，弘（大）化寅（敬）亮（相）天地，弼予一人。

阴阳以气言，天地以形言。燮理，运之也。寅亮，承之也。公不言"弼一人"者，论道未有不自君心始，特王尊三公，若不欲以身烦之。

## 16. （元）吴澄《书纂言》卷四下

（归善斋按，无此篇）

## 17. （元）陈栎《书集传纂疏》卷六《朱子订定蔡氏集传·周书·周官》

少师、少傅、少保，曰三孤，贰公，弘化寅亮天地，弼予一人。

孤，特也。三少，虽三公之贰，而非其属官，故曰"孤"。天地，以形言。化者，天地之用运而无迹者也。《易》曰"范围天地之化"是也。弘者，张而大之；寅亮者，敬而明之也。公论道，孤弘化；公燮理阴阳，孤寅亮天地；公论于前，孤弼于后。公、孤之分如此。

纂疏：

孔氏曰，弘，大；道，化。

叶氏曰，成王以周、召为师、保，而太傅无闻。周公殁，召公仍为保，而不闻设师、傅盖难之也。

陈氏傅良曰，周、召以师、保为冢宰，是卿兼三公也。《顾命》自太保奭以下，皆卿也。时召公为保兼冢宰，芮伯为司徒，彤伯为宗伯，毕公为司马，皆是以三公兼之。卫侯、康叔为司寇，毛公为司空，审如是，则三公多是六卿兼之，但其人足以兼公，则加公之位，无其人则止为卿而已。三公、三孤皆无其人，则阙之而已，而六卿自若也。成周实以三公、三孤待非常之德，故曰"官不必备，惟其人"。

吕氏曰，明，则邦国；幽，则阴阳，幽明之所以然，所谓道也。经纶之用，藏于无迹；和调之妙，间不容声，何待于论论云者，拟议以成，其变化讲明，启沃而精一之者也。阴阳以气言；天地以形言，燮理运之者也。寅亮，承之者也。公、孤之分于此着矣。然弼一人，乃格君心之任，独于孤言之，公反不与，何也？"论道经邦，燮理阴阳"，未有不自君心者，特王尊三公之至，若不敢以身烦之，盖曰斯人也，乃造化之友，非予一人之弼也。

愚谓，文王时，太公已为太师；武王时，召公已为太保，是三公非自成王始立也。弘化，以为天地之化，固有"范围天地之化"可证。但下句有亮天地，上句似不必又以为天地之化。孤之"弘化"，对公之"论道"，且言"贰公"，正是贰公，以弘大其论道经邦之化耳。弘大道化，以寅亮天地，体用之谓也。孔注当矣。

## 18. （元）许谦《读书丛说》卷六《周书·周官》

（归善斋按，未解）

## 19. （元）董鼎《书传辑录纂注》卷六《周书·周官》

少师、少傅、少保，曰三孤，贰公，弘化寅亮天地，弼予一人。

孤，特也。三少，虽三公之贰，而非其属官，故曰"孤"。天地以形言；化者，天地之用运而无迹者也。《易》曰"范围天地之化"是也。弘者，张而大之；寅亮者，敬而明之也。公论道，孤弘化；公燮理阴阳，孤寅亮天地；公论于前，孤弼于后。公、孤之分如此。

纂注：

孔氏曰，师，天子所师；傅，傅相天子；保，保安天子。孤，卑于公，尊于卿，特置此三者，副贰三公，弘大道化。

叶氏曰，成王以周、召为师、保，而太傅无闻。周公没，召公仍为保，而不闻设师、傅，盖难之也。

陈氏傅良曰，周、召以师、保为冢宰，是卿兼三公也。《顾命》自"同召太保奭"以下，皆卿也。是时，召公为保兼冢宰，芮伯为司徒，彤伯为宗伯，毕公为司马，皆是以三公兼之。卫侯、康叔为司寇，毛公为司空。审如是，则三公多是六卿兼之，但其人足以兼公，则加其公之职位，无其人则止为卿而已。三公、三孤皆无其人，则阙焉而已。而六卿自若也。要之，成周以三公、三孤待非常之德，故曰"官不必备，惟其人"。

吕氏曰，明，则邦国；幽，则阴阳。幽明之所以然，所谓道也。经纶之用藏于无迹；和调之妙，间不容声，何待于论论云者。拟议以成其变化，讲明启沃而精一之者也。阴阳，以气言；天地，以形言；燮理，运之者也。寅亮，承之者也。公孤之分于此着矣。然弼予一人，乃格君心之任，独与孤言之，而公之职反不与焉，何也？"论道经邦，燮理阴阳"，未有不自君心者，特成王尊三公之至，若不敢以身烦之。盖曰斯人也，乃造化之友，非予一人之弼也。

新安陈氏曰，文王时，太公已为太师；武王时召公已为太保，是三公非自成王始立也。贰公弘化，盖贰公以弘大其论道经邦之化耳。弘大道化，以寅亮天地，体用之谓也。孔注当矣。

## 20.（元）朱祖义《尚书句解》卷十一《周书·周官第二十二》

少师、少傅、少保（孤次于公，谓之少者，以其职赞贰于三公），曰三孤（上有三公之尊，则易以曲从，故欲孤特自守，所以谓之"三孤"）。

## 21.（明）王樵《尚书日记》卷十四《周书·周官》

"少师、少傅、少保，曰三孤"至"弼予一人"。

孔氏曰，此三官，名曰三孤，孤，特也，言卑于公，尊于卿，特置此三者，副贰三公，弘大道化。按，弘化，即三公之"论道经邦"也；"寅亮天地"，即三公之"燮理阴阳"也。弘，如人能弘道之弘，盖天地无为，而吾之所讲明推行者，无非所以弘化也。化者，天地之用；而弘之者，人使天地之心遍于万物，庶事无不得其所，是即"寅亮天地"也。亮，相也，与"亮天工"一列。蔡云敬明，则似以为"亮采"之"亮"矣。"弼予一人"，即所谓导之教训，傅之德义，保其身体也。君身万化之原，论道、燮理、弘化、寅亮之所有事者，莫先于兹，所谓格君心之非，一正君而国定者也。上文三公不言者，以论道中，足以包之也。道化与阴阳、天地，各相对为文，而非有异义。化，即道也。《庄子注》曰天道阴阳运行，则为道。自无而有，自有而无，则为化，此皆一阴一阳之妙，而天地之所以为天地者也。圣人有以参赞之，设官以论其道，弘其化，则阴阳和，天地位。其实，论道者，非不弘化；弘化者，非不论道。而"燮理阴阳"，与"寅亮天地"又非二事也，所以如此立文者，以见公论于前，孤弼于后，其道相成，而非有二尔。如以道化为公孤之差别，则阴阳、天地，亦岂可以差别耶？阴阳，气也；一阴一阳者，道也；流行乎天地之间者，化也；主宰乎道化者，天地也；为天地之心者，人也。人之道，即天地之道，故论道、弘化、燮理、寅亮，即赞天地之化育之实事也。三公言"官不必备，惟其人"，则三孤亦然。三孤言"弼予一人"，则三公可知。《周礼》无其职，盖坐而论道，不烦以事，不以一职名官，故不载。叶氏曰，成王以周、召为师、保，而太傅无闻，周公没，召公仍为保，而不闻设师、傅，盖难之也。三公多以六卿兼之，但其人足以兼公，则加以公之位，无其人则止为卿而已。三公、三孤皆无其人，则阙，而六卿自若也。以《顾命》六卿证之，召公冢宰，毕公司马，毛公司空，皆兼三公。周公代太公为太师，毕公代周公为太师，召公自武王时至康王初为太保。召公代周公为冢宰，《顾命》中可见。商之伊尹、傅说皆为冢宰，而太甲曰"既往背师、保之训"，《说命》曰"王置诸其左右，朝夕纳诲"，是皆冢宰行保、傅之事。

## 22.（清）库勒纳等撰《日讲书经解义》卷十一《周书·周官》

少师、少傅、少保，曰三孤，贰公，弘化寅亮天地，弼予一人。

此一节书是，训迪三孤之职也。少者，位次于尊之辞。孤者，孤特之义。贰,佐贰也。弘,大也。寅,敬也。亮,明也。成王曰,三公既立,于是继立少师、少傅、少保,曰三孤。公、孤之名虽异,而职守亦未尝少分。盖孤者,佐贰于公,以畅发其未尽之绪也。如天地之化,乃天地之妙用,即道之发育者也。三孤则广大扩充,务使朝廷政务,协于上下。盖即三公之所论者,而张大其用焉。天地,即阴阳之成位者也,三孤则致慎详明,务使五行、四时,各顺其则。盖即三公之所"燮理"者,而昭着其体焉。夫参赞化育,予一人之责也,惟三孤以此辅弼于予,以昌明其政化,成就其德业,则公引于前,而孤弼于后,任匪易矣。然则,居是位者,可不慎哉?

## (元) 王充耘《读书管见》卷下《周官》

三孤,贰公,弘化。

三孤,为三公之佐,故曰"贰公",言其为三公副贰也。弘化,与经邦为对。化者,教化,即所用以经邦者也。"寅亮天地"与"燮理阴阳"为对。亮者,相也,与"惟亮天工"之"亮"同,谓补助其所不及也。"弼予一人",弼者,匡辅其不逮也。此皆就行事上说,与三公之职微有不同。盖三公长官,三孤佐贰,均此职也。长官尊主,张其事于上;佐官卑身,任其事于下,是故三公经邦是运天下于掌上者;三孤弘化则是因其已成之化,而推广之耳。三公燮理阴阳,是范围天地之化者;三孤寅亮天地,只是辅相其不及而已。三公论道,是教训天子者;三孤弼一人,只是弥缝其阙失而已。此所以为公、孤之别。

传谓,吕氏说谓阴阳之理,恒而不变者,为道天地之用运,而无迹者,为化,牵强附会,但图对偶亲切耳,而不察实事,不知天地之化,运于无迹,将使三公何如张而大之。三公,上言"立"而下言"官不必备,惟其人";而三孤、六卿不言者,盖"立"凡例于前,而后皆蒙其语耳。传者不察,谓三公非始于此,立为周家定制则始于此。三孤、六卿,独非立为周家之制者乎?何以不言"立"也。夫"立"与"建"同。建官惟贤,岂亦必自武王设官,而谓之"建"邪。盖立官、建官、设官,皆恒言耳。且三公必其人,而不必备员。三孤、六卿,独可备员而非其人乎?以此知特发例于此耳,非专为三公言。

**（元）陈悦道《书义断法》卷六《周书·周官》**

（归善斋按，见"立太师、太傅、太保，兹惟三公，论道经邦，燮理阴阳"）

**（明）梅鷟《尚书考异》卷四《周官》**

（归善斋按，见"立太师、太傅、太保，兹惟三公，论道经邦，燮理阴阳"）

# 贰公，弘化寅亮天地，弼予一人

**1.（汉）孔氏传、（唐）陆德明音义、孔颖达疏《尚书注疏》卷十七《周书·周官》**

贰公，弘化寅亮天地，弼予一人。
传，副贰三公，弘大道化，敬信天地之教，以辅我一人之治。

**2.（宋）苏轼《书传》卷十六《周书·周官第二十二》**

（归善斋按，见"官不必备，惟其人"）

**3.（宋）林之奇《尚书全解》卷三十六《周书·周官》**

（归善斋按，见"立太师、太傅、太保，兹惟三公，论道经邦，燮理阴阳"）

**4.（宋）史浩《尚书讲义》卷十八《周书·周官》**

（归善斋按，见"今予小子，祗勤于德，夙夜不逮"）

**5.（宋）夏僎《尚书详解》卷二十二《周书·周官》**

（归善斋按，见"今予小子，祗勤于德，夙夜不逮"）

### 6.（宋）时澜《增修东莱书说》卷三十《周书·周官第二十二》

（归善斋按，见"立太师、太傅、太保，兹惟三公，论道经邦，燮理阴阳"）

### 7.（宋）黄度《尚书说》卷六《周书·周官》

（归善斋按，见"少师、少傅、少保，曰三孤"）

### 8.（宋）袁燮《絜斋家塾书钞》

（归善斋按，无此篇）

### 9.（宋）蔡沈《书经集传》卷六《周书·周官》

（归善斋按，见"少师、少傅、少保，曰三孤"）

### 10.（宋）黄伦《尚书精义》卷四十四《周书·周官》

（归善斋按，见"今予小子，祗勤于德，夙夜不逮"）

### 11.（宋）陈经《尚书详解》卷四十《周书·周官》

（归善斋按，见"今予小子，祗勤于德，夙夜不逮"）

### 12.（宋）钱时《融堂书解》卷十七《周书·周官》

（归善斋按，见"若昔大猷，制治于未乱，保邦于未危"）

### 13.（宋）魏了翁《尚书要义》卷十七《周书·立政、周官、君陈》

（归善斋按，未引）

### 14.（宋）陈大猷《书集传或问》卷下《周书·周官》

（归善斋按，未解）

## 15.（宋）胡士行《尚书详解》卷十一《周书·周官第二十二》

（归善斋按，见"少师、少傅、少保，曰三孤"）

## 16.（元）吴澄《书纂言》卷四下

（归善斋按，无此篇）

## 17.（元）陈栎《书集传纂疏》卷六《朱子订定蔡氏集传·周书·周官》

（归善斋按，见"少师、少傅、少保，曰三孤"）

## 18.（元）许谦《读书丛说》卷六《周书·周官》

化，即经邦之运用。副贰三公，经邦之化，敬明天地之道。三公言"燮理"，参天地，赞化育，德隆位尊，而任大也。三孤位卑，不过敬明其道，以启导其君耳。

## 19.（元）董鼎《书传辑录纂注》卷六《周书·周官》

（归善斋按，见"少师、少傅、少保，曰三孤"）

## 20.（元）朱祖义《尚书句解》卷十一《周书·周官第二十二》

贰公，弘化（赞成。三孤，洪大三公之化）寅亮天地（敬明天地之道），弼予一人（辅我一人，使知所以长天）。

## 21.（明）王樵《尚书日记》卷十四《周书·周官》

（归善斋按，见"少师、少傅、少保，曰三孤"）

## 22.（清）库勒纳等撰《日讲书经解义》卷十一《周书·周官》

（归善斋按，见"少师、少傅、少保，曰三孤"）

## （元）陈师凯《蔡氏传旁通》卷六上《周官》

天地以形，言"化"者，天地之用，运而无迹者也。

《易》曰，范围天地之化是也。弘者，张而大之；寅亮者，敬而明之也。天地之化运，而无迹，如四时之行，六气之运，皆造化之妙用，不言而示人者也。范，模也；围，匡郭。圣人范围天地之化，盖参赞之极功，能使造化囿于圣人精神心术之中，如物之得其模范，匡郭而不违也。张而大之，如天地得其位，万物得其育也。敬而明之，如钦若昊天，以授人时，在玑衡以齐七政是也。

## （元）陈悦道《书义断法》卷六《周书·周官》

（归善斋按，见"立太师、太傅、太保，兹惟三公，论道经邦，燮理阴阳"）

# 冢宰掌邦治，统百官，均四海

## 1.（汉）孔氏传、（唐）陆德明音义、孔颖达疏《尚书注疏》卷十七《周书·周官》

冢宰掌邦治，统百官，均四海。

传，天官卿称太宰，主国政治，统理百官，均平四海之内邦国，言任大。

疏，传正义曰，此经言六卿所掌之事，撮引《周礼》为之总目，或据《礼》文，或取《礼》意，虽言有小异，义皆不殊。《周礼》云"乃立天官冢宰，使帅其属而掌邦治，治官之属，太宰卿一人"。马融云，冢，大也。宰，治也。大治者，兼万事之名也。郑玄云，变冢言大，进退异名也。百官总焉，则谓之冢，列职于王，则称大冢者，大之上也。山顶曰冢，是解冢"大"，异名之意。《太宰职》云，三曰礼典，以统百官。马融云，统，本也。百官，是宗伯之事也。此统百官，在冢宰之下，当以冢尊，故命统治百官为冢宰之事，治官、礼官俱得统之也。《礼》云"以佐王均邦国"，此言"均四海"故传辨之，均平四海之内邦国，与孔意不异。

《尚书注疏》卷十七《考证》

冢宰掌邦治。

苏轼曰，政教礼刑，无所不统，谓之邦治，故曰天官必三公兼之。余卿或兼，或特命。

## 2.（宋）苏轼《书传》卷十六《周书·周官第二十二》

冢宰掌邦治，统百官，均四海。

政教礼刑无所不掌，谓之邦治，而百官总已以听焉，故冢宰为天官，必三公兼之，余卿或兼，或特命。

## 3.（宋）林之奇《尚书全解》卷三十六《周书·周官》

（归善斋按，见"立太师、太傅、太保，兹惟三公，论道经邦，燮理阴阳"）

## 4.（宋）史浩《尚书讲义》卷十八《周书·周官》

（归善斋按，见"今予小子，祗勤于德，夙夜不逮"）

## 5.（宋）夏僎《尚书详解》卷二十二《周书·周官》

（归善斋按，见"今予小子，祗勤于德，夙夜不逮"）

## 6.（宋）时澜《增修东莱书说》卷三十《周书·周官第二十二》

冢宰，掌邦治，统百官，均四海；司徒，掌邦教，敷五典，扰兆民；

宗伯，掌邦礼，治神人，和上下；司马，掌邦政，统六师，平邦国；司寇，掌邦禁，诘奸慝，刑暴乱；司空，掌邦土，居四民，时地利。六卿分职，各率其属，以倡九牧，阜成兆民。

三公、三孤，天子所与共调化育之源，而无所治者也。统万事，而分治之，则六卿之职焉。六卿者，万事之纲也。治官之长，是为冢宰，内统百官，外均四海，盖天子之相也。百官异职，管摄之，使皆归于一，是之谓"统"；四海异宜，调齐之，使咸得其平，是之谓"均"，所以管摄之者，非官官而控制之也。自百而归之六，自六而归之一，所操者至简也，所以调齐之者，非人人而称量之也。大者，与之为大；小者，与之为小，所居者，至易也。明乎易简之理，则相业无余蕴矣。教官之长，是为司徒，父子、君臣、夫妇、兄弟，朋友之五典，自唐虞以来，司徒既职之矣。天下之达道，惟是五者，故古今之达教，亦不能改是五者也。敷典教民，而谓之"扰"，盖驯习而熟之之谓也，拊摩而入之之谓也，蓄养而宽之之谓也。深味乎"扰"之一言，则司徒之教，思过半矣。礼官之长，是为宗伯，坛坎昭穆之等，聘飨射御之节，贯本末而等文质者，所谓礼也，神人之所以治，上下之所以和者也。一失其礼，则僭乱谄妄而渎乎神，陵犯乖争而悖乎人，上下皆失，其分安得而和乎？成周合礼乐于一官，"和"云者，盖亦包乐于其间也。后世礼乐废坏，所以治人者，不过期会簿书之末，至于祀典尤为不经，间有一二仅存者，不过曰，使先王之文物不废于吾世而已。所谓治神者，漫不知其何语矣。又一说云，礼官之长是为宗伯，坛坎昭穆之等，聘飨乡射之节，莫非天秩察乎幽明之故，然后能极其蕴也。后世视以为仪章之末，意宗伯，治神人，和上下，必有妙于此者焉，抑不知工师之所辨，祝嘏之所诏，宗伯岂能加毫末于此哉？然治神人，和上下者，非工师、祝嘏所能与而独归于宗伯，于同而识其异；于异而识其同，则宗伯之职，庶乎其可思矣。政官之长，是为司马。自夏后氏命胤侯掌六师，举政典以誓众，则邦政之掌于司马旧矣。国之大事，何莫非政，独戎政谓之政，何也？天下无事，寓兵于农，然后赋役百为始有所施，是固政之所从出也。天下有事，举兵讨乱，邦之存亡安危系焉，其为政之大，又不待论矣。此戎政所以独谓之"政"也。"统六师"而谓之"平邦国"，则王者用师之本旨，特欲乎邦国之不平者耳，非有它求也，非济贪忿而夸武功也，所谓"天讨"也。司寇，掌邦禁，凡邦之刑辟皆总焉。奸慝隐而难知，故谓之"诘"，盖推鞫穷诘而求其情也。暴乱显而易见，直刑之而已。天下之罪恶虽万状，要不出于隐显之两端，曰诘，曰刑，既皆有以待之矣。司空，掌邦土，凡邦之土地，皆总焉。"居四民"者，士农工商，各居其所，不见异物之迁，所以辨上下，而定民志。管仲行之于齐者，乃其遗法也。"地利"者，陂泽之灌溉，土壤之膏腴，皆是也。不曰兴利，而曰"时地利"者，江河之徙移，固有昔瘠，而今沃者矣；陵谷之迁变，固有昔下而今高者矣，随时而权其兴废，然后地利可尽焉。为天下者，始于立纲纪，故一曰邦治；纪纲既立首，教之以人道之大，故二曰邦教；人道立，则必有节文之者矣，故三曰邦礼；教立礼行，而犹有干纪乱常者，则将帅之事焉，故四曰邦政；大罪陈之原野，降此则有司之法在，故五曰邦禁；民迁善远罪，然后可以求奠其居，故六曰邦土。终焉六卿，分职各率其六十之属，以倡九州岛之牧，自内而达之外。九州岛之牧，各率其州之诸侯，以应六卿之令，自外而受之于内，内倡外应，周浃天下，兆民之众，阜厚化成，其治无以复加矣。此成周治天下之体统也。冢宰，相天子，统百官。则司徒以下，无非冢宰之所统，乃均列一职而并数之，为六卿，何也？纲在网之中而首，亦岂处身之外哉。乾坤之与六子并列于八方也；冢宰之与五卿并居于六职也，一也。

## 7.（宋）黄度《尚书说》卷六《周书·周官》

冢宰，掌邦治，统百官，均四海；司徒，掌邦教，敷五典，扰兆民；宗伯，掌邦礼，治神人，和上下；司马，掌邦政，统六师，平邦国；司寇，掌邦禁，诘奸慝，刑暴乱；司空，掌邦土，居四民，时地利。

均，平也。孔子曰"不患寡而患不均"。扰，扰驯之。神人渎则乱，故治之使辨；上下严则离，故和之使通，此礼乐中和之教也。六卿分掌，六师而军政一听于司马。平，正也。奸慝诘之，容可赦宥；暴乱必刑之矣。司空，事官而"掌邦土，居四民，时地利"，盖凡居于王土者，必有职，无职则无王，有土则各使以时致其利，故工之饬材成，此利也；贾之阜货通，此利也，皆土物也，皆邦事也，盖无有不作而食者。司徒，地政农为详，园圃薮牧工贾，皆不可见。《司空》篇亡，农圃薮牧工贾，皆当

1825

有政令在司空，其教典在司徒。

## 8. （宋）袁燮《絜斋家塾书钞》

（归善斋按，无此篇）

## 9. （宋）蔡沈《书经集传》卷六《周书·周官》

冢宰，掌邦治，统百官，均四海。

冢，大；宰，治也。《天官》，卿，治官之长，是为冢宰，内统百官，外均四海，盖天子之相也。百官异职，管摄使归于一，是之谓"统"；四海异宜，调剂使得其平，是之谓"均"。

## 10. （宋）黄伦《尚书精义》卷四十四《周书·周官》

冢宰，掌邦治，统百官，均四海。

东坡曰，政教礼刑，无所不掌，谓之"邦治"，而百官总己以听焉。故冢宰为天官，必三公兼之。余卿或特命。

无垢曰，陈平曰宰相者，上，佐天子，理阴阳，顺四时；下，遂万物之宜；外，镇抚四夷诸侯；内，亲附百姓使卿大夫各得任其职，则成王命冢宰之说，尽见于平之说矣。

林氏曰，为治之道，必有其要。人君之职，在论其官，苟得其人，则内而百官有以倡率；外而四海得以平定。其倡率之也，则有伦有要，作纲作纪，而咸得其序，非统而何？其平定之也，则或远或近，或多或寡，咸得其正，非均而何？

吕氏曰，古之称宰相者，多以平为主。在商则谓之"阿衡"，衡，平之谓也。天之所以立君、命相者，不过欲平天下之所不平者尔，使四海之内贵者贵，贱者贱，耕者耕，织者织，士农工商，鳏寡孤独，事事物物咸适其宜，是冢宰均平天下之道。"均"之一字，是宰相之大纲，不是要作聪明，别有职分。均，是易简道理，天下本无事，须是识得易简道理，方尽冢宰之职。

## 11.（宋）陈经《尚书详解》卷四十《周书·周官》

冢宰，掌邦治，统百官，均四海；司空，掌邦教，敷五典，扰兆民；宗伯，掌邦礼，治神人，和上下；司马，掌邦政，统六师，平邦国；司寇，掌邦禁，诘奸慝，刑暴乱；司空，掌邦土，居四民，时地利。六卿分职，各率其属，以倡九牧，阜成兆民。

此章其详见于《周礼》，其目则总于《周官》。冢宰，即《周礼》太宰之职也。掌建邦之六典，是治、教、礼、政、刑、事皆兼领之。天官之职与他官不同，他官掌一官之事，天官掌六官之事，此宰相之职也，故曰"掌邦治"。谓之治，则合礼、教、刑、政言之也。统百官，据《天官》其属六十，安有百官，以其兼掌六典，故总谓之"百官"。均四海，均，平也，使四海各得其平，贤者居上，不肖者居下，则贤不肖得其平；贵不陵贱，贱不犯贵，则贵贱得其平。推此以往，无适不平。古之宰相，如谓之"阿衡"，谓之"平章"，皆取均平之义也。司徒，地官之卿也，掌邦教，以教民。自尧舜以来有之，使契为司徒，教以人伦是也。敷五典，即君臣、父子、兄弟、夫妇、朋友五者，常行之道。敷，布其条教以教之。扰，驯也，教之以渐，而待之以雍容不迫，匪亟匪缓之谓也。宗伯，春官之卿也，掌邦之礼，宗庙祭祀之事，天地神祇人鬼也。谓之治神人者，使神人之祀，皆得其理而不乱也。和上下者，宗伯所掌不特祭祀之事，如吉、凶、军、宾、嘉之礼亦掌之，而和其上下，使尊卑有别，先后有等，举皆和而无乖争也。圣人之治，既有教以教之，礼以和之，其有不顺礼教者，于是大则有兵，小则有刑。司马，掌兵戎之事也，故谓之"政"。政者，正天下之不正也，故"统六师"以"平邦国"。凡四方诸侯，有负固不服，有内外乱，鸟兽行者，皆司马讨伐之。司寇，掌刑禁之事也，故曰掌邦禁，诘穷治之也。奸邪慝恶，隐而难见，则穷治之；暴乱恶之已着者，则刑之。司空，冬官掌邦土，所以继之司寇之后者，既有教与礼以导之，又有兵与刑以禁之，则民始得以安其居，故司空掌邦土，度地以居民，使士农工商，各不相杂，顺天时，以分地利，授之以土也。六卿分职，凡此六卿，各分其职，谓掌礼者，不参之以刑；掌教者，不参之以事。各率其属，谓六官各有属六十，六卿为之长，以率之，使为九牧之倡

1827

同于大成其民而已。内外之官，虽其职有不同，而成民之意，则一此。又有以见古人之治，上下相维，内外相制，丝牵绳联，未始间断。举郡国之事，总之州牧、侯伯之事，统之六卿；举六卿之事，总之天子，犹身之使臂，臂之使指也。犹心之于五脏，五脏之于四肢百体也。

## 12.（宋）钱时《融堂书解》卷十七《周书·周官》

（归善斋按，见"若昔大猷，制治于未乱，保邦于未危"）

## 13.（宋）魏了翁《尚书要义》卷十七《周书·立政、周官、君陈》

（归善斋按，未引）

## 14.（宋）陈大猷《书集传或问》卷下《周书·周官》

三山陈氏曰，周之六卿，乃三公兼。《顾命》曰"乃同召太保奭、芮伯、彤伯、毕公、卫侯、毛公"，是召公领冢宰，毕公领司马，毛公领司空矣。惟周公位冢宰，正百工，是以公兼卿也。春秋有宰，周公是以卿而兼公也。自是而后，不知古人建官之意，汉以太尉为三公。太尉，武官也。又其后，以司徒、司马、司空，为三公，此诸侯三卿也，名实俱舛矣。

## 15.（宋）胡士行《尚书详解》卷十一《周书·周官第二十二》

冢（大）宰（天官之长，天子之相），掌邦治，统百官（官异职，管摄之，使归于一），均四海（四海异宜，均调之使平）；司徒（地官之长），掌邦教，敷五典（常），扰（驯习蓄养，在宽之义）兆民；宗伯（春官之长），掌邦礼（郊坛、昭穆之等，聘享、射御之节，贯本末，等文质），治神人（使不僭乱谣渎），和上下（使不乖争陵犯）；司马（夏官之长），掌邦政（戎政），统六师，平邦国（平其不平，非夸武功，天讨也）；司寇（秋官之长），掌邦禁，诘（推鞫穷诘）奸慝（隐而难言），刑（直刑之）暴乱（显而易见）；司空（冬官之长），掌邦土，居（各居其所，不迁异物）四民（士农工商），时（因时使民种树）地利。

三公、三孤，天子所与共调精禊之原，而无所治者也。统万事而分治之六卿，实为之纲。冢宰，相天子，统百官。司徒以下，皆属焉。而均列之六者，纲在网中，而首岂越身外哉。乾、坤与六子并列八方。冢宰与六卿并居六职，一也。

## 16.（元）吴澄《书纂言》卷四下

（归善斋按，无此篇）

## 17.（元）陈栎《书集传纂疏》卷六《朱子订定蔡氏集传·周书·周官》

冢宰，掌邦治，统百官，均四海。

冢，大；宰，治也。《天官》，卿，治官之长，是为冢宰，内统百官，外均四海，盖天子之相也。百官异职，管摄使归于一，是之谓"统"；四海异宜，调剂使得其平，是之谓"均"。

纂疏：

吕氏曰，三公、三孤，天子所与调精禊之原，而无所治者也。统万事而分治之，则六卿之职。六卿者，万事之纲也。冢宰，管摄百官，非官官而控制之，自百而归六，自六而归一，所操至简也。所调剂者，非人人而称量之，大与之为大，小与之为小，所居至易也。明乎简易之道，而相业尽矣。

董氏曰，《周礼》，太宰掌建邦之六典，曰治典，教典，礼典，政典，刑典，事典。六典，太宰兼掌，此言"掌邦治"者，教、礼、政、刑、事，莫非治也。

愚谓，冢宰，虽与五卿并列，而亦为一卿，实总统乎五卿，所掌虽邦治，必教、礼、兵、刑、土之并举，其职而后可以治欤。

## 18.（元）许谦《读书丛说》卷六《周书·周官》

（归善斋按，未解）

1829

### 19. （元）董鼎《书传辑录纂注》卷六《周书·周官》

冢宰，掌邦治，统百官，均四海。

冢，大；宰，治也。《天官》，卿，治官之长是为冢宰，内统百官，外均四海，盖天子之相也。百官异职，管摄使归于一，是之谓"统"；四海异宜，调剂使得其平，是之谓"均"。

纂注：

郑氏曰，山顶曰冢。

吕氏曰，三公、三孤，天子所与调燮之原，而无所治者也。统万事而分治之，则六卿之职。六卿者，万事之纲也。冢宰管摄百官，非官官而控制之，自百而归六，自六而归一，所操至简也，所调齐者，非人人而称量之也。大与之为大，小与之为小，所居至易也。明乎简易之道，相业无余蕴矣。

复斋董氏曰，《周礼》，太宰掌建邦之六典，一曰治典，二曰教典，三曰礼典，四曰政典，五曰刑典，六曰事典。六典，大宰兼掌。此言"掌邦治"者，教、礼、政、刑之属，莫非治也。

新安胡氏曰，冢宰，虽与五卿并列，而各为一卿，实总统乎五卿，所掌虽邦治，必教、礼、兵、刑、土之并举，其职而后可以治欤。

### 20. （元）朱祖义《尚书句解》卷十一《周书·周官第二十二》

冢宰，掌邦治（冢，山之顶也，至高也。他官专一官之事，冢宰掌六官之事，此宰相之职，故曰"掌邦治"，则合礼、教、刑、政而兼主之），统百官（统率百官，使皆在治），均四海（均平四海，使皆趋治）。

### 21. （明）王樵《尚书日记》卷十四《周书·周官》

"冢宰，掌邦治"至"时地利"。

凡治事之长，谓之"宰"，故宰相曰宰天子之相，谓之冢宰，贰王，治事百官，总焉则进，异名而谓之冢宰，分职于王，与五卿并列；各与其亚贰为对则退，异名而谓之太宰。冢，太之上也，山顶曰冢，冢宰之职，内统百官，外均四海，是即所谓"掌邦治"也。百官异职，管摄使归于一，是之谓"统"；四海异宜，调剂使得其平，是之谓"均"。司，专主也，惟冢宰无不统，自此而下则有专主矣。徒，人众也。司徒，主凡夫家之徒众也。治众莫大乎教，布君臣、父子、夫妇、兄弟、朋友五者之常，以驯扰兆民之不顺者，而使之顺也。王介甫曰，善教者，浃于民心而耳目无闻焉，以道扰民者也；不善教者，施于民之耳目，而求浃于心，以道强民者也。扰之为言，犹"山薮之扰毛羽，川泽之扰鳞介"也，岂有制哉，自然然尔。强之为言，其犹"圉毛羽沼鳞介"乎，一失其制，脱然逝矣。司徒之职，虽曰掌教，然土地人民之数制其田里教之树畜保息六以养之本俗六以安之荒政十有二以聚之执事十有二以登之无一不掌亦无一而非教也。夫教岂一端而已哉？虽稽夫家之众寡，会万民之卒伍，辨征役之施舍，要皆以寓吾道德之意，是以举一世之人，皆安于法度、分守之内。父诏其子，长帅其幼，何莫而非五礼、六乐、三物、十二教哉？后世治出于二，而政与教分，民生日用之常，无复能寓吾道德之意，方且以开设学校为美谈，增博士之员，下诏劝学，以风四方，儒者辄从而谀之曰，是有志于教化者，名存而实不至。可以善人之形，而不可以善人之心也。上为文具，下为观美，相与为欺而已。

六官，司徒，司空，皆云司，以其各主一官，不兼群职。太宰不言司者，以其总御众官，不主一官之事。宗伯亦不言司者，以其祭祀鬼神，鬼神非人所主故也。正义曰，宗，庙也；伯，长也，宗庙官之长，故名其官曰"宗伯"。《周礼》其职云，掌建邦之天神、人鬼、地祇之礼，又主吉、凶、军、宾、嘉之五礼。《太宰》职云，礼典以和邦国，以谐万民，按礼，以辨上下，定民志。上下辨，民志定，则和矣，所谓有序则和也。宗伯掌邦礼，以治神人之序，和尊卑上下，使不僭不乖也。司马，主兵政。兵以车马为重，而尤急于马，故政官曰司马。六师，六军也。天子六军，司马掌之平，谓使强不得凌弱，众不得暴寡。邦国各得其平也，莫非政也，而独兵事谓之政，政者，正也，征伐所以正人之不正，政之大者也。群行攻劫曰寇，人之恶不止寇，而名官曰司寇，亦举重而言也。刑官也，而不曰掌邦刑者，圣人立法禁于未然，至于刑则加之人矣。止恶于未然，圣人之本心，刑非得已也。然小惩而大戒，亦所以为禁也，故曰掌邦禁。

1831

诘者，推鞫之事；刑者，断决之事。诘而后刑，刑者必诘，互文也。司空，主国空土以居民，使顺天时，分地利。空土者，凡土之旷，田之未授者也。四民，谓士农工商之受禄受田，受肆受廛者，皆有以分画，而与之。"时地利"，谓田，有稼穑之利，场圃、园田、森林之类，有树艺之利，以时而兴之，使无空土，无闲民也。邦土者，积石曰山，竹木曰林，注渎曰川，水钟曰泽，土高曰丘，大阜曰陵，水涯曰坟，下平曰衍，高平曰原，下湿曰隰，无非司空所掌，司空辨其名物，知其土宜，以"居四民，时地利"，其居民也，相其阴阳之向背，尝其水泉之甘苦，利则使居之，害则使避之，居得其所，则民生可阜，鸟兽可蕃，草木可毓。大则邦国都鄙之数，小则县鄙形体之法，皆所以居民也。其"时地利"也。五物九等既辨，由是以作民职，则三农以至闲民，各任其事也，以令地贡，则九谷以至山泽之物，各出其有也。土事出于十有二土；稼穑树艺，出于十有二壤，皆所以"时地利"也。《周礼·司空》之文多错于他官，而地官尤多，汉儒不知本经以考正，而妄谓其缺，因以《考工记》补之。殊不知《考工记》，记工事尔，非设官也。故无员秩，且其所谓国有六职者，自明言于下，不过言上，自王公士大夫下，至农耕妇织，商通货财，各有所职，而工在其一，不可相无尔，何尝及天地、四时之职也。

吕氏曰，天下之事，有治以均之，有教以扰之，又有礼以和之，其待天下之理亦已尽矣。其间或有败常干纪者，大则职之司马，小则职之司寇，以此见王者之治，不倚一偏，既有以开导之，又有以警畏之，如天地之有雨露，必有霜雪；有春夏，必有秋冬，何可少也。庄、老乃谓，德衰而后有刑，亦不识天地阴阳之化矣。司空一官居终者，盖有前五者，而后民可得安其居也。

又曰，三公、三孤，天子所与共调精微之源，而无所治者也，统万事而分职之，则有六卿之职焉。六卿者，万事之纲也，为天下者始于立纲纪，故一曰邦治；纲纪既立，首教之以人道之大，故二曰邦教；人道立则必有节文之者，故三曰邦礼；教立礼行，而犹有干纪乱常者焉，则将帅之事也，故四曰邦政；大罪陈于原野，降此则有司之法在，故五曰邦禁；民迁善远罪，然后可以永奠其居，故六曰邦土。终焉冢宰，相天子统百官，则司徒以下，无非所统，乃均列一职，而并数为六，何也？纲在网中也。

乾坤与六子并列于八方，冢宰与五卿并立于六职，其义一也。按，冢宰统百官，则其任专，六卿分职，则其事不相厌，此万世任相之法。

## 22.（清）库勒纳等撰《日讲书经解义》卷十一《周书·周官》

冢宰，掌邦治，统百官，均四海。

此一节书是，训迪天官之职也。成王曰，人臣辅相君德，公孤尚矣。下此，承宣分理，则六卿又百官之倡焉。爰立冢宰，是为天官使，掌邦国之治道。凡内外百职，皆为统摄，而尤选贤任能，分治四海，使万民得所，罔有不均，是冢宰之职也。

### （元）陈师凯《蔡氏传旁通》卷六上《周官》

天官，卿，治官之长，天子之相也。百官异职，管摄使归于一；四海异宜，调剂使得其平。

吕氏曰，三公、三孤，天子所与调精裖之原，而无所治者也。统万事而分治之，则六卿之职。六卿者，万事之纲也。冢宰管摄百官，非官官而控制之，自百而归六，自六而归一，所操至简也。所调剂者，非人人而称量之也，大与之为大，小与之为小，所居至易也。明乎简易之道，相业无余蕴矣。

### （元）陈悦道《书义断法》卷六《周书·周官》

冢宰掌邦治，统百官，均四海；司徒掌邦教，敷五典，扰兆民；宗伯掌邦礼，治神人，和上下。

冢宰之职，无所不统，而典礼尤邦治之大者也，故冢宰虽统率百官，以佐王平邦国，而地官司徒佐王扰兆民，春官宗伯佐王和上下，即次之亦如舜之命百揆，而于契之敷五教，伯夷之作秩宗，未尝不加重也。况周之宗伯，实兼礼乐之事，而功用之极，贯幽冥，通上下，其与司徒皆非若夏秋之卿，止各任事也。以此二卿，继于冢宰，岂非百官之最重，而四海之所由均平者乎。

1833

# 司徒掌邦教，敷五典，扰兆民

## 1. （汉）孔氏传、（唐）陆德明音义、孔颖达疏《尚书注疏》卷十七《周书·周官》

司徒掌邦教，敷五典，扰兆民。

传，地官卿，司徒主国教化，布五常之教，以安和天下众民，使小大皆协睦。

音义，扰，而小反，徐音饶。

疏，传正义曰，《周礼》云"乃立地官司徒，使率其属，而掌邦教，以佐王安扰邦国"，《太宰职》云"二曰教典以扰万民"，郑玄云，扰，亦安也，言饶衍之。传亦以"扰"为"安"。五典，即五教也。布五常之教，以安和天下之人民，使小大协睦也。《舜典》云，"契为司徒，敬敷五教"，《周礼》司徒掌十有二教，一曰以祀礼教，敬则民不苟；二曰以阳礼教，让则民不争；三曰以阴礼教，亲则民不怨；四曰以乐礼教，和则民不乖；五曰以仪辨，等则民不越；六曰以俗教，安则民不偷；七曰以刑教，中则民不暴；八曰以誓教，恤则民不怠；九曰以度教，节则民知足；十曰以世事教，能则民不失职；十有一曰以贤制，爵则民慎德；十有二曰以庸制，禄则民兴功。郑玄云，有虞氏五，而周十有二焉。然则，十有二，细分五教为之。五教，可以常行，谓之五典。五典，谓父义，母慈，兄友，弟恭，子孝也。

## 2. （宋）苏轼《书传》卷十六《周书·周官第二十二》

司徒掌邦教，敷五典，扰兆民。

司徒之职，如地之生物，富而能教之，故为地官。扰，驯也。

## 3. （宋）林之奇《尚书全解》卷三十六《周书·周官》

（归善斋按，见"立太师、太傅、太保，兹惟三公，论道经邦，燮理

阴阳"）

### 4.（宋）史浩《尚书讲义》卷十八《周书·周官》

(归善斋按，见"今予小子，祗勤于德，夙夜不逮"）

### 5.（宋）夏僎《尚书详解》卷二十二《周书·周官》

(归善斋按，见"今予小子，祗勤于德，夙夜不逮"）

### 6.（宋）时澜《增修东莱书说》卷三十《周书·周官第二十二》

(归善斋按，见"冢宰掌邦治，统百官，均四海"）

### 7.（宋）黄度《尚书说》卷六《周书·周官》

(归善斋按，见"冢宰掌邦治，统百官，均四海"）

### 8.（宋）袁燮《絜斋家塾书钞》

(归善斋按，无此篇）

### 9.（宋）蔡沈《书经集传》卷六《周书·周官》

司徒，掌邦教，敷五典，扰兆民。

扰，驯也。地官，卿，主国教化，敷君臣、父子、夫妇、长幼、朋友五者之教，以驯扰兆民之不顺者而使之顺也。唐虞司徒之官，固已职掌如此。

### 10.（宋）黄伦《尚书精义》卷四十四《周书·周官》

司徒，掌邦教，敷五典，扰兆民。

林氏曰，天叙有典，敕我五典，五惇哉。天秩有礼，自我五礼，有庸哉。典，虽天叙，非人安能；惇之礼，虽天秩，非人安能庸之。今也，司徒之任，掌其邦教，使其父子有亲，兄弟有顺，朋友有信，夫妇有别，长幼有叙，举皆扰之，使欢忻和睦之心油然而生，乖争陵犯之变，无自而

1835

作，则知司徒之官，安可后邪。

## 11.（宋）陈经《尚书详解》卷四十《周书·周官》

（归善斋按，见"冢宰掌邦治，统百官，均四海"）

## 12.（宋）钱时《融堂书解》卷十七《周书·周官》

（归善斋按，见"若昔大猷，制治于未乱，保邦于未危"）

## 13.（宋）魏了翁《尚书要义》卷十七《周书·立政、周官、君陈》

（归善斋按，未引）

## 14.（宋）陈大猷《书集传或问》卷下《周书·周官》

或问，扰兆民，不载吕说，何也？曰，《舜典》言"敬敷五教在宽"，言施教在以宽以施教之术而言也。若冢宰言"统百官，均四海"，宗伯言"治神人，和上下"，皆以效言。吕说乃敷教在宽之意，自其所施而言，故造语。虽吕曰教民而谓之"扰"，盖驯习而熟之之谓也，抚摩而入之之谓也，涵养而宽之之谓也。详味"扰"之一字，司徒之教思过半矣精，恐非经意。

## 15.（宋）胡士行《尚书详解》卷十一《周书·周官第二十二》

（归善斋按，见"冢宰掌邦治，统百官，均四海"）

## 16.（元）吴澄《书纂言》卷四下

（归善斋按，无此篇）

## 17.（元）陈栎《书集传纂疏》卷六《朱子订定蔡氏集传·周书·周官》

司徒，掌邦教，敷五典，扰兆民。

扰，驯也。地官，卿，主国教化，敷君臣、父子、夫妇、长幼、朋友五者之教，以驯扰兆民之不顺者，而使之顺也。唐虞司徒之官固已职掌如此。

纂疏：

陈氏大猷曰，徒，众也，主民众，故称司徒。

张氏曰，扰，犹"扰龙"之"扰"，驯习之也。

吕氏曰，扰者，驯习而熟之，拊摩而入之，畜养而宽之也。

愚谓，扰者，顺其自然而导之，即"在宽"之意。

### 18.（元）许谦《读书丛说》卷六《周书·周官》

（归善斋按，未解）

### 19.（元）董鼎《书传辑录纂注》卷六《周书·周官》

司徒，掌邦教，敷五典，扰兆民。

扰，驯也。地官，卿，主国教化，敷君臣、父子、夫妇、长幼、朋友五者之教，以驯扰兆民之不顺者，而使之顺也。唐虞司徒之官固已掌职如此。

纂注：

陈氏大猷曰，徒，众也，主民众，故称司徒。

吕氏曰，扰者，驯习而熟之，拊摩而入之，畜养而宽之之谓。

张氏曰，扰，犹"扰龙"之"扰"，驯习而安之也。

新安胡氏曰，扰者，顺其自然而导之，即《舜典》"在宽"之意。

### 20.（元）朱祖义《尚书句解》卷十一《周书·周官第二十二》

司徒掌邦教（司徒掌邦国之教，谓充乘骑而徒行者，皆主以教之也），敷五典（敷布五常之教于民），扰兆民（顺兆民之性所固有者而教之）。

### 21.（明）王樵《尚书日记》卷十四《周书·周官》

（归善斋按，见"冢宰掌邦治，统百官，均四海"）

1837

## 22. (清) 库勒纳等撰《日讲书经解义》卷十一《周书·周官》

司徒，掌邦教，敷五典，扰兆民。

此一节书是，训迪地官之职也。成王曰，冢宰为六卿之首，下此，爰立司徒，是为地官，使掌邦国之教化。凡人伦五常，皆所敷布与，以调习安养，化导不驯，使兆民守法，罔敢逾越，是司徒之职也。

## (元) 王充耘《书义矜式》卷六《周书·周官》

司徒掌邦教，敷五典，扰兆民。

人君命臣以敷教，其要在于明人心。固有之天，以化天下不顺之民而已。夫教化大行，而风俗丕变，此人君之所欲也。然非有臣以掌之，其可哉？是以训迪百官于冢宰之后，即继之以司徒之官。司徒之官，以司教为职者也，其要岂有他哉。五典者，人心之所固有，敷而明之，则教化为之大行，兆民之有不顺者，则扰而驯之，则风俗为之丕变。如是而后，能称厥职也。此一人设官之意，故于此别自言之，而古人委任责成之道，于此亦可见矣（云云）。古之圣人，能使化行俗美，举一世之大，皆纳之太和雍熙之治，而群黎百姓皆同为和顺辑睦之归者，岂有他哉？其要在于施教之有其人而已。盖人之气习，固有不同，而其天性，本无不善，顺其性而导之则易为力，逆其天而强之则难为功。吾惟迪其固有之天，以变其不化之习，则人无不顺者矣。此司徒之职，所以为教也。夫六卿分职，各有攸司。司徒掌邦之教令，治化盛衰之所关，民俗淳漓之所系也，其所任不亦专乎，所职不亦重乎？然而孩提之童，孰不知爱其亲，及其长也，孰不知敬其兄。人均此生，则均此禀，受性之善，犹水必下，果安有不顺者哉，然而有不顺者，何也？气禀之偏拘之于其前，物欲之蔽汨之于其后，始有昧于其理，而不相逊顺者。故立之司徒，使敷教焉。父子欲其有亲，君臣欲其有义，夫妇欲其有别，朋友、长幼欲其有序、有信。渐仁摩义，使凡不相亲者，于是而相亲；道德齐礼，使凡不相睦者，于是而相睦。如是则悍可使柔，戾可使和，而放僻邪侈者，可使之循规蹈矩。夫岂待刑驱而势迫也哉。盖熏陶渐染之既深，则其天性之真，自然呈露，有不能已者矣。

昔者唐虞之时，黎民于变，比屋可封，人皆知其治化之不可及也，而岂知夫劳来匡直，使自得之。汝作司徒，敬敷五教在宽，尧舜之所以拳拳于司徒者为何也？成王训迪百官，而亦致谨于司徒之职，宜其太和之治，无愧于唐虞也欤。彼谓威刑足以操致一世，视教化为末务者，恶足以语此。

### （元）陈师凯《蔡氏传旁通》卷六上《周官》

驯扰兆民。

吕氏曰，扰者，驯习而熟之，拊摩而入，畜养而宽之之谓。新安胡氏曰，扰者，顺其自然而导之。

### （元）陈悦道《书义断法》卷六《周书·周官》

（归善斋按，见"冢宰掌邦治，统百官，均四海"）

### （清）朱鹤龄《尚书埤传》卷十四《周书·周官》

扰兆民。

王安石曰，善教者浃于民心，而耳目无闻焉，以道扰民者也。不善教者，施于民之耳目，而求浃于心，以道强民者也。"扰"之为言，犹"山薮之扰毛羽，川泽之扰鳞介"也，岂有制哉，自然焉。尔强之为言，其犹囷毛羽、沼鳞介乎，一失其制，脱然逝矣。

# 宗伯掌邦礼，治神人，和上下

### 1.（汉）孔氏传、（唐）陆德明音义、孔颖达疏《尚书注疏》卷十七《周书·周官》

宗伯掌邦礼，治神人，和上下。

传，春官卿，宗庙官长，主国礼，治天地、神祇、人鬼之事及国之吉、凶、宾、军、嘉五礼，以和上下，尊卑等列。

疏，传正义曰，《周礼》云"乃立春官宗伯，使帅其属，而掌邦礼，

1839

以佐王和邦国宗庙"也。伯，长也，宗庙官之长，故名其官为宗伯。其职云"掌建邦之天神、人鬼、地祇之礼"。又主吉、凶、宾、军、嘉之五礼。吉礼之别十有二，凶礼之别有五，宾礼之别有八，军礼之别有五，嘉礼之别有六。总有三十六礼，皆在宗伯职掌之文，文烦不可具载。《太宰职》云，"三曰礼典，以和邦国，以谐万民"。其职又有以玉作六瑞，以等邦国；以禽作六贽，以等诸臣。是以和上下、尊卑等列也。

## 2.（宋）苏轼《书传》卷十六《周书·周官第二十二》

宗伯掌邦礼，治神人，和上下。司马掌邦政，统六师，平邦国。

王者以礼乐治天下，政所从出本于礼，而成于政。和，如天之春万物生焉，而盛于夏。故宗伯为春官，司马为夏官。

## 3.（宋）林之奇《尚书全解》卷三十六《周书·周官》

（归善斋按，见"立太师、太傅、太保，兹惟三公，论道经邦，燮理阴阳"）

## 4.（宋）史浩《尚书讲义》卷十八《周书·周官》

（归善斋按，见"今予小子，祗勤于德，夙夜不逮"）

## 5.（宋）夏僎《尚书详解》卷二十二《周书·周官》

（归善斋按，见"今予小子，祗勤于德，夙夜不逮"）

## 6.（宋）时澜《增修东莱书说》卷三十《周书·周官第二十二》

（归善斋按，见"冢宰掌邦治，统百官，均四海"）

## 7.（宋）黄度《尚书说》卷六《周书·周官》

（归善斋按，见"冢宰掌邦治，统百官，均四海"）

## 8. （宋）袁燮《絜斋家塾书钞》

（归善斋按，无此篇）

## 9. （宋）蔡沈《书经集传》卷六《周书·周官》

宗伯，掌邦礼，治神人，和上下。

春官，卿，主邦礼，治天神、地祇、人鬼之事，和上下尊卑等列，春官于四时之序为长，故其官谓之宗伯。成周合乐于礼官，谓之和者，盖以乐而言也。

## 10. （宋）黄伦《尚书精义》卷四十四《周书·周官》

宗伯，掌邦礼，治神人，和上下。

无垢曰，礼者，理也。神、人皆自有理，吾因神人之理，使之各安其分，非曰治乎？昔九黎乱德，神、人杂糅，不可方物。尧命重黎，"绝地天通"，此治之之实也。上下言和者，和之者，亦礼也。上下尊卑，各自有理，吾因其理而调和之，使情意交通者，和也。

林氏曰，神、人杂糅，上下紊乱，此害教之大者也。苟能因其礼，而为之节文；循自然之序，辨事类之情，天地自天地，阴阳自阴阳，不相渎乱，咸正常经，则其理胡可废？尊卑自尊卑，长幼自长幼，而顺其常理，正其人伦，则其道不可没，非宗伯畴能治之。

## 11. （宋）陈经《尚书详解》卷四十《周书·周官》

（归善斋按，见"冢宰掌邦治，统百官，均四海"）

## 12. （宋）钱时《融堂书解》卷十七《周书·周官》

（归善斋按，见"若昔大猷，制治于未乱，保邦于未危"）

## 13. （宋）魏了翁《尚书要义》卷十七《周书·立政、周官、君陈》

（归善斋按，未引）

## 14.（宋）陈大猷《书集传或问》卷下《周书·周官》

（归善斋按，未解）

## 15.（宋）胡士行《尚书详解》卷十一《周书·周官第二十二》

（归善斋按，见"冢宰掌邦治，统百官，均四海"）

## 16.（元）吴澄《书纂言》卷四下

（归善斋按，无此篇）

## 17.（元）陈栎《书集传纂疏》卷六《朱子订定蔡氏集传·周书·周官》

宗伯，掌邦礼，治神人，和上下。

春官，卿，主邦礼，治天神、地祇、人鬼之事，和上下尊卑等列。春官于四时之序为长，故其官谓之"宗伯"。成周合乐于礼官，谓之和者，盖以乐而言也。

纂疏：

吕氏曰，治，理也，坛坎昭穆之等，聘享射御之节，贯本末而等文质，所谓礼也。神、人所以治，上下所以和也，一失其礼，则僭乱谄佞，而渎乎神；陵犯乖争而悖乎人。上下皆失其分，安得而和。

愚谓，宗，"秩宗"之"宗"；伯，长也。秩宗，典天神、地祇、人鬼之三礼。此之治神人，盖以神包祇，即三礼也。孔注云，治天神、地祇、人鬼之事，及国之吉、凶、军、宾、嘉五礼，以和上下、尊卑等列。此注甚当。是宗伯所掌乃三礼与五礼也。礼所以辨上下，定民志。上下辨，民志定，则和矣。和有乐之意耳。

## 18.（元）许谦《读书丛说》卷六《周书·周官》

（归善斋按，未解）

### 19. （元）董鼎《书传辑录纂注》卷六《周书·周官》

宗伯，掌邦礼，治神人，和上下。

春官，卿，主邦礼，治天神、地祇、人鬼之事，和上下、尊卑等列。春官于四时之序为长，故其官谓之"宗伯"，成周合乐于礼官，谓之和者，盖以乐而言也。

纂注：

孔氏曰，春官，卿云云，及国之吉、凶、军、宾、嘉五礼。礼所以辨上下，定民志。上下辨，民志定，则和矣。

吕氏曰，治，理也，坛坎昭穆之等，聘享射御之节，贯本末而等文质，所谓礼也，神、人所以治，上下所以和者也。一失其礼，则僭乱诬妄而渎乎神；陵犯乖争而悖乎人，上下皆失其分，安得而和乎？

### 20. （元）朱祖义《尚书句解》卷十一《周书·周官第二十二》

宗伯，掌邦礼（宗伯掌邦国之礼，以尊事天神，人鬼而此为之长），治神人（施其礼于祭祀，则事天神、地祇、人鬼，谓之治神；施其礼于人事，则有吉、凶、军、宾、嘉，谓之治人），和上下（施其礼于交接之间，则有君臣、父子、上下之分，不可渎乱，故谓之"和"）。

### 21. （明）王樵《尚书日记》卷十四《周书·周官》

（归善斋按，见"冢宰掌邦治，统百官，均四海"）

### 22. （清）库勒纳等撰《日讲书经解义》卷十一《周书·周官》

宗伯，掌邦礼，治神、人，和上下。

此一节书是，训迪春官之职也。成王曰，司徒之次，爰立宗伯，是为春官，俾掌邦国之典礼。凡天地，神、人皆所虔祀，而尤明辨等威分，画上下，使人守典常，罔有僭乱，是宗伯之职也。

1843

## （元）陈悦道《书义断法》卷六《周书·周官》

（归善斋按，见"冢宰掌邦治，统百官，均四海"）

# 司马掌邦政，统六师，平邦国

## 1. （汉）孔氏传、（唐）陆德明音义、孔颖达疏《尚书注疏》卷十七《周书·周官》

司马掌邦政，统六师，平邦国。

传，夏官，卿，主戎马之事，掌国征伐，统正六军，平治王邦四方国之乱者。

疏，传正义曰，《周礼》云，"乃立夏官司马，使帅其属，而掌邦政，以佐王平邦国"。其职主戎马之事，有掌征伐，统正六军，平治王邦四方国之乱者。天子六军，军师之通名也。按其职掌九伐之法，冯弱犯寡，则眚之；贼贤害民，则伐之；暴内陵外，则坛之；野荒民散，则削之；负固不服，则侵之；贼杀其亲，则正之。放弑其君，则残之；犯令陵政，则杜之；外内乱，鸟兽行，则灭之。

## 2. （宋）苏轼《书传》卷十六《周书·周官第二十二》

（归善斋按，见"宗伯掌邦礼，治神人，和上下"）

## 3. （宋）林之奇《尚书全解》卷三十六《周书·周官》

（归善斋按，见"立太师、太傅、太保，兹惟三公，论道经邦，燮理阴阳"）

## 4. （宋）史浩《尚书讲义》卷十八《周书·周官》

（归善斋按，见"今予小子，祗勤于德，夙夜不逮"）

## 5. （宋）夏僎《尚书详解》卷二十二《周书·周官》

（归善斋按，见"今予小子，祗勤于德，夙夜不逮"）

## 6. （宋）时澜《增修东莱书说》卷三十《周书·周官第二十二》

（归善斋按，见"冢宰掌邦治，统百官，均四海"）

## 7. （宋）黄度《尚书说》卷六《周书·周官》

（归善斋按，见"冢宰掌邦治，统百官，均四海"）

## 8. （宋）袁燮《絜斋家塾书钞》

（归善斋按，无此篇）

## 9. （宋）蔡沈《书经集传》卷六《周书·周官》

司马，掌邦政，统六师，平邦国。

夏官，卿，主戎马之事，掌国征伐，统御六军，平治邦国。平，谓强不得陵弱，众不得暴寡，而人皆得其平也。军政莫急于马，故以司马名官。何莫非政，独戎政谓之政者，用以征伐而正彼之不正，王政之大者也。

## 10. （宋）黄伦《尚书精义》卷四十四《周书·周官》

司马，掌邦政，统六师，平邦国。

无垢曰，夫《周官》之法，居则为六乡之民；出则为六军之师。司马实掌国之戎马之职，六师之所系焉者也。其职曰，冯弱犯寡，则眚之；贼贤害民，则伐之；暴内凌外，则坛之；野荒民散，则削之；负固不服，则侵之；贼杀其亲，则正之；放弑其君，则残之；犯令陵政，则杜之；外内乱，鸟兽行，则灭之，平邦国之义可见矣。

林氏曰，强凌弱，众暴寡，苟非平之，则乖乱而难治，参差而不齐，此祸乱之阶也。欲治其平，非兴师以理之，则安能效顺。此司马之任，不可阙也。夫司马，六军之长，使之统治六师而已。如在秋官之职，负固不服，则诛之，贼贤害能，则诛之。苟或兴师动众，以及穷兵玩武，非"吊民伐罪"，惟逞意肆欲，则非建官之意也。惟在平之，则邦国无有不治矣。

## 11. （宋）陈经《尚书详解》卷四十《周书·周官》

（归善斋按，见"冢宰掌邦治，统百官，均四海"）

## 12. （宋）钱时《融堂书解》卷十七《周书·周官》

（归善斋按，见"若昔大猷，制治于未乱，保邦于未危"）

## 13. （宋）魏了翁《尚书要义》卷十七《周书·立政、周官、君陈》

（归善斋按，未引）

## 14. （宋）陈大猷《书集传或问》卷下《周书·周官》

（归善斋按，未解）

## 15. （宋）胡士行《尚书详解》卷十一《周书·周官第二十二》

（归善斋按，见"冢宰掌邦治，统百官，均四海"）

## 16. （元）吴澄《书纂言》卷四下

（归善斋按，无此篇）

## 17. （元）陈栎《书集传纂疏》卷六《朱子订定蔡氏集传·周书·周官》

司马，掌邦政，统六师，平邦国。

夏官，卿，主戎马之事，掌国征伐，统御六军，平治邦国。平，谓强不得凌弱，众不得暴寡，而人皆得其平也。军政莫急于马，故以司马名官。何莫非政，独戎政谓之政者，用以征伐而正彼之不正，王政之大者也。

纂疏：

吕氏曰，自夏命胤侯掌六师，举政典以誓，则邦政掌于司马旧矣。国之大事，何莫非政，独戎政谓之政者，天下无事，寓兵于农，然后赋役百为始有所施，固政之所从出。天下有事，举兵讨乱，邦之存亡安危系焉，其为政之大，又不待论也。此戎政所以独谓之政也。"统六师"，而谓之"平邦国"，则王者用师之本旨，特欲平邦国之不平者耳。

## 18.（元）许谦《读书丛说》卷六《周书·周官》

（归善斋按，未解）

## 19.（元）董鼎《书传辑录纂注》卷六《周书·周官》

司马，掌邦政，统六师，平邦国。

夏官，卿，主戎马之事，掌国征伐，统御六军，平治邦国。平，谓强不得陵弱，众不得暴寡，而人皆得其平也。军政莫急于马，故以司马名官。何莫非政，独戎政谓之政者，用以征伐，而正彼之不正，王政之大者也。

纂注：

吕氏曰，自夏命胤侯掌六师，举政典以誓，则邦政掌于司马旧矣。国之大事，何莫非政，独戎政谓之政，何也？天下无事，寓兵于农，然后赋役百为始有所施，是固政之所从出也。天下有事，举兵讨乱，邦之存亡安危系焉，其为政之大，固不待论矣。此戎政所以独谓之政也。"统六师"而谓之"平邦国"，则王者用师之本旨，特欲平邦国之不平者耳。

## 20.（元）朱祖义《尚书句解》卷十一《周书·周官第二十二》

司马，掌邦政（政官谓之司马，以正军旅，所主在马，故以司马名官），统六师（天子畿内六乡，一乡一军，司马统率之），平邦国（以削平诸侯骄蹇叛上者）。

1847

## 21. （明）王樵《尚书日记》卷十四《周书·周官》

（归善斋按，见"冢宰掌邦治，统百官，均四海"）

## 22. （清）库勒纳等撰《日讲书经解义》卷十一《周书·周官》

司马，掌邦政，统六师，平邦国。

此一节书是，训迪夏官之职也。成王曰，宗伯之次，爰立司马，是为夏官，俾掌邦国之军政。凡天子六军，皆所统御，而尤靖乱除残，职专政伐，使强弱不侵，邦国得平，是司马之职也。

# 司寇掌邦禁，诘奸慝，刑暴乱

## 1. （汉）孔氏传、（唐）陆德明音义、孔颖达疏《尚书注疏》卷十七《周书·周官》

司寇掌邦禁，诘奸慝，刑暴乱。

传，秋官，卿，主寇贼法，禁治奸恶，刑强暴作乱者。夏，司马讨恶，助长物；秋，司寇刑奸，顺时杀。

音义，慝，吐得反。

疏，传正义曰，《周礼》云"乃立秋官司寇，使帅其属，而掌邦禁，以佐王刑邦国"。其职云，刑邦国，诘四方。马融云，诘，犹穷也，穷四方之奸也。孔以诘为治，是主寇贼法，禁治奸慝之人，刑杀其强暴作乱者。夏官主征伐，秋官主刑杀。征伐亦杀人，而官属异时者，夏司马讨恶，助夏时之长物；秋司寇刑奸，顺秋时之杀物也。《周礼》云"掌邦刑"，此云"掌邦禁"者，避下"刑暴乱"之文，故云"掌邦禁"。

## 2. （宋）苏轼《书传》卷十六《周书·周官第二十二》

司寇掌邦禁，诘奸慝，刑暴乱。

如秋之肃杀万物，故司寇为秋官。

### 3.（宋）林之奇《尚书全解》卷三十六《周书·周官》

（归善斋按，见"立太师、太傅、太保，兹惟三公，论道经邦，燮理阴阳"）

### 4.（宋）史浩《尚书讲义》卷十八《周书·周官》

（归善斋按，见"今予小子，祗勤于德，夙夜不逮"）

### 5.（宋）夏僎《尚书详解》卷二十二《周书·周官》

（归善斋按，见"今予小子，祗勤于德，夙夜不逮"）

### 6.（宋）时澜《增修东莱书说》卷三十《周书·周官第二十二》

（归善斋按，见"冢宰掌邦治，统百官，均四海"）

### 7.（宋）黄度《尚书说》卷六《周书·周官》

（归善斋按，见"冢宰掌邦治，统百官，均四海"）

### 8.（宋）袁燮《絜斋家塾书钞》

（归善斋按，无此篇）

### 9.（宋）蔡沈《书经集传》卷六《周书·周官》

司寇，掌邦禁，诘奸慝，刑暴乱。

秋官，卿，主寇贼法禁。群行攻劫曰寇，诘奸慝，刑强暴作乱者。掌刑不曰刑，而曰禁者，禁于未然也。吕氏曰，奸慝隐而难知，故谓之诘，推鞫穷诘而求其情也。暴乱显而易见，直刑之而已。

### 10.（宋）黄伦《尚书精义》卷四十四《周书·周官》

司寇，掌邦禁，诘奸慝，刑暴乱。

林氏曰，治于已然而未若见于未然；刑于已至而未若戢于未至，夫先王之立刑法于天下，惟恐天下之人入于其中，而不能自出，故明示利害之端，使之心知而诚服，曰，如是之罪，必蹈如是之刑；如是之恶，必丽如是之辟，俾之知所畏惧，而无自陷于机阱也。故司寇之职，特掌邦禁而已。及其罪大而不可掩恶，积而不可解，不得已而后加之刑，则圣人建官之意，可谓忠厚矣。奸慝者，所以为暴乱，故诘之；暴乱者，奸慝之加于人，故刑之。

张氏曰，完而支之者，寇也。人物之养趋完而已，彼完而我支之，是以有刑，此刑官所以谓之司寇。奸慝者，暴乱之未施。暴乱者奸慝之已着。于奸慝言诘，于暴乱言刑，刑之所施，将以除暴乱故也。

## 11. （宋）陈经《尚书详解》卷四十《周书·周官》

（归善斋按，见"冢宰掌邦治，统百官，均四海"）

## 12. （宋）钱时《融堂书解》卷十七《周书·周官》

（归善斋按，见"若昔大猷，制治于未乱，保邦于未危"）

## 13. （宋）魏了翁《尚书要义》卷十七《周书·立政、周官、君陈》

（归善斋按，未引）

## 14. （宋）陈大猷《书集传或问》卷下《周书·周官》

或问，诘奸慝，刑暴乱，乃夏氏、吕氏、林氏之说，而子取为己说，何也？曰三说皆是，而意有未全。夏氏辨奸慝暴乱之相为本末，是矣，然谓奸慝诘而不刑，则不可。吕氏辨诘与刑，精矣，然失互见之义，则诘者似为未必刑，刑者似为未必诘。林氏言驳文固得互见之意，然不辨奸慝暴乱之所以殊，又未免侊侗而无别。得此失彼，故不得不以己意言之。此类多不尽载。

自舜命契为司徒，以敷五教。《王制》司空本以量地、置邑、度地、居民。伯禹为司空，亦以禹平水土，人得平地而居之也。今《周官》谓，司徒掌邦教，司空掌邦土，皆相合。《周礼》大司徒之职，则掌建邦土，地之图与其人民之数，其间分田、制赋、徒役之事居多，虽以十二教及乡三物教民，而不详及于五典养民而后可教，犹有可言。至于小司徒，卿大夫，遂大夫等职于地利之事尤详，则司空已无可为者，今《周礼》以为掌邦事而工之事皆在焉。先儒因以《考工记》足之。窃意，冬官非止于工之一事，然其详不可考矣。

夏曰，奸诈慝恶，乃暴乱之未着者；暴虐为乱，乃奸慝之已着者，故奸慝特穷诘切责而已，暴乱则加之刑焉。

吕曰，奸慝隐而难知，故谓之诘；暴虐显而易见，直加之刑而已。天下之罪恶虽万状，要不出此两间也。

林曰，奸慝言诘，暴乱言刑，驳文也。

## 15.（宋）胡士行《尚书详解》卷十一《周书·周官第二十二》

（归善斋按，见"冢宰掌邦治，统百官，均四海"）

## 16.（元）吴澄《书纂言》卷四下

（归善斋按，无此篇）

## 17.（元）陈栎《书集传纂疏》卷六《朱子订定蔡氏集传·周书·周官》

司寇，掌邦禁，诘奸慝，刑暴乱。

秋官，卿，主寇贼法禁。群行攻劫曰寇，诘奸慝，刑强暴作乱者，掌刑不曰刑，而曰禁者，禁于未然也。吕氏曰，奸慝隐而难知，故谓之诘。推鞫穷诘而求其情也。暴乱显而易见，直刑之而已。

纂疏：

陈氏大猷曰，诘而后刑，刑者必诘，互文也。

陈氏经曰，刑曰邦禁，此初设刑美意，禁民使不为恶，而非以虐民也。虞礼、乐分三官，周合为一。虞以士兼兵，周分为二。帝世详于化而略于政；王世详于政而略于化，世道升降之异也。

1851

## 18. （元）许谦《读书丛说》卷六《周书·周官》

（归善斋按，未解）

## 19. （元）董鼎《书传辑录纂注》卷六《周书·周官》

司寇，掌邦禁，诘奸慝，刑暴乱。

秋官，卿，主寇盗法禁。群行攻劫曰寇。诘奸慝，刑强暴作乱者，掌刑不曰刑而曰禁者，禁于未然也。吕氏曰，奸慝隐而难知，故谓之诘。推鞫穷诘而求其情也。暴乱显而易见，直刑之而已。

纂注：

陈氏曰，刑曰邦禁，此初设刑之美意，禁民使不为恶，而非以虐民也。

## 20. （元）朱祖义《尚书句解》卷十一《周书·周官第二十二》

司寇，掌邦禁（主治群行攻劫之寇，不言掌邦刑而言禁，盖刑于已然，不若禁止于未然），诘奸慝（奸诈慝恶乃暴乱之着者，特穷诘切责之而已。诘，起一切），刑暴乱（暴虐为乱乃奸慝之已着者，则加之刑）。

## 21. （明）王樵《尚书日记》卷十四《周书·周官》

（归善斋按，见"冢宰掌邦治，统百官，均四海"）

## 22. （清）库勒纳等撰《日讲书经解义》卷十一《周书·周官》

司寇，掌邦禁，诘奸慝，刑暴乱。

此一节书是，训迪秋官之职也。成王曰，司马之次，爰立司寇，是为秋官，俾掌邦国之法禁。凡为奸作慝者，悉所推诘而尤显着刑章以正暴乱，使人思畏法迁善为心，是司寇之职也。

## （元）陈师凯《蔡氏传旁通》卷六上《周官》

掌刑不曰刑，而曰禁者，禁于未然也。

陈氏曰，刑曰邦禁，此初设刑之美意，禁民使不为恶，而非以虐民也。

# 司空掌邦土，居四民，时地利

## 1. （汉）孔氏传、（唐）陆德明音义、孔颖达疏《尚书注疏》卷十七《周书·周官》

司空掌邦土，居四民，时地利。

传，冬官卿，主国空土，以居民，士农工商四人，使顺天时，分地利，授之土，能吐生百谷，故曰土。

疏，传正义曰，《周礼》，《冬官》亡。《小宰职》云"六曰冬官，掌邦事"，又云"六曰事职，以富邦国，以养万民"，马融云，事职掌百工器用，耒耜弓车之属，与此主土居民，全不相当。冬官既亡，不知其本。《礼记·王制》记司空之事云"量地以制邑，度地以居民"是明冬官本有主土居民之事也。《齐语》云"管仲制法令，士农工商四民不杂"，即此居民，使顺天时，分地利，授之土也。土则地利，为之名，以其吐生百谷，故曰土也。《周礼》云"事"，此云"土"者，为下有"居四民"故云"土"，以居民为急故也。

## 2. （宋）苏轼《书传》卷十六《周书·周官第二十二》

司空掌邦土，居四民，时地利。

民各有居室，如冬之盖藏，故司空为冬官。

## 3. （宋）林之奇《尚书全解》卷三十六《周书·周官》

（归善斋按，见"立太师、太傅、太保，兹惟三公，论道经邦，燮理

阴阳"）

### 4.（宋）史浩《尚书讲义》卷十八《周书·周官》

（归善斋按，见"今予小子，祗勤于德，夙夜不逮"）

### 5.（宋）夏僎《尚书详解》卷二十二《周书·周官》

（归善斋按，见"今予小子，祗勤于德，夙夜不逮"）

### 6.（宋）时澜《增修东莱书说》卷三十《周书·周官第二十二》

（归善斋按，见"冢宰掌邦治，统百官，均四海"）

### 7.（宋）黄度《尚书说》卷六《周书·周官》

（归善斋按，见"冢宰掌邦治，统百官，均四海"）

### 8.（宋）袁燮《絜斋家塾书钞》

（归善斋按，无此篇）

### 9.（宋）蔡沈《书经集传》卷六《周书·周官》

司空，掌邦土，居四民，时地利。

冬官，卿，主国空土以居士农工商四民，顺天时以兴地利。按《周礼·冬官》则记考工之事，与此不同，盖本阙《冬官》，汉儒以《考工记》当之也。

### 10.（宋）黄伦《尚书精义》卷四十四《周书·周官》

司空，掌邦土，居四民，时地利。

无垢曰，上有德化待君子，又有兵刑俟小人，则四民皆安其居，而相地利以种艺为长久之业矣。使纲纪紊乱，小人无所惧，君子无所怙，民欲安其居，得乎？六官之职，其不可阙一。如此，上法于天地、四时，此盖明天理之不可易也。

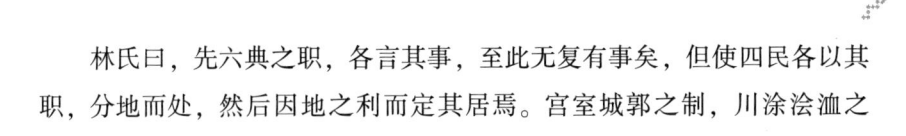

林氏曰，先六典之职，各言其事，至此无复有事矣，但使四民各以其职，分地而处，然后因地之利而定其居焉。宫室城郭之制，川涂浍洫之施，故司空之职，当察地利而修之以时是也。

### 11.（宋）陈经《尚书详解》卷四十《周书·周官》

（归善斋按，见"冢宰掌邦治，统百官，均四海"）

### 12.（宋）钱时《融堂书解》卷十七《周书·周官》

（归善斋按，见"若昔大猷，制治于未乱，保邦于未危"）

### 13.（宋）魏了翁《尚书要义》卷十七《周书·立政、周官、君陈》

（归善斋按，未引）

### 14.（宋）陈大猷《书集传或问》卷下《周书·周官》

（归善斋按，未解）

### 15.（宋）胡士行《尚书详解》卷十一《周书·周官第二十二》

（归善斋按，见"冢宰掌邦治，统百官，均四海"）

### 16.（元）吴澄《书纂言》卷四下

（归善斋按，无此篇）

### 17.（元）陈栎《书集传纂疏》卷六《朱子订定蔡氏集传·周书·周官》

司空，掌邦土，居四民，时地利。

冬官，卿，主国空土，以居士农工商四民，顺天时以兴地利。按，《周礼·冬官》则记考工之事，与此不同，盖本阙《冬官》，汉儒以《考工记》当之也。

纂疏：

陈氏大猷曰，为治莫先于教化，故司徒次冢宰；教化莫先于礼乐，故宗伯次之。教之有不率，则大者加甲兵，小者加刑罚，不得已也。故司马、司寇次之。暴乱去，而后民得安居，故司空终焉。

## 18.（元）许谦《读书丛说》卷六《周书·周官》

（归善斋按，未解）

## 19.（元）董鼎《书传辑录纂注》卷六《周书·周官》

司空，掌邦土，居四民，时地利。

冬官，卿，主国空土，以居士农工商四民，顺天时，以兴地利。案，《周礼·冬官》则记考工之事，与此不同，盖本阙《冬官》，汉儒以《考工记》当之也。

纂注：

陈氏大猷曰，为治莫先于教化，故冢宰之后司徒次之；教化莫先于礼乐，故宗伯次之；教之和之，而犹有不率者，则大者加以甲兵，小者加以刑罚，不得已也，故司马、司寇次之。暴乱去而后民得安居，故以司空之居民终焉。

## 20.（元）朱祖义《尚书句解》卷十一《周书·周官第二十二》

司空，掌邦土（事官之长，主度空土，以居民），居四民（以居士农工商之民），时地利（使民种植以时，而收地利）。

## 21.（明）王樵《尚书日记》卷十四《周书·周官》

（归善斋按，见"冢宰掌邦治，统百官，均四海"）

## 22.（清）库勒纳等撰《日讲书经解义》卷十一《周书·周官》

司空，掌邦土，居四民，时地利。

此一节书是，训迪冬官之职也。成王曰，司寇之次，爰立司空，是为冬官，俾掌邦国之土地。凡士农工商，皆使得所，而尤顺时兴利，教以耕耘，使人鲜惰游，地无旷废，是司空之职也。

### （元）陈师凯《蔡氏传旁通》卷六上《周官》

按《周礼·冬官》，则记考工之事，与此不同，盖本阙《冬官》，汉儒以《考工记》当之也。

五峰胡弘《皇王大纪》曰，《周官》司徒掌邦教，敷五典者也。司空掌邦土，居四民者也。世传《周礼》阙《冬官》，愚考其书，而质其事，则《冬官》未尝阙也，乃刘歆颠迷，妄以《冬官》事属之《地官》耳。俞庭椿曰，司空，古官也。舜以水土命禹，而共工则咨垂。然则，司空之官实重，而百工之事无与焉。《周官》曰，掌邦土，居四民，时地利。《太宰》云，六曰事典，以富邦国，以任百官，以生万民。《小宰》云，六曰事职，以富邦国，以养万民，以生百物。《王制》尤详焉，曰，司空执度，度地居民，山川沮泽，时四时，量地远近，兴事任力，至民咸安其居，乐事劝功，尊君亲上，然后兴学。凡此皆著见于经，而粲然可据者也。后人徒以司徒之为地官。土地之事，地官之类也，故《司空》之属，皆汩乎其中。盖自《大司徒》之职已皆讹误大半，皆司空事也。土地之图，土会之法，土宜之法，土均之法，土圭之法，大司马九畿之籍，小司徒会万民之卒伍，乃均土地。乃经土地等章，天官，以九职任万民，皆司空事也。百工，特司空九职之一耳。

### （清）朱鹤龄《尚书埤传》卷十四《周书·周官》

司空掌邦土。

孔传，司空主国空土。袁黄曰，当时行井田之法，民间所授之田，民自治之。惟未授者则空之，而掌于公家，故官曰司空（孔传"空土"二字，疏无明训。据了凡解，当读去声，然陆氏释文未见转音，当阙所疑）。黄度曰，《周礼》司空事官，而此曰掌邦土，盖凡居于王土者，必有职，有职则各以时制其利。故农之地征，均此利也；工之饬材，成此利也；贾之阜货，享此利也，皆土物也，则皆邦事也。盖无有不作而食者。邵宝曰，古为井地，故司空专一卿焉。井田废，则司空职亡，补以考工，而司空职营缮矣（吴澄曰，有虞之时，首命作司空，其后又命垂作、共工，则知共工与司空乃二职，非一官也。郑氏以考工补司空，何疏戾耶）。王樵曰《周礼·司空》之文多错于他官，而地官尤多（此吴草庐说）。汉儒不知本经以考正，而妄谓其阙，因以《考工记》补之。夫《考工记》记工事耳，非设官也，故无员缺，且其所谓国有六职者，自明言于下，百工特居六职之一，何可以之当冬官也。

林駉曰，尝观周之建官也，百官听命于六卿，而六卿听命于冢宰，故出纳之要职，宿卫之亲人，供奉之近习，布满王朝者，若不得而一，不知以冢宰统之，则其权未始不一也。司徒以旗致万民，宗伯以军礼同邦国，司马大合兵以从司寇。凡兵民之权，若不出于一，不知以三公兼之，则其权未始不一也。此上下相维之制然也。又观周之建官也，或以公兼宗伯、司寇，或以公兼司马、司空，是公得兼卿职也。或以公兼卿大夫，或以卿兼军将，是卿得兼有司也。此职任无旷之实然也。汉之九卿（东汉《百官志》九卿者，奉常一，光禄二，卫尉三，太仆四，鸿胪五，少府、司农、宗正、廷尉合为九），即周之六官。唐有六尚书，又有九卿寺，因乎汉也。然周制上下相维，而汉有事权偏重之失。《周官》职任无旷，而唐有员数过繁之弊。师成周之意而损益焉，不失于偏重，不失于过冗，斯得之矣。

# 六卿分职，各率其属，以倡九牧，阜成兆民

## 1. （汉）孔氏传、（唐）陆德明音义、孔颖达疏《尚书注疏》卷十七《周书·周官》

六卿分职，各率其属，以倡九牧，阜成兆民。

传，六卿各率其属官大夫士，治其所分之职，以倡道九州岛，牧伯为政，大成兆民之性命，皆能其官，则政治。

音义，倡，尺亮反，下同。阜，音负。治，直吏反。

**2.（宋）苏轼《书传》卷十六《周书·周官第二十二》**

六卿分职，各率其属，以倡九牧。
九州岛之牧也。
阜成兆民。

**3.（宋）林之奇《尚书全解》卷三十六《周书·周官》**

(归善斋按，见"立太师、太傅、太保，兹惟三公，论道经邦，燮理阴阳")

**4.（宋）史浩《尚书讲义》卷十八《周书·周官》**

(归善斋按，见"今予小子，祗勤于德，夙夜不逮")

**5.（宋）夏僎《尚书详解》卷二十二《周书·周官》**

(归善斋按，见"今予小子，祗勤于德，夙夜不逮")

**6.（宋）时澜《增修东莱书说》卷三十《周书·周官第二十二》**

(归善斋按，见"冢宰掌邦治，统百官，均四海")

**7.（宋）黄度《尚书说》卷六《周书·周官》**

六卿分职，各率其属，以倡九牧，阜成兆民。
自王国至侯邦皆行之，九牧监察。

**8.（宋）袁燮《絜斋家塾书钞》**

(归善斋按，无此篇)

**9.（宋）蔡沈《书经集传》卷六《周书·周官》**

六卿分职，各率其属，以倡九牧，阜成兆民。
六卿分职，各率其属官，以倡九州岛之牧，自内达之于外。政治明，教化洽，兆民之众，莫不阜厚而化成也。按《周礼》每卿六十属，六卿三百六十属也。吕氏曰，冢宰相天子，统百官，则司徒以下，无非冢宰所统，乃均列一职，而并数之为六者，纲在网中也。乾坤之与六子，并列于八方。冢宰之与五卿，并列于六职也。

## 10.（宋）黄伦《尚书精义》卷四十四《周书·周官》

六卿分职，各率其属，以倡九牧，阜成兆民。

无垢曰，有其人则传，无其人则绝。绝则天下乱矣。故自其所得，创为此一大典。立三公、六卿之官，分三公、六卿之职，使子孙见有此德、此才者，乃使居此位，而使居此位者，知吾所职在此，不如此，则为旷职，为无穷之羞，其用意亦以勤矣。

又曰，六卿得其人，九牧效其职，则民自然皆得其所矣。盖治、教、政、刑、礼、事中，无一事意不在民者，盖圣人本心，止为民设尔。是知，古先圣王，其爱敬民，乃至如此。后世乃借官职之势，以凌虐下民，漫无忌惮，其欺天也甚矣。

林氏曰，先王建官，必使小大相维，内外相联，如尾之应首，臂之运指，然后政无不举，治无不成也。

又曰，夫天地之道，非运六子不能成岁。圣人之治，非任六卿，则不能举治政。使天地切切自为，而不付以六子，吾知天地亦天地耳，求其成功无有也。使圣人规规自营，而不建以六卿，吾知圣人亦圣人耳，求其举治者无有也。夫然后，以倡九牧，以阜兆民，此其效也

## 11.（宋）陈经《尚书详解》卷四十《周书·周官》

（归善斋按，见"冢宰掌邦治，统百官，均四海"）

## 12.（宋）钱时《融堂书解》卷十七《周书·周官》

（归善斋按，见"若昔大猷，制治于未乱，保邦于未危"）

## 13.（宋）魏了翁《尚书要义》卷十七《周书·立政、周官、君陈》

（归善斋按，未引）

## 14.（宋）陈大猷《书集传或问》卷下《周书·周官》

（归善斋按，未解）

## 15.（宋）胡士行《尚书详解》卷十一《周书·周官第二十二》

六卿分职，各率其属，以倡（率）九（州）牧，阜（大）成兆民。六年，五服一朝（每一年一服入觐，要服不责其必来。其年五服，各休本国）。又六年（十二年五服一朝），王乃时（四时）巡（巡四岳），考制度于四岳，诸侯各朝于方岳（详见《舜典》），大明黜（无功削地贬爵）陟（有功加地进律）。

卿、牧倡和，表里有彝矣。然久历岁序，非时振之，岂无壅滞而不达者乎？巡而考焉，礼乐刑政，斯四达而不悖矣。

## 16.（元）吴澄《书纂言》卷四下

（归善斋按，无此篇）

## 17.（元）陈栎《书集传纂疏》卷六《朱子订定蔡氏集传·周书·周官》

六卿分职，各率其属，以倡九牧，阜成兆民。

六卿分职，各率其属官，以倡九州之牧，自内达之于外，政治明，教化洽，兆民之众莫不阜厚而化成也。按《周礼》，每卿六十属，六卿三百六十属也。吕氏曰，冢宰相天子，统百官，则司徒以下，无非冢宰所统，乃均列一职，而并数之为六者，纲在网中也。乾坤之与六子，并列于八方。冢宰之与六卿并列于六职也。

纂疏：

吕氏曰，冢宰列于六卿，纲固在网中，而首非处身外也。六卿倡九牧，自内而达之外；九牧各率诸侯以应六卿，自外而承乎内。内倡外应，周浃泰和，此成周治天下之体统也。

愚谓，周以六卿倡九牧，犹唐虞以揆、岳统牧、伯，故阜成之效不

1861

减。和宁泰和，在唐虞成周，岂非以为治之。纲纪立，而体统定欤。

## 18.（元）许谦《读书丛说》卷六《周书·周官》

（归善斋按，未解）

## 19.（元）董鼎《书传辑录纂注》卷六《周书·周官》

六卿分职，各率其属，以倡九牧，阜成兆民。

六卿分职，各率其属官，以倡九州之牧，自内达之于外，政治明，教化洽，兆民之众，莫不阜厚而化成也。案《周礼》，每卿六十属，六卿三百六十属也。吕氏曰，冢宰相天子，统百官，则司徒以下，无非冢宰所统，乃均列一职而并数之为六者，纲在网中也。乾坤之与六子，并列于八方；冢宰之与五卿，并列于六职也。

纂注：

吕氏曰，冢宰列于九卿，纲固在网之中，而首非处身之外也。六卿分职，各率其属，以倡九牧自内而达之外。九牧各率其州之诸侯，以应六卿之令，自外而承乎内。内倡外应，周浃泰和，此成周治天下之体统也。

新安胡氏曰，成周以六卿倡九牧，亦犹唐虞以揆、岳统牧、伯，故平成之效不减。和宁泰和，在唐虞成周，岂非以治天下之纲纪立，而体统定欤。

## 20.（元）朱祖义《尚书句解》卷十一《周书·周官第二十二》

六卿分职（六卿各分职，以掌其事），各率其属（每卿有属官六十，各率其属以共治），以倡九牧（同以倡率九州之牧），阜成兆民（以大成就其民）。

## 21.（明）王樵《尚书日记》卷十四《周书·周官》

"六卿分职"至"阜成兆民"。

既训六卿之职，则其属在其中，故云"六卿分职各率其属"。大夫士治其所分之职，以倡九牧，内外相承，即"内有百揆、四岳，外有州牧、

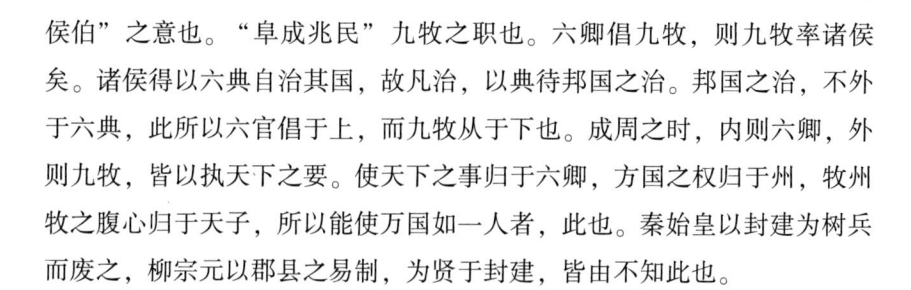

侯伯"之意也。"阜成兆民"九牧之职也。六卿倡九牧，则九牧率诸侯矣。诸侯得以六典自治其国，故凡治，以典待邦国之治。邦国之治，不外于六典，此所以六官倡于上，而九牧从于下也。成周之时，内则六卿，外则九牧，皆以执天下之要。使天下之事归于六卿，方国之权归于州，牧州牧之腹心归于天子，所以能使万国如一人者，此也。秦始皇以封建为树兵而废之，柳宗元以郡县之易制，为贤于封建，皆由不知此也。

## 22.（清）库勒纳等撰《日讲书经解义》卷十一《周书·周官》

六卿分职，各率其属，以倡九牧，阜成兆民。

此一节书是，总言立六卿之意也。阜，阜厚也。成，化成也。成王曰，六卿者，内为属官之主，外为州牧之倡，职分既殊，所掌各异，而所以任人行政，明礼修刑，安民除暴者，责斯重矣。居斯职者，当各表率其属，以尽其职守于内，以倡在外。九州岛之为牧者，亦知率属以承流宣化于外，则大小相维，内外相承，因而政治修明。凡所以养民者，无不至。而人各遂其生焉，兆民以此而阜厚矣。德化广被，凡所以教民者，无不至，而人各复其性焉，兆民以此而化成矣。尧舜"和宁"之盛，禹汤"用乂之休"，何难再见，而制治、保邦之道，讵外是哉。甚矣，六卿为百僚之倡，内臣为外臣之表，而任之尤不可不得其人也。

### （元）王充耘《读书管见》卷下《周官》

六卿倡九牧。

六卿总治于内，九牧亲民于外。六卿之职，虽不同，而其为民则一也。冢宰均四海，固所以治民；司徒掌教，以复民性；宗伯掌礼，以定民志；司马掌兵以卫民患；司寇掌刑，以诘民奸；司空掌土，以定民居。以此倡九牧，而九牧皆一一奉行于外，则民自殷阜而化成矣。君子先成民，而后致力于神，成之者，治之、养之、教之，无欠阙之谓也。

### （元）陈师凯《蔡氏传旁通》卷六上《周官》

冢宰相天子，统百官，乃并数之为六者，纲在网中也。

吕氏云，冢宰列于六卿，纲固在网中，而首非处身之外也。

乾坤之与六子，并列于八方。

康节曰，乾坤纵，而六子横。盖先天圆图，乾南，坤北，离东，坎西，兑东南，震东北，巽西南，艮西北。乾、坤为六卦之父母，比于六卿之冢宰。六卦为乾、坤之男女，比于五官也。

### （元）陈悦道《书义断法》卷六《周书·周官》

六卿分职，各率其属，以倡九牧，阜成兆民。

天子曰兆民泰和，雍熙之治，能使之阜厚化成者，岂一手足之为烈哉。盖六卿之职，各有率属官，以尊而统卑也。九牧之治，各听信于六卿，以内制外也。尊卑有统，而内外相维，莫不竭力任事，承流宣化，以休养生息斯民为己任，民之阜成不亦宜乎。

# 六年，五服一朝

## 1.（汉）孔氏传、（唐）陆德明音义、孔颖达疏《尚书注疏》卷十七《周书·周官》

六年，五服一朝。

传，五服，侯、甸、男、采、卫，六年一朝会京师。

音义，朝，直遥反。守，音狩，下同，本亦作狩。

疏，正义曰，此篇说六卿职掌，皆与《周礼》符同，则"六年，五服一朝"亦应是《周礼》之法，而《周礼》无此法也。《周礼·大行人》云，侯服，岁一见，其贡祀物；甸服，二岁一见，其贡嫔物；男服，三岁一见，其贡器物；采服，四岁一见，其贡服物；卫服，五岁一见，其贡材物。要服，五岁一见，其贡货物。先儒说《周礼》者，皆云"见"谓"来朝"也，必如所言，则周之诸侯各以服数来朝，无六年一朝之事。昭十三年《左传》叔向云"明王之制，使诸侯岁聘以志业，间朝以讲礼，再朝而会以示威，再会而盟以显昭明，自古以来，未之或失也。存亡之道,恒由是兴"。说《左传》者以为三年一朝,六年一会,十二年而盟,事与《周礼》不同,谓之前代明王之法。先儒未尝措意,不知异之所由。计彼六年一会,与此"六年五服一朝",事相当也。再会而盟,与此十二年"王乃时巡","诸侯各朝于方岳",亦相当也。叔向盛陈此法,以惧齐人使盟。若周无此礼,叔向妄说,齐人当以辞拒之,何所畏惧而敬以从命乎?且云"自古以来,未之或失",则当时犹尚行之,不得为前代之法,胁当时之人明矣。明周有此法,礼文不具尔。《大行人》所云"见"者,皆言贡物,或可因贡而见,何必见者,皆是君自朝乎?遣使贡物,亦应可矣。《大宗伯》云,"时见曰会,殷见曰同"。时见、殷见不云年限。"时见曰会",何必不是再朝而会乎?"殷见曰同",何必不是再会而盟乎?周公制礼,若无此法,岂成王谬言,叔向妄说也。计六年大集,应六服俱来,而此文惟言五服,孔以五服为侯、甸、男、采、卫,盖以要服路远,外逼四夷,不必常能及期,故宽言之,而不数也。

《尚书注疏》卷十七《考证》

"六年五服一朝"疏"《周礼》无此法也"。

林之奇曰,惟六年五服一朝,与《周礼》异,此言五服,与《大行人》言六服不同,附。

## 2. (宋)苏轼《书传》卷十六《周书·周官第二十二》

六年,五服一朝。

一朝,毕朝也。朝以远近为疏,数六年而遍五服,毕朝也。

## 3. (宋)林之奇《尚书全解》卷三十六《周书·周官》

(归善斋按,见"立太师、太傅、太保,兹惟三公,论道经邦,燮理阴阳")

## 4. (宋)史浩《尚书讲义》卷十八《周书·周官》

(归善斋按,见"今予小子,祗勤于德,夙夜不逮")

## 5. (宋)夏僎《尚书详解》卷二十二《周书·周官》

(归善斋按,见"今予小子,祇勤于德,夙夜不逮")

## 6. (宋)时澜《增修东莱书说》卷三十《周书·周官第二十二》

六年,五服一朝;又六年,王乃时巡,考制度于四岳。诸侯各朝于方岳,大明黜陟。

成王既训迪厥官,以立为治之纲矣,继之以朝觐巡守之制,所以振其纲也。内焉六卿,外焉九牧,表里倡和,固有彝伦。然多历岁序,非时有以振之,岂无壅滞而不达者乎。"六年,五服一朝",所以达其壅也,岂无废坏而不修者乎?"又六年,王乃时巡,考制度于四岳。诸侯各朝于方岳,大明黜陟",所以修其废也。诸侯既亲承德意于天子,天子复亲考制度于诸侯,礼乐、刑政,斯四达而不悖矣。是制也,尝一见于《虞书》,后千余年始复出于此,验其疏数而世之升降,事之繁简,舆卫之多寡,用度之丰约,与夫成王观会通而行典礼者,皆可得而推矣。

## 7. (宋)黄度《尚书说》卷六《周书·周官》

六年,五服一朝;又六年,王乃时巡,考制度于四岳。诸侯各朝于方岳,大明黜陟。

《大行人》,六服差远近为节序,朝京师,六岁一周时见,曰会也。七岁,属象胥,谕言语,协辞命。九岁,属瞽史,谕书名,听声音。十有一岁,达瑞节,同度量,成牢礼,同数器,修法则。十有二岁,王巡守殷国,殷见曰同也。此皆仿舜故事,惟五载与十二岁不同耳。自武王"时迈"后,见于经者,成岐阳之搜,康酆宫之朝,穆涂山之会,宣圃田之狩,皆非时巡也。《大行人》六服,此五服者,又六年时巡,要服见于方岳,不至京师也。时巡,春东,夏南,秋西,冬北。

## 8. (宋)袁燮《絜斋家塾书钞》

(归善斋按,无此篇)

## 9.（宋）蔡沈《书经集传》卷六《周书·周官》

六年，五服一朝；又六年，王乃时巡，考制度于四岳。诸侯各朝于方岳，大明黜陟。

五服，侯、甸、男、采、卫也。六年一朝，会京师。十二年，王一巡狩。时巡者，犹舜之四仲巡狩也。考制度者犹舜之协时月正日同律度量衡等事也诸侯各朝方岳者犹舜之肆觐东后也大明黜陟者犹舜之黜陟幽明也疏数异时繁简异制帝王之治因时损益者可见矣。

## 10.（宋）黄伦《尚书精义》卷四十四《周书·周官》

六年，五服一朝；又六年，王乃时巡，考制度于四岳。诸侯各朝于方岳，大明黜陟。

林氏曰，虞舜之时，一年东方诸侯来朝，则赴禴祭之礼；二年，西方诸侯来朝，则赴祠祭之礼。三年，南方诸侯来朝，则赴烝祭之礼；四年北方诸侯来朝，则赴尝祭之礼。至成周则异于是，每岁则一服入见，故更六年而五服各一朝也。更十二年，五服两朝。王然后巡守，于春则东，于夏则南，于秋则西，于冬则北，故诸侯各朝于方岳王者，于是观四方之风俗，察政刑之醇疵，考其行能，审其治绩，修制度而增损之，使有便于时，而无负于民也。当是之时，十二岁一出，而不患其疏者，盖有大行人，小行人，撢人之类，络绎于道路，审究其利病，王不必躬行，而周知天下之故。殆如目之所睹无可逃者，是使内外之服，远近之民，莫不向风也。

胡氏曰，诸侯朝虽不可弛，然责之烦，则下有不胜之劳，期之数则人有咨怨之心。何则由侯而至于甸，由甸而至于采、卫，道途之辽远，山川之险阻，其造于王，非旦暮所可及，责之烦，期之数，则席不暇暖者有之，肩不及息者有之，尚何抚邦境，宣德惠之有哉？五服一朝，必以六岁为节焉。

聂次山曰，茅土之封，星列非一人；邦国之建，鳞比非一所。德教有行有不行，法则有修与不修，度量或不同欤，瑞节或不达欤，人主不下几席，虽殚一己聪明，乌能周知遍察哉，必因巡守，以明其黜陟焉。黜之者，所以罚恶也，先王之义也。陟之者，所以赏善也，先王之仁也。先王之取诸侯仁义而已。仁义一行，则威爱两得，此所以能使之敌王忾，而蕃王室也。

## 11. （宋）陈经《尚书详解》卷四十《周书·周官》

六年，五服一朝；又六年，王乃时巡，考制度于四岳。诸侯各朝于方岳，大明黜陟。

上文言六卿之率属在内之官也，自"六年，五服一朝"而下，在外之官也。六年之中，五服各一朝，至六年而始遍。《周礼》行人之职，侯服岁一见，甸服二岁一见，男服三岁一见，采服四岁一见，卫服五岁一见，要服六岁一见。《周官》上文"六服群辟，罔不承德"，而六年一朝则曰五服，何也？盖要，近于蛮夷之地，不必其来之意也。礼法之所治者，有详略；而德化之所施者，无远近。要服之难制已久，先王特为制朝贡之礼，而不必其来，故《武成》序，诸侯之助祭，《洛诰》称诸侯之和会，《康诰》陈诸侯之听从，皆止言侯、甸、男、采、卫之君，而要服不与焉。此详内略外之意也。又六年，王乃时巡。"又六年"，则十二年之间，五服诸侯经二次来朝矣。故天子出而巡狩，以省方观民。"时巡"者，如《舜典》春东、夏南、秋西、冬北也。"考制度于四岳"，天子巡狩至于方岳之下者，考其制度，恐国有异政，家有殊俗。侯邦之正朔，侯邦之礼乐，与王政之正朔礼乐同乎，异乎。《舜典》所谓"协时月正日，同律度量衡"之意同也。诸侯来朝于方岳之下，大明黜陟之法有功者加地进爵，无功者贬地黜爵也。十二年之中，人情久而易玩，玩则变法易令，由此而起。故古者，天子巡狩，皆所以检察之。然而唐虞之制，五载一巡狩，群后四朝，而成王则六年五服一朝，十二年而一巡狩；唐虞之制九载朝绩，而成王则三岁计群吏之治，此皆圣人识时知变，时有古今，事有繁简，则其法亦不得而同也。

## 12. （宋）钱时《融堂书解》卷十七《周书·周官》

（归善斋按，见"若昔大猷，制治于未乱，保邦于未危"）

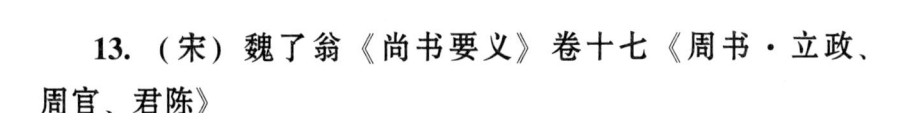

## 13.（宋）魏了翁《尚书要义》卷十七《周书·立政、周官、君陈》

三十一、六卿既同《周礼》，而"六年，五服一朝"异。

"六年，五服一朝"，五服，侯、甸、男、采、卫，六年一朝会京师。"又六年，王乃时巡，考制度于四岳"，周制十二年一巡守，春东，夏南，秋西，冬北，故曰"时巡"。考正制度礼法于四岳之下，如虞帝巡守然。"诸侯各朝于方岳，大明黜陟"，觐四方诸侯，各朝于方岳之下，大明考绩黜陟之法。正义曰，此篇说六卿职掌，皆与《周礼》符同，则"六年，五服一朝"亦应是《周礼》之法，而《周礼》无此法也。《周礼·大行人》云，侯服岁一见，其贡祀物；甸服二岁一见，其贡嫔物；男服三岁一见，其贡器物；采服四岁一见，其贡服物；卫服五岁一见，其贡材物；要服六岁一见，其贡货物。先儒说，《周礼》者皆云见，谓来朝也，必如所言，则周之诸侯，各以服数来朝，无六年一朝之事。昭十三年《左传》叔向云，明王之制，使诸侯岁聘，以志业间朝以讲礼，再朝而会以示威，再会而盟，以显昭明。自古以来，未之或失也。存亡之道，恒由是兴。说《左传》者以为三年一朝，六年一会，十二年而盟，事与《周礼》不同，谓之前代明王之法，先儒未尝措意，不知异之所由，计彼六年一会，与此"六年，五服一朝"相当也。再会而盟，与此"十二年，王乃时巡，诸侯各朝于方岳"亦相当也。

三十二、以叔向所言，与成王合，明《周礼》不具。

叔向盛陈此法，以惧齐人使盟。若周无此理，叔向妄说，齐人当以辞拒之，何所畏惧而敬以从命乎？且云，自古以来，未之或失，则当时犹尚行之，不为前代之法，胁当时之人明矣，明周有此法，《礼》文不具尔。《大行人》所云"见"者，皆言贡物，或可因贡而见，何必见者皆是君自朝乎？遣使贡物，亦应可矣。《大宗伯》云时见曰会，殷见曰同。时见、殷见不云年限。时见曰会，何必不是再朝而会乎？殷见曰同，何必不是再朝而盟乎？周公制礼，若无此法，岂成王谬言，叔向妄说也。计六年大集，应六服俱来，而此文惟言五服，孔以五服为侯、甸、男、采、卫，盖以要服路远，外逼四夷，不必常能及期，故宽言之而不数也。

## 14. (宋）陈大猷《书集传或问》卷下《周书·周官》

或问，"六年，五服一朝"与《周礼》不同，何也？曰，《周礼》所谓侯服岁一见，谓第一岁一见也；甸服二岁一见，谓第二岁一见也；男服三岁一见，谓第三岁一见也；采服四岁一见，谓第四岁一见也。至第五岁而卫服一见，至第六岁，则皆休息，正是"六年，五服一朝"也。诸儒疑之过耳。《左传》所载又与《周礼》不同，何也？曰，叔向所言，乃诸侯自相会盟之礼，犹《小行人》所谓凡诸侯之邦交，岁相问，殷相聘，世相朝云耳，非诸侯朝王之礼也。《周礼行人》侯服岁一见，甸服二岁一见，男服三岁一见，采服四岁一见，卫服五岁一见。昭十三年，晋人将寻盟齐人不可，叔向告于齐曰，明王之制，使诸侯岁聘以志业，间朝以讲礼，再朝而会以示威，再会而盟以显昭明。

## 15. (宋）胡士行《尚书详解》卷十一《周书·周官第二十二》

（归善斋按，见"六卿分职，各率其属，以倡九牧，阜成兆民"）

## 16. (元）吴澄《书纂言》卷四下

（归善斋按，无此篇）

## 17. (元）陈栎《书集传纂疏》卷六《朱子订定蔡氏集传·周书·周官》

六年，五服一朝；又六年，王乃时巡，考制度于四岳。诸侯各朝于方岳，大明黜陟。

五服，侯、甸、男、采、卫也。六年一朝会京师，十二年王一巡狩。时巡者，犹舜之四仲巡狩也。考制度者，犹舜之"协时月正日，同律度量衡"等事也。诸侯各朝方岳者，犹舜之"肆觐东后"也。大明黜陟者，犹舜"黜陟幽明"也。疏数异时，繁简异制，帝王之治，因时损益者可见矣。

纂疏：

吕氏曰，六卿倡九牧，既立为治之纲，朝觐巡狩，所以振其纲也。六年一朝，以达其壅。"时巡"至"明黜陟"，以修其废。诸侯既亲承德意于天子，天子复亲考制度于诸侯，礼乐、刑政四达而不悖矣。是制尝见于《虞书》，复见于此，验其疏数，而世之升降可推矣。

王氏曰，每一岁一服入见，五服有一年休息。又六年，五服两朝，然后王一巡狩殷国也。

林氏曰，明黜陟，即《王制》所谓不敬孝者，削地黜爵；有功德于民者，加地进律是也。此皆斟酌舜事而行之。舜五载一巡狩，此十二年何也？文中子曰，舜一岁而巡四岳，兵卫少而征求寡也，以是观之，则周兵卫日众征求日多，故不能五年，而以十二年也。

## 18. （元）许谦《读书丛说》卷六《周书·周官》

前言六服此又言五服一朝圣人详内略外不治夷狄岁朝止于五服

## 19. （元）董鼎《书传辑录纂注》卷六《周书·周官》

六年，五服一朝；又六年，王乃时巡，考制度于四岳。诸侯各朝于方岳，大明黜陟。

五服，侯、甸、男、采、卫也。六年一朝会京师，十二年王一巡狩。时巡者，犹舜之四仲巡狩也。考制度者，犹舜之"协时月正日同律度量衡"等事也。诸侯各朝方岳者，犹舜之"肆觐东后"也。大明黜陟者，犹舜之"黜陟幽明"也。疏数异时，繁简异制，帝王之治，因时损益者可见矣。

纂注：

吕氏曰，六卿倡九牧，既立为治之纲矣，继以朝觐巡狩之制，所以振其纲也。卿牧倡和，固有体统。然多历年岁，非时有以振之，岂无壅滞而不达乎，六年一朝，所以达其壅也。岂无废坏而不修乎，又六年，王时巡至大明黜陟，所以修其废也。诸侯既亲承德意于天子，天子复亲考制度于诸侯，礼乐、刑政斯四达而不悖矣。是制也，尝一见于《虞书》后，千余年复出于此，验其疏数而世之升降，事之繁简，舆卫之多寡，用度之丰约，与夫成王观会通以行其典礼者，皆可得而推矣。

张氏曰，《周官》行人之职曰，侯服岁一见，其贡祀物；甸服二岁一见，其贡嫔物；男服三岁一见，其贡器物；采服四岁一见，其贡服物；卫服五岁一见，其贡材物；要服六岁一见，其贡货物。是六年六服各一朝也。今止言五服者，要服不必其来。《周官》又云，十有二年，王巡狩殷国，是五服已更两朝矣。

林氏曰，大明黜陟，即《王制》所谓不敬者，削君以地；不孝者，君黜以爵；有功德于民者，加地进律是也。此皆斟酌舜事行之。舜五载一巡狩，此十二年，何也？文中子曰，舜一岁而巡四岳，兵卫少而征求寡也，以是观之，则周时兵卫日多征求日众，故不能五年而以十二年也。

## 20.（元）朱祖义《尚书句解》卷十一《周书·周官第二十二》

六年，五服一朝（六年之中，五服各以一年，朝天子）。

## 21.（明）王樵《尚书日记》卷十四《周书·周官》

"六年，五服一朝"至"大明黜陟"。

孔氏曰，五服，侯、甸、男、采、卫，六年一朝会京师。周制十二年一巡守，春东，夏南，秋西，冬北，故曰"时巡"。考正制度于四岳之下，如虞帝巡守然，觐四方诸侯，各朝于方岳之下，大明考绩黜陟之法。《周礼·大行人》云，侯服岁一见，甸服二岁一见，男服三岁一见，采服四岁一见，卫服五岁一见，要服六岁一见。见，来朝也。诸侯各以服数来朝，与"六年，五服一朝"之说不合且，当以经为主。

《周礼·职方》卫服之外有蛮、夷、镇、藩。行人所掌六服，要服，即蛮服。其夷服、镇服、藩服，在九州岛之外，谓之蕃国。父死子立，及新王即位，乃一来见，所谓来王也。圣人详内略外，不治夷狄。《职方》及王化所至而言，《行人》所掌，限朝贡之节，止及六服。《周官》之初又但止于五服焉。

大明黜陟系于天子时巡，诸侯朝于方岳之下，即《孟子》所谓"入其疆，土地辟，田野治，养老尊贤，俊杰在位，则有庆。庆以地入其疆。土地荒芜，遗老失，贤掊克在位，则有让"是也。言诸侯黜陟之事，而不及庶官者，庶官考绩黜陟之法，自唐虞以来日加密矣，今成王之所申明者外治之事也。

## 22.（清）库勒纳等撰《日讲书经解义》卷十一《周书·周官》

六年，五服一朝；又六年，王乃时巡，考制度于四岳。诸侯各朝于方岳，大明黜陟。

此一节书是，因训迪在内之臣，而又举制驭外臣之法也。成王曰，帝王之盛世，纲纪修明，群牧率化，所以远近相承，内外统驭，何道之由哉？惟此朝觐巡狩之典行而不废耳。自今定制，每六年，凡侯、甸、男、采、卫五服之诸侯，一朝会于京师，各述其所职。又六年，再朝，通此十二年矣。天子乃以四时巡行诸侯所守之地。凡礼乐法度，朝廷所颁于四岳者，详为稽考，以视其奉行。维时，诸侯亦各执玉帛来朝于方岳之下，如岁二月，东巡，则东方诸侯朝于岱宗；五月，南巡，则南方诸侯朝于南岳，以至八月西巡，十一月北巡，则各朝于西岳、北岳之下。其巡狩所至也，即询察诸侯之贤否，大明其黜陟，如诸侯奉政安民，则进爵增地，大彰其陟之法以示赏。其有怠政殃民者，则贬爵削地，大彰其黜之法，以示罚。赏罚昭而劝惩着。六服诸侯，罔不承德而兆民阜成，由此故也。后世封建不行，巡狩亦废。天子端拱深宫，所由知四方政治之得失，闾阎之疾苦者，惟二三老成，随时献纳耳。苟采听不弘，民瘼罔达，治斯下矣。唐虞和宁之效，夏商用乂之风，何由几也。

## （元）陈师凯《蔡氏传旁通》卷六上《周官》

六年一朝，会京师；十二年，王一巡狩。
六年一朝，与《周礼》不合；十二年一巡狩，与《周礼》大行人合。

## （清）朱鹤龄《尚书埤传》卷十四《周书·周官》

六年五服一朝；时巡。
孔疏，计六年大集，应六服俱来，而此惟云五服，孔传以五服为侯、甸、男、采、卫，盖以要服路远，外逼四夷，不必常能及期，故不数也。程伯圭曰，《周礼》云，侯服岁一见，甸服二岁一见，男服三岁一见，采

1873

服四岁一见，卫服五岁一见，要服六岁一见。此言五服，盖指甸、男、采、卫、要，而侯服之岁见者不在其数也（王廉曰，《大行人》六服朝见以数见者，为亲蕃服；世一见谓父死子继，及嗣王即位，乃一来，以其戎狄疏之也。周时，以洛为邦畿，邦畿方千里，其外各以五百里，分九服。一方五百里者九，四千五百里也。以二方对计之，并邦畿千里，通为万里，今姑以二方卜之。周公封于鲁，鲁去王畿千有余里，在甸服二岁一见；召公封于燕，燕去王畿二千余里，在采服、甸服之间，或三岁、四岁一见，以周、召、元臣，乃在外服，似若疏之者，何耶？若以禹服计之，鲁当在绥服。燕远在荒服矣，此所未喻）。

愚按，蔡解五服从注疏。程说与《周官》不合。大全王氏又谓，每一岁二服入见，五服有一年休息，此未知据何书。

黄度曰，《大行人》六服差远近为节次，朝京师，六岁一周，此"时见曰会"也。十有二岁，王巡狩殷国，此"殷见曰同"也，皆准舜故事。惟五载与十二岁不同耳。

自武王时巡后，见于经者，成有岐阳之搜，康有酆宫之朝，穆有涂山之会，宣有圃田之狩，皆非时巡也。《大行人》六服，此五服者，又六年时巡，要服见于方岳，不至京师也。

# 又六年，王乃时巡，考制度于四岳

## 1.（汉）孔氏传、（唐）陆德明音义、孔颖达疏《尚书注疏》卷十七《周书·周官》

又六年，王乃时巡，考制度于四岳。

传，周制十二年一巡守，春东，夏南，秋西，冬北，故曰时巡，考正制度、礼法于四岳之下，如虞帝巡守然。

疏，传正义曰，《周礼·大行人》云，十有二岁，王巡守殷国，是周制十二年一巡守也。如《舜典》所云，春东，夏南，秋西，冬北，以四时巡行，故曰"时巡"，考正制度礼法于四岳之下，如虞帝巡守然。据

《舜典》"同律度量衡"已下皆是也。

## 2．（宋）苏轼《书传》卷十六《周书·周官第二十二》

又六年，王乃时巡，考制度于四岳。诸侯各朝于方岳，大明黜陟。夏商以来，人主奉养，日侈供卫，日广亦不能数巡守，故以五载为十二年也。

## 3．（宋）林之奇《尚书全解》卷三十六《周书·周官》

（归善斋按，见"立太师、太傅、太保，兹惟三公，论道经邦，燮理阴阳"）

## 4．（宋）史浩《尚书讲义》卷十八《周书·周官》

（归善斋按，见"今予小子，祗勤于德，夙夜不逮"）

## 5．（宋）夏僎《尚书详解》卷二十二《周书·周官》

（归善斋按，见"今予小子，祗勤于德，夙夜不逮"）

## 6．（宋）时澜《增修东莱书说》卷三十《周书·周官第二十二》

（归善斋按，见"六年，五服一朝"）

## 7．（宋）黄度《尚书说》卷六《周书·周官》

（归善斋按，见"六年，五服一朝"）

## 8．（宋）袁燮《絜斋家塾书钞》

（归善斋按，无此篇）

## 9．（宋）蔡沈《书经集传》卷六《周书·周官》

（归善斋按，见"六年，五服一朝"）

10. （宋）黄伦《尚书精义》卷四十四《周书·周官》

（归善斋按，见"六年，五服一朝"）

11. （宋）陈经《尚书详解》卷四十《周书·周官》

（归善斋按，见"六年，五服一朝"）

12. （宋）钱时《融堂书解》卷十七《周书·周官》

（归善斋按，见"若昔大猷，制治于未乱，保邦于未危"）

13. （宋）魏了翁《尚书要义》卷十七《周书·立政、周官、君陈》

（归善斋按，未引）

14. （宋）陈大猷《书集传或问》卷下《周书·周官》

（归善斋按，未解）

15. （宋）胡士行《尚书详解》卷十一《周书·周官第二十二》

（归善斋按，见"六卿分职，各率其属，以倡九牧，阜成兆民"）

16. （元）吴澄《书纂言》卷四下

（归善斋按，无此篇）

17. （元）陈栎《书集传纂疏》卷六《朱子订定蔡氏集传·周书·周官》

（归善斋按，见"六年，五服一朝"）

18. （元）许谦《读书丛说》卷六《周书·周官》

（归善斋按，未解）

## 19.（元）董鼎《书传辑录纂注》卷六《周书·周官》

（归善斋按，见"六年，五服一朝"）

## 20.（元）朱祖义《尚书句解》卷十一《周书·周官第二十二》

又六年，王乃时巡（又六年，则十二年之间，五服诸侯经二次来朝。天子乃出巡守，以省方观民。时巡。如《舜典》春东，夏南，秋西，冬北是也），考制度于四岳（巡守至方岳之下，考其制度，如《舜典》"协时月正日，同律度量衡"）。

## 21.（明）王樵《尚书日记》卷十四《周书·周官》

（归善斋按，见"六年，五服一朝"）

## 22.（清）库勒纳等撰《日讲书经解义》卷十一《周书·周官》

（归善斋按，见"六年，五服一朝"）

### （元）陈师凯《蔡氏传旁通》卷六上《周官》

考制度，犹舜之"协时月正日，同律度量衡"等事也。

《大行人》云，王之所以抚邦国诸侯者，岁遍存；三岁遍眺；五岁遍省；七岁属象胥，谕言语，协辞命；九岁属瞽史，谕书名，听声音；十有一岁达瑞节，同度量，成牢礼，同数器，修法则；十有二岁，王巡狩殷国。按此，则制度已预饬于前，至巡狩，特考之。若曰，言语谕欤，辞命协欤，书名谕欤，声音雅欤，瑞节达欤，度量同欤，牢礼成欤，数器同欤，法则修欤，凡此者或否欤。

### （清）朱鹤龄《尚书埤传》卷十四《周书·周官》

（归善斋按，见"六年，五服一朝"）

# 诸侯各朝于方岳，大明黜陟

**1.（汉）孔氏传、（唐）陆德明音义、孔颖达疏《尚书注疏》卷十七《周书·周官》**

诸侯各朝于方岳，大明黜陟。

传，觐四方诸侯，各朝于方岳之下，大明考绩、黜陟之法。

**2.（宋）苏轼《书传》卷十六《周书·周官第二十二》**

（归善斋按，见"又六年，王乃时巡，考制度于四岳"）

**3.（宋）林之奇《尚书全解》卷三十六《周书·周官》**

（归善斋按，见"立太师、太傅、太保，兹惟三公，论道经邦，燮理阴阳"）

**4.（宋）史浩《尚书讲义》卷十八《周书·周官》**

（归善斋按，见"今予小子，祇勤于德，夙夜不逮"）

**5.（宋）夏僎《尚书详解》卷二十二《周书·周官》**

（归善斋按，见"今予小子，祇勤于德，夙夜不逮"）

**6.（宋）时澜《增修东莱书说》卷三十《周书·周官第二十二》**

（归善斋按，见"六年，五服一朝"）

**7.（宋）黄度《尚书说》卷六《周书·周官》**

（归善斋按，见"六年，五服一朝"）

**8.（宋）袁燮《絜斋家塾书钞》**

（归善斋按，无此篇）

**9.（宋）蔡沈《书经集传》卷六《周书·周官》**

（归善斋按，见"六年，五服一朝"）

**10.（宋）黄伦《尚书精义》卷四十四《周书·周官》**

（归善斋按，见"六年，五服一朝"）

**11.（宋）陈经《尚书详解》卷四十《周书·周官》**

（归善斋按，见"六年，五服一朝"）

**12.（宋）钱时《融堂书解》卷十七《周书·周官》**

（归善斋按，见"若昔大猷，制治于未乱，保邦于未危"）

**13.（宋）魏了翁《尚书要义》卷十七《周书·立政、周官、君陈》**

（归善斋按，未引）

**14.（宋）陈大猷《书集传或问》卷下《周书·周官》**

（归善斋按，未解）

**15.（宋）胡士行《尚书详解》卷十一《周书·周官第二十二》**

（归善斋按，见"六卿分职，各率其属，以倡九牧，阜成兆民"）

**16.（元）吴澄《书纂言》卷四下**

（归善斋按，无此篇）

## 17.（元）陈栎《书集传纂疏》卷六《朱子订定蔡氏集传·周书·周官》

(归善斋按，见"六年，五服一朝")

## 18.（元）许谦《读书丛说》卷六《周书·周官》

(归善斋按，未解)

## 19.（元）董鼎《书传辑录纂注》卷六《周书·周官》

(归善斋按，见"六年，五服一朝")

## 20.（元）朱祖义《尚书句解》卷十一《周书·周官第二十二》

诸侯各朝于方岳（诸侯各来朝天子于方岳之下），大明黜陟（大明黜陟之法，有功者加地进爵，无功者削地黜爵）。

## 21.（明）王樵《尚书日记》卷十四《周书·周官》

(归善斋按，见"六年，五服一朝")

## 22.（清）库勒纳等撰《日讲书经解义》卷十一《周书·周官》

(归善斋按，见"六年，五服一朝")

### （元）陈师凯《蔡氏传旁通》卷六上《周官》

诸侯各朝方岳者，犹舜之"肆觐东后"也。

《孟子》赵氏注曰，太山明堂，周天子东巡狩，朝诸侯之处。齐宣王欲毁之。汉时遗址尚在。《郊祀志》云"泰山东北址，古时有明堂处"是也。

大明黜陟者，犹舜之"黜陟幽明"也。

林氏曰，即《王制》所谓"不敬者，君削以地；不孝者，君黜以爵。

有功德于民者,加地进律"是也。

疏数异时,繁简异制,帝王之治因时损益者可见矣。

吕氏曰,诸侯既亲承德意于天子,天子复亲考制度于诸侯。礼、乐、刑、政,斯四达而不悖矣。是制也,尝一见于《虞书》后,千余年复出于此,验其疏数而世之升降,事之繁简舆卫之多寡,用度之丰约,与夫成王观会,通以行典礼者,皆可得而推矣。林氏曰,此皆斟酌舜事行之,舜五载一巡狩,此十二年何也?文中子曰,舜一岁而巡四岳,兵卫少而征求寡也。以是观之,则周时兵卫日多,征求日众,故不能五年,而以十二年也。

# 王曰,呜呼!凡我有官君子,钦乃攸司,慎乃出令,令出惟行,弗惟反

## 1.(汉)孔氏传、(唐)陆德明音义、孔颖达疏《尚书注疏》卷十七《周书·周官》

王曰,呜呼!凡我有官君子,钦乃攸司,慎乃出令,令出惟行,弗惟反。

传,有官君子,大夫已上,叹而戒之,使敬汝所司,慎汝出令,从政之本令出必惟行之,不惟反改。若二三其令,乱之道。

音义,上,时掌反。

疏,正义曰,王言而叹曰,呜呼!凡我有官君子,谓大夫已上有职事者,汝等皆敬汝所主之职事,慎汝所出之号令,令出于口,惟即行之,不惟反之而不用,是去而后反也。

传正义曰,教之出令,使之号令在下,则是尊官,故知有官君子,是大夫已上也。下云三事,暨大夫是也。安危在于出令,故慎汝出令,是从政之本也。令既出口,必须行之,令而不行,是去而更反,故谓之"反"也。不惟反者,令其必行之,勿使反也。若前令不行,而倒反,别出后令,以改前令,二三其政,则在下不知所从,是乱之道也。

1881

## 2.（宋）苏轼《书传》卷十六《周书·周官第二十二》

王曰，呜呼！凡我有官君子，钦乃攸司，慎乃出令，令出惟行，弗惟反。

令出不善，知而改之，犹贤于不反也。然数出数改，则民不复信上，虽有善令不行矣。故教以善令，非教其遂非也。

## 3.（宋）林之奇《尚书全解》卷三十六《周书·周官》

王曰，呜呼！凡我有官君子，钦乃攸司，慎乃出令。令出惟行，弗惟反。以公灭私，民其允怀。学古入官，议事以制，政乃不迷。其尔典常作之师，无以利口乱厥官。蓄疑败谋，怠忽荒政，不学墙面，莅事惟烦，戒尔卿士，功崇惟志，业广惟勤。惟克果断，乃罔后艰。位不期骄，禄不期侈，恭俭惟德，无载尔伪。作德，心逸日休；作伪，心劳日拙。居宠思危，罔不惟畏。弗畏入畏。推贤让能，庶官乃和，不和政庞，举能其官，惟尔之能，称匪其人，惟尔不任。王曰，呜呼！三事暨大夫，敬尔有官，乱尔有政，以佑乃辟，永康兆民，万邦惟无斁。

此篇之立言叙事，与《尧典》体制相似，《尧典》篇先言羲仲、羲叔、和仲、和叔，各主其一方之政。凡日月之运行，星辰之伏见，晷刻之长短，人民之作息，鸟兽之生育，既已区分而详陈之矣，然后总结之曰"咨！汝羲暨和，期三百有六旬有六日，以闰月定四时成岁，允厘百工，庶绩咸熙"。此则教戒之辞也。此篇既言三公、三孤之所以正人主之心术者；遂继之以六卿，官各有职，职各有事；又继之以九牧、五服，朝觐巡守之礼。自"凡我有官君子"而下而总结之以教戒之辞，所谓"训迪厥官"也。此正《尧典》之意。《舜典》于四岳、十二牧、九官，既已各随其职而命之矣，则又总告以"咨！汝二十有二人，钦哉，惟时亮天工"亦此篇之意也。

"凡我有官君子"者，总称而遍告之也。如齐威公葵丘之盟曰"凡我同盟之人"，曰"凡"者，皆总称而遍告之。谓"君子"者，有位之通称也。"钦乃攸司"者，官各有司，不致其钦，则瘝官旷职之责，有所归矣。孔子尝为委吏矣，曰会计当而已矣；尝为乘田矣，曰牛羊茁壮长而已矣。所谓"会计当","牛羊茁壮长"者,钦也。"慎乃出令",《说命》曰"王言惟作命,不言臣下罔攸禀令",令虽臣下之所禀,然其发号施令,皆朝廷之上君臣,相与图维而后出之。故有官君子,于出令不可不慎也。其所以慎于出令者,盖以令之出,惟在必行不可改也。夫不善之令,非不可反也,始以为可而行之,既而以为不可而反之,夫何不可乎?而以反为戒者,盖令所以示信也。今日出之,明日反之,则民将玩弛而不之信。后虽有令,孰不以为欺之哉?其曰"令出惟行,弗惟反"者,欲于其出而慎之也。慎之则无可反者。以汉文帝除田之租税者十一年,盖自度其可以除之而除之也。故虽其后水旱相仍,疾疫继作,而租税不复。元帝罢盐铁官,不自度其可以罢而罢之也,故才四年,以用度不足而复。既患用度不足,则勿罢可也。既罢而又复,其何以示信哉?故刘向曰,"今既善令未能逾时而反,是反汗也"。惟以其不慎故尔。

"以公灭私,民其允怀",公之与私,若权衡然。此首重,则必彼尾轻矣。故公则不私,私则不公。人之所以不能尽其公者,私欲有以胜之也。惟以公而胜己之私,则民其怀之矣。子曰"公则悦","民其允怀"者,所谓"悦"也。"学古入官",《左传》曰"侨闻学而后入政,未闻以政学者也"。然所谓"学"者岂所谓章句文采云乎哉?傅说曰,"学于古训乃有获"。成王曰"学古入官",盖尧、舜之所以帝;禹、汤、文、武之所以王。稷、契、皋陶、伊、傅、周、召之所以事君,无非"学古"之效也。故成王以是戒"有官君子"。"议事以制,政乃不迷",苏氏曰,《左氏》曰,郑子产铸刑书,晋叔向讥之曰,昔先王议事以制,不为刑辟。其言盖取诸此也。先王人法并任,而任人为多,故律设大法而已。其轻重之详,则付之人临事而议,以制其出入,故刑简而政清。此言尽之矣。盖惟"学古入官",乃能酌古今之宜,而"议事以制"也。

其"尔典常作之师,无以利口乱厥官",自古治安之世,上恬下嬉,君臣无为,足以为治矣。而小人之喜功利者,不能安于无事,于是奋其私辩,以前世之常法为卑陋狭浅,欲尽取而更张之,则天下之乱萌矣。如汉武帝、唐明皇非不知守祖宗之旧,惟以张汤、宇文融之徒,进其邪说,从而变乱之故耳。故成王戒之,欲其以典常为师,不可以利口而乱其所居之官也。盖以利口而变更典常,则其官乱耳。伊尹曰,"君罔以辩言乱旧政"。周公曰,"古之人胥训告,胥保惠,胥教诲,民无或胥诪张为幻。此厥不听,人乃训之,乃变乱先王之正刑,至于小大"。伊训所谓"辩言",周公所谓"诪张为幻",此曰"利口",一也。

"蓄疑败谋",凡谋事者,隐之于心而不安,皆疑也。疑则必谋于众以决其是非可否;蓄而不决,未有不败者也。"怠忽荒政",凡为政者,不可以怠心持之,亦不可以忽心视之。以怠心持之,则将以不能为而厌之矣;以忽心视之,则将以不足为而轻之矣。此政之所以荒坠而不立也。"不学墙面",学者,欲其有所见也。知所学,则古今之宜治乱之变,无不备知者。若坐于堂上,而廓然见四海,虽万事之来,纷纷沓至,而吾有以应之,岂至于烦哉?不学则如正墙面而立,墙之外有所不见矣。以之治事,如瞰回流,不知其所以裁处。此其所以烦也。昔汉昭帝时,有一男子诣阙,自谓卫太子,诏使公卿、将军、中二千石杂识视,至者莫敢发言。夫一奸人之妄,此甚易辨,而朝臣皆惘然,手足失措,莫分是否。况事有大于此者乎?惟其不学故也。惟隽不疑后至,遽使收缚。盖以春秋之义可以决之,故不若他人之烦扰也。学如不疑犹可以决事,况其上者乎?

《洪范》曰,"王省惟岁,卿士惟月"。《左传》曰"郑武公庄公为平王卿士"注曰"王卿之执政者",则卿士,大臣也。王氏曰,卿士,职业异于士大夫,故别为之戒。不如先儒曰,此戒凡有官位,但言卿士,举其掌事者,其为说简易。"功崇惟志,业广惟勤",志,所以极高明,故致其志者,功之所以崇;勤,所以致广大,故尽其勤者,业之所以广。盖无志,则所期者卑陋而已,何自而崇乎?不勤,则所成者浅近而已,何自而广乎?必其高明如天,然后可以谓之功崇;必其广大如地,而后可以谓之业广。卿士不可不勉也。"惟克果断乃罔后艰",勐虎之犹豫,不如蜂虿之致螫;孟贲之狐疑,不如童子之必至。此言贵能行之也。盖临事者,当勇于必为。其心如捧漏囊以沃焦釜,惟恐不及,乃可以无后艰。苟为因循而不为,乃曰岂无他日乎?偷目前之安可也,其遗患于后必矣。故不可以不果断。

"位不期骄,禄不期侈",位之崇高者,易以骄,故虽不与骄期,而骄自至;禄之厚者,易以侈,故虽不与侈期,而侈自生。盖处高位者,多以势而陵物;享厚禄者,多以傲而败度也。史曰,卑不学恭,贫不学俭,非人性分然也，势使然耳。惟卑不学恭，故位不期骄；惟贫不学俭，故禄不期侈，是亦势使之然。位不期骄，故不可以不恭；禄不期侈，故不可以不俭。然其为恭为俭，又当惟在于德，不可载其伪而行之。《孟子》曰"恭、俭，其可以声音笑貌为哉"，以声音笑貌为之，是伪也。王莽，爵位益尊，节操愈谦，外交英俊，内事诸父，曲有礼意；唐尊，短衣小袖，牝马柴车，藉藁瓦器，又以历遗公卿，非不恭、俭也，然皆非其情。正所谓伪也。以伪为之，其与不恭、不俭者何以异哉。

"作德"者，谓恭俭以德行之。君子之恭俭，虽对妻子如对君父；虽居室家，如居朝廷，不以有人而作，无人而辍也，故心逸。惟其行之以为常，则始终如一，曾无间断，德之所以日新，故日休也。若夫小人之作伪者，则不然，《大学》曰，小人闲居，为不善无所不至，见君子而后厌然；掩其不善，而著其善人之视己，如见肺肝。夫厌然掩其不善，而著其善岂不劳乎？然君子视之，如见其肺肝，则日拙也。盖彼之阴为不善，而阳为善，自以为巧矣。而莫见乎隐，莫显乎微，其为伪，未有不发露暴白于世，是乃拙也。夫以小人之情，度君子之心，必以君子之恭俭为劳，而不知其逸也。必以为拙，而不知其休也。作德者，其逸如此，其休如此；而作伪者，非徒曲为之防，而又不可以欺人，则作伪者果何益哉？而世之人多舍此而趋彼，何也？《孟子》言自反而仁，自反而礼，乃继以自反而忠，盖欲仁与礼，皆本于中心之诚，而非伪，正此言"位不期骄，禄不期侈"而继之以"恭俭惟德，无载尔伪"之意也。

"居宠思危，罔不惟畏，弗畏入畏"，四时之运，成功者去；日中则昃；月满则亏。人臣之贵宠，未有不危者也。惟居之而思危，则可以保其禄位，而守其宗庙矣。盖常有战战兢兢，如临深渊，如履薄冰之志，则维贵宠之愈固，岂至于危哉？所以思危者，常无所不畏故也。不以宠为可畏，则入于可畏矣。祸患之来，其可不畏哉。不畏者入于可畏，则无所不畏者必无可畏之祸也。《易》曰，亡者，保其存者也；乱者，有其治者也。盖自以为存者，必至于亡；自以为治者，必至于乱，故自以为不足畏者，必至于可畏。观鲁季孙，自以为亡无日，君子曰，知惧如是，斯不亡矣，正此之谓。

"推贤让能，庶官乃和"，夫争名者于朝，朝廷之上爵禄之高下，乘闲抵隙，凡可以相陷害者，无所不至。故己之才，惟恐不若他人；才惟恐其胜于己，蔽贤嫉能者多矣，此所以不和也。不和则不能同心以共政，政安得而不乱哉？惟推贤让能，则争端何自而萌？此庶官之所以和。刘向曰，舜命九官，济济相逊，和之至也。《左氏传》曰，范宣子让，其下皆让。栾黡为汏，弗敢违也，晋国以平，数世赖之。盖让则不争，争则不让，和不和之所分。其让也，犹能使栾黡不违，则其效为何如哉？"举能其官，惟尔之能"，陈子昂曰，鸾隼不接翼，薰犹不同器。以德并凶，势不相入；以正攻佞，势不相利；以廉劝贪，势不相害；以信质伪，势不相和，此趋向之反也。故贤者，则必举贤；不肖者，惟以不肖荐于上，各以其类故也。《孟子》曰"观近臣，以其所为主"，欲知尔之能，惟观其所举者能其官而已；欲知尔之不任，惟观所称非其人而已。盖惟有能而称能其人，未有不任，而举能其官也。

三事，三公也。《诗》曰"三事大夫"是也。或曰"凡我有官君子"，或曰"三事暨大夫"，或特曰"卿士"，其实一也。但其言有详略异同耳。王又嗟叹而言。凡三公及大夫。能敬其所居之官，以治其政，如上之所云者，则可以佐佑其君，安其民，永有誉于天下。天下乐推之而无厌斁也。曾博士曰，成王之训厥官，可谓至矣。推原其本，则以祗勤于德故也。传曰，其身正，不令而行；其身不正，虽令不从。不知出此，而恃其喋喋之烦，亦难于丕应矣。此说是也。然观成王，中才之主耳，惟其周、召为之师、保，优游黡饫，以成其德。而其立言有曰"作德心逸日休，作伪心劳日拙"，则慎独之学，成王盖得之于心，故发之于言，其涵养岂浅浅哉？苏东坡《说命》篇有曰，史佚曰，无始祸，无怙乱。孔子曰，无欲速，无见小利。颜渊曰，无伐善，无施劳。此所谓立言者也。譬之药石米粟，天下后世皆以借口。今傅说之言，皆散而不一，一言一药，皆足以治天下之公，其独以训武丁哉，人至于今诵之也。予窃谓成王之言，是亦散而不一，一言一患药，皆足以治天下之公患。而王氏之说，以其文意相续，虽其说之不至于此者，亦求其所以为说，殊不知其言散而不一也。

## 4.（宋）史浩《尚书讲义》卷十八《周书·周官》

王曰，呜呼！凡我有官君子，钦乃攸司，慎乃出令，令出惟行，弗惟反。以公灭私，民其允怀。学古入官，议事以制，政乃不迷。其尔典常，作之师。无以利口乱厥官，蓄疑败谋，怠忽荒政。不学墙面，莅事惟烦。

此成王戒庶官之言也。其分别淑慝，如是明白，顾方嗣位深居九重之内，何自而得之，盖周公拳拳爱主，倾竭其忠，展尽无余。而成王生知之性，警悟不群。承周公之训，心开意解，烛理皎然，故不待出，与物接而知其情伪。想其胸中如大圆镜，人之长短小大，各以其形，妍媸自见。其告有官君子之言，莫不如五谷之可以疗饥，药石之可以伐病也。夫令无反汗，私无害公，则民服。学以致道，义以制事，则政明。以典常为师，则不忘成宪。其终则曰"无以利口乱厥官"，夫利口，诚足以乱官也。彼百官修德，民服而政明。复能师成宪，如前所陈矣。若有一利口之人在列，则变白为黑，以邪为正，官安得而不乱乎？然而成王在上，岂容有此。所以言者，虑患之深也。后世可以为戒矣。蓄疑败谋，怠忽荒政，此言，不能钦乃攸司，谨乃出令，亦不能以公灭私也。疑之在心，何以行志。先王尚谋及乃心，谋及卿士，谋及庶人，谋及卜筮，取其当而决行之，况攸司乎？惟能听此，则无反汗背公之患矣。不学墙面，莅事惟烦，此言不能学古入官，议事以制也。人而不学，何以从政。先王尚缉熙光明，汲汲皇皇，以成其政，况臣之从政者乎？惟能听此，则无面墙丛脞之患矣。凡此实有官君子之通患，而成王乃能缕数而极言之也。若夫卿士公孤，则皆王选用之人，其所告戒则异是矣。成王可谓知言之要也。

### 5. （宋）夏僎《尚书详解》卷二十二《周书·周官》

王曰，呜呼！凡我有官君子，钦乃攸司，慎乃出令，令出惟行，弗惟反。以公灭私，民其允怀。学古入官，议事以制，政乃不迷。其尔典常作之师，无以利口乱厥官，蓄疑败谋，怠忽荒政，不学墙面，莅事惟烦。

成王上既条列三公、三孤、六卿并诸侯等所职之事、而一一训迪之，至此，又总告"凡有官君子"，谓凡有一官一职，名在仕版者，无不训迪之也。盖上既各因其职而训之，此则又总训之，盖详之至也。成王谓，凡我有官者，当钦敬尔所司之职，谓典礼者，敬于礼；典乐者，敬于乐也。谨慎尔所出之令，盖命出于王，臣禀之而布宣于天下，则谓之令。谓出是令以布宣于天下，则不可不慎也。令既出于汝口，则务在必行，不可使之

1887

至于反。反，谓前令不行，而乃到反制出令，以改前令也。惟公理灭私欲，则民乃诚信归服于我。盖私则知有己，不知有人。知有己则知利己；不知有人，则不知利人。人而知利己，不知利人，则人且怨我，岂有信服之者。惟夫有是私心，而即以公理灭之，使私欲不作，则必能与天下同其利，同其安，同其富。人岂有不信服者哉？此盖训迪有官君子，以出令行政，不可不慎且公也。学古道以备知前事之得失，前代之废兴，使事之利害，民之休戚，政之当否，了然于胸次，然后入官以治事。既入官治事，而于讲论当世之务，则又酌以先王之制度为法，而不敢决于一己之私。如此，则先王已试之效，而今日遵行之，施之于政。是已验之方，岂有不能疗疾。政不迷错，而灿然条理，岂不宜哉？此又训迪有官君子，使执古以御今也。其尔众官，须当以典法之常行为之师法，不可自矜其便利之口说，而以侧言改厥度，遂至于乱其所主之事，此又训迪以守法也。有疑则问，若蓄藏于心而不决，则败其所谋之事。当行则行，怠惰忽略，略则荒废其所行之政。学古则见博；不学则如面墙而立，一无所见，以之临事则不知所当先后，劳而无功，必至于烦闷其心。此又训迪以决疑勤政，学古之道也。此盖总告有官君子，虽三公、三孤、六卿，微至一事一职，无不训迪之也。然六卿其职，则又尊；其任，则又重，故下又特戒之。自"戒尔卿、士"以下特戒卿、士也。

## 6.（宋）时澜《增修东莱书说》卷三十《周书·周官第二十二》

王曰，呜呼！凡我有官君子，钦乃攸司，慎乃出令。令出惟行，弗惟反。以公灭私，民其允怀。学古入官，议事以制，政乃不迷。其尔典常作之师，无以利口乱厥官。蓄疑败谋，怠忽荒政，不学墙面，莅事惟烦。戒尔卿士，功崇惟志，业广惟勤，惟克果断，乃罔后艰。位不期骄，禄不期侈，恭俭惟德，无载尔伪。作德，心逸日休；作伪，心劳日拙。居宠思危，罔不惟畏，弗畏入畏，推贤让能，庶官乃和，不和政庞。举能其官，惟尔之能，称匪其人，惟尔不任。

建官之体统，前章既训迪之矣，此章则所以居官守职者，莫不咸在，曰"凡我有官君子"者，合尊卑小大而同训之也。首之以"钦乃攸司"为训者，盖当是时体统既定，各司其局，一或不钦，左不恭于左，右不恭于右，则纲条陵夺而定制紊矣。大而侵小，不明其体者也；小而侵大，不用其极者也。虽意在于善，然思出其位，纷然无度，非所谓钦也。"慎乃出令，令出惟行，弗惟反"者，戒之以审令于未出之前也，令出则惟行而不可反矣，不可不熟之复之也。令出而误，固当迁令，然所伤则既多矣。曰惟行弗惟反者，所以深戒出令之不可轻，非谓其真不可反，以意逆志读之可也。令出于君，今戒凡有官君子而谓之"慎乃出令"，岂在官者皆可出令乎？盖令之大者，固无异统，而百司庶府，自下条教于其属，亦何莫非令，随其轻重，皆有休戚，固不可易也。"以公灭私，民其允怀"者，民之从违，视公私之消长。私意侵克，则民怀浸深，至于允怀，则心诚怀之，无有余蕴。非以公尽灭其私者，不能也。上尽其公，则下尽其情也。不曰至公无私，而曰"以公灭私"者，盖私者，古今在官者之实病，故成王示之消长之理，使知所用力也。"学古入官，议事以制，政乃不迷"者，有民人焉，有社稷焉，何必读书然后为学。今必使之学古，而后入官，何也？盖渊源必考其自来，轨辙必观其已试。三代君臣相与，建事入官，一以稽古为本。至荀卿始，开法后王之论。李斯得之，荡灭古学，令吏以法令为师，卒以亡秦。然则三代所以严守古学者，是诚有意也。既入官而议事，则必断之以制。制者，即前日所学之成法也，古今之变，亦不齐矣，能斟酌权量，不胶不滞，是可谓能用其学者也。始而不能学，学而不能用，则将何以应事，政安得不迷乎？"其尔典常作之师，无以利口乱厥官"者，学古，前代之法也；典常，当代之法也。周家之典常，皆文、武、周公之所讲画，至精至备。凡莅官者，谨师之而已。苟喋喋利口，妄欲改更以纷乱职业，则动摇一代之治体，岂细故哉。自古变乱祖宗之法度，未有不始于利口之人。成王所以欲深绝其萌也。"蓄疑败谋"者，有疑，即辨可否立决，蓄而不辨，一前一却，谋之所以不成也。"怠忽荒政"者，怠，则失于不及；忽，则失于过。或过，或不及，荒其政则均也。"不学墙面，莅事惟烦"者，既历数莅官之病，复申勉之以学之不可已。学者，应事以理；不学者，应事以材力。学者，以理应事，虽万变而不劳；不学者，于理不通，懵然面墙，遇事之至，始一二以材力营之，未至什伯，固已不胜其烦矣。"戒尔卿士，功崇惟志，业广惟勤，惟克果断，乃罔后艰"者。人之居官，患在因循苟且，趣过目前，不以功业自期，故更端而警之，欲其注于心也。功者，业之成也；业者，功之积也。所谓功业者，非欲经营分表而求新奇。凡一官一职，莫不有无穷之事业也。崇其功者，存乎志；广其业者，存乎勤。勤由志而生，志待勤而遂。虽有二者，当几而不能果断，则志与勤虚用，而终蹈后艰矣。"位不期骄，禄不期侈，恭俭惟德，无载尔伪。作德，心逸日休；作伪，心劳日拙"者，居移气，养移体，位禄之移养，入于骄侈，而不自知，处此而欲恭俭，非声音笑貌所能为也。必实有是德，不容毫发之伪于其间，然后可也。载者，容之谓也。声利之攻人也，微而无间，苟有毫发之未实，安得不为所引取乎？因是而推言诚伪之辨。从事于诚，则心广体胖，日以休泰；从事于伪，虽殚其智虑，左蔽右隐，人之视己，如见其肺肝，日彰其拙矣。天下之至逸而无忧者，莫如德；天下之至劳而无益者，莫如伪。使小人作伪者，共知劳而无益，亦何苦为此乎？此两途，凡人皆当知所择。在官守者，憪于权利，怀谖行诈，以覆邦家，其害为尤甚。成王别白示之，其惕后世深矣。"居宠思危，罔不惟畏，弗畏入畏"者，心在事外，然后能当宠而虑其危，周视环顾，无非可畏。此心稍懈而不畏，即入于忧危祸患之中矣。后之患失者，与思危若相似，然思危者，以宠为忧；患失者，以宠为乐，所存大不同也。"推贤让能，庶官乃和，不和政厖"者，人情相下，然后能相入。后世聚讼纷争，人各有心，东曹所与，西或夺之；左台所建，右或毁之。政事厖杂，莫知所适从者，正坐不相下故耳。苟在列者，推贤让能，彼此相下，安得不和，政亦安得而厖乎？"举能其官，惟尔之能，称匪其人，惟尔不任"，成王既勉庶官以推贤让能于此，复以举人之实终焉。观庶官之能否者，不观诸它，惟观诸所举之得失，人主既专以人物为向背，则百官亦专以人物为风俗。此风既成，更相汲引，人材将源源而不穷。成周之治，亦将新新而不已，此成王遗后世不斩之泽也。

## 7.（宋）黄度《尚书说》卷六《周书·周官》

王曰，呜呼！凡我有官君子，钦乃攸司，慎乃出令，令出惟行，弗惟反。以公灭私，民其允怀。学古入官，议事以制，政乃不迷。其尔典常作之师，无以利口乱厥官。蓄疑败谋，怠忽荒政。不学墙面，莅事惟烦。

孔氏曰，有官君子，大夫已上，非也。是盖大夫已下。大夫以上为卿。其下戒尔卿士，别出《洪范》师尹惟日，卿士惟月，此师尹也。合正长亚旅，皆训之，故曰，凡我有官君子。各司其属。侵官为冒，离属为奸，皆为不敬。令出必行，而其不善则亦必反。亟出亟反，则其民惑。是故出之必慎。既不可行，又不肯反，其遂之乎？私害政体，一人怀之，千万人怒之。公则悦，以公灭私，自克也。先王官，皆以学选。乡里，书其孝弟睦姻有学者，成均使之修德学道是也。学古，乃使入官，故能议事以制。事之本末源流，必学而后知之。知其本末源流，乃能议而制之。不然，何所裁节，迷冥而已。周公之法详矣。而官司犹使议事以制，不尽倚之于法也。虽然必有典常为之师，苟无规矩准绳，则放矣。利口，即辨口谀说也，变乱是非，眩易名实，皆利口者之为也。利口能乱官，张释之所以谏文帝也。是非不能决，皆藏之于心，是谓"蓄疑"。蓄疑，取舍不定，必败谋。蓄疑不明，怠荒不敬，皆不学之咎。不学，岂但蓄疑怠荒而已，必且暗然，不睹墙之里，莅事徒纷纷焉耳。此庶官之戒也。

## 8.（宋）袁燮《絜斋家塾书钞》

（归善斋按，无此篇）

## 9.（宋）蔡沈《书经集传》卷六《周书·周官》

王曰，呜呼！凡我有官君子，钦乃攸司，慎乃出令。令出惟行，弗惟反。以公灭私，民其允怀。

建官之体统，前章既训迪之矣，此则居守官职者咸在。曰"凡有官君子"者，合尊卑小大而同训之也。反者，令出不可行，而壅逆之谓，言敬汝所主之职，谨汝所出之令。令出欲其行，不欲其壅逆而不行也。以天下之公理，灭一己之私情，则令行而民莫不敬信怀服矣。

## 10.（宋）黄伦《尚书精义》卷四十四《周书·周官》

王曰，呜呼！凡我有官君子，钦乃攸司，慎乃出令。令出惟行，弗惟反。以公灭私，民其允怀。学古入官，议事以制，政乃不迷。其尔典常作之师，无以利口乱厥官。

无垢曰，夫公则无私，私必不公。公与私常相为胜负，公胜则私灭，

1891

私胜则公亦亡矣。呜呼！私心胜而公道亡，此乱亡之基也，安可不谨乎？欲灭此私心，以何道哉？公而已矣。公何自而识之哉，惟学古先圣王之道可也。古先圣王之道，非一己之私心也，乃天下之公心也。

又曰，曲学偏见，妄以私心窥测圣人，以谓道在于我，乃以其私心发于利口，别立新法，尽废故事，其持之有故，其言之成理，其害天下国家，而穿凿圣心，破碎大道有不可胜诛者。按而行之，国家典常尽皆废坠，苟简自恣之风成，而循理奉法之心亡，乱厥官矣，罪莫大焉。有官君子所宜深戒也，公孙疆之亡曹，王莽之篡汉，皆如是而已矣。

林氏曰，靖共尔位，好是正直，左局右局，各司其局，无以小加大，无以彼乱此，咸事各率其属，敬之而不敢慢；循之而不敢违；此"钦乃攸司"之意也。

又曰，天下有同然之是非，斯民有同然之好恶。得其所同然，还以导之，虽不强之使从，驱之使服，而民将心悦而诚服，罔有不怀矣。盖徇私欲者，不足以得民；立私党者，不足以得民。私欲一胜，则穷奢极侈，适所以扰民。私党一奋，则分守不明，适所以乱民也。惟在大公之道，晓然示之，则其心有不可解者，其允怀岂不信哉。

## 11.（宋）陈经《尚书详解》卷四十《周书·周官》

王曰，呜呼！凡我有官君子，钦乃攸司，慎乃出令。令出惟行，弗惟反。以公灭私，民其允怀。

自"大明黜陟"而上，皆法制也。自"凡我有官君子"而下，皆戒敕之辞也。先王之待官吏，本末无不详尽，使吾专以法制待之，而官吏有出于法制之外，则如之何？先王于法制之外，又有谆谆告教，使诚浃洽于士大夫之心，然后法不为徒设矣。"凡我有官君子"，大夫以上也。"钦乃攸司"，各谨汝之所司。使为冢宰而不能"统百官，均四海"，则冢宰失其职司。使为司徒，而不能"敷五典扰兆民"，则司徒失其职司。以至于宗伯也，司寇也，外而诸侯也，莫不皆然。"谨乃出令"，当其令未出之前，致其审可也。及其令之既出，则有行而无反矣。令如反汗，则民疑而不信矣。然则令之出，而利于民，则不反可也。令出而不便于民，岂可不反乎？曰"慎乃出令"，于令未出之时，致其谨，则审其利害，必其利民而无害者也。凡人之情,不知谨于未令之时,徒知反于既出之后,则何以示信天下乎?"以公灭私,民其允怀",民心既知有至公之理,所谓公则悦是也。公则一,私则万殊,惟其公,则己之心自有以合民之心,岂有不一。惟其私,则所见各不同,岂有不万殊。以公灭私,则所谓"钦攸司","慎出令"者,无往而非公矣。

## 12. (宋)钱时《融堂书解》卷十七《周书·周官》

王曰,呜呼!凡我有官君子,钦乃攸司,慎乃出令。令出惟行,弗惟反。以公灭私,民其允怀。学古入官,议事以制,政乃不迷。其尔典常作之师,无以利口乱厥官。蓄疑败谋,怠忽荒政,不学墙面,莅事惟烦。戒尔卿士,功崇惟志,业广惟勤,惟克果断,乃罔后艰。位不期骄,禄不期侈,恭俭惟德,无载尔伪。作德,心逸日休;作伪,心劳日拙。居宠思危,罔不惟畏,弗畏入畏,推贤让能,庶官乃和,不和政厖。举能其官,惟尔之能;称匪其人,惟尔不任。

上文陈述皆职分所当然,此下辞旨谆复,有教有戒,方是训迪之以职分之所以能尽者如此也。观"学古入官","不学墙面"等语,似专为初仕者发,而与下戒卿士之言不同,然则此殆训迪卿士以下众官者欤,自"钦乃攸司"至"其尔典常作之师",一节深一节。

## 13. (宋)魏了翁《尚书要义》卷十七《周书·立政、周官、君陈》

(归善斋按,未引)

## 14. (宋)陈大猷《书集传或问》卷下《周书·周官》

(归善斋按,未解)

## 15. (宋)胡士行《尚书详解》卷十一《周书·周官第二十二》

王曰,呜呼!凡我有官君子(合尊卑、小大,同训之),钦乃攸司(不出位),慎乃出令(审于未然之先),令出惟行(已出必行),弗惟反

(不可误而反)。以公（理）灭（胜）私（情），民其允（信）怀（感）。学古（古训）入官，议事以制（所学成法），政乃不迷（胶滞疑惑）。其尔典常（当代之法）作之师，无以利口乱厥官（制度），蓄疑（有疑，即辨可否立决，蓄而不辨，一前一却）败谋（谋所以不成），怠（不及）忽（过）荒政，不学（古）墙面，莅事惟烦（墙面则事至无以应，不胜其烦矣）。戒尔卿士，功（业之成）崇（高）惟志（勤由志生），业（功之积）广惟勤（志由勤进），惟克果（敢）断（决），乃罔后艰（不果断，则志勤废矣）。位（高）不期（觉）骄，禄（厚）不期侈，恭俭惟（必）德（实德），无载（容）尔伪（声音笑貌之为），作德心逸（安）日休（广胖），作伪心劳（殚其智虑，左蔽右隐）日拙（人见肺肝，百短呈露）。居宠（得君）思危，罔不惟畏，弗（若不）畏（则）入畏（矣），推（尊）贤（人之贤）让能，庶官乃和（无争功能），不和政庞（杂），举（荐）能其官，惟尔之能，称（举）匪其人，惟尔不任（胜任）。王曰，呜呼！三事（三公）暨（至）大夫，敬尔有官，乱（治）尔有政，以佑乃辟，永康兆民，万邦惟无斁。

所以期庶官者，大且远矣。

## 16.（元）吴澄《书纂言》卷四下

(归善斋按，无此篇)

## 17.（元）陈栎《书集传纂疏》卷六《朱子订定蔡氏集传·周书·周官》

王曰，呜呼！凡我有官君子，钦乃攸司，慎乃出令。令出惟行，弗惟反。以公灭私民，其允怀。

建官之体统，前章既训迪之矣，此则居守官职者咸在。曰"凡有官君子"者，合尊卑小大而同训之也。反者，令出不可行而壅逆之谓，言敬汝所主之职，谨汝所出之令。令出欲其行，不欲其壅逆而不行也。以天下之公理，灭一己之私情，则令行而民莫不敬信怀服矣。

纂疏：

陈氏经曰，令未出而致谨可也。既出则有行无反矣，不谨于未令之先，必反于既令之后，何以示信乎？

苏氏曰，此教以谨令，非欲其遂非也。

吕氏曰，令之大者出于君，百司自下教条于其属，亦令也。

愚谓，民之从违，视公私之消长。灭之者，纯乎公理，而私欲净尽之谓也。欲民之允怀，非以公尽灭其私不可。允怀，诚服之谓也。灭字，允字，须勘破。

## 18. （元）许谦《读书丛说》卷六《周书·周官》

（归善斋按，未解）

## 19. （元）董鼎《书传辑录纂注》卷六《周书·周官》

王曰，呜呼！凡我有官君子，钦乃攸司，慎乃出令。令出惟行，弗惟反。以公灭私，民其允怀。

建官之体统，前章既训迪之矣，此则居守官职者咸在。曰"凡有官君子"者，合尊卑小大而同训之也。反者，令出不可行而壅逆乏谓。言敬汝所主之职，谨汝所出之令。令出欲其行，不欲其壅逆而不行也。以天下之公理灭一己之私情，则令行而民莫不敬信怀服矣。

纂注：

吕氏曰，戒以审令于未出之前。令出则惟行，而不可反矣。令之大者固出于君，百司庶府自下教条于其属，亦令也。

王氏曰，令出而反，民轻上而不信令矣。然必谨出令，不至于反。

苏氏曰，此教以谨令，非欲其遂非也。

新安陈氏曰，民之从违视，公私之消长。灭私者纯乎公理，而私欲净尽之谓。欲民之允怀，非以公尽灭其私者不可。允怀，诚服之谓也。灭字，允字，皆须勘破。

## 20. （元）朱祖义《尚书句解》卷十一《周书·周官第二十二》

王曰，呜呼（叹言）！凡我有官君子（在大夫以上者），钦乃攸司（各敬所主之职），慎乃出令（当令未出之前谨而审之）。令出惟行（及令

1895

既出惟在所行),弗惟反(不可别反出令,以改前令)。

## 21. (明)王樵《尚书日记》卷十四《周书·周官》

"王曰,呜呼!凡我有官君子"至"民其允怀"。

"有官君子",合尊卑大小而言。敬汝所主之职,慎汝所出之令。"令出惟行,弗惟反",言令一出有行无反,见令不谨于未出之先,必反于既出之后,不可不慎尔令。而不行是去而复反,故言"反"也。令之大者,固出于君,百司庶府自下教条于其属,亦令也。上自公、孤六官下,至诸侯、卿、大夫,莫不有所出之令,若同以天下为心,而不徇一己之私,是非利害,必计久远,必合众情,则吁谟定命,远猷辰告,民岂不信而怀之乎?令出而反,民轻上而不信令矣。然必谨出令,不使至于反,此教以谨令,非欲其遂非也。《易》"涣汗其大号",谓如汗之出而不反也。以公灭私,令之慎也。"民其允",怀令之行也。程子曰,圣人视亿兆之心犹一心者,通于理而已。文明则能烛理,故能明大同之义。刚健则能克己,故能尽大同之道。愚谓,所谓"以公灭私"者亦如此。公者,人心之同;私者,一人之见。如本是为民兴利除害,却有行一番即增多一番弊窦,民不但不受其利,而反为之害者,无他,非通天下之志者,不能以一人之心知千万人之心,非胜一己之私者,不能以千万人之心为一人之心。出令之人以公灭私,则虑无不审,而发无不当,此民之所以"允怀"也。公者,公道私,不但己之私,人各有意欲行其私。私之事多矣,私之门多矣。在上人主,持公道以出令,而灭众人之私,与己之为身,为人之私,则动合人心,岂不信而怀之。

## 22. (清)库勒纳等撰《日讲书经解义》卷十一《周书·周官》

王曰,呜呼!凡我有官君子,钦乃攸司,慎乃出令。令出惟行弗,惟反。以公灭私,民其允怀。

此一节书是,训迪百官,使勉其职业也。攸司,所司之职也。令,号令也。成王叹息言曰,凡我有官之君子,虽尊卑之分不同,而其为职守则一,必于其职之所司,罔不敬谨以处之。盖内钦厥心,而心无怠荒之失;

外钦厥事，而事无旷废之尤，庶几为有位之君子而无愧也。然所司之当钦者，不一又当以慎令为先。凡有官君子，于发号施令之际，必揣度事宜，斟酌时势，择其事之可行者，详慎以出之，务使吾令一出，而天下即可以遵行，不可轻率忽略，至于壅逆而不行也。盖国家政令，关系最大，苟不详慎，则必有阻逆难行者。夫至反而不行，不惟天上下之分，而天下之事，将散而莫治矣。虽然令之行违，视乎出之当否。而令之当否，又视乎心之公私。苟在位之君子，存心光大，以公灭私，凡有命令，皆上合天理，下协人心，则天下之民自罔不敬信而畏服矣，岂有反而不行者哉。信乎！"慎乃出令"，尤所司之当钦，而有官君子，不可不知也。

## （元）陈悦道《书义断法》卷六《周书·周官》

凡我有官君子，钦乃攸司，慎乃出令，令出惟行，弗惟反。以公灭私，民其允怀。

一官必有一官之事；一事必有一事之令。政令之行否，固可以见职事之修废，人心之从违，尤足以见本心之公私。世之析人圭，儋人爵，往往慢令而旷官者，皆其天理之公，不足以胜人私之私，故其令不行，而官为尸位，不知心术之隐微，理欲之消长，已固已如，见其肝肝矣。成王之训官，既欲其慎乃令，以持守官之敬，尤欲其信于此，以验其秉心之公。当时之任职居官者，其必自昧于斯言。

## （明）梅鷟《尚书考异》卷四《周官》

慎乃出令，令出惟行，弗惟反。

《汉书·刘向传》上封事引《易》曰，涣汗其大号，言号令如汗，汗出而不反者也。今出善令未能逾时，而反是反汗也。又曰，出令则如反汗，用贤则如转石，去佞则如拔山。《后汉书·胡广传》政令惟汗，往而不反。

## （清）朱鹤龄《尚书埤传》卷十四《周书·周官》

令出惟行，弗惟反。

按，君者，主令者也；臣者，行君之令，而致之民者也。盖天子之号令，譬之若风霆，如风不能动，而霆不击物，则造化之机滞，而乾坤之用息矣。《易》涣汗其大号，汗出而不反者也，与此同义。

# 以公灭私，民其允怀

## 1. （汉）孔氏传、（唐）陆德明音义、孔颖达疏《尚书注疏》卷十七《周书·周官》

以公灭私，民其允怀。

传，从政以公平，灭私欲，则民其信归之。

疏，正义曰，为政之法，以公平之心，灭己之私欲，则见下民，其信汝而归汝矣。

## 2. （宋）苏轼《书传》卷十六《周书·周官第二十二》

以公灭私，民其允怀，学古入官，议事以制，政乃不迷。

《春秋传》曰，郑子产铸刑书，晋叔向讥之曰"昔先王议事以制，不为刑辟"，其言盖取诸此也。先王人、法并任，而任人为多，故律设大法而已。其轻重之详，则付之人，临事而议，以制其出入，故刑简而政清。自唐以前，治罪科条，止于今，律令而已。人之所犯，日变无穷，而律令有限，以有限治无穷，不闻其有所阙，岂非人法兼行，吏犹得临事而议乎？今律令之外，科条数万，而不足于用，有司请立新法者，日益而不已。呜呼！任法之弊，一至于此哉。

## 3. （宋）林之奇《尚书全解》卷三十六《周书·周官》

（归善斋按，见"王曰，呜呼！凡我有官君子，钦乃攸司，慎乃出令，令出惟行，弗惟反"）

## 4. （宋）史浩《尚书讲义》卷十八《周书·周官》

（归善斋按，见"王曰，呜呼！凡我有官君子，钦乃攸司，慎乃出

令，令出惟行，弗惟反"）

### 5.（宋）夏僎《尚书详解》卷二十二《周书·周官》

（归善斋按，见"王曰，呜呼！凡我有官君子，钦乃攸司，慎乃出令，令出惟行，弗惟反"）

### 6.（宋）时澜《增修东莱书说》卷三十《周书·周官第二十二》

（归善斋按，见"王曰，呜呼！凡我有官君子，钦乃攸司，慎乃出令，令出惟行，弗惟反"）

### 7.（宋）黄度《尚书说》卷六《周书·周官》

（归善斋按，见"王曰，呜呼！凡我有官君子，钦乃攸司，慎乃出令，令出惟行，弗惟反"）

### 8.（宋）袁燮《絜斋家塾书钞》

（归善斋按，无此篇）

### 9.（宋）蔡沈《书经集传》卷六《周书·周官》

（归善斋按，见"王曰，呜呼！凡我有官君子，钦乃攸司，慎乃出令，令出惟行，弗惟反"）

### 10.（宋）黄伦《尚书精义》卷四十四《周书·周官》

（归善斋按，见"王曰，呜呼！凡我有官君子，钦乃攸司，慎乃出令，令出惟行，弗惟反"）

### 11.（宋）陈经《尚书详解》卷四十《周书·周官》

（归善斋按，见"王曰，呜呼！凡我有官君子，钦乃攸司，慎乃出令，令出惟行，弗惟反"）

## 12.（宋）钱时《融堂书解》卷十七《周书·周官》

（归善斋按，见"王曰，呜呼！凡我有官君子，钦乃攸司，慎乃出令，令出惟行，弗惟反"）

## 13.（宋）魏了翁《尚书要义》卷十七《周书·立政、周官、君陈》

（归善斋按，未引）

## 14.（宋）陈大猷《书集传或问》卷下《周书·周官》

（归善斋按，未解）

## 15.（宋）胡士行《尚书详解》卷十一《周书·周官第二十二》

（归善斋按，见"王曰，呜呼！凡我有官君子，钦乃攸司，慎乃出令，令出惟行，弗惟反"）

## 16.（元）吴澄《书纂言》卷四下

（归善斋按，无此篇）

## 17.（元）陈栎《书集传纂疏》卷六《朱子订定蔡氏集传·周书·周官》

（归善斋按，见"王曰，呜呼！凡我有官君子，钦乃攸司，慎乃出令，令出惟行，弗惟反"）

## 18.（元）许谦《读书丛说》卷六《周书·周官》

（归善斋按，未解）

## 19.（元）董鼎《书传辑录纂注》卷六《周书·周官》

（归善斋按，见"王曰，呜呼！凡我有官君子，钦乃攸司，慎乃出

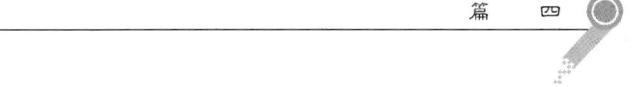

令，令出惟行，弗惟反"）

### 20.（元）朱祖义《尚书句解》卷十一《周书·周官第二十二》

以公灭私（以公理灭私情），民其允怀（民乃诚信归服）。

### 21.（明）王樵《尚书日记》卷十四《周书·周官》

(归善斋按，见"王曰，呜呼！凡我有官君子，钦乃攸司，慎乃出令，令出惟行，弗惟反"）

### 22.（清）库勒纳等撰《日讲书经解义》卷十一《周书·周官》

(归善斋按，见"王曰，呜呼！凡我有官君子，钦乃攸司，慎乃出令，令出惟行，弗惟反"）

### （元）陈悦道《书义断法》卷六《周书·周官》

(归善斋按，见"王曰，呜呼！凡我有官君子，钦乃攸司，慎乃出令，令出惟行，弗惟反"）

### （明）梅鷟《尚书考异》卷四《周官》

以公灭私。

文六年，臾骈曰，以私害公。《汉书》贾捐之荐杨兴曰，抱公绝私，则尹翁归。

# 学古入官，议事以制，政乃不迷

### 1.（汉）孔氏传、（唐）陆德明音义、孔颖达疏《尚书注疏》卷十七《周书·周官》

学古入官，议事以制，政乃不迷。

1901

传,言当先学古训,然后入官治政;凡制事必以古义,议度终始,政乃不迷错。

音义,度,待洛反。

疏,正义曰,学古之典训,然后入官治政,论议时事,必以古之制度。如此,则政教乃不迷错矣。

传正义曰,襄三十一年《左传》子产云"我闻学而后入政,未闻以政学者也",言将欲入政,先学古之训典。观古之成败,择善而从之,然后可以入官治政矣。凡欲制断当今之事,必以古之义理;议论量度,其终始合于古义,然后行之,则其为之政教,乃不迷错也。

## 2. (宋)苏轼《书传》卷十六《周书·周官第二十二》

(归善斋按,见"以公灭私,民其允怀")

## 3. (宋)林之奇《尚书全解》卷三十六《周书·周官》

(归善斋按,见"王曰,呜呼!凡我有官君子,钦乃攸司,慎乃出令,令出惟行,弗惟反")

## 4. (宋)史浩《尚书讲义》卷十八《周书·周官》

(归善斋按,见"王曰,呜呼!凡我有官君子,钦乃攸司,慎乃出令,令出惟行,弗惟反")

## 5. (宋)夏僎《尚书详解》卷二十二《周书·周官》

(归善斋按,见"王曰,呜呼!凡我有官君子,钦乃攸司,慎乃出令,令出惟行,弗惟反")

## 6. (宋)时澜《增修东莱书说》卷三十《周书·周官第二十二》

(归善斋按,见"王曰,呜呼!凡我有官君子,钦乃攸司,慎乃出令,令出惟行,弗惟反")

## 7. （宋）黄度《尚书说》卷六《周书·周官》

（归善斋按，见"王曰，呜呼！凡我有官君子，钦乃攸司，慎乃出令，令出惟行，弗惟反"）

## 8. （宋）袁燮《絜斋家塾书钞》

（归善斋按，无此篇）

## 9. （宋）蔡沈《书经集传》卷六《周书·周官》

学古入官，议事以制，政乃不迷。其尔典常作之师，无以利口乱厥官。蓄疑败谋，怠忽荒政，不学墙面，莅事惟烦。

蓄，敕六反。学古，学前代之法也。制，裁度也。迷，错谬也。典常，当代之法也。周家典常，皆文、武、周公之所讲画，至精至备。凡莅官者，谨师之而已，不可喋喋利口更改，而纷乱之也。积疑不决，必败其谋；怠惰忽略，必荒其政。人而不学，其犹正墙面而立，必无所见，而举错烦扰也。

苏氏曰，郑子产铸刑书，晋叔向讥之曰，昔先王议事以制，不为刑辟，其言盖取诸此。先王人、法并任，而任人为多，故律设大法而已。其轻重之详，则付之人，临事而议，以制其出入。故刑简而政清。自唐以前，治罪科条止于今律令而已。人之所犯，日变无穷；而律令有限。以有限治无穷，不闻有所阙，岂非人、法兼行，吏犹得临事而议乎？今律令之外，科条数万而不足于用，有司请立新法者，日益不已。呜呼！任法之弊一至于此哉。

## 10. （宋）黄伦《尚书精义》卷四十四《周书·周官》

（归善斋按，见"王曰，呜呼！凡我有官君子，钦乃攸司，慎乃出令，令出惟行，弗惟反"）

## 11. （宋）陈经《尚书详解》卷四十《周书·周官》

学古入官，议事以制，政乃不迷。其尔典常作之师，无以利口乱厥

1903

官。蓄疑败谋，怠忽荒政，不学墙面，莅事惟烦。

成王知有官君子，其本原处，皆在于学古，然后可以入官，谓其能多识前言，往行能致知穷理，则见事自明，所以能议事以制，所以能典常作之师。昔子产铸刑书，叔向非之，曰"昔者，先王议事以制，不为刑辟"，则议事以制者，谓其不拘于法，因时之宜，商议其可否而制之也。能达乎时之宜，则处事无不当，其有迷惑乎？典常者，载之于典册，可以共守者也。以典常为师法，是循乎古也。既达乎今之宜，又循乎古之法，自非学古者，其能如是哉？成王既示之以学古之为得，则又戒之以不学之为失。凡以利口而乱厥官也，蓄疑败谋也，怠忽荒政也，皆其不学墙面之故也。利口者，辩佞之人，作聪明以乱旧章者。凡人知典常之可法，则其人必厚重，必宽大。不知典常之可法，出新意以变法乱政者，必利口，故曰"无以利口乱厥官"也。蓄疑者，必败谋，盖人心务要公正明白，若夫怀疑猜于中，则其心必昏暗，以之谋事必不善，故曰"败谋"。舜之所以"百志惟熙"者，以其"疑谋勿成"也。唐德宗之所以用邪而不用君子者，以其多疑故也。"怠忽荒政"，民生在勤，勤则在敬，苟萌一毫怠忽之心，则今日废一事，明日废一事，事之不举者多矣，岂非荒政乎？凡此数者，"利口""蓄疑""怠忽"，皆根于不学。学则有所见，必不利口、不蓄疑、不怠忽。人而至于不学，则如面墙然，无所见也。无所见，则安得不利口、蓄疑、怠忽哉？以不学之人而临事，则胸中胶胶扰扰，事之千变万赜，纷乱于吾心，此其所以烦也。以明理之人处事，投之纷扰而不乱，处之以至难而不惧，盖其理素定于胸中也。然则学其可已乎？成王之所得者，自其学有"缉熙于光明"，"敬止"，故如此。

## 12.（宋）钱时《融堂书解》卷十七《周书·周官》

（归善斋按，见"王曰，呜呼！凡我有官君子，钦乃攸司，慎乃出令，令出惟行，弗惟反"）

## 13.（宋）魏了翁《尚书要义》卷十七《周书·立政、周官、君陈》

（归善斋按，未引）

## 14.（宋）陈大猷《书集传或问》卷下《周书·周官》

（归善斋按，未解）

## 15.（宋）胡士行《尚书详解》卷十一《周书·周官第二十二》

（归善斋按，见"王曰，呜呼！凡我有官君子，钦乃攸司，慎乃出令，令出惟行，弗惟反"）

## 16.（元）吴澄《书纂言》卷四下

（归善斋按，无此篇）

## 17.（元）陈栎《书集传纂疏》卷六《朱子订定蔡氏集传·周书·周官》

学古入官，议事以制，政乃不迷。其尔典常作之师，无以利口乱厥官。蓄疑败谋，怠忽荒政，不学墙面，莅事惟烦。

学古，学前代之法也。制，裁度也。迷，错缪也。典常，当代之法也。周家典常，皆文、武、周公之所讲画，至精至备。凡莅官者，谨师之而已，不可喋喋利口更改而纷乱之也。积疑不决，必败其谋；怠惰忽略，必荒其政。人而不学，其犹正墙面而立，必无所见，而举错烦扰也。

苏氏曰，郑子产铸刑书，晋叔向讥之曰，昔先王议事以制，不为刑辟。其言盖取诸此。先王人、法并任，而任人为多，故律设大法而已。其轻重之详，则付之人，临事而议，以制其出入，故刑简而政清。自唐以前，治罪科条，止于今律令而已。人之所犯，日变无穷，而律令有限，以有限治无穷，不闻有所阙，岂非人、法兼行，吏犹得临事而议乎？今律令之外，科条数万，而不足于用，有司请立新法者，日益不已。呜呼！任法之弊一至于此哉。

纂疏：

孔氏曰，临事而议之，以制其出入。

王氏炎曰，议事以古义裁之，曰"以制"。

吕氏曰，议事断之以制，制，即所学之成法也。

陈氏大猷曰，事有施于古，而不宜于今；施于今而不合于古者，皆非典常。典常者，理之通古今，常行而不可易者也，尔当以之为法。

吕氏曰，有疑则辨可否立决，蓄而不辨，一前一却，谋所以不成也。怠，失之不及；忽，失之过，其荒政，均也。学者，应事以理，虽万变而不劳。不学者，应事以才，不通于理，触事面墙，始犹以才力营之，事渐多则不胜其繁矣。

愚谓，成王训官以学勉之，以不学戒之。学古而后入官，则当官议事，必能以古制裁酌之，庶酌古通今，而政不迷矣。然世亦有好古而至于好异者，如荆公是也。故又欲其以典常之理为之师，不学，则于理不明，临事惟见其烦扰而已。学古，则议事有所据而不迷；不学，则莅事无所见而烦扰。学、不学之得失，相去如此，成王此言，真万世有官君子之龟鉴也。

## 18.（元）许谦《读书丛说》卷六《周书·周官》

（归善斋按，未解）

## 19.（元）董鼎《书传辑录纂注》卷六《周书·周官》

学古入官，议事以制，政乃不迷。其尔典常作之师，无以利口乱厥官。蓄疑败谋，怠忽荒政。不学墙面，莅事惟烦。

学古，学前代之法也。制，裁度也。迷，错缪也。典常，当代之法也。周家典常，皆文、武、周公之所讲画，至精至备。凡莅官者，谨师之而已，不可喋喋利口，更改而纷乱之也。积疑不决，必败其谋；怠惰忽略，必荒其政。人而不学，其犹正墙面而立，必无所见，而举错烦扰也。

苏氏曰，郑子产铸刑书，晋叔向讥之曰，昔先王议事以制，不为刑辟。其言盖取诸此。先王人、法并任，而任人为多，故律设大法而已。其轻重之详，则付之人，临事而议，以制其出入，故刑简而政清。自唐以前，治罪科条止于今，律令而已。人之所犯，日变无穷，而律令有限。以有限治无穷，不闻有所阙，岂非人、法兼行，吏犹得临事而议乎？今律令之外，科条数万而不足于用，有司请立新法者，日益不已。呜呼！任法之弊，一至于此哉。

纂注：

王氏炎曰，议事以古义裁之，故曰"以制"。

吕氏曰，议事断之以制，制即前日所学之成法也。

陈氏大猷曰，事有施于古而不宜于今，施于今而不合于古者，皆非典常。典常者，理之通古今，常行而不可易者也。尔当以之为师法。

吕氏曰，有疑则辨可否立决，蓄而不辨，一前一却，谋所以不成也。急，失之不及；忽，失之过，荒其政，均也。既历数莅官之病，复勉以学之不可已。学者，应事以理，虽万变而不劳；不学者，应事以才，不通于理，触事面墙，始犹以才力，营之渐多，则不胜其烦矣。

新安陈氏曰，成王训官以学勉之，以不学戒之。学古而后入官，则谋事必能以古制裁酌之，而政不迷矣。然世亦有好古而至于好异者，如王荆公是已。故又欲其以典常之理为师也。不学，则于理不明，惟见其烦扰而已。学、不学之得失，相去如此，成王此言，真万世有官君子之龟鉴也。

## 20.（元）朱祖义《尚书句解》卷十一《周书·周官第二十二》

学古入官（学古人之道，然后可入官治事），议事以制（讲论当世之务，则以先王制度为法），政乃不迷（然后政事无迷惑紊乱）。

## 21.（明）王樵《尚书日记》卷十四《周书·周官》

"学古入官"至"莅事惟烦"。

此章以学为重，据已在官者而言，本言不可不学。而曰"学古入官"者，学而后入政，未闻以政学，是未当事，固以学为先。既当事亦以学为重故可，曰"学古入官"而不可曰入官学古，其文势事理则然也。古人即学皆事，即事皆学，学优则仕，仕优则学，所以日用常有余裕。议事以古义裁之，故曰"以制"，制，裁断也。以古义折断今之事，而得其所处之宜也。议事以制，典常为师，至今犹然。"议事以制"，如今有大事大疑，公卿集议，引古事裁决是也。"典常作之师"，如今每事以祖宗成法为主是也。苏氏引叔向"议事以制，不为刑辟"之言，得"制"字之义，所论律令任法之弊，非此经之旨。成王训官以学勉之，以不学戒之。学古，学也；典常作之师，亦学也。学古，则能制事，而政不迷；师典常，则有所持循，而官不乱。"蓄疑败谋，怠忽荒政"，皆不学之失。不学，如墙面，"莅事惟烦"安能不迷也。事不能决，故蓄疑；师心自用，则以利口乱官；寡陋自安，则以怠忽荒政。不学，则于理不明，惟见其烦扰而已。学、不学之得失，相去如此。世亦有好古而至于好异者，如王安石行新法是也。智足以拒谏，诈足以饰非，又辅之，以吕惠卿真所谓"利口乱厥官"也。"典常作之师"，所以为至戒也。学者，应事以理，虽万变而不穷；不学者，应事以才，始犹以材力，经营之终，未有不归于墙面者也。如霍光、寇准，盖皆不免。成王之言，岂专为庸下者戒哉。

## 22.（清）库勒纳等撰《日讲书经解义》卷十一《周书·周官》

学古入官，议事以制，政乃不迷。其尔典常作之师，无以利口乱厥官。蓄疑败谋，怠忽荒政，不学墙面，莅事惟烦。

此一节书是，言人臣必为学而后能尽职也。制，裁度也。迷，错缪也。典常，当代之法。成王曰，自古名臣之能辅君，以致治者，其学必有本，而后其治悉合乎道，如尧、舜、禹、汤之所垂训为治之成法也。尔大小庶官，先宜将往代成法学习通晓，以莅政而为官，及至议处国家之事，即以吾所学者用之，裁度庶务，则事有条理，不至迷错矣。然天下事有宜于古，而未即宜于今者，又当以本朝为法，如我文、武、周公之所经画，皆当代之典常也，逞其才智，变易纷更，乱尔官守，则事有可据，而政亦不迷矣，是皆学之道，为政所当知者也。苟积疑于心，而不酌古准今，以断其是非，则必败其谋。为怠忽于心，而不酌古准今，以致其详慎，则必荒其政事。然所以成谋立政者，有一不从学问中出者乎？苟不能学习古法，参考时务，则事理不能通达，心地无由开明，如面墙而立，使之治事，则举措乖违，动见烦扰，安能经理国家之务乎？信乎！学问为出治之本，服官者，所当加勉也。

## （元）王充耘《读书管见》卷下《周官》

学古入官。

学古入官，明于古道；议事以制，则参以时宜。如此则博古通今，而政无错缪者矣。其尔典常作之师，欲其守常也；无以利口乱厥官，戒其好异也，犹云，罔以侧言改厥度，罔以辩言乱旧政，皆为轻信他人之言耳。传云不可喋喋利口而纷乱之，似以为自己利口，非也。

## （元）陈师凯《蔡氏传旁通》卷六上《周官》

郑子产铸刑书。

见《左传》昭公六年。

自唐以前治罪科条，止于律令而已。

郑夹漈《通志略》云，旧律其文，起自魏文侯李悝撰诸国法，著《法经》六篇，萧何定律益三篇，合为九篇。叔孙通益律所不及十八篇，张汤《越宫律》二十七篇，赵禹《朝律》六篇，合六十篇。又汉时决事为令甲以下，三百余篇，世有增损。马融、郑康成诸儒章句十有余家，数十万言，凡断罪所当由用者，合二万六千二百七十二条。

## （元）陈悦道《书义断法》卷六《周书·周官》

学古入官，议事以制，政乃不迷。其尔典常作之师。

学古而以制者，前代之法也；典常而不易者，周家一代之法也，二者皆所当学。然入官之初，已明古制，必能不惑于政理，而随事有以裁制之矣。莅官之时，益必守家法，凡所以尊崇而师法之者，又何可一日忘哉。学古者，言其已然；而其尔者，期于必然。议事者，随事而次之；作师，则终身行之，此成王所以训官。而有官君子之所以为学者，固如此也。

## （明）梅鷟《尚书考异》卷四《周官》

学古入官，议事以制。

襄三十一年，子产曰，侨闻学而后入政。此五句用其意。昭六年叔向曰，昔先王议事以制，不为刑辟，此句匪略也，因有"先王"二字故也，所谓搜罗以甚者也。

### (清) 朱鹤龄《尚书埤传》卷十四《周书·周官》

议事以制。

按,先儒有云,五帝无传政,夏商无传人。又云,继治世者,其道同;继乱世者,其道异。学古之所以必待于裁度也。《公羊》九世复雠之说,汉武帝误信之,以穷兵四夷。《周礼》国服为息之言,王荆公误信之,以贻殃宋室,知好古而不知用古,其弊必至于此。

## 其尔典常作之师,无以利口乱厥官

### 1. (汉) 孔氏传、(唐) 陆德明音义、孔颖达疏《尚书注疏》卷十七《周书·周官》

其尔典常作之师,无以利口乱厥官。
传,其汝为政,当以旧典常故事为师法,无以利口辩佞,乱其官。
疏,正义曰,其汝为政,当以旧典常故事作师法,无以利口辩佞,乱其官,教之以居官为政之法也。

### 2. (宋) 苏轼《书传》卷十六《周书·周官第二十二》

其尔典常作之师,无以利口乱厥官。
小人不利于用常法,常以利口乱政。

### 3. (宋) 林之奇《尚书全解》卷三十六《周书·周官》

(归善斋按,见"王曰,呜呼!凡我有官君子,钦乃攸司,慎乃出令,令出惟行,弗惟反")

### 4. (宋) 史浩《尚书讲义》卷十八《周书·周官》

(归善斋按,见"王曰,呜呼!凡我有官君子,钦乃攸司,慎乃出

令，令出惟行，弗惟反"）

**5.（宋）夏僎《尚书详解》卷二十二《周书·周官》**

（归善斋按，见"王曰，呜呼！凡我有官君子，钦乃攸司，慎乃出令，令出惟行，弗惟反"）

**6.（宋）时澜《增修东莱书说》卷三十《周书·周官第二十二》**

（归善斋按，见"王曰，呜呼！凡我有官君子，钦乃攸司，慎乃出令，令出惟行，弗惟反"）

**7.（宋）黄度《尚书说》卷六《周书·周官》**

（归善斋按，见"王曰，呜呼！凡我有官君子，钦乃攸司，慎乃出令，令出惟行，弗惟反"）

**8.（宋）袁燮《絜斋家塾书钞》**

（归善斋按，无此篇）

**9.（宋）蔡沈《书经集传》卷六《周书·周官》**

（归善斋按，见"学古入官，议事以制，政乃不迷"）

**10.（宋）黄伦《尚书精义》卷四十四《周书·周官》**

（归善斋按，见"王曰，呜呼！凡我有官君子，钦乃攸司，慎乃出令，令出惟行，弗惟反"）

**11.（宋）陈经《尚书详解》卷四十《周书·周官》**

（归善斋按，见"学古入官，议事以制，政乃不迷"）

**12.（宋）钱时《融堂书解》卷十七《周书·周官》**

（归善斋按，见"王曰，呜呼！凡我有官君子，钦乃攸司，慎乃出

令,令出惟行,弗惟反")

### 13. (宋)魏了翁《尚书要义》卷十七《周书·立政、周官、君陈》

三十三、学古议制师典常戒利口

学古入官议事以制政乃不迷言当先学古训然后入官治政凡制事必以古义议度始终政乃不迷错其尔典常作之师无以利口乱厥官其汝为政当以旧典常故事为师法无以利口辩佞乱其官

### 14. (宋)陈大猷《书集传或问》卷下《周书·周官》

(归善斋按,未解)

### 15. (宋)胡士行《尚书详解》卷十一《周书·周官第二十二》

(归善斋按,见"王曰,呜呼!凡我有官君子,钦乃攸司,慎乃出令,令出惟行,弗惟反")

### 16. (元)吴澄《书纂言》卷四下

(归善斋按,无此篇)

### 17. (元)陈栎《书集传纂疏》卷六《朱子订定蔡氏集传·周书·周官》

(归善斋按,见"学古入官,议事以制,政乃不迷")

### 18. (元)许谦《读书丛说》卷六《周书·周官》

(归善斋按,未解)

### 19. (元)董鼎《书传辑录纂注》卷六《周书·周官》

(归善斋按,见"学古入官,议事以制,政乃不迷")

### 20.（元）朱祖义《尚书句解》卷十一《周书·周官第二十二》

其尔典常作之师（其尔有官君子当以典章常行者为师法）无以利口乱厥官（无以利便之口说紊乱所主之事）

### 21.（明）王樵《尚书日记》卷十四《周书·周官》

（归善斋按，见"学古入官，议事以制，政乃不迷"）

### 22.（清）库勒纳等撰《日讲书经解义》卷十一《周书·周官》

（归善斋按，见"学古入官，议事以制，政乃不迷"）

### （元）王充耘《读书管见》卷下《周官》

（归善斋按，见"学古入官，议事以制，政乃不迷"）

### （元）陈悦道《书义断法》卷六《周书·周官》

（归善斋按，见"学古入官，议事以制，政乃不迷"）

## 蓄疑败谋，怠忽荒政，不学墙面，莅事惟烦

### 1.（汉）孔氏传、（唐）陆德明音义、孔颖达疏《尚书注疏》卷十七《周书·周官》

蓄疑败谋，怠忽荒政，不学墙面，莅事惟烦。

传，积疑不决，必败其谋；怠惰忽略，必乱其政。人而不学，其犹正墙面而立，临政事必烦。

音义，蓄，敕六反。莅，音利，又音类。

疏，正义曰，又戒群臣，使强于割断，勤于职事。蓄积疑惑，不能强

1913

断,则必败其谋虑;怠惰忽略,不能恪勤,则荒废政事。人而不学,如面墙,何无所睹见,以此临事,则惟烦乱,不能治理。

## 2.（宋）苏轼《书传》卷十六《周书·周官第二十二》

蓄疑败谋。

人主闻逸言,不即辨而藏之中,曰蓄疑败谋,害政无大于此者。

怠忽荒政,不学墙面,莅事惟烦。戒尔卿士,功崇惟志。

未有志卑而功崇者。

## 3.（宋）林之奇《尚书全解》卷三十六《周书·周官》

(归善斋按,见"王曰,呜呼！凡我有官君子,钦乃攸司,慎乃出令,令出惟行,弗惟反")

## 4.（宋）史浩《尚书讲义》卷十八《周书·周官》

(归善斋按,见"王曰,呜呼！凡我有官君子,钦乃攸司,慎乃出令,令出惟行,弗惟反")

## 5.（宋）夏僎《尚书详解》卷二十二《周书·周官》

(归善斋按,见"王曰,呜呼！凡我有官君子,钦乃攸司,慎乃出令,令出惟行,弗惟反")

## 6.（宋）时澜《增修东莱书说》卷三十《周书·周官第二十二》

(归善斋按,见"王曰,呜呼！凡我有官君子,钦乃攸司,慎乃出令,令出惟行,弗惟反")

## 7.（宋）黄度《尚书说》卷六《周书·周官》

(归善斋按,见"王曰,呜呼！凡我有官君子,钦乃攸司,慎乃出令,令出惟行,弗惟反")

## 8.（宋）袁燮《絜斋家塾书钞》

（归善斋按，无此篇）

## 9.（宋）蔡沈《书经集传》卷六《周书·周官》

（归善斋按，见"学古入官，议事以制，政乃不迷"）

## 10.（宋）黄伦《尚书精义》卷四十四《周书·周官》

蓄疑败谋，怠忽荒政，不学墙面，莅事惟烦。

无垢曰，暗则疑，疑则好为异论，故"败谋"。无志则怠忽，怠忽则常失机会，故"荒政"。有官君子，而使浊暗无志之流居其间，其败谋、荒政也必矣。此非有官君子所当自勉，亦人君所宜谨择也。

张氏曰，天下之事，是非可否之相攻相胜，虽智者处之，不能无疑，疑而蓄之，则其惑愈甚，而终莫之解，此谋之所以败也。古之圣人，其有疑，明必谋之卿士、庶人；幽必谋之鬼神卜筮，然后可以建功立事，又况夫有官君子，其可不知此哉。

又曰，"不学墙面"者，言其蔽而无所见也。"莅事惟烦"者，言其劳而不知要也。古之人必学，然后从政，未闻以政学者。

## 11.（宋）陈经《尚书详解》卷四十《周书·周官》

（归善斋按，见"学古入官，议事以制，政乃不迷"）

## 12.（宋）钱时《融堂书解》卷十七《周书·周官》

（归善斋按，见"王曰，呜呼！凡我有官君子，钦乃攸司，慎乃出令，令出惟行，弗惟反"）

## 13.（宋）魏了翁《尚书要义》卷十七《周书·立政、周官、君陈》

（归善斋按，未引）

## 14.（宋）陈大猷《书集传或问》卷下《周书·周官》

(归善斋按，未解)

## 15.（宋）胡士行《尚书详解》卷十一《周书·周官第二十二》

(归善斋按，见"王曰，呜呼！凡我有官君子，钦乃攸司，慎乃出令，令出惟行，弗惟反")

## 16.（元）吴澄《书纂言》卷四下

(归善斋按，无此篇)

## 17.（元）陈栎《书集传纂疏》卷六《朱子订定蔡氏集传·周书·周官》

(归善斋按，见"学古入官，议事以制，政乃不迷")

## 18.（元）许谦《读书丛说》卷六《周书·周官》

(归善斋按，未解)

## 19.（元）董鼎《书传辑录纂注》卷六《周书·周官》

(归善斋按，见"学古入官，议事以制，政乃不迷")

## 20.（元）朱祖义《尚书句解》卷十一《周书·周官第二十二》

蓄疑败谋（有疑则问，若蓄藏于心而不决，则败所谋之事），怠忽荒政（当行则行，若怠惰忽略，则荒废所行之政），不学墙面（学古，则见博；不学则如面墙而立，无所见），莅事惟烦（以之临事，则胸中胶扰烦乱。莅，利）。

**21.（明）王樵《尚书日记》卷十四《周书·周官》**

(归善斋按，见"学古入官，议事以制，政乃不迷")

**22.（清）库勒纳等撰《日讲书经解义》卷十一《周书·周官》**

(归善斋按，见"学古入官，议事以制，政乃不迷")

## 戒尔卿士，功崇惟志，业广惟勤，惟克果断，乃罔后艰

**1.（汉）孔氏传、（唐）陆德明音义、孔颖达疏《尚书注疏》卷十七《周书·周官》**

戒尔卿士，功崇惟志，业广惟勤，惟克果断，乃罔后艰。

传，此戒凡有官位，但言卿士，举其掌事者，功高由志，业广由勤，惟能果断行事，乃无后难，言多疑必致患也。

音义，断，丁乱反，下注同。

疏，正义曰，戒汝卿之有事者，功之高者惟志意强正；业之大者，惟勤力在公，惟能果敢决断，乃无有后日艰难，言多疑必将致后患矣，申说蓄疑败谋也。

**2.（宋）苏轼《书传》卷十六《周书·周官第二十二》**

(归善斋按，另见"蓄疑败谋，怠忽荒政，不学墙面，莅事惟烦")

业广惟勤，惟克果断，乃罔后艰。

偷于初，必艰于终。

**3.（宋）林之奇《尚书全解》卷三十六《周书·周官》**

(归善斋按，见"王曰，呜呼！凡我有官君子，钦乃攸司，慎乃出

1917

令,令出惟行,弗惟反")

## 4.(宋)史浩《尚书讲义》卷十八《周书·周官》

戒尔卿士,功崇惟志,业广惟勤,惟克果断,乃罔后艰。位不期骄,禄不期侈,恭俭惟德,无载尔伪。作德,心逸日休;作伪,心劳日拙。居宠思危,罔不惟畏,弗畏入畏,推贤让能,庶官乃和,不和政庞。举能其官,惟尔之能,称匪其人,惟尔不任。王曰,呜呼!三事暨大夫,敬尔有官,乱尔有政,以佑乃辟,永康兆民,万邦惟无斁。

此成王戒大官之言也。盖有功,有业,有位,有禄,非大官而何?王之三事、六卿,非有其德不使在位,其所告戒,惟志,惟勤,果断,以无艰,不骄,不侈,恭俭而去伪,去伪则德着矣。盖行伪而坚,言伪而辩,虽有忠信廉洁,不可与入尧舜之道,而终归于乡原矣。伪之为害如此,则着诚去伪,非作德乎?夫君子之道,暗然日章;小人之道,的然日亡。德与伪相去,若冰炭。作德者,其心休休然;作伪,则欲掩其不善,而着其善,心常戚戚,惟恐人知,得无劳乎?及夫罪大而不可解,败亡随之。自以为巧宦,拙莫甚焉。"居宠思危"者,满而不溢,高而不危也。"弗畏入畏"者,言不能兢兢业业,以保其位,则将入于可畏之域矣。"推贤让能,庶官乃和"者,盖以天生贤能,其材,其德必有大过人者,既不可以湮沉,必当崇奖之,诱掖之,使在职以行其致君泽民之志,则推贤让能,真卿士之职也。古之所以"惟暨乃僚,罔不同心"者,此也。同心者,和也。众贤和于朝,则万物和于野,政安得而庞乱乎?"举能其官,惟尔之能",称职也。"称匪其人,惟尔不任",乌得无罪乎?此保任之法也。至于三事,则公、孤也。彼"论道经邦","贰公洪化",宁有过之可指,第当率卿、士百僚,敬尔有官,治尔有政,以佑乃辟,永康兆民,使万国咸休。傅说为相,所以先于旁招俊乂,列于数位也。则周公作《周官》,设官分职,以为民极之本意,成王其得之矣。后世其有致君如尧舜,"佑乃辟"也;泽民如唐虞,"康兆民"也。而济济相逊,无妒贤嫉能之心者,亦周公之徒也。成王此书,得建官之要矣。

## 5.（宋）夏僎《尚书详解》卷二十二《周书·周官》

戒尔卿士，功崇惟志，业广惟勤，惟克果断，乃罔后艰。位不期骄，禄不期侈，恭俭惟德，无载尔伪。作德，心逸日休；作伪，心劳日拙。居宠思危，罔不惟畏，弗畏入畏。推贤让能，庶官乃和，不和政庞。举能其官，惟尔之能；称匪其人，惟尔不任。王曰，呜呼！三事暨大夫，敬尔有官，乱尔有政，以佑乃辟，永康兆民，万邦惟无斁。

此又呼卿士而特戒之也。功，谓捍大灾，御大患，兴大利，如禹之治水者也。业则其职之成效，如夔之达于乐，伯夷之达于礼是也。欲其功之崇高，非志之高者则不可，如禹之凿龙门，辟伊阙，以成万世之功，此岂小志所能至，故"功崇必惟志"也。至于职业，则不过就其所职而增修之，非黾勉而积累，岂能至于广大，故业广必在于勤也。功业既在志与勤，故惟临事当官，而能果敢决断，以有行而无狐疑犹豫之失，则功崇业广，必无后患。此盖训迪卿士以决于崇功广业也。人君以卿、士处汝者，以汝能了卿、士之事，故以是位处汝，非期于以是位而骄傲于人也。以卿士之禄养汝者，以汝能了卿、士之事，故以是禄养汝，非期于以是禄而侈靡于自奉也。故为卿、士者，惟当知处此位者，不期于为骄，而恭以处之；知享此禄者，不期于为侈，而俭以用之。而所以为恭俭者，则又常出于诚实笃行之德，不行之以声音笑貌之伪。盖功俭而本于德，则所以为恭者，出于自然，而非作伪之足恭；所以为俭者，出于自然，而非作伪之诈俭。如是，则不期恭而恭；不期俭而俭，以心则不劳，故逸而且日有休美。恭俭而出于伪，则所为恭者，诈伪之恭也；所以为俭者，诈伪之俭也。若是，则文奸饰诈，惟恐人觉其伪，心安得不劳，不惟心劳，而且所为日自拙恶，以其无诸中，则不能掩诸外也。此又训迪以恭俭为尚也。人之常情，居人君之宠，荣则必侈然自大，不念其高易危。惟居宠则思其高而易危，而无所不谨畏，则可以得其荣；不能谨畏，则黜辱踵至，岂不入于可畏之地乎？此又训迪以居宠之道也。人有所长，得人称誉之，举扬之，无有不喜吾之知己，与我相好者，故人有贤，吾能推之，使在己前；人有能，吾能让之，使处己上，则互相推让，无有不相悦而和睦者，故众官所以至于和。若不能推贤让能，而自露已长，则官不和协，而政因以庞

1919

乱，此又训迪以互相汲引也。尔所举之人，若果能其官，谓了其所职，则能其官者虽在彼，而亦尔之能也。盖彼有能，非我举之，则无所显其能，是彼之能官者，乃所以为我之能也。若所举非其人，谓举不当才也。举不当才，则不能其职虽在于彼，而乃所以为我不任职也。盖彼之不能任职，由我所致故也。此又训迪以慎于选举也。成王既总告"有官君子"，而于中又特戒卿士，则戒之者至矣。而成王之意，犹以为未也，而又叹而呼三事及大夫，谓上自三公，下及众大夫，是又总告之也。谓尔等自今，须当敬尔所有之官，不敢慢易以居位；治尔所有之政，不敢废怠而至于庞乱。此不过申言前意，盖言之不足，又重言之也。惟当思所以佑助其君，以长永安天下之众民，则万邦当不厌于我周之德矣。此盖申言前意，其终则以国家休戚竦动之也。

## 6.（宋）时澜《增修东莱书说》卷三十《周书·周官第二十二》

（归善斋按，见"王曰，呜呼！凡我有官君子，钦乃攸司，慎乃出令，令出惟行，弗惟反"）

## 7.（宋）黄度《尚书说》卷六《周书·周官》

戒尔卿士，功崇惟志，业广惟勤，惟克果断乃罔后艰。位不期骄，禄不期侈，恭俭惟德，无载尔伪。作德，心逸日休；作伪，心劳日拙。居宠思危，罔不惟畏，弗畏入畏。推贤让能，庶官乃和，不和政庞。举能其官，惟尔之能；称匪其人，惟尔不任。

卿士，六官之长也。功，无志不立，况能崇乎？业，非勤不成，况能广乎？不克果断，病在暗弱。始苟容之，其难在后。骄侈，生于德之薄也；恭俭，本于德之盛也。其恭不侮，其俭不夺，皆非声音笑貌能为之也。载伪，而行前阙未，盖后失复彰，心劳而日拙矣。虽然拙犹可也，巧益难救。休，安，《诗》曰"良士休休"。或曰美也，充实之谓美。"弗畏入畏"，惟其骄也，"不和政庞"，惟其吝也。事非一人所能自为也，为人长而自居其功，何以尽人之心哉？惟其有之，是以似之。其为能，其为不任，观其所称举可知矣。三代官属，皆举于其长，此长官之戒也。周公作《立政》，教成王以官人之法。成王于是作《周官》，凡《立政》之受教于周公者，皆出以训迪百官，为长，为属，曲尽其理。怠荒，憸利，柔暗，吝骄，昏迷，饰伪，无非学问进德之阙。成王量己待人，为甚悉矣。盖庶几乎禹、汤、文、武灼知克宅之事，周公迪教其功，可睹此。《周官》所以次《立政》。

## 8. （宋）袁燮《絜斋家塾书钞》

（归善斋按，无此篇）

## 9. （宋）蔡沈《书经集传》卷六《周书·周官》

戒尔卿、士，功崇惟志，业广惟勤，惟克果断，乃罔后艰。
断，都玩反。
此下申戒卿、士也。王氏曰，功以志崇，业以勤广，断以勇克，此三者，天下之达道也。吕氏曰，功者，业之成也；业者，功之积也。崇其功者，存乎志；广其业者，存乎勤。勤由志而生，志待勤而遂。虽有二者，当几而不能果断，则志与勤虚用，而终蹈后艰矣。

## 10. （宋）黄伦《尚书精义》卷四十四《周书·周官》

戒尔卿、士，功崇惟志，业广惟勤，惟克果断，乃罔后艰。

温公曰，传曰，决者，智之君；疑者，事之蠹。蔽近习之知，则疏远有所不能入；受先入之说，则忠者有所不能尽。所养未厚，所资未深，则辨是非不早计，利害不熟决，意有为而悔吝乘之矣，能无疑乎？要之，问学以穷理，虚一以迪心，考之以古今之成败，验之以事物之情伪，参而伍之，触类而长之，则天下之理，迎刃而解矣。

又曰，昭帝断于任，霍光则能破燕上官之诈；宪宗断于信，裴度则能成平蔡之功。如其胶于纷纭之说，则丧其资斧，尚能成大功乎？元帝牵制文艺，非不善也，然优游不断，而业为之衰。又况执狐疑之心，以来谗贼之口；持不断之意，以开群枉之门者乎？

林氏曰，坐而论道，谓之三公；作而行之，谓之大夫、卿、士。职业异于士夫，故别为之戒。不自立者，无以与天下之务；不自勉者，无以成天下之功。游豫不正者，安能定事。苟简自弃者，自遗其咎。

1921

张氏曰，所以济者，谓之功；所以成功者，谓之业。功以志崇，若夫柔懦而无志，则功无自而崇；业以勤广，若夫怠惰而不勤，则业无自而广矣。知所以崇功广业，又在夫及时，若夫犹豫失时，不能无后患也。且天下之事当成于敢为，发于莫之为，则将欲建功业者，故不可不果断。惟果断，足以有行，然后可以无后患也。

## 11.（宋）陈经《尚书详解》卷四十《周书·周官》

戒尔卿士，功崇惟志，业广惟勤，惟克果断，乃罔后艰。位不期骄，禄不期侈，恭俭惟德，无载尔伪。作德，心逸日休；作伪，心劳日拙。居宠思危，罔不惟畏，弗畏入畏。

前言"凡尔有官君子"，则并卿、大夫而告之。此言"戒尔卿士"，则又专指六卿而告之。六卿，其职为尊，其所掌为甚重者也。功之崇也，惟在于立志；业之广也，惟在于勤劳。盖尔卿士，所当为者，上而尊主，下而庇民，孰非功业乎？自其已成者言之，谓之"功"；自其始修者言之，谓之"业"。志者，其所向在此也。所期者大，则功必大，如伊尹居莘之野，欲尧舜，其君民之志也。勤者，勉力而修之，无有作辍也。所勤者不怠，则其业必广。如周公仰而思之，夜以继日，此勤也。勤所以成此志，非勤之外别有功也。然而志也，勤也，其要则在于果断。盖蓄疑所以败谋，而犹豫者不足以成事。志非果断则不立，勤非果断则易倦。断在必为，而不见其有艰难辛苦之后患，则功业无有不崇而广也。"乃罔后艰"者，不见其为难也。虽然知有志、有勤者，果断矣。然而处富贵之地，苟非独立有见者，鲜有不移于骄侈。盖人只有一心，不如此则如彼。于此有所重，必于彼有所轻，故又戒之以骄侈。位不期于骄，而骄自生；禄不期于侈，而侈自至，此世俗之常情也。不为骄侈之所移者，君子之特立也。欲其不骄，则莫如恭；欲其不侈，则莫如俭。然恭俭岂可以声音笑貌为哉？恭俭而以声音笑貌为，则作意于为善以取名，而非由内心以生也。德者，得于己也，恭俭得于己，则是善出于所性，岂容有所行伪者哉？德之与伪，虽恭俭则同，而所以恭俭则异。卿士当致其辨。善，根于性之自然，而非可作意以为之也。恭俭出于德者，则其心绰然有裕，心广体胖，心逸日休如此，其广大也。恭俭而出于伪者，则其心焦然而不宁，戚然而不安，心劳日拙如此，其褊隘也。夫人，始者作伪以为善，本以取名邀誉也，而不知有"心劳日拙"者存焉。其不用意于为善，而善根所性，本无求于"心逸日休"，而自有"心逸日休"之理。君子于此，当有所决择矣。"居宠思危"，谓德胜于禄，虽高而不危，虽满而不溢；禄胜于德，则必有危之理。当居宠之时，常思其所以危，则战兢自持，而无不畏矣。惟知畏者，而终可以无所畏；不知畏，则祸患将不旋踵而至，岂非"入畏"哉。成王之戒卿士也，开其向善之端。复有以断其为不善之路，当时之闻其训者，知所以洗心涤虑矣。

## 12.（宋）钱时《融堂书解》卷十七《周书·周官》

（归善斋按，见"王曰，呜呼！凡我有官君子，钦乃攸司，慎乃出令，令出惟行，弗惟反"）

## 13.（宋）魏了翁《尚书要义》卷十七《周书·立政、周官、君陈》

（归善斋按，未引）

## 14.（宋）陈大猷《书集传或问》卷下《周书·周官》

或问，诸家多以为业大于功，子独以为功大于业，何也？曰功、业对言之，则功大而业小。予已，即学业、农业，明之矣。独言之，则功与业无异。又观其文意所主，如何？若曰周家有安民之功，有伐商之功，然后能成王业。汉高有诛秦之功，有蹙项之功，然后能成汉业，则业固大于功矣。今戒卿士功业，而功崇以志言，业广以勤言，则知人臣能勤劳以广其职业，然后能成辅治之功也。新安王氏之说亦佳。

## 15.（宋）胡士行《尚书详解》卷十一《周书·周官第二十二》

（归善斋按，见"王曰，呜呼！凡我有官君子，钦乃攸司，慎乃出令，令出惟行，弗惟反"）

## 16. (元) 吴澄《书纂言》卷四下

(归善斋按，无此篇)

## 17. (元) 陈栎《书集传纂疏》卷六《朱子订定蔡氏集传·周书·周官》

戒尔卿士，功崇惟志，业广惟勤，惟克果断，乃罔后艰。

此下申戒卿士也。王氏曰，功，以智崇；业，以仁广；断，以勇克。此三者，天下之达道也。

吕氏曰，功者，业之成也；业者，功之积也。崇其功者，存乎志；广其业者，存乎勤。勤由志而生，志待勤而遂。虽有二者，当几而不能果断，则志与勤虚用，而终蹈后艰矣。

纂疏：

陈氏大猷曰，事之所成为功；职之所务为业。如士业于学，学思问辨，皆学业，至于道充德备，则学之功成。农业于田，播、耨、耘、籽，皆农业，至收获有秋，则农之功。成功之高卑，由立志之高下，欲功之高，立志固贵乎高，然必勤以广业，则职业日勉日高，其基立而其成高也。否则，事业以怠惰而狭小，如筑台然，安有基狭而台高者，虽有此志终不遂矣。

愚谓，"功崇"至"后艰"四句，乃申言"蓄疑败谋，怠忽荒政"之意而加警策耳。"功崇惟志，业广惟勤"，"怠忽荒政"之反也。"惟克果断乃罔后艰"，"蓄疑败谋"之反也。

## 18. (元) 许谦《读书丛说》卷六《周书·周官》

(归善斋按，未解)

## 19. (元) 董鼎《书传辑录纂注》卷六《周书·周官》

戒尔卿士，功崇惟志，业广惟勤，惟克果断，乃罔后艰。

此下申戒卿士也。王氏曰，功，以智崇；业，以仁广；断，以勇克。此三者，天下之达道也。

吕氏曰，功者，业之成也；业者，功之积也。崇其功者存乎志，广其业者存乎勤。勤由志而生，志待勤而遂。虽有二者，当几而不能果断，则志与勤虚用，而终蹈后艰矣。

纂注：

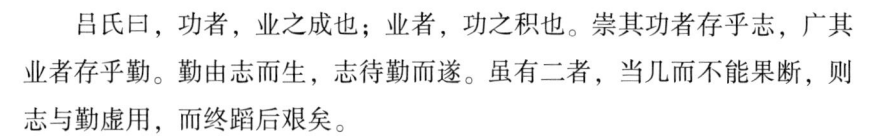

陈氏大猷曰，事之所成为功，职之所务为业。如士业于学，学问思辨，皆学业，至于道充德备，则学之功成矣。农业于田，播耨耘籽，皆农业，至收获有秋，则农功成矣。功之高卑，由立志之高下。欲功之高，立志固贵乎高，然必勤以广业，则职业日勉日高，其基立而其成高也。否则事业以怠惰而狭小，如筑台然，安有基狭而台高者。虽有此志终不遂矣。

林氏曰，猛虎之犹豫，不若蜂虿之致螫；贲育之狐疑，不若童子之必至，所以贵于果断也。志非果断则不立，勤非果断则易倦。

新安陈氏曰，"功崇"至"后艰"四句，乃申言上文"蓄疑败谋，怠忽荒政"之意，而加警策耳。"功崇惟志，业广惟勤"，"怠忽荒政"之反也。"惟克果断，乃罔后艰"，"蓄疑败谋"之反也。

## 20.（元）朱祖义《尚书句解》卷十一《周书·周官第二十二》

戒尔卿士（成王又告戒六卿），功崇惟志（已成谓之功，心所期向谓之志，欲功之崇，惟在于此志之坚），业广惟勤（始修谓之业，勉力而无有作辍者谓之勤，欲业之广大，惟在于勤而不至于荒怠），惟克果断（惟能果断，其志以有立，果断于勤而不倦），乃罔后艰（则功业之成，于后不见其难矣）。

## 21.（明）王樵《尚书日记》卷十四《周书·周官》

"戒尔卿士，功崇惟志"至"乃罔后艰"。

孔氏曰，此戒凡有官，但言卿士，举其掌事者。功高由志，业广由勤，惟能果断行事，乃无后难，言多疑必致患。

按，功者，业之成，如教化大行，刑措不用之类，所以崇其功者存乎志。程子所谓以圣人之训为必当从，以先王之治为必当法，不为后世驳杂之政所牵制，不为流俗因循之论所迁改，立志如此，斯有卓越之功。未有志先卑近，而成就能高远者。业者，功之积，如敷教明刑之事，日积一日者是已。《吕刑》所谓"今尔罔不由慰日勤，尔罔或戒不勤"，《康诰》所谓"往尽乃心，无康好逸豫"，孔子所谓"先之、劳之"，"无倦"。欧阳永叔论教化，所谓"以不倦之意，待迟久之功"。朱子自言其为学，以为铢有所积，寸有所累。业官者，盖亦然也。服勤如此，斯有次第之业。不勤而欲业广，是却行而求前也。勤由志而生，志待勤而遂，然又贵于果断，何也？天下之事乘其几而为之，则为力也易；失其几而图之，则为力也难。惟夫理之所在，时之可为，则决之以理，而不牵于二三之见。义在不疑，时不可失，则断之以义，而不参以犹豫之私。克果断如此，则志不虚用，可以睹其成于有渐；勤非徒劳，可以收其功于一旦，尚何后艰之有哉。果断因志、勤而言，天下之事非所望于无志而不勤者，其或有志知勤矣，而后艰之不免者，以其不能果断，坐失事几也。几谓其可为之会也，失其可为之会，则志与勤虚用矣，后艰非后患，乃艰难而不易尔。宋神宗非不果断，然志在取幽蓟，勤在致富强，则志与动，皆用非所用，而又果以行之，是乃妄动，岂果断之谓哉？如孔明以恢复汉室为志，治国练兵是其勤，出师伐魏皆当几，是其果断，惜天不假之年，其功不成尔。如宋之南渡，欲成恢复之功，须有不共戴天之志，选将练兵，修战守之备，不遑夙夜，如越句践卧薪尝胆而后可，乃其君臣有苟安一隅之心，则无志矣。寇至而仓皇，寇退而暇豫，自治之实，一切苟且，则不勤矣。孝宗虽可谓有志而知勤者，然而不能果断，坐失事机，始而议弃三路，诏吴璘班师，继而罢张浚，撤两淮边备，所以志与勤虚用，而后艰之不免也。王氏智、仁、勇之说，似非本意。

## 22.（清）库勒纳等撰《日讲书经解义》卷十一《周书·周官》

戒尔卿士，功崇惟志，业广惟勤，惟克果断，乃罔后艰。

此一节书是，申戒卿士，以建功立业之道也。成王曰，今戒尔等在朝之卿士，凡人于功绩，莫不欲崇高也，然从来建立丰功者，必先有不安于小成，不狃于近利之志。苟委靡而不立志，则功亦卑下矣。是惟立志而后功可崇也。凡人于事业，莫不欲广大也。然从来创成伟业者，必先有自强不息，力行不怠之勤。苟偷惰而不勤力，则业亦狭小矣，是惟勤劳而后业可广也。有此二者，又须果决刚明，临事能断然，后功业有成，罔贻后日艰患，若犹豫固滞而不能果断，则前失其成立之几，而后开废弛之渐，虽志与勤无庸也。尔卿士念之哉。

### （元）王充耘《读书管见》卷下《周官》

功崇惟志。

建功业者，在于志与勤；而志勤，必贵于果断。保禄位在于恭与俭；而恭俭，必贵于实德。前是告之以建功业之道，后是语之以保禄位之方。所谓后艰者，非后患，乃艰难而不易耳。盖天下之事，乘其几而为之，则易为力；后其时而为之，则难为功。

### （元）陈悦道《书义断法》卷六《周书·周官》

戒尔卿士，功崇惟志，业广惟勤，惟克果断，乃罔后艰。

人能详其所戒，则不忧其难。立志之初，固已期于功崇矣。事业之不勤，功无由而积，此有志而不勤者，之所当戒也。广业之勤，固可积功矣。临事之不断，则志与勤，亦虚用，此临事之不断者，之所当戒也。立志以止其始勤，果以成其终。卿士所掌之职事，必先难后易，而无有不就调理者，宁有后艰之足虑哉？

### （元）王充耘《书义矜式》卷六《周书·周官》

戒尔卿士，功崇惟志，业广惟勤，惟克果断，乃罔后艰。

贤君勉众臣，必以功业，贵乎笃志力行，以图其效；尤贵乎当几善断，以虑其终。盖功业之成甚难，有能笃志力行，固可望其效；而当几不断，则其终正可虑也。是故成王之申戒卿士，以为成其功者，存乎志；广其业者，存乎勤。尔卿士惟志，惟勤二者兼尽，方有以广其业，而崇其功焉。然犹未也，日用事为，各有其几，惟能如此，而果断，然后志与勤，不为虚用，而无后艰之可虑矣。此无他，人臣之功业，无志而不勤，不足以为其事；无断而失几，又不足以底其成也（云云）。尝谓，有天下者之建官分职，固望其共图功业也。君于立乎本朝，亦岂不以功业自任哉。然天下之事，起于志，遂于勤；而成败之分，又在于审其几也。志之所向，非苟且而浅近，固可以建功而立业；勤之所务，非勉强于一时，固能以建功而立业，而事几之来者不决，则虽有志勤，终不能免后艰之患矣。果能笃志力行，而又当几善断，抑何功之不崇，何业之不广欤？又何后艰之足虑欤？一有不至，则君之望于臣者孤，而臣之所以自任者亦荒矣。此成王之训迪百官，分命于前，总戒于后，而又申戒于此，其致望于卿士者何如也。今夫周有六官，周之卿也；六官之属，周之士也。凡其治教之所专，礼乐之兼务，兵制之并列，邦土之独任，皆卿士之职也。何莫非业，何莫非功也。今王之申戒卿士，岂不谓忠国匡君之功业。尔卿士之所当为，伊欲功崇业广，恶在他求，惟志惟勤而已。功者，业之成；业者，功之积，本非二道。勤，由志而生，志待勤而遂，亦非二致。卿士职任虽有大小之殊，而朝廷功业，举无可废之典。其或未能"奋庸熙帝之载"，未能"钦亮天工"，志不立，而勤不施必也。立志超卓，坚如金石，夙夜孜孜，克勤无怠，则为笃志力行，而积业成功之效可图矣。然尝求之，志定于中，勤施于外，固若业之成者易以崇，功之积者易以广，而要其终犹有后艰何哉？盖几者，吉之先见；而断者，人之明决。苟于事为之几，含疑犹豫，优柔而不断，则志虽高远，虚用其志，勤虽勉励，虚用其勤，功之积者难广，而业之成者难崇，非后艰之可虑乎？必也震厉决断之以心，使志与勤不为虚用，则为当几善断，而积功成业，终无后艰之可虑。呜呼成王之于卿士，忧之深，故言之切，虑之远，故说之详。"蓄疑败谋，怠忽荒政"，上章既戒之矣，于此又反其辞而言之，惟志惟勤，所以救怠荒之失，而免荒政之罪。惟克果断，所以破蓄疑之害，而救败谋之愆。传者谓之申戒卿士，其意深矣。虽然为卿士者，固当立志于勤，为君者尤不可无志而不勤。为卿士者，固当见几明断，为君者尤不可以不断。若徒诿其臣以忠国正君之功业，而昧乎反身修省之诚，则怠忽而蓄疑，上行而下效，将有不胜其害矣。传曰，功以志崇，业以仁广，断以勇，克知仁勇三者，天下之达德也，岂特卿士为然。

## （清）朱鹤龄《尚书埤传》卷十四《周书·周官》

惟克果断。

林之奇曰，勐虎之犹豫，不如蜂虿之致螫；贲育之狐疑，不如童子之必至。所以贵于果断也。曰克果断，必无非所断而断之失。

# 位不期骄，禄不期侈

## 1.（汉）孔氏传、（唐）陆德明音义、孔颖达疏《尚书注疏》卷十七《周书·周官》

位不期骄，禄不期侈。

传，贵不与骄期，而骄自至；富不与侈期，而侈自来。骄侈以行，己所以速亡。

## 2.（宋）苏轼《书传》卷十六《周书·周官第二十二》

位不期骄，禄不期侈，恭俭惟德，无载尔伪。

《孟子》曰，"恭俭岂可以声音笑貌为哉"。

## 3.（宋）林之奇《尚书全解》卷三十六《周书·周官》

(归善斋按，见"王曰，呜呼！凡我有官君子，钦乃攸司，慎乃出令，令出惟行，弗惟反")

## 4.（宋）史浩《尚书讲义》卷十八《周书·周官》

(归善斋按，见"戒尔卿士，功崇惟志，业广惟勤，惟克果断，乃罔后艰")

## 5.（宋）夏僎《尚书详解》卷二十二《周书·周官》

(归善斋按，见"戒尔卿士，功崇惟志，业广惟勤，惟克果断，乃罔后艰")

1929

## 6. （宋）时澜《增修东莱书说》卷三十《周书·周官第二十二》

（归善斋按，见"王曰，呜呼！凡我有官君子，钦乃攸司，慎乃出令，令出惟行，弗惟反"）

## 7. （宋）黄度《尚书说》卷六《周书·周官》

（归善斋按，见"戒尔卿士，功崇惟志，业广惟勤，惟克果断，乃罔后艰"）

## 8. （宋）袁燮《絜斋家塾书钞》

（归善斋按，无此篇）

## 9. （宋）蔡沈《书经集传》卷六《周书·周官》

位不期骄，禄不期侈。恭俭惟德，无载尔伪。作德，心逸日休；作伪，心劳日拙。

载，作代反。贵不与骄期，而骄自至；禄不与侈期，而侈自至。故居是位，当知所以恭；飨是禄，当知所以俭。然恭俭岂可以声音笑貌为哉，当有实得于己，不可从事于伪。作德，则中外惟一，故心逸而日休休焉。作伪，则掩护不暇，故心劳而日着其拙矣。或曰，期，待也。位所以崇德，非期于为骄；禄所以报功，非期于为侈，亦通。

## 10. （宋）黄伦《尚书精义》卷四十四《周书·周官》

位不期骄，禄不期侈。恭俭惟德，无载尔伪。作德，心逸日休；作伪，心劳日拙。

无垢曰，治骄当以恭；治侈当以俭。出恭俭当以德。不学之人，位高则骄，禄厚则侈。知骄侈不可为，则伪为恭俭，以沽众誉，其病如此，则以不学故也。不学，则不能格物，不能格物则不能知至，不能知至则不能诚意。意不诚则是恭俭，乃所以行其伪耳。

又曰，作德者，以诚为恭俭也，虽暗室屋漏之中，常若在青天白日下；虽居床笫衽席之上，常若在大宾大客之前。其心如此，则仰无愧，俯不怍，所以常安逸也。自至诚中行，日见圣人之心，日履圣贤之行，日休之说，岂曰不然。若夫作伪之人，其恭俭非真也，皆以伪而为之耳。其闲居为不善，无所不至，见君子而后厌然掩其不善，而着其善。人之视己，如见其肺肝，然则何益矣。其心如此，不亦劳乎。彼将防于东，而又败于西；成于明，而又败于暗，取笑天下，贻羞家门，日拙之说，岂曰不然。夫卿士病在骄侈，而伪在恭俭。成王既指其病，而障其伪，前挽后推，其必知所归矣。

## 11. （宋）陈经《尚书详解》卷四十《周书·周官》

（归善斋按，见"戒尔卿士，功崇惟志，业广惟勤，惟克果断，乃罔后艰"）

## 12. （宋）钱时《融堂书解》卷十七《周书·周官》

（归善斋按，见"王曰，呜呼！凡我有官君子，钦乃攸司，慎乃出令，令出惟行，弗惟反"）

## 13. （宋）魏了翁《尚书要义》卷十七《周书·立政、周官、君陈》

（归善斋按，未引）

## 14. （宋）陈大猷《书集传或问》卷下《周书·周官》

或问，子训"骄"为"矜肆"，"侈"为"奢泰"，何也？曰，矜，以慢于人者言之，谓骄矜也；肆，以纵于己者言之，谓骄肆也。奢以用物而言之，谓奢侈也；泰以用意言之，谓侈泰也。

## 15. （宋）胡士行《尚书详解》卷十一《周书·周官第二十二》

（归善斋按，见"王曰，呜呼！凡我有官君子，钦乃攸司，慎乃出令，令出惟行，弗惟反"）

1931

## 16. （元）吴澄《书纂言》卷四下

（归善斋按，无此篇）

## 17. （元）陈栎《书集传纂疏》卷六《朱子订定蔡氏集传·周书·周官》

位不期骄，禄不期侈。恭俭惟德，无载尔伪。作德，心逸日休；作伪，心劳日拙。

贵不与骄期，而骄自至；禄不与侈期，而侈自至。故居是位，当知所以恭；飨是禄，当知所以俭。然恭俭，岂可以声音笑貌为哉？当有实得于己，不可从事于伪。作德，则中外惟一，故心逸而日休休焉；作伪，则掩护不暇，故心劳而日着其拙矣。或曰，期，待也。位所以崇德，非期于为骄；禄所以报功，非期于为侈，亦通。

纂疏：

吕氏曰，天下之至逸而无忧者，莫如德天下之至；劳而无益者，莫如伪。

陈氏经曰，制骄莫如恭，制侈莫如俭，实有德于恭俭，则为德；以声音笑貌为之，则伪矣。恭俭出于德者，逸而休；恭俭出于伪者，劳而拙。

愚谓，期待之说，合刊。

## 18. （元）许谦《读书丛说》卷六《周书·周官》

（归善斋按，未解）

## 19. （元）董鼎《书传辑录纂注》卷六《周书·周官》

位不期骄，禄不期侈。恭俭惟德，无载尔伪。作德，心逸日休；作伪，心劳日拙。

贵不与骄期，而骄自至；禄不与侈期，而侈自至。故居是位，当知所以恭；飨是禄，当知所以俭。然恭俭岂可以声音笑貌为哉？当有实得于己，不可从事于伪。作德，则中外惟一，故心逸而日休休焉；作伪，则掩护不暇，故心劳而日着其拙矣。或曰，期，待也。位所以崇德，非期于为骄；禄所以报功，非期于为侈。亦通。

纂注：

吕氏曰，天下之至逸而无忧者，莫如德天下之至；劳而无益者，莫如伪。

## 20. （元）朱祖义《尚书句解》卷十一《周书·周官第二十二》

位不期骄（人以位而贵，位不欲骄，而骄自生），禄不期侈（人以禄而富，禄不欲侈，而侈自至）。

## 21. （明）王樵《尚书日记》卷十四《周书·周官》

"位不期骄"至"心劳日拙"。

人无所挟，何骄？而位不期骄，则为居所动也。人无所欲，何侈，而禄不期侈，则为养所移也。故居是位，当知所以恭。所以恭者，恭为吾之素德，无位犹是也，居位犹是也，恭出于心，非有所为而为之于外也。飨是禄，当知所以俭。所以俭者，俭为吾之素德，禄之犹是也，弗禄犹是也，俭出于心，亦非有所为而为之于外也。恭俭出于素德，则中外惟一，故心逸而日休休焉。如《诗》云"羔羊之皮，素丝五紽，退食自公，委蛇委蛇"。此诗乃南国被文王之化，在位皆节俭正直，故诗人美其衣服有常而从容自得如此也。重言"委蛇"，舒泰而有余裕也，即此所谓"日休"也。独赋其退食之际，盖于此时而然，则其在公之正直可知矣。不然有愧于中，则其退也亦且促迫急遽之不暇，宁有委蛇气象哉？《羔羊》诗之节俭正直，即《周官》之"恭俭惟德"也。作德者，无间于在公、退食，其于敬恭之度，俭约之节，履而安之，中外如一，岂不心逸而日休休哉。若恭俭出于有所为而伪，为则心劳而日着其拙矣。实有得于恭俭，即德也；以声音笑貌为之，则伪矣。恭俭一也，作德者，心逸而日休；作伪者，心劳而日拙。恭俭之可诚而不可伪如此，心逸日休只言恭俭出于诚之美，以见当惟德之意，非效也。为保位而恭俭，所谓作伪者也。作伪，如公孙弘；作德，如司马君实。古之人骄侈，犹在于禄位之后；今之人，则自未得志之时，已无不慕于骄侈，待得志而肆尔。

## 22.（清）库勒纳等撰《日讲书经解义》卷十一《周书·周官》

位不期骄，禄不期侈。恭俭惟德，无载尔伪。作德，心逸日休；作伪，心劳日拙。

此一节书是，申戒卿士以处富贵之道也。无载，犹言不可从事也。成王曰，从来人臣功高爵尊，富贵并至，而往往不克保其终者，何哉？凡以志念易盈，嗜欲易纵，居富贵之中，而不得所以处之之道，是以弗克保其终也。今尔卿士，所居之位，既崇，则虽不期乎矜骄，而志念或盈，矜骄自至；所享之禄，既厚，则虽不期于奢侈，而嗜欲或纵，奢侈自至。处此当何如哉？盖制骄，莫如恭也。惟恭以持己，则不至于骄；制侈莫如俭也，惟俭以节用，则不至于侈。然此恭俭者，岂饰于外，而中不然哉。恭实有谦虚忘势之心，俭实有简朴自安之心，恭俭皆出于实德，非出于伪为者也。以实心而作德，则内外如一，不必日求去其骄侈，而骄侈自鲜，日见其休美。以欺心而作伪，则劳心耗力，虽外饰以恭俭，而恭俭愈非，日见其苦拙而已，何益之有哉。尔卿士，当思以作德自励，而以作伪为戒可也。

## （元）陈悦道《书义断法》卷六《周书·周官》

位不期骄，禄不期侈，恭俭惟德，无载尔伪。作德，心逸日休；作伪，心劳日拙。

位禄不骄侈于外，必有恭俭之实有诸中；恭俭之实有于中，则其休拙自日异于外。盖有位禄则骄侈，自至不期然而然者矣。德伪异，则休拙自殊，亦不期然而然者也。是以君子知恭俭之不可伪。为尊其天爵，而不循于人爵，则自然心逸日休之乐，而无心劳日拙之苦，又岂有矜骄奢侈之失哉？

## （明）梅鷟《尚书考异》卷四《周官》

位不期骄，禄不期侈，恭俭惟德，无载尔伪。

《战国策》平原君引公子牟与应侯曰，贵不与富期，而富至；富不与粱肉期，而粱肉至；粱肉不与骄奢期，而骄奢至；骄奢不与死亡期，而死亡至。累世以前坐此者多矣。《孟子》曰"侮夺人之君"，"恶得为恭俭"。恭俭，岂可以声音笑貌为哉。约二书之旨，以成四辞，诚亦妙矣哉。襄二十年君子曰，《诗》曰，淑慎敬止，无载尔伪，信之谓也。杜注《逸诗》，晋人见《诗》无此二句，攘以为《书》。

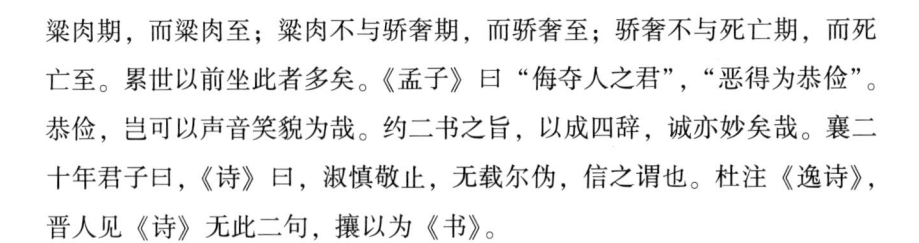

## 恭俭惟德，无载尔伪

**1.（汉）孔氏传、（唐）陆德明音义、孔颖达疏《尚书注疏》卷十七《周书·周官》**

恭俭惟德，无载尔伪。
传，言当恭俭，惟以立德，无行奸伪。

**2.（宋）苏轼《书传》卷十六《周书·周官第二十二》**

（归善斋按，见"位不期骄，禄不期侈"）

**3.（宋）林之奇《尚书全解》卷三十六《周书·周官》**

（归善斋按，见"王曰，呜呼！凡我有官君子，钦乃攸司，慎乃出令，令出惟行，弗惟反"）

**4.（宋）史浩《尚书讲义》卷十八《周书·周官》**

（归善斋按，见"戒尔卿士，功崇惟志，业广惟勤，惟克果断，乃罔后艰"）

**5.（宋）夏僎《尚书详解》卷二十二《周书·周官》**

（归善斋按，见"戒尔卿士，功崇惟志，业广惟勤，惟克果断，乃罔后艰"）

## 6. （宋）时澜《增修东莱书说》卷三十《周书·周官第二十二》

（归善斋按，见"王曰，呜呼！凡我有官君子，钦乃攸司，慎乃出令，令出惟行，弗惟反"）

## 7. （宋）黄度《尚书说》卷六《周书·周官》

（归善斋按，见"戒尔卿士，功崇惟志，业广惟勤，惟克果断，乃罔后艰"）

## 8. （宋）袁燮《絜斋家塾书钞》

（归善斋按，无此篇）

## 9. （宋）蔡沈《书经集传》卷六《周书·周官》

（归善斋按，见"位不期骄，禄不期侈"）

## 10. （宋）黄伦《尚书精义》卷四十四《周书·周官》

（归善斋按，见"位不期骄，禄不期侈"）

## 11. （宋）陈经《尚书详解》卷四十《周书·周官》

（归善斋按，见"戒尔卿士，功崇惟志，业广惟勤，惟克果断，乃罔后艰"）

## 12. （宋）钱时《融堂书解》卷十七《周书·周官》

（归善斋按，见"王曰，呜呼！凡我有官君子，钦乃攸司，慎乃出令，令出惟行，弗惟反"）

## 13. （宋）魏了翁《尚书要义》卷十七《周书·立政、周官、君陈》

（归善斋按，未引）

### 14.（宋）陈大猷《书集传或问》卷下《周书·周官》

或问，恭俭惟德，无载尔伪，何以能作德而不作伪哉？曰，恭俭者，礼之发也，本出于吾德之所固，有惟移于物欲，故变而为骄侈耳。夫恭敬之心，人皆有之而丰约。王曰，所成曰功，所修曰业，功之崇高，必始于立志。用志不远，则无由可以高矣。然所修有职，所职有事，非能一日底于有成也，故当勤而不已，其业可广，则志与功成矣。撙节之间，出于天理之自然，亦莫不各有当然之分，非由外铄也。惟致知以明之，诚意以实之，则能自得于心矣，然后推心之庄敬，而实行其恭，非内存骄慢，而外为足恭也。推此心之节制，而实行其俭，非内怀奢泰，而外为诈俭也。是则能作德，而不至作伪矣。

### 15.（宋）胡士行《尚书详解》卷十一《周书·周官第二十二》

(归善斋按，见"王曰，呜呼！凡我有官君子，钦乃攸司，慎乃出令，令出惟行，弗惟反")

### 16.（元）吴澄《书纂言》卷四下

(归善斋按，无此篇)

### 17.（元）陈栎《书集传纂疏》卷六《朱子订定蔡氏集传·周书·周官》

(归善斋按，见"位不期骄，禄不期侈")

### 18.（元）许谦《读书丛说》卷六《周书·周官》

(归善斋按，未解)

### 19.（元）董鼎《书传辑录纂注》卷六《周书·周官》

(归善斋按，见"位不期骄，禄不期侈")

## 20. （元）朱祖义《尚书句解》卷十一《周书·周官第二十二》

恭俭惟德（欲不骄，莫如恭；欲不侈，莫如俭。德者，得于己，恭俭在己，则是善出于所性），无载尔伪（非以声音笑貌而行诈伪）。

## 21. （明）王樵《尚书日记》卷十四《周书·周官》

（归善斋按，见"位不期骄，禄不期侈"）

## 22. （清）库勒纳等撰《日讲书经解义》卷十一《周书·周官》

（归善斋按，见"位不期骄，禄不期侈"）

## （元）陈悦道《书义断法》卷六《周书·周官》

（归善斋按，见"位不期骄，禄不期侈"）


# 作德，心逸日休；作伪，心劳日拙

## 1. （汉）孔氏传、（唐）陆德明音义、孔颖达疏《尚书注疏》卷十七《周书·周官》

作德，心逸日休；作伪，心劳日拙。

传，为德，直道而行，于心逸豫，而名日美；为伪，饰巧百端，于心劳苦而事日拙，不可为。

疏，传正义曰，为德者，自得于己，直道而行，无所经营于心，逸豫功成，则誉显而名益美也。为伪者，行违其方，枉道求进，思念欺巧，于心劳苦诈穷，则道屈而事日益拙也。以此故，伪不可为，申说"无载尔伪也"。

## 2.（宋）苏轼《书传》卷十六《周书·周官第二十二》

作德，心逸日休；作伪，心劳日拙。居宠思危，罔不惟畏，弗畏入畏，推贤让能，庶官乃和，不和政庬。

士无贤不肖，入朝见嫉，自有君臣以来病之矣。惟让，为能和，是以贵之。

## 3.（宋）林之奇《尚书全解》卷三十六《周书·周官》

(归善斋按，见"王曰，呜呼！凡我有官君子，钦乃攸司，慎乃出令，令出惟行，弗惟反")

## 4.（宋）史浩《尚书讲义》卷十八《周书·周官》

(归善斋按，见"戒尔卿士，功崇惟志，业广惟勤，惟克果断，乃罔后艰")

## 5.（宋）夏僎《尚书详解》卷二十二《周书·周官》

(归善斋按，见"戒尔卿士，功崇惟志，业广惟勤，惟克果断，乃罔后艰")

## 6.（宋）时澜《增修东莱书说》卷三十《周书·周官第二十二》

(归善斋按，见"王曰，呜呼！凡我有官君子，钦乃攸司，慎乃出令，令出惟行，弗惟反")

## 7.（宋）黄度《尚书说》卷六《周书·周官》

(归善斋按，见"戒尔卿士，功崇惟志，业广惟勤，惟克果断，乃罔后艰")

## 8.（宋）袁燮《絜斋家塾书钞》

(归善斋按，无此篇)

## 9. （宋）蔡沈《书经集传》卷六《周书·周官》

(归善斋按，见"位不期骄，禄不期侈")

## 10. （宋）黄伦《尚书精义》卷四十四《周书·周官》

(归善斋按，见"位不期骄，禄不期侈")

## 11. （宋）陈经《尚书详解》卷四十《周书·周官》

(归善斋按，见"戒尔卿士，功崇惟志，业广惟勤，惟克果断，乃罔后艰")

## 12. （宋）钱时《融堂书解》卷十七《周书·周官》

(归善斋按，见"王曰，呜呼！凡我有官君子，钦乃攸司，慎乃出令，令出惟行，弗惟反")

## 13. （宋）魏了翁《尚书要义》卷十七《周书·立政、周官、君陈》

三十四、作德逸休，作伪劳拙。

正义曰，为德者，自得于己直道而行，无所经营于心，逸豫功成，则誉显而名益美也；为伪者，行违其方，枉道求进，思念欺巧于心，劳苦诈穷，则道屈，而事日益拙也。以此故，伪不可为中说，"无载尔伪"也。

## 14. （宋）陈大猷《书集传或问》卷下《周书·周官》

(归善斋按，未解)

## 15. （宋）胡士行《尚书详解》卷十一《周书·周官第二十二》

(归善斋按，见"王曰，呜呼！凡我有官君子，钦乃攸司，慎乃出令，令出惟行，弗惟反")

### 16.（元）吴澄《书纂言》卷四下

（归善斋按，无此篇）

### 17.（元）陈栎《书集传纂疏》卷六《朱子订定蔡氏集传·周书·周官》

（归善斋按，见"位不期骄，禄不期侈"）

### 18.（元）许谦《读书丛说》卷六《周书·周官》

（归善斋按，未解）

### 19.（元）董鼎《书传辑录纂注》卷六《周书·周官》

（归善斋按，见"位不期骄，禄不期侈"）

### 20.（元）朱祖义《尚书句解》卷十一《周书·周官第二十二》

作德，心逸日休（恭俭既出于德，则心广体胖，安逸而日有休矣）；作伪，心劳日拙（恭俭苟出于伪，则心焦然不宁，劳苦而日见拙恶）。

### 21.（明）王樵《尚书日记》卷十四《周书·周官》

（归善斋按，见"位不期骄，禄不期侈"）

### 22.（清）库勒纳等撰《日讲书经解义》卷十一《周书·周官》

（归善斋按，见"位不期骄，禄不期侈"）

### （元）陈悦道《书义断法》卷六《周书·周官》

（归善斋按，见"位不期骄，禄不期侈"）

**（清）朱鹤龄《尚书埤传》卷十四《周书·周官》**

作伪，心劳日拙。

黄度曰，若有所为而为，即伪也。载伪而行，前阙未盖，后失复彰，所以心劳日拙也。作伪，如公孙弘；作德，如司马君实。

# 居宠思危，罔不惟畏，弗畏入畏

**1.（汉）孔氏传、（唐）陆德明音义、孔颖达疏《尚书注疏》卷十七《周书·周官》**

居宠思危，罔不惟畏，弗畏入畏。

传，言虽居贵宠，当思危惧，无所不畏。若乃不畏，则入可畏之刑。

**2.（宋）苏轼《书传》卷十六《周书·周官第二十二》**

（归善斋按，见"作德，心逸日休；作伪，心劳日拙"）

**3.（宋）林之奇《尚书全解》卷三十六《周书·周官》**

（归善斋按，见"王曰，呜呼！凡我有官君子，钦乃攸司，慎乃出令，令出惟行，弗惟反"）

**4.（宋）史浩《尚书讲义》卷十八《周书·周官》**

（归善斋按，见"戒尔卿士，功崇惟志，业广惟勤，惟克果断，乃罔后艰"）

**5.（宋）夏僎《尚书详解》卷二十二《周书·周官》**

（归善斋按，见"戒尔卿士，功崇惟志，业广惟勤，惟克果断，乃罔后艰"）

### 6.（宋）时澜《增修东莱书说》卷三十《周书·周官第二十二》

（归善斋按，见"王曰，呜呼！凡我有官君子，钦乃攸司，慎乃出令，令出惟行，弗惟反"）

### 7.（宋）黄度《尚书说》卷六《周书·周官》

（归善斋按，见"戒尔卿士，功崇惟志，业广惟勤，惟克果断，乃罔后艰"）

### 8.（宋）袁燮《絜斋家塾书钞》

（归善斋按，无此篇）

### 9.（宋）蔡沈《书经集传》卷六《周书·周官》

居宠思危，罔不惟畏，弗畏入畏。

居宠盛，则思危辱，当无所不致其祗畏。苟不知祗畏，则入于可畏之中矣。后之患失者，与思危相似。然思危者，以宠利为忧，患失者，以宠利为乐，所存大不同也。

### 10.（宋）黄伦《尚书精义》卷四十四《周书·周官》

居宠思危，罔不惟畏，弗畏入畏。推贤让能，庶官乃和，不和政庞。举能其官，惟尔之能；称匪其人，惟尔不任。

无垢曰，位至卿士，则亦宠矣。见其宠而忘其危，则身辱家破，可不畏哉？不见其宠而思其危，处则谦谦之恭，如集于木惴惴之心，如临于谷战战兢兢，如临深渊，如履薄冰。其视爵位无非可畏者。其敢恃宠而骄侈哉？傥惟不畏，祸不旋踵矣。霍光、梁冀灭门破族，圣人岂欺人哉。

又曰，作德之人，好贤乐善；作伪之人，妒贤嫉能。好贤，故见贤者，则推举之。乐善，故见能者则逊让之。推逊之风既成于上，则雍穆之风自就于下。庶官乃和，卿士推贤让能之力也。夫使作伪之人为卿士，不特妒贤嫉能，使乖争凌夺，习为风俗也，而便文自安，嫁祸自利，人人如

1943

此，政其有不乱乎。厖，乱也。

又曰，天下事未有不自己出者。举六官之属，而属皆能其官，是惟我能其官也。使举六官，一有不得其人，是惟我不胜其任也。其敢责诸人乎？《孟子》曰"爱人不亲反其仁；治人不治反其智；礼人不答反其敬。行有不得者皆反求诸己。其身正而天下归之"，其斯之谓欤。张氏曰，贤，有德者也，推而上之，则在位者，得以其德显。能，有才者也，让而先之，则在职者得以其才达。大臣能推贤让能，则庶官莫不化也。

### 11.（宋）陈经《尚书详解》卷四十《周书·周官》

（归善斋按，见"戒尔卿士，功崇惟志，业广惟勤，惟克果断，乃罔后艰"）

### 12.（宋）钱时《融堂书解》卷十七《周书·周官》

（归善斋按，见"王曰，呜呼！凡我有官君子，钦乃攸司，慎乃出令，令出惟行，弗惟反"）

### 13.（宋）魏了翁《尚书要义》卷十七《周书·立政、周官、君陈》

（归善斋按，未引）

### 14.（宋）陈大猷《书集传或问》卷下《周书·周官》

（归善斋按，未解）

### 15.（宋）胡士行《尚书详解》卷十一《周书·周官第二十二》

（归善斋按，见"王曰，呜呼！凡我有官君子，钦乃攸司，慎乃出令，令出惟行，弗惟反"）

### 16.（元）吴澄《书纂言》卷四下

（归善斋按，无此篇）

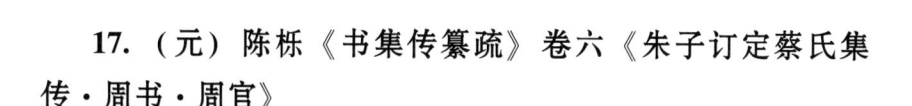

## 17.（元）陈栎《书集传纂疏》卷六《朱子订定蔡氏集传·周书·周官》

居宠思危，罔不惟畏，弗畏入畏。

居宠盛则思危，辱当无所不致其祗畏。苟不知祗畏，则入于可畏之中矣。后之患失者，与思危相似。然思危者，以宠利为忧；患失者，以宠利为乐，所存大不同也。

纂疏：

愚谓，居宠之宠，即指禄位言。禄、利与危、辱为邻，甚可畏也。思其危，则畏惧不暇，何敢骄侈乎。

## 18.（元）许谦《读书丛说》卷六《周书·周官》

（归善斋按，未解）

## 19.（元）董鼎《书传辑录纂注》卷六《周书·周官》

居宠思危，罔不惟畏，弗畏入畏。

居宠盛，则思危辱当无所不致其祗畏。苟不知祗畏，则入于可畏之中矣。后之患失者与思危相似，然思危者，以宠利为忧；患失者以宠利为乐，所存大不同也。

纂注：

新安胡氏曰，居宠之宠，即指禄、位言。

## 20.（元）朱祖义《尚书句解》卷十一《周书·周官第二十二》

居宠思危（处宠禄贵盛之时，不可以骄侈为心，常思其有灾危及身），罔不惟畏（恐惧战栗，无往而不畏，则可以无危），弗畏入畏（不知畏惧，自恣骄侈，则灾危不旋踵而入于可畏之中）。

## 21.（明）王樵《尚书日记》卷十四《周书·周官》

居宠思危，罔不惟畏，弗畏入畏。

1945

宠，禄、位也。危，患；畏，惧也。"弗畏入畏"言，患且至。

新安陈氏曰，利禄与危辱为隣，甚可畏也。思其危，则畏惧不暇，何敢骄侈乎？

## 22.（清）库勒纳等撰《日讲书经解义》卷十一《周书·周官》

居宠思危，罔不惟畏，弗畏入畏。

此一节书是，申言恭俭为人臣之要也。成王曰，从来宠辱安危之机，相为倚伏。尔卿士，位高禄厚，居宠荣之地，当兢兢业业，常以危辱自警，无所不致其敬也。苟不知敬畏，而骄侈渐生，则位禄易倾，将入于可畏之中矣，可不戒哉。

# 推贤让能，庶官乃和，不和政庞

## 1.（汉）孔氏传、（唐）陆德明音义、孔颖达疏《尚书注疏》卷十七《周书·周官》

推贤让能，庶官乃和，不和政庞。

传，贤能相让，俊乂在官，所以和谐。庞，乱也。

音义，庞，武江反。

## 2.（宋）苏轼《书传》卷十六《周书·周官第二十二》

（归善斋按，见"作德，心逸日休；作伪，心劳日拙"）

## 3.（宋）林之奇《尚书全解》卷三十六《周书·周官》

（归善斋按，见"王曰，呜呼！凡我有官君子，钦乃攸司，慎乃出令，令出惟行，弗惟反"）

### 4. （宋）史浩《尚书讲义》卷十八《周书·周官》

（归善斋按，见"戒尔卿士，功崇惟志，业广惟勤，惟克果断，乃罔后艰"）

### 5. （宋）夏僎《尚书详解》卷二十二《周书·周官》

（归善斋按，见"戒尔卿士，功崇惟志，业广惟勤，惟克果断，乃罔后艰"）

### 6. （宋）时澜《增修东莱书说》卷三十《周书·周官第二十二》

（归善斋按，见"王曰，呜呼！凡我有官君子，钦乃攸司，慎乃出令，令出惟行，弗惟反"）

### 7. （宋）黄度《尚书说》卷六《周书·周官》

（归善斋按，见"戒尔卿士，功崇惟志，业广惟勤，惟克果断，乃罔后艰"）

### 8. （宋）袁燮《絜斋家塾书钞》

（归善斋按，无此篇）

### 9. （宋）蔡沈《书经集传》卷六《周书·周官》

推贤让能，庶官乃和，不和政庞。举能其官，惟尔之能；称匪其人，惟尔不任。

推，通回切。庞，莫江切。贤，有德者也。能，有才者也。王氏曰，道二，义、利而已。推贤让能，所以为义，大臣出于义，则莫不出于义，此庶官所以不争而和；蔽贤害能，所以为利，大臣出于利，则莫不出于利，此庶官所以争而不和。庶官不和，则政必杂乱而不理矣。称，亦举也。所举之人能修其官，是亦尔之所能；举非其人，是亦尔不胜任。古者，大臣以人事君，其责如此。

1947

## 10.（宋）黄伦《尚书精义》卷四十四《周书·周官》

(归善斋按，见"居宠思危，罔不惟畏，弗畏入畏")

## 11.（宋）陈经《尚书详解》卷四十《周书·周官》

推贤让能，庶官乃和，不和政厖。举能其官，惟尔之能；称匪其人，惟尔不任。

此又戒之以相逊。凡人所能逊者，以其有乐善之心。人之所以不能逊者，以其有忌贤嫉能之心。人而有忌嫉之心，则人亦将忌我，而嫉我矣。彼此相忌相嫉，安有和乎？人而有推贤让能之心，则人亦将逊我矣。如禹、稷、皋陶，更相汲引，不为比周。如晋范宣子让，其下皆让，安有不和乎？至于不和，则在官无善政，而政多杂矣。天下之事，善恶无不在己。使卿士所举之人而能其官，则尔卿士亦有能焉。所举之非其人，是尔之不任其责也。善不善，所举也在人，而举之者在我，是亦己之善不善也。为卿士者，岂可不谨于举人乎？

## 12.（宋）钱时《融堂书解》卷十七《周书·周官》

(归善斋按，见"王曰，呜呼！凡我有官君子，钦乃攸司，慎乃出令，令出惟行，弗惟反")

## 13.（宋）魏了翁《尚书要义》卷十七《周书·立政、周官、君陈》

(归善斋按，未引)

## 14.（宋）陈大猷《书集传或问》卷下《周书·周官》

(归善斋按，未解)

## 15.（宋）胡士行《尚书详解》卷十一《周书·周官第二十二》

(归善斋按，见"王曰，呜呼！凡我有官君子，钦乃攸司，慎乃出

令，令出惟行，弗惟反"）

## 16.（元）吴澄《书纂言》卷四下

（归善斋按，无此篇）

## 17.（元）陈栎《书集传纂疏》卷六《朱子订定蔡氏集传·周书·周官》

推贤让能，庶官乃和，不和政厖。举能其官，惟尔之能，称匪其人，惟尔不任。

贤，有德者也。能，有才者也。王氏曰，道二，义、利而已。"推贤让能"，所以为义。大臣出于义，则莫不出于义。此庶官所以不争而和；蔽贤害能，所以为利。大臣出于利，则莫不出于利，此庶官所以争而不和。庶官不和，则政必杂乱而不理矣。称，亦举也。所举之人，能修其官，是亦尔之所能；举非其人，是亦尔不胜任。古者，大臣以人事君，其责如此。

纂疏：

陈氏经曰，人能推让，乐善故也。不能推让，忌嫉故也。九官相让，众贤和朝。范宣子让，其下皆让，安有不和者。我忌嫉人，人必忌嫉我，交相忌嫉何有于和。

愚谓，以上成王画一以戒卿士，言言精当，脱诸篇之佶屈聱牙，而读此犹刍豢之悦口云。

## 18.（元）许谦《读书丛说》卷六《周书·周官》

（归善斋按，未解）

## 19.（元）董鼎《书传辑录纂注》卷六《周书·周官》

推贤让能，庶官乃和，不和政厖。举能其官，惟尔之能；称匪其人，惟尔不任。贤，有德者也；能，有才者也。王氏曰，道二，义、利而已。"推贤让能"所以为义。大臣出于义，则莫不出于义，此庶官所以不争而和；蔽贤害能，所以为利。大臣出于利，则莫不出于利，此庶官所以争而

1949

不和。庶官不和，则政必杂乱而不理矣。称，亦举也。所举之人，能修其官，是亦尔之所能；举非其人，是亦尔不胜任。古者，大臣以人事君，其责如此。

纂注：

新安陈氏曰，以上成王画一以教戒卿士，言言精当，脱佶屈声牙，而得此犹刍豢之悦口云。

愚谓，因所称举之贤否，益足以见我之贤否，则推人之贤，乃我之贤也。让人之能，乃我之能也。为人臣者，以是观之，必无妒贤嫉能之事。贤者有所劝，而不肖者亦可以自警矣。

## 20.（元）朱祖义《尚书句解》卷十一《周书·周官第二十二》

推贤让能（人有贤，则推之，使在己前；人有能，则让之，使在己上也），庶官乃和（是以众官，皆相悦而和睦），不和政厖（若自恃己长，则官不和协而政事厖乱）。

## 21.（明）王樵《尚书日记》卷十四《周书·周官》

"推贤让能"至"惟尔不任"。

陈氏经曰，人能推让，乐善故也；不能推让，忌嫉故也。九官相让，众贤和朝。范宣子让，其下皆让，安有不和。我忌嫉人，人必忌嫉我，交相忌嫉，何有于和？董氏鼎曰，因所称举之贤否，益足以见我之贤否，则推人之贤，乃我之贤也；让人之能，乃我之能也。为人臣者，以是观之，必无嫉贤妒能之事，贤者有所劝，而不肖者亦可以自警矣。

荐举得人，是汝知人之明，亦得以人事君之道矣，故曰"惟尔之能"。丘文庄公曰，有虞之朝，命禹为百揆，而禹则逊之稷、契、皋陶。命垂为共工，而垂则逊之殳、斨、伯与；益逊于朱虎、熊罴；伯夷逊于夔龙。噫，君以其人为贤能而用之，而其人不自贤，不自能，而推之贤，让之能，其相与如此，此百官和于朝，而庶绩所以咸熙也欤。成王仰惟唐虞建官之意，而"时若之"而以"推贤让能"望其臣，盖欲其效虞廷之九官，济济相让也。按唐虞时，百僚师师，则"推贤让能"有不待言，亦不俟于训戒也。成王时已不足于师师之风，故形于戒辞。

## 22.（清）库勒纳等撰《日讲书经解义》卷十一《周书·周官》

推贤让能，庶官乃和，不和政厖。举能其官，惟尔之能；称匪其人，惟尔不任。

此一节书是，申戒卿士以荐贤之事也。厖者，杂乱之意。成王曰，人君为治，必赖群臣协和，而后政事可理。然大臣者，小臣之表率也。必为大臣者公忠体国，凡贤而有德者荐之，使之在位，而其贤有可用；能而有才者逊之，使之在职，而其能有可施，将见庶官百职，皆相观效，推让成风，孰有不和者乎？若大臣蔽贤妒能，而不能秉以虚公，则庶官必争而不和，政亦因之杂乱而难理矣。然此固所以倡庶官，而亦大臣之职所宜尽者也。使所举之人，果能不负其官，是尔之知人善任，非其能乎？举非其人，有旷厥职，是即市宠徇私，不胜大臣之任矣。为大臣者，其慎于公私之辨哉。

## （元）王充耘《读书管见》卷下《周官》

推贤让能。

一人推让，则众人咸起而推逊，所谓济济相让，而庶官和矣。不然则人各有心，其为乖戾甚矣，政事安得归于一而不杂哉？

## （元）陈悦道《书义断法》卷六《周书·周官》

推贤让能，庶官乃和，不和政厖，举能其官，惟尔之能；称匪其人，惟尔不任。

贤有德者，能有才者，朝廷之上所以相推让者，惟此所以相称举者，亦惟此推让，在称举之先，称举在推让之后。其相推让者，济济相逊可以见气象之和，而政不厖杂，其相称举也。惟贤知贤，可以表才能之实，而用必得人，盖因举人之才能，而知举人者之才能，王者之知人善任，使盖如此。

### （明）梅鷟《尚书考异》卷四《周官》

推贤让能，庶官乃和，不和政厖。

刘向封事曰，舜命九官，济济相，和之至也。众贤和于朝，则万物和于野。又曰，杂还众贤，罔不肃和，崇推让之风，以销分争之讼。又曰，此皆不和，贤、不肖易位之所致也。

推贤让能，庶官乃和，不和政厖。举能其官，惟尔之能；称匪其人，惟尔不任。

《荀子·仲尼》篇曰，擅宠于万乘之国，必无后患之术。莫若好同之，援贤博施，除怨而无妨害之，能耐任之，则慎行此道。能不耐任，且恐失宠，则莫若早同之，推贤让能，而安随其后。如是，有宠则必荣，失宠则必无罪，是事君者之宝也。而必无后患之术，故知者之举事也，满则虑嗛，平则虑险，安则虑危。

班固《燕然山铭》曰"寅亮圣明，登翼王室，纳于大麓，维清缉熙"。


## 举能其官，惟尔之能，称匪其人，惟尔不任

### 1. （汉）孔氏传、（唐）陆德明音义、孔颖达疏《尚书注疏》卷十七《周书·周官》

举能其官，惟尔之能，称匪其人，惟尔不任。
传，所举能修其官，惟亦汝之功；能举非其人，亦惟汝之不胜其任。
音义，胜，音升。

### 2. （宋）苏轼《书传》卷十六《周书·周官第二十二》

举能其官，惟尔之能，称匪其人，惟尔不任。王曰，呜呼！三事。
三公也。

**3.（宋）林之奇《尚书全解》卷三十六《周书·周官》**

(归善斋按，见"王曰，呜呼！凡我有官君子，钦乃攸司，慎乃出令，令出惟行，弗惟反")

**4.（宋）史浩《尚书讲义》卷十八《周书·周官》**

(归善斋按，见"戒尔卿士，功崇惟志，业广惟勤，惟克果断，乃罔后艰")

**5.（宋）夏僎《尚书详解》卷二十二《周书·周官》**

(归善斋按，见"戒尔卿士，功崇惟志，业广惟勤，惟克果断，乃罔后艰")

**6.（宋）时澜《增修东莱书说》卷三十《周书·周官第二十二》**

(归善斋按，见"王曰，呜呼！凡我有官君子，钦乃攸司，慎乃出令，令出惟行，弗惟反")

**7.（宋）黄度《尚书说》卷六《周书·周官》**

(归善斋按，见"戒尔卿士，功崇惟志，业广惟勤，惟克果断，乃罔后艰")

**8.（宋）袁燮《絜斋家塾书钞》**

(归善斋按，无此篇)

**9.（宋）蔡沈《书经集传》卷六《周书·周官》**

(归善斋按，见"推贤让能，庶官乃和，不和政庞")

**10.（宋）黄伦《尚书精义》卷四十四《周书·周官》**

(归善斋按，见"居宠思危，罔不惟畏，弗畏入畏")

**11.（宋）陈经《尚书详解》卷四十《周书·周官》**

（归善斋按，见"推贤让能，庶官乃和，不和政庞"）

**12.（宋）钱时《融堂书解》卷十七《周书·周官》**

（归善斋按，见"王曰，呜呼！凡我有官君子，钦乃攸司，慎乃出令，令出惟行，弗惟反"）

**13.（宋）魏了翁《尚书要义》卷十七《周书·立政、周官、君陈》**

（归善斋按，未引）

**14.（宋）陈大猷《书集传或问》卷下《周书·周官》**

（归善斋按，未解）

**15.（宋）胡士行《尚书详解》卷十一《周书·周官第二十二》**

（归善斋按，见"王曰，呜呼！凡我有官君子，钦乃攸司，慎乃出令，令出惟行，弗惟反"）

**16.（元）吴澄《书纂言》卷四下**

（归善斋按，无此篇）

**17.（元）陈栎《书集传纂疏》卷六《朱子订定蔡氏集传·周书·周官》**

（归善斋按，见"推贤让能，庶官乃和，不和政庞"）

**18.（元）许谦《读书丛说》卷六《周书·周官》**

（归善斋按，未解）

### 19.（元）董鼎《书传辑录纂注》卷六《周书·周官》

（归善斋按，见"推贤让能，庶官乃和，不和政庞"）

### 20.（元）朱祖义《尚书句解》卷十一《周书·周官第二十二》

举能其官（卿士所举之人，能其官而称职），惟尔之能（是尔卿士亦有能焉），称匪其人（卿士所举非人），惟尔不任（是尔卿士不任其责）。

### 21.（明）王樵《尚书日记》卷十四《周书·周官》

（归善斋按，见"推贤让能，庶官乃和，不和政庞"）

### 22.（清）库勒纳等撰《日讲书经解义》卷十一《周书·周官》

（归善斋按，见"推贤让能，庶官乃和，不和政庞"）

### （元）陈悦道《书义断法》卷六《周书·周官》

（归善斋按，见"推贤让能，庶官乃和，不和政庞"）

### （明）梅鷟《尚书考异》卷四《周官》

（归善斋按，见"推贤让能，庶官乃和，不和政庞"）

# 王曰，呜呼！三事暨大夫，敬尔有官，乱尔有政

### 1.（汉）孔氏传、（唐）陆德明音义、孔颖达疏《尚书注疏》卷十七《周书·周官》

王曰，呜呼！三事暨大夫，敬尔有官，乱尔有政。

传，叹而敕之公卿已下，各敬居汝所有之官，治汝所有之职。

## 2.（宋）苏轼《书传》卷十六《周书·周官第二十二》

（归善斋按，另见"举能其官，惟尔之能，称匪其人，惟尔不任"）

暨大夫，敬尔有官，乱尔有政，以佑乃辟，永康兆民，万邦惟无斁。

## 3.（宋）林之奇《尚书全解》卷三十六《周书·周官》

（归善斋按，见"王曰，呜呼！凡我有官君子，钦乃攸司，慎乃出令，令出惟行，弗惟反"）

## 4.（宋）史浩《尚书讲义》卷十八《周书·周官》

（归善斋按，见"戒尔卿士，功崇惟志，业广惟勤，惟克果断，乃罔后艰"）

## 5.（宋）夏僎《尚书详解》卷二十二《周书·周官》

（归善斋按，见"戒尔卿士，功崇惟志，业广惟勤，惟克果断，乃罔后艰"）

## 6.（宋）时澜《增修东莱书说》卷三十《周书·周官第二十二》

王曰，呜呼！三事暨大夫，敬尔有官，乱尔有政，以佑乃辟，永康兆民，万邦惟无斁。

成王训戒既终，复叹息而总告之。"敬尔有官"者，各敬其官；"乱尔有政"者，各治其政，即始所谓"钦乃攸司"也。

由三公而至于下士，尊尊卑卑，各止其所，而天下定矣。成王之训所以始乎由是，而终乎由是也。其官其政，固各止其所统而言之，为上为德，为下为民而已矣。曰"以佑乃辟，永康兆民，万邦惟无斁"，欲其尽心于君民，永永不替，庶乎万邦之治无有厌斁也。成王期庶官以任重道远者，亦可以见其规摹之久大矣。

## 7. (宋) 黄度《尚书说》卷六《周书·周官》

王曰,呜呼!三事暨大夫,敬尔有官,乱尔有政,以佑乃辟,永康兆民,万邦惟无斁。

三事,三公不敢训也,故以终篇同百官勉之。朝廷治,则万邦承德,无厌斁,夫是为端本。

## 8. (宋) 袁燮《絜斋家塾书钞》

(归善斋按,无此篇)

## 9. (宋) 蔡沈《书经集传》卷六《周书·周官》

王曰,呜呼!三事暨大夫,敬尔有官,乱尔有政,以佑乃辟,永康兆民,万邦惟无斁。

辟,必益反。斁,音亦。三事,即《立政》三事也。乱,治也。篇终叹息,上自三事下至大夫,而申戒敕之也,其不及公、孤者,公、孤德尊位隆,非有待于戒敕也。

## 10. (宋) 黄伦《尚书精义》卷四十四《周书·周官》

王曰,呜呼!三事暨大夫,敬尔有官,乱尔有政,以佑乃辟,永康兆民,万邦惟无斁。

无垢曰,安民者,人主之职,助君以安民者,三事以至大夫之职,使四海之内有一夫不获其所,岂特人主之病哉,亦三事以至大夫辅助之不至也。夫三公论道,三孤洪化,六卿分职,以倡九牧为何事哉,为民而已矣。一民不安,则是四海之内有厌苦之政者,为政而使人厌苦,是人主之罪也。为臣子而使人主为民所厌苦,是三事以至大夫辅助之罪也。"斁"之为言,厌苦也。

临川曰,自下助上,谓之佐;自上助下,谓之佑。今此申饬群臣而曰"佑乃辟"者,盖屈已、尊贤、畏众之辞。天之所以立君,而君所以设官分职者,皆以安民而已。民安,则天下乐,推而不厌。

林氏曰,人主之职在于一相;一相之职在于正百官。始,戒以"有官君子";中,戒以"卿士";及其终也,又言三公及于大夫,丁宁反复,不啻若慈父之训子弟,宽而柔顺而和焉。其曰钦尔有官,治于尔政,当辅我一人,永安下民,将使万物乐而无厌,永永无穷也。

## 11.（宋）陈经《尚书详解》卷四十《周书·周官》

王曰,呜呼!三事暨大夫,敬尔有官,乱尔有政,以佑乃辟,永康兆民,万邦惟无斁。

《周官》之篇,成王戒"有官君子",戒"卿士"者其辞不一,而其本末无不详具矣。至此又总而告之曰,呜呼!三事,即乃事,乃准,乃牧暨大夫,次于卿者,敬尔所居之官,治尔所掌之政,佑助乎尔之君,以安兆民,使万邦无厌斁于我周家。成王之意谓,上文所以告汝者,其大要则在此而已。为君者,以安民为要;为臣者以佑君安民为要。使天下之民无一夫不被其泽,则尔有官君子,卿士为称职。

## 12.（宋）钱时《融堂书解》卷十七《周书·周官》

王曰,呜呼!三事暨大夫,敬尔有官,乱尔有政,以佑乃辟,永康兆民,万邦惟无斁。

前云"阜成兆民",此云"永康"。永,久也。阜成,乃一时事。至于永康,则源深流长,非一朝一夕之故矣。

## 13.（宋）魏了翁《尚书要义》卷十七《周书·立政、周官、君陈》

（归善斋按,未引）

## 14.（宋）陈大猷《书集传或问》卷下《周书·周官》

（归善斋按,未解）

## 15.（宋）胡士行《尚书详解》卷十一《周书·周官第二十二》

（归善斋按,见"王曰,呜呼!凡我有官君子,钦乃攸司,慎乃出

令，令出惟行，弗惟反"）

## 16.（元）吴澄《书纂言》卷四下

（归善斋按，无此篇）

## 17.（元）陈栎《书集传纂疏》卷六《朱子订定蔡氏集传·周书·周官》

王曰，呜呼！三事暨大夫，敬尔有官，乱尔有政，以佑乃辟，永康兆民，万邦惟无斁。

三事，即《立政》三事也。乱，治也。篇终叹息，上自三事，下至大夫而申戒敕之也。其不及公、孤者，公、孤德尊位隆，非有待于戒敕也。

纂疏：

苏氏曰，三事，三公也。

吕氏曰，训戒既终，复提要总告之。敬尔官，治尔政，即前"钦乃攸司"也。总言惟在辅君以永安民耳。

愚谓，上文戒卿士，而不及公、孤，公、孤德尊望重，不待于戒敕也。篇终责望之辞，不免上列三公。三公德尊望重，不无待于表率也，诸家多以三事为三公，惟蔡氏以为即《立政》三事，而不指为三公。《立政》之作三事，三宅也。《周官》之三事，三公也。《诗》曰"三事大夫"。汉魏以后。史云位登三事。皆指为三公何疑焉。

## 18.（元）许谦《读书丛说》卷六《周书·周官》

（归善斋按，未解）

## 19.（元）董鼎《书传辑录纂注》卷六《周书·周官》

王曰，呜呼！三事暨大夫，敬尔有官，乱尔有政，以佑乃辟，永康兆民，万邦惟无斁。

三事，即《立政》三事也。乱，治也。篇中叹息，上自三事，下至大夫而申戒敕之也。其不及公孤者，公孤德尊位隆，非有待于戒敕也。

1959

纂注：

吕氏曰，训戒既终，复提要总告之。各敬尔官，以治尔政，即前所谓"钦乃攸司"也。统而言之，惟在于辅君以永安民耳。

陈氏大猷曰，前言"阜成兆民"，指当时言；此言"永康兆民"，期于永久也。

新安陈氏曰，上文戒卿士，而不及公孤，公孤德尊望重，非有待于戒敕也。篇终责望之辞，不免上列三公者，三公惟德尊望重，不无待于表率也。诸家多以三事为三公，《诗》曰"三事大夫"。汉魏以来，史云位登三事，皆指为三公云。

愚谓，唐虞建官，庶政和，万国宁。我周建官，庶政之和，亦若是，则我周万邦之宁者，其有厌斁乎？此成王归于宗周，不暇他，及而汲汲于"董正治官"，以国家纪纲所在，根本所关，至不轻也。

## 20. （元）朱祖义《尚书句解》卷十一《周书·周官第二十二》

王曰，呜呼（嗟曰）！三事暨大夫（命乃事，乃准，乃牧，与大夫次于卿者而告之），敬尔有官（敬尔所居之官，而无忽），乱尔有政（治尔所掌之政而无紊）。

## 21. （明）王樵《尚书日记》卷十四《周书·周官》

"王曰，呜呼！三事暨大夫"至"万邦惟无斁"。

吕氏曰，训戒既终，复提要总告之，各敬尔官，以治尔政，即前所谓"钦乃攸司"也。统而言之，惟在于辅君，以永安民尔。

陈氏大猷曰，前言"阜成兆民"，指当时言。此言"永康兆民"期于永久也。

董氏鼎曰，唐虞建官，庶政和，万国宁。我周建官，庶政之和，亦若是，则我周万邦之宁者，其有厌斁乎？此成王归于宗周，不暇他及，而汲汲于"董正治官"，以国家纪纲所系，根本所关，至不轻也。

三事以为即《立政》三事者，成周虽分六官，其职则仍古三事之职也。故仍呼"三事"。三事，只指六卿，公孤不在内。大夫则其副与属也。"佑乃辟康兆民"，是一直意。敬有官，则无怠忽、慢易之失；治有政，则无瘝旷废弛之忧。永康者，致治自今日而贻太平于永久也。无斁者，常得万邦爱戴之心也。

邵文庄公曰，唐虞九官，周六卿，夏商则有三宅，周公作《立政》亦因之，既而讲画以成一代之典，名之曰《周礼》。六卿之职于是乎备。书未成而公卒。《周官》之所"董正"者其大纲也。君子曰《周礼》在是矣。

吕氏曰，《金縢》成王初年之书也，《洛诰》周公还政之书也，《无逸》《立政》周公戒成王之书也，《周官》成王亲政之书也。合是数篇，以观成王，可以见其本质焉，可以见其昏明疑信之变焉，可以见其讲贯启发之深焉，可以见其知类通达，离师傅而不反焉。过此而有《君陈》，乃周公既没之后。又过此而有《顾命》乃成王临没之时，成王进德始终之事备矣，周公格君始终之功着矣。

## 22.（清）库勒纳等撰《日讲书经解义》卷十一《周书·周官》

王曰，呜呼！三事暨大夫，敬尔有官，乱尔有政，以佑乃辟，永康兆民，万邦惟无斁。

此一节书是，训迪将终而复总申戒卿属也。"三事"，即《立政》所称三事大臣也。成王叹息言曰，上自三事之卿，下至大夫之属，当各敬尔所居之官，不可怠忽；各治尔所莅之政；不可废弛；用以匡赞乃辟；康济兆民；以成阜成之治，庶几万邦之广，亲附爱戴，而无厌斁我周之心矣。按成王以文、武贻谋之善，能率由成法而光大之，而处盛思危，叮咛告戒，其为天下求治人，以尽治法者至矣。以故，三百六十各敬尔猷，而天下大治，远比尧，舜和宁之盛，近跻禹汤用乂之休，守成令辟，宁有过哉？而其孜孜训迪，以求绥民者，尽于制治未乱，保邦未危二语。此君心之浚虑，治乱之大原，而成王知之，此其治之所以不可及也。或曰，悉周公之教也，然则辅养君德，不重赖有其人哉！

1961

### (元）陈悦道《书义断法》卷六《周书·周官》

王曰，呜呼，三事暨大夫，敬尔有官，乱尔有政，以佑乃辟，永康兆民，万邦惟无斁。

官无尊卑，必以敬为主。治民者，无远迩，可久安长治。万邦之广，有兆民焉。民生之永康，而民心之永怀，是岂可以声音笑貌治之哉？官者，治民之官，政者治民之政，而诸臣之所以辅佐其君者，亦惟在于安民。盖举其详，皆职分内事；举其要，则"敬"之一字而已。成王训官之终篇，叹息而言历举其职，而一本于"敬"，言有尽而意无穷也。

### (清）朱鹤龄《尚书埤传》卷十四《周书·周官》

三事暨大夫。

陈启源曰，《诗》"三事大夫"注，三事，指三公，引书此语为证。黄氏《书说》亦训三公。蔡传则云，《立政》三事，此以经解经法也。但谓不及公、孤，公、孤无待戒敕，则不然。上文"凡我有官君子"，公、孤在其中，已戒敕之矣。此何独不之及耶？况六卿上兼师、保。《立政》三事中，岂必无公、孤耶？

# 以佑乃辟，永康兆民，万邦惟无斁

## 1.（汉）孔氏传、（唐）陆德明音义、孔颖达疏《尚书注疏》卷十七《周书·周官》

以佑乃辟，永康兆民，万邦惟无斁。

传，言当敬治官政，以助汝君长，安天下兆民，则天下万国，惟乃无厌我周德。

音义，斁，音亦。长，直良反。厌，于艳反。

**2.（宋）苏轼《书传》卷十六《周书·周官第二十二》**

(归善斋按，未解)

**3.（宋）林之奇《尚书全解》卷三十六《周书·周官》**

(归善斋按，见"王曰，呜呼！凡我有官君子，钦乃攸司，慎乃出令，令出惟行，弗惟反")

**4.（宋）史浩《尚书讲义》卷十八《周书·周官》**

(归善斋按，见"戒尔卿士，功崇惟志，业广惟勤，惟克果断，乃罔后艰")

**5.（宋）夏僎《尚书详解》卷二十二《周书·周官》**

(归善斋按，见"戒尔卿士，功崇惟志，业广惟勤，惟克果断，乃罔后艰")

**6.（宋）时澜《增修东莱书说》卷三十《周书·周官第二十二》**

(归善斋按，见"王曰，呜呼！三事暨大夫，敬尔有官，乱尔有政")

**7.（宋）黄度《尚书说》卷六《周书·周官》**

(归善斋按，见"王曰，呜呼！三事暨大夫，敬尔有官，乱尔有政")

**8.（宋）袁燮《絜斋家塾书钞》**

(归善斋按，无此篇)

**9.（宋）蔡沈《书经集传》卷六《周书·周官》**

(归善斋按，见"王曰，呜呼！三事暨大夫，敬尔有官，乱尔有

### 10.（宋）黄伦《尚书精义》卷四十四《周书·周官》

（归善斋按，见"王曰，呜呼！三事暨大夫，敬尔有官，乱尔有政"）

### 11.（宋）陈经《尚书详解》卷四十《周书·周官》

（归善斋按，见"王曰，呜呼！三事暨大夫，敬尔有官，乱尔有政"）

### 12.（宋）钱时《融堂书解》卷十七《周书·周官》

（归善斋按，见"王曰，呜呼！三事暨大夫，敬尔有官，乱尔有政"）

### 13.（宋）魏了翁《尚书要义》卷十七《周书·立政、周官、君陈》

（归善斋按，未引）

### 14.（宋）陈大猷《书集传或问》卷下《周书·周官》

（归善斋按，未解）

### 15.（宋）胡士行《尚书详解》卷十一《周书·周官第二十二》

（归善斋按，见"王曰，呜呼！凡我有官君子，钦乃攸司，慎乃出令，令出惟行，弗惟反"）

### 16.（元）吴澄《书纂言》卷四下

（归善斋按，无此篇）

17. （元）陈栎《书集传纂疏》卷六《朱子订定蔡氏集传·周书·周官》

（归善斋按，见"王曰，呜呼！三事暨大夫，敬尔有官，乱尔有政"）

18. （元）许谦《读书丛说》卷六《周书·周官》

（归善斋按，未解）

19. （元）董鼎《书传辑录纂注》卷六《周书·周官》

（归善斋按，见"王曰，呜呼！三事暨大夫，敬尔有官，乱尔有政"）

20. （元）朱祖义《尚书句解》卷十一《周书·周官第二十二》

以佑乃辟（以佑助尔君。辟，壁），永康兆民（长安天下之民），万邦惟无斁（使万邦无厌斁于我周家。斁，亦）。

21. （明）王樵《尚书日记》卷十四《周书·周官》

（归善斋按，见"王曰，呜呼！三事暨大夫，敬尔有官，乱尔有政"）

22. （清）库勒纳等撰《日讲书经解义》卷十一《周书·周官》

（归善斋按，见"王曰，呜呼！三事暨大夫，敬尔有官，乱尔有政"）

（元）王充耘《读书管见》卷下《周官》

万邦惟无斁。
此一语不可解。古文《书》屡言无"斁"，如云"朕承王之休无

1965

致"，"俾我有周无致"，皆训"厌致"。"朕无致于王"，"周无致于微子"，皆可通训。至于戒饬百官，而云"以佑乃辟，永康兆民，万邦惟无致"，不成万邦厌致百官，且"惟"之一字更不可通，此古文阙漏处。

## （元）陈悦道《书义断法》卷六《周书·周官》

（归善斋按，见"王曰，呜呼！三事暨大夫，敬尔有官，乱尔有政"）

# 《贿肃慎之命》

## 成王既伐东夷，肃慎来贺

### 1. （汉）孔氏传、（唐）陆德明音义、孔颖达疏《尚书注疏》卷十七《周书·周官》

序，成王既伐东夷，肃慎来贺。

传，海东诸夷，驹丽、扶余、馯貊之属。武王克商，皆通道焉。成王即政而叛，王伐而服之，故肃慎氏来贺。

音义，肃慎，马本作"息慎"，云北夷也。驹，俱付反，又如字。丽，力支反。馯，户旦反，《地理志》音寒。貊，孟白反，《说文》作"貉"，北方豸种。孔子曰貉之言貉，貉恶也。

疏，正义曰，成王即政之初，东夷背叛，成王既伐而服之。东北远夷，其国有名肃慎氏者，以王战胜，远来朝贺。

传正义曰，成王伐淮夷，灭徐奄，指言其国之名，此传言东夷，非徒淮水之上夷也，故以为海东诸夷，驹丽、扶余、馯貊之属，此皆于孔君之时，有此名也。《周礼·职方氏》四夷之名，八蛮九貉。郑玄云，北方曰貉，又云东北夷也。《汉书》有高驹丽、扶余、韩，无此馯。馯，即彼韩也，音同而字异尔。《多方》云"王来自奄"，奄在后灭，言灭奄即来，必非灭奄之后，更伐东夷。夷在海东，路远又不得先伐远夷，后来灭奄，此云成王既伐东夷，不知何时伐之。《鲁语》云，武王克商，遂通道于九夷、八蛮，于是肃慎氏来贺，贡楛矢，则武王之时，东夷服也，成王即政，奄与淮夷近者尚叛，明知远夷亦叛。盖成王亲伐淮夷而灭之，又使偏师伐东夷而服之。君统臣功，故言王伐，不是成王亲自伐也。肃慎之于中国又远于所伐诸夷，见诸夷既服，故惧而来贺也。

## 2. （宋）苏轼《书传》卷十六《周书·周官第二十二》

成王既伐东夷，肃慎来贺。

东夷，淮夷也，在周之东。肃慎东北，远夷也。

## 3. （宋）林之奇《尚书全解》卷三十六《周书·周官》

成王既伐东夷，肃慎来贺，王俾荣伯，作《贿肃慎之命》。周公在丰将没。欲葬成周。公薨。成王葬于毕。告周公，作《亳姑》。

（归善斋按，未解）

## 4. （宋）史浩《尚书讲义》卷十八《周书·周官》

成王既伐东夷，肃慎来贺，王俾荣伯，作《贿肃慎之命》。

淮夷既伐，成王之威德着于中外，东北之夷，乡风慕义，稽首来贺，成王待之以诸侯之礼，既锡之货，而又使王之卿士为书，以褒赏之不以其化外而夷之也。

## 5. （宋）夏僎《尚书详解》卷二十二《周书·周官》

成王既伐东夷，肃慎来贺。王俾荣伯，作《贿肃慎之命》。周公在丰，将没，欲葬成周。公薨，成王葬于毕，告周公，作《亳姑》。

此亡书之序也，次当在此，故先儒附之于此。唐孔氏谓，成王既政之初，东夷皆叛，成王既伐而服之，东北远夷，其国有名肃慎氏者，以王战胜，远来朝贺也。王赐以财货，使荣国之伯为册书，以命肃慎。史录其事，故以"贿肃慎之命"名篇。此东夷，即徐、奄、淮夷叛时。东方诸

1967

侯同叛者。此孔氏以意解《贿肃慎之命》之序也。

《亳姑》之序，唐孔氏谓，周公既致政于王，归在丰邑，将没，遗言欲葬成周，以成周是己所营，示终始念之，故欲葬焉。及公薨，成王葬于毕，以文、武之墓在毕，示不敢臣周公，于是以葬毕之义告周公之柩，故作《亳姑》之书。此序言告葬之意，而篇名"亳姑"，名与序不相允会。唐孔氏谓，成王既践奄，将迁其君于蒲姑，是周公之意，今告葬必并言及奄君已定于"亳姑"，故以名篇。书亡，义不可知。孔氏姑以意料之，恐未必然也。然又不可强为之说，姑且存之。

## 6. （宋）时澜《增修东莱书说》卷三十《周书·周官第二十二》

成王既伐东夷，肃慎来贺。王俾荣伯，作《贿肃慎之命》。周公在丰，将没，欲葬成周。公薨，成王葬于毕，告周公，作《亳姑》。

成王之世，其征伐可见者，三监也，淮夷也，奄也，东夷也。经营四方，勤亦至矣。至肃慎来贺，则威德畅，而远人来；治功于是乎极。贿之之命，意其必有警戒，不自满假之辞。惜乎！其逸也。周公终老于丰，盖成王拳拳不可一日远周公，故不容之鲁。观《洛诰》所以反复挽留者，则可见矣。公羊氏乃谓，欲天下之一乎周，此盖以利害言，不足与论三代君臣之际也。将没而欲葬于成周，盖宗臣垂老，忧国之心，以邦之安危，惟兹殷士，致其不忘之意耳，以葬警成王，而意不在葬也。成王识之，故领其意而不从其葬。葬于毕者，祔于文、武，从周家之兆域也。"亳姑"之名其书，既逸其义不可知。先儒谓并告还奄之事，义或然也。

## 7. （宋）黄度《尚书说》卷六《周书·周官》

成王既伐东夷，肃慎来贺。王俾荣伯，作《贿肃慎之命》。

东夷，淮夷。不曰淮夷，而曰东夷，周始开东略也，巢伯来朝。南略，肃慎来贺。东略，因伐淮夷，东方夷国，始修朝贺之礼。《周官》言"六服群辟，罔不承德"，至此，则蕃国皆禀号令矣。肃慎，海外国，魏时，东夷挹娄通中国，云即古肃慎，贡楛矢、石弩，在夫余东千余里。荣，国名。芮伯作《旅巢命》，荣伯作《贿肃慎之命》，王不亲命，此皆

典，故贿币。赐，谓之赉，其礼简矣。送往迎来，嘉善而矜不能也。书亡。

## 8.（宋）袁燮《絜斋家塾书钞》

（归善斋按，无此篇）

## 9.（宋）蔡沈《书经集传》卷六《周书·周官》

（归善斋按，未解）

## 10.（宋）黄伦《尚书精义》卷四十五《周书·周官》

成王既伐东夷，肃慎来贺。王俾荣伯，作《贿肃慎之命》。

无垢曰，夫远夷以善心来，则人主当赏玩其心，使其于尊亲之义，知所涵泳，此亦长善之一端。赏玩其心，当见于实，币帛所以实之也。恐远夷不足以知此意，此成王所以俾荣伯作命也。敷述此意，非有道德深究圣人用意处者，不足以发扬之。在庭之臣亦众矣，而俾荣伯，则荣伯之为人可知也。东坡曰，东夷，淮夷也。在周为东。肃慎，东北远夷。

## 11.（宋）陈经《尚书详解》卷四十《周书·周官》

成王既伐东夷，肃慎来贺。王俾荣伯，作《贿肃慎之命》。

东夷，即淮夷也。伐东夷，何与于肃慎，而肃慎之来贺，盖畏威而怀德也。使成王之伐东夷也，逞心于兵戎之间，以邀功为心，则肃慎氏岂肯怀之哉？至于此，又有以见"诘尔戎兵，以陟禹之迹，方行天下，至于海表，罔有不服"。其效如此，"王俾荣伯，作《贿肃慎之命》"。荣伯，畿内诸侯，入为王卿士，周之同姓也。成王贿之以币帛，所以嘉其远来之意，而慰抚其慕义之诚，故有肃慎之命，而荣伯实作书，此书已亡矣。肃慎氏，即东之夷也。

## 12.（宋）钱时《融堂书解》卷十七《周书·周官》

成王既伐东夷，肃慎来贺。王俾荣伯，作《贿肃慎之命》。

东夷，即淮夷，在周为东也，故序。《成王政》亦曰"成王东伐淮夷"，然必变文"东夷"者，盖肃慎乃东，非远夷。书东，所以别之。且伐东夷，而东北之远夷来贺，成王之威德远畅矣，既赐之以货贿，又使荣伯作书以命之，以彰其宠锡，所以奖其来也。异时，巢伯来朝，亦有命矣。止曰"芮伯作《旅巢命》"。而此特书曰"王俾荣伯"，以见命出成王之特意欤。荣伯，同姓诸侯，在朝为卿大夫。贿，《说文》，财也。

## 13.（宋）魏了翁《尚书要义》卷十七《周书·立政、周官、君陈》

三十五、成王即政，奄、淮叛，东夷亦叛。

"成王既伐东夷，肃慎来贺"，海东诸夷，驹丽，扶余，馯貊之属。武王克商，皆通道焉。成王即政而叛，王伐而服之，故肃慎氏来贺。"王俾荣伯作贿肃慎之命"，荣，国名，同姓诸侯，为大夫。王使之为命书，以币贿赐肃慎之夷长。正义曰，成王伐淮夷，灭徐、奄指言其国之名。此传言东夷非徒淮水之上夷也，故以为海东诸夷，驹丽，扶余，馯貊之属。此皆于孔君之时，有此名也。《周礼·职方氏》四夷之名，八蛮，九貊。郑玄云，北方曰貊，又云东北夷也。《汉书》有高驹丽，扶余，韩，无此馯。馯，即彼韩也，音同而字异尔。《多方》云"王来自奄"，奄在后灭，言灭奄即来，必非灭奄之后，更伐东夷。夷在海东路远，又不得先伐远夷，后来灭奄。此云成王既伐东夷，不知何时伐之？《鲁语》云"武王克商，遂通道于九夷、八蛮"，于是肃慎氏来贺，贡楛矢，则武王之时，东夷服也。成王既政，奄与淮夷，近者尚叛，明知远者亦叛。盖成王亲伐淮夷而灭之，又使偏师伐东夷而服之。君统臣功，故言王伐，不是成王亲自伐也。肃慎之于中国，又远于所伐诸夷，见诸夷既服，故惧而来贺也。

## 14.（宋）陈大猷《书集传或问》卷下《周书·周官》

（归善斋按，未解）

## 15.（宋）胡士行《尚书详解》卷十一《周书·周官第二十二》

成王既伐东夷，肃慎（东北远夷）来贺，王俾荣（国）伯（爵），作

《贿（赐以财贿）肃慎之命》（册书一，书亡）。

### 16.（元）吴澄《书纂言》卷四下

（归善斋按，无此篇）

### 17.（元）陈栎《书集传纂疏》卷六《朱子订定蔡氏集传·周书·周官》

（归善斋按，未解）

### 18.（元）许谦《读书丛说》卷六《周书·周官》

（归善斋按，未解）

### 19.（元）董鼎《书传辑录纂注》卷六《周书·周官》

（归善斋按，未解）

### 20.（元）朱祖义《尚书句解》卷十一《周书·周官第二十二》

成王既伐东夷（此孔子序《贿肃慎之命》之书。成王伐淮夷，以其与三监同叛），肃慎来贺（东北远夷，其国有名肃慎，以王战胜，遂来朝贺）。

### 21.（明）王樵《尚书日记》卷十四《周书·周官》

（归善斋按，未解）

### 22.（清）库勒纳等撰《日讲书经解义》卷十一《周书·周官》

（归善斋按，未解）

### （明）梅鷟《尚书考异》卷四《周官》

《贿息慎之命》小序。

息慎来贺。

马本如此，晋人作"肃慎"。

# 王俾荣伯，作《贿肃慎之命》

## 1.（汉）孔氏传、（唐）陆德明音义、孔颖达疏《尚书注疏》卷十七《周书·周官》

王俾荣伯，作《贿肃慎之命》。

传，荣，国名，同姓诸侯，为卿大夫，王使之为命书，以币贿赐，肃慎之来贺。

音义，俾，必尔反，马本作办。

疏，正义曰，王赐以财贿，使荣国之伯为策书，以命肃慎之夷，嘉其庆贺，慰其劳苦之意，史叙其事，作《贿肃慎之命》名篇也。

传正义曰，《晋语》云"文王诹于蔡原，访于辛尹，重之以周召毕荣"，于文王之时，名次毕公之下，则是大臣也。未知此时荣伯，是彼荣公与否，或是其子孙也。同姓诸侯，相传为然。注《国语》者亦云，荣，周同姓，不知时为何官，故并云卿大夫。王使荣伯，明使之有所作，史录其篇名，为《贿肃慎之命》，明是王使之为命书，以币赐肃慎氏之夷也。

## 2.（宋）苏轼《书传》卷十六《周书·周官第二十二》

王俾荣伯，作《贿肃慎之命》。

《国语》曰"文王诹于蔡原，访于辛尹，重之以周、召、毕、荣"，岂此荣伯也与。

## 3.（宋）林之奇《尚书全解》卷三十六《周书·周官》

（归善斋按，未解）

**4.（宋）史浩《尚书讲义》卷十八《周书·周官》**

(归善斋按，见"成王既伐东夷，肃慎来贺")

**5.（宋）夏僎《尚书详解》卷二十二《周书·周官》**

(归善斋按，见"成王既伐东夷，肃慎来贺")

**6.（宋）时澜《增修东莱书说》卷三十《周书·周官第二十二》**

(归善斋按，见"成王既伐东夷，肃慎来贺")

**7.（宋）黄度《尚书说》卷六《周书·周官》**

(归善斋按，见"成王既伐东夷，肃慎来贺")

**8.（宋）袁燮《絜斋家塾书钞》**

(归善斋按，无此篇)

**9.（宋）蔡沈《书经集传》卷六《周书·周官》**

(归善斋按，未解)

**10.（宋）黄伦《尚书精义》卷四十五《周书·周官》**

(归善斋按，见"成王既伐东夷，肃慎来贺")

**11.（宋）陈经《尚书详解》卷四十《周书·周官》**

(归善斋按，见"成王既伐东夷，肃慎来贺")

**12.（宋）钱时《融堂书解》卷十七《周书·周官》**

(归善斋按，见"成王既伐东夷，肃慎来贺")

## 13. (宋)魏了翁《尚书要义》卷十七《周书·立政、周官、君陈》

(归善斋按,未引)

## 14. (宋)陈大猷《书集传或问》卷下《周书·周官》

(归善斋按,未解)

## 15. (宋)胡士行《尚书详解》卷十一《周书·周官第二十二》

(归善斋按,见"成王既伐东夷,肃慎来贺")

## 16. (元)吴澄《书纂言》卷四下

(归善斋按,无此篇)

## 17. (元)陈栎《书集传纂疏》卷六《朱子订定蔡氏集传·周书·周官》

(归善斋按,未解)

## 18. (元)许谦《读书丛说》卷六《周书·周官》

(归善斋按,未解)

## 19. (元)董鼎《书传辑录纂注》卷六《周书·周官》

(归善斋按,未解)

## 20. (元)朱祖义《尚书句解》卷十一《周书·周官第二十二》

王俾荣伯,作《贿肃慎之命》(王赂肃慎以币帛,嘉其远来,使荣国伯爵之诸侯,作《贿肃慎之命》之书。此书亡)。

## 21.（明）王樵《尚书日记》卷十四《周书·周官》

(归善斋按，未解)

## 22.（清）库勒纳等撰《日讲书经解义》卷十一《周书·周官》

(归善斋按，未解)

## （明）梅鷟《尚书考异》卷四《周官》

王俾荣伯。

俾，必尔反，马本作"辨"。

# 《亳姑》

# 周公在丰

## 1.（汉）孔氏传、（唐）陆德明音义、孔颖达疏《尚书注疏》卷十七《周书·周官》

序，周公在丰。

传，致政老归。

疏，正义曰，周公既致政于王，归在丰邑。

传正义曰，周公既还政成王，成王又留为太师，今言周公在丰，则是去离王朝，又致太师之政，告老归于丰，如伊尹之告归也。成王封伯禽于鲁，以为周公后。公老不归鲁，而在丰者，文十三年《公羊传》云，"周公曷为不之鲁，欲天下之一乎周也"。何休云，"周公圣人，德至重，功至大，东征则西国怨，西征则东国怨，嫌之鲁，恐天下回心趣向之，故封伯禽，命使遥供养，死则奔丧为主，所以一天下之心于周室"，是言周公不归鲁之意也。归丰者，盖以先王之都，欲近其宗庙故也。

## 2. （宋）苏轼《书传》卷十六《周书·周官第二十二》

周公在丰，将殁，欲葬成周。公薨，成王葬于毕，告周公，作《亳姑》。

毕有文、武墓，葬公于毕，示不敢臣也。亳姑，蒲姑也。周公告召公，作《将蒲姑》，至此并告已迁欤。二篇亡。

## 3. （宋）林之奇《尚书全解》卷三十六《周书·周官》

（归善斋按，未解）

## 4. （宋）史浩《尚书讲义》卷十八《周书·周官》

周公在丰，将没，欲葬成周。公薨，成王葬于毕，告周公，作《亳姑》。周公归老，成王俾居于丰，不忘叔父之恩，而使居京师也。而周公有疾将没，欲归葬成周者，不敢以凶事累君父，无家可归，故欲归旧治也。因此知《洛诰》所谓"命公后"者，乃告周公以少留于洛，非立伯禽明矣。使伯禽先在鲁，周公必欲葬于鲁矣。昔扬雄辟言仙之说，曰文王毕，是文王之墓在毕也。成王葬周公于毕者，一代勋臣忠孝两尽，没而祔于君父之墓，宜也。其曰"告周公，作《亳姑》"者，解者曰，亳姑，蒲姑也。迁奄之举，周公实谋之，今奄已为国，不复与淮夷同恶，成王归功于周公，故作《亳姑》之书以告于毕也。

## 5. （宋）夏僎《尚书详解》卷二十二《周书·周官》

（归善斋按，见"成王既伐东夷，肃慎来贺"）

## 6. （宋）时澜《增修东莱书说》卷三十《周书·周官第二十二》

（归善斋按，见"成王既伐东夷，肃慎来贺"）

## 7. （宋）黄度《尚书说》卷六《周书·周官》

周公在丰，将没，欲葬成周。公薨，成王葬于毕，告周公，作《亳姑》。

沃丁葬伊尹于亳，咎单遂训伊尹事，作《沃丁》。成王葬周公于毕，告周公，作《亳姑》。伊尹、周公皆宗臣。故伊尹从汤葬，周公从文、武葬，皆国礼，犹后世陪葬山陵也，故作书纪其事，以见余臣不得用此礼也。周公欲葬成周，谦不敢当之意。成王作书，独纪葬，何足垂训。咎单训伊尹事，作《沃丁》，伊尹德业固有以启迪沃丁矣。周公致太平，成周道，独欲迁奄君而未果，今遂迁之，是为周公辅周之事，无不竟者，故成王因葬作书，告周公，名"亳姑"，其间必述周公功德。成王凭藉敬保之意。伊尹曰"惟尹躬先见于西邑夏"。自周有终，相亦惟终。其后嗣王"罔克有终"，相亦罔终"。君臣际会，克终难矣。《春秋》书崩、薨、卒、葬，皆着其终也。《书》独纪伊、周之葬，则又与常人不同。奄君怙终不悛，故卒迁之。书亡。毕在永兴长安县社中也。

## 8. （宋）袁燮《絜斋家塾书钞》

（归善斋按，无此篇）

## 9. （宋）蔡沈《书经集传》卷六《周书·周官》

（归善斋按，未解）

## 10. （宋）黄伦《尚书精义》卷四十五《周书·周官》

周公在丰，将没，欲葬成周。公薨，成王葬于毕，告周公，作《亳姑》。

无垢曰，营洛之时，大会四方诸侯，而复子明辟，以正君臣之义，此古今臣子之大法也。夫七年之摄政，制礼作乐，朝天下诸侯于明堂，以此太平天下，一旦两手付与成王，退而就臣子之列，大会诸侯于洛时，为此盛举，周公平生大节无出于此。故葬成周，此周公之意，以谓吾死亦不忘大节也。其为天下万世臣子之计，亦已大矣。

又曰，自"周公"至"周公，作《亳姑》"，盖皆孔子序作书本意也。然周公欲葬成周，而成王乃葬于毕，周公有死于大节之意，成王有尊师重道之意。各尊其所闻，各行其所知，其盛矣哉。然而周公虽不获

1977

葬成周，不得尽见其死于大节之意，孔子乃为序书，明言其故，使天下后世，炯炯见周公之心焉，是不葬犹葬也。使无孔子，谁与发明此大义哉。

东坡曰，毕有文、武墓，葬公于毕，示不敢臣也。亳姑，蒲姑也。周公告召公，作将蒲姑，至此并告已迁矣。

## 11.（宋）陈经《尚书详解》卷四十《周书·周官》

周公在丰，将殁，欲葬成周。公薨，成王葬于毕，告周公，作《亳姑》。

周公既退老，不归于鲁而在丰者，周公虽退，而其心犹在周，使成王于政事之间，有所谋度咨问焉。非谓既退老，遂忘成王也。将殁，欲葬成周，成周，即顽民所迁之地洛邑也。商民服周公之化已久，师保万民，民怀其德，故于垂殁之际，欲葬成周者，所以系商民之心也。大臣于进退死生之际，如此其不苟也。于既退之日而不忘其君；于将死之后而不忘乎民，是周公之心始终乎周家也。"公薨，成王葬于毕"，毕者，文、武墓之所在也。成王不敢臣周公，故葬之于文、武之墓，其亦有以见成王尊德乐道之意矣。既葬之后，致告周公以葬毕之事，与乎迁奄之事而作《亳姑》之篇。亳姑，即蒲姑也。周公前此，欲迁奄君于蒲姑，至此告其已迁矣。夫子序书，数言之间，而周公进退死生之义，得其正；成王尊德乐道之意，为有加，可谓辞约而理尽矣。《亳姑》之书亦已亡。

## 12.（宋）钱时《融堂书解》卷十七《周书·周官》

周公在丰，将没，欲葬成周。公薨，成王葬于毕，告周公，作《亳姑》。

周公虽复辟，而实终老于丰。《公羊传》曰，周公盍为不之鲁，欲天下之一乎周也。噫，陋矣。岂足以识圣人心哉。且《洛诰》所为，汲汲命公后者，正是为留公之地，独伯禽封鲁，而周公实留辅成王，虽已致政，实未尝舍成王而去也。故成王还归在丰，而周公亦在丰。然既在丰矣，何故将没而欲葬成周乎？盖营成周而迁顽民，乃周公化商规模第一急务。经营此事，实身任之，商民未纯于周化，而公告老焉。今成王之学成矣，天下皆已平治，一无所虑者矣。而周公身后之所忧者，独在成周耳。观《毕命》，既历三纪而犹余风未殄，犹曰"邦之安危，惟兹殷士"，事体可见。周公且死，而分正东郊者，犹未命人。然则，今日如之何而可忘也。周公不能忘而恐成王或忘之，至其将死丁宁之言，独拳拳乎欲葬，此意深矣。公薨而成王葬于毕，何也？公之意不在葬也，成王则既领之矣，周公既没，即命君陈分正东郊成周，一则曰"懋昭周公之训"，二则曰"尔尚式时周公之猷训"，三则曰"尔惟弘周公丕训"。呜呼！是公欲葬成周之意也。虽不葬犹葬也。且文、武之墓在毕，欲葬成周者，周公忧国之心；卒葬于毕者，成王尊公之礼欤。将葬致告而《亳姑》之书作。然则亳姑者，葬毕之地名欤。

## 13.（宋）魏了翁《尚书要义》卷十七《周书·立政、周官、君陈》

　　三十七、周公告老归丰，即《公羊》所谓"不之鲁"。

　　周公既还政成王，成王又留为太师。今言周公在丰，则是去离王朝，又致太师之政，告老归于丰，如伊尹之告归也。成王封伯禽于鲁，以为周公后。公老，不归鲁而在丰者，文十三年《公羊传》云，周公，圣人，德至重，功至大，东征则西国怨，西征则东国怨，嫌之鲁，恐天下回心趣向之，故封伯禽，命使遥供养，死则奔丧为主，所以一天下之心于周室。是言周公不归鲁之意也。归丰者，盖以先王之都，欲近其宗庙故也。

## 14.（宋）陈大猷《书集传或问》卷下《周书·周官》

　　（归善斋按，未解）

## 15.（宋）胡士行《尚书详解》卷十一《周书·周官第二十二》

　　周公在丰（致政归丰邑，成王不容远去鲁国），将没，欲葬成周（以己所营，终始念之）。公薨，成王葬于毕（附文、武兆域），告周公

1979

(枢)，作《亳姑》（孔云，成王践奄，迁其君蒲姑，告葬并合一。书亡）。

### 16.（元）吴澄《书纂言》卷四下

(归善斋按，无此篇)

### 17.（元）陈栎《书集传纂疏》卷六《朱子订定蔡氏集传·周书·周官》

(归善斋按，未解)

### 18.（元）许谦《读书丛说》卷六《周书·周官》

(归善斋按，未解)

### 19.（元）董鼎《书传辑录纂注》卷六《周书·周官》

(归善斋按，未解)

### 20.（元）朱祖义《尚书句解》卷十一《周书·周官第二十二》

周公在丰（此孔子序《亳姑》之书。周公退老不归鲁而在丰，使成王于政事便于谋度咨问，是周公退老之日不忘其君也）。

### 21.（明）王樵《尚书日记》卷十四《周书·周官》

(归善斋按，未解)

### 22.（清）库勒纳等撰《日讲书经解义》卷十一《周书·周官》

(归善斋按，未解)

## 将没,欲葬成周

**1.（汉）孔氏传、（唐）陆德明音义、孔颖达疏《尚书注疏》卷十七《周书·周官》**

将没,欲葬成周。
传,己所营作,示终始念之。
疏,正义曰,将没遗言,欲得葬于成周,以成周是己所营,示己终始念之,故欲葬焉。

**2.（宋）苏轼《书传》卷十六《周书·周官第二十二》**

(归善斋按,见"周公在丰")

**3.（宋）林之奇《尚书全解》卷三十六《周书·周官》**

(归善斋按,未解)

**4.（宋）史浩《尚书讲义》卷十八《周书·周官》**

(归善斋按,见"周公在丰")

**5.（宋）夏僎《尚书详解》卷二十二《周书·周官》**

(归善斋按,见"成王既伐东夷,肃慎来贺")

**6.（宋）时澜《增修东莱书说》卷三十《周书·周官第二十二》**

(归善斋按,见"成王既伐东夷,肃慎来贺")

**7.（宋）黄度《尚书说》卷六《周书·周官》**

(归善斋按,见"周公在丰")

**8.（宋）袁燮《絜斋家塾书钞》**

(归善斋按，无此篇)

**9.（宋）蔡沈《书经集传》卷六《周书·周官》**

(归善斋按，未解)

**10.（宋）黄伦《尚书精义》卷四十五《周书·周官》**

(归善斋按，见"周公在丰")

**11.（宋）陈经《尚书详解》卷四十《周书·周官》**

(归善斋按，见"周公在丰")

**12.（宋）钱时《融堂书解》卷十七《周书·周官》**

(归善斋按，见"周公在丰")

**13.（宋）魏了翁《尚书要义》卷十七《周书·立政、周官、君陈》**

(归善斋按，未引)

**14.（宋）陈大猷《书集传或问》卷下《周书·周官》**

(归善斋按，未解)

**15.（宋）胡士行《尚书详解》卷十一《周书·周官第二十二》**

(归善斋按，见"周公在丰")

**16.（元）吴澄《书纂言》卷四下**

(归善斋按，无此篇)

**17.（元）陈栎《书集传纂疏》卷六《朱子订定蔡氏集传·周书·周官》**

（归善斋按，未解）

**18.（元）许谦《读书丛说》卷六《周书·周官》**

（归善斋按，未解）

**19.（元）董鼎《书传辑录纂注》卷六《周书·周官》**

（归善斋按，未解）

**20.（元）朱祖义《尚书句解》卷十一《周书·周官第二十二》**

将没（公垂没之际），欲葬成周（成周即顽民所迁洛邑，周公师保万民，民怀其德，故欲葬成周者，所以系商民之心，是周公于将死之顷，不忘其民也）。

**21.（明）王樵《尚书日记》卷十四《周书·周官》**

（归善斋按，未解）

**22.（清）库勒纳等撰《日讲书经解义》卷十一《周书·周官》**

（归善斋按，未解）

## 公薨，成王葬于毕

**1.（汉）孔氏传、（唐）陆德明音义、孔颖达疏《尚书注疏》卷十七《周书·周官》**

公薨，成王葬于毕。

传,不敢臣周公,故使近文武之墓。

音义,近,附近之近。

疏,正义曰,及公薨,成王葬于毕,以文武之墓在毕,示己不敢臣周公,使近文武之墓。

### 2.（宋）苏轼《书传》卷十六《周书·周官第二十二》

(归善斋按,见"周公在丰")

### 3.（宋）林之奇《尚书全解》卷三十六《周书·周官》

(归善斋按,未解)

### 4.（宋）史浩《尚书讲义》卷十八《周书·周官》

(归善斋按,见"周公在丰")

### 5.（宋）夏僎《尚书详解》卷二十二《周书·周官》

(归善斋按,见"成王既伐东夷,肃慎来贺")

### 6.（宋）时澜《增修东莱书说》卷三十《周书·周官第二十二》

(归善斋按,见"成王既伐东夷,肃慎来贺")

### 7.（宋）黄度《尚书说》卷六《周书·周官》

(归善斋按,见"周公在丰")

### 8.（宋）袁燮《絜斋家塾书钞》

(归善斋按,无此篇)

### 9.（宋）蔡沈《书经集传》卷六《周书·周官》

(归善斋按,未解)

**10. （宋）黄伦《尚书精义》卷四十五《周书·周官》**

（归善斋按，见"周公在丰"）

**11. （宋）陈经《尚书详解》卷四十《周书·周官》**

（归善斋按，见"周公在丰"）

**12. （宋）钱时《融堂书解》卷十七《周书·周官》**

（归善斋按，见"周公在丰"）

**13. （宋）魏了翁《尚书要义》卷十七《周书·立政、周官、君陈》**

三十六、周公欲葬成周，王葬公于毕。

周公既致政于王，归在丰邑，将殁，遗言欲得葬于成周，以成周是己所营，示己终始念之，故欲葬焉。及公薨，成王葬于毕，以文、武之墓在毕，示己不敢臣周公，使近文、武之墓。王以葬毕之义告周公之柩，又周公徙奄君于亳姑，因言亳姑功成。史叙其事，作《亳姑》之篇。按《帝王世纪》云，文、武葬于毕，毕在杜南。《晋书·地道记》亦云，毕在杜南，与毕陌别，俱在长安西北。

**14. （宋）陈大猷《书集传或问》卷下《周书·周官》**

（归善斋按，未解）

**15. （宋）胡士行《尚书详解》卷十一《周书·周官第二十二》**

（归善斋按，见"周公在丰"）

**16. （元）吴澄《书纂言》卷四下**

（归善斋按，无此篇）

1985

**17.（元）陈栎《书集传纂疏》卷六《朱子订定蔡氏集传·周书·周官》**

(归善斋按，未解)

**18.（元）许谦《读书丛说》卷六《周书·周官》**

(归善斋按，未解)

**19.（元）董鼎《书传辑录纂注》卷六《周书·周官》**

(归善斋按，未解)

**20.（元）朱祖义《尚书句解》卷十一《周书·周官第二十二》**

公薨，成王葬于毕（以文、武墓在毕，成王不敢臣周公，葬周公于葬文、武之所）。

**21.（明）王樵《尚书日记》卷十四《周书·周官》**

(归善斋按，未解)

**22.（清）库勒纳等撰《日讲书经解义》卷十一《周书·周官》**

(归善斋按，未解)

# 告周公，作《亳姑》

**1.（汉）孔氏传、（唐）陆德明音义、孔颖达疏《尚书注疏》卷十七《周书·周官》**

告周公，作《亳姑》。

传，周公徙奄君于亳姑，因告柩以葬毕之义，并及奄君已定亳姑，言所迁之功成，亡。

音义，柩，其久反。

疏，正义曰，王以葬毕之义，告周公之柩。又周公徙奄君于亳姑，因言亳姑功成，史叙其事，作《亳姑》之篇。按《帝王世纪》云，文、武葬于毕，毕在杜南。《晋书·地道记》亦云，毕在杜南，与毕陌别，俱在长安西北。

传正义曰，序说葬周公之事，其篇乃名《亳姑》，篇名与序不相允会。其篇既亡，不知所道，故传原其意而为之说。上篇将迁亳姑，序言成王既践奄，将迁其君于亳姑者，是周公之意，今告周公之柩，以葬毕之义，乃用亳姑为篇名，必是告葬之时，并言及奄君已定于亳姑，言周公所迁之功成，故以名篇也。

《尚书注疏》卷十七《考证》

序，告周公作《亳姑》。

臣召南按，《亳姑》，即前序"蒲姑"，亦即薄姑也。亳、薄古字通用，蒲、薄，则音之转耳。

## 2. (宋) 苏轼《书传》卷十六《周书·周官第二十二》

(归善斋按，见"周公在丰")

## 3. (宋) 林之奇《尚书全解》卷三十六《周书·周官》

(归善斋按，未解)

## 4. (宋) 史浩《尚书讲义》卷十八《周书·周官》

(归善斋按，见"周公在丰")

## 5. (宋) 夏僎《尚书详解》卷二十二《周书·周官》

(归善斋按，见"成王既伐东夷，肃慎来贺")

## 6. （宋）时澜《增修东莱书说》卷三十《周书·周官第二十二》

（归善斋按，见"成王既伐东夷，肃慎来贺"）

## 7. （宋）黄度《尚书说》卷六《周书·周官》

（归善斋按，见"周公在丰"）

## 8. （宋）袁燮《絜斋家塾书钞》

（归善斋按，无此篇）

## 9. （宋）蔡沈《书经集传》卷六《周书·周官》

（归善斋按，未解）

## 10. （宋）黄伦《尚书精义》卷四十五《周书·周官》

（归善斋按，见"周公在丰"）

## 11. （宋）陈经《尚书详解》卷四十《周书·周官》

（归善斋按，见"周公在丰"）

## 12. （宋）钱时《融堂书解》卷十七《周书·周官》

（归善斋按，见"周公在丰"）

## 13. （宋）魏了翁《尚书要义》卷十七《周书·立政、周官、君陈》

三十八、告周公以葬毕、定奄二事，作《亳姑》。

上篇将迁亳姑，序言成王既践奄，将迁其君于亳姑者，是周公之意。今告周公之枢，以葬毕之义，乃用"亳姑"为篇名，必是告葬之时，并言及奄君已定于亳姑，言周公所迁之功成，故以名篇也。

### 14.（宋）陈大猷《书集传或问》卷下《周书·周官》

（归善斋按，未解）

### 15.（宋）胡士行《尚书详解》卷十一《周书·周官第二十二》

（归善斋按，见"周公在丰"）

### 16.（元）吴澄《书纂言》卷四下

（归善斋按，无此篇）

### 17.（元）陈栎《书集传纂疏》卷六《朱子订定蔡氏集传·周书·周官》

（归善斋按，未解）

### 18.（元）许谦《读书丛说》卷六《周书·周官》

（归善斋按，未解）

### 19.（元）董鼎《书传辑录纂注》卷六《周书·周官》

（归善斋按，未解）

### 20.（元）朱祖义《尚书句解》卷十一《周书·周官第二十二》

告周公（既葬，致告公以葬毕与迁奄之事），作亳姑（此篇书亡。亳姑，即蒲姑也。周公前此，欲迁奄君于蒲姑，至此告其已迁矣）。

### 21.（明）王樵《尚书日记》卷十四《周书·周官》

（归善斋按，未解）

## 22.（清）库勒纳等撰《日讲书经解义》卷十一《周书·周官》

（归善斋按，未解）

# 周书　吕刑第二十九

## 吕命

**1.（汉）孔氏传、（唐）陆德明音义、孔颖达疏《尚书注疏》卷十八《周书·吕刑》**

序，吕命。

传，吕侯见命为天子司寇。

疏，正义曰，吕侯得穆王之命，为天子司寇之卿。

传正义曰，吕侯得王命，必命为王官。《周礼》司寇掌刑，知吕侯见命为天子司寇。郑玄云，吕侯受王命入为三公，引《书说》云，周穆王以吕侯为相。《书说》谓，《书纬·刑将得放》之篇，有此言也，以其言"相"，知为三公。即如郑言，当以三公领司寇，不然何以得专主刑也，名篇谓之《吕刑》。

**2.（宋）苏轼《书传》卷十九《周书·吕刑第二十九》**

吕命，穆王训夏赎刑，作吕刑。

穆王命吕侯，作此书。史记作"甫侯"。尧舜之刑至禹明备，后王德衰，而政烦，故稍增重，积累世之渐，非一人之意也。至周公时，五刑之属,各五百,周公非不能改以从夏,盖世习重法,而骤轻之,则奸民肆,而良民病矣。及成康刑措,穆王之末,奸益衰少,而后乃敢改也。周礼之刑二千五百,穆王之三千,虽增其科条,而入墨劓者多,入宫辟者少也。赎者,疑赦之罚耳。然训刑必以赎者,非赎之锾数,无以为五刑轻重之率也。如今世徒流,皆折杖,非以杖数折,不知徒流增减之率也。《吕刑》,《孝经》《礼记》皆作《甫刑》。说者谓,吕侯后封甫,《诗》之申、甫是也。

## 3. (宋)林之奇《尚书全解》卷三十九《周书·吕刑》

吕命,穆王训夏赎刑,作《吕刑》。

《吕刑》。

惟吕命,王享国百年,耄荒,度作刑,以诘四方。王曰,若古有训,蚩尤惟始作乱,延及于平民,罔不寇贼,鸱义,奸宄,夺攘,矫虔。苗民弗用灵,制以刑。惟作五虐之刑曰法。杀戮无辜,爰始淫为劓、刵、椓、黥,越兹丽刑并制,罔差有辞。民兴胥渐,泯泯棼棼,罔中于信,以覆诅盟,虐威庶戮,方告无辜于上。上帝监民,罔有馨香,德刑发闻惟腥。皇帝哀矜庶戮之不辜,报虐以威,遏绝苗民,无世在下。乃命重黎,绝地天通,罔有降格。群后之逮在下,明明棐常,鳏寡无盖。皇帝清问下民,鳏寡有辞于苗。德威惟畏德明惟明。

吕,吕侯也。《国语》曰,尧使禹治水,四岳佐之,祚四岳国,为侯伯,氏曰有吕。又曰,齐、许、申、吕由大姜,则吕者,四岳之后,姜姓之国也。《孝经》及《礼记》诸书引此篇之言,多曰《甫刑》。按《崧高》之诗,有"生甫及申";《扬之水》之诗有"不与我戍甫","甫"即"吕"也。汉孔氏曰,吕侯复为甫侯,唐孔氏因之,以吕侯在穆王之世,而《崧高》宣王之诗;《扬之水》平王之诗,故谓吕侯子孙改封为"甫"。使其子孙方改为甫侯,则吕侯在穆王之世,不应谓之"甫刑"。又《崧高》之诗所言"甫及申,为周之翰"者,正指此穆王之世吕侯,而谓之"甫",何也?《毛诗正义》曰,《诗》及《礼记》作"甫";《书》及外传作"吕",盖因燔《诗》《书》,字遂改易,后人各从其学,不敢定故也。此说亦未尽。盖"甫"与"吕",正犹"荆"之与"楚","商"之与

"殷"，故曰"吕刑"，又曰"甫刑"也。

"吕命"者，吕侯见命于穆王，作此书，以诰诸侯。盖吕侯之诰诸侯，称王命而已，故曰"穆王训夏赎刑"，言此乃王训诸夏以赎刑者也。唐孔氏及薛博士，以"赎"为"罚"，"刑"为"辟"。篇中所言，百锾至于千锾者，赎也；墨辟至于大辟者，刑也。此盖欲以序之所言者，而包括一篇之义，故分赎、刑为二。苟不分，则篇中言刑与罚，而序不应特言"赎"也。《舜典》曰"金作赎刑"，与此"赎刑"何以异，而必分之乎？苏氏曰，赎者，疑赦之罚耳。然训"刑"必以"赎"者，非赎之锾数，无以为五刑轻重之率也。此虽不分"赎刑"为二，然必求夫所以包括一篇之义之说，殊不知五十八篇之序，有一篇之义，包括于数句之间者，亦有但取其大概而序之者，不可以一概观也。先儒以"夏"为夏禹赎刑之法，考之篇中殊无夏禹制刑之事。唐孔氏因之，以为夏刑近轻，商刑稍重，周虽减之，犹重于夏。吕侯度时制宜，劝王改从夏法。此皆无所经见，但因先儒"夏禹"之言，以意揣之而已。王氏以"夏"为中国，其说胜于先儒。而其言又曰，先王于中国，则疆以周索；于蛮夷，则疆以戎索。赎刑，不施于蛮夷，施于中国而已，故曰"训夏赎刑"，此亦是缘夏以生义。支离至此，亦与篇内不相应。其曰"训夏"者，犹曰"训天下"也，不必求之太过也。穆王命吕侯作此书以告诸侯，则吕侯必为司寇。司寇掌邦禁，以佐王刑邦国故也。"刑"者"侀"也。"侀"者，成也，一成而不可变，故君子尽心焉。今观此篇，所以告诸侯之书，以苗民为戒，以伯夷、皋陶为法。其言恻怛矜哀。惟恐民之陷于罪戾，而不能以自脱。盖有不忍人之心，其尽心可谓至矣。《诗》曰，"惟申及甫，惟周之翰，四国于蕃，四方于宣"。甫侯之名与申伯并称于《雅》，则是佐穆王致太平之功，有大造于周者，其功业即此篇而可见。以穆王之为君，而吕侯之为臣，君臣之间尽心刑罚如此，此夫子所以取之而预于百篇也。

"享国百年"，汉孔氏曰，穆王即位年过四十矣。《史记·周本纪》，穆王即位，春秋已五十矣，立五十五年崩。说者因以穆王年百四岁。按《无逸》言商三宗及周文王享国之年数，皆以其在位之久。曰"王享国百年"者，皆其在位之年也。《史记》以为立五十五年，当以《书》为正。《礼记》曰，八十、九十曰耄，百年曰期颐。此既曰"百年"，又曰"耄"

者，此亦如大舜之言曰"耄期倦于勤"，既曰"耄"又曰"期"也。"耄荒"，汉孔氏以为耄乱荒怠，此盖言其老之状。苏氏以为，"荒"属于下句，其字训"太"，与"荒度土功"之"荒度"同。两说皆通。"度"者，苏氏曰，"约"也，犹汉高祖约法三章也。言惟吕侯见命之时，穆王享国已百年，其老之状，耄荒矣，而能命甫侯，度作刑，以治四方，盖言其血气虽衰，精力虽疲，而留心于治道如此也。《周官》，司刑掌五刑之法，以丽万民之罪。墨罪五百，劓罪五百，宫罪五百，刖罪五百，杀罪五百，共为二千五百。今穆王之刑，乃三千条，惟刖与《周官》同，墨劓多，而宫、大辟则少。虽其总数比《周官》为多，而其实为轻。盖以轻刑增而重刑减故也。《汉志》以《周官》五刑为中典，穆王五刑为重典，徒以其多寡之数耳，其实非重也。王氏曰，先王之为天下，内明而外治。其发号施令，以德教为主，不使民亲刑辟。穆王之训以赎刑为主，所以称其"耄荒"也，此盖泥于"耄荒"之言而为此说。夫刑罚之不可废，犹药石之不可无也。盖刑者治之辅助而已，得其道则仁义兴，行而礼逊成俗，然犹不敢废刑，所以为民防也。如《舜典》曰"流宥五刑，鞭作官刑，扑作教刑，金作赎刑"，"眚灾肆赦，怙终贼刑"，"钦哉，钦哉，惟刑之恤哉"。尧舜之民，比户可封，而其于刑罚之说犹若此。《吕刑》之言，是皆以惟刑为恤者也。一篇之中，吕侯之称王命以告诸侯者，盖欲其哀矜于刑狱而已。故序曰"训夏赎刑"，非是穆王之治专以刑为主也。言及于刑者，便以为以刑为主，此乃晋人浮虚之俗，王衍口不言钱之类也。昔梁统尝言于汉曰，刑罚在重，无取于轻。高帝受命，约法定律，诚得其宜。文帝惟除省肉刑、相坐之法，自余皆率由旧章。至哀、平继体，王嘉轻为穿凿，除先帝旧约成律百有余事，或不便于理，或不厌民心。又曰自高祖至于孝宣，海内称治；至元初建平，而盗贼浸多，皆刑罚不重，愚人易犯之所致也。由此观之刑轻之作，反生大患。梁统谓，孝宣以前刑重而治，孝哀以后刑轻而乱。其言之不仁甚矣。穆王之刑，既比于《周官》为轻，今乃以其王之赎刑为其德之衰，窃恐其说必将流而入于梁统也。盖教人主以杀人者，必取夫疑似之言，以文其说。盖差之毫厘，则缪以千里。古之达者，每以是为深忧也。

此言苗民以虐刑而遏绝其世，不可以不鉴戒，而苗民之恶，则习于蚩尤，故先言蚩尤而后言苗民也。汉孔氏曰，九黎之君号曰蚩尤，盖以《楚语》曰"少昊氏之衰也，九黎乱德"，"其后三苗复九黎之德"。此言蚩尤而继以三苗，故以蚩尤为九黎。按《史记》曰，神农氏世衰，诸侯相侵伐，神农氏不能治，于是轩辕乃习用干戈，以征不享，诸侯咸来宾从。而蚩尤最为暴，莫能伐，黄帝乃征，师诸侯与蚩尤战，遂杀蚩尤。蚩尤既为黄帝所杀，而九黎在少昊之末，则蚩尤非九黎。先儒既以蚩尤为九黎，而又曰黄帝所灭，二说异同，安得合之哉？《楚语》昭王问于观射父曰，《周书》所谓重黎实使天地不通，何也？对曰，九黎乱德，颛顼命南正重司天以属神，北正黎司地以属民，使复旧常，无相侵渎，是谓"绝地天通"。其后三苗复九黎之德，尧复育重黎之后，不忘旧者，使复典之。此谓"绝地天通"，盖指三苗之事而言，安得以为在颛顼之世？《楚语》非也。则蚩尤，当从《史记》。应劭曰，"蚩尤，古天子"。臣瓒曰，《孔子三朝记》曰，蚩尤，庶人之贪者。据《史记》之言，则蚩尤诸侯，二者皆非也。"若古"者，犹言"若昔"也，盖起语之辞，非训"顺"也。"若古有训，蚩尤惟始作乱"，犹《左传》曰"夏训有之曰，有穷后羿"也。"平民"，犹言"齐民"也。鸱者，贪残之鸟。《诗》曰"为枭为鸱"。盖言其以是为义，其好恶颠倒如此。"夺攘"者，谓非其有而取之也。"矫虔"，苏氏曰，矫诈虔刘也。"惟始作乱"，即《史记》所谓"为暴"也，言自开辟以来，蚩尤方始作为暴虐之政，其风化之所渐染，延及于齐民，莫不皆然。自"寇贼"以下皆是其民为恶之状也。亦如"殷罔不小大好草窃奸宄，以纣化之"也。

"苗民"，三苗之君，其曰苗民，亦犹言殷人、周人，盖统一国而言之也。灵，善也。灵制，即所谓祥刑也。苗民习蚩尤之恶，不能用先王善制以刑，惟作五虐之刑，自以为法当如是，以是而杀戮无罪之人。于是始大为劓、刵、椓、黥也。劓，截鼻；刵，断耳；椓，椓阴；黥，黥面。不言"刖"者，可以互见也。盖五虐之刑，即劓、刵、椓、黥。先王之灵制，亦是五者而已。但苗民以虐作之，又淫为之也，故为"弗用灵制以刑"也。自苗民之前，未有为是虐刑。虐刑自苗民始也。于此有丽附于罪者，并以刑制之，不复差择其辞之有曲直者，此其所以为虐也，此其所以为淫也。"民兴胥渐"，汉孔氏曰，三苗之民，渎于乱政，起相渐化，

1995

则"渐"字当作平声读。泯泯,为乱也。棼棼,扰攘之状,《左传》所谓"治丝而棼之"也,与此"棼"同。惟三苗之虐如此,故其民皆起而相渐染习为不善,巧诈矫伪,信不由中,虽诅盟于鬼神,而又反复背之也。传曰,国之将兴,听于民;将亡,听于神。三苗之虐,刑严罚峻,民无所措手足,惟为盟诅诉于鬼神而已。《诗》曰"君子屡盟,乱是用长"。《左传》曰,"宋国区区,而有诅有祝,祸之本也"。至于盟诅,则其乱甚矣,然常人之情,孰不知敬鬼神。敬鬼神而远之,则非徒神无所出其灵响,而民亦不渎神。苟一听于神,有不平之心则惟为盟为诅,则是亵之也。既已亵之,则将以为不足畏矣。故其势多至于反复,口血未干而背之也。此无他,以其信之不由中,故信不足恃也。信不由中,则以渐染于恶习故也。三苗暴虐之威,民之被戮者众,岂皆民之罪哉?故皆以其无罪而诉于天也。天虽高而听甚卑,民之所欲天必从之,故因斯民之告诉,而下视于民,则夫三苗者,罔有馨香之德刑,其所以发闻而达于上者,惟其腥秽之德而已。盖以德行刑,则刑一人而千万人莫不畏,可以至于无刑,故其治为馨香。苟惟作虐刑,则必至于刑者相望于道,囹圄成市。民不胜其虐,怨嗟之声,呼吁于天。此腥秽之所以发闻也。皇帝,舜也。先儒及诸家说者皆以为尧,盖以下文曰"乃命重黎,绝地天通"。重黎即羲和也,故以为尧然。窜三苗于三危,舜摄位之后;分北三苗,舜即位之后。故皇帝当为舜。《大禹谟》曰"帝德广运",《皋陶谟》曰"惟帝其难之",先儒及诸家亦皆以为尧,盖不深考之也。舜哀闵夫众庶被戮者之非其罪,盖奉上天之意,以从斯民之欲,故报为虐者以威刑,遏绝苗民,而殄灭其世嗣,故苗民无世在于下国也。汤征葛,四海之内皆曰,非富天下也,为匹夫匹妇复雠也。盖汤之伐桀,武王之伐纣,皆以其与民为雠,故为民复之也,此所谓"报",即《孟子》所谓"复"也。苗民淫为劓、刵、椓、黥,虐威庶戮,其遏绝人世多矣。故帝以遏绝之威,而报之也。"出乎尔者反乎尔",此之谓也。楚灵王闻群公子之死也,自投于车下曰,人之爱其子也,亦如余乎?既而曰,余杀人子多矣,能无及此乎?盖天理之当也。舜之遏绝苗民,盖因天意而已。上天之命舜遏绝苗民,盖因民意而已,桀、纣之亡,汤武之王,皆然也。

重羲,黎和也,世掌天地四时之官,故尧命羲和,而舜命重黎也。惟诅盟之屡，则渎于鬼神，故神人杂扰，天地相通，盖有鬼神自上而降格者，以其家为，巫史享祀无度故也。夫神岂能为民之厉哉？惟褻而近之，此妖孽之所以兴也。《左传》庄三十二年，有神降于莘，虢公使祝应、宗区、史嚚享焉；神赐之土田。秦文公获若石，于陈仓北坂城祠之，其神常以夜，光辉若流星，从东方来，集于祠城，若雄雉，其声殷殷；汉武帝时，长陵女子死，见神于先后宛若，上厚礼致祠之内中，闻其言，不见其人；吴孙权时，有神自称王表，言语与人无异，而形不可见，皆其降格者也。不能敬而远之，此神所以出其灵响，其有害于教化，岂小小哉？故舜既遏绝苗民之世，则命南正重，司天以属神；北正黎，司地以属民，使天地不得而相通，亦无有降格，则神人不相杂乱，盖所以变苗民之恶俗也。《楚语》载观射父之言详矣，但不当以《书》之所言"绝地天通"，为颛顼之世也。

群后，即群臣也，与"三后"之"后"同。不必以为诸侯。"逮在下"与《樛木》"后妃下逮"之"逮"同。言群后之所以逮其在下者，皆以明明之德辅天下之常道，使不至于废败。常道废，故鳏寡之情无有盖覆之者，惟鳏寡无盖，则在下者冤抑之情得以上通，故舜清问于民，则鳏寡得以三苗之虐为辞，而告诉焉。舜于是问罪于三苗也。"清问"者，言其问之审而得其实也。夫朝有奸臣障蔽君之耳目，则下情不上通。秦以赵高之故，陈胜唱乱而不得闻；梁以朱异之，故侯景向关而不得闻；隋以虞世基之故，贼遍天下而不得闻；唐以李林甫之故，禄山有反谋而不得闻，是皆其在朝之臣，无不逮其在下者，故鳏寡之辞有所盖也。如唐明皇之出狩，有老父郭从谨进曰，草野之臣必知有今日久矣。但九重严，邃区区之心无路上达。其鳏寡有辞，盖可知矣。特言鳏寡者，《诗》曰"哿矣富人，哀此茕独"。暴虐之政，鳏寡尤罹其害，故其赴愬之心尤切也。

"德威惟畏，德明惟明"，盖总结上文也。"皇帝哀矜庶戮之不辜，报虐以威，遏绝苗民，无世在下"，所谓"德威"也。"群后之逮在下，明明棐常，鳏寡无盖，皇帝清问下民，鳏寡有辞于苗"，所谓"德明"也。舜能遏三苗，为民除害而天下莫不震恐，此其"德威"也。舜能清问下民，知苗之罪恶贯盈而讨之，而天下无壅遏之患，此其"德明"也。以德为威，故为可畏；以德为明，故为甚明。苟"威"而非德，如秦皇、汉武非不可畏也，然威襄而民玩，非所以为"畏"。"明"而非德，如汉显宗、唐宣宗非不明也，然失之过察，则民将益出其巧诈，以欺其上，非所以为明。惟舜之"威"与"明"皆本于"德"，故恶如三苗，无不诸悉其罪，一去三苗，而天下莫不服也。

## 4.（宋）史浩《尚书讲义》卷二十《周书·吕刑》

吕命，穆王训夏赎刑，作《吕刑》。

《舜典》曰，"金作赎刑"。当时有苗之国，作五虐之刑，以毒斯民，舜立此科以矫其弊，是赎刑起于虞也。今不曰虞，而曰"夏赎刑"者，盖以自舜以前，鸿荒之世，民之质美。当舜之时，比屋可封，刑措无用。至禹之兴，有典有则，贻厥子孙。赎刑之立，实始于禹。史谓夏赎刑，宜矣。扬雄曰，唐虞象刑，惟明夏后肉辟三千，此其证也。自禹而下，非无此刑。要之，皆祖夏之遗。穆王享国之久，有恤民之心，取赎刑之科，斟酌损益，作为一书，以行于世。史纪其作而曰"训"者，以其因旧典，而训释之也。

## 5.（宋）夏僎《尚书详解》卷二十五《周书·吕刑》

吕命，穆王训夏赎刑，作《吕刑》。

"吕命"二字，说者多谓，穆王命吕侯为司寇，因训夏赎刑之事，果如是说，则当云穆王命吕侯为周大司寇，如前穆王命君牙，命伯冏之文相似，不应只说"吕命"二字，而下无明说。吾是以知其说为不通。要之，此序云"吕命穆王训夏赎刑"者，乃作书者欲辨白此书所作之人，谓此书乃出于吕侯之命。所命何事，乃为穆王训畅夏禹赎刑之法，以诏告天下，故作此《吕刑》之书也。刑罚之事，二帝三王所不免，皆有圣贤折衷裁处，而独以夏法为言者，东坡谓，尧舜之刑至禹明备。后王德衰而政烦，故稍稍增益，积累世之渐，非一人之意也。至周公时，五刑名属五百，周公非不能改以从夏，盖习重法而骤轻之，则奸民肆而良民病及。成康刑措，穆王之末，奸益衰少，然后乃敢改作，此说甚长。少颖乃以"训夏"为"诸夏"而不及夷蛮。谓赎刑之法，可施于中国，不可用于蛮夷，是亦一说也。故两存之。

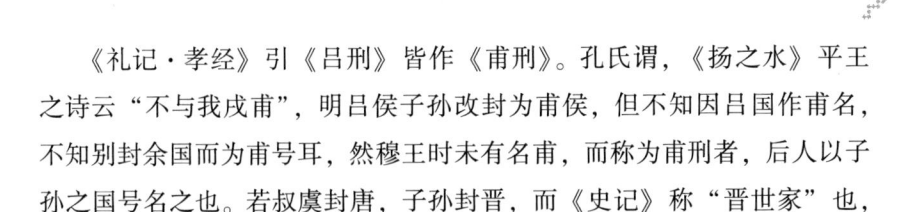

《礼记·孝经》引《吕刑》皆作《甫刑》。孔氏谓，《扬之水》平王之诗云"不与我戍甫"，明吕侯子孙改封为甫侯，但不知因吕国作甫名，不知别封余国而为甫号耳，然穆王时未有名甫，而称为甫刑者，后人以子孙之国号名之也。若叔虞封唐，子孙封晋，而《史记》称"晋世家"也，此说甚然。

## 6.（宋）时澜《增修东莱书说》卷三十四《周书·吕刑第二十九》

吕命，穆王训夏赎刑，作《吕刑》。

此书之作，盖命吕侯以司寇，因而训告诸夏以赎刑之制也。刑之有赎，始见于《虞书》，不过有"金作赎刑"一语而已。盖皋陶作士，斟酌出入，舜一以付之，固不预立条目之多也。今吕侯既受命，而犹烦穆王训夏赎刑，至三千之多焉。视舜皋陶之际，则有间矣。是书哀矜明练，固夫子存以示后世，而微见其意者，亦不可不察也。

## 7.（宋）黄度《尚书说》卷七《周书·吕刑》

吕命，穆王训夏赎刑，作《吕刑》。

孔氏曰，"吕命"，吕侯见命为天子司寇是也。书与序皆标"吕命"于其上，言自吕侯命为司寇，穆王乃训夏赎刑，是则吕侯将明于其间也，故名其书曰《吕刑》。舜，流、宥、鞭、扑，其最轻者赎。夏后氏之世，专行赎法。成、康刑措，虽赎亦不用。盖与舜之世民不犯有司，同其美。穆王末年，奸慝既作，遂训夏后氏赎法用之。赎虽轻法，而始用刑矣，此轻重之变也。

## 8.（宋）袁燮《絜斋家塾书钞》

（归善斋按，无此篇）

## 9.（宋）蔡沈《书经集传》卷六《周书·吕刑》

（归善斋按，未解）

1999

## 10.（宋）黄伦《尚书精义》卷四十九《周书·吕刑》

吕命，穆王训夏赎刑，作《吕刑》。

无垢曰，吕命者，命吕侯为司寇也。命为司寇而不明言之，如君牙为司徒，伯冏为太仆正之例，何也？曰为司寇久矣。吕侯以时度之，知周刑太重，乃建明于穆王，以夏赎刑为法，穆王是之。故因可吕侯赎刑之法，而遍及天下也。是篇非为命为司寇而作也。此所以谓之《吕刑》也。名言《吕刑》则知赎刑之意，出自吕侯建明也。

东坡曰，周公之刑二千五百，而穆王三千，虽增其科条，而入墨劓者多，入宫辟者少也。赎者，疑赦之罚耳。然训刑，必以"赎"者，非赎之锾数，无以为五刑重轻之率也。如今世徒流者，皆折杖，非以杖数折，不知徒流增减之率也。

司马樞曰，善治天下者，使法胜民，而不使民胜法。法胜民则治，民胜法则乱。是以先王藏法于幽隐之中，而不以示民者，惧民之胜吾法也。夫人君所以制天下之命者，在于法；而所以行天下之法者，在于权。权者，我之所持以制，之而不可使人持之，以反制我也。今藏法于胸中，而原心以定罪，度情以制法，刑则刑，杀则杀，使人不得以罪之大小，而求法之轻重，则天下之法在于我矣。故民惟俛首以听命，敛手以避法，迁善远罪，截然俱入于规矩准绳之中，则奸伪巧诈之心，无自而作，况敢玩法以议其上耶。

黄氏曰，不待爵而劝，不待刑而惩，是君子也，尧舜之民也。爵之而后劝，刑之而后惩，是众人也，治世之民也。爵之而不劝，刑之而不惩，是奸民也，乱世之民也。余读《舜典》，其命百官也，曰"惟刑之恤"云尔。其皋陶曰"惟明克允"云尔。盖其终篇者无几。呜呼！何为法之简也。至读《吕刑》反复数千言，凛乎惟恐听之之不详，阅之之不实，诛之之不当，宥之之不审。重轻之不齐，辞貌之不一，曲为之禁，而大为之防。其属至于三千，则何法之详也。至读《春秋》定哀之篇，盖终乎二百四十二年之间，爵、刑之用备矣。圣人予之，天下之人背而去之；圣人夺之，天下之人趋而归之。向也僭，而今也篡；向也专，而今也逐；向也假君之权，而今也国其国矣。爵非不立也，刑非不明也，然而天下莫之从也，是何法之弛也。夫刑，非圣人之得已也，既为之防于此以待天下矣，而天下犹有出乎防之外，则为之刑以待之。凡刑措而不用者，非上之人不用之也，天下安行于至善，而入吾刑者少矣。自教化之具弛，而后犯法者。众犯法者众，而后刑益详。其刑详矣，而不务于教及其久也，习而安之，则刑亦玩而不威矣。故法简于舜，而详于周。虽以孔子之圣，尽力救之于其末流，而不能正。故《吕刑》为帝王之书之终，而《春秋》为六经之终。夫刑，非圣人之得已也。其用出于不得已，则策已下矣，而犹不能以有为圣人。若曰，呜呼！治道至于刑而穷矣。故《书》与《春秋》皆终焉。

林希曰，穆王训夏赎刑，周失刑也。周刑之属墨五百，劓五百，大辟五百。穆继成、康丕式之后，享国耄荒，其臣甫侯，为训夏，乃作详刑，以诰四方。墨、劓不五百而千，剕五百，宫三百，大辟二百。孔子曰"五刑之属三千，其庶矣乎"，荀子曰"刑名从商"，则夏刑密，亦得轻重之中。

张沂曰，夏承尧、舜之后，民淳易治，故制刑近轻，轻则民慢，至汤刑稍重。厥后纣作炮烙之刑，罚益重。周承其后，不可顿使太轻，虽轻于商，犹重于夏。至成、康之间，刑措不用，下及穆王民复易治，故吕侯度时制宜，请训用夏法，非圣人制作不及吕侯，盖刑罚世轻世重，所宜损益也。

## 11.（宋）陈经《尚书详解》卷四十七《周书·吕刑》

吕命，穆王训夏赎刑，作《吕刑》。惟吕命，王享国百年，耄荒度作刑，以诘四方。

吕命者，吕侯见命为天子司寇。既命吕侯为司寇，则所告者，特吕侯尔，而孔子序书，特曰"穆王训夏赎刑"，盖此书虽命吕侯，而其意则实以此而训诸夏，若所谓"四方司政典狱"与夫"伯父、伯兄、仲叔季弟、幼子童孙"，是因吕侯而并告天下之为典狱者也。赎刑者，即唐、虞"金作赎刑"之法也。此篇其罚千锾、百锾是也。《吕刑》不止于罚，以罚之锾数，为刑轻重之率，故夫子序之曰"训夏赎刑，作《吕刑》"。

《吕刑》曰"惟吕命，王享国百年"，耄期荒忽之年，方且详度时宜，

2001

为之增损轻重,作刑以诘治四方。史官书此,亦有意存焉。人惟历年之久者,其更事必多,其谙究人情必熟,至于垂老之年,则其少年刚果之血气,消除殆尽,仁爱之心至此时始发见,想当盛年之时,尚留意车辙马迹之间,其计虑必未及此。

## 12.（宋）钱时《融堂书解》卷二十《周书·吕刑》

《吕刑》。

吕命,穆王训夏赎刑,作《吕刑》。

吕命,先儒所谓穆王命吕侯为司寇,然则曷为不用君牙、伯冏书法而止首提曰"吕命"也,详其辞旨,决非今日始命为司寇,乃穆王始有训夏赎刑之命耳。此虽普告四方,而实命司寇掌之是刑也。司寇之刑也,非穆王之刑也,所以首提"吕命"二字,而特名书曰《吕刑》欤。"训夏赎刑"者,训饬诸夏,以五赎之刑也。成、康措刑之盛,无复旧观,而刑辟浸繁矣。穆王惧其流于残忍而杀戮无辜之法,用于是首原蚩尤之始作乱,苗民之始作五虐,而盛陈皇帝哀矜庶戮,于是始制于刑之中者,使之为惩为监焉。呜呼!苗民之法,岂中国所宜用乎,骎骎不已,必至于是,此赎刑之所以训也。孔子深有取乎。此而特曰"训夏",明此赎刑,为中国之法欤。或曰,此书所训者不一,而赎刑乃在有邦有土条下,序何以概言"训夏赎刑"。曰,"度作刑以诘四方",盖主为告有邦有土而作也。当时周道陵迟,威令浸不伸于天下,况有邦有土,各居南面,最易以自逞。有苗国于洞庭、彭蠡之间,在唐虞时,犹不免此,何况今日。首明其事,所以戒也。且前乎有邦有土,而告四方司政典狱者,首以惩监两端普告之也。次告伯父、伯兄等众者,王之同姓也。后乎有邦有土而告官伯族姓者,诸侯之族姓也;次告嗣孙者,诸侯之嗣孙也。其辞但略举大概,而告有邦有土独详。着五刑赎法,敷明反复,无所不尽,则知前后所告,虽有同姓、异姓之别,已封未封之殊,其实皆诸侯事。《吕刑》一书,主在赎刑,告有邦有土而余无不包矣。若此之类,皆圣心独断。不明此者,何以观书。

## 13.（宋）魏了翁《尚书要义》卷十九《周书·君牙、冏命、吕刑》

八、吕侯以穆王命作书，训夏赎刑。

吕命，吕侯见命为天子司寇，穆王训夏赎刑，吕侯以穆王命作书，训畅夏禹赎刑之法，更从轻，以布告天下，作《吕刑》。吕侯后为甫侯，故或称"甫刑"。正义曰，名篇谓之"吕刑"，其经皆言"王曰"，知吕侯以穆王命作书也。经言陈罚赎之事，不言何代之礼，故序言"训夏"，以明经是夏法。王者代相革易，刑罚世轻世重。殷以变夏，周又改殷。夏法行于前代，废已久矣。今复训畅夏禹赎刑之法，以周法伤重，更从轻，以布告天下，以其事合于当时，故孔子录之以为法（又一节见后）。

## 14.（宋）陈大猷《书集传或问》卷下《周书·吕刑》

（归善斋按，未解）

## 15.（宋）胡士行《尚书详解》卷十二《周书·吕刑第二十九》

吕命（命吕侯为司寇），穆王训（明畅）夏（夏禹）赎刑（金作赎刑之法），作《吕刑》。

《吕刑》。

惟吕命，王享国百年（岁），耄（昧）荒（迷），度（权度）作刑，以诘（禁）四方。

穆公气质有绝人者，八骏之驰，虽失道，要非龌龊者所为，及血气衰矣，耄荒之年，训告四方，上引邃古，下及民情，朗然精明，亦加人数等，使无中年之失，所至岂易量哉。

## 16.（元）吴澄《书纂言》卷四下《周书·吕刑》

（归善斋按，未解）

**17.（元）陈栎《书集传纂疏》卷六《朱子订定蔡氏集传·周书·吕刑》**

（归善斋按，未解）

**18.（元）许谦《读书丛说》卷六《周书·吕刑》**

（归善斋按，未解）

**19.（元）董鼎《书传辑录纂注》卷六《周书·吕刑》**

（归善斋按，未解）

**20.（元）朱祖义《尚书句解》卷十二《周书·吕刑第二十九》**

吕命（穆王命吕侯为司寇）。

**21.（明）王樵《尚书日记》卷十六《周书·吕刑》**

（归善斋按，未解）

**22.（清）库勒纳等撰《日讲书经解义》卷十三《周书·吕刑》**

（归善斋按，未解）

**（清）王夫之《尚书稗疏》卷四下《周书·吕刑》**

吕。

《礼记》作"甫"，《诗》"不与我戍甫"，毛传但言其为姜姓。朱子云，其地未详。按《说文》，有䢵字，其音与许同。云，太岳之裔甫侯所封地，在颍川。今考许之封壤，正在颍川。而䢵、许同音，则不应此两国同出太岳，同封颍川，而国名之音又一也。毛郑于《烝民》之诗，列言甫、申、齐、许为四国，盖缘《扬之水》之诗，言许，而又言甫。然诗之立文，有重出而异称者，如"伐轮""伐辐"两章互见，而"辐"固

"轮"也。或在西周之世，为吕为甫，而在东周则谓之许，音转文异，犹"郾"之为"殷"，"亳"之为"薄"，"虢"之为"郭"也。特见于《春秋》者，许男爵，而非侯，乃甫侯之称，但见于传，而经无其文，则亦无以必其为侯爵也。

## 穆王训夏赎刑

### 1.（汉）孔氏传、（唐）陆德明音义、孔颖达疏《尚书注疏》卷十八《周书·吕刑》

穆王训夏赎刑。

传，吕侯以穆王命作书，训畅夏禹赎刑之法，更从轻以布告天下。

音义，赎，音蜀，注及下同。

疏，正义曰，穆王于是用吕侯之言，训畅夏禹赎刑之法，吕侯称王之命，而布告天下。

传正义曰，其经皆言"王曰"，知吕侯以穆王命作书也。经言陈罚赎之事，不言何代之礼，故序言训夏以明经，是夏法。王者代相革易，刑罚世轻世重。殷以变夏，周又改殷。夏法行于前代，废已久矣。今复训畅夏禹赎刑之法，以周法伤重，更从轻，以布告天下，以其事合于当时，故孔子录之以为法。经多说治狱之事，是训释申畅之也。金作赎刑，唐虞之法。《周礼》职金掌受士之金罚、货罚，入于司兵，则周亦有赎刑，而远训夏之赎刑者，《周礼》惟言士之金罚，人似不得赎罪，纵使亦得赎，罪赎必异于夏法，以夏刑为轻，故祖而用之，罪实则刑之，罪疑则赎之，故当并言赎刑，非是惟训赎罚也。《周礼》司刑掌五刑之法，以丽万民之罪，墨罪五百，劓罪五百，宫罪五百，刖罪五百，杀罪五百，五刑惟有二千五百。此经五刑之属三千，按刑数乃多于《周礼》，而言变从轻者，《周礼》五刑皆有五百，此则轻刑少而重刑多。此经墨、劓皆千，刖刑五百，宫刑三百，大辟二百，轻刑多，而重刑少。变周用夏，是改重从轻也。然则周公圣人相时制法，而使刑罚大重，今穆王改易之者。穆王远取夏法，殷刑必重于夏。夏承尧舜之后，民淳易治，故制刑近轻，轻则民慢，故殷刑稍重。自汤已后，世渐苛酷，纣作炮烙之刑，明知刑罚益重。周承暴虐之后，不可顿使太轻，虽减之轻，犹重于夏法。成康之间，刑措不用，下及穆王，民犹易治，故吕侯度时制宜，劝王改从夏法。圣人之法非不善也，而不以经远。吕侯之智，非能高也，而法可以适时。苟适于时事，即可为善，亦不言吕侯才高于周公，法胜于前代，所谓观民设教，遭时制宜，刑罚所以世轻世重，为此故也。

《尚书注疏》卷十八《考证》

《吕刑》序疏"不可顿使太轻"。

"顿"字，监本讹"频"，今改正。

## 2.（宋）苏轼《书传》卷十九《周书·吕刑第二十九》

（归善斋按，见"吕命"）

## 3.（宋）林之奇《尚书全解》卷三十九《周书·吕刑》

（归善斋按，见"吕命"）

## 4.（宋）史浩《尚书讲义》卷二十《周书·吕刑》

（归善斋按，见"吕命"）

## 5.（宋）夏僎《尚书详解》卷二十五《周书·吕刑》

（归善斋按，见"吕命"）

## 6.（宋）时澜《增修东莱书说》卷三十四《周书·吕刑第二十九》

（归善斋按，见"吕命"）

## 7.（宋）黄度《尚书说》卷七《周书·吕刑》

（归善斋按，见"吕命"）

**8. （宋）袁燮《絜斋家塾书钞》**

（归善斋按，无此篇）

**9. （宋）蔡沈《书经集传》卷六《周书·吕刑》**

（归善斋按，未解）

**10. （宋）黄伦《尚书精义》卷四十九《周书·吕刑》**

（归善斋按，见"吕命"）

**11. （宋）陈经《尚书详解》卷四十七《周书·吕刑》**

（归善斋按，见"吕命"）

**12. （宋）钱时《融堂书解》卷二十《周书·吕刑》**

（归善斋按，见"吕命"）

**13. （宋）魏了翁《尚书要义》卷十九《周书·君牙、囧命、吕刑》**

五二、训夏赎与刑，非周礼所谓金罚。

"金作赎刑"，唐虞之法。《周礼·职金》掌受士之金罚货罚，入于司兵，则周亦有赎刑，而远训夏之赎刑者，周礼惟言士之金罚，又是不得赎罪，赎必异于夏法，以夏刑为轻，故祖而用之。罪实则刑之，罪疑则赎之，故当并言赎刑，非是惟训赎罚也。

五三、周礼五刑各五百，轻少重多。此虽三千，轻多重少。

《周礼·司刑》掌五刑之法，以丽万民之罪。墨罪五百，劓罪五百，宫罪五百，刖罪五百，杀罪五百。五刑惟有二千五百，此经五刑之属三千，按刑数乃多于《周礼》，而言夏从轻者，《周礼》五刑皆有五百，此则轻刑少，而重刑多。此经，墨劓皆千，剕刑五百，宫刑三百，大辟二百，轻刑多，而重刑少，变周用夏，是改重从轻也。然则，周公圣人，相时制法，而使刑罚太重，今穆王改易之者，穆王远取夏法，殷刑必重于

2007

夏。夏承尧舜之后，民淳易治，故制刑近轻，轻则民慢，故殷刑稍重。自汤以后，世渐苛刻，纣乃炮烙之刑，明知刑罚益重。周承暴虐之后，不可顿使太轻，虽减之轻，犹重于夏法。成、康之间刑措不用，下及穆王，民犹易治，故吕侯度时制宜，劝王改从夏法。圣人之法，非不善也，而不以经远；吕侯之智非能高也，而法可以适时。苟适于适事，即可为善，亦不言吕侯才高于周公，法胜于前代，所谓观民设教，遭时制宜，刑罚所以世轻世重，为此故也。

## 14. （宋）陈大猷《书集传或问》卷下《周书·吕刑》

林氏曰，唐孔氏、薛氏以赎为罚，刑为辟，篇中所言百锾，赎也。墨辟，至于大辟，刑也。此盖欲应序中所言，包括一篇之义。故分赎刑为二。《舜典》曰"金作赎刑"，与此"赎刑"何以异而必分之乎？殊不知五十八篇序，有包括一篇之义者，亦有但言大略者，不可概观也。

或问，典狱非讫于威，诸家多以为戒当时典狱，何也？曰，此一意乃举古训以示训。至后章嗟司政典狱，而下方是戒当时之臣，文意甚明。故从孔氏作。尧时典狱之臣，兼克天德，而作元命，亦非当时之臣所能及。及穆王所以望其臣，语自有别，考之余章可见。

## 15. （宋）胡士行《尚书详解》卷十二《周书·吕刑第二十九》

（归善斋按，见"吕命"）

## 16. （元）吴澄《书纂言》卷四下《周书·吕刑》

（归善斋按，未解）

## 17. （元）陈栎《书集传纂疏》卷六《朱子订定蔡氏集传·周书·吕刑》

（归善斋按，未解）

## 18. （元）许谦《读书丛说》卷六《周书·吕刑》

（归善斋按，未解）

## 19. （元）董鼎《书传辑录纂注》卷六《周书·吕刑》

（归善斋按，未解）

## 20. （元）朱祖义《尚书句解》卷十二《周书·吕刑第二十九》

穆王训夏赎刑（因而训诸夏，以金作赎刑之法。赎，蜀）。

## 21. （明）王樵《尚书日记》卷十六《周书·吕刑》

（归善斋按，未解）

## 22. （清）库勒纳等撰《日讲书经解义》卷十三《周书·吕刑》

（归善斋按，未解）

## （清）张英《书经衷论》卷四《周书·吕刑》

夫先儒谓，《吕刑》之失，莫大于赎；又谓，重罪亦赎，是有财者杀人而亦可以不死，岂得为法之平乎？今观其言曰"五刑不简，正于五罚"，是五刑之中，难于稽核其实者而后以五罚宽之，又曰"墨辟疑赦"，"劓辟疑赦"，"剕辟疑赦"，"宫辟疑赦"，"大辟疑赦"，必五刑之中可疑，而后议赎锾之多寡，非一概而赎宥之也。又曰"五罚不明，正于五过"，并罚亦不当者，则以五刑之过误而正之，又非一概而罚惩之也。特异于唐虞者，有流宥五刑之条，而易之以罚赎耳。至其哀矜恻怛之意，曰"朕言多惧"，则犹是钦恤之心，故孔子取之也。

# 作《吕刑》

## 1.（汉）孔氏传、（唐）陆德明音义、孔颖达疏《尚书注疏》卷十八《周书·吕刑》

作《吕刑》。

传，吕刑后为甫侯，故或称《甫刑》。

疏，正义曰，史录其事作《吕刑》。

传正义曰：《礼记》书传引此篇之言多称为"《甫刑》曰"，故传解之"后为甫侯，故或称《甫刑》"。知"后为甫侯"者，以《诗·大雅·崧高》之篇宣王之诗，云"生甫及申"；《扬之水》为平王之诗，云"不与我戍甫"，明子孙改封为甫侯。不知因吕国改作甫名？不知别封余国而为甫号？然子孙封甫，穆王时未有甫名而称为《甫刑》者，后人以子孙之国号名之也。犹若叔虞初封于唐，子孙封晋，而《史记》称《晋世家》。然宣王以后，改吕为甫，《郑语》史伯之言幽王之时也，乃云"申吕虽衰，齐许犹在"，仍得有吕者，以彼史伯论四岳治水，其齐、许、申、吕是其后也。因上"申吕"之文而云"申吕虽衰"，吕即甫也。

《尚书注疏》卷十八《考证》

《吕刑》传"故或称甫刑"。监本脱"或"字，据旧本及疏添。

## 2.（宋）苏轼《书传》卷十九《周书·吕刑第二十九》

（归善斋按，见"吕命"）

## 3.（宋）林之奇《尚书全解》卷三十九《周书·吕刑》

（归善斋按，见"吕命"）

## 4.（宋）史浩《尚书讲义》卷二十《周书·吕刑》

（归善斋按，见"吕命"）

5. （宋）夏僎《尚书详解》卷二十五《周书·吕刑》

（归善斋按，见"吕命"）

6. （宋）时澜《增修东莱书说》卷三十四《周书·吕刑第二十九》

（归善斋按，见"吕命"）

7. （宋）黄度《尚书说》卷七《周书·吕刑》

（归善斋按，见"吕命"）

8. （宋）袁燮《絜斋家塾书钞》

（归善斋按，无此篇）

9. （宋）蔡沈《书经集传》卷六《周书·吕刑》

（归善斋按，未解）

10. （宋）黄伦《尚书精义》卷四十九《周书·吕刑》

（归善斋按，见"吕命"）

11. （宋）陈经《尚书详解》卷四十七《周书·吕刑》

（归善斋按，见"吕命"）

12. （宋）钱时《融堂书解》卷二十《周书·吕刑》

（归善斋按，见"吕命"）

13. （宋）魏了翁《尚书要义》卷十九《周书·君牙、冏命、吕刑》

九、未有甫，追称甫；既有甫，仍称吕。

或称"甫刑"，知后为甫侯者，以《诗·大雅·崧高》之篇宣王之诗

2011

云"生甫及申",《扬之水》为平王之诗,云"不与我戍甫",明子孙改封为甫侯。不知因吕国改作甫名,不知别封余国,而为甫号。然子孙封甫,穆王时未有甫名,而称为甫刑者,后人以孙之国号名之也。犹若叔虞初封于唐,子孙封晋,而《史记》称《晋世家》。然宣王以后,改吕为甫。《郑语》史伯之言,幽王之时也,乃云"申吕虽衰,齐许犹在",仍得有"吕"者,以彼史伯论四岳治水,其齐许申,是其后也。因上"申吕"之文,而云"申吕虽衰",吕,即甫也。

## 14.（宋）陈大猷《书集传或问》卷下《周书·吕刑》

（归善斋按,未解）

## 15.（宋）胡士行《尚书详解》卷十二《周书·吕刑第二十九》

（归善斋按,见"吕命"）

## 16.（元）吴澄《书纂言》卷四下《周书·吕刑》

（归善斋按,未解）

## 17.（元）陈栎《书集传纂疏》卷六《朱子订定蔡氏集传·周书·吕刑》

（归善斋按,未解）

## 18.（元）许谦《读书丛说》卷六《周书·吕刑》

（归善斋按,未解）

## 19.（元）董鼎《书传辑录纂注》卷六《周书·吕刑》

（归善斋按,未解）

### 20.（元）朱祖义《尚书句解》卷十二《周书·吕刑第二十九》

作《吕刑》(遂作此书)。

### 21.（明）王樵《尚书日记》卷十六《周书·吕刑》

(归善斋按，未解)

### 22.（清）库勒纳等撰《日讲书经解义》卷十三《周书·吕刑》

(归善斋按，未解)

# 《吕刑》

### 1.（宋）夏僎《尚书详解》卷二十五《周书·吕刑》

《吕刑》。刑罚国之重事，而穆王训之，不系于穆王而系于吕侯，何也？盖穆王盘游无度，日事车马，视刑罚为何事？今日训刑之书，虽曰穆王训之，而实吕侯之命也。故序书与作书者，皆先以"吕命"题其首，而目其篇为《吕刑》，盖其言皆出于吕侯之口也。不然则穆王驰骋，老而不厌，独于耆年乃独介介于赎刑一事哉。吕侯之为人，虽不可考其终始，然观是书之作，训辞温厚，意旨恳切，穆乎有三代之风；渊乎有赓歌之作，诚非苟于有言，而姑为是言也，必哀矜惨怛乎其心，故忠厚慈祥于其言，《吕侯》诚仁人君子。人也，夫子取之，取其言也。

### 2.（宋）时澜《增修东莱书说》卷三十四《周书·吕刑第二十九》

世衰，则情伪繁；人老，则经历熟。穆王之时，文、武、成、康之泽浸微，奸宄日胜，其作书于既耄，阅世故，而察物情者，亦熟矣。故古今

2013

犴狱言之略尽，用刑者，所宜尽心焉。

## 3. （宋）蔡沈《书经集传》卷六《周书·吕刑》

《吕刑》。

吕侯，为天子司寇，穆王命训刑以诰四方，史录为篇今文古文皆有。按此篇专训赎刑，盖本《舜典》"金作赎刑"之语。今详此书，实则不然，盖《舜典》所谓"赎"者，官府学校之刑尔。若五刑，则固未尝赎也。五刑之宽，惟处以流。鞭扑之宽，方许其赎。今穆王赎法，虽大辟亦与其赎免矣。汉张敞以讨羌，兵食不继，建为入谷赎罪之法，初亦未尝及夫杀人及盗之罪，而萧望之等犹以为如此，则富者得生，贫者独死，恐开利路，以伤治化，曾谓唐、虞之世，而有是赎法哉。穆王巡游无度，财匮民劳，至其末年，无以为计，乃为此一切权宜之术，以敛民财。夫子录之，盖亦示戒。然其一篇之书，哀矜恻怛，犹可以想见三代忠厚之遗意云尔。又按书传引此，多称甫刑，《史记》作"甫侯言于王作修刑辟"。吕，后为甫欤。

## 4. （宋）陈经《尚书详解》卷四十七《周书·吕刑》

《吕刑》

《吕刑》之书，虽为训刑而作，其实轻刑也，何以知之？即《周官》而知之。《周官》载五刑之属二千五百，是大辟与宫皆五百也。至穆王时，其属三千，大辟之罚至于二百，而墨劓之罚三千，是轻刑则增其条目，重刑则减损也。然则，周公之制非欤？曰，民习于重而未敢以骤去也。夏有乱政而作禹刑；商有乱政而作汤刑。盖自唐、虞而后，德渐衰，俗渐降，刑渐重，至于成周之民，耳目习见夫刑之重也，而骤然去之，则适以启民之奸心，无乃召乱乎？至于穆王之时，虽是世降德衰，不及文武之盛时，然而承成、康刑措之后，民之犯轻刑者有之，而无有犯死刑者。穆王于此，始减其死刑，而增其轻刑为之赎法，以遵唐、虞之旧观。天下之势，惟是风俗还淳反朴，方可以轻刑，故在唐、虞之时，则轻刑，如舜所载"象以典刑流宥五刑鞭作官刑扑作教刑金作赎刑"是也。在穆王之时，则可以轻刑，如此篇"训夏赎刑"是也。所以此篇近不取夏、商、

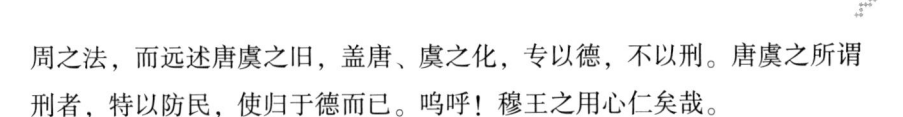

周之法，而远述唐虞之旧，盖唐、虞之化，专以德，不以刑。唐虞之所谓刑者，特以防民，使归于德而已。呜呼！穆王之用心仁矣哉。

## 5.（元）吴澄《书纂言》卷四下《周书·多方》

《吕刑》。

吕，国名；刑，刑书也。《礼记·孝经》作甫刑。宣王时，《诗》云"生甫及申"。平王时诗云"不与我戍甫"，盖吕侯子孙或因吕为甫，或别封为甫，穆王时未有甫名，后人曰甫刑者，犹叔虞封唐，子孙称晋。《诗·国风》从初所封曰唐，《史记》从后所称曰《晋世家》也。或曰，吕、甫声协，犹受、纣二字不同，其初盖一名也。

## 6.（元）陈栎《书集传纂疏》卷六《朱子订定蔡氏集传·周书·吕刑》

《吕刑》。

吕侯为天子司寇，穆王命训刑以诘四方，史录为篇，今文古文皆有。案，此篇专训赎刑，盖本《舜典》"金作赎刑"之语，今详此书，实则不然。盖《舜典》所谓"赎"者，官府、学校之刑尔。若五刑，则固未尝赎也。五刑之宽，惟处以流。鞭扑之宽，方许其赎。今穆王赎法，虽大辟亦与其赎免矣。汉张敞以讨羌，兵食不继，建为入谷赎罪之法，初亦未尝及夫杀人及盗之罪，而萧望之等犹以为如此，则富者得生，贫者独死，恐开利路以伤治化，曾谓唐、虞之世而有是赎法哉？穆王巡游无度，财匮民劳，至其末年，无以为计，乃为此一切权宜之术，以敛民财。夫子录之，盖亦示戒。然其一篇之书，哀矜恻怛，犹可以想见三代忠厚之遗意云尔。又案，书传引此，多称"甫刑"。《史记》作"甫侯言于王作修刑辟"，吕，后为甫欤。

纂疏：

问，郑敷文所谓甫刑之意是否？曰，他们都不去考那"赎刑"，古之"金作赎刑"，只是刑之轻者，如流宥五刑，皆是流、窜。想穆王胡做，晚年无钱使，后撰出那般法来。圣人也是志法之变处，但是其中论不可轻于用刑之类也，有许多好说话，不可不知。

唐孔氏曰，书传引此篇语，多称"甫刑"者，吕侯子孙后改封甫，如《诗》之"生甫及申"，"不与我戍甫"。穆王时未有甫名，后世以子孙国号名之，追称甫刑，若叔虞封唐，子孙封晋，而《史记》作《晋世家》。

林氏曰，吕与甫，犹荆与楚，殷与商。

王氏炎曰，此书穆王之言，而名《吕刑》者，吕侯为王司寇，王命之参定刑书，乃推作刑之意，以训四方司政典狱，故以《吕刑》名之。

## 7.（元）董鼎《书传辑录纂注》卷六《周书·吕刑》

《吕刑》。

吕侯为天子司寇，穆王命训刑，以诰四方，史录为篇，今文古文皆有。案，此篇专训赎刑，盖本《舜典》"金作赎刑"之语，今详此书，实则不然。盖《舜典》所谓"赎"者，官刑、学校之刑尔。若五刑，则固未尝赎也。五刑之宽，惟处以流。鞭扑之宽，方许其赎。今穆王赎法，虽大辟亦与其赎免矣。汉张敞以讨羌，兵食不继，建为入谷赎罪之法，初亦未尝及夫杀人及盗之罪，而萧望之等，犹以为如此，则富者得生，贫者独死，恐开利路，以伤治化，曾谓唐、虞之世而有是赎法哉？穆王巡游无度，财匮民劳，至其末年无以为计，乃为此一切权宜之术，以敛民财。夫子录之，盖亦示戒。然其一篇之书，哀矜恻怛，犹可以想见三代忠厚之遗意云尔。又案，书传引此多称甫刑，《史记》作"甫侯言于王，作修刑辟"，吕后为甫欤。

辑录：

《吕刑》一篇如何？穆王说得散漫，直从苗民、蚩尤为始作乱道起，若说道都是古人元文，如何出于孔氏者多分明易晓，出于伏生者都难理会。贺孙。

问，赎刑所以宽鞭扑之刑，则《吕刑》之赎刑如何？曰，《吕刑》，盖非先王之法也。故程子有一策问云，商之《盘庚》，周之《吕刑》圣人载之于《书》其取之乎，抑将垂戒后世乎。广。

蔡仲默论五刑不赎之意，先生曰，是穆王方有赎法，尝见萧望之言古不赎刑，某甚疑之，后来方省得，赎刑不是古。因取望之传看毕，曰说得也。义刚。

义刚问,郑敷文所谓甫刑之意是否?先生曰,便是他们都不去考那"赎刑",如古之"金作赎刑",只是刑之轻者,如流宥五刑之属,皆是流窜,但有鞭作官刑,扑作教刑,便是法之轻者故赎。想见那穆王胡做,到那晚年无钱使,后撰出那般法来。圣人也是志法之变处,但是,他其中论不可轻于用刑之类,有许多好说话,不可不知耳。

纂注:

唐孔氏曰,书传引此篇语多称甫刑者,吕侯子孙后改封甫,如《诗》之"生甫及申","不与我戍甫"。穆王时未有甫名,后人以子孙国号名之,追称甫刑,若叔虞封唐,子孙封晋,而《史记》作《晋世家》。

林氏曰,吕与甫,犹荆与楚,殷与商。

王氏炎曰,此书穆王之言而名"吕刑"者,吕侯为王司寇,言于王,王命之参定刑书,乃推作刑之意,以训四方司政典刑者,故以"吕刑"名之。

## 8.(元)朱祖义《尚书句解》卷十二《周书·吕刑第二十九》

《吕刑第二十九》(穆王当百年耄荒之余,慕唐尧无刑之化,遂命太公之后吕侯为司寇,因而训迪夏禹赎刑之法,以布告天下,故作此篇。此书出于吕侯之命,所命何事,乃为穆王训迪夏禹赎刑之法,布告天下)。

《吕刑》(竹简旧标)。

## 9.(清)库勒纳等撰《日讲书经解义》卷十三《周书·吕刑》

《吕刑》。

周穆王用吕侯为司寇,命之作刑书,以训告天下。史臣录其辞,因以"吕刑"名篇。

## 10.(元)陈师凯《蔡氏传旁通》卷六下《吕刑》

书传引此,多称"甫刑"。《史记》作"甫侯",言于王,作修刑辟。

吕后为甫欤。

颜师古，曰吕侯为周穆王司寇，作赎刑之法，谓之"吕刑"，后改为"甫侯"，故又称"甫刑"。孔颖达云，吕侯子孙后改封甫，如《诗》云"不与我戍甫"。穆王时未有"甫"名。后人以子孙国号名之，追称"甫刑"，若叔虞封唐，子孙封晋，而史记作《晋世家》。林氏曰，吕与甫，犹荆与楚，殷与商。

## 11．（明）马明衡《尚书疑义》卷六《周书·吕刑》

《吕刑》一书，诸儒皆以赎刑为非。程子发策问谓，圣人意在垂戒，故录之。夫圣人若意在垂戒，又不明言，只根于经，以与尧、舜、禹、汤、文、武、周公之训并传人，将何得而知之。朱子又谓，穆王荒游无度，至晚年无钱使，后撰出那般法来。而蔡氏俱祖之，此无他，皆以穆王非有德之君，故虽有德言，不足取信于后世也。愚反复读之，爱其词旨，恳切出于至诚恻怛之意，而非以为掊敛之资也。想穆王亦是阔大通达的人，其天资亦高明，故虽车辙马迹遍于天下，然后命君牙为司徒，命伯冏为仆正，其于道理亦皆见，得特不胜其意欲之偏耳。迨至末年精神鼓舞已尽，返其初心，有一念思及爱民之意，见夫天下刑辟之滥，而不忍之心油然而兴，故命吕侯斟酌为此法，以训四方。如武帝南征北伐，晚年精神既倦，始有轮台之悔，使在夫子，岂不取之。况所宣明，皆合古训，夫子亦安得而遗之哉？夫圣人之书，载道以为训者也。尧、舜、禹、汤、文、武、周公尽是道而无疵，固备载之，以为天下后世法，舍此而下，苟有合于是者，亦并取焉，以附夫尧、舜、禹、汤、文、武、周公之后，是亦一事之尧、舜、禹、汤、文、武、周公也。充其一事，而事事皆如是焉，是亦尧、舜、禹、汤、文、武、周公而已矣。是则，圣人载道以为训，亦圣人与人为善之心也。或曰一事之合，即可以为尧、舜、禹、汤、文、武、周公乎？余曰，长江之水，浩荡万里，何其大也。沼沚之微，去长江固已远甚，然不可谓非水也。今取杯盂之水，置之长江之中，固无异也。惟泥沙汩其性，污秽乱其真，则始有异耳。尧、舜、禹、汤、文、武、周公，长江之水也。其它有一言一事之合乎道，犹之沼沚、杯盂也。虽其大小有间，犹幸泥沙污秽之不汩且乱，不犹可以扬波而助澜乎？是故学者，必有见乎是，而后可以为学。君子必有见乎，是而后可以为教。盖不必务其大，而惟求其同，不可以一时区区之力，而效长江浩荡之无穷，而惟孜孜汲汲于泥沙污秽之不汩且乱也。呜呼，是特可以论周穆王《吕刑》一事而已耶。

若赎刑之意，亦未可甚病。盖刑狱一事极难，非德之至精者，不能无疵。于是说者谓，虞廷之德，惟皋陶为盛，故曰"方祗厥叙，方施象刑惟明"。舜之称皋陶曰"俾余从欲，以治四方风动"；禹之称皋陶曰"迈种德，德乃降，黎民怀之"，则皋陶之德，诚非后世之所能及。夫上有舜之圣，下有皋陶之德，则尽夫天理之极，而无人欲之私；通天下之志而无不尽之情，然后天下之刑，可得而平也。然犹有疑而宥者，刑狱岂易言哉？汉淳于意之女曰，死者不可复生，刑者不可复赎，虽欲改过自新，其道无由，伤哉斯言，亦天理之至，人情之极也。万一有失其冤，何如？此文帝之除肉刑，万古不能再复，亦未可遂以一笔勾断也。盖上古圣贤，既已不作，后世为君者，喜怒好恶之横出；而为臣者，谀佞苟且之成风。就中虽有一二忠实之质。然亦所谓存十一于千百。而其至精至粹之德，抑何得以言皋陶哉。夫有尧、舜、皋陶之德，而行尧、舜、皋陶之刑可也，德不足以比尧、舜、皋陶，而行之，或少纾焉，是亦未为失也。"与其杀不辜，宁失不经"，《吕刑》之赎刑，虽与舜流宥五刑少异者，亦所谓失之不经，而不至于大杀不辜也，不亦可哉？况详其意，亦所谓疑者赎之耳，其不疑而丽于五刑者，刑之固自若也，安能以货而幸脱哉。而其曰"审克"，曰"阅实其罪"，曰"中"，曰"德"，曰"敬忌"，曰"惟良"，曰"哀敬"，不一而足，其丁宁反复深切之意，蔼然见于言外，此穆王一念之善，谓非圣人之心，而与圣人同者欤。若曰"财匮民劳"，欲以敛财为事，则其曰"罚惩匪死，人极于病"，即其所谓"罚"者，亦恐其有亏枉，而不敢苟也，此岂汲汲于敛财者而能虚饰为是言哉？大抵后世于圣贤，未能见得实理实心，而实知圣贤所以为圣贤者，在此而不在彼，或只就躯壳上看，故即其人之心有一念一事，可同于圣贤者，不肯法其同，以达其异，必欲求其异，以掩其同。宋自二三大儒之外，多有此病，是皆未足以见圣人之心也。夫子曰，圣人吾不得而见之矣，得见有恒者，斯可矣。夫子之心，非知德者，孰能体之。予常见今之司刑者，恃其才智之雄，或以一人之见，而破数人之是非；或以一日而剖决数十事。若果肉刑，吾将见肢体残伤之人，遍于天下矣。

## 12. (明) 袁仁《尚书砭蔡编》

一篇大意尽自有条。"若古有训"至"惟腥"言，苗民承蚩尤之乱而淫刑也。"皇帝哀矜"至"惟明"言，舜惩苗之虐而用德也。"乃命三后"二节，言群臣辅舜之德明，德感而后始命皋陶制刑，见刑之不得已耳。"四方司政"至"惟永"，则言当以苗为戒，以伯夷为勉，而其所当勉者，惟在勤敬也。"有邦有土"以下，先言择人敬刑。度及者，举其要也。"两造具备"至"有要"，正言用刑之事。"罚惩"以下，申择人也。"察辞"以下，申敬刑也。"狱成"以下，申度及也。"百官族姓"以下，又言用刑之本，与"两造具备"以下相应。"嗣孙"以下，则告后世耳。其言有条。其理甚正，蔡传乃深非之，则不考之故也。

## 13. (明) 陈第《尚书疏衍》卷四《周书·吕刑》

《吕刑》一篇，序以为"训夏赎刑"作也。今反复读之，嗟有苗，思尧舜，述三后，示来嗣，其惓勤恳切，惟恐失于不经、不辜，将下伤民命，而上违天和也，故戒之勤，戒之审，戒之佞，戒之狱货，恻怛哀矜之情，洋溢于诏告，肫肫然先王之法言，孔子所为取也。至于"赎刑"特其中之一事耳。儒者訾之曰，唐虞鞭朴，方许其赎，今穆王之法，虽大辟亦免之矣，不知赎也者。赎其所矜疑也，不疑何赦，不赦何赎。夫既疑矣，当之以本罪，忍乎？故计所犯之重轻而酌镪之多寡，亦平允之一道也。汉制，苏建出塞失军，赎为庶人；太史公下蚕室，家贫不足以自赎，其亦《吕刑》之遗意乎？故曰"罚惩非死人极于病"。

儒者又谓，穆王巡游无度，财匮民劳，至其末年为此一切权宜之术，以敛民财，此又揣摩之过也。夫穆王欲以车辙马迹遍天下，彼一时也。故读《祈招》之诗，伤哉其言之矣。今此训刑之作，意其悔心之萌乎？夫悔而念及于刑，念刑而笃于敬惧，此一时也，实非敛民以自富者也。故祇宫获殁，尚延共懿孝夷之绪，有以也哉。汉路温舒谓，狱者天下之大命。狱吏深刻利人之死，非憎人也，自安之道在人之死。悲矣，悲矣。夫然后知《吕刑》之言,大有关于国体民瘼也,或谓孔子录此以示戒,岂其然,岂其然?

## 14.（清）朱鹤龄《尚书埤传》卷十五《周书·吕刑》

《吕刑》。

孔传,吕侯为天子司寇,疏云,篇名《吕刑》。经皆言"王曰",知吕侯以穆王命作书也。书传引此篇之言,多称甫刑。《大雅·崧高》云"生申及甫",《王风·扬之水》云"不与戍甫",必子孙改封为甫也（《水经注》宛西吕城,四岳所受封。《括地志》故吕城在邓州南阳县西四十里哉）。董鼎曰,穆王之意重在赎刑,故取金作赎刑以为据。孔子未定书以前,《舜典》犹作夏。书序者谓"训夏赎刑",盖本诸此。

邹季友曰,古者刑清律简,至周而律令益繁。穆王哀民之易丽于法也,故五刑之疑,各以赎论。观其讫货惟富之戒,必非为敛民财而作也。刑之可疑者,则赦其罪而罚其金,乃哀矜敬慎之至,非谓罪皆可赎,而使富者得生,贫者独死也。一篇之中,察狱情之隐痛,鉴天道之难欺,咨嗟恳恻,谆复详练,罚赎特篇中之一事耳。小序专言"训夏赎刑",遂使解者肆为讥诋,惜哉。陈启源曰,《吕刑》一篇,皆哀矜恻怛之意,其言赎者,不过"墨辟疑赦"以下数语耳。仲默以为专训赎刑,盖误解书序也。书序"训夏赎刑",赎,谓罚赎;刑,谓五刑。疏云,罪实则刑之,罪疑则赎之,故并言赎、刑,非是。惟训赎罚也,其语甚明,仲默不察,乃误合"赎刑"为一,又加以"专"字,而《吕刑》遂为黩货鬻狱之书矣。邹氏善知经意,而归罪书序,其亦未审正义之言乎?

## 15.（清）孙之騄辑《尚书大传》（辑本）卷三《周书》

《吕刑传》。

夏后氏不杀不刑,死罪罚二千馔（《索隐》引《大传》）。

马融曰,馔,音选。

决关梁、逾城郭,而略盗者,其刑膑;男女不以义（一作礼）交者,其刑宫；触易（一作逆）君命，革舆服制度，奸轨、盗攘、伤人者，其刑劓；非事而事之，出入不以道义而诵不详（一作祥）之辞者，其刑墨；降叛、寇贼、劫略、夺攘、矫者，其刑死（此二千五百罪之目略也，其刑书则亡）。

夏刑，大辟二百，膑辟三百，宫辟五百，劓墨各千（《周礼》疏）。

郑玄曰，周改膑作刖，刖，断足也。宫，丈夫割其势；女子椓其阴，闭于宫中。非事而事之，今所不当为也。犯劓者赭衣，大辟者，布衣（《文选注》）。

墨罚疑赦，其罚百率（夏侯欧阳说）。

上刑挟轻，下刑挟重（《刘恺传》）。

犯墨者蒙巾，犯劓者赭其衣，犯膑者象其膑，犯大辟者衣无领（《北堂书抄》引《尚书大传》）。

天齐乎人，假我一日（《后汉书·杨赐传》）。

狱货非可宝也。然宝之者，未能行其法者也。贪人之实，受人之财，未有不受命以矫其上者也。亲下以矫其上者，未有能成其功者也。

子夏曰，昔者三王悫然欲错刑遂罚，遂罚平心而应之和，然后行之，然且曰吾意者以不平虑之乎，吾意者以不和平之乎，如此者三，然后行之。此之谓慎罚。

郑玄曰，错，处也。遂，行也。

子曰，古之刑者省之，今之刑者繁之。古者有礼，然后有刑，是以刑省也。今也反是，无礼而齐之，以刑是以繁也。《书》曰，伯夷降典，折民以刑，谓有礼，然后有刑也。

听讼之术大略有三，治必宽，宽之术归于察，察之术归于义。是故听而不宽是乱也，宽而不察是慢也。古之听讼者，言不越情，情不越义，是故听民之术，怒必畏，畏思义，小罪勿兼。

郑玄曰，怒，责也。因责之罪，必思兼。谓思其辞，思其义。思义，重罪小，可求以出之也。

子曰，今之听民者，求所以杀之；古之听民者，求所以生之，不得其所以生之之道，乃刑杀。君与臣会焉。

子曰，听讼者，虽得其情，必哀矜之，死者不可复生，断者不可复续也。

子如卫，人谓曰公甫不能听狱。子曰，非公甫不能听狱也，公甫之听狱也，有罪者惧，无罪者耻，民近礼矣。

子曰，吴越之俗，男女同川而浴，其刑重而不胜，由无礼也。中国之教，内外有别，男女不同椸架，不同巾栉，其刑重而胜，由有礼也。语曰，夏后不杀不刑，罚有罪，而民不轻犯。

夏刑三千条（唐长孙律疏序引《尚书大传》）。

# 惟吕命，王享国百年，耄荒

## 1. （汉）孔氏传、（唐）陆德明音义、孔颖达疏《尚书注疏》卷十八《周书·吕刑》

惟吕命，王享国百年，耄荒。

传，言吕侯见命为卿，时穆王以享国百年，耄乱荒忽。穆王即位过四十矣，言百年大期，虽老而能用贤以扬名。

音义，耄，本亦作□，毛报反，《切韵》莫报反。

疏，正义曰，惟吕侯见命为卿，于时穆王享有周国已积百年，王精神耄乱而荒忽矣。王虽老耄，犹能用贤，取吕侯之言。

传正义曰，史述吕侯见命，而记王年，知其得命之时王已享国百年也。《曲礼》云"八十、九十曰耄"，是耄荒，为年老，精神耄乱荒忽也。穆王即位之时，已年过四十矣。此至，命吕侯之年，未必已有百年，言百年者，美大其事。虽则年老，而能用贤以扬名，故记其百年之耄荒也。《周本纪》云"甫侯言于王，作修刑辟"，是修刑法者，皆吕侯之意，美王能用之。穆王即位过四十者，不知出何书也。《周本纪》云"穆王即位，春秋已五十矣"，"立五十五年崩"。司马迁若在孔后，或当各有所据。《无逸》篇言殷之三王及文王享国若干年者，皆谓在位之年，此言"享国百年"，乃从生年而数，意在美王年老能用贤，而言其长寿，故举从生之年，以耄荒接之，美其老之意也。文不害意，不与彼同。

《尚书注疏》卷十八《考证》

"惟吕命"传"言吕侯见命为卿"。

臣召南按,为卿,即前传所云为天子司寇也。《史记》注引郑康成曰,《书说》云"周穆王以甫侯为相",此又一说。

"王享国百年耄荒（句）"。

苏轼谓,"荒"字当属下句,荒,大也,大度作刑,犹禹曰,荒度土功。朱子谓苏读其有理。

## 2.（宋）苏轼《书传》卷十九《周书·吕刑第二十九》

惟吕命,王享国百年,耄荒度作刑,以诘四方。

刑必老者制之,以其更事而仁也。耄荒度作刑者,以耄年而大度作刑,犹禹曰,予荒度土功。度,约也,犹汉高祖约法三章也。

## 3.（宋）林之奇《尚书全解》卷三十九《周书·吕刑》

（归善斋按,见"吕命"）

## 4.（宋）史浩《尚书讲义》卷二十《周书·吕刑》

《吕刑》。

惟吕命,王享国百年,耄荒,度作刑,以诘四方。王曰,若古有训,蚩尤惟始作乱,延及于平民,罔不寇贼,鸱义,奸宄,夺攘,矫虔。苗民弗用灵,制以刑,惟作五虐之刑曰法,杀戮无辜,爰始淫为劓、刵、椓、黥,越兹丽刑并制,罔差有辞。民兴胥渐,泯泯棼棼,罔中于信,以覆诅盟,虐威庶戮,方告无辜于上。上帝监民,罔有馨香德刑,发闻惟腥。皇帝哀矜庶戮之不辜,报虐以威,遏绝苗民,无世在下。乃命重黎,绝地天通,罔有降格。群后之逮在下,明明棐常,鳏寡无盖。皇帝清问下民,鳏寡有辞于苗。德威惟畏,德明惟明。乃命三后,恤功于民。伯夷降典,折民惟刑;禹平水土,主名山川;稷降播种,农殖嘉谷。三后成功,惟殷于民。士制百姓于刑之中,以教祗德。穆穆在上,明明在下,灼于四方,罔不惟德之勤。故乃明于刑之中,率乂于民棐彝。典狱非讫于威,惟讫于富。敬忌,罔有择言在身。惟克天德,自作元命,配享在下。王曰,嗟!

2024

四方司政典狱，非尔惟作天牧。今尔何监，非时伯夷播刑之迪？其今尔何惩，惟时苗民匪察于狱之丽，罔择吉人观于五刑之中？惟时庶威夺货，断制五刑，以乱无辜。上帝不蠲，降咎于苗。苗民无辞于罚，乃绝厥世。王曰，呜呼！念之哉，伯父、伯兄、仲叔、季弟、幼子、童孙，皆听朕言，庶有格命。今尔罔不由慰日勤，尔罔或戒不勤。天齐于民，俾我一日，非终惟终，在人。尔尚敬逆天命，以奉我一人。虽畏勿畏，虽休勿休，惟敬五刑，以成三德。一人有庆，兆民赖之，其宁惟永。

（按，以上讲义《永乐大典》原缺）

## 5.（宋）夏僎《尚书详解》卷二十五《周书·吕刑》

《吕刑》。

惟吕命，王享国百年，耄荒，度作刑，以诘四方。

此"吕刑"二字，亦旧竹简所标之题也，孔氏存之于此。详味此"惟吕命，王享国百年，耄荒，度作刑，以诘四方"数语，可见是书乃吕侯所命，而穆王无预焉。作书者惟谓此吕侯之命，盖谓穆王享国，今其寿且百岁，既耄而且荒迷而不止。耄乃八九十岁人之称。盖年至八九十，则精神耄昧也。穆王百岁，乃精神耄昧之时，而驰骋荒迷，犹不知止。《吕刑》乃度作刑法，以诘治四方。凡下言"王曰"皆吕侯之命，犹周公作《大诰》《多方》《多士》皆称"王曰"，盖穆王虽耄荒，而吕侯训刑，实以王命告，故云"王曰"。东坡以"享国百年耄"为一句，"荒度作刑"为一句，其意以比"荒度土功"之"荒度"，荒，谓大也。大度时宜，以作刑书。此说虽通，然穆王实是耄而荒者，不必更为之婉其辞。按《史记》穆王即位，春秋已五十，又立五十年崩，则在位实五十年也。《无逸》称三宗与文王享国，皆数在位之年，此言"享国百年"乃从生年数。要之，作书者非一人，故言各不同，不必泥也。

## 6.（宋）时澜《增修东莱书说》卷三十四《周书·吕刑第二十九》

惟吕命，王享国百年，耄荒，度作刑，以诘四方。

百年耄荒，乃倦于万几之时也。哀矜之意，犹不能已，方且度刑以诘四方，穆王之于民厚矣。尝论穆王之气质禀赋，盖有甚绝人者，血气方盛，驭八骏而略四方，虽曰失道，要非龌龊者所能为。及其改过于血气既衰，期颐笃老之际，训告四方，上引邃古，下极民情，琅然精明，亦加于人数等，受于天者如此，使有周、召之徒养成之，岂易量其所至哉。

## 7.（宋）黄度《尚书说》卷七《周书·吕刑》

《吕刑》。

惟吕命，王享国百年，耄荒，度作刑，以诘四方。

穆王耄而荒，奸宄不胜，乃度时之宜，作刑以诘四方，金罚是也。舜虽有赎法，临时用之，无成法也。穆王始缘刑制罚而行之。按《史记》，穆王即位，春秋已五十。王道衰微，穆王悯文、武之道缺，乃命伯冏申诫太仆，穆王将征犬戎，祭公谋父谏，王征之，得白狼白鹿。自是荒服不至，诸侯有不睦者，甫侯言于王，作修刑辟。穆王之书次序如此。穆王盖始勤而终怠欤。若蹈虎尾，涉于春冰中，夜以兴思，免厥愆，皆自废其言矣。然征伐必非耄岁事。是则用祭公谋父之谏，悔悟亦久矣，而终不免于怠荒年高倦勤。虽圣人，亦患之。复上六曰"迷复，凶，有灾眚，用行师，终有大败，以其国君凶，至于十年，不克征"，象曰"迷复之凶，反君道也"。夫"从谏弗咈，改过不吝"，君之道也。恶谏护过，迷而后复，岂其道哉？然迷而不复，则遂亡矣。秦皇是也。迷而能复，虽晚犹庶几于救败，汉武是也。复差早，亦差早得力，穆王是也。穆王接文、武、成、康，见闻终是不同。按《书》享国百年，《史记》言五十始即位，是则百五十岁矣，故方士多推言之，未必然也。《史记》之言恐有误。

## 8.（宋）袁燮《絜斋家塾书钞》

（归善斋按，无此篇）

## 9.（宋）蔡沈《书经集传》卷六《周书·吕刑》

惟吕命，王享国百年，耄荒，度作刑，以诘四方。

惟吕命，与"惟说命"语意同。先此以见训刑，为吕侯之言也。耄，老而昏乱之称。荒，忽也。《孟子》曰"从兽无厌谓之荒"。穆王享国百

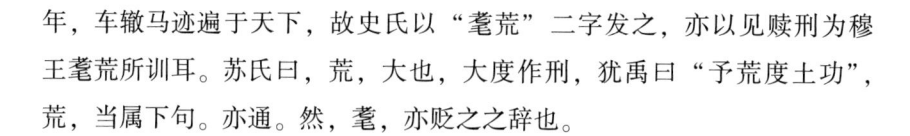

年，车辙马迹遍于天下，故史氏以"耄荒"二字发之，亦以见赎刑为穆王耄荒所训耳。苏氏曰，荒，大也，大度作刑，犹禹曰"予荒度土功"，荒，当属下句。亦通。然，耄，亦贬之之辞也。

## 10.（宋）黄伦《尚书精义》卷四十九《周书·吕刑》

《吕刑》。

惟吕命，王享国百年，耄荒，度作刑，以诘四方。王曰，若古有训，蚩尤惟始作乱，延及于平民，罔不寇贼，鸱义，奸宄，夺攘，矫虔。苗民弗用灵，制以刑，惟作五虐之刑曰法，杀戮无辜，爰始淫为劓、刵、椓、黥。越兹丽刑并制，罔差有辞。民兴胥渐，泯泯棼棼，罔中于信，以覆诅盟。虐威庶戮，方告无辜于上。上帝监民，罔有馨香德刑，发闻惟腥。皇帝哀矜庶戮之不辜，报虐以威，遏绝苗民，无世在下。乃命重黎，绝地天通，罔有降格。群后之逮在下，明明棐常，鳏寡无盖。皇帝清问下民，鳏寡有辞于苗。德威惟畏，德明惟明。乃命三后恤功于民。伯夷降典，折民惟刑；禹平水土，主名山川；稷降播种，农殖嘉谷。三后成功，惟殷于民，士制百姓于刑之中，以教祗德。穆穆在上，明明在下，灼于四方，罔不惟德之勤，故乃明于刑之中，率乂于民棐彝。典狱非讫于威，惟讫于富。敬忌，罔有择言在身。惟克天德，自作元命，配享在下。王曰，嗟！四方司政典狱，非尔惟作天牧。今尔何监，非时伯夷播刑之迪？其今尔何惩，惟时苗民匪察于狱之丽，罔择吉人观于五刑之中？惟时庶威夺货，断制五刑，以乱无辜。上帝不蠲降咎于苗，苗民无辞于罚，乃绝厥世。王曰，呜呼！念之哉。伯父、伯兄、仲叔、季弟、幼子、童孙，皆听朕言。庶有格命，今尔罔不由慰曰勤，尔罔或戒不勤，天齐于民，俾我一日，非终惟终，在人。尔尚敬逆天命，以奉我一人，虽畏勿畏，虽休勿休，惟敬五刑，以成三德，一人有庆，兆民赖之，其宁惟永。王曰，吁！来，有邦有土，告尔祥刑，在今尔安百姓，何择，非人？何敬，非刑？何度，非及。两造具备，师听五辞。五辞简孚，正于五刑；五刑不简，正于五罚；五罚不服，正于五过。五过之疵，惟官，惟反，惟内，惟货，惟来。其罪惟均，其审克之。五刑之疑，有赦；五罚之疑，有赦。其审克之。简孚有众，惟貌有稽，无简不听，具严天威。墨辟疑赦，其罚百锾，阅实其罪。

2027

劓辟疑赦，其罚惟倍，阅实其罪。剕辟疑赦，其罚倍差，阅实其罪。宫辟疑赦，其罚六百锾，阅实其罪。大辟疑赦，其罚千锾，阅实其罪。墨罚之属千，劓罚之属千，剕罚之属五百，宫罚之属三百，大辟之罚，其属二百。五刑之属三千。上下比罪，无僭乱辞，勿用不行，惟察惟法，其审克之。

（按，以上经解《永乐大典》原缺）

## 11.（宋）陈经《尚书详解》卷四十七《周书·吕刑》

（归善斋按，见"吕命"）

## 12.（宋）钱时《融堂书解》卷二十《周书·吕刑》

惟吕命，王享国百年，耄荒，度作刑，以诘四方。王曰，若古有训，蚩尤惟始作乱，延及于平民，罔不寇贼，鸱义，奸宄，夺攘，矫虔。苗民弗用灵，制以刑，惟作五虐之刑曰法，杀戮无辜，爰始淫为劓、刵、椓、黥，越兹丽刑并制，罔差有辞。民兴胥渐，泯泯棼棼，罔中于信，以覆诅盟。虐威庶戮，方告无辜于上。上帝监民，罔有馨香德刑，发闻惟腥。皇帝哀矜庶戮之不辜，报虐以威，遏绝苗民，无世在下。乃命重黎，绝地天通，罔有降格。群后之逮在下，明明棐常，鳏寡无盖。皇帝清问下民，鳏寡有辞于苗。德威惟畏，德明惟明。乃命三后，恤功于民。伯夷降典，折民惟刑；禹平水土，主名山川；稷降播种，农殖嘉谷。三后成功，惟殷于民。士制百姓于刑之中，以教祇德。穆穆在上，明明在下，灼于四方，罔不惟德之勤。故乃明于刑之中，率乂于民棐彝。典狱非讫于威，惟讫于富。敬忌，罔有择言在身，惟克天德，自作元命，配享在下。王曰，嗟！四方司政典狱，非尔惟作天牧。今尔何监，非时伯夷播刑之迪；其今尔何惩。惟时苗民匪察于狱之丽，罔择吉人，观于五刑之中。惟时庶威夺货，断制五刑以乱无辜。上帝不蠲，降咎于苗。苗民无辞于罚，乃绝厥世。王曰，呜呼！念之哉。伯父、伯兄、仲叔、季弟、幼子、童孙，皆听朕言，庶有格命。今尔罔不由慰曰勤，尔罔或戒不勤，天齐于民，俾我一日，非终惟终，在人。尔尚敬逆天命，以奉我一人，虽畏勿畏，虽休勿休，惟敬五刑，以成三德。一人有庆，兆民赖之。其宁惟永。

（按，以上书解《永乐大典》原缺）

## 13.（宋）魏了翁《尚书要义》卷十九《周书·君牙、冏命、吕刑》

十、穆王即位之年，迁纪与孔传异。

穆王即位之时，已年过四十矣。比至命吕侯之年，未必已有百年。言百年者，美大其事，虽则年老而能用贤，以扬名，故记其百年之耄荒也。《周本纪》云"甫侯言于王作修刑辟"，是修刑法者，皆吕侯之意，美王能用之。穆王即位过四十者，不知出何书也。《周本纪》云，穆王即位春秋已五十矣。立五十五年崩。司马迁若在孔后，或当各有所据。

十一、此享国百年，从生年数，与《无逸》异。

《无逸》篇言，殷之三王，及文王，享国若干年者，皆谓在位之年。此言"享国百年"，乃从生年而数，意在美王年老能用贤，而言其长寿，故举从生之年，以耄荒接之美其老之意也。文不害意。不与彼同、

## 14.（宋）陈大猷《书集传或问》卷下《周书·吕刑》

（归善斋按，未解）

## 15.（宋）胡士行《尚书详解》卷十二《周书·吕刑第二十九》

（归善斋按，见"吕命"）

## 16.（元）吴澄《书纂言》卷四下《周书·吕刑》

惟吕命。

吕侯为王司寇，更定赎刑新制，具载刑书，因诸侯来朝，王使吕侯以书之意，告命诸侯也。

王享国百年，耄荒，度作刑，以诘四方。

穆王嗣位时，年已五十，享国百年，盖在位五十年之后，耄老而昏忘也。荒，大；度，揆，犹禹言"荒度土功"。诘，治也。大加揆度，作为刑书，以诘治四方也。

2029

## 17.（元）陈栎《书集传纂疏》卷六《朱子订定蔡氏集传·周书·吕刑》

惟吕命，王享国百年，耄荒，度作刑，以诘四方。

"惟吕命"与"惟说命"语意同。先此以见训刑为吕侯之言也。耄，老而昏乱之称。荒，忽也。《孟子》曰"从兽无厌谓之荒"，穆王享国百年，车辙马迹遍于天下，故史氏以"耄荒"二字发之，亦以见赎刑为穆王耄荒所训耳。苏氏曰，荒，大也。大度作刑，犹禹曰"予荒度土功"，荒，当属下句，亦通，然"耄"亦贬之之辞也。

纂疏：

陈氏大猷曰，惟吕命，疑有阙文。

孔氏曰，吕侯见命为司寇，以王命作书。享国百年，耄乱荒忽，度时世所宜，训刑以治四方。

唐孔氏曰，八十九十曰耄。荒，年老也。《周本纪》穆王即位春秋已五十，立五十年崩。《无逸》皆谓住位之年。此从王生年数，不与彼同。

愚谓，"王享国百年耄荒"，如"朕在位三十三载，耄期"耳。当百年耄荒之时，能裁度作刑，以诘四方，乃见其笃老而尚精明仁厚，非真耄乱荒迷也。"荒度"，虽有《益稷》可证，然与土功不同。蔡氏采之，以备一说，得之矣。诘，如"诘奸慝"之"诘"。

## 18.（元）许谦《读书丛说》卷六《周书·吕刑》

（归善斋按，未解）

## 19.（元）董鼎《书传辑录纂注》卷六《周书·吕刑》

惟吕命，王享国百年，耄荒，度作刑，以诘四方。

"惟吕命"与"惟说命"语意同。先此以见训刑为吕侯之言也。耄，老而昏乱之称。荒，忽也。《孟子》曰"从兽无厌谓之荒"，穆王享国百年，车辙马迹遍于天下，故史氏以"耄荒"二字发之，亦以见赎刑为穆王耄荒所训耳。苏氏曰，荒，大也。大度作刑，犹禹曰"予荒度土功"，荒，当属下句，亦通。然耄，亦贬之之辞也。

辑录：

东坡解"吕刑王享国百年耄"作一句，"荒度作刑"作一句，甚有理德明。

纂注：

陈氏大猷曰，惟吕命，此句疑有阙文。

孔氏曰，王享国百年，耄乱荒忽，度时世所宜，训刑以治四方。

唐孔氏曰，《记》云八十九十曰耄，是耄荒为年老。《周本纪》云，穆王即位春秋已五十矣，立五十五年崩。《无逸》言其享国，皆谓在位之年，此乃从王生年而数，文不害意，不与彼同。

新安陈氏曰，"王享国百年耄荒"，如《舜典》云"朕在位三十有三载耄期"耳。当百年耄荒之时，而能裁度作刑，以诘四方，乃见其笃老而尚精明仁厚，非真耄乱荒迷也。"荒度"，虽有《益稷》语可证，然土功可言"荒度"，作刑何荒度之有。蔡氏只存苏曰于下，以备一说，得之矣。诘，如"诘奸慝"之"诘"。

## 20.（元）朱祖义《尚书句解》卷十二《周书·吕刑第二十九》

惟吕命（史惟吕侯之是命者），王享国百年，耄荒（穆王享国百年矣，当耄期荒忽之年）。

## 21.（明）王樵《尚书日记》卷十六《周书·吕刑》

《吕刑》。

"惟吕命"至"四方"。

正义曰，吕侯为司寇，穆王训赎刑之法，吕侯称王之命而布告天下，史录其事，作《吕刑》。名篇曰"吕刑"，其经皆言"王曰"，知吕侯以王命作书也。《礼记》书传引此篇之言，多称为甫刑，子孙改封为甫侯，或别封余国而为甫号，后人以子孙之国号名之也。

又曰，史述吕侯见命，而记王年，《曲礼》云，八十、九十曰耄，是耄荒为年老。荒，忽也。《周本记》云，穆王即位春秋已五十矣，立五十五年崩。《无逸》篇言，殷之三王及文王，享国若干年者，皆谓在位之年。此言享国之年，乃从生年而数。

金氏曰，吕后为甫，犹"邾"之为"邹"也。"惟吕命"与"惟说命"同文。盖穆王命吕侯为大司寇，重修刑法，更为五罚之制，谓之"吕刑"。至是，颁之天下而申之诰命焉。《史记》亦曰"甫侯言于王，作修刑辟"，盖周制五刑，凡二千五百，未有五刑之赎，而此增至三千，又为五罚，皆吕侯所参定也。

吕氏曰，吕侯为王更定赎刑，新制具载刑书，因诸侯来朝，王使吕侯以书之意告命之。按，告命之者，欲通行之于天下也。

## 22.（清）库勒纳等撰《日讲书经解义》卷十三《周书·吕刑》

惟吕命，王享国百年，耄荒，度作刑，以诘四方。

此一节书是，史臣记作书之由也。人年九十谓之耄。荒，忽也。诘，治也。史臣曰，昔者，吕侯为大司寇，承王命以训刑，盖是时，穆王享国已百年之久，耄老荒忽，犹以刑狱重事，必加裁度定为刑书，以诘治四方，使当日臣民有所遵守也。按，此篇专训赎刑，虽本《舜典》"金作赎刑"之意，然虞廷之赎，止于鞭扑。穆王之赎，及于五刑。论者以为此穆王敛财之计耳。但篇中多恤民之言，后世当惩其五刑并赎之非，而师其哀矜恻怛之意，则不失孔子删书垂训之旨矣。

### （明）袁仁《尚书砭蔡编》

惟吕命，王享国百年耄，荒度作刑，以诘四方。

《书纬》称穆王以吕侯为相，惟吕命者，惟吕侯之命，犹言"惟说命"也。穆王享国五十五年。寿百岁。当依苏氏以"耄"为句。荒度，依"荒度土功"一样看。盖穆王悔其巡游，而命吕侯训刑，有改过之意，故孔子录之。

### （明）陈第《尚书疏衍》卷四《周书·吕刑》

王享国百年耄，荒度作刑。

宜读"耄"为句。按《周本纪》，穆王即位，春秋已五十，立五十五

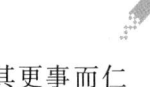

年崩，故曰"王享国百年耄"。苏传曰，刑必老者制之，以其更事而仁也。耄荒度作刑者，以耄年而大度作刑，犹禹曰"予荒度土功"。

### （清）朱鹤龄《尚书埤传》卷十五《周书·吕刑》

百年耄（耄字句）荒度作刑，以诘四方。

《周本纪》穆王即位，春秋已五十矣，立五十五年崩。孔传，穆王即位过四十矣。疏云，孔不知出何书。史迁若在孔后，当各有所据。此云百年，乃从生年而数。苏传，荒，大也；度，量也（郑樵说同）。吕祖谦曰，世衰则情伪繁，人老则经历熟。穆王之时，奸宄日胜，作书于耄年，阅世故，察物情者审矣，故于古今犴狱，言之略尽。袁黄曰，穆王命吕侯训刑，有悔其巡游之意，故夫子录之，若是昏乱荒忽，将何以训耶？王樵曰，吕侯为王更定赎刑新制，具载刑书。因诸侯来朝，王使吕侯以书之意告命之。盖周制五刑凡二千五百，未有五刑之赎，而此增至三千，又为五罚，皆吕侯所参定也。《周礼》太宰之职，五曰刑典，以诘邦国。

# 度作刑，以诘四方

## 1. （汉）孔氏传、（唐）陆德明音义、孔颖达疏《尚书注疏》卷十八《周书·吕刑》

度作刑，以诘四方。

传，度时世所宜，训作赎刑，以治天下四方之民。

音义，度，待洛反，注同，马如字，云法度也。诘，起一反。

疏，正义曰，度时世所宜，作夏赎刑，以治天下四方之民也。

## 2. （宋）苏轼《书传》卷十九《周书·吕刑第二十九》

（归善斋按，见"惟吕命，王享国百年，耄荒"）

2033

**3. （宋）林之奇《尚书全解》卷三十九《周书·吕刑》**

(归善斋按，见"吕命")

**4. （宋）史浩《尚书讲义》卷二十《周书·吕刑》**

(按，以上讲义《永乐大典》原缺)

**5. （宋）夏僎《尚书详解》卷二十五《周书·吕刑》**

(归善斋按，见"惟吕命，王享国百年，耄荒")

**6. （宋）时澜《增修东莱书说》卷三十四《周书·吕刑第二十九》**

(归善斋按，见"惟吕命，王享国百年，耄荒")

**7. （宋）黄度《尚书说》卷七《周书·吕刑》**

(归善斋按，见"惟吕命，王享国百年，耄荒")

**8. （宋）袁燮《絜斋家塾书钞》**

(归善斋按，无此篇)

**9. （宋）蔡沈《书经集传》卷六《周书·吕刑》**

(归善斋按，见"惟吕命，王享国百年，耄荒")

**10. （宋）黄伦《尚书精义》卷四十九《周书·吕刑》**

(按，以上经解《永乐大典》原缺)

**11. （宋）陈经《尚书详解》卷四十七《周书·吕刑》**

(归善斋按，见"吕命")

**12. （宋）钱时《融堂书解》卷二十《周书·吕刑》**

(按，以上书解《永乐大典》原缺)

13. （宋）魏了翁《尚书要义》卷十九《周书·君牙、冏命、吕刑》

（归善斋按，未引）

14. （宋）陈大猷《书集传或问》卷下《周书·吕刑》

（归善斋按，未解）

15. （宋）胡士行《尚书详解》卷十二《周书·吕刑第二十九》

（归善斋按，见"吕命"）

16. （元）吴澄《书纂言》卷四下《周书·吕刑》

（归善斋按，见"惟吕命，王享国百年，耄荒"）

17. （元）陈栎《书集传纂疏》卷六《朱子订定蔡氏集传·周书·吕刑》

（归善斋按，见"惟吕命，王享国百年，耄荒"）

18. （元）许谦《读书丛说》卷六《周书·吕刑》

（归善斋按，未解）

19. （元）董鼎《书传辑录纂注》卷六《周书·吕刑》

（归善斋按，见"惟吕命，王享国百年，耄荒"）

20. （元）朱祖义《尚书句解》卷十二《周书·吕刑第二十九》

度作刑，以诘四方（详度时宜，作刑以诘治四方。度，铎）。

21. （明）王樵《尚书日记》卷十六《周书·吕刑》

（归善斋按，见"惟吕命，王享国百年，耄荒"）

2035

## 22. （清）库勒纳等撰《日讲书经解义》卷十三《周书·吕刑》

（归善斋按，见"惟吕命，王享国百年，耄荒"）

## （明）袁仁《尚书砭蔡编》

（归善斋按，见"惟吕命，王享国百年，耄荒"）

## （明）陈第《尚书疏衍》卷四《周书·吕刑》

（归善斋按，见"惟吕命，王享国百年，耄荒"）

## （清）朱鹤龄《尚书埤传》卷十五《周书·吕刑》

百年耄（耄字句）荒度作刑以诘四方。

（归善斋按，见"惟吕命，王享国百年，耄荒"）

# 王曰，若古有训，蚩尤惟始作乱，延及于平民

## 1. （汉）孔氏传、（唐）陆德明音义、孔颖达疏《尚书注疏》卷十八《周书·吕刑》

王曰，若古有训，蚩尤惟始作乱，延及于平民。

传，顺古有遗训，言蚩尤造始作乱，恶化相易，延及于平善之人。九黎之君，号曰蚩尤。

音义，蚩，尺之反。尤，有牛反，马云，少昊之末，九黎君名。

疏，正义曰，吕侯进言于王，使用轻刑，又称王之言，以告天下，说重刑害民之义。王曰，顺古道有遗余典训，记法古人之事。昔炎帝之末，有九黎之国君，号蚩尤者，惟造始作乱。恶化递相染，易延及于平善之民，平民化之，亦变为恶。

传正义曰，古有遗训，顺而言之，故为顺古，有遗训也。蚩尤造始作

乱，其事往前未有，蚩尤今始造之，必是乱民之事，不知造何事也。下说三苗之主，习蚩尤之恶，作五虐之刑，此章主说虐刑之事。蚩尤所作，必亦造虐刑也。以峻法治民，民不堪命，故恶化转相染易，延及于平善之民，亦化为恶也。九黎之君，号曰蚩尤，当有旧说云然，不知出何书也。《史记·五帝本纪》云，"神农氏世衰，诸侯相侵伐，蚩尤最为暴虐，莫能伐之。黄帝乃征师诸侯，与蚩尤战于涿鹿之野，遂擒杀蚩尤，而诸侯咸尊轩辕为天子"。如本纪之言，蚩尤是炎帝之末诸侯名也。应劭云，蚩尤，古天子。郑云，蚩尤霸天下，黄帝所伐者。《汉书音义》，有臣瓒者，引孔子《三朝记》云，蚩尤，庶人之贪者。诸说不同，未知蚩尤是何人也。《楚语》曰"少昊氏之衰也，九黎乱德，颛顼受之，使复旧常"，则九黎，在少昊之末，非蚩尤也。韦昭云，九黎氏，九人，蚩尤之徒也。韦昭虽以九黎为蚩尤，按《史记》，蚩尤在炎帝之末；《国语》九黎在少昊之末，二者不得同也。九黎之文，惟出《楚语》。孔以蚩尤为九黎下，传又云蚩尤，黄帝所灭，言黄帝所灭，则与《史记》同矣。孔非不见《楚语》而为此说，盖以蚩尤是九黎之君，黄帝虽灭蚩尤，犹有种类尚在，故下至少昊之末，更复作乱。若其不然，孔意不可知也。郑玄云，学蚩尤为此者，九黎之君，在少昊之代也。其意以蚩尤当炎帝之末。九黎当少昊之末，九黎学蚩尤，九黎非蚩尤也。

《尚书注疏》卷十八《考证》

"蚩尤惟始作乱"传"九黎之君号曰蚩尤"疏"九黎非蚩尤也"。

臣召南按，此系孔传之谬，疏能辨正，是也。郑晓曰，黄帝灭蚩尤于涿鹿之野，在北鄙。九黎及三苗皆南蛮，非一种也。此说尤为明白。

## 2.（宋）苏轼《书传》卷十九《周书·吕刑第二十九》

王曰，若古有训，蚩尤惟始作乱，延及于平民，罔不寇贼，鸱义，奸宄，夺攘，矫虔。

炎帝世衰，蚩尤作乱，黄帝诛之。自蚩尤以前，未有以兵强天下者。鸱义，以鸷杀为义，如后世所谓侠也。矫，诈；虔，刘也。凡民为奸者，皆祖蚩尤。

2037

## 3. （宋）林之奇《尚书全解》卷三十九《周书·吕刑》

（归善斋按，见"吕命"）

## 4. （宋）史浩《尚书讲义》卷二十《周书·吕刑》

（按以上讲义《永乐大典》原缺）

## 5. （宋）夏僎《尚书详解》卷二十五《周书·吕刑》

王曰，若古有训，蚩尤惟始作乱，延及于平民，罔不寇贼，鸱义，奸宄，夺攘，矫虔。苗民弗用灵，制以刑，惟作五虐之刑曰法，杀戮无辜，爰始淫为劓、刵、椓、黥，越兹丽刑并制，罔差有辞。民兴胥渐，泯泯棼棼，罔中于信，以覆诅盟，虐威庶戮，方告无辜于上。上帝监民，罔有馨香德刑，发闻惟腥。

此"王曰"即是吕侯以王命告也。"若古有训"，如云"若昔大猷"，盖言如古者，所有之训，其训辞中所载有此蚩尤、苗民等事，今援以为证也。蚩尤，据《史记·黄帝纪》乃炎帝之末，最行暴虐之诸侯，黄帝兴兵诛之。应劭乃以蚩尤为古天子。孔子《三朝记》又谓，蚩尤，庶人之贪者。孔颖达又谓，炎帝之末有九黎国君，号蚩尤。然《国语》载，九黎乃在少昊之末，炎帝之末不闻有九黎，岂九黎亦蚩尤之后嗣耶？数说不同，要之只是一无道害民之人耳。吕侯将告当时以轻刑之说，故先引蚩尤、苗民始为乱阶，惨酷刑罚之事以为证据。盖上古风俗淳厚，无有败常越法之人，至蚩尤乃始作乱民之事，德化递相渐染，平善之民，亦延而及之，无不变为寇盗，为贼害，为鸱枭之义，以抄掠良善，为外着之奸，为内藏之宄，为劫夺，为攘窃，为矫诈之计，以虔刘杀害于人。孔氏谓，群行攻劫曰寇，杀人死曰贼，鸱枭贪残之鸟，言盗贼状如鸱枭，以抄掠于人。此皆蚩尤造恶，平民化之，至于如此。想亦是蚩尤暴虐，刑罚惨酷，民不忍其荼毒，遂至此极也。其后至于尧舜之时，有三苗国君，稔恶尤甚，故吕侯斥之为苗民。郑玄谓，苗民，即九黎之后，颛顼诛九黎，其子孙为三国。高辛之衰，又复九黎之恶。尧兴又诛之。尧末又在朝，舜臣尧又窜之。后禹摄位又在洞庭逆命，禹又诛之。穆王深恶此族三世凶德，故斥其恶而谓之民。由此言之，则三苗，九黎之后；九黎，蚩尤之后，元元本本，实一种也。

蚩尤既作，苗民继之，又不用善以化民，惟一切制之以刑，于是以五刑之中，更加惨虐，谓之五虐之刑。夫五刑先王之制，意在防民过之者，皆残忍之为。今苗民越法制刑，乃更曰法，以此杀戮无罪之人，盖非法杀人，乃更自谓其得制法之意也。一说，以"苗民弗用灵制以刑"，总为一句谓，有善制而苗民弗用，以为刑乃作五虐，自谓之法。此说亦通。惟其作五虐之刑，故劓、刵、椓、黥，皆先王之制所不免，而苗民乃过为之故，谓之"爰始淫为劓、刵、椓、黥"，盖不循中制而过为惨酷。郑玄谓，劓、刵，则刀截之。椓阴，苦于去势；黥面；甚于墨额；其刑所以谓之"淫为"也。然古人之用刑，各随罪轻重，而上下其罚。今苗民既过为椓黥之制，至于有罪而附丽于刑者，则并以刑制之，更不论其轻重，与有罪无罪也，故曰"罔差有辞"。孔氏谓，对狱有罪者无辞，无罪者有辞，苗民断狱，并皆罪之，无差简有直辞者，言滥及无辜也。此说极当。但孔氏以"丽"音离，谓施也，谓苗民于施刑之时，并制无罪，以"丽"为"离"，似乎未安，故不敢以为然。

惟三苗之君，渎乱刑罚，至于如此，故一时之民，亦皆递相渐染化而为恶，泯泯然相似，棼棼然散乱，无有一人能合于信义者。中，犹当也，谓所为皆渎乱之事，不当于信义也。惟其渎乱无信，故诅盟之事，虽先王用以济信之所不及，而当时之人，皆自覆败之也。《周官·司盟》盟，万民之犯命者，而诅其不信者，有狱讼者，则使之盟。盖民之难齐，信不足以结，故假之神，以为之畏。此先王之所不免也。今既覆之，则必递相倾陷，相逳，相灭。而三苗暴虐之威，遂至于多所杀戮。被戮者既多，故方各告无罪于天也。上天虽高，日监在下，故因民之告而下视苗民，而果然无有德之馨，而暴刑发闻于上，惟有腥秽而已。此有苗之诛，虽曰尧诛之，而实天命之也。

## 6.（宋）时澜《增修东莱书说》卷三十四《周书·吕刑第二十九》

王曰，若古有训，蚩尤惟始作乱，延及于平民，罔不寇贼，鸱义，奸

2039

究，夺攘，矫虔。苗民弗用灵，制以刑，惟作五虐之刑曰法。杀戮无辜，爰始淫为劓、刵、椓、黥，越兹丽刑并制，罔差有辞。民兴胥渐，泯泯棼棼，罔中于信，以覆诅盟。虐威庶戮，方告无辜于上。上帝监民，罔有馨香德，刑发闻惟腥。皇帝哀矜庶戮之不辜，报虐以威，遏绝苗民，无世在下。

序书断自《尧典》，盖文献不足，无所考证。东迁之前，大训河图之类，尚藏王府，故三皇五帝之事，尚见此书，不可不详玩也。鸿荒之世，浑厚敦庞，开暴乱之端者，蚩尤其先也，故曰"蚩尤惟始作乱"，恶力既盛，驱扇薰炙，延及平民，无不化为为恶。寇贼，鸱义，奸宄，夺攘，矫虔，极叙其恶之情状也。鸱义者，以鸱张跋扈为义，指恶为善也。矫虔者，矫伪虔刘之谓也。惟蚩尤恶力之盛，民皆化之，故虽剪绝于涿鹿，而余毒遗孽复为苗民，覆出为恶，弗用灵善，所以圣人不得已，制刑法以治之。此穆王推原其刑之所由起也。元者，善之长，开辟之元，有善而无恶，有德而无刑。反善而有恶，惩恶而有刑，用刑之端，初不始于圣人也。"惟作五虐之刑曰法"，杀戮无辜，爰始淫为劓、刵、椓、黥，此言非特刑之端，不始于圣人。至于刑之事，亦非始于圣人。盖苗民先创作五虐之刑，自号为法，杀戮无辜，始过为劓、刵、椓、黥之制。故圣人不得已，用其所自为者还以治之，于是刑辟兴焉。使苗民未创为五虐之法，非惟圣人不忍开此端，断割屠剥之惨，泰和生育中亦不容有此端也。丽者，施也，言苗民于此，施刑不分轻重，并为一制，随意戕杀，罔复差别枉直之辞。暴虐愈甚，则奸宄愈不胜，恶气所动，民皆悍然兴起，更相渐染，泯泯棼棼，颠倒错乱，略无毫发诚信。曰罔中于信者，不与信相当也，以覆诅盟者，无所聊赖，肆为欺诞，幽显两无所畏也。"虐威庶戮，方告无辜于上。上帝监民，罔有馨香德，刑发闻惟腥"，形于声嗟穷之反也，动于气臭恶之熟也。民心之反，天意之还也。恶运之极，治原之开也。"皇帝哀矜庶戮之不辜，报虐以威，遏绝苗民，无世在下"，胜复之理然也。"报虐以威"者，因黥之，虐报之以墨，因椓之，虐报之以宫，犹空谷之报声，咸其自召，而我无心焉，所谓天讨也。"无世在下"者，遏绝之，使无世绪在天下也。皇帝，说者以为尧，以《书》考之，治苗民，命伯夷、禹、稷、皋陶皆舜也，非尧也。

## 7. （宋）黄度《尚书说》卷七《周书·吕刑》

王曰，若古有训，蚩尤惟始作乱，延及于平民，罔不寇贼，鸱义，奸宄，夺攘，矫虔。苗民弗用灵，制以刑，惟作五虐之刑曰法，杀戮无辜，爰始淫为劓、刵、椓、黥，越兹丽刑并制，罔差有辞。

穆王训夏赎刑，而原用刑之始，历言蚩尤、三苗之乱，与伯夷、皋陶典刑之事。顺于古训，而鉴观其得失。蚩尤，炎帝之末诸侯也。黄帝征之。"寇贼，鸱义，奸宄，夺攘，矫虔"，古之民淳厖，皆无此，而蚩尤实创乱，平民遂化之。至三苗之君，弗能以善率民，不胜其乱，悉制以刑，劓、刵、椓、黥，是为五虐。古亦无之，而苗民命之曰法，于此民之丽刑，则并制之，一以法，施之无差别。于其有辞者，是为并制求胜其民而已。蚩尤始以兵济乱，苗始以刑济虐。鸱，恶鸟。鸱义，言害义如鸱之搏啄也。矫，强；虔，固；灵，善；椓，宫；黥，墨涅额；越，于；丽，附着也。

## 8. （宋）袁燮《絜斋家塾书钞》

（归善斋按，无此篇）

## 9. （宋）蔡沈《书经集传》卷六《周书·吕刑》

王曰，若古有训，蚩尤惟始作乱，延及于平民，罔不寇贼，鸱义，奸宄，夺攘，矫虔。

蚩，充之反。鸱，处脂反。言鸿荒之世，浑厚敦厖，蚩尤始开暴乱之端，驱扇熏炙，延及平民，无不为寇，为贼。鸱义者，以鸱张跋扈为义。矫虔者，矫诈虔刘也。

## 10. （宋）黄伦《尚书精义》卷四十九《周书·吕刑》

（按，以上经解《永乐大典》原缺）

## 11. （宋）陈经《尚书详解》卷四十七《周书·吕刑》

王曰，若古有训，蚩尤惟始作乱，延及于平民，罔不寇贼，鸱义，奸宄，夺攘，矫虔。苗民弗用灵，制以刑，惟作五虐之刑曰法，杀戮无辜，爰始淫为劓、刵、椓、黥，越兹丽刑并制，罔差有辞。民兴胥渐，泯泯棼棼，罔中于信，以覆诅盟。虐威庶戮，方告无辜于上。上帝监民，罔有馨香德，刑发闻惟腥。

此乃尧、舜以前，三皇时事。孔子序书，断自唐虞以下三皇时事，无所考据，略见此篇。此穆王略说尧舜以德化民，先说制刑之缘由，盖自蚩尤、苗民始。"若古有训"，即古人之大训，载三皇时事也。蚩尤，九黎之君也，即与黄帝战于坂泉者也。上古之时，风气未开，淳朴未散，民知耕食凿饮而已，安知所谓乱。惟蚩尤创为不义之事，民皆从而化之，于是为乱之始，所以延及平民，无不习于蚩尤之恶。为寇，以盗民财者；为贼，以害人事者；以鸱为义，如鸱枭搏击者。为恶于内，为恶于外，而为奸为宄者。夺攘以劫掠人者，矫虔以诈取，而至于虔刘杀戮者，凡此数者，皆是平民始初为恶，出自蚩尤。

苗民，即三苗之君。先儒以为蚩尤之后，此未可知。民既寇贼，鸱义，奸宄，夺攘，矫虔，则其制之者，不免于用刑。灵，善也。以善制之刑而用之，使民知去不善而为善，则亦无恶可用刑也。今也，苗民却不用灵制之刑，惟作五虐之刑，即墨、劓、剕、宫、大辟，不以善用之，而以虐用之，则其惨酷残忍可知，方且自以为法当如此。不惟有罪者杀戮之，至于无辜之民，亦被其杀戮。"爰始淫为劓、刵、椓、黥"，劓，去鼻也。刵，截耳也。椓，去势也。黥，刻额也。此四者，以淫过而用之，自苗民始也。观此二"始"字，见蚩尤为作乱之始，而苗民为淫刑之始。后世用肉刑，皆本于此。皋陶之五刑是也。虽然春秋之义，用贤治不肖，不以乱易乱，苗民为劓、刵、椓、黥，此苗民之过也。尧、舜在上，既治苗民之罪，则曷为用此肉刑，以效苗民之尤乎。仔细考之，民既为寇贼、鸱义，奸宄，夺攘，矫虔，则治之不可不以刑。苗民既创为劓、刵、椓、黥之刑，则此刑岂可废。废其刑，适以长民之奸，而召天下之乱。但尧舜之刑，与苗民同，而所以用刑者，与苗民异。苗民之刑，乃所用之刑；而尧舜之刑，乃不用之刑。苗民之刑，乃淫虐之刑；而尧舜之刑，乃防为恶，驱民为善之刑。苗民之刑，乃杀戮无辜之刑；而尧舜之刑，乃原情定罪，轻重各有差等之刑。圣人非不欲去此刑也，其势欲去之而不可尔。汉文帝既除肉刑之后，议者不深究圣人所以不得已用肉刑之意，而区区欲复肉刑之法，以此为复古。呜呼先王井田封建，良法美意，所望于后人遵守不替者，至也。泯没无余，乃于先王所不得已而用者，区区欲邀复古之名，岂不失古人之意哉？

穆王此章，欲述尧舜之事，先自始初处说出。丽刑者，民之陷于刑也。三苗既淫为劓、椓、黥，故凡民之丽于刑者，合并而为一，法不分轻重等差也。有辞者，谓无罪者也。有罪者无辞，无罪者有辞，自有差等。今有苗于有辞者，更无差等。民起而相渐染，泯泯棼棼，言其昏乱之甚。民生本来自有信，亦与森茫荒忽之说无相干，惟有苗以淫虐杀戮无辜，斯民不知罪之所因，善者亦得罪，不善者亦得罪，所以生民至此，皆无信心，信不由中，则盟诅于鬼神，而又自覆之，以见其无信之甚。庶戮者，众被罪之人，为有苗之所虐威者，方且并告无罪于上帝，言其疾痛，则呼天。上帝监视下民，见苗民无有馨香之德，刑所发闻者，惟腥臭之刑尔。刑本非美事，而谓之馨香者，以德用之，则为馨香；不以德用，而以虐用，则为腥秽。穆王言用刑起初，皆本有苗，非圣人本心如此。

## 12. （宋）钱时《融堂书解》卷二十《周书·吕刑》

（按，以上书解《永乐大典》原缺）

## 13. （宋）魏了翁《尚书要义》卷十九《周书·君牙、冏命、吕刑》

十二、孔以九黎蚩尤为一与诸说异。

九黎之君，号曰蚩尤，当有旧说云然，不知出何书也。《史记·五帝本纪》云，神农氏世衰，诸侯相侵伐。蚩尤最为暴虐，莫能伐之。黄帝乃征师诸侯，与蚩尤战于涿鹿之野，遂擒杀蚩尤，而诸侯咸尊轩辕为天子。如《本纪》之言，蚩尤是炎帝之末，诸侯君也。应劭云，蚩尤，古天子。郑云，蚩尤霸天下，黄帝所伐者。《汉书音义》有臣瓒者引孔子《三朝记》云，蚩尤庶人之贪者。诸说不同，未知蚩尤是何人也。《楚语》曰"少昊氏之衰也，九黎乱德，颛顼受之，使复旧常"，则九黎在少昊之末，非蚩尤也。韦昭云，九黎氏，九人，蚩尤之徒也。韦昭虽以九黎为蚩尤。

2043

要《史记》蚩尤在炎帝之末，《国语》九黎在少昊之末，二者不得同也。九黎之文，惟出《楚语》，孔以蚩尤为九黎下。传又云，蚩尤，黄帝所灭。言黄帝所灭，则与《史记》同矣。孔非不见《楚语》而为楚说，盖以蚩尤是此黎之君，黄帝虽灭蚩尤，犹有种类尚在，故下至少昊之末，更复作乱。若其不然，孔意不可知也。郑玄云，学蚩尤为此者，九黎之君，在少昊之代也。其意以蚩尤当炎帝之末，九黎当少昊之末。九黎学蚩尤，九黎非蚩尤也。

十五、三苗，凡三为恶，郑为苗为黎后，与孔异。

如《史记》之文，蚩尤黄帝所灭，下句所说三苗，帝尧所诛。《楚语》云三苗复九黎之恶，是异世而同恶也。郑玄以为苗民即九黎之后，颛顼诛九黎，至其子孙为三国。高辛之衰，又复九黎之恶，尧兴又诛之；尧末又在朝，舜臣尧，又窜之；后禹摄位，又在洞庭逆命，禹又诛之。穆王深恶此三族三生凶德，故着其恶而谓之民。孔惟言异世同恶，不言三苗，蚩尤之子孙；韦昭云三苗炎帝之后，诸侯共工也。

## 14. （宋）陈大猷《书集传或问》卷下《周书·吕刑》

（归善斋按，未解）

## 15. （宋）胡士行《尚书详解》卷十二《周书·吕刑第二十九》

王曰，若古有训（东迁以前，《大训》《河图》尚藏王府。三皇五帝之事，尚见于书，不可不详玩）。蚩尤（据《黄帝纪》，乃炎帝末最暴虐之诸侯，九黎，国号蚩尤）惟始作乱（上古民淳，无败常之事。始乱者蚩尤也），延（连染）及于平（善）民，罔不寇（攻劫）贼（杀人）鸱义（义如鸱鸮害物），奸宄、夺攘、矫（伪）虔（刘杀）。苗民（颛顼诛九黎，其子孙为王国，曰苗），弗（不）用灵（善），制以刑，惟作五虐之刑曰（自以为）法。杀戮无辜，爰（于）始（创）淫为劓（截鼻）、刵（截耳）、椓（椓阴）、黥（墨额），越（于）兹丽（施）刑并（一切）制（断不问轻重），罔（无）差（择）有辞（自直之辞者）。民兴（起）胥（相）渐（染），泯泯（相似）棼棼（散乱），罔（无）中（当）于信，以覆（反）诅盟（不畏神明），虐威庶戮，方告（愬）无辜（罪）于上（天）。上帝监（视）民，罔有馨香，德刑发闻惟腥。

黄帝翦蚩尤于涿鹿矣。而苗覆出为恶，开五刑之法，而又淫用之。

### 16.（元）吴澄《书纂言》卷四下《周书·吕刑》

王曰，若古有训，蚩尤惟始作乱，延及于平民，罔不寇贼，鸱义，奸宄，夺攘，矫虔。

若，发语辞。训，遗书也。古有遗书所载之事，如下所云。蚩尤，炎帝时诸侯，黄帝兴兵诛之。鸱，贪残之鸟。横取非己之有，曰夺；矫，强；虔，杀。上古风淳俗厚，蚩尤始行凶暴，以开乱原。恶势炽盛，驱扇薰染，延及平民，皆习于恶。无不为寇，为贼，以贪残为义，肆行不忌，外奸内宄。为寇而劫夺取货；为贼而强矫杀人也。

### 17.（元）陈栎《书集传纂疏》卷六《朱子订定蔡氏集传·周书·吕刑》

王曰，若古有训，蚩尤惟始作乱，延及于平民，罔不寇贼，鸱义，奸宄，夺攘，矫虔。

言鸿荒之世，浑厚敦厐，蚩尤始开作乱之端，驱扇熏炙，延及平民，无不为寇，为贼。鸱义者，以鸱张跋扈为义；矫虔者，矫诈虔刘也。

### 18.（元）许谦《读书丛说》卷六《周书·吕刑》

炎帝之末，诸侯有蚩尤者，为始作乱。盖自天地开辟以来，风气淳朴，民俗敦厚，皆知尊上。蚩尤乃始为乱，故黄帝作法，以矫正虔刘之。此言制刑之始。

### 19.（元）董鼎《书传辑录纂注》卷六《周书·吕刑》

王曰，若古有训，蚩尤惟始作乱，延及于平民，罔不寇贼，鸱义，奸宄，夺攘，矫虔。

言鸿荒之世，浑厚敦厐。蚩尤始开暴乱之端，驱扇熏炙，延及平民，无不为寇，为贼。鸱义者，以鸱张跋扈为义。矫虔者，矫，诈；虔，刘也。

## 20.（元）朱祖义《尚书句解》卷十二《周书·吕刑第二十九》

王曰（穆王言），若古有训（如古有大训，载三皇时事），蚩尤惟始作乱（蚩尤，九黎国君。上古之时，风气未开，淳朴未散。民知耕凿而已，安知所谓乱。当知作乱，自蚩尤始，遂与黄帝战阪泉），延及于平民（其祸延及平善之民）。

## 21.（明）王樵《尚书日记》卷十六《周书·吕刑》

"王曰若古有训"至"刑发闻惟腥"。

吕侯称王之言以告天下。若，发语辞，与"曰若"例同。"古有训"者，古有训记言其事也。言昔炎帝之末，有九黎之君，号蚩尤者，惟始作乱。恶化相染，延及于平民，无不寇贼。颜师古曰，寇，谓攻劫；贼，谓杀人。在外为奸，在内为宄。妄托上命。而坚固为邪恶，曰矫虔。鸱义，孔氏云，为鸱枭之义，以相夺攘。或曰，鸱义，以鸱张为义也。郑玄云，盗贼状如鸱枭。按鸱枭，阴类，昼伏伺物而动，得时则张，情状异他鸟，以比盗贼，最善名状也。又言，三苗之君，袭蚩尤之恶。灵，善也，不用善化民，而制以刑法，惟作五。孔氏说，韦昭曰，强取为虔，方言。秦晋之北，鄙燕之北郊，谓贼为虔。虐之刑曰五虐者，用五刑而虐为之，不必常刑之外别有五也。曰法者，非法而谓之法也。杀戮，大辟也。淫，过也。杀戮无罪之人，于是始过为四种之刑。劓，截人鼻；刵，截人耳；椓，剒人阴；黥，刺人面；椓，即宫辟；黥，即墨辟。劓、刵皆劓辟。不言刖辟者，或曰"刖"字误为"刵"也。非苗民始造此刑，苗民始过用之，以加于无罪，所谓五虐之刑也。丽，附也。并制，一并制之，不分轻重也。差，择也。对狱有罪者无辞，无罪者有辞，苗民断狱，并皆罪之，无差简有直辞者也。苗君而谓之苗民，民盖古者上下之通称。孔氏谓，凶顽若民，故谓之民，非也。苗君久行虐刑，其民习见乱政，胥相渐染，同于昏乱，无中心于信。传曰，信不由中，惟反复为诅盟。诅者，背相咒也。盟者，面相要也。乱世之人，多相诅盟，皆刑政不平，曲直不明之故也。既无信义，必皆违之，以此"无中于信"也。庶戮，众被戮者也。方方而告无罪于天。天视民无馨香之德，惟有刑戮之惨腥闻于上，故上帝震怒，命帝舜诛之。

## 22. （清）库勒纳等撰《日讲书经解义》卷十三《周书·吕刑》

王曰，若古有训，蚩尤惟始作乱，延及于平民，罔不寇贼，鸱义，奸宄，夺攘，矫虔。

此一节书是，言古人制刑之由也。蚩尤，黄帝时诸侯。鸱义，以鸱张跋扈为义也。吕侯传穆王之命曰，刑者，圣人不得已而用之。我闻古有训言，鸿荒之世，风俗淳厚，民志敦厐，无所事于刑罚。黄帝之时，蚩尤始开作乱之端，积渐薰染，延及于良善之民，皆为寇贼，效鸱鸮之跋扈，而自以为义，为奸，为宄，夺攘人之所有，矫诈虔刘，无所不至，非用刑以惩之，则乱端何由遏绝，刑辟之兴，实始于此。由此观之，五刑之设，原为寇贼，奸宄，不当滥及于平民可知矣。

## （元）陈师凯《蔡氏传旁通》卷六下《吕刑》

蚩尤始开暴乱之端。

古注云，九黎之君，号曰蚩尤。《史记注》应劭曰，蚩尤，古天子。臣瓒曰，孔子《三朝记》曰，蚩尤，庶人之贪者。《索隐》云，此纪云诸侯相侵伐，蚩尤最为暴，则蚩尤非天子也。又《管子》曰，蚩尤，受卢山之金，而作五兵，明非庶人，盖诸侯号也。

## （清）朱鹤龄《尚书埤传》卷十五《周书·吕刑》

蚩尤；鸱义；矫虔。

孔疏传云，九黎之君，号曰蚩尤。按《五帝本纪》神农氏世衰，诸侯相侵伐，蚩尤最为暴虐。黄帝乃征，师诸侯与蚩尤战于涿鹿之野，遂擒杀蚩尤。又《楚语》少昊氏之衰，九黎乱德，人神杂糅，家为巫史，祸灾荐臻。颛顼受之，乃命南正重司天，火（韦昭引《唐尚书》云，火当为北）正黎

2047

司地。是蚩尤在炎帝之末，九黎在少昊之末，二者不得同也。韦昭云，九黎氏九人，蚩尤之徒也。郑玄云，九黎学蚩尤为乱者，在蚩尤之后。

袁黄曰，郑玄云，盗贼状如鸱枭。按，鸱枭，阴类，昼伏伺物而动，得时而张，以比盗贼，最善名状。

《释诂》虔，固也。韦昭曰，强取为虔，方言，秦晋之北鄙，燕之北郊，谓贼为虔。

# 罔不寇贼，鸱义，奸宄，夺攘，矫虔

## 1. （汉）孔氏传、（唐）陆德明音义、孔颖达疏《尚书注疏》卷十八《周书·吕刑》

罔不寇贼，鸱义，奸宄，夺攘，矫虔。

传，平民化之无不相寇贼，为鸱枭之义，以相夺攘，矫称上命，若固有之，乱之甚。

音义，鸱，尺之反。鸱枭恶鸟，马云，鸱，轻也，义本亦作谊。宄，音轨。攘，如羊反。矫，居表反。虔，其然反。

疏，正义曰，无有不相寇盗，相贼害，为鸱枭之义，钞掠良善，外奸内宄，劫夺人物，攘窃人财，矫称上命，以取人财，若己固自有之。然蚩尤之恶，已如此矣。

传正义曰，蚩尤作乱，当是作重刑以乱民，以峻法酷刑，民无所措手足，困于苛虐所酷，人皆苟且，故平民化之，无有不相寇贼，群行攻劫。曰寇，杀人；曰贼，言攻杀人，以求财也。鸱枭，贪残之鸟。《诗》云"为枭为鸱"，枭是鸱类。郑玄云，盗贼状如鸱枭，钞掠良善，劫夺人物。传言鸱枭之义，如郑说也。《释诂》云，虔，固也。若固有之，言取得人物如己自有也。

## 2. （宋）苏轼《书传》卷十九《周书·吕刑第二十九》

（归善斋按，见"若古有训，蚩尤惟始作乱，延及于平民"）

### 3.（宋）林之奇《尚书全解》卷三十九《周书·吕刑》

（归善斋按，见"吕命"）

### 4.（宋）史浩《尚书讲义》卷二十《周书·吕刑》

（按以上讲义《永乐大典》原缺）

### 5.（宋）夏僎《尚书详解》卷二十五《周书·吕刑》

（归善斋按，见"王曰，若古有训，蚩尤惟始作乱，延及于平民"）

### 6.（宋）时澜《增修东莱书说》卷三十四《周书·吕刑第二十九》

（归善斋按，见"王曰，若古有训，蚩尤惟始作乱，延及于平民"）

### 7.（宋）黄度《尚书说》卷七《周书·吕刑》

（归善斋按，见"王曰，若古有训，蚩尤惟始作乱，延及于平民"）

### 8.（宋）袁燮《絜斋家塾书钞》

（归善斋按，无此篇）

### 9.（宋）蔡沈《书经集传》卷六《周书·吕刑》

（归善斋按，见"王曰，若古有训，蚩尤惟始作乱，延及于平民"）

### 10.（宋）黄伦《尚书精义》卷四十九《周书·吕刑》

（按，以上经解《永乐大典》原缺）

### 11.（宋）陈经《尚书详解》卷四十七《周书·吕刑》

（归善斋按，见"王曰，若古有训，蚩尤惟始作乱，延及于平民"）

### 12.（宋）钱时《融堂书解》卷二十《周书·吕刑》

（按，以上书解《永乐大典》原缺）

## 13.（宋）魏了翁《尚书要义》卷十九《周书·君牙、冏命、吕刑》

十三、为鸱枭之义，矫称上命，若固有之。

群行攻劫曰寇，杀人曰贼，言攻杀人以求财也。鸱，枭，贪残之鸟。《诗》云"为枭为鸱"，枭是鸱类。郑玄云，盗贼状如鸱鸟，抄掠良善，劫夺人物。传言，鸱枭之义，如郑说也。《释诂》云，虔，固也，若固有之，言取得人物如己自有也。

## 14.（宋）陈大猷《书集传或问》卷下《周书·吕刑》

（归善斋按，未解）

## 15.（宋）胡士行《尚书详解》卷十二《周书·吕刑第二十九》

（归善斋按，见"王曰，若古有训，蚩尤惟始作乱，延及于平民"）

## 16.（元）吴澄《书纂言》卷四下《周书·吕刑》

（归善斋按，见"王曰，若古有训，蚩尤惟始作乱，延及于平民"）

## 17.（元）陈栎《书集传纂疏》卷六《朱子订定蔡氏集传·周书·吕刑》

（归善斋按，见"王曰，若古有训，蚩尤惟始作乱，延及于平民"）

## 18.（元）许谦《读书丛说》卷六《周书·吕刑》

（归善斋按，见"王曰，若古有训，蚩尤惟始作乱，延及于平民"）

## 19.（元）董鼎《书传辑录纂注》卷六《周书·吕刑》

（归善斋按，见"王曰，若古有训，蚩尤惟始作乱，延及于平民"）

## 20.（元）朱祖义《尚书句解》卷十二《周书·吕刑第二十九》

罔不寇贼（无不变为寇，以盗人财；为贼以害人事），鸱义、奸宄（以鸱为义，如鸱枭之击搏，又为外着之奸，内藏之宄），夺攘矫虔（为劫夺，为攘窃，又矫诈以助于人，而至于虔刘杀戮）。

## 21.（明）王樵《尚书日记》卷十六《周书·吕刑》

（归善斋按，见"王曰，若古有训，蚩尤惟始作乱，延及于平民"）

## 22.（清）库勒纳等撰《日讲书经解义》卷十三《周书·吕刑》

（归善斋按，见"王曰，若古有训，蚩尤惟始作乱，延及于平民"）

### （明）梅鷟《尚书考异》卷五《吕刑》

鸱义奸宄。
马云，鸱，轻也，义，本亦作"谊"。

### （清）朱鹤龄《尚书埤传》卷十五《周书·吕刑》

（归善斋按，见"王曰，若古有训，蚩尤惟始作乱，延及于平民"）

# 苗民弗用灵，制以刑，惟作五虐之刑曰法

## 1.（汉）孔氏传、（唐）陆德明音义、孔颖达疏《尚书注疏》卷十八《周书·吕刑》

苗民弗用灵，制以刑，惟作五虐之刑曰法。
传，三苗之君，习蚩尤之恶，不用善化民，而制以重刑，惟为五虐之刑，自谓得法。蚩尤，黄帝所灭；三苗，帝尧所诛，言异世而同恶。

2051

疏，正义曰，至于高辛氏之末，又有三苗之国君，习蚩尤之恶，不肯用善化民，而更制重法，惟作五虐之刑，乃言曰此得法也。

传正义曰，上说蚩尤之恶，即以苗民继之，知经意言三苗之君，习蚩尤之恶。灵，善也，不用善化民，而制以重刑，学蚩尤制之用五刑，而虐为之，故为五虐之刑，不必皋陶五刑之外，别有五也。曰法者，述苗民之语，自谓所作得法，欲民行而畏之。如《史记》之文，蚩尤，黄帝所灭，下句所说三苗，帝尧所诛；《楚语》云，三苗复九黎之恶，是异世而同恶也。郑玄以为苗民，即九黎之后。颛顼诛九黎，至其子孙为三国。高辛之衰，又复九黎之恶，尧兴又诛之，尧末又在朝，舜臣尧，又窜之。后禹摄位，又在洞庭逆命，禹又诛之。穆王深恶此族，三生凶德，故著其恶，而谓之民。孔惟言异世同恶，不言三苗是蚩尤之子孙。韦昭云，三苗炎帝之后，诸侯共工也。三苗之主，实国君也，顽凶若民，故谓之苗民。不于上经为传者，就此恶行解之。

## 2.（宋）苏轼《书传》卷十九《周书·吕刑第二十九》

苗民弗用灵，制以，刑惟作五虐之刑，曰法。杀戮无辜，爰始淫为劓、刵、椓、黥、越兹丽刑并制，罔差有辞。

蚩尤既倡民为奸，苗民又不用善，但过作劓鼻、刵耳、椓窍、黥面、杀戮五虐之刑，而谓之法。苟丽于法者，必刑之，并制无罪，不复以冤诉为差别。有辞无辞，皆刑之也。自苗民以前，亦未有作五虐之刑者，故举此二人以为乱始。

## 3.（宋）林之奇《尚书全解》卷三十九《周书·吕刑》

(归善斋按，见"吕命")

## 4.（宋）史浩《尚书讲义》卷二十《周书·吕刑》

(按，以上讲义《永乐大典》原缺)

## 5.（宋）夏僎《尚书详解》卷二十五《周书·吕刑》

(归善斋按，见"王曰，若古有训，蚩尤惟始作乱，延及于平民")

## 6.（宋）时澜《增修东莱书说》卷三十四《周书·吕刑第二十九》

（归善斋按，见"王曰，若古有训，蚩尤惟始作乱，延及于平民"）

## 7.（宋）黄度《尚书说》卷七《周书·吕刑》

（归善斋按，见"王曰，若古有训，蚩尤惟始作乱，延及于平民"）

## 8.（宋）袁燮《絜斋家塾书钞》

（归善斋按，无此篇）

## 9.（宋）蔡沈《书经集传》卷六《周书·吕刑》

苗民弗用灵，制以刑，惟作五虐之刑曰法，杀戮无辜，爰始淫为劓、刵、椓、黥，越兹丽刑并制，罔差有辞。

劓，牛例反。刵，而志反。椓，竹角反。黥，渠京反。苗民承蚩尤之暴，不用善而制以刑，惟作五虐之刑，名之曰法，以杀戮无罪。于是始过为劓鼻、刵耳、椓窍、黥面之法。于丽法者，必刑之，并制无罪，不复以曲直之辞为差别，皆刑之也。

## 10.（宋）黄伦《尚书精义》卷四十九《周书·吕刑》

（按，以上经解《永乐大典》原缺）

## 11.（宋）陈经《尚书详解》卷四十七《周书·吕刑》

（归善斋按，见"王曰，若古有训，蚩尤惟始作乱，延及于平民"）

## 12.（宋）钱时《融堂书解》卷二十《周书·吕刑》

（按，以上书解《永乐大典》原缺）

## 13.（宋）魏了翁《尚书要义》卷十九《周书·君牙、冏命、吕刑》

十四、作五虐之刑曰法，自谓得法。

经意言，三苗之君，习蚩尤之恶，凌善也，不用善化民，而制以重刑，学蚩尤，制之用五刑，而虐为之。故为五虐之刑，不必皋陶五刑之外，别有五也。曰法者，述苗民之语，自谓所作得法，欲民行而畏也。

## 14.（宋）陈大猷《书集传或问》卷下《周书·吕刑》

（归善斋按，未解）

## 15.（宋）胡士行《尚书详解》卷十二《周书·吕刑第二十九》

（归善斋按，见"王曰，若古有训，蚩尤惟始作乱，延及于平民"）

## 16.（元）吴澄《书纂言》卷四下《周书·吕刑》

苗民弗用灵，制以刑，惟作五虐之刑曰法，杀戮无辜，爰始淫为劓、刵、椓、黥，越兹丽刑并制，罔差有辞。民兴胥渐，泯泯棼棼，罔中于信，以覆诅盟。虐威庶戮，方告无辜于上。上帝监民，罔有馨香德，刑发闻惟腥。皇帝哀矜庶戮之不辜，报虐以威，遏绝苗民，无世在下。

苗民，三苗之君也。蛮獠之处，擅自长雄，虽君其国，非受天子命而为诸侯也，其实一民而已。五虐之刑，比旧五刑更加酷虐也。曰法，非法而为之法也。杀戮，大辟也。劓、刵，皆劓辟，不言刵辟者，包于劓。宫，或曰"刖"字误为，则椓，宫辟；黥，墨辟。并制，一并制之，不分轻重也。有辞，无罪也。凡断狱，有罪者无辞，无罪者有辞，苗民承蚩尤之暴，不用善，而制以刑，改作五虐之刑为法。大辟，既施于无罪，而又过为四者，深刻之刑，凡丽于刑，不分轻重，而并其制，无复简别其无罪而有辞者。兴，犹生也。民生斯时，相与渐浸于淫刑之中，泯泯然沉昏，棼棼然殽乱。信，实也。刑之轻重允当，情理之实，是之谓中。并制之刑，其实民无所取中，显明之地，莫可告诉，则告诉幽冥之间，以求直于鬼神而已。覆，反也。彼此互相诅盟也。众庶，被虐威之戮，各以无罪告诉于天。天视苗民无有馨香之德，其刑威之虐发，而上闻惟有腥秽之气。皇帝，尧也。庶戮以无辜告天，而帝尧哀矜之。尧之心，即天之心也。遏绝，谓窜之于三危，遏止其恶，而绝其世，使其子孙无复得传世为

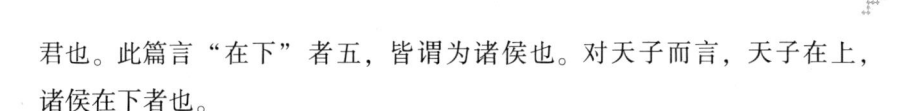

君也。此篇言"在下"者五，皆谓为诸侯也。对天子而言，天子在上，诸侯在下者也。

## 17.（元）陈栎《书集传纂疏》卷六《朱子订定蔡氏集传·周书·吕刑》

苗民弗用灵，制以刑，惟作五虐之刑曰法，杀戮无辜，爰始淫为劓、刵、椓、黥，越兹丽刑并制，罔差有辞。

苗民承蚩尤之暴，不用善，而制以刑，惟作五虐之刑，名之曰法，以杀戮无罪，于是始过为劓鼻、刵耳、椓窍、黥面之法。于丽法者，必刑之，并制无罪，不复以曲直之辞为差别，皆刑之也。

## 18.（元）许谦《读书丛说》卷六《周书·吕刑》

"苗民作五虐之刑曰法"，谓之曰法者，言专以刑为治国之法，而不用礼教也。又谓"始淫为劓、刵、椓、黥"，言初过用其刑，而且并制罪无差等，皆是周圣人所制之刑而过用之，专用之耳，非谓苗始制刑也。如此看则自无尧舜因有苗制刑，而遂为常法之碍。

## 19.（元）董鼎《书传辑录纂注》卷六《周书·吕刑》

苗民弗用灵，制以刑，惟作五虐之刑曰法，杀戮无辜，爰始淫为劓、刵、椓、黥，越兹丽刑并制，罔差有辞。

苗民，承蚩尤之暴，不用善而制以刑，惟作五虐之刑，名之曰法，以杀戮无罪。于是始过为劓鼻、刵耳、椓窍、黥面之法。于丽法者，必刑之，并制无罪，不复以曲直之辞为差别，皆刑之也。

## 20.（元）朱祖义《尚书句解》卷十二《周书·吕刑第二十九》

苗民弗用灵（苗民，即三苗，亦蚩尤之后，平民既渐染蚩尤为恶，苗民又不用善以化之），制以刑（惟一切制之以刑），惟作五虐之刑曰法（惟于古人所立墨、劓、剕、宫、大辟五刑之中更加惨虐，以为五虐之刑，其忍如此，乃谓之法）。

## 21. （明）王樵《尚书日记》卷十六《周书·吕刑》

（归善斋按，见"王曰，若古有训，蚩尤惟始作乱，延及于平民"）

## 22. （清）库勒纳等撰《日讲书经解义》卷十三《周书·吕刑》

苗民弗用灵，制以刑，惟作五虐之刑曰法，杀戮无辜，爰始淫为劓、刵、椓、黥，越兹丽刑并制，罔差有辞。

此一节书是，举苗民之淫刑以为戒也。苗民，舜时三苗也。灵，解作善。丽，入也。差，分别也。穆王曰，五刑自古有之，然以惩乱，非以虐民，自蚩尤为暴，而苗民承其余习，不用善以导其民，而惟用刑以威其众，举五刑而虐用之，名之曰法，以杀戮无辜之人，爰始过为劓鼻、刵耳、椓窍、黥面之刑，而滥用之。凡犯此罚者，并坐之刑。其罪不当，而有辞者，亦不加差别。苗民之淫刑，流毒如此，此后世所当溪戒者也。

## （元）陈师凯《蔡氏传旁通》卷六下《吕刑》

苗民承蚩尤之暴。

正义云，三苗之主，实国君也，顽凶若民，故谓之苗民。

## （清）朱鹤龄《尚书埤传》卷十五《周书·吕刑》

苗民；惟作五虐之刑（至）劓刵椓黥。

孔传，三苗之君顽凶若民，疏云，郑玄以为颛顼诛九黎，至其子孙为三国。高辛之衰，又复九黎之恶，尧兴诛之（按《周语》王无亦监于黎苗之王，《楚语》云"三苗复九黎之德"。韦昭注，少皞氏衰，九黎乱德，颛顼灭之；高辛氏衰，三苗又乱，尧诛之。三苗，九黎之后也。与康成说同）。尧末其党在朝，舜臣尧，又窜之。后禹摄政，又在洞庭逆命，禹又徂征之。此族三生凶德，故著其恶而谓之民。吴澄曰，苗民，三苗之君也。蛮獠之乡，擅自雄长。虽君其国，非受天子之命也，其实一民而已。

愚按，《左传》缙云氏有不才子，天下之人以比三凶，谓之饕餮。下云舜臣尧，诛四凶族，则饕餮，即三苗也。三苗，特别于三族，以非帝子孙。陈师凯曰，吕氏谓，古未有五刑，制自苗民，圣人不得已而用之，非也。《舜典》称"象以典刑，流宥五刑"，下文方及诛四凶，三苗居一焉。盖五刑其来久矣，岂有苗民始作五刑，舜乃效尤用之之理。郑杀邓析，而用其竹刑，传犹讥之，孰谓舜诛三苗而乃效尤其法乎？经文"五刑"曰"虐"，劓、刵、椓、黥曰"淫"，可见非即古之五刑，必更于无辜之人，暴虐淫纵用之，如纣之炮烙剖心，孙皓之凿人目，剥人面之类耳。"天讨有罪，五刑五用"，帝王相承，莫之能改，而谓始于苗民乎（椓是椓窍，非止宫刑；黥是黥面，非止墨刑）？

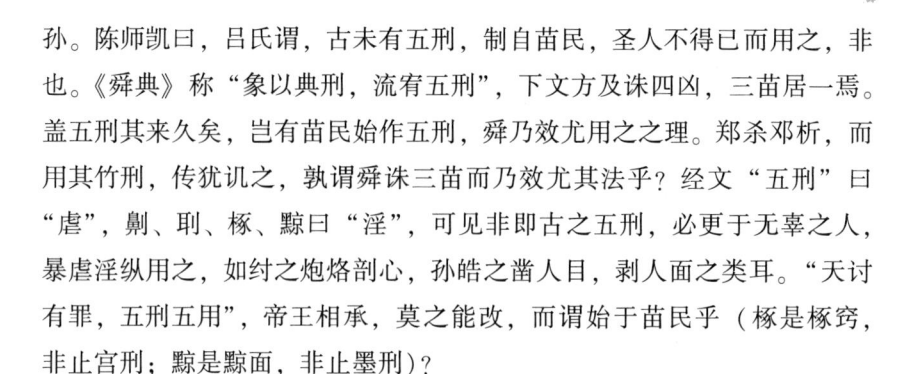

## 杀戮无辜，爰始淫为劓、刵、椓、黥

### 1.（汉）孔氏传、（唐）陆德明音义、孔颖达疏《尚书注疏》卷十八《周书·吕刑》

杀戮无辜，爰始淫为劓、刵、椓、黥。

传，三苗之主，顽凶若民，敢行虐刑，以杀戮无罪，于是始大为截人耳鼻，椓阴，黥，而以加无辜，故曰五虐。

音义，劓，鱼器反。刵，徐如志反。椓，丁角反。黥，其京反。

疏，正义曰，杀戮无罪之人，于是始大为四种之刑，刵，截人耳。劓，截人鼻。椓，劋人阴。黥，割人。

传正义曰，以其顽凶，敢行虐刑，以杀戮无罪，《释诂》云，淫，大也。于是，大为截人耳鼻，椓阴，黥面。苗民为此刑也，椓阴即宫刑也，黥面即墨刑也。《康诰》周公戒康叔云"无或劓刵人"，即周世有劓刵之刑，非苗民别造此刑也，以加无辜，故曰五虐。郑玄云，刵，断耳；劓，截鼻；椓，谓椓破阴；黥，谓羁黥人面。苗民大为此四刑者，言其特深刻异于皋陶之为。郑意，盖谓截耳，截鼻多截之，椓阴苦于去势，黥面甚于墨额。孔意或亦然也。

### 2.（宋）苏轼《书传》卷十九《周书·吕刑第二十九》

（归善斋按，见"苗民弗用灵，制以刑，惟作五虐之刑曰法"）

2057

### 3.（宋）林之奇《尚书全解》卷三十九《周书·吕刑》

（归善斋按，见"吕命"）

### 4.（宋）史浩《尚书讲义》卷二十《周书·吕刑》

（按，以上讲义《永乐大典》原缺）

### 5.（宋）夏僎《尚书详解》卷二十五《周书·吕刑》

（归善斋按，见"王曰，若古有训，蚩尤惟始作乱，延及于平民"）

### 6.（宋）时澜《增修东莱书说》卷三十四《周书·吕刑第二十九》

（归善斋按，见"王曰，若古有训，蚩尤惟始作乱，延及于平民"）

### 7.（宋）黄度《尚书说》卷七《周书·吕刑》

（归善斋按，见"王曰，若古有训，蚩尤惟始作乱，延及于平民"）

### 8.（宋）袁燮《絜斋家塾书钞》

（归善斋按，无此篇）

### 9.（宋）蔡沈《书经集传》卷六《周书·吕刑》

（归善斋按，见"苗民弗用灵，制以刑，惟作五虐之刑曰法"）

### 10.（宋）黄伦《尚书精义》卷四十九《周书·吕刑》

（按，以上经解《永乐大典》原缺）

### 11.（宋）陈经《尚书详解》卷四十七《周书·吕刑》

（归善斋按，见"王曰，若古有训，蚩尤惟始作乱，延及于平民"）

### 12.（宋）钱时《融堂书解》卷二十《周书·吕刑》

（按，以上书解《永乐大典》原缺）

**13.（宋）魏了翁《尚书要义》卷十九《周书·君牙、冏命、吕刑》**

（归善斋按，未引）

**14.（宋）陈大猷《书集传或问》卷下《周书·吕刑》**

（归善斋按，未解）

**15.（宋）胡士行《尚书详解》卷十二《周书·吕刑第二十九》**

（归善斋按，见"王曰，若古有训，蚩尤惟始作乱，延及于平民"）

**16.（元）吴澄《书纂言》卷四下《周书·吕刑》**

（归善斋按，见"苗民弗用灵，制以刑，惟作五虐之刑曰法"）

**17.（元）陈栎《书集传纂疏》卷六《朱子订定蔡氏集传·周书·吕刑》**

（归善斋按，见"苗民弗用灵，制以刑，惟作五虐之刑曰法"）

**18.（元）许谦《读书丛说》卷六《周书·吕刑》**

（归善斋按，见"苗民弗用灵，制以刑，惟作五虐之刑曰法"）

**19.（元）董鼎《书传辑录纂注》卷六《周书·吕刑》**

（归善斋按，见"苗民弗用灵，制以刑，惟作五虐之刑曰法"）

**20.（元）朱祖义《尚书句解》卷十二《周书·吕刑第二十九》**

杀戮无辜（杀戮无罪之人），爰始淫为劓、刵、椓、黥（于是始过为劓以去鼻，刵以截耳，椓去势，黥刻额。劓，艺；刵，饵；椓，卓；黥，檠）。

2059

## 21. （明）王樵《尚书日记》卷十六《周书·吕刑》

（归善斋按，见"王曰，若古有训，蚩尤惟始作乱，延及于平民"）

## 22. （清）库勒纳等撰《日讲书经解义》卷十三《周书·吕刑》

（归善斋按，见"苗民弗用灵，制以刑，惟作五虐之刑曰法"）

## （清）朱鹤龄《尚书埤传》卷十五《周书·吕刑》

（归善斋按，见"苗民弗用灵，制以刑，惟作五虐之刑曰法"）

# 越兹丽刑并制，罔差有辞

## 1. （汉）孔氏传、（唐）陆德明音义、孔颖达疏《尚书注疏》卷十八《周书·吕刑》

越兹丽刑并制，罔差有辞。

传，苗民于此施刑，并制无罪，无差有直辞者，言淫滥。

音义，丽，力驰反。并，必政反。

疏，正义曰，而苗民于此施刑之时，并制无罪之人，对狱有罪者无辞，无罪者有辞，苗民断狱，并皆罪之，无差简有直辞者，言滥及无罪者也。

## 2. （宋）苏轼《书传》卷十九《周书·吕刑第二十九》

（归善斋按，见"苗民弗用灵，制以刑，惟作五虐之刑曰法"）

## 3. （宋）林之奇《尚书全解》卷三十九《周书·吕刑》

（归善斋按，见"吕命"）

**4.（宋）史浩《尚书讲义》卷二十《周书·吕刑》**

（按以上讲义《永乐大典》原缺）

**5.（宋）夏僎《尚书详解》卷二十五《周书·吕刑》**

（归善斋按，见"王曰，若古有训，蚩尤惟始作乱，延及于平民"）

**6.（宋）时澜《增修东莱书说》卷三十四《周书·吕刑第二十九》**

（归善斋按，见"王曰，若古有训，蚩尤惟始作乱，延及于平民"）

**7.（宋）黄度《尚书说》卷七《周书·吕刑》**

（归善斋按，见"王曰，若古有训，蚩尤惟始作乱，延及于平民"）

**8.（宋）袁燮《絜斋家塾书钞》**

（归善斋按，无此篇）

**9.（宋）蔡沈《书经集传》卷六《周书·吕刑》**

（归善斋按，见"苗民弗用灵，制以刑，惟作五虐之刑曰法"）

**10.（宋）黄伦《尚书精义》卷四十九《周书·吕刑》**

（按，以上经解《永乐大典》原缺）

**11.（宋）陈经《尚书详解》卷四十七《周书·吕刑》**

（归善斋按，见"王曰，若古有训，蚩尤惟始作乱，延及于平民"）

**12.（宋）钱时《融堂书解》卷二十《周书·吕刑》**

（按，以上书解《永乐大典》原缺）

### 13.（宋）魏了翁《尚书要义》卷十九《周书·君牙、冏命、吕刑》

（归善斋按，未引）

### 14.（宋）陈大猷《书集传或问》卷下《周书·吕刑》

（归善斋按，未解）

### 15.（宋）胡士行《尚书详解》卷十二《周书·吕刑第二十九》

（归善斋按，见"王曰，若古有训，蚩尤惟始作乱，延及于平民"）

### 16.（元）吴澄《书纂言》卷四下《周书·吕刑》

（归善斋按，见"苗民弗用灵，制以刑，惟作五虐之刑曰法"）

### 17.（元）陈栎《书集传纂疏》卷六《朱子订定蔡氏集传·周书·吕刑》

（归善斋按，见"苗民弗用灵，制以刑，惟作五虐之刑曰法"）

### 18.（元）许谦《读书丛说》卷六《周书·吕刑》

（归善斋按，见"苗民弗用灵，制以刑，惟作五虐之刑曰法"）

### 19.（元）董鼎《书传辑录纂注》卷六《周书·吕刑》

（归善斋按，见"苗民弗用灵，制以刑，惟作五虐之刑曰法"）

### 20.（元）朱祖义《尚书句解》卷十二《周书·吕刑第二十九》

越兹丽刑并制（有民于此丽刑，三苗并以此刑制之，更不分其轻重），罔差有辞（有罪者无辞，无罪者有辞，固有等差，今三苗于有辞可明白之人，更无等差，一以刑施之）。

## 21. （明）王樵《尚书日记》卷十六《周书·吕刑》

（归善斋按，见"王曰，若古有训，蚩尤惟始作乱，延及于平民"）

## 22. （清）库勒纳等撰《日讲书经解义》卷十三《周书·吕刑》

（归善斋按，见"苗民弗用灵，制以刑，惟作五虐之刑曰法"）

# 民兴胥渐，泯泯棼棼，罔中于信，以覆诅盟

## 1. （汉）孔氏传、（唐）陆德明音义、孔颖达疏《尚书注疏》卷十八《周书·吕刑》

民兴胥渐，泯泯棼棼，罔中于信，以覆诅盟。

传，三苗之民，渎于乱政，起相渐化，泯泯为乱，棼棼同恶，皆无中于信义，以反背诅盟之约。

音义，泯，面忍反，徐音民。棼，芳云反，徐扶云反。覆，芳服反，徐敷目反。诅，侧助反。背，音佩。约，如字，又于妙反。

疏，正义曰，三苗之民，惯渎乱政，起相渐染，皆化为恶，泯泯为乱，棼棼同恶，小大为恶，民皆巧诈，无有中于信义，以此无中于信，反背诅盟之约，虽有要约，皆违背之。

传正义曰，三苗之民，谓三苗国内之民也。渎，谓惯渎。苗君久行虐刑，民惯见乱政，习以为常，起相渐化。泯泯，相似之意；棼棼，扰攘之状。泯泯为乱，习为乱也。棼棼同恶，其为恶也。中，犹当也，皆无中于信义，言为行无与信义合者。《诗》云"君子屡盟，乱是用长"，乱世之民，多相盟诅。既无信义，必皆违之，以此无中于信，反背诅盟之约也。

## 2. （宋）苏轼《书传》卷十九《周书·吕刑第二十九》

民兴胥渐，泯泯棼棼，罔中于信，以覆诅盟。

2063

人无所诉,则诉于鬼神。德衰政乱,则鬼神制世,民相与,反复诅盟而已。

### 3.（宋）林之奇《尚书全解》卷三十九《周书·吕刑》

(归善斋按,见"吕命")

### 4.（宋）史浩《尚书讲义》卷二十《周书·吕刑》

(按以上讲义《永乐大典》原缺)

### 5.（宋）夏僎《尚书详解》卷二十五《周书·吕刑》

(归善斋按,见"王曰,若古有训,蚩尤惟始作乱,延及于平民")

### 6.（宋）时澜《增修东莱书说》卷三十四《周书·吕刑第二十九》

(归善斋按,见"王曰,若古有训,蚩尤惟始作乱,延及于平民")

### 7.（宋）黄度《尚书说》卷七《周书·吕刑》

民兴胥渐,泯泯棼棼,罔申于信,以覆诅盟。

泯泯,冒也。棼棼,乱也。苗民畏其君之虐,故皆兴起相渐染为乱,俗不听于有司之断制,而为诅盟,相要质,其中无信,又倾覆之。

### 8.（宋）袁燮《絜斋家塾书钞》

(归善斋按,无此篇)

### 9.（宋）蔡沈《书经集传》卷六《周书·吕刑》

民兴胥渐,泯泯棼棼,罔中于信,以覆诅盟。虐威庶戮,方告无辜于上。上帝监民,罔有馨香德,刑发闻惟腥。

棼,敷文反,又音纷。泯泯,昏也。棼棼,乱也。民相渐染为昏,为乱,无复诚信,相与反复诅盟而已。虐政作威,众被戮者,方各告无罪于天。天视苗民无有馨香德,而刑戮发闻莫非腥秽。吕氏曰,形于声,嗟穷之反也；动于气，臭恶之熟也。馨香，阳也。腥秽，阴也。故德为馨香，而刑发腥秽也。

## 10.（宋）黄伦《尚书精义》卷四十九《周书·吕刑》

（按，以上经解《永乐大典》原缺）

## 11.（宋）陈经《尚书详解》卷四十七《周书·吕刑》

（归善斋按，见"王曰，若古有训，蚩尤惟始作乱，延及于平民"）

## 12.（宋）钱时《融堂书解》卷二十《周书·吕刑》

（按，以上书解《永乐大典》原缺）

## 13.（宋）魏了翁《尚书要义》卷十九《周书·君牙、冏命、吕刑》

（归善斋按，未引）

## 14.（宋）陈大猷《书集传或问》卷下《周书·吕刑》

（归善斋按，未解）

## 15.（宋）胡士行《尚书详解》卷十二《周书·吕刑第二十九》

（归善斋按，见"王曰，若古有训，蚩尤惟始作乱，延及于平民"）

## 16.（元）吴澄《书纂言》卷四下《周书·吕刑》

（归善斋按，见"苗民弗用灵，制以刑，惟作五虐之刑曰法"）

## 17.（元）陈栎《书集传纂疏》卷六《朱子订定蔡氏集传·周书·吕刑》

民兴胥渐，泯泯棼棼，罔中于信，以覆诅盟。虐威庶戮，方告无辜于上。上帝监民，罔有馨香德，刑发闻惟腥。

泯泯，昏也。棼棼，乱也。民相渐染为昏，为乱，无复诚信，相与反覆诅盟而已。虐政作威，众被戮者，方各告无罪于天。天视苗民无有馨香德，而刑戮发闻，莫非腥秽。吕氏曰，形于声，嗟穷之反也；动于气，臭恶之熟也。馨香，阳也；腥秽，阴也。故德为馨香，而刑发腥秽也。

## 18.（元）许谦《读书丛说》卷六《周书·吕刑》

（归善斋按，未解）

## 19.（元）董鼎《书传辑录纂注》卷六《周书·吕刑》

民兴胥渐，泯泯棼棼，罔中于信，以覆诅盟。虐威庶戮，方告无辜于上。上帝监民，罔有馨香德，刑发闻惟腥。

泯泯，昏也。棼棼，乱也。民相渐染，为昏，为乱，无复诚信，相与反覆诅盟而已。虐政作威，众被戮者，方各告无罪于天。天视苗民无有馨香德，而刑戮发闻，莫非腥秽。吕氏曰，形于声，嗟穷之反也；动于气，臭恶之熟也。馨香，阳也；腥秽，阴也。故德为馨香，而刑发腥秽也。

## 20.（元）朱祖义《尚书句解》卷十二《周书·吕刑第二十九》

民兴胥渐（所以民皆兴起，相渐染为恶），泯泯棼棼（泯泯然相似，棼棼然相乱），罔中于信（无有中心能守信者），以覆诅盟（盟诅于鬼神，又自覆败之，以见无信之甚。覆，福）。

## 21.（明）王樵《尚书日记》卷十六《周书·吕刑》

（归善斋按，见"王曰，若古有训，蚩尤惟始作乱，延及于平民"）

## 22.（清）库勒纳等撰《日讲书经解义》卷十三《周书·吕刑》

民兴胥渐，泯泯棼棼，罔中于信，以覆诅盟，虐威庶戮，方告无辜于上。上帝监民，罔有馨香德。刑发闻惟腥。

此一节书是，言苗民淫刑之恶，上闻于天也。胥，相也。渐，渐染

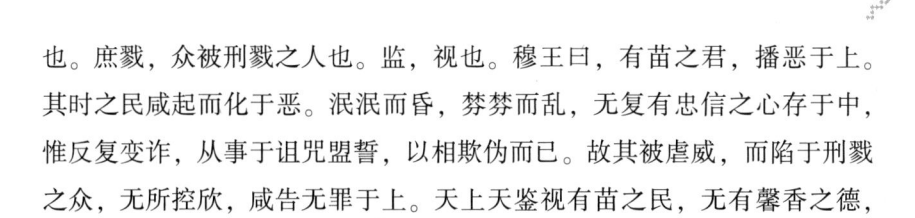

也。庶戮，众被刑戮之人也。监，视也。穆王曰，有苗之君，播恶于上。其时之民咸起而化于恶。泯泯而昏，棼棼而乱，无复有忠信之心存于中，惟反复变诈，从事于诅咒盟誓，以相欺伪而已。故其被虐威，而陷于刑戮之众，无所控欣，咸告无罪于上。天上天鉴视有苗之民，无有馨香之德，其发而上闻者，惟刑罚腥秽之气。有苗淫刑之恶，上通于天如此，故天命圣主而除其恶也。

# 虐威庶戮，方告无辜于上，上帝监民，罔有馨香，德刑发闻惟腥

## 1.（汉）孔氏传、（唐）陆德明音义、孔颖达疏《尚书注疏》卷十八《周书·吕刑》

虐威庶戮，方告无辜于上，上帝监民，罔有馨香，德刑发闻惟腥。

传，三苗虐政作威，众被戮者，方方各告无罪于天，天视苗民无有馨香之行，其所以为德刑，发闻惟乃腥臭。

音义，闻，音问，又如字，注同。腥，音星。行，下孟反。

疏，正义曰，三苗虐政作威，众被戮者，方方各告无罪于上天。上天下视苗民无有馨香之行，其所以为德刑者，发闻于外，惟乃皆腥臭，无馨香也。

传正义曰，方方各告无罪于上天，言其处处告也。天矜于下俯视苗民，无有馨香之行。馨香以喻善也。其所以为德刑，苗民自谓是德刑者，发闻于外，惟乃皆是腥臭。腥臭，喻恶也。

## 2.（宋）苏轼《书传》卷十九《周书·吕刑第二十九》

虐威庶戮，方告无辜于上。上帝监民，罔有馨香德刑。

无德刑之香也。

发闻惟腥。

2067

### 3.（宋）林之奇《尚书全解》卷三十九《周书·吕刑》

(归善斋按，见"吕命")

### 4.（宋）史浩《尚书讲义》卷二十《周书·吕刑》

(按，以上讲义《永乐大典》原缺)

### 5.（宋）夏僎《尚书详解》卷二十五《周书·吕刑》

(归善斋按，见"王曰，若古有训，蚩尤惟始作乱，延及于平民")

### 6.（宋）时澜《增修东莱书说》卷三十四《周书·吕刑第二十九》

(归善斋按，见"王曰，若古有训，蚩尤惟始作乱，延及于平民")

### 7.（宋）黄度《尚书说》卷七《周书·吕刑》

虐威庶戮，方告无辜于上。上帝监民，罔有馨香德刑发闻惟腥。皇帝哀矜庶戮之不辜，报虐以威，遏绝苗民，无世在下。乃命重黎，绝地天通，罔有降格。

皇帝，尧也。天矜于民，尧承天心，苗虐，报之以威，绝苗之势，始窜其君，又选其民。重黎，羲和也。苗民为诅盟，故有降格之事。尧又命羲和绝地天通，人神不糅，专修人事，以定民志。羲和，疑即伯夷，礼官，故使正神、人之位。

### 8.（宋）袁燮《絜斋家塾书钞》

(归善斋按，无此篇)

### 9.（宋）蔡沈《书经集传》卷六《周书·吕刑》

(归善斋按，见"民兴胥渐，泯泯棼棼，罔中于信，以覆诅盟")

### 10.（宋）黄伦《尚书精义》卷四十九《周书·吕刑》

(按，以上经解《永乐大典》原缺)

## 11.（宋）陈经《尚书详解》卷四十七《周书·吕刑》

(归善斋按，见"王曰，若古有训，蚩尤惟始作乱，延及于平民")

## 12.（宋）钱时《融堂书解》卷二十《周书·吕刑》

(按，以上书解《永乐大典》原缺)

## 13.（宋）魏了翁《尚书要义》卷十九《周书·君牙、冏命、吕刑》

十六、苗民自谓德刑者，非馨香，乃腥臭。

方方各告无罪于上天，言其处处告也。天矜于下，俯视苗民，无有馨香之行。馨香，以喻善也。其所以为德刑，苗民自谓是德刑者，发闻于外，惟乃皆是腥臭，喻恶也。

## 14.（宋）陈大猷《书集传或问》卷下《周书·吕刑》

(归善斋按，未解)

## 15.（宋）胡士行《尚书详解》卷十二《周书·吕刑第二十九》

(归善斋按，见"王曰，若古有训，蚩尤惟始作乱，延及于平民")

## 16.（元）吴澄《书纂言》卷四下《周书·吕刑》

(归善斋按，见"苗民弗用灵，制以刑，惟作五虐之刑曰法")

## 17.（元）陈栎《书集传纂疏》卷六《朱子订定蔡氏集传·周书·吕刑》

(归善斋按，见"民兴胥渐，泯泯棼棼，罔中于信，以覆诅盟")

## 18.（元）许谦《读书丛说》卷六《周书·吕刑》

(归善斋按，未解)

2069

## 19. （元）董鼎《书传辑录纂注》卷六《周书·吕刑》

（归善斋按，见"民兴胥渐，泯泯棼棼，罔中于信，以覆诅盟"）

## 20. （元）朱祖义《尚书句解》卷十二《周书·吕刑第二十九》

虐威庶戮（三苗乃施暴虐之威，遂至多所杀戮），方告无辜于上（民方告无罪被戮于天）。上帝监民（上天监视下民），罔有馨香德（见三苗无有馨香之德被于民），刑发闻惟腥（但有虐刑发闻于上，不胜腥秽而已。闻，问）。

## 21. （明）王樵《尚书日记》卷十六《周书·吕刑》

（归善斋按，见"王曰，若古有训，蚩尤惟始作乱，延及于平民"）

## 22. （清）库勒纳等撰《日讲书经解义》卷十三《周书·吕刑》

（归善斋按，见"民兴胥渐，泯泯棼棼，罔中于信，以覆诅盟"）

## （明）陈第《尚书疏衍》卷四《周书·吕刑》

"罔有馨香德刑"。

作一句读。夫刑，天下之大命也。圣人慎之，上帝鉴之。故刑而当罪，罔有不辜，则刑皆德也。德刑惟馨，帝佑之矣。今苗民爰始淫为劓、刵、椓、黥。曰"爰始"，见前未有也。"罔差有辞"，见曲直不分也。故其民皆习于恶，无有忠信，惟以反复诅盟为事，是其腥秽之虐刑也，岂非神人所共怒乎？"皇帝哀矜庶戮之不辜"，秦始皇初并天下，令议帝号，群臣皆曰，昔者五帝地方千里，其外侯服夷服，诸侯或朝或否，天子不能制。今陛下兴义兵，诛残贼，平定天下，海内为郡县，法令由一统，自上古以来未尝有，五帝所不及，臣等谨与博士议曰，古有天皇，有地皇，有泰皇。泰皇最贵，臣等冒死上尊号，王为泰皇，命为制令，为诏天子，自称曰朕王，曰去泰著皇，采上古帝位号，号曰皇帝。他如议，制曰可，是皇帝之号自秦始也。余读《吕刑》"皇帝哀矜庶戮之不辜"曰所从来远矣。

# 皇帝哀矜庶戮之不辜，报虐以威，遏绝苗民，无世在下

## 1.（汉）孔氏传、（唐）陆德明音义、孔颖达疏《尚书注疏》卷十八《周书·吕刑》

皇帝哀矜庶戮之不辜，报虐以威，遏绝苗民，无世在下。

传，君帝，帝尧也，哀矜众被戮者之不辜，乃报为虐者，以威诛遏绝苗民，使无世位在下国也。

音义，皇帝，皇，宜作"君"字，帝尧也。遏，于葛反。

疏，正义曰，君帝，帝尧，哀矜众被杀戮者不以其罪，乃报为暴虐者以威，止绝苗民，使无世位在于下国，言以刑虐，故灭之也。

传正义曰，《释诂》云，皇，君也。此言"遏绝苗民"，下句即云"乃命重黎"，重黎是帝尧之事，知此灭苗民，亦帝尧也。此灭苗民在尧之初兴，使无世位在于下国。而尧之末年，又有窜三苗者，《礼》，天子不灭国，择立其次贤者，此为五虐之君，自无世位在下，其改立者，复得在朝。但此族数生凶德，故历代每被诛耳。

《尚书注疏》卷十八《考证》

"皇帝哀矜庶戮之不辜"传"君帝帝尧也"疏"下句即云乃命重黎，重黎是帝尧之事，知此灭苗民，亦帝尧也"。

臣召南按，此疏甚确。宋儒以《虞书》言"窜三苗""分北三苗"，皆是舜事。又《表记》引"德威惟畏"二句继之，曰非虞帝其孰能如此乎？遂谓是帝舜。金履祥曰，盖尧老舜摄之时，则融二说为一矣。

## 2.（宋）苏轼《书传》卷十九《周书·吕刑第二十九》

皇帝哀矜庶戮之不辜，报虐以威，遏绝苗民，无世在下。

2071

皇帝，尧也。分北三苗，迁其君于三危。

## 3.（宋）林之奇《尚书全解》卷三十九《周书·吕刑》

（归善斋按，见"吕命"）

## 4.（宋）史浩《尚书讲义》卷二十《周书·吕刑》

（按，以上讲义《永乐大典》原缺）

## 5.（宋）夏僎《尚书详解》卷二十五《周书·吕刑》

皇帝哀矜庶戮之不辜，报虐以威，遏绝苗民，无世在下。乃命重黎，绝地天通，罔有降格。群后之逮在下，明明棐常，鳏寡无盖。皇帝清问下民，鳏寡有辞于苗。德威惟畏，德明惟明。乃命三后，恤功于民。伯夷降典，折民惟刑；禹平水土，主名山川；稷降播种，农殖嘉谷；三后成功，惟殷于民。士制百姓于刑之中，以教祗德，穆穆在上，明明在下，灼于四方，罔不惟德之勤，故乃明于刑之中，率乂于民棐彝。

苗民既肆为暴虐，下民不忍，方告无辜于上。上帝监之，知其无辜。于是帝尧知天意之所向，哀伤矜怜，众遭有苗杀戮而无罪者，乃以德威诛伐，而报苗民之暴虐，正绝其嗣，俾无有继世而在天下者，盖谓诛绝之也，然至舜之世，犹有存者，何也？盖苗民种类至多，尧之遏绝，乃其一时为君长者，其不为君长者，或支，或庶，尧岂能尽绝之。此所以至舜之世，而其遗种或复育也。尧既绝苗民无世在下，既又念苗民所以阶乱者，皆由罔中于信，以覆败古人诅盟之事，遂至假于鬼神，惑乱愚民，以阶祸乱，故尧既遏绝之后，所以必命重黎以正神人之分也。盖在天有神，在地有人，幽明之间，截然不可移易。今苗民既假鬼神，以阶乱，则引天神以惑愚民。如汉末张角，一日同起者，三十六方。此皆假鬼神以阶乱者也。今三苗之俗，既如此，故尧命重黎，使"绝地天通罔有降格"，谓绝在地之民，使不得以妖术格于在天之神；绝在天之神，使不得假其名字，以降于在地之民。盖将塞其生乱之阶也。孔氏引《楚语》云，昭王问于观射父曰，《周书》所谓重黎，实使天地不通者，何也？若不然，民将能登天乎？对曰，非此之谓也，古者，民神不杂。少昊氏之衰也，九黎乱德，家为巫史，民神同位，祸灾荐臻。颛顼受之，乃命南正重司天，以属神；北正黎司地，以属民，使复旧常无相浸渎，是谓"绝地天通"。其后三苗复九黎之德，尧复育重黎之后，不忘旧者，使复典之，以此知重即羲也；黎即和也。但此以"重黎绝地天通"，为尧时事，而《楚语》乃指为颛顼时事，今且以经为据。尧即命重黎正神人之分，以绝苗民生乱之阶，故群后及在下化之，乃明明棐常，而不敢为幽隐神怪之事。虽鳏寡穷民，亦得通其情于上，而无有盖蔽而不通者。盖苗民假鬼神以阶乱，其同恶相济者，共为暴虐以贼害小民，故鳏寡有欲言，而不得上闻。今既绝其乱阶，而人不复假鬼神以生乱，此鳏寡所以无盖也。元后，谓群后诸侯也。在下，群吏也。诸侯及群吏，皆不事幽隐鬼神，而明于明明之人事，不事诡异妖者之术，而辅于世间之常道，如是则人习诚实，下无隐情，故鳏寡无告之人，皆得陈其哀苦之情于上，而无有蔽盖者。其说美哉。鳏寡之情，既无蔽盖，皆得上达，则民之利病，尧无不知，于是帝尧乃清问下民。所谓清者，乃虚心屈己，以延问于下，如无垢所谓，无非诚实，曾不以一毫名位滓于其中，此所谓"清问"也。盖其问如父母之问其子之饥渴寒暑，岂有嫌疑置于其心哉。尧忘其君位之尊，而诚心致问，故鳏寡之民，感其诚实，皆有称诵之辞于遏苗之事，所称颂者，即"德威惟畏，德明惟明"是也。旧说，皆以有辞于苗民。然至于时，苗民已遏绝，鳏寡已无盖，不应于此复有怨辞。兼下文"德威惟畏，德明惟明"二句无所系属，故知此有辞于苗，当为有美辞于尧感遏苗之事也。盖苗民之虐，尧以威报之，则尧之威，非赫赫之威也。乃德威也，惟其威自德来，此所以威一震，而人莫不畏。苗民之奸，尧以明察之，则尧之明，非察察之明也，明德也。惟其明自德来，此所以明一照，而人莫能逃也。鳏寡以是辞而称尧伐苗之事，岂不简而当哉。尧遏绝苗民，而鳏寡颂之若此，则民乱除矣。民乱既除，则民生不可不厚。"乃命三后，恤功于民"，盖欲厚民之生也。恤。是忧也。谓忧其功于民，犹言功不及民，以为己忧也。三后，即伯夷、禹、稷也。伯夷掌礼，故降其礼典，以示于民。然礼有品节条目，易以强世，而难于民之尽从，故伯夷既示以礼典，于是又以刑而折服其邪心，使之畏刑之威，而尽趋礼。此典礼所以言刑也。然伯夷之刑，非果用也，特以此惧之耳。禹为司空主土，故既平水土为民除患，于是又辨山川之主名，谓九州岛，各有一名山大川，为之主名，如扬州山曰会稽，川曰三江；荆州山曰衡山，川曰江汉是也。弃，为后稷，司稼，故降其布种之法，使为农者，皆得封殖其善禾麦，布种有法，则稂莠不生，而嘉谷可成也。此皆尧命之，使之忧其功于民者也。尧之用人多矣，独言此三后者，盖教之，安之，养之，尤为忧民之深者也。惟尧以此命之，故三后皆得成功。功既成，而皆富厚，故曰"惟殷于民"。殷，盛也，谓富盛也。民既富盛，尧又虑其狃于富厚，或复思乱，不可不有以防之。于是又命士师之官，使制百姓于刑之中，谓用中典以防民也。所以如此者，凡欲教民，使常知敬德，不致复阶乱也。吕侯既言尧于三代成功之后，命士以刑制百姓，恐当时或不明其先后本末之序，谓尧专以刑制于民，故下又复明前说，谓之刑也，非徒刑也，其君穆穆以敬德居上，其臣明明以明德居下，上下之间，以德相资，酝酿造化，一旦发越于四方，灼如灼火然，一灯灼，千万灯无有穷已，必至于极。四方万里，无不克勤于德，然后始明刑之中，以率乂于民。率，谓率之使从。又谓乂之使治，然尧之所谓率乂者，亦岂专于伤民肌体哉，亦不过欲辅其常性耳。盖民失常性，特以刑警之，使耸动知畏，而复其常性，是尧之刑虽具，而实未尝用也，此又《吕刑》详明尧所以用刑之意。

## 6. (宋) 时澜《增修东莱书说》卷三十四《周书·吕刑第二十九》

(归善斋按，见"王曰，若古有训，蚩尤惟始作乱，延及于平民")

## 7. (宋) 黄度《尚书说》卷七《周书·吕刑》

(归善斋按，见"虐威庶戮，方告无辜于上，上帝监民，罔有馨香，德刑发闻惟腥")

## 8. (宋) 袁燮《絜斋家塾书钞》

(归善斋按，无此篇)

## 9.（宋）蔡沈《书经集传》卷六《周书·吕刑》

皇帝哀矜庶戮之不辜，报虐以威，遏绝苗民，无世在下。

皇帝，舜也。以书考之，治苗民，命伯夷、禹、稷、皋陶，皆舜之事。报苗之虐以我之威。绝，灭也。谓窜与分北之类，遏绝之，使无继世在下国。

## 10.（宋）黄伦《尚书精义》卷四十九《周书·吕刑》

（按，以上经解《永乐大典》原缺）

## 11.（宋）陈经《尚书详解》卷四十七《周书·吕刑》

皇帝哀矜庶戮之不辜，报虐以威，遏绝苗民，无世在下。乃命重黎，绝地天通，罔有降格。群后之逮在下，明明棐常，鳏寡无盖。皇帝清问下民，鳏寡有辞于苗。德威惟畏，德明惟明。

此章见帝尧所施自有次第，先遏绝苗民，以除其害民者；于是命重黎之官，以辨神、人之分；其次，命群后以经常之教示民；其次，方始皇帝屈己，下问于民。皇帝，即尧也。视庶戮不辜之人，陷有苗之虐，尧独哀矜之，遂以威而报苗民之虐尧。之所谓威者，下文所言是也。遏绝之，使不得长世以在下国。此即威也，所以报虐也。尧知教化之本原，斯民惑于眇茫荒诞之说者，以其善恶不明祸，福不测，故求之于神，使当时为善者得福，为恶者得罪，民知正理，自当如此，何用求之于神。尧既遏绝苗民，乃使重黎主天地之官，"绝地天通"，使神之在天者，不降于地；而人之在地者，无与于天。人、神既不相杂扰，"罔有降格"，则民知有人事，不知有惑之说矣。《楚语》曰，古者民神不杂。少昊氏之衰也，九黎乱德，家为巫史，民神同位，祸灾荐臻。颛帝受之，乃命南正重司天，北正黎司地。重以属神，黎以属民，使服旧常，无相侵渎，是之谓"绝地天通"。由是观之，帝尧与颛帝，皆有命重黎之事。民虽知神、人有定分，而未知有常经之教也。群后虚心以逮下，明其显然之明理，以棐辅斯民之常性，使之人有父子，出有君臣，耕凿有饮食，如此则人理明，而人心自正。鳏寡之情，安有掩盖者乎。向者，鳏寡之情不得以通乎上，以人神杂糅，诅盟共兴，皇惑于邪说，有罪无所告诉。今也，人理既明，斯民皆得披心腹告诉于上皇。帝因民之情无所蔽也，又屈己清问于民，谓之"清"。则尧之心亦洞然清明，无有一毫之私意，是诚之下，接乎民。"鳏寡有辞于苗方"始明言有苗之罪恶。尧虽知苗之罪恶，亦未尝有忿疾之心，但以吾之德为威，其威非虐也，而苗民将自畏矣。以吾之德为明，其明非察也，而苗民将自开明矣。尧之治不责于苗民，而先反求诸己。盖在己者既尽，则天下岂有难化之俗哉。

## 12.（宋）钱时《融堂书解》卷二十《周书·吕刑》

（按，以上书解《永乐大典》原缺）

## 13.（宋）魏了翁《尚书要义》卷十九《周书·君牙、冏命、吕刑》

十七、尧已绝苗，而末年又窜苗，礼不灭国。

此言遏绝苗民，下句即云，乃命重黎。重黎是帝尧之事，知此灭苗民亦帝尧也。此灭苗民在尧之初兴，使无世位在于下国。而尧之末年，又有窜三苗者，礼天子不灭国，择立其次贤者。此为五虐之君，自无世位在下。其改立者，复得在朝。但此族数生凶德，故历代每被诛耳。

## 14.（宋）陈大猷《书集传或问》卷下《周书·吕刑》

（归善斋按，未解）

## 15.（宋）胡士行《尚书详解》卷十二《周书·吕刑第二十九》

皇帝（尧）哀矜（怜）庶（众）戮（遭苗杀戮）之不（无）辜（罪），报虐（苗之虐）以威（德威），遏（止）绝苗民，无世（子孙）在下（天下）。乃命重（羲）黎（和），绝地天通，罔有降格（神降之奸）。

蚩尤、三苗之虐民，无所愬听命于神，天地人神，杂糅渎乱。帝命重黎修明典礼，尊卑上下，限绝不通。

## 16. （元）吴澄《书纂言》卷四下《周书·吕刑》

（归善斋按，见"苗民弗用灵，制以刑，惟作五虐之刑曰法"）

## 17. （元）陈栎《书集传纂疏》卷六《朱子订定蔡氏集传·周书·吕刑》

皇帝哀矜庶戮之不辜，报虐以威，遏绝苗民，无世在下。

皇帝，舜也。以书考之，治苗民，命伯夷、禹、稷、皋陶，皆舜之事。报苗之虐，以我之威。绝，灭也，谓窜与分北之类。遏绝之，使无继世在下国。

纂疏：

孔氏曰，九黎之君号曰蚩尤，为鸱枭之义。三苗之君，习蚩尤之恶，顽凶虐民。蚩尤黄帝所灭，三苗帝尧所诛，言异世而同恶。皇帝，尧也。《史记·五帝本纪》，神农世衰，蚩尤强暴，黄帝与蚩尤战于涿鹿之野，杀之。

唐孔氏曰，《楚语》云，少昊氏之衰，九黎乱德，颛帝受之，使复旧常则。九黎在少昊之末，非蚩尤也。《楚语》又云，三苗复九黎之恶。郑氏曰，苗民即九黎之后，颛帝诛九黎，至其子孙为三国。

苏氏曰，鸱义，以鸷杀为义，如后世所谓侠也。

陈氏曰，"罔中于信"，无中心出于诚信者，信不由中也。观二"始"字，见蚩尤为作乱之始，而三苗为淫刑之始。

张氏曰，方，并也。如"方舟"之"方"。

愚谓，蚩尤、苗民前后隔远，不必以九黎混杂言之。二孔、郑氏之说皆未敢信。吕氏又谓古未有五刑，自苗民制之，然后圣人始不得已而用之，非也。《舜典》云"象以典刑，流宥五刑"，下方诛及四凶，苗居一焉。五刑其来久矣，岂有苗民始作五刑，舜乃效尤用之之理。郑杀邓析，而用其竹刑，传犹讥之，孰谓舜以三苗虐威，而窜其身，乃效其虐威而用其法乎。曰作"五虐之刑"，"淫为劓、刵、椓、黥"，曰"虐"与"淫"可见非古五刑，必暴虐淫过用之，或如纣之炮烙、剖心，孙皓之凿人目、剥人面之类耳。"天讨有罪，五刑五用"，帝王二千年相承，莫之有改，而谓始于苗民乎？使果创始于苗民，穆王方谆谆以苗民为戒，乃遵用其刑乎？不然必矣。

## 18.（元）许谦《读书丛说》卷六《周书·吕刑》

皇帝者，总言尧舜也。盖窜三苗，乃舜居摄时事，未可专指舜。征苗分北，乃舜时事，古注言尧，蔡传言舜，恐皆失偏。当兼言之。

## 19.（元）董鼎《书传辑录纂注》卷六《周书·吕刑》

皇帝哀矜庶戮之不辜，报虐以威，遏绝苗民，无世在下。

皇帝，舜也，以书考之，治苗民，命伯夷、禹、稷、皋陶，皆舜之事。报苗之虐，以我之威。绝，灭也，谓窜与分北之类，遏绝之，使无继世在下国。

纂注：

孔氏曰，九黎之君，号曰蚩尤，为鸱枭之义。三苗之君习蚩尤之恶，顽凶虐民。蚩尤，黄帝所灭；三苗，帝尧所诛，言异世而同恶。皇帝，帝尧也。《史记·五帝本纪》神农氏衰，诸侯侵伐，蚩尤最强暴，黄帝与蚩尤战于涿鹿之野，杀之，诸侯尊黄帝为天子。

唐孔氏曰，《楚语》云，少昊氏之衰，九黎乱德，颛帝受之，使复旧常，则九黎在少昊之末，非蚩尤也。《楚语》又云，三苗复九黎之德，郑氏以苗民即九黎之后，颛帝诛九黎，至其子孙为三国。有罪者无辞，无罪者有辞，苗民断狱，并皆罪之，无差简有直辞者。

苏氏曰，鸱义以鸷杀为义，如后世所谓侠也。

陈氏曰，"罔中于信"，无中心出于诚信者，信不由中也。无馨香之德，而发闻者惟腥秽之虐刑。观二"始"字，见蚩尤为作乱之始，而苗民为淫刑之始。

张氏曰，方，并也，犹"方舟"之"方"。

新安陈氏曰，蚩尤、苗民前后隔远，不必以九黎混杂言之，二孔、郑氏之说，皆未敢信。又案吕氏谓，古未有五刑，自苗民制之，然后圣人始不得已而用之，非也。《舜典》称"象以典刑，流宥五刑"，下文方及诛四凶，三苗居一焉。盖五刑其来久矣，岂有苗民始作五刑，舜乃效尤用之之理。郑杀邓析而用其竹刑，传犹讥之，孰谓舜以三苗虐威而窜其身，乃效其虐威，而用其法乎？曰"作五虐之刑"，曰"淫为劓刵椓黥"，曰"虐"与"淫"可见，非即古之五刑，必又暴虐淫过用之，或如纣之炮烙、剖心，孙皓之凿人目、剥人面之类耳。"天讨有罪、五刑五用"，帝王二千年相承，莫之能改，而谓始于苗民乎？使果创始于苗民，穆王方谆谆以苗民为戒，乃遵用其法乎？不然必矣。

## 20.（元）朱祖义《尚书句解》卷十二《周书·吕刑第二十九》

皇帝哀矜庶戮之不辜（帝尧哀悼矜怜众遭有苗杀戮之无罪者），报虐以威（乃以德威诛伐，报苗民之暴虐），遏绝苗民（正绝苗民之辞），无世在下（使无有继世在天下）。

## 21.（明）王樵《尚书日记》卷十六《周书·吕刑》

"皇帝哀矜"至"无世在下"。

遏绝，谓窜其君，分北其党类。礼，天子不灭国，择立其次贤者，苗民极恶，又无次贤者，故遂灭之，无复继世在下国者。皇帝所以待苗民如此，盖报其虐，非过也。皇帝，旧皆以为尧，蔡传以为舜，盖据经，则窜三苗与命三后、皋陶，皆舜事非尧也。

## 22.（清）库勒纳等撰《日讲书经解义》卷十三《周书·吕刑》

皇帝哀矜庶戮之不辜，报虐以威，遏绝苗民，无世在下。

此一节书是，言帝舜体天心，以正有苗之罪也。皇帝，谓虞舜也。穆王曰，苗民淫刑以逞下，失民心，上于天怒。帝舜之心，即上天之心也，哀矜此庶民被刑戮者，皆无辜之人，于是奉天以讨之，大彰杀伐之威，以报有苗虐民之罪，窜其君于三危，分比其党，以遏绝有苗之民，而不使其继世在下国，以贻百姓之害焉。盖天心之所恶，莫大于虐民，而帝王之行事莫大于救民。"报虐以威"，见圣人之刑罚，皆不过因物付物而已。

## （元）王充耘《读书管见》卷下《吕刑》

遏绝苗民，无世在下。

若止于窜其君，不当称民，既云无世在下，不当后来又有征苗之事，以此见窜三苗者，不但窜其君，必并其民而徙之，故云分北三苗。后来苗民被窜者，皆改所事，故《禹贡》云"三苗丕叙"，而《禹谟》征苗一段，此后人杜撰之辞，非实事也。

## （明）陈第《尚书疏衍》卷四《周书·吕刑》

（归善斋按，见"虐威庶戮，方告无辜于上，上帝监民，罔有馨香，德刑发闻惟腥"）

## （清）朱鹤龄《尚书埤传》卷十五《周书·吕刑》

遏绝苗民。

孔传，皇帝，帝尧也。疏云，此言遏苗民，下即言命重黎，命重黎是帝尧之事，知此灭苗民，亦帝尧也。灭苗民在尧之初兴，尧末年又有三苗者，礼天子不灭国，择其次立之。此五虐之君已殄厥世，其改立者，复在朝，称凶族，故窜之（《舜典》疏云，三凶，皆王臣，三苗应亦诸侯之国入仕王朝者）。愚按，蔡传以下章命重黎，即羲和，其为尧事明矣。而此章皇帝，乃释为舜，何也？应取注疏正之。

## （清）张英《书经衷论》卷四《周书·吕刑》

报虐以威，可以知古帝王制刑之意矣。彼盗贼奸宄之虐人，与邪奸金壬之误国，其用心残忍，被之者，断肢骸，捐躯命；闻之者，发上指，目眦裂。其权势刚狠，匹夫匹妇之无可如何。而为之上者，不能报之以威，其何以平天下之心乎？譬如勐兽毒蛇，飞而噬人，使此时有人起而剸制之，岂得为伤造物好生之仁。故曰，廷尉天下之平也。司刑者，滥罚而殃及无辜，固非玩法而纵释有罪，亦非报虐以威正，当与

"哀矜勿喜"参看也。

# 乃命重黎，绝地天通，罔有降格

## 1.（汉）孔氏传、（唐）陆德明音义、孔颖达疏《尚书注疏》卷十八《周书·吕刑》

乃命重黎，绝地天通，罔有降格。

传，重即羲，黎即和。尧命羲、和，世掌天地四时之官，使人神不扰，各得其序，是谓"绝地天通"，言天神无有降地，地祇不至于天，明不相干。

音义，重，直龙反。黎，力兮反。

疏，正义曰：三苗乱德，民神杂扰，帝尧既诛苗民，乃命重、黎二氏，使绝天地相通，令民神不杂。于是天神无有下至地，地民无有上至天，言天神、地民不相杂也。

传正义曰：《楚语》云"昭王问于观射父曰，《周书》所谓重黎，实使天地不通者，何也？若无然，民将能登天乎？对曰，非此之谓也。古者，民神不杂，少昊氏之衰也，九黎乱德，家为巫史，民神同位，祸灾荐臻，颛顼受之，乃命南正重，司天以属神；命火正黎，司地以属民，使复旧常，无相侵渎"，是谓绝地天通。其后三苗复九黎之德，尧复育重黎之后，不忘旧者，使复典之，彼言主说此事。而《尧典》云"乃命羲和，钦若昊天"，即所谓育重黎之后，使典之也。以此知，重即羲也；黎即和也。言羲是重之子孙，和是黎之子孙，能不忘祖之旧业，故以重黎官之。传言"尧乃命羲和掌天地四时之官"，《尧典》文也。"民神不扰，是谓绝地天通"，《楚语》文也。孔惟加"各得其序"一句耳。《楚语》又云"司天属神，司地属民"，令神与天在上，民与地在下，定上下之分，使民神不杂，则祭享有度，灾厉不生。经言民神分别之意，故言罔有降格，言天神无有降至于地者，谓神不干民。孔因互文，云地民不有上至于天

2081

者,言民不干神也。乃总之云,明不相干,即是民神不杂也。地民,或作地祇,学者多闻神祇,又"民"字似"祇",因妄改使谬耳。如《楚语》云,乃命重黎,是颛顼命之。郑玄以皇帝哀矜庶戮之不辜,至罔有降格,皆说颛顼之事。乃命重黎,即是命重黎之身,非羲和也。

## 2. (宋) 苏轼《书传》卷十九《周书·吕刑第二十九》

乃命重黎,绝地天通。

民渎于诅盟,祭祀家为巫史,尧乃命重黎,授时劝农,而禁淫祀,人神不复相乱,故曰"绝地天通"。重黎,即羲和也。

罔有降格。

号之亡也,有神降于莘,盖此类也。

## 3. (宋) 林之奇《尚书全解》卷三十九《周书·吕刑》

(归善斋按,见"吕命")

## 4. (宋) 史浩《尚书讲义》卷二十《周书·吕刑》

(按,以上讲义《永乐大典》原缺)

## 5. (宋) 夏僎《尚书详解》卷二十五《周书·吕刑》

(归善斋按,见"皇帝哀矜庶戮之不辜,报虐以威,遏绝苗民,无世在下")

## 6. (宋) 时澜《增修东莱书说》卷三十四《周书·吕刑第二十九》

乃命重黎,绝地天通,罔有降格。群后之逮在下,明明棐常,鳏寡无盖。

治世公道昭明,为善得福,为恶得祸,民晓然知其所由,不求之眇茫冥昧之间。当蚩尤、三苗之昏虐,民之得罪者,莫知其端,无所控诉,相与听于神祭,非其鬼天地人神之典,杂糅渎乱。此妖诞之所以兴,人心之所以不正也。在舜当务之急,莫先于正人心。首命重黎,修明祀典,天子然后祭天地，诸侯然后祭山川，高卑上下，各有分限，绝不相通，怪诞妖诞之说，举皆屏息，然此非专重黎之力，亦朝之群后及在下之众臣，精白一心，辅助常道，卒善而得福，恶而得祸，虽鳏寡之微，亦无敢盖蔽而不得自伸者。民心坦然无疑，不复求之于神，此重黎之所以得举其职也。

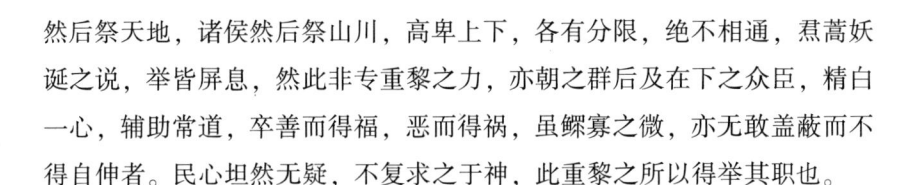

## 7. （宋）黄度《尚书说》卷七《周书·吕刑》

（归善斋按，见"虐威庶戮，方告无辜于上，上帝监民，罔有馨香，德刑发闻惟腥"）

## 8. （宋）袁燮《絜斋家塾书钞》

（归善斋按，无此篇）

## 9. （宋）蔡沈《书经集传》卷六《周书·吕刑》

乃命重黎，绝地天通，罔有降格，群后之逮在下，明明棐常，鳏寡无盖。

重，少昊之后；黎，高阳之后。重，即羲；黎，即和也。吕氏曰，治世公道昭明，为善得福，为恶得祸，民晓然知其所由，则不求之眇茫冥昧之间。当三苗昏虐民之得罪者，莫知其端，无所控诉，相与听于神祭，非其鬼天地人神之典，杂糅渎乱，此妖诞之所以兴，人心之所以不正也。在舜，当务之急，莫先于正人心。首命重黎修明祀典，天子然后祭天地，诸侯然后祭山川，高卑上下，各有分限，绝地天之通，严幽明之分，怪诞妖诞之说，举皆屏息，群后及在下之群臣，皆精白一心，辅助常道，民卒善而得福，恶而得祸，虽鳏寡之微，亦无有盖蔽而不得自伸者也。

按《国语》曰，少皞氏之衰，九黎乱德，民神杂糅，家为巫史，民渎齐盟，祸灾荐臻。颛顼受之，乃命南正重司天以属神，北正黎司地以属民，使无相侵渎。其后三苗复九黎之德，尧复育重黎之后，不忘旧者，使复典之。

## 10. （宋）黄伦《尚书精义》卷四十九《周书·吕刑》

（按，以上经解《永乐大典》原缺）

2083

## 11. (宋) 陈经《尚书详解》卷四十七《周书·吕刑》

(归善斋按,见"皇帝哀矜庶戮之不辜,报虐以威,遏绝苗民,无世在下")

## 12. (宋) 钱时《融堂书解》卷二十《周书·吕刑》

(按,以上书解《永乐大典》原缺)

## 13. (宋) 魏了翁《尚书要义》卷十九《周书·君牙、冏命、吕刑》

十八、尧绝地天通,清问下民。

"乃命重黎,绝地天通,罔有降格",重,即羲;黎,即和。尧命羲和世掌天地四时之官,使人神不扰,各得其序,是谓"绝地天通",言天神无有降地,地祇不至于天,明不相干。"群后之逮在下明明棐常鳏寡无盖",群后诸侯之逮在下国,皆以明明大道,辅行常法,故使鳏寡得所无有掩盖。"皇帝清问下民,鳏寡有辞于苗",帝尧详问民患,皆有辞怨于苗民。"德威惟畏德明惟明",言尧监苗民之见怨,则又增修其德,行威则民畏服,明贤则德明人,所以无能名焉。

十九、以民神不杂,释"绝地天通",《楚语》文。

《楚语》云,昭王问于观射父曰,《周书》所谓重黎,实使天地不通者,何也?若无然,民将能登天乎?对曰,非此之谓也。古者民神不杂。少昊氏之衰也,九黎乱德,家为巫史,民神同坐,祸灾荐臻。颛顼受之,乃命南正重司天,以属神;命火正黎司地,以属民,使复旧常,无相侵渎,是谓绝地天通。其后,三苗复九黎之德,尧复育重黎之后,不忘旧者,使复典之。彼言主说此事,而《尧典》云"乃命羲和,钦若昊天",即所谓育重黎之后使典之也。以此知重即羲也,黎即和也。言羲是重之子孙,和是黎之子孙,能不忘祖之旧业,故以重、黎言之。传言,尧乃命羲和掌天地四时之官,《尧典》文也。民神不扰,是谓"绝地天通",《楚语》文也。孔惟加各得其序一句耳。《楚语》又云,司天属神,司地属民,令神与天在上,民与地在下,定上下之分,使民神不杂,则祭享有

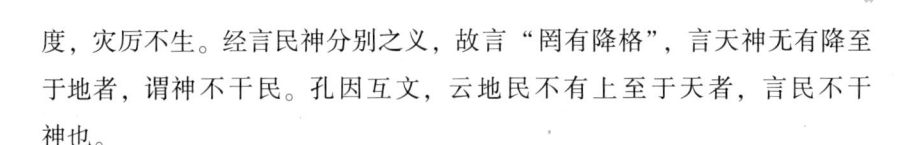

度，灾厉不生。经言民神分别之义，故言"罔有降格"，言天神无有降至于地者，谓神不干民。孔因互文，云地民不有上至于天者，言民不干神也。

### 14．（宋）陈大猷《书集传或问》卷下《周书·吕刑》

（归善斋按，未解）

### 15．（宋）胡士行《尚书详解》卷十二《周书·吕刑第二十九》

（归善斋按，见"皇帝哀矜庶戮之不辜，报虐以威，遏绝苗民，无世在下"）

### 16．（元）吴澄《书纂言》卷四下《周书·吕刑》

乃命重黎，绝地天通，罔有降格。

重，少昊之后；黎，颛顼之后。重即羲，黎即和。在地者人也，在天者神也。三苗贪虐，民罹凶害，无所控诉，而听于神。夫妖由人兴，民不謟渎求神，则神之妖怪自息。尧命羲和钦天授时，礼秩有经，职方无越，民不得以非礼上交于神；神不可以非类下接于人，自是无复有妖怪降至人间者。《国语》曰，古者民神不杂。少昊之衰也，九黎乱德，天人作享，家为巫史，民神同位。颛顼受之，乃命南正重司天以属神，北正黎司地以属民，使复旧常，无相侵渎，是谓"绝地天通"，其后三苗复九黎之德，尧复育重黎之后，世叙天地，而别其分至。

### 17．（元）陈栎《书集传纂疏》卷六《朱子订定蔡氏集传·周书·吕刑》

乃命重黎，绝地天通，罔有降格。群后之逮在下，明明棐常，鳏寡无盖。

重，少昊之后；黎，高阳之后。重，即羲；黎，即和也。吕氏曰，治世公道昭明，为善得福，为恶得祸。民晓然知其所由，则不求之眇茫冥昧之间。当三苗昏虐，民之得罪者，莫知其端，无所控诉，相与听于神祭，非其鬼天地人神之典，杂糅渎乱，此妖诞之所以兴，人心之所以不正也。在舜当务之急，莫先于正人心。首命重黎修明祀典，天子然后祭天地，诸侯然后祭山川，高卑上下，各有分限，绝地天之通，严幽明之分，怰蒿妖诞之说，举皆屏息。群后及在下之群臣，皆精白一心，辅助常道，民卒善而得福，恶而得祸，虽鳏寡之微，亦无有盖蔽，而不得自伸者也。

案，《国语》曰，少暤氏之衰，九黎乱德，民神杂糅，家为巫史，民渎齐盟，祸灾荐臻。颛顼受之，乃命南正重司天以属神，北正黎司地以属民，使无相侵渎。其后三苗复九黎之德，尧复育重黎之后，不忘旧者，使复典之。

纂疏：

唐孔氏曰，羲，重之子孙；和，黎之子孙。司天属神，司地属民者，令神与天在上，民与地在下，定上下之分，使民神不杂，则祭享有度。

苏氏曰，自苗民渎于诅盟，人神相乱，虢之亡，神降于莘，即此类也。

张氏曰，国将亡，听于神。苗俗以诅盟为事，听命于神也。奸人每假神以作乱。如汉末张角，一日同起者三十六方。张鲁亦以五斗米，首过以诱人，皆是也。绝在地之民，使人不得以妖术格在天之神；绝在天之神，使人不得假其名字以降于在地之民。

杨氏时曰，扬雄云，南正重司天，北正黎司地。羲近重，和近黎。羲、和非重黎，近之而已。重、黎，司天地之官也。羲、和，掌日时之官也。春夏阳也，故羲近重，秋冬阴也，故和近黎。

吕氏曰，治世，神怪不兴者，只为善恶分明，自然不求之神。乱世，善恶不明，所以专言神怪，言鬼，言命。

愚谓，此非专重黎之力，亦由朝之群后，及在下之众臣，明显明之理，使人不惑于茫昧之说，辅经常之道，使人不挠于妖怪之习，虽穷民亦无盖蔽，而不得自伸者。民心坦然无疑，而不复求之于神。此重、黎所以得举其职也。盖人惟昧正理，悖常道，而后惑神怪，乱祀典。"明明棐常"乃"绝地天通"之本也，使人心未知显明之理，未顺彝常之经，则必惑于冥昧，挠于怪异。重、黎虽禁绝之，未易行也。惟"明明棐常"，人心先正，自然求之明，而不求之幽。于其常而不于其怪，"绝地天通"，庶其易乎？又案，北正黎，或作火正黎，北字与火字相似。又黎以北正兼

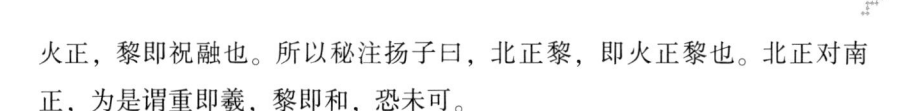

火正，黎即祝融也。所以秘注扬子曰，北正黎，即火正黎也。北正对南正，为是谓重即羲，黎即和，恐未可。

## 18.（元）许谦《读书丛说》卷六《周书·吕刑》

（归善斋按，未解）

## 19.（元）董鼎《书传辑录纂注》卷六《周书·吕刑》

乃命重黎，绝地天通，罔有降格。群后之逮在下，明明棐常，鳏寡无盖。

重，少昊之后；黎，高阳之后。重，即羲；黎，即和也。吕氏曰，治世公道昭明，为善得福，为恶得祸。民晓然知其所由，则不求之眇茫冥昧之间。当三苗昏虐，民之得罪者，莫知其端，无所控诉，相与听于神祭，非其鬼天地人神之典，杂糅渎乱，此妖诞之所以兴，人心之所以不正也。在舜当务之急，莫先于正人心，首命重、黎修祀典。天子然后祭天地，诸侯然后祭山川，高卑上下，各有分限，绝地天之通，严幽明之分，焄蒿妖诞之说，举皆屏息。群后及在下之群臣，皆精白一心，辅助常道，民卒善而得福，恶而得祸，虽鳏寡之微亦无有盖蔽，而不得自伸者也。

案，《国语》曰，少皞氏之衰，九黎乱德，民神杂糅，家为巫史，民渎齐盟，祸灾荐臻。颛顼受之，乃命南正重司天以属神，北正黎司地以属民，使无相侵渎。其后三苗复九黎之德，尧复育重、黎之后，不忘旧者，使复典之。

纂注：

唐孔氏曰，羲是重之子孙；和是黎之子孙。司天属神，司地属民者，令神与天在上，民与地在下，定上下之分，使民神不杂，则祭享有度。

苏氏曰，自苗民渎于诅盟，人神相乱。虢之亡也，有神降于莘，即此类也。

张氏曰，传曰，国将兴，听于民；将亡，听于神。三苗之俗，以诅盟为事，是听命于神也。奸人每假此以作乱。如汉末张角，谋叛一日同起者三十六方。张鲁起兵，亦以五斗米，首过于神诱人，皆是也。"绝地天通罔有降格"者，绝在地之民，使人不得以妖术格在天之神；绝在天之神，

2087

使人不得假其名字，以降于在地之民。

龟山杨氏曰，扬子云，南正重司天，北正黎司地。羲近重，和近黎，羲、和非重、黎也，近之而已。重、黎司天地之官也。羲、和日时之官也。春夏阳也，故羲近重。秋冬阴也，故和近黎。

吕氏曰，治世，神怪所以不兴者，只为善恶分明，自然不求之神；乱世，善恶不明，自然专言神怪，言鬼，言命。

新安陈氏曰，此非专重、黎之力，亦由朝之群后，及在下之众臣，明显明之理，使人不惑于茫昧之说，辅经常之道，使人不挠于妖怪之习，虽穷民亦无蔽盖，而不得自伸者。民心坦然无疑，而不复求之于神。此重、黎所以得举其职也。盖人，惟昧正理，悖常道，而后惑神怪，乱祀典。"明明棐常"，乃"绝地天通"之本也。使人心未知显明之理，未顺彝常之经，则必惑于冥昧，挠于怪异。重、黎虽禁绝之，未易行也。惟"明明棐常"，人心先正，自将求之明，而不求之幽，于其常而不于其怪。"绝地天通"，庶其易于绝乎。又案，北正黎，或作火正黎，北字与火字相似。又黎以北正，兼火正黎，即祝融也。所以秘注扬子曰，北正黎，即火正黎也。北正对南正为是。

## 20.（元）朱祖义《尚书句解》卷十二《周书·吕刑第二十九》

乃命重、黎（尧乃命重、黎主天地之官），绝地天通（绝在地之民、在天之神可以相通者），罔有降格（使民无有妖术，以格于神；人无有假其名字以降于民，盖将绝其生乱之阶也）。

## 21.（明）王樵《尚书日记》卷十六《周书·吕刑》

"乃命重黎"至"鳏寡无盖"。

孔氏曰，重即羲，黎即和，掌天地四时之官，使人神不扰，各得其序，是谓"绝地天通"。正义曰，三苗乱德，民神杂扰。帝尧既诛苗民，乃命重、黎二氏，使绝地天相通，令民、神不扰，祭享有度。《楚语》云，昭王问于观射父曰，《周书》所谓重、黎实使天地不通者，何也？若无然，民将能登天乎？对曰，非此之谓也。古者，民神不杂。少昊氏之衰也，九黎乱德，家为巫史，民神同位，祸灾荐臻。颛顼受之，乃命南正重司天，以属神命；火正黎司地以属民，使复旧常，无相侵渎，是谓"绝地天通"，其后三苗复九黎之德，尧复育重、黎之后，不忘旧者，使复典之。按，三苗乱德，民神杂糅，帝舜既诛苗民，乃命重、黎二氏绝地天相通，令民神不杂，则妖诞自息，此固正人心急务。然使常道不明，为善者多不幸，为恶者多苟免，而鳏寡屈抑无所告诉，则民不能不诅祝于神。当时"群后之逮在下"，又皆"明明棐常"。明明者，精白展布之谓。常者，常道，即秉彝人伦是也。棐常者，顺乎此者，有劝；悖乎此者有惩，是非明白，而公道必行于上，是以民卒善而得福，恶而得祸。虽势力单弱之甚，如鳏寡者，亦无有蔽盖，而不得自伸者焉。如是则人心坦然无疑，尚何复求之于神哉。不曰绝天地通，而曰"绝地天通"者，地，民也；天，神也；神本无通于民，兴之常自于下，故曰"绝地天通"。降格，盖如神降于莘之类。曰"罔有降格"，则前此岂真有降格哉。亦曰人为之尔，迨圣人使重、黎绝其通，正其位，而遂无降格，则可见其本无矣。棐常，不外于礼乐、刑政。盖仁义、礼智，人道之常，而礼乐、刑政，则圣人"棐常"之具也。常道之在天下，虽根于人心，不可泯灭，然非有世道之责者，时有以提撕辅助之，则亦易为邪说暴行所晦蚀而不明，充塞而不行也。是时，有帝舜为之主，故群后与其臣下，无不以棐常为心。欧阳永叔作《本论》，谓佛老之害，在修其本以胜之本于《孟子》反经。《孟子》反经之说，则本于此章之"棐常"也。人之元气实，则邪气不得。千世之常道修明，则邪诞无自入。佛氏有空寂之说，有祸福之说。如空寂为真，圣人之彝伦攸叙，皆无用矣。自祸福之说行，亦几于民神杂糅矣。有田里以为之事业，有礼乐以善其身心，有刑政以正其趋向，民不事佛矣。罗文庄公曰，古者，用巫祝以事神，建其官，正其名，辨其物，盖诚有以通乎幽明之故，去古既远，精义浸失，而淫邪妖诞之说起。所谓经咒符箓，大抵皆秦汉间方士所为。

## 22.（清）库勒纳等撰《日讲书经解义》卷十三《周书·吕刑》

乃命重、黎，绝地天通，罔有降格。群后之逮在下，明明棐常，鳏寡无盖。

此一节书是，言帝舜之以常道正民也。重，少昊之后；黎，高阳之后。重即羲，黎即和也。茉，辅也。盖，掩蔽之意。穆王曰，自有苗肆虐刑戮无辜，赏善罚恶之权不行于君上，而祈福禳灾之说，遂托于鬼神。于是人神杂乱，祀典渎淆，矫诬妄诞之说，纷然而起。舜于是首命南正重以司天，北正黎以司地，修明祀典，辨别幽明。天子始祭天地，诸侯始祭山川。凡一切淫祀求福者，皆禁止之。于是假托鬼神降格祸福之邪说，皆息矣。当其时，有土之诸侯，及在下之百官，皆精白其心，以辅助常道。民之顺是道者，则嘉与之；悖是道者，则匡直之，以庆赏刑威之典，为辅翼常道之具。其时，好恶明，赏罚当，虽鳏寡之无告，为善则必蒙福，亦未有蔽而不得伸者。常道昭，人心正，鬼神之说自不得而惑之。此大舜止邪遏乱之原，为千古之大智也。盖人、神者，幽明之关，实邪正之几，而治乱之本也。孔子曰，务民之义，敬鬼神而远之。孔子之所谓民义，即书之所谓常道。举凡惑世诬民之说，正之以民义，而自息，明乎此，则为大舜之明物察伦，为千古之大智；昧乎此，则为秦皇、汉武之求仙，梁武之佞佛，为千古之大愚。智愚之介无多，真与妄之间而已矣。

## （元）陈师凯《蔡氏传旁通》卷六下《吕刑》

按，《国语》曰，少皞氏之衰，九黎乱德。

见《楚语》昭王问于观射父曰，《周书》所谓重黎，实使天地不通者何也？若无然，民将能登天乎？对曰，非此之谓也。古者，氏神不杂民之精爽不携贰者，而又能齐肃衷正，则神明降之，在男曰觋，在女曰巫，是使制神之处位次，主而为之牲器时服，于是乎，有天地神民类物之官，谓之五官，各司其序，不相乱也。民是以能忠信，神是以能有明德，民神异业，敬而不渎。故神降之嘉生。及少皞之衰也，九黎乱德（九黎，黎氏九人），民神杂糅，不可方物。夫人作享（夫人，人人也），家为巫史，无有要质，民渎齐盟，无有严威，神狎民则，不蠲其为，嘉生不降，无物以享，祸灾荐臻，莫尽其气（气，受命之气）。颛顼受之，乃命南正重司天以属神（南，阳位，正长也。司，主也。属，会也。所以会群神，使各有分序，不相干乱也。《周礼》则宗伯掌祭祀）；命火正黎司地以属民（《唐尚书》云，火正当为北，北阴位也。《周礼》则司徒掌土地人民也），使复旧常，无相侵渎，是谓"地天通"。其后三苗复九黎之德（其后高辛氏之季年也，三苗九黎之后也。高辛氏衰，三苗为乱，行其凶德，如九黎之为也，尧兴而诛之）。尧复育重黎之后，不忘旧者，使复典之（育，长也。尧继高辛氏，平三苗之乱，继育重黎之后，使复典天地之官。羲氏、和氏是也），以至于夏商，故重黎氏世叙天地，而别其分主者也。

火正黎。

新安陈氏曰，北正黎，或作火正黎。北字与火字相似。又，黎以北正兼火正，黎即祝融也，所以秘注杨子曰，北正黎，即火正黎也。北正对南正，为是。愚按，《月令》孟夏，其神祝融。郑注云，祝融，颛顼氏之子，曰黎，为火官。陈说是也。

重，少昊之后；黎，高阳之后。重即羲，黎即和也。

此承上文，言帝舜之事。知乃命，为帝舜之命。又据《楚语》尧复育重黎之说，遂依古注，训重即羲，黎即和也。《史记索隐》曰，据左氏，重是少昊之子，黎乃颛顼之胤。

## （元）王充耘《读书管见》卷下《吕刑》

绝地天通。

在天而神，在地而民，无相渎乱，则妖诞自息。此固正人心急务，然使常道不明，为善者或不得免祸，为恶者或苟免于刑，而鳏寡屈抑，无所告诉，则民不能不咒诅于神，故群后之逮在下，凡长民者，明明棐常，虽势力单弱之甚如鳏寡者，其情亦得以上达，而无复屈抑不伸之患，则民又何苦而听于神哉？

## （明）陈第《尚书疏衍》卷四《周书·吕刑》

乃命重黎，绝地天通。

国治听人，国乱听神，此常理也。盖国乱，则法令不明，赏罚不中矣，无所措其手足矣。无所控诉，惟求之神。神道日盛，人道日衰时，则瞽史、巫觋又妄言祸福于其间，民志昏惑，不能自决，将谓是非曲直，官不足凭，而利害死生，惟神足恃。由是山川土石之妖，草木禽兽之怪，亦乘衅而入。人鬼溷淆，阴阳杂糅，是之谓"地天通"也。邪道既盛，衅孽自作，冰雹水旱，山崩川竭之变，无时无之，是之谓上帝降格也。格，古读"阁"，与"割"同音，故《大诰》，与《多士》《多方》"降格"皆谓灾也。重黎何以治之乎？重黎掌天地四时之官，治历授时，劝民耕稼，而又正祭祀之典，去淫邪之祠，则民尽力于本务，自不分心于希冀，尊鬼而不媚，敬神而不祈。故和气集，乖气亡，休征臻，咎征远，是之谓"绝地天通"，而"罔有降格"也。故大义之明，如日中天。群后及在下，罔不明其所当明，人道也，常道也。为己，则明其当明；为人，则辅其当辅，而天下皆得所，即鳏寡孤独，孰有掩盖之者乎？此拨乱致治之大体，不独为有苗言也。

## （清）朱鹤龄《尚书埤传》卷十五《周书·吕刑》

乃命重黎，绝地天通，罔有降格；棐常。

孔传，重即羲，黎即和。尧命羲和世掌天地四时之官（《楚语》重黎氏，世序天地，而别分其主），使人神不扰，各得其序，天神无有降地，地祇不至格天。疏云，《尧典》"乃命羲和，钦若昊天"，即《国语》所谓三苗复九黎之德，尧复育重黎之后，不忘旧者，使复典之也。愚按，据《楚语》则尧命羲和，乃是修复颛顼之政。扬雄云，羲近重，和近黎（《左传》称，重为勾芒，黎为祝融。《释文》重，少昊之后；黎，高阳之后。《困学纪闻》，黎实祝融，重为南正。而《楚世家》同以重黎为祝融，谬矣）。杨龟山谓，羲和非即重黎也，近之而已。重黎司天地，羲和掌日月。春夏阳也，故羲近重；秋冬阴也，故和近黎。王樵曰，不曰绝天地通，而曰绝地天通者，地，民也，天，神也，神本无通乎？民兴之，常自于下，故曰绝地天通。降格，即地天通。苏传，苗民渎于诅盟，神人相乱，如《左传》，虢之亡，有神降于莘，此类是也。

按欧阳永叔，本论谓佛老之害，在修其本以胜之，本于《孟子》反经。反经之说，则本于此章"棐常"也，人之元气实，则邪气不得干世之常，道明则诞说无由入。

**（清）张英《书经衷论》卷四《周书·吕刑》**

重黎何以绝地天之通，曰导民以常而已。人惟伦常之理不修，而后有邀福鬼神之事，奇衺淫祀所由以兴，巫觋之徒始得肆其怪诞不经之说，以惑乱人心。若人能于日用饮食之恒，家庭伦理之大，知之由之，则终其身不能尽，又何暇外慕哉？故欧阳子本论谓，王道行，而养生送死之有其具，则佛法何自而入，且"明明棐常，鳏寡无盖"，虽下至鳏寡侧陋之微，苟有善未尝不赏，苟有恶未尝不罚，则鬼神安得阴窃其祸福之权。故曰，有道之世，其鬼不灵。又曰，国将兴听于民，将亡听于神。神者依人而行，明乎。此则知重黎无绝鬼神之法，惟有修明人道，以胜之而已矣。

# 群后之逮在下，明明棐常，鳏寡无盖

## 1.（汉）孔氏传、（唐）陆德明音义、孔颖达疏《尚书注疏》卷十八《周书·吕刑》

群后之逮在下，明明棐常，鳏寡无盖。

传，群后诸侯之逮在下国，皆以明明大道，辅行常法，故使鳏寡得所无有掩盖。

音义，棐，音匪，又芳鬼反。鳏，居顽反。

疏，正义曰，群后，诸侯，相与在下国，群臣皆以明明大道，辅行常法，鳏寡皆得其所无有掩盖之者。

## 2.（宋）苏轼《书传》卷十九《周书·吕刑第二十九》

群后之逮在下，明明棐常，鳏寡无盖。

自诸侯以及其臣下，皆修明人事，而辅常道，故鳏寡无蔽塞之者。

## 3.（宋）林之奇《尚书全解》卷三十九《周书·吕刑》

（归善斋按，见"吕命"）

### 4.（宋）史浩《尚书讲义》卷二十《周书·吕刑》

（按以上讲义《永乐大典》原缺）

### 5.（宋）夏僎《尚书详解》卷二十五《周书·吕刑》

（归善斋按，见"皇帝哀矜庶戮之不辜，报虐以威，遏绝苗民，无世在下"）

### 6.（宋）时澜《增修东莱书说》卷三十四《周书·吕刑第二十九》

（归善斋按，见"乃命重黎，绝地天通"）

### 7.（宋）黄度《尚书说》卷七《周书·吕刑》

群后之逮在下，明明棐常，鳏寡无盖。皇帝清问下民，鳏寡有辞于苗。

群后诸侯皆能逮其下，明明德以辅常，教鳏寡之情得上达，无所盖藏。舜于是清问下民，鳏寡独有辞于苗，是则，苗杀戮人之父子、夫妇多矣。

### 8.（宋）袁燮《絜斋家塾书钞》

（归善斋按，无此篇）

### 9.（宋）蔡沈《书经集传》卷六《周书·吕刑》

（归善斋按，见"乃命重黎，绝地天通"）

### 10.（宋）黄伦《尚书精义》卷四十九《周书·吕刑》

（按，以上经解《永乐大典》原缺）

### 11.（宋）陈经《尚书详解》卷四十七《周书·吕刑》

（归善斋按，见"皇帝哀矜庶戮之不辜，报虐以威，遏绝苗民，无世

在下"）

## 12.（宋）钱时《融堂书解》卷二十《周书·吕刑》

（按，以上书解《永乐大典》原缺）

## 13.（宋）魏了翁《尚书要义》卷十九《周书·君牙、冏命、吕刑》

（归善斋按，未引）

## 14.（宋）陈大猷《书集传或问》卷下《周书·吕刑》

（归善斋按，未解）

## 15.（宋）胡士行《尚书详解》卷十二《周书·吕刑第二十九》

群后（在朝群后）之逮（及）在下（群吏），明明（精白一心）棐（辅助）常（常道），鳏寡无盖（盖，蔽不得自伸）。

民不复求之神。常理明，而情实无不得达者矣。

## 16.（元）吴澄《书纂言》卷四下《周书·吕刑》

群后之逮在下，明明棐常，鳏寡无盖。皇帝清问下民，鳏寡有辞于苗。德威惟畏，德明惟明。

群后，诸侯也。逮，及也。及此时，在下为诸侯者，皆有非常之明，故鳏寡之情，无所掩蔽。时苗民已窜矣，尧清心访问下民，鳏寡遂言苗民既往之恶，其情即得上达。尧知苗之毒民在于昏虐，今诸侯一反其道，以德之威为威，则不虐；以德之明为明，则不昏也。按苗民之窜，考之传记，在舜宾于四门之后，受终摄位之前，时帝尧在上为君，所谓皇帝哀矜庶戮，清问下民，孔传皆以为尧。蔡氏以为舜者，非是。

## 17. （元）陈栎《书集传纂疏》卷六《朱子订定蔡氏集传·周书·吕刑》

（归善斋按，见"乃命重黎，绝地天通"）

## 18. （元）许谦《读书丛说》卷六《周书·吕刑》

（归善斋按，未解）

## 19. （元）董鼎《书传辑录纂注》卷六《周书·吕刑》

（归善斋按，见"乃命重黎，绝地天通"）

## 20. （元）朱祖义《尚书句解》卷十二《周书·吕刑第二十九》

群后之逮在下，明明棐常（于是群后诸侯及在下群吏，明显然之明理，以辅民五常之性，则人道明，而人心无所惑），鳏寡无盖（由是鳏寡之情，皆通于上，无所掩盖）。

## 21. （明）王樵《尚书日记》卷十六《周书·吕刑》

（归善斋按，见"乃命重黎，绝地天通"）

## 22. （清）库勒纳等撰《日讲书经解义》卷十三《周书·吕刑》

（归善斋按，见"乃命重黎，绝地天通"）

### （元）王充耘《读书管见》卷下《吕刑》

（归善斋按，见"乃命重黎，绝地天通"）

### （明）陈第《尚书疏衍》卷四《周书·吕刑》

（归善斋按，见"乃命重黎，绝地天通"）

（清）朱鹤龄《尚书埤传》卷十五《周书·吕刑》

（归善斋按，见"乃命重黎，绝地天通"）

# 皇帝清问下民，鳏寡有辞于苗

## 1.（汉）孔氏传、（唐）陆德明音义、孔颖达疏《尚书注疏》卷十八《周书·吕刑》

皇帝清问下民，鳏寡有辞于苗。

传，帝尧详问民患，皆有辞怨于苗民。

音义，清问，马云清讯也。

疏，正义曰，君帝，帝尧，清审详问下民所患，鳏寡皆有乱怨于苗民，言诛之合民意。

传正义曰，"皇帝清问"以下，乃说尧事。颛顼与尧再诛苗民，故上言"遏绝苗民"，下云"有辞于苗"，异代别时，非一事也。按《楚语》云"少昊氏之衰也，九黎乱德"，又云"其后三苗复九黎之德"，则九黎、三苗非一物也。颛顼诛九黎，谓之"遏绝苗民"，于郑义为不惬《楚语》；言颛顼命重黎，解为帝尧命羲和，于孔说又未允，不知二者谁得经意也。

《尚书注疏》卷十八《考证》

又按，传及音义，经文"皇帝"应作"君帝"，皇帝清问下民。

王应麟曰，赵岐注《孟子》引此文，但云"帝清问下民"，无"皇"字，然岐以帝为天，则非也。

## 2.（宋）苏轼《书传》卷十九《周书·吕刑第二十九》

皇帝清问下民，鳏寡有辞于苗。

国无政，天子欲闻民言，岂易得其实哉。故政清而后民可问也。

2097

## 3.（宋）林之奇《尚书全解》卷三十九《周书·吕刑》

（归善斋按，见"吕命"）

## 4.（宋）史浩《尚书讲义》卷二十《周书·吕刑》

（按以上讲义《永乐大典》原缺）

## 5.（宋）夏僎《尚书详解》卷二十五《周书·吕刑》

（归善斋按，见"皇帝哀矜庶戮之不辜，报虐以威，遏绝苗民，无世在下"）

## 6.（宋）时澜《增修东莱书说》卷三十四《周书·吕刑第二十九》

皇帝清问下，民鳏寡有辞于苗。德威惟畏，德明惟明。乃命三后，恤功于民。伯夷降典，折民惟刑。禹平水土，主名山川。稷降播种，农殖嘉谷。三后成功，惟殷于民。士制百姓于刑之中，以教祗德。

清问者，明目达聪，无纤毫壅蔽之谓也。苗民既遏绝矣，鳏寡犹有辞于苗者，盖苗在舜世，合散靡常。前章所谓遏绝苗民者，讨其元恶大憝也。此章所谓有辞于苗者，言其遗孽余种也。考于《虞书》或伐之以大禹徂征之师，或治之以皋陶象刑之叙，大小非一端，先后非一时也。惟苗民尚有遗孽余种为鳏寡之患，故舜于此，益加自治焉。曰威，曰明，皆系以德，反本自治之谓也。不求威明于外，而反修其德，盛德之至，不怒而威，无思不服；不察而明，无隐不照。惟畏，惟明云者，此威方可畏，此明方可谓之明也。威明并用，君道立矣。然后分命大臣，授以为治之纲焉。"伯夷降典，折民惟刑"，正其心也。"禹平水土主名山川"，定其居也。"稷降播种农殖嘉谷"厚其生也。是三者，皆致力于民之大者，故谓之功。恤功于民心，诚恤之而戮力于此也。伯夷所降之典，天、地、人之三礼也。当是时，承蚩尤、三苗之敝，妖诞怪神深溺人心。重、黎之"绝地天通"，固为之区别，其大分矣。然蛊惑之久，未易遽胜也。故伯夷于此，降天地人之祀典，以折民之邪妄，使知天地之性，鬼神之德，森然各有明法。向之蛊惑，摧败销落，荡乎其不留矣。是所谓"折民惟刑"也，"主名山川"者，因九州岛之所主山镇川渎，以名其州，奠六域，而使民各有攸处也。"农殖嘉谷"者，班播种之法，而为农者始知耕殖之方也。自不知本者，观之平水土，降播种，当在所急，而伯夷之降典，若缓而不切然，抑不知人心不正，将相胥而入于夷狄禽兽，虽有土，安得而居；虽有谷，安得而食诸。穆王首述伯夷之典，先其本也，后之知道者，亦谓除神祠，然后人为善。其旨微矣。正其心，定其居，厚其生，三者之功既成，而殷盛则所以防闲，儆惧之者不可废，于是乎，皋陶作士，制百姓于刑之中，以教祗德焉。约饬限制斯民于刑辟之中，非使之畏刑也，所以检其心，教之祗德也。心之祗敬，德之所以存也。后世或谓皋陶不与三后之列，盖未尝考《吕刑》之篇以刑为主，故历叙本末，而归之于皋陶之刑，势不得与伯夷、禹、稷杂然并列也，言固有宾主也。三后云者，犹曰三人云尔，岂若后世特立标榜，如三君、八俊之谓哉。

### 7. （宋）黄度《尚书说》卷七《周书·吕刑》

（归善斋按，见"群后之逮在下，明明棐常，鳏寡无盖"）

### 8. （宋）袁燮《絜斋家塾书钞》

（归善斋按，无此篇）

### 9. （宋）蔡沈《书经集传》卷六《周书·吕刑》

皇帝清问下民，鳏寡有辞于苗。德威惟畏。德明惟明。

清问，虚心而问也。有辞，声苗之过也。苗以虐为威，以察为明。帝反其道，以德威，而天下无不畏；以德明，而天下无不明也。

### 10. （宋）黄伦《尚书精义》卷四十九《周书·吕刑》

（按，以上经解《永乐大典》原缺）

### 11. （宋）陈经《尚书详解》卷四十七《周书·吕刑》

（归善斋按，见"皇帝哀矜庶戮之不辜，报虐以威，遏绝苗民，无世

在下")

## 12. (宋) 钱时《融堂书解》卷二十《周书·吕刑》

(按,以上书解《永乐大典》原缺)

## 13. (宋) 魏了翁《尚书要义》卷十九《周书·君牙、冏命、吕刑》

二十、郑以命重、黎为颛帝,清问以下为尧。

如《楚语》云,乃命重黎,是颛顼命之。郑玄以"皇帝哀矜庶戮之不辜至罔有降格",皆说颛顼之事,乃命重黎,即是命重黎之身,非羲和也。"皇帝清问"以下,乃说尧事。颛顼与尧,再诛苗民,故上言"遏绝苗民",下云"有辞于苗",异代别时,非一事也。按《楚语》云,少昊氏之衰也,九黎乱德。又云,其后三苗复九黎之德,则九黎三苗非一物也。颛顼诛九黎,谓之遏绝苗民,于郑义为不惬。《楚语》言颛顼命重、黎,解为帝尧命羲、和于孔说又未允,不知二者,谁得经意也。

## 14. (宋) 陈大猷《书集传或问》卷下《周书·吕刑》

(归善斋按,未解)

## 15. (宋) 胡士行《尚书详解》卷十二《周书·吕刑第二十九》

皇帝清(明目达聪)问下(卑)民,鳏寡有辞(言)于苗(苗之余孽)。德威(不怒而威)惟畏(苗自畏),德明(不察而明)惟明(苗自悟)。乃命三后,恤(忧念)功于民。伯夷降典(天、地、人之三礼,森然各有明法),折(逆折)民(民邪妄)惟刑(刑之理);禹平水土(洪水),主名山川(辨山川之主名,以定九州之镇);稷降播种,农殖嘉谷。三后成功,惟殷(富盛)于民。士(士师皋陶)制百姓于刑之中(中典),以教(民)祗(敬)德。

苗遏绝矣,而余孽犹为民害。帝清问得之,益修吾德。苗遂畏明于威明之下,则害民之患息,而后恤民之功可施。降典,正其心也;平水,定其居也；播种厚其生也。三后功成，民殷富矣。折民之刑乃用中典，于以收敛其敬心，而教之德，此德刑先后之序。

## 16.（元）吴澄《书纂言》卷四下《周书·吕刑》

（归善斋按，见"群后之逮在下，明明棐常，鳏寡无盖"）

## 17.（元）陈栎《书集传纂疏》卷六《朱子订定蔡氏集传·周书·吕刑》

皇帝清问下民，鳏寡有辞于苗。德威惟畏，德明惟明。清问，虚心而问也。有辞，声苗之过也。苗以虐为威，以察为明。帝反其道，以德威而天下无不畏，以德明而天下无不明也。

## 18.（元）许谦《读书丛说》卷六《周书·吕刑》

"皇帝清问下民"至"率乂于民棐彝"。

金先生曰，清问下民，而民皆言有苗之暴虐，与其风声气习之为害，于是以德为威，而人心知所畏；以德明，民而人心知所向。先命三后以为教养之具，此"德明惟明"之事，而复命士师以刑法之防，此"德威惟畏"之事也。圣人制刑之本如此。伯夷降下典礼，以示天下天神地祇人鬼，既各有正礼，然出礼则入刑，降典所以折其民。之入刑者，而回入于礼也。禹平水土，以安民生；为山川立主祭之典，以正民心，盖既"绝地天通"，于是修山川之正祀，又各使有土之君主之不至于渎。稷降播种之法，使农殖嘉谷。盖前此，民犹杂食草木之实。自稷教民稼穑，而民始皆殖嘉谷矣。三后成功，民俗殷盛，而后命皋陶为士师，制百姓以刑法之中，不偏于轻以惠奸，不过于重以虐民，立为中典，亦所以使民祇敬为德而已。盖其君臣之间，和敬示德于上，而精明承德于下，躬行心得，其表里政令，皆可为民之法，灼于四方，人心观感，罔不为德之勉，而后明刑法之中。治其民之非彝者而已。盖教养如此，而犹或有非彝者，然后刑之也。

此篇始述有苗之刑，以为暴虐之戒；继述圣人之刑，以为后世之准。圣人教养之具无一。

(以下原缺)

## 19.（元）董鼎《书传辑录纂注》卷六《周书·吕刑》

皇帝清问下民，鳏寡有辞于苗。德威惟畏，德明惟明。

清问，虚心而问也。有辞，声苗之过也。苗以虐为威，以察为明。帝反其道，以德威而天下无不畏，以德明而天下无不明也。

## 20.（元）朱祖义《尚书句解》卷十二《周书·吕刑第二十九》

皇帝清问下民（帝尧因屈己亲问在下之民，明审其疾苦），鳏寡有辞于苗（鳏寡穷民，因明言有苗之罪恶）。

## 21.（明）王樵《尚书日记》卷十六《周书·吕刑》

"皇帝清问下民"至"德明惟明"。

苗之罪人，但知其负固不服，得罪于上尔。以《吕刑》观，又知其虐刑残民；质之禹征苗誓师之言，皆为其无道于民，而为民除患。帝盖未尝为己也。"清问"二字，尤可玩味。"鳏寡有辞于苗"，故苗民无辞于罚。德威德明，言反其道，一以德化。德不待怒而威。故民无不畏德，不假察而明，故民无不明。明谓开悟而自新也。金氏以德明属三后教养之功，德威属士师之刑。非是。

## 22.（清）库勒纳等撰《日讲书经解义》卷十三《周书·吕刑》

皇帝清问下民，鳏寡有辞于苗。德威惟畏，德明惟明。

此一节书是，言帝舜以德化，反有苗之政也。清问，虚心下问也。有辞于苗，声言有苗之罪也。穆王曰，有苗昏乱，民罹其毒久矣。帝舜虚心以问民之疾苦。是时，虽鳏寡之至微，皆能言有苗之虐，而声其罪。帝舜于是尽反有苗任刑之政，而以德化之，凡施之政令，凛然而不可犯者，皆以德为威，而不以刑为威，百姓莫不警然于迁善远恶，而惟畏矣。凡彰之教化，昭然而可共睹者，皆以德为明，而不以察为明，百姓莫不晓然于为

2102

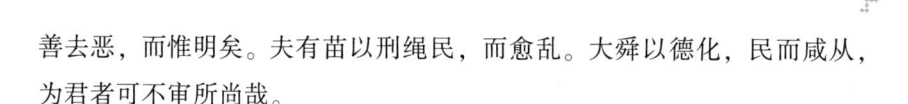

善去恶，而惟明矣。夫有苗以刑绳民，而愈乱。大舜以德化，民而咸从，为君者可不审所尚哉。

**（明）梅鷟《尚书考异》卷五《吕刑》**

皇帝清问下民。
古文作"君帝"。孔颖达曰，君，宜作皇；后又曰君。帝，帝尧也。

**（清）朱鹤龄《尚书埤传》卷十五《周书·吕刑》**

皇帝清问下民。
按，《皇训》大皇帝，犹言大帝也。上章皇帝谓尧，此章谓舜（陈师凯曰，表记引"德威惟畏，德明惟明"，继之曰"非虞舜其孰能如是乎"，则皇帝为舜明矣）。上言"遏绝苗民"，此云"有辞于苗"，明是二时二事。孔传此章亦以为尧者。舜之窜苗，在受终居摄以前，其时舜未称帝也。

# 德威惟畏，德明惟明

## 1. （汉）孔氏传、（唐）陆德明音义、孔颖达疏《尚书注疏》卷十八《周书·吕刑》

德威惟畏，德明惟明。
传，言尧监苗民之见怨，则又增修其德，行威则民畏服，明贤则德明。人所以无能名焉。
疏，正义曰尧视苗民见怨，则又增修其德，以德行威，则民畏之，不敢为非。以德明人，人皆勉力自修，使德明，言尧所行赏罚得其所也。
传正义曰，"德威惟畏，德明惟明"，此经二句，说帝尧之德事也。而其言不顺，文在"苗民"之下，故传以为尧监苗民之见怨，则又增修其德，敦德以临之，以德行其威罚，则民畏之，而不敢为非，明贤则德明人者，若凡人虽欲以德明贤者，不能照察。今尧德明贤者，则能以德明识贤人，故皆劝慕为善。明，与上句相互，则德威者，凡人虽欲以德行威，不能威肃，今尧行威罚，则能以德威罚罪人，故人皆畏威服德也。

## 2. （宋）苏轼《书传》卷十九《周书·吕刑第二十九》

德威惟畏，德明惟明。

非德之威，所谓虐也；非德之明，所谓察也。

## 3. （宋）林之奇《尚书全解》卷三十九《周书·吕刑》

（归善斋按，见"吕命"）

## 4. （宋）史浩《尚书讲义》卷二十《周书·吕刑》

（按，以上讲义《永乐大典》原缺）

## 5. （宋）夏僎《尚书详解》卷二十五《周书·吕刑》

（归善斋按，见"皇帝哀矜庶戮之不辜，报虐以威，遏绝苗民，无世在下"）

## 6. （宋）时澜《增修东莱书说》卷三十四《周书·吕刑第二十九》

（归善斋按，见"皇帝清问下民，鳏寡有辞于苗"）

## 7. （宋）黄度《尚书说》卷七《周书·吕刑》

德威惟畏，德明惟明。乃命三后，恤功于民。伯夷降典，折民惟刑；禹平水土，主名山川，稷降播种，农殖嘉谷。三后成功，惟殷于民，士制百姓于刑之中，以教祗德。

夫杀戮无辜，岂知所谓不怒而威；丽刑并制，岂知所谓不察而明。三后恤功，而尧德降矣。是故，其民畏威而不敢犯，输情而不敢欺。孔子曰，不教而杀谓之虐。伯夷下典礼。逆折民。不使陷于刑。禹平水土，定山川之名，民始得平土而居。稷下播种之法，农生殖嘉谷，民得粒食。降典居先，三事，正德先于利用、厚生与此意同。三后成功。务殷盛于民。

然后士官制百姓于刑之中，教民敬德，德刑之叙可见矣。

### 8.（宋）袁燮《絜斋家塾书钞》

（归善斋按，无此篇）

### 9.（宋）蔡沈《书经集传》卷六《周书·吕刑》

（归善斋按，见"皇帝清问下民，鳏寡有辞于苗"）

### 10.（宋）黄伦《尚书精义》卷四十九《周书·吕刑》

（按，以上经解《永乐大典》原缺）

### 11.（宋）陈经《尚书详解》卷四十七《周书·吕刑》

（归善斋按，见"皇帝哀矜庶戮之不辜，报虐以威，遏绝苗民，无世在下"）

### 12.（宋）钱时《融堂书解》卷二十《周书·吕刑》

（按，以上书解《永乐大典》原缺）

### 13.（宋）魏了翁《尚书要义》卷十九《周书·君牙、冏命、吕刑》

（归善斋按，未引）

### 14.（宋）陈大猷《书集传或问》卷下《周书·吕刑》

（归善斋按，未解）

### 15.（宋）胡士行《尚书详解》卷十二《周书·吕刑第二十九》

（归善斋按，见"皇帝清问下民，鳏寡有辞于苗"）

### 16.（元）吴澄《书纂言》卷四下《周书·吕刑》

（归善斋按，见"群后之逮在下，明明棐常，鳏寡无盖"）

## 17. （元）陈栎《书集传纂疏》卷六《朱子订定蔡氏集传·周书·吕刑》

(归善斋按，见"皇帝清问下民，鳏寡有辞于苗")

## 18. （元）许谦《读书丛说》卷六《周书·吕刑》

(归善斋按，见"皇帝清问下民，鳏寡有辞于苗")

## 19. （元）董鼎《书传辑录纂注》卷六《周书·吕刑》

(归善斋按，见"皇帝清问下民，鳏寡有辞于苗")

## 20. （元）朱祖义《尚书句解》卷十二《周书·吕刑第二十九》

德威惟畏（尧于是以德为威其威，非虐苗民自畏），德明惟明（以德为明其明，非察之，而苗民自将开明）。

## 21. （明）王樵《尚书日记》卷十六《周书·吕刑》

(归善斋按，见"皇帝清问下民，鳏寡有辞于苗")

## 22. （清）库勒纳等撰《日讲书经解义》卷十三《周书·吕刑》

(归善斋按，见"皇帝清问下民，鳏寡有辞于苗")

### （元）王充耘《读书管见》卷下《吕刑》

德威惟畏，德明惟明。

明者，彰其善；威者，惩其恶。刑当其罪者，谓之德威，故人无不畏；赏当其善者，谓之德明，故人无不明。

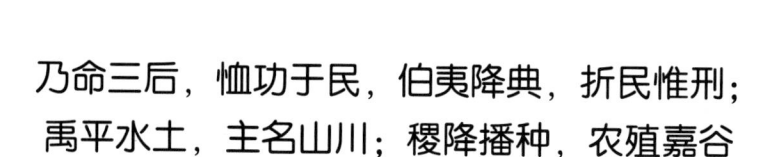

## 乃命三后，恤功于民，伯夷降典，折民惟刑；禹平水土，主名山川；稷降播种，农殖嘉谷

**1. （汉）孔氏传、（唐）陆德明音义、孔颖达疏《尚书注疏》卷十八《周书·吕刑》**

乃命三后，恤功于民，伯夷降典，折民惟刑；禹平水土，主名山川；稷降播种，农殖嘉谷。

传，伯夷下典礼教民，而断以法；禹治洪水，山川无名者主名之；后稷下教民播种，农亩生善谷，所谓尧命三君，忧功于民。

音义，折，之设反，下同，马、郑、王皆音哲。马云，智也。种，章用反。殖，承力反。断，丁乱反，下同。

疏，正义曰，尧既诛苗民，乃命三君，伯夷、禹、稷，忧施功于民，使伯夷下礼典教民，折断下民，惟以典法；伯禹身平治水土，主名天下山川，其无名者皆与作名；后稷下教民布种，在于农亩种殖嘉谷。

传正义曰，伯夷与稷言"降"，禹不言"降"，降可知"降下"也，从上而下于民也。《舜典》，伯夷主礼典教民而断以法，即《论语》所谓"齐之以礼"也。山川与天地并生，民应先与作名，但禹治水，万事改新，古老既死，其名或灭，故当时无名者，禹皆主名之，言此者，以见禹治山川为民于此耕稼故也。此三事者，皆是为民，故传既解三事，乃结上句，此即所谓尧命三君，忧功于民，忧欲与民施功也。此三事之次，当禹功在先，先治水土，乃得种谷；民得谷食，乃能行礼。《管子》云"衣食足知荣辱，仓廪实知礼节"，是言足食足衣，然后行礼也。此经先言伯夷者，以民为国之本，礼是民之所急，将言制刑，先言用礼。刑礼相须，重礼，故先言之也。此经大意言，禹、稷教民，使衣食充足；伯夷道民，使知礼节，有不从教者，乃以刑威之，故先言三君之功，乃说用刑之事，言禹、稷教民稼穑，衣食既已充足；伯夷道民，典礼又能折之以法。

2107

《尚书注疏》卷十八《考证》

伯夷降典，折民惟刑。

折民，《汉书·刑法志》作"悊民"。李光地曰，三后首伯夷，盖因上文言天地神人之事，而秩宗之职，治神人和上下故也。

## 2. （宋）苏轼《书传》卷十九《周书·吕刑第二十九》

乃命三后，恤功于民。伯夷降典，折民惟刑。

失礼，则入刑，礼刑一物也。折，折衷也。

禹平水土，主名山川；稷降播种，农殖嘉谷。

## 3. （宋）林之奇《尚书全解》卷三十九《周书·吕刑》

乃命三后，恤功于民。伯夷降典，折民惟刑；禹平水土，主名山川；稷降播种，农殖嘉谷。三后成功，惟殷于民。士制百姓于刑之中，以教祗德。穆穆在上，明明在下，灼于四方，罔不惟德之勤。故乃明于刑之中，率乂于民棐彝。典狱非讫于威，惟讫于富。敬忌，罔有择言在身。惟克天德，自作元命，配享在下。王曰，嗟！四方司政典狱，非尔惟作天牧。今尔何监，非时伯夷播刑之迪？其今尔何惩，惟时苗民匪察于狱之丽？罔择吉人，观于五刑之中，惟时庶威夺货断制五刑，以乱无辜。上帝不蠲，降咎于苗。苗民无辞于罚，乃绝厥世。王曰，呜呼！念之哉，伯父、伯兄、仲叔、季弟、幼子、童孙，皆听朕言。庶有格命，今尔罔不由慰日勤，尔罔或戒不勤。天齐于民，俾我一日，非终惟终，在人。尔尚敬逆天命，以奉我一人。虽畏勿畏，虽休勿休。惟敬五刑，以成三德。一人有庆，兆民赖之，其宁惟永。

前既言苗民以虐威庶戮之故，民心之所怨咨，天意之所厌弃，故舜因天人之怒，以遏绝其世，然舜之所以遏绝苗民者，盖以得三后皋陶为之臣，以刑弼教，天下无有冤民，故其遏绝之为有名也。《孟子》曰，为天吏则可以伐燕。舜之遏绝苗民，所谓天吏也。苟为在我者，不能钦恤刑狱，而乃欲以正苗民虐刑之罪，则是以燕伐燕也。故既言苗民之虐矣，于是言舜之用刑也。其曰"乃命三后"者，非是遏绝苗民之后方命三后也。《尧典》于"于变时雍"之下言"乃命羲和，钦若昊天"，岂必"万邦咸义"而复命羲和以历象之职哉？此曰"乃命"，正与《尧典》之意同。三后，伯夷、禹、稷也。"后"者，尊之之称，若"君奭""君陈"之类，如曰"后稷"是也。"恤功于民"，言命三后，惟以民之功为忧也。《孟子》曰"禹思天下有溺者，由己溺之；稷思天下有饥者，由己饥之"，所谓恤也。伯夷，礼官也，"帝曰，咨！四岳，有能典朕三礼？佥曰，伯夷。帝曰，咨！伯夷，汝作秩宗"是也。"降典"者，以礼官而下教于民也。《汤诰》曰，"惟皇上帝降衷于下民"。天以衷而授民，伯夷以典而教民，皆自上而下，故曰"降"。折，折衷也。贾谊曰"礼者禁于将然之前，而刑者禁于已然之后，法之所用易见，而礼之所为难知"，则礼与刑一物也。民能由于礼，则何刑之有哉？惟失礼则入刑矣，故伯夷之降典者，盖以刑而折衷于民也。方洪水之灾，浩浩滔天，怀山襄陵，则山川不可得而定名。禹既平水土矣，则山川可得而辨别，故主名之者，如东北据海，西南距岱，则为青州；西南至荆山，北距河水，则为豫州之类。九州岛之疆界，整整乎其有条理，所谓"奠高山大川"者，主名之谓也。后稷教民稼穑，故播种之法自上而下也。既以播种教民，故三农之所殖也。莫非嘉谷，所谓黍稷重穋，稙稚菽麦，惟秬、惟秠、惟穈、惟芑者也。

殷，中也。禹之功成，则民得所居；稷之功成，则民得所养；伯夷之功成，则民得所教，此其所以中也。士，皋陶也。百姓之不率教者，则以刑之中而制之。盖皋陶之用刑，岂有意于残民之肌肤肢体而已哉？以刑示之，使有所畏而不敢为非，则是教民之祗敬其德也。夫先王之治天下，使斯民之迁善远罪，人人有士君子之行者，岂独德礼之力哉，刑罚不为无力也，故尧舜之民，比屋可封，而舜以四方风动为皋陶之功焉。是德礼者，固以教之也，刑亦以教之也，第刑者，治道之辅助而已，不可专恃以为治也。使其专恃刑以为治，如秦之世，固君子之所耻；若以为治道之辅助，如皋陶之制百姓，则何恶于刑乎？唐孔氏曰，此经大意言，禹稷教民，使衣食充足，伯夷道民使知礼，而有不从教者，乃以刑威之，故先言三后之功，乃说用刑之事。此言是也。如汉杨赐辞廷尉之命曰"三后成功，惟殷于民，皋陶不与焉，盖吝之也"，此言非也。夫舜之治，每归功于皋陶，则其明刑之功大矣。而乃谓穆王吝之，故不与于三后可乎？此篇终始，惟欲四方之诸侯留意于狱讼之事，钦恤无所不至，然后为能上体一人之意。

而自古钦恤狱讼，未有居皋陶之上者，而以为咎之可乎？韩退之犹以赐之言为然，盖未之思也。三后之功，禹平水土，而后稷降播种，伯夷降典又在播种之后，而先言伯夷者，唐孔氏曰"将言制刑，先言用礼，刑礼相须，重礼故先言之"是也。

穆穆，敬也，和也，天子之容也。明明，即上所谓"明明"是也。惟舜以"穆穆"之德而在上，三后、皋陶以"明明"之德而在下，君臣合德，故其德之灼然著见于四方，四方之民无有不勤于德者，所谓"政乃乂，黎民敏德"是也。三后"惟殷于民"，而皋陶"以教祗德"，则孰不勤于德哉？惟其皆勤于德，故于是皆明于刑之中。盖"刑之中"者，可以治民而辅成常教故也。王者之法如江河，使民难犯而易避。皋陶制百姓以刑之中，非苗民淫为劓、刵、椓、黥也，故四方莫不明之，莫不明之，则莫不避之矣。民知避刑，则迁善远罪，为士君子之行，则辅成常教者，非刑之中而何？

"典狱非讫于威，惟讫于富"，言凡典狱之吏，非欲诛杀以立威，则欲纳贿以致富，若苗民之臣，所谓庶威者，讫于威也；所谓夺货者，讫于货也。威者、货者，此皆狱吏之常态。如汉唐之世，所谓酷吏者，既峻于诛杀，使天下之人侧足而立，于是大纳货贿，赃污狼藉，以为奸伪。惟敬之、畏之者，则无可择之言在于其身。子曰"片言可以折狱者，其由也欤。子路无宿诺"者，以其口无择言故也。无择言者，必敬必畏焉。敬畏者，天之德也。能有天德，则可以自作元命在下，而配享于天，故其子孙之兴，绵绵延延而未艾。"自作元命"与"自贻哲命"同，言命之所以延久而不替者，无不自己求之而已矣。魏高允曰，皋陶至德也。其后英蓼先灭，刘项之际，英布黥而王，经世虽久，犹有刑之余衅，况凡人能无咎乎？敬畏者，孰若皋陶，而乃以为有余殃延及其后裔，则是典刑者冤滥之报，虽皋陶犹不免也。夫"自作元命"，则皋陶之后必有兴者。允之言，非也。汉于公其门闾坏，父老方共治之。于公曰，少高大门闾，令容驷马高盖车。我治狱多阴德，子孙必有兴者。其后，果子为丞相，孙为御史大夫，封侯传世焉。此正所谓"自作元命"者，于公且然，而况皋陶乎？如张汤、杜周，列于酷吏，而其子孙爵位，尊显与汉始终，此又有幸不幸于其间，不可以常理论也。

"嗟！四方司政典狱"而下，此亦总上文而言。上既言苗民虐刑之恶，故欲四方以之为惩；既言皋陶、伯夷明刑之善，故欲四方以为之监。言四方之诸侯，各主一国之政，典一国之狱者，汝非为天牧养斯民乎？既为天牧养斯民，则若伯夷播刑之道，当以为监；苗民不察于狱之丽，当以为惩。盖天生民而立之君，使司牧之，勿使失性。以伯夷为监，以苗民为惩，则无有失性之民，可以无忝乎天牧之任也。非时播刑之迪，言汝所法者，非是伯夷播刑之道乎？惟此道则法之也。上言伯夷、禹、稷、皋陶，此特言伯夷，举其大略也。伯夷"折民惟刑"，故虽典礼而曰"播刑"，礼与刑一物故也。"匪察于狱之丽"，言有丽于狱者，苗民不察之，而妄加以刑也，即上文曰"越兹丽刑并制，罔差有辞"是也。其不察之者，则以不能择吉人能观于五刑之中者而用之，其所用者，惟是众为威虐以快己之怒，夺人货贿以塞己之欲，故淫为劓、刵、椓、黥，以制断五刑，不由于中道，以乱加无罪之人。上帝不洁其德，故降之罪咎。苗民之为天所罚，盖己有以自取之，无有辞可以自解释，故遏绝其世，此不可以不惩也。此皆略举上文之意也。

"伯父、伯兄、仲叔、季弟、幼子、童孙"，此即四方之司政典狱者。王之同姓，有其父行者，有其兄弟行者，有其子孙行者。伯、仲、叔、季，其长少之称。子孙，故以幼童称之。特言同姓，先儒谓举同姓包异姓，是也。与《康王之诰》言"一二伯父"同。穆王享国百年，故诸侯或其子孙也。格，至也，言诸侯能听朕之言，敬忌于狱讼之事，则庶乎天命之至也。"曰勤"，先儒以"曰"为"子曰"之"曰"。《释文》一音，人实反，只当作"日"字读。言令尔当无不由朕之言，相慰勉而日愈勤，不可相戒以不勤也。盖典狱之职，人命所系。死者不可复生，刑者不可复续。君子所当尽心，故戒之以勤也。天以刑而整齐下民，使我推而行之，一日所行或非为天所终，或为天所终，在人。如何耳？《孟子》曰"祸福无不自己求之者"。敬忌则为天所终，而子孙代兴；虐刑则非为天所终，而遏绝其世。我未尝不致其慎也。言"一日"者善恶之感于天，不必积久也，一日之间皆可矣。尔当敬逆天命，以奉我一人之言，不可失坠逆天命者，与"迓续乃命于天"之"迓"同。勤于听狱，则天命之来，吾有以当之，故曰"逆"之也。"虽畏勿畏，虽休勿休"，王氏曰，虽有可畏

2111

之祸，勿以为畏；虽有可美之福，勿以为美。所以然者，以祸福之变无常，而人心不可知，惟当修德以逆天命耳，是也。三德，刚、柔、正直。所以"逆天命"者，无他，惟明于五刑，则可以成三德矣。盖"平康正直，强弗友刚克，变友柔克"，此三德者，虽不假于刑，然明五刑者，三德自然而成矣。以刑成德，而无向隅之泣，则一人之庆莫大于是，此兆民之所赖也，其安宁之效岂不永哉？夫刑者，若为不仁之具，然既以之"自作元命"，又以之"其宁惟永"，而世皆耻言刑，何哉？汉高帝入关，约法三章悉除去秦法，不五年而成帝业，子孙传祚四百年，实基于此。"一人有庆，兆民赖之，其宁惟永"，岂不信哉？

### 4.（宋）史浩《尚书讲义》卷二十《周书·吕刑》

（按以上讲义《永乐大典》原缺）

### 5.（宋）夏僎《尚书详解》卷二十五《周书·吕刑》

（归善斋按，见"皇帝哀矜庶戮之不辜，报虐以威，遏绝苗民，无世在下"）

### 6.（宋）时澜《增修东莱书说》卷三十四《周书·吕刑第二十九》

（归善斋按，见"皇帝清问下民，鳏寡有辞于苗"）

### 7.（宋）黄度《尚书说》卷七《周书·吕刑》

（归善斋按，见"德威惟畏，德明惟明"）

### 8.（宋）袁燮《絜斋家塾书钞》

（归善斋按，无此篇）

### 9.（宋）蔡沈《书经集传》卷六《周书·吕刑》

乃命三后，恤功于民。伯夷降典，折民惟刑。禹平水土，主名山川。稷降播种，农殖嘉谷。三后成功，惟殷于民。

恤功，致忧民之功也。典，礼也。伯夷降天地人之三礼，以折民之邦妄。苏氏曰，失礼则入刑，礼刑一物也。伯夷降典，以正民心。禹平水土，以定民居。稷降播种，以厚民生。三后成功，而致民之殷盛富庶也。吴氏曰，二典不载有两刑官，盖传闻之谬也。愚按，皋陶未为刑官之时，岂伯夷实兼之欤。下文又言伯夷播刑之迪，不应如此谬误。

## 10.（宋）黄伦《尚书精义》卷四十九《周书·吕刑》

（按，以上经解《永乐大典》原缺）

## 11.（宋）陈经《尚书详解》卷四十七《周书·吕刑》

乃命三后，恤功于民。伯夷降典，折民惟刑。禹平水土，主名山川。稷降播种，农殖嘉谷。三后成功，惟殷于民。士制百姓于刑之中，以教祗德。

三后，下文所称是也。恤，忧也，致忧民之功。若"伯夷降典"，以为忧民之功；禹平水土，稷降播种，以为忧民之功。典，即礼也。伯夷所掌者，秩宗之职，天地人之三礼。"折民惟刑"，使知所畏，则自知礼之可爱。掌礼而及于刑，盖礼与刑一事，而非二也。出礼则入刑，出刑则入礼，折民以刑者，正使之入于礼耳。当时契敷五教以教民，今也不言契而言伯夷，盖伯夷典三礼，可以起斯民尊敬之心。当时之民，惑于诅盟，鬼神诞慢之说，不知尊敬天地人之常理，故伯夷首以降典，以正人心。人心不正，则虽有平土，不可居；虽有嘉谷，不可食。圣人命官，自有轻重先后。故伯夷所以居禹、稷之先，惟是人心既正，故"禹平水土，主名山川"，而人始得安其居。山川各有主名，如淮海惟扬，荆河惟豫是也。"稷降播种农殖嘉谷"，而人始得备其养。降播种者，教之以播种之事，使农之所殖者，惟嘉谷。若《生民》之诗所载是也。"三后成功，惟殷于民"，三后之职虽不同，而同于殷民之功而已。殷，富盛也。孔安国曰，礼教备，衣食足是也。"士制百姓于刑之中，以教祗德"，乃自命重黎而下，尧经历数节次，而后至于"士制百姓于刑之中"，则知圣人当初制刑，本非欲恃此以整齐其民。先有以教之，养之，然后有以防之刑者。特堤防之具耳。制有堤防捡押之意，以刑之中者，而防制百姓，则不失之重而过，亦不失之轻而不及。凡此教民，祗敬其德而已。观此须见古人治民自有次第，又须见古人之刑，与德本非二事。典，非刑也，而曰"降典，折民惟刑"，则刑与教为一。刑非德也，而曰"制百姓于刑之中，以教祗德"，则刑与德为一。后世以刑与德，与典为二事，故教民者，不知所以堤防之意，而掌刑者始专事杀戮矣。后世以皋陶为士，不与三后之列，吝之也，非也。尧岂薄夫用刑之官哉，特以教养未备，则刑非所先耳。

## 12.（宋）钱时《融堂书解》卷二十《周书·吕刑》

（按，以上书解《永乐大典》原缺）

## 13.（宋）魏了翁《尚书要义》卷十九《周书·君牙、冏命、吕刑》

廿一、尧命三后恤功，皋陶制刑，教祗德。

"乃命三后，恤功于民。伯夷降典，折民惟刑。禹平水土，主名山川。稷降播种，农殖嘉谷"，伯夷下典礼教民而断法；禹治洪水山川，无名者主名之；后稷下教民播种，农亩生善谷。所谓尧命三君忧功于民。"三后成功，惟殷于民"，各成其功，惟所以殷盛于民，言礼教备，衣食足。"士制百姓于刑之中，以教祗德"，言伯夷道民典礼，断之以法。皋陶作士，制百姓于刑之中，助成道化，以教民为敬德也。

廿二、三后当禹先，稷次，今先伯夷，礼为急。

尧命三君，忧功于民忧，欲与民忧功也。此三事之次，当禹功在先，先治水土，乃得种谷，民得谷食，乃能行礼。《管子》云"衣食足知荣辱，仓廪实知礼节"，是言足食，足衣，然后行礼也。此经先言伯夷者，以民为国之本，礼是民之所急，将言制刑，先言用礼。

## 14.（宋）陈大猷《书集传或问》卷下《周书·吕刑》

（归善斋按，未解）

## 15.（宋）胡士行《尚书详解》卷十二《周书·吕刑第二十九》

（归善斋按，见"皇帝清问下民，鳏寡有辞于苗"）

## 16.（元）吴澄《书纂言》卷四下《周书·吕刑》

乃命三后，恤功于民。伯夷降典，折民惟刑。禹平水土，主名山川。稷降播种，农殖嘉谷。三后成功，惟殷于民。士制百姓于刑之中，以教祗德。穆穆在上，明明在下，灼于四方，罔不惟德之勤，故乃明于刑之中，率乂于民棐彝。典狱非讫于威，惟讫于富。敬忌，罔有择言在身，惟克天德，自作元命，配享在下。

三后，皆以诸侯入为帝朝之臣。伯，爵；夷，名，犹崇伯，名禹，称伯禹也。稷，封于邰，以有邰之君，入为稷官，故称后稷。恤功，以民事为忧也。自上教下曰降，《内则》曰"降德于众兆民"。伯夷教民以礼，民入于礼而不入于刑，折绝斯民入刑之路也。禹为司空治水，水由地中行，而土可居。九州岛各主有名之山川，以表疆域。稷降下播种之法，三农得丰殖其嘉谷。三后各成其事，惟务繁盛其民之生聚。降典，教之也。平水土，安之也。降播种，养之也。所谓"德明惟明"者如此。皋陶为士官，为百姓制得中之刑，使之畏威寡罪而敬其德。当是之时，穆穆者在上为天子；明明者在下为诸侯。封国在东，在西，在南，在北，其明各章，灼于其方，无一不勤于德。棐彝，犹《召诰》言"非彝"。四方诸侯皆惟德之勤，故能明与。皋陶制刑之中，导民为善，禁民为恶。民之棐彝者，率皆顺治而刑不用。典狱，诸侯之君，主四方之狱者，非，反辞；惟，正辞。下章"非时伯夷"，"惟时苗民"是其例也。讫，绝也。富，贪贿赂也。尧时，万国咸宁，比屋可封，刑措不用，或不得已而用刑，则尽绝贪虐，一是公正，敬谨畏忌，表里无愧，身之所为，皆可言之于人，无所拣择去取，治狱如此，是能合乎天德，而天之元命，不待外求，乃其自作也，故得上配天子，享国在下，所谓"德威惟畏"者如此。按此篇皆是诰诸侯之辞。此章首言蚩尤之乱，遂言尧时苗民淫刑之恶，群后祥刑之美，以示戒，示劝也。

## 17.（元）陈栎《书集传纂疏》卷六《朱子订定蔡氏集传·周书·吕刑》

乃命三后恤功于民，伯夷降典，折民惟刑。禹平水土，主名山川。稷降播种，农殖嘉谷。三后成功，惟殷于民。

恤功，致忧民之功也。典，礼也。伯夷降天、地、人之三礼，以折民之邪妄。苏氏曰，失礼则入刑，礼刑一物也。伯夷降典，以正民心；禹平水土，以定民居；稷降播种，以厚民生。三后成功，而致民之殷盛富庶也。吴氏曰，二典不载有两刑官，盖传闻之谬也。愚意皋陶未为刑官之时，岂伯夷实兼之欤。下文又言"伯夷播刑之迪"，不应如此谬误。

## 18. （元）许谦《读书丛说》卷六《周书·吕刑》

（归善斋按，见"皇帝清问下民，鳏寡有辞于苗"）

## 19. （元）董鼎《书传辑录纂注》卷六《周书·吕刑》

乃命三后，恤功于民，伯夷降典，折民惟刑；禹平水土，主名山川；稷降播种，农殖嘉谷。三后成功，惟殷于民。

恤功，致忧民之功也。典，礼也。伯夷降天、地、人之三礼，以折民之邪妄。苏氏曰，失礼则入刑，礼刑一物也。伯夷降典，以正民心；禹平水土，以定民居；稷降播种，以厚民生。三后成功，而致民之殷盛富庶也。吴氏曰，二典不载有两刑官，盖传闻之谬也。愚意，皋陶未为刑官之时，岂伯夷实兼之欤。下文又言"伯夷播刑之迪"，不应如此谬误。

## 20. （元）朱祖义《尚书句解》卷十二《周书·吕刑第二十九》

乃命三后（乃命伯夷、禹、稷三后）恤功于民（因致忧民之功于民），伯夷降典（伯夷降下常行之礼以示民），折民惟刑（前以刑折服其邪心，使畏刑而自趋于礼）；禹平水土（禹为司空平水土以除害），主名山川（九州各有名山大川为辨其名，如扬州，山会稽，川三江；荆州，山衡山，川江汉）；稷降播种（后稷降下布种之法），农殖嘉谷（使为农者皆得生殖嘉禾）。

## 21. （明）王樵《尚书日记》卷十六《周书·吕刑》

"乃命三后，恤功于民"至"率乂于民棐彝"。

"重、黎绝地天通"，正其大分而已，又命伯夷降典，使礼达于天下也。正人心，以礼为急，故先言之伯夷之典。稷之播种，皆曰"降"者，自上教下曰降。《内则》曰"降德于众兆民"是也。"折民惟刑"者，孔氏曰，伯夷下礼典以教民，而断折以法。《孔丛子》曰，古有礼，然后有刑，是以刑省。今无礼以教而齐之以刑，刑是以繁。《书》曰"伯夷降典，折民惟刑"，谓下礼以教之，然后惟以刑折之也。金氏谓，出礼则入刑，降典所以折其民之入刑者，而回入于礼也，非是。"主名山川"者，主，犹"先王以为东蒙主"之"主"；"名"者，为之名也。禹平水土，以安民生，又为山川修其正祀，各使有土之君主之定其秩号，即主名之事也。稷降下播种之法。农，种也。《左传》"其庶人力于农穑"，杜预云，种，曰农；敛，曰穑；殖，生长也。一说，农，三农也，使三农殖嘉谷。盖前此民犹杂食草木之实，自稷教民稼穑而民始殖嘉谷也。三后各成其功，惟殷盛于民。孔氏曰，言礼教备，衣食足。士，士师，皋陶也。此亦蒙"乃命"之文。制，乃"裁断"之义。"刑之中"言，轻重得其当也。蔡传检其心，正贴"祗德"意。民惟心无所检，而不知所畏，故不敬其德，而自越于礼法之外，皋陶断以中，刑乃所以检其心，而教之敬德也。"穆穆在上"一节，又承上虞廷君臣之事而总论之，明其刑之后于德教也。盖为治，以德为本，以安养、礼教为先，刑特其辅耳。"穆穆"，指德威。"德明"一节说，是"恭己"气象。明明，指恤功。"成功"一节说，是"宣力"气象。君臣合德，光辉灼于四方，观感动荡，罔不惟德之勤，则民亦既化矣。如是，而犹有未化者，不能不资于刑，故"乃"二字见不得已而用之之意。虽不得已而用。而其用，必明于"刑之中，率乂于民"，辅其常性，盖欲其皆归于善，无刑之可施而后已也。"棐彝"，即所谓"弼教"，"刑期于无刑"也。惟如是用刑，乃刑中有教，而刑即所以为德，故谓之刑罚之精华。

正义曰，伯夷主礼教民，而断以法，即《论语》所谓"齐之以礼"也。山川无名者，禹皆主名之，言此者以见禹治山川，为民于此耕稼故也。此三事皆是为民三事之次，当禹功在先。先治水土，乃得播谷；民得谷食，乃能行礼。此经先言伯夷者，重礼，故先言之。

又曰，此经大意言，禹、稷教民，使衣食充足；伯夷导民，使知礼

2117

节,有不从教者,乃以刑威之,故先言三后之功,乃说用刑之事。

又曰,刑者所以助教,而不可专用,非是身有明德,则不能用刑。尧能使天下皆勤于德,故乃能明于用刑之中以治民,而辅其常教。伯夷所典之礼,是常行之教也。

舜不轻于用刑也,先命重、黎绝地天襄渎之礼,次首命伯夷降天、地、人之礼,又命禹除民患,稷兴民利。夫然后命皋陶以刑,且本之以威明之德,期民以祗德。勤德刑之本,必主于德,而刑之用必合于中。"德"与"中",为《吕刑》一篇之纲领。继此曰"惟克天德",曰"以成三德",曰"有德惟刑",无非以德为本也。曰"观于五刑之中",曰"中听狱之两辞",曰"罔非在中",曰"咸庶中正",曰"非德于民之中",曰"咸中有庆",无非以"中"为用也。刑必合于"中",而刑即所以为德,此《吕刑》之大意也。"棐彝"之"彝",正义以为伯夷之礼。彝,即彝伦,如纠之以不孝不弟之刑,以驱而入于孝弟,即所以"棐彝"也。此是先德教而后刑罚之意,又以见德化虽已兴行,而刑亦不可废。盖非此无以弼教也。伯夷不兼刑,其说在后。

金氏曰,上古之世风气淳朴,蚩尤始为乱,而民始有为恶之习,圣人始制刑以矫之其后。有苗既为五虐之刑以残其民,其民又为诅盟之习以渎其神,于是暴虐、妖诞二者,威焰气习,得入中夏。圣人始命重黎,以正妖诞;继命群后以通下情;又命伯夷以降典礼;命伯禹以安民生;命后稷以丰民财;而复命皋陶定为至中不偏之刑。自是,后世之言刑者,宗皋陶。所谓皋陶之刑也,盖以其为不偏不易之法也。圣人所以制刑者,教养之具无一不至,然后立刑以制之。而刑法之"中",亦无非教,此盖发明圣人立刑之本末,而后世遂谓皋陶不与三后之列,为圣人吝于刑官,失其旨矣。曾子固曰,先王之刑,刑也,其本诸身而安养之具,教迪之方,有不若先王之尽者,未有可以先王之刑刑民者也,矧曰,其以非先王之刑刑民也。

## 22.(清)库勒纳等撰《日讲书经解义》卷十三《周书·吕刑》

乃命三后,恤功于民。伯夷降典,折民惟刑,禹平水土,主名山川;

稷降播种，农殖嘉谷。三后成功，惟殷于民。

此一节书是，言帝舜之任人图治也。三后，谓伯夷、禹、稷恤功忧民之功也，典，礼也。折，绝也。"主名山川"，以九州岛有名山川表识以为疆域也。农，解作厚，殷富庶之意也。穆王曰，有苗之虐政既革，斯民之教养宜先，舜于是乃命伯夷、禹、稷三臣相与，一德一心，皆以民事为忧，而各成其功。民心不可不正，伯夷则降天、地、人之三礼，以辨名、定分，折绝斯民非僻之心，使不入于刑辟，而民有风动之美矣。民居不可不奠，禹则平治水土，九州岛之界，各有封域，以其地之名山大川为之主名，而民无昏垫之忧矣。民生不可不厚，稷则颁降播种之法于百姓，使皆得种殖嘉谷，而民有粒食之乐矣。三后各成其功，而民生以遂，民俗以淳，莫不蕃庶得所，皆帝命三后之所致也。舜之德化既隆，而得人又如此，此治道所由盛与。

### （元）陈师凯《蔡氏传旁通》卷六下《吕刑》火正黎

禹平水土，以定民居。

愚按，主名山川者，即《尔雅》所谓"从《释地》以下至九河，皆禹所名"是也。

### （元）王充耘《读书管见》卷下《吕刑》

伯夷降典，折民惟刑。

凡礼教，与刑相表里，故司徒敷教，亦必有刑以弼之。伯夷降典，以辨上下之分，有不从者则以刑折之，使其陵僭者，不得以自遂，则其势不得不折而入于礼也。

### （元）陈悦道《书义断法》卷六《周书·吕刑》

乃命三后，恤功于民。伯夷降典，折民惟刑；禹平水土，主名山川；稷降播种，农殖嘉谷。三后成功，惟殷于民。

虞廷人臣，治水之功最大。水既平矣，而尤忧民生之无以食也；民既食矣，而尤忧民心之无所检防也。九官之命，先禹、稷，而后伯夷。穆王之言，乃先伯夷而后禹、稷，岂非伯夷之心，因忧民之逸居无教，故以三礼正大典，又以五刑明天讨，礼刑兼用，皆以齐民，使斯民终身安享平治种殖之功，是伯夷之身心，尤为忧民之切，而其功与禹、稷同论也。三后有恤民之功，是以有仁民之功，其以三后并称者，岂非三后之同心，故三后之成功，亦不异欤。

### （清）朱鹤龄《尚书埤传》卷十五《周书·吕刑》

伯夷降典折民惟刑，农殖嘉谷。

孔疏，三后之次，禹功当在先，经首及伯夷者，典礼是民心之所急，将言制刑，先言用礼，刑礼相须，重礼，故先言之也。吕祖谦曰，当时承蚩尤之后，人心蛊惑已久，未易遽胜，伯夷乃降天地人之祀典，使知天地之性，鬼神之德，森然各有明法。向之蛊惑者，始消荡无余，所谓折民惟刑也（吴澄曰，折断斯民入刑之路）。后贤亦谓先正神祠，然后民知为善。王应麟曰，人心不正，虽有土不得而居，有谷不得而食。《吕刑》所以先伯夷而后禹稷也。小雅尽废，其祸烈于泆水；四维不张，其害憯于阻饥。

孔传，农亩生嘉谷，农谓三农也。前此民犹杂食草木，实自稷教稼穑，民始殖嘉谷矣（蔡传，"农"训"厚"，恐不如古注）。

### （明）梅鷟《尚书考异》卷五《吕刑》

折民惟刑。

马、郑、王皆音"慭"。马云，智也。

# 三后成功，惟殷于民

## 1.（汉）孔氏传、（唐）陆德明音义、孔颖达疏《尚书注疏》卷十八《周书·吕刑》

三后成功，惟殷于民。

传，各成其功，惟所以殷盛于民，言礼教备，衣食足。

疏，正义曰，三君者各成其功，惟以殷盛于民，使民衣食充足。

《尚书注疏》卷十八《考证》

三后成功。

臣召南按,后汉杨赐拜廷尉,自以代非法家言,曰三后成功,惟殷于民,皋陶不与焉,盖吝之也,按赐说书,可谓陋矣。此篇重在刑官,故以三后作引,正是尊皋陶耳。

## 2.（宋）苏轼《书传》卷十九《周书·吕刑第二十九》

三后成功,惟殷于民。

殷,富也。

## 3.（宋）林之奇《尚书全解》卷三十九《周书·吕刑》

(归善斋按,见"乃命三后,恤功于民。伯夷降典,折民惟刑;禹平水土,主名山川;稷降播种,农殖嘉谷")

## 4.（宋）史浩《尚书讲义》卷二十《周书·吕刑》

(按,以上讲义《永乐大典》原缺)

## 5.（宋）夏僎《尚书详解》卷二十五《周书·吕刑》

(归善斋按,见"皇帝哀矜庶戮之不辜,报虐以威,遏绝苗民,无世在下")

## 6.（宋）时澜《增修东莱书说》卷三十四《周书·吕刑第二十九》

(归善斋按,见"皇帝清问下民,鳏寡有辞于苗")

## 7.（宋）黄度《尚书说》卷七《周书·吕刑》

(归善斋按,见"德威惟畏,德明惟明")

## 8.（宋）袁燮《絜斋家塾书钞》

(归善斋按,无此篇)

2121

### 9. (宋) 蔡沈《书经集传》卷六《周书·吕刑》

(归善斋按,见"乃命三后,恤功于民。伯夷降典,折民惟刑;禹平水土,主名山川;稷降播种,农殖嘉谷")

### 10. (宋) 黄伦《尚书精义》卷四十九《周书·吕刑》

(按,以上经解《永乐大典》原缺)

### 11. (宋) 陈经《尚书详解》卷四十七《周书·吕刑》

(归善斋按,见"乃命三后,恤功于民。伯夷降典,折民惟刑;禹平水土,主名山川;稷降播种,农殖嘉谷")

### 12. (宋) 钱时《融堂书解》卷二十《周书·吕刑》

(按,以上书解《永乐大典》原缺)

### 13. (宋) 魏了翁《尚书要义》卷十九《周书·君牙、冏命、吕刑》

(归善斋按,未引)

### 14. (宋) 陈大猷《书集传或问》卷下《周书·吕刑》

(归善斋按,未解)

### 15. (宋) 胡士行《尚书详解》卷十二《周书·吕刑第二十九》

(归善斋按,见"皇帝清问下民,鳏寡有辞于苗")

### 16. (元) 吴澄《书纂言》卷四下《周书·吕刑》

(归善斋按,见"乃命三后,恤功于民。伯夷降典,折民惟刑;禹平水土,主名山川;稷降播种,农殖嘉谷")

**17.（元）陈栎《书集传纂疏》卷六《朱子订定蔡氏集传·周书·吕刑》**

（归善斋按，见"乃命三后，恤功于民。伯夷降典，折民惟刑；禹平水土，主名山川；稷降播种，农殖嘉谷"）

**18.（元）许谦《读书丛说》卷六《周书·吕刑》**

（归善斋按，见"皇帝清问下民，鳏寡有辞于苗"）

**19.（元）董鼎《书传辑录纂注》卷六《周书·吕刑》**

（归善斋按，见"乃命三后，恤功于民。伯夷降典，折民惟刑；禹平水土，主名山川；稷降播种，农殖嘉谷"）

**20.（元）朱祖义《尚书句解》卷十二《周书·吕刑第二十九》**

三后成功（三后皆成其功业），惟殷于民（惟在富厚其民）。

**21.（明）王樵《尚书日记》卷十六《周书·吕刑》**

（归善斋按，见"乃命三后，恤功于民。伯夷降典，折民惟刑；禹平水土，主名山川；稷降播种，农殖嘉谷"）

**22.（清）库勒纳等撰《日讲书经解义》卷十三《周书·吕刑》**

（归善斋按，见"乃命三后，恤功于民。伯夷降典，折民惟刑；禹平水土，主名山川；稷降播种，农殖嘉谷"）

**（元）陈悦道《书义断法》卷六《周书·吕刑》**

（归善斋按，见"乃命三后，恤功于民。伯夷降典，折民惟刑；禹平水土，主名山川；稷降播种，农殖嘉谷"）

## 士制百姓于刑之中，以教祇德

### 1.（汉）孔氏传、（唐）陆德明音义、孔颖达疏《尚书注疏》卷十八《周书·吕刑》

士制百姓于刑之中，以教祇德。

传，言伯夷道民典礼，断之以法；皋陶作士，制百姓于刑之中，助成化道，以教民为敬德。

音义，祇，止而反。

疏，正义曰，乃使士官制御百官之姓于刑之中正，以教民为敬德，言先以礼法化民，民既富而后教之，非苟欲刑杀也。

传正义曰，礼法既行，乃使皋陶作士，制百官于刑之中，令百官用刑，皆得中正，使不僭不滥，不轻不重，助成道化，以教民为敬德，言从伯夷之法，敬德行礼也。

### 2.（宋）苏轼《书传》卷十九《周书·吕刑第二十九》

士制百姓于刑之中，以教祇德。

士，皋陶也。

### 3.（宋）林之奇《尚书全解》卷三十九《周书·吕刑》

（归善斋按，见"乃命三后，恤功于民。伯夷降典，折民惟刑；禹平水土，主名山川；稷降播种，农殖嘉谷"）

### 4.（宋）史浩《尚书讲义》卷二十《周书·吕刑》

（按，以上讲义《永乐大典》原缺）

### 5.（宋）夏僎《尚书详解》卷二十五《周书·吕刑》

（归善斋按，见"皇帝哀矜庶戮之不辜，报虐以威，遏绝苗民，无世

在下"）

## 6.（宋）时澜《增修东莱书说》卷三十四《周书·吕刑第二十九》

（归善斋按，见"皇帝清问下民，鳏寡有辞于苗"）

## 7.（宋）黄度《尚书说》卷七《周书·吕刑》

（归善斋按，见"德威惟畏，德明惟明"）

## 8.（宋）袁燮《絜斋家塾书钞》

（归善斋按，无此篇）

## 9.（宋）蔡沈《书经集传》卷六《周书·吕刑》

士制百姓于刑之中，以教祗德。

命皋陶为士，制百姓于刑辟之中，所以检其心，而教以祗德也。

吴氏曰，皋陶不与三后之列，遂使后世以刑官为轻。后汉杨赐拜廷尉，自以代非法家，言曰，三后成功，惟殷于民，皋陶不与，盖吝之也。是后世非独人臣以刑官为轻，人君亦以为轻矣。观舜之称皋陶曰"刑期于无刑，民协于中，时乃功"，又曰"俾予从欲以治，四方风动，惟乃之休"，其所系乃如此，是可轻哉？

吕氏曰，《吕刑》一篇，以刑为主，故历叙本末而归之于皋陶之刑，势不得与伯夷禹稷杂称，言固有宾主也。

## 10.（宋）黄伦《尚书精义》卷四十九《周书·吕刑》

（按，以上经解《永乐大典》原缺）

## 11.（宋）陈经《尚书详解》卷四十七《周书·吕刑》

（归善斋按，见"乃命三后，恤功于民。伯夷降典，折民惟刑；禹平水土，主名山川；稷降播种，农殖嘉谷"）

## 12.（宋）钱时《融堂书解》卷二十《周书·吕刑》

（按，以上书解《永乐大典》原缺）

## 13.（宋）魏了翁《尚书要义》卷十九《周书·君牙、冏命、吕刑》

（归善斋按，未引）

## 14.（宋）陈大猷《书集传或问》卷下《周书·吕刑》

（归善斋按，未解）

## 15.（宋）胡士行《尚书详解》卷十二《周书·吕刑第二十九》

（归善斋按，见"皇帝清问下民，鳏寡有辞于苗"）

## 16.（元）吴澄《书纂言》卷四下《周书·吕刑》

（归善斋按，见"乃命三后，恤功于民。伯夷降典，折民惟刑；禹平水土，主名山川；稷降播种，农殖嘉谷"）

## 17.（元）陈栎《书集传纂疏》卷六《朱子订定蔡氏集传·周书·吕刑》

士制百姓于刑之中，以教祗德。

命皋陶为士，制百姓于刑辟之中，所以检其心，而教以祗德也。

吴氏曰，皋陶不与三后之列，遂使后世以刑官为轻。后汉杨赐拜廷尉，自以代非法家，言曰，"三后成功，惟殷于民"，皋陶不与，盖吝之也。是后世非独人臣以刑官为轻，人君亦以为轻矣。观舜之称皋陶曰"刑期于无刑民协于中时乃功"，又曰"俾予从欲以治，四方风动，惟乃之休"，其所系乃如此，是可轻哉？

吕氏曰，《吕刑》一篇，以刑为主故，历叙本末而归之于皋陶之刑，势不得与伯夷、禹、稷杂称，言固有宾主也。

## 18.（元）许谦《读书丛说》卷六《周书·吕刑》

（归善斋按，见"皇帝清问下民，鳏寡有辞于苗"）

## 19.（元）董鼎《书传辑录纂注》卷六《周书·吕刑》

士制百姓于刑之中，以教祗德。

命皋陶为士，制百姓于刑辟之中，所以检其心，而教以祗德也。

吴氏曰，皋陶不与三后之列，遂使后世以刑官为轻。后汉杨赐拜廷尉，自以代非法家，言曰，"三后成功，惟殷于民"，皋陶不与，盖吝之也。是后世，非独人臣以刑官为轻，人君亦以为轻矣。观舜之称皋陶曰"刑期于无刑民协于中时乃功"，又曰"俾予从欲以治，四方风动，惟乃之休"，其所系乃如此，是可轻哉？

吕氏曰，《吕刑》一篇以刑为主，故历叙本末，而归之于皋陶之刑，势不得与伯夷、禹、稷杂称，言固有宾主也。

## 20.（元）朱祖义《尚书句解》卷十二《周书·吕刑第二十九》

士制百姓于刑之中（然后命士师，隄防捡押，制百姓以刑之中，不失之重而过，轻而不及），以教祗德（凡以教民敬于修德者）。

## 21.（明）王樵《尚书日记》卷十六《周书·吕刑》

（归善斋按，见"乃命三后，恤功于民。伯夷降典，折民惟刑；禹平水土，主名山川；稷降播种，农殖嘉谷"）

## 22.（清）库勒纳等撰《日讲书经解义》卷十三《周书·吕刑》

士制百姓于刑之中，以教祗德。

此一节书是，穆王述舜命皋陶之意也。穆王曰，舜既命三后恤功于民，旋见功成而民殷矣，宜乎民俗无不厚，民心无不正，而犹恐有不率吾之教者，是虽欲以德化民，而民终弗克祗厥德也，于是命皋陶为士，斟酌于刑之轻重，定为大中至正，无过、不及之条，以检制整齐百姓，使之知善之当为，不善之可畏，罔敢不迁善去恶，以敬其固有之德，则民胥协于中，而教以成矣。舜之命士者然也。盖由前"伯夷降典"观之，是欲民之化于德，而折之，使不入乎刑，教之本也。由皋陶制刑观之，是惟恐民之入于刑，而制之，使反乎德，教之辅也。三后之外，复有刑官，则刑官顾不重与。

### （元）陈师凯《蔡氏传旁通》卷六下《吕刑》火正黎

命皋陶为士，制百姓于刑辟之中，所以检其心，而教以祗德也。

新安陈氏曰，鳏寡得言其害于清问之下，其无盖可知。《表记》引"德威惟畏，德明惟明"，继之曰"非虞帝，其孰能如是乎"？则皇帝为舜明矣。夫舜不轻于用刑也，先命重黎绝地天裒渎之礼；次命伯夷降天、地、人之礼；又命禹除民害，稷兴民利；夫然后始命皋陶以刑，且本之以威明之德，继期民以祗德，勤德。刑之本必主于德，而刑之用必合于中。德与中，为吕刑一篇之纲领。继此曰"惟克天德"，曰以成三德，曰有德惟刑，无非以德为本也。曰"观于五刑之中"，曰"中听狱之两辞"，曰"罔非在中"，曰"咸庶中正"，曰"非德于民之中"，曰"咸中有庆"，无非以"中"为用也。刑必合于中而后刑，即所以为德。以此意读《吕刑》其庶几乎？

后汉杨赐拜廷尉，自以世非法家。

赐，震之孙，事见震传。盖吝之也，注云，吝，耻也。

### （元）王充耘《读书管见》卷下《吕刑》

士制百姓于刑之中，以教祗德。

三后成功，民既殷阜，然后使士师以不轻不重之刑以制之，以教其敬德也。盖民未殷富时，所谓救死不赡，何暇治礼义，其陷于刑戮者，非民之罪也。今导之，而生养遂矣，有不率教，则不可无刑以纠之矣。此是先教养，而后刑罚。

**（清）王夫之《尚书稗疏》卷四下《周书·吕刑》**

士制百姓于刑之中。

皋陶不与三后之列，东莱以谓文有宾主，然考诸本文，则奉法以行者，皋陶也，制法以折刑者，伯夷也。则秩宗议道之公卿，而士为作而行之之大夫也。其尊卑则固有差矣。唯刑法定于伯夷，故后但言伯夷播刑之迪，而不及皋陶。《吕刑》一编，以言制法之事，故祖述伯夷，知此，则吴氏两刑官之说，无足疑者。如汉萧何制法，而别有廷尉也。中，当，音丁仲反。《周礼》所谓"士师受中"是已刑，有要有中。要者，犹今之勘语；中，则供招罪名也。后云"观于五刑之中"，其义亦同。

# 穆穆在上，明明在下，灼于四方，罔不惟德之勤

## 1.（汉）孔氏传、（唐）陆德明音义、孔颖达疏《尚书注疏》卷十八《周书·吕刑》

穆穆在上，明明在下，灼于四方，罔不惟德之勤。

传，尧躬行敬，敬在上；三后之徒，秉明德，明君道于下，灼然彰著四方，故天下之士，无不惟德之勤。

疏，正义曰，言尧躬行敬，敬之道在于上位；三后之徒，躬秉明德，明君道在于下。君臣敬明其德，灼然著于四方，故天下之士，无不惟德之勤，悉皆勤行德矣。

传正义曰，《释训》云，穆穆，敬也；明明重明，则穆穆重敬，当敬天敬民在于上位也。明明在下，则是臣事，知是三后之徒，秉明德，明君道于下也。彰著于四方，四方皆法效之，故天下之士，无不惟德之勤刑者，所以助教而不可专用，非是身有明德，则不能用刑。以天下之大，万民之众，必当尽能用刑，天下乃治。此美尧能使天下皆勤立德。

2129

## 2. (宋) 苏轼《书传》卷十九《周书·吕刑第二十九》

穆穆在上，明明在下，灼于四方，罔不惟德之勤。故乃明于刑之中，率乂于民棐彝。典狱非讫于威，惟讫于富。

讫，尽也。威贵有势者，乘富贵之势以为奸，不可以不尽法，非尽于威，则尽于富。其余贫贱者，则容有所不尽也。

## 3. (宋) 林之奇《尚书全解》卷三十九《周书·吕刑》

（归善斋按，见"乃命三后，恤功于民。伯夷降典，折民惟刑；禹平水土，主名山川；稷降播种，农殖嘉谷"）

## 4. (宋) 史浩《尚书讲义》卷二十《周书·吕刑》

（按，以上讲义《永乐大典》原缺）

## 5. (宋) 夏僎《尚书详解》卷二十五《周书·吕刑》

（归善斋按，见"皇帝哀矜庶戮之不辜，报虐以威，遏绝苗民，无世在下"）

## 6. (宋) 时澜《增修东莱书说》卷三十四《周书·吕刑第二十九》

穆穆在上，明明在下，灼于四方，罔不惟德之勤，故乃明于刑之中，率乂于民棐彝。

穆穆者，和敬之容也；明明者，精白之容也。灼于四方者，穆穆、明明之合，辉光发越，而四达也。"罔不惟德之勤"者，观感动荡而不能自已也。"故乃明于刑之中，率乂于民棐彝"者，民既知德矣，故士师所明之刑，无过、无不及，率皆治民辅迪其秉彝，而保其德，所谓刑罚之精华也。自伯夷之典。迄皋陶之刑。制度文为之具也。自"穆穆在上，明明在下，灼于四方，罔不惟德之勤，故乃明于刑之中，率乂于民棐彝"，精神心术之运也。苟其无本，则前数条，不过卜祝，工役，农圃，胥史之事耳。

## 7. （宋）黄度《尚书说》卷七《周书·吕刑》

穆穆在上，明明在下，灼于四方，罔不惟德之勤，故乃明于刑之中，率乂于民棐彝。

穆穆，敬也。必本于君德，其上穆穆，其下明明，以照四方，无不惟德之勤，故能明于刑之中，率以乂民而辅常教。

## 8. （宋）袁燮《絜斋家塾书钞》

（归善斋按，无此篇）

## 9. （宋）蔡沈《书经集传》卷六《周书·吕刑》

穆穆在上，明明在下，灼于四方，罔不惟德之勤，故乃明于刑之中，率乂于民棐彝。

穆穆者，和敬之容也。明明者，精白之容也。灼于四方者，穆穆、明明，辉光发越而四达也。君臣之德昭明如是，故民皆观感动荡，为善而不能自已也。如是而犹有未化者，故士师明于刑之中，使无过不及之差，"率乂于民"，辅其常性，所谓刑罚之精华也。

## 10. （宋）黄伦《尚书精义》卷四十九《周书·吕刑》

（按，以上经解《永乐大典》原缺）

## 11. （宋）陈经《尚书详解》卷四十七《周书·吕刑》

穆穆在上，明明在下，灼于四方，罔不惟德之勤，故乃明于刑之中，率乂于民棐彝。

此又合而言之，大抵，徒善不足以为政，徒法不能以自行。前面所命三后，皆政事也，此一段乃德化也。君臣之间，虽有政事如此，又当以德化阴驱潜率之。穆穆，敬也。明明，德之着见也。君以穆穆居上，臣以明明居下，君臣皆以德率其民，所以照灼四方。四方之民皆化上之德，又知惟德之勤。"故乃明于刑之中，率乂于民棐彝"者，君臣虽以德率民，而不敢忘夫堤防之具。天下不能皆君子，而有小人焉；天下不能皆从上，而有违戾焉，所以明其刑之中，率治其民，以辅其常教。刑谓之"中"者，即刑之当理也。"中"之理随寓而在。当其重也，重有"中"之理存焉；当其轻也，轻亦有"中"之理存焉，非谓于轻重之间执其一以为"中"也。刑既当理，则彝常之教自行。曰敬祗德，曰降典，曰棐彝，圣人用刑之意，其大略可见矣。

## 12.（宋）钱时《融堂书解》卷二十《周书·吕刑》

（按，以上书解《永乐大典》原缺）

## 13.（宋）魏了翁《尚书要义》卷十九《周书·君牙、冏命、吕刑》

（归善斋按，未引）

## 14.（宋）陈大猷《书集传或问》卷下《周书·吕刑》

（归善斋按，未解）

## 15.（宋）胡士行《尚书详解》卷十二《周书·吕刑第二十九》

穆穆（和敬）在上（君），明明（精白）在下（臣），灼（光）于四方（民），罔不惟德之勤，故乃明（示）于刑之中，率（悉）乂（治）于民棐（辅）彝（常性）。

尧，君臣同德，光于四方，民皆观感，惟德之勤，则刑之明，非以毒民，乃所以棐其彝性也。自伯夷之典，迄皋陶之刑，制度文为具矣。自穆穆、明明至乂民棐彝，则精神心术之运也。苟无其本前数条，卜祝、工役、农夫、胥史之事耳。

## 16.（元）吴澄《书纂言》卷四下《周书·吕刑》

（归善斋按，见"乃命三后，恤功于民。伯夷降典，折民惟刑；禹平水土，主名山川；稷降播种，农殖嘉谷"）

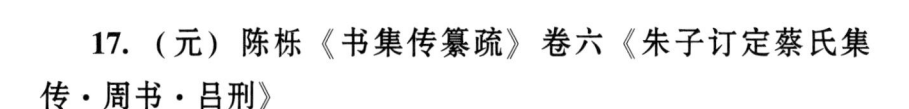

## 17.（元）陈栎《书集传纂疏》卷六《朱子订定蔡氏集传·周书·吕刑》

穆穆在上，明明在下，灼于四方，罔不惟德之勤，故乃明于刑之中，率乂于民棐彝。

穆穆者，和敬之容也；明明者，精白之容也。灼于四方者，穆穆明明辉光发越而四达也。君臣之德昭明如是，故民皆观感动荡，为善而不能自已也。如是而犹有未化者，故士师明于刑之中，使无过、不及之差，"率乂于民"，辅其常性，所谓刑罚之精华也。

纂疏：

夏氏曰，九州各有名山大川，为之主名，如扬州，山曰会稽，川曰三江；荆州，山曰荆山，川曰江汉是也。所以表疆域。

吕氏曰，苗既遏绝，而犹有辞于苗，盖苗在舜世叛、服不常，元恶遏绝，余孽犹存，或窜或分北，或徂征。考之《书》，可见当时，承蚩尤之弊，妖诞怪神，深溺人心。重、黎绝地天通，固区别其大分矣。蛊惑之久，未易遽胜。伯夷复降天、地、人之祀典，使知天地之性，鬼神之德，向之蛊惑消荡不留，所谓折民于刑也。自不知本者，观之平水、播谷若所急，而降典可缓，抑不知人心不正，胥为禽夷，虽有土，安得而居；有粟，安得而食。伯夷降典，先其本也，后之知道者，亦谓去神祠，然后人为善，其防微矣。自伯夷之典，迄皋陶之刑，制度文为之具也。自"穆穆在上"至"棐彝"，精神心术之运也。苟无其本，则前数者不过卜祝、工役、农圃、胥史之事耳。

愚谓，鳏寡得言其害于"清问"之下，其无盖可知。《表记》引"德威"至"惟明"，而曰，非虞帝，其孰能如是乎？则皇帝为舜明矣。帝德之威，足以起民畏德之明，足以使民明威明俱效。始命三臣，致忧民之功。伯夷降典，所以折绝民入刑之路也。刑之轻重，各得其中，当轻而重，则善者惧；当重而轻则恶者玩，难使砥德矣。夫舜不轻于用刑也，先命重黎绝地天亵渎之礼，次首命伯夷，降天、地、人之礼，以正民心；又命禹、稷除害兴利，以厚民生，然后始命皋陶以刑，且本之以威明之德，继期民以祇德勤。德刑之本，必主于德；而刑之用，必合于中，"德"与

2133

"中",为《吕刑》一篇之纲领,继此曰"惟克天德",曰"以成三德",曰"有德惟刑",无非以德为本也。曰"观于五刑之中",曰"中听狱之两辞",曰"罔非在中",曰"咸庶中正",曰"非德于民之中",曰"咸中有庆",无非以"中"为用也。刑必合于"中"而后刑,即所以为德,以此意读《吕刑》,其庶几乎。

## 18.(元)许谦《读书丛说》卷六《周书·吕刑》

(归善斋按,见"皇帝清问下民,鳏寡有辞于苗")

## 19.(元)董鼎《书传辑录纂注》卷六《周书·吕刑》

穆穆在上,明明在下,灼于四方,罔不惟德之勤,故乃明于刑之中,率乂于民棐彝。

穆穆者,和敬之容也。明明者,精白之容也。灼于四方者,穆穆、明明,辉光发越而四达也。君臣之德昭明如是,故民皆观感动荡,为善而不能自已也。如是而犹有未化者,故士师明于刑之中,使无过、不及之差,"率乂于民",辅其常性,所谓刑罚之精华也。

辑录:

"率乂于民棐彝",是率治于民非常之事。贺孙。

纂注:

夏氏曰,九州各有名山大川为之主名,如扬州,山有会稽,川曰三江之类。

吕氏曰,苗既遏绝,而犹有辞于苗,盖苗在舜世,叛、服不常。元恶遏绝,余孽犹存,或窜或分北,或徂征。考之《书》,可见当时承蚩尤之弊,妖诞怪神,深溺人心。"重、黎绝地天通",固区别其大分矣,然蛊惑之久,未易遽胜。伯夷复降天、地、人之祀典,使知天地之性,鬼神之德,森然各有明法。向之蛊惑,消荡不留,所谓"折民于刑"也。自不知本者观之,平水、播谷,若所急,而降典可缓,抑不知人心不正,胥为禽夷,虽有土,安得而居;有粟,安得而食。伯夷降典,先其本也,后之知道者,亦谓去神祠然后人为善,其防微矣。自伯夷之典,迄皋陶之刑,制度文为之具也。自"穆穆在上,明明在下",至"率乂于民棐彝",精

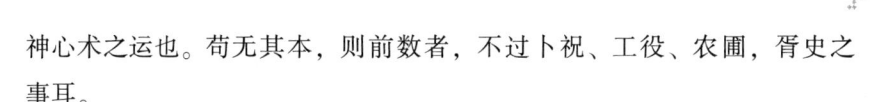

神心术之运也。苟无其本，则前数者，不过卜祝、工役、农圃、胥史之事耳。

新安陈氏曰，鳏寡得言其害于"清问"之下，其无盖可知。《表记》引"德威惟畏，德明惟明"，继之曰"非虞帝其孰能如是乎"，则皇帝为舜明矣。夫舜不轻于用刑也，先命重、黎绝地天亵渎之礼，次首命伯夷降天、地、人之礼，又命禹除民害，稷兴民利，夫然后始命皋陶以刑，且本之以威明之德，继期民以祗德勤。德、刑之本，必主于德；而刑之用，必合于中。"德"与"中"为《吕刑》一篇之纲领。继此曰"惟克天德"，曰"以成三德"，曰"有德惟刑"，无非以德为本也。曰"观于五刑之中"，曰"中听狱之两辞"，曰"罔非在中"，曰"咸庶中正"，曰"非德于民之中"，曰"咸中有庆"，无非以"中"为用也。刑必合于"中"而后刑，即所以为德。以此意读《吕刑》其庶几乎。

## 20. （元）朱祖义《尚书句解》卷十二《周书·吕刑第二十九》

穆穆在上（所以教德，不专于刑。其君以穆穆诚敬之德，居于上），明明在下（臣以明明显著之德，居于下），灼于四方（君臣之德，既昭灼于四方）。

## 21. （明）王樵《尚书日记》卷十六《周书·吕刑》

（归善斋按，见"乃命三后，恤功于民。伯夷降典，折民惟刑；禹平水土，主名山川；稷降播种，农殖嘉谷"）

## 22. （清）库勒纳等撰《日讲书经解义》卷十三《周书·吕刑》

穆穆在上，明明在下，灼于四方，罔不惟德之勤，故乃明于刑之中，率乂于民棐彝。

此一节书是，申言虞廷先德后刑之意也。穆穆者，和敬之容；明明者，精白之容。棐彝，辅其常性也。穆王曰，虞舜以圣人之德，居天子之

2135

位，当其时，恭己南面，有穆穆然和敬之容，以君临在上。而伯夷、禹、稷诸臣，"同寅协恭"，有明明然精白之容，以赞助在下。君臣一德之盛积于中，而散于外，光辉照灼于四方，而民之得于观感讽谕之下，罔不鼓舞振作。惟其德之是勤，而不忍自外于圣人之治。舜之以德化民如此，则用刑岂舜之心哉？惟民之习俗气禀不齐，其中有必非德之所能化者，故乃命皋陶为士，使明审于五刑之典，或由重而之轻，或由轻而之重，务协于中道，而率此以乂于民，激发其迁善之心，以辅助其君臣、父子、夫妇、长幼、朋友秉彝之常性，则虽有必非德之所能化者，而或入于刑，仍是劝民以德之具，而非残民以逞之具也。舜之制刑如此，则用刑又岂舜之心哉？《吕刑》一书，每先言德，后言刑，而刑必反复以"中"为训，诚以刑罚一有过差，则死者不可复生，断者不可复续，为盛德之累不浅，故用刑必合于"中"而后刑，即所以为德也。

## （元）王充耘《读书管见》卷下《吕刑》

穆穆在上明明在下（止）率乂于民棐彝。

君臣以身率之于上，朝廷清明，四方丕变矣。然后明于刑之中者，以治民而辅其常性。彝，即彝伦，如纠之以不孝、不弟之刑，以驱而入于孝弟，是即所以"棐彝"也。此是先德教而后刑戮之意，又以见德化虽已兴行，而刑亦不可废。盖非此，无以弼教也。两言"刑之中"者何？盖刑而失之重，则伤于苛暴，而民无所措手足；失之轻，则流于姑息，而恶者无所惩。惟酌其中，则能使人畏服，而不敢犯。

## （元）陈悦道《书义断法》卷六《周书·吕刑》

穆穆在上，明明在下，灼于四方，罔不惟德之勤。故乃明于五刑之中，率乂于民棐彝。

虞廷君臣，其和敬精白之容，已足感发人之善心，而无过不及之差，犹足以辅人之常性。其成德之容，中正之法，皆足以维持人心于无穷，固不以民德之归厚，而废吾法也。此其盛德之光辉，与刑罚之精华并行而不相悖，岂如后世之淫刑以逞哉。

## 故乃明于刑之中，率乂于民棐彝

**1.（汉）孔氏传、（唐）陆德明音义、孔颖达疏《尚书注疏》卷十八《周书·吕刑》**

故乃明于刑之中，率乂于民棐彝。

传，天下皆勤立德，故乃能明于用刑之中正，循道以治于民，辅成常教。

音义，治，直吏反。

疏，正义曰，天下之士皆勤立德，故乃能明于用刑之中正，循大道以治于民，辅成常教，美尧君臣明德，能用刑得中，以辅礼教。

传正义曰，故乃能明于用刑之中正，言天下皆能用刑尽得中正，循治民之道，以治于民，辅成常教。伯夷所典之礼，是常行之教也。

**2.（宋）苏轼《书传》卷十九《周书·吕刑第二十九》**

(归善斋按，见"穆穆在上，明明在下，灼于四方，罔不惟德之勤")

**3.（宋）林之奇《尚书全解》卷三十九《周书·吕刑》**

(归善斋按，见"乃命三后，恤功于民。伯夷降典，折民惟刑；禹平水土，主名山川；稷降播种，农殖嘉谷")

**4.（宋）史浩《尚书讲义》卷二十《周书·吕刑》**

(按以上讲义《永乐大典》原缺)

**5.（宋）夏僎《尚书详解》卷二十五《周书·吕刑》**

(归善斋按，见"皇帝哀矜庶戮之不辜，报虐以威，遏绝苗民，无世在下")

2137

### 6. (宋)时澜《增修东莱书说》卷三十四《周书·吕刑第二十九》

(归善斋按,见"穆穆在上,明明在下,灼于四方,罔不惟德之勤")

### 7. (宋)黄度《尚书说》卷七《周书·吕刑》

(归善斋按,见"穆穆在上,明明在下,灼于四方,罔不惟德之勤")

### 8. (宋)袁燮《絜斋家塾书钞》

(归善斋按,无此篇)

### 9. (宋)蔡沈《书经集传》卷六《周书·吕刑》

(归善斋按,见"穆穆在上,明明在下,灼于四方,罔不惟德之勤")

### 10. (宋)黄伦《尚书精义》卷四十九《周书·吕刑》

(按,以上经解《永乐大典》原缺)

### 11. (宋)陈经《尚书详解》卷四十七《周书·吕刑》

(归善斋按,见"穆穆在上,明明在下,灼于四方,罔不惟德之勤")

### 12. (宋)钱时《融堂书解》卷二十《周书·吕刑》

(按,以上书解《永乐大典》原缺)

### 13. (宋)魏了翁《尚书要义》卷十九《周书·君牙、冏命、吕刑》

(归善斋按,未引)

### 14. （宋）陈大猷《书集传或问》卷下《周书·吕刑》

（归善斋按，未解）

### 15. （宋）胡士行《尚书详解》卷十二《周书·吕刑第二十九》

（归善斋按，见"穆穆在上，明明在下，灼于四方，罔不惟德之勤"）

### 16. （元）吴澄《书纂言》卷四下《周书·吕刑》

（归善斋按，见"乃命三后，恤功于民。伯夷降典，折民惟刑；禹平水土，主名山川；稷降播种，农殖嘉谷"）

### 17. （元）陈栎《书集传纂疏》卷六《朱子订定蔡氏集传·周书·吕刑》

（归善斋按，见"穆穆在上，明明在下，灼于四方，罔不惟德之勤"）

### 18. （元）许谦《读书丛说》卷六《周书·吕刑》

（归善斋按，见"皇帝清问下民，鳏寡有辞于苗"）

### 19. （元）董鼎《书传辑录纂注》卷六《周书·吕刑》

（归善斋按，见"穆穆在上，明明在下，灼于四方，罔不惟德之勤"）

### 20. （元）朱祖义《尚书句解》卷十二《周书·吕刑第二十九》

罔不惟德之勤（则感率四方之民，无不惟德之是勉），故乃明于刑之中（故乃明示之以刑之"中"，使不至于过轻，不至于过重），率乂于民棐彝（是皆率循治民之道，施于民，以刑辅其常教而行之，使之皆勤于德）。

### 21.（明）王樵《尚书日记》卷十六《周书·吕刑》

(归善斋按，见"乃命三后，恤功于民。伯夷降典，折民惟刑；禹平水土，主名山川；稷降播种，农殖嘉谷")

### 22.（清）库勒纳等撰《日讲书经解义》卷十三《周书·吕刑》

(归善斋按，见"穆穆在上，明明在下，灼于四方，罔不惟德之勤")

### （元）王充耘《读书管见》卷下《吕刑》

(归善斋按，见"穆穆在上，明明在下，灼于四方，罔不惟德之勤")

### （元）陈悦道《书义断法》卷六《周书·吕刑》

(归善斋按，见"穆穆在上，明明在下，灼于四方，罔不惟德之勤")

### （清）朱鹤龄《尚书埤传》卷十五《周书·吕刑》

率乂于民棐彝。

苏传，荀悦有言，君子以情用，小人以形（《后汉书》荀悦传作"刑"）用。荣辱者，赏罚之精华，故礼教荣辱以加君子，化其情也；桎梏鞭笞以加小人，化其形也。君子不犯辱，况于刑乎？小人不忌刑，况于辱乎？教化之废，推中人而堕于小人之域；教化之行，引小人而纳于君子之涂，此"率乂于民"之谓也。

# 典狱非讫于威，惟讫于富

### 1.（汉）孔氏传、（唐）陆德明音义、孔颖达疏《尚书注疏》卷十八《周书·吕刑》

典狱非讫于威，惟讫于富。

传，言尧时，主狱有威、有德、有恕，非绝于威，惟绝于富。世治，货赂不行。

音义，赂，来故反。

疏，正义曰，尧时，典狱之官非能止绝于威，有犯必当行威，威刑不可止也。惟能止绝于富受货，然后得富，无货富自绝矣。言于时，世治，货赂不行。

传正义曰，尧时，主狱之官有威严，有德行，有恕心。有犯罪必罪之，是有威也；无罪则赦之，是有德也。有威，有德，有恕心，行之不受货赂，是恕心也。讫是尽也，故传以"讫"为"绝"，不可能使民不犯，非绝于威；能使不受货赂，惟绝于富，言以恕心行之，世治则货赂不行，故狱官无得富者。

## 2. （宋）苏轼《书传》卷十九《周书·吕刑第二十九》

（归善斋按，见"穆穆在上，明明在下，灼于四方，罔不惟德之勤"）

## 3. （宋）林之奇《尚书全解》卷三十九《周书·吕刑》

（归善斋按，见"乃命三后，恤功于民。伯夷降典，折民惟刑；禹平水土，主名山川；稷降播种，农殖嘉谷"）

## 4. （宋）史浩《尚书讲义》卷二十《周书·吕刑》

（按，以上讲义《永乐大典》原缺）

## 5. （宋）夏僎《尚书详解》卷二十五《周书·吕刑》

典狱，非讫于威，惟讫于富。敬忌，罔有择言在身，惟克天德，自作元命，配享在下。

吕侯上既陈帝尧详审仁恕于用刑之事，故此遂呼，凡典狱者而戒之也。二孔乃以此"典狱"为尧时典狱之官，谓尧时典狱之官，非能止绝于威，惟能止绝于富，遂连属此一段皆为尧时典狱者之所为，如此则是吕侯直叙尧事无教化于其间，非所以训饬于人也，不敢以为然。盖此乃吕侯呼当时典狱之官戒之曰，凡典狱者，有罪当诛，必当行威，非欲其断绝刑威也。惟在断绝受货以求富也。盖受货求富，则以财变狱，枉直不分，而无辜者众，此所以惟欲止绝于富也。无垢谓穆王之时衰弊，可知以贿赂为心者，乃市井之徒也。安可为朝廷之卿士。今穆王命太仆正曰，惟货其吉；戒司政典狱曰，庶威夺货；戒有邦有土曰，惟货、惟来；戒百官族姓曰，狱货非宝。今又戒典狱者曰，惟讫于富，则当时风俗可知。此论甚高。既言典狱不当绝威，又明告之曰威不当绝，则是汝所当敬而用之者也。富不可不绝，则是汝所当忌而不用者也。汝于此，所当敬者能敬之；所当忌者，能忌之，使汝行之于身者，皆可言之于口，不必择而后言，如此，则汝之所为，浑然粹美，无瑕可指矣，岂不与天合其德乎？盖天之德，仁于万物，今典狱者能敬，能忌，则其心仁恕慈祥可想而知，此所以能与天合德也。既能与天合德，则天与之以善命者，岂私于我哉，实我自有以招之也。故谓之"自作元命"，如此，则典狱之官，身虽在下，而仰有以合乎天之德，如所谓"配天其泽"，默有以当其意，如所谓"克享天心"，则谓之"配享在下"，岂不信然。

## 6.（宋）时澜《增修东莱书说》卷三十四《周书·吕刑第二十九》

典狱，非讫于威，惟讫于富。敬忌，罔有择言在身。惟克天德，自作元命，配享在下。

穆王既论皋陶之刑矣，此所以戒当时典狱之官也。典狱不得行其公者，非为威胁，即为利诱，不过两端而已。讫者，不行之谓也。威不能屈，富不能淫，岂无道乎？"敬忌，罔有择言在身"，示之以进乎，此者之目也。一曰敬忌，岂遽能"罔有择言在身"，惟"敬忌"之笃，参贯积累，驯致其道，至于言行，无择之地，然后能造乎天德矣。不言"行"者，举一以包之也。元命，天之休命也。刑辟之命而曰"元"，指用刑之本心也。曰"自作"者，既造天德，则轻重上下，无非天理，而天不在外也。用刑至是，则"祈天永命"，功在王室，祭于大烝，配于无穷。在下者，对天之辞也。穆王将使典狱者免于威富之两患，必极言之至于天德，则岂易乎哉。

## 7.（宋）黄度《尚书说》卷七《周书·吕刑》

典狱，非讫于威，惟讫于富。敬忌，罔有择言在身。惟克天德，自作元命，配享在下。

讫，竟也。富，厚也。尧之典狱，非竟于威虐，惟竟于忠厚。忌，犹戒也。敬戒无可择之言于其身。夫子教我以正，夫子未出于正也，则民不从。非讫于威，惟讫于富，天德如是，"惟克天德"，故能"自作元命"，配天而享其福禄。禹、稷有天下，夷、皋有国。

## 8.（宋）袁燮《絜斋家塾书钞》

（归善斋按，无此篇）

## 9.（宋）蔡沈《书经集传》卷六《周书·吕刑》

典狱，非讫于威，惟讫于富。敬忌，罔有择言在身。惟克天德，自作元命，配享在下。

讫，尽也。威，权势也。富，贿赂也。当时，典狱之官，非惟得尽法于权势之家，亦惟得尽法于贿赂之人，言不为威屈，不为利诱也。敬忌之至，无有择言在身，大公至正纯乎天德，无毫发不可举以示人者。天德在我，则大命自我作，而配享在下矣。在下者，对天之辞。盖推典狱用刑之极功，而至于与天为一者如此。

## 10.（宋）黄伦《尚书精义》卷四十九《周书·吕刑》

（按，以上经解《永乐大典》原缺）

## 11.（宋）陈经《尚书详解》卷四十七《周书·吕刑》

典狱，非讫于威，惟讫于富。敬忌，罔有择言在身。惟克天德，自作元命，配享在下。

惟帝尧之君臣，有不忍用刑之意，故当时之为典狱者，皆重其事，而不敢以轻视之威者，倚法以为虐也。富者，依势以取货者也。此二者，皆私心也，当之典狱，若非绝止其威，则绝止其富，二者皆不可有一。既绝其威，又绝其富，则用心果安在，惟敬惟忌而已。敬则有所谨重，而不敢轻忽；忌，则有所畏，而不敢慢。凡人言语有可择，则必其是非之不纯者也。言至于无择，则其德之纯一可见。此即天德也，天德无私是也。威、富之念绝于其外，而敬、忌之诚，存于其中，此非无私之天德，何死生寿夭之命，乃上天以是而制斯人者也。今也，典狱之臣，德与天为一，则所以制生人之大命者，不在天，而在我矣。岂非在下而与上天为配合乎？天能制人之大命，而典狱者亦能制人之大命，是之谓"自作元命配享在下"。呜呼！"敬忌，罔有择言在身，惟克天德"，此盛德事也。曾谓一典狱之有司，而足以尽之乎？盖狱，重事也，古人以动天地，感鬼神者，莫不在此，自非德与天为一者，不可以居此之任。吾观皋陶之刑，至于"四方风动，惟乃之休"，苏公之刑"式敬由狱，以长我王国"。穆王之刑至于"一人有庆兆民赖之"，则天下之所感化者在刑；王国之所长久者在刑；人君之所以享福者在刑；则岂特制生人之命而已哉？自非"惟克天德"之士，安足以语此哉。后世惟以刑为惨酷杀戮之具，故举而付之庸常之人，其视古人有间矣。

## 12.（宋）钱时《融堂书解》卷二十《周书·吕刑》

（按，以上书解《永乐大典》原缺）

## 13.（宋）魏了翁《尚书要义》卷十九《周书·君牙、冏命、吕刑》

（归善斋按，未引）

## 14.（宋）陈大猷《书集传或问》卷下《周书·吕刑》

（归善斋按，未解）

## 15.（宋）胡士行《尚书详解》卷十二《周书·吕刑第二十九》

典狱（尧时，典狱之官。吕云，此以戒当时典狱之官）非（不特）讫（绝）于威（威胁），惟（亦惟）讫于富（贿赂）。敬（钦）忌（恤），罔有择言（无择言）在身。惟克天德，自（我）作元（大也，乾元之元）命，配享（当天意）在下。

狱之不公，威胁利诱两端而已。尧时典狱惟能两绝之，而加以钦恤，参贯积累，驯致其道，言行粹精，无过可择，则德与天合，命自我作，轻重上下，无非天理。虽在下，而可上当天心以配之矣。夏云，有罪当诛，威不可废，非欲断绝之也，惟欲断绝贿赂以求富耳。吕云，刑可祈天命，则功在王室，祭于大烝，与享无穷矣。

## 16.（元）吴澄《书纂言》卷四下《周书·吕刑》

（归善斋按，见"乃命三后，恤功于民。伯夷降典，折民惟刑；禹平水土，主名山川；稷降播种，农殖嘉谷"）

## 17.（元）陈栎《书集传纂疏》卷六《朱子订定蔡氏集传·周书·吕刑》

典狱，非讫于威，惟讫于富。敬忌，罔有择言在身。惟克天德，自作元命，配享在下。

讫，尽也。威，权势也。富，贿赂也。当时，典狱之官，非惟得尽法于权势之家，亦惟得尽法于贿赂之人，言不为威屈，不为利诱也。敬忌之，至无有择言在身，大公至正，纯乎天德，无毫发不可举以示人者。天德在我，则大命自我作，而配享在下矣。在下者，对天之辞。盖推典狱用刑之极功，而至于与天为一者如此。

纂疏：

孔氏曰，言尧时，主狱非绝于威，惟绝于富，世治，货贿不行。

陈氏曰，威者，倚法以为虐；富者，依势以取货，二者皆私心也。典狱者，非惟绝止其威，亦绝止其富。天德无私，威富之事绝于外，敬忌之诚存于中，此无私之天德也。死生寿夭之命，乃天以制斯人者。今典狱者，德与天一，则制生人之大命，不在天而在我矣。天能制人之大命，典狱者亦能制人之大命，岂非在下，而与天配合乎。"自作元命"，犹言自贻哲命。

吕氏曰，讫者，不行之谓，典狱不得行其公者，非为威胁，则为利诱，欲威不能屈，富不能淫，惟在敬忌，无择言在身而已。用刑至是，则功在王室。祭于太烝，配享无穷矣。

夏氏曰，行之于身，皆可言之于口，不必择而后言，则汝之所为无瑕可指矣，是能与天合德，则天与以善命，岂私于我，实我自有以致之，故曰"自作元命"，如此则典狱之官，身虽在下，而"配天其泽，克享天心"，非配享在下乎。

董氏鼎曰，穆王以富货戒臣下，而五刑皆有赎货，孰甚焉。

案此一节，孔氏以为言尧时典狱者，帝世安有鬻狱。

吕氏以为，穆王戒当时典狱者，是。讫，绝也，尽也。典狱，非惟尽绝有权势之威者，惟尽绝有贿赂之富者。敬忌，如"文王之敬忌"，畏、忌、敬之一事也。"罔有择言"，口无择言也，言行相表里，"无择言在身"，并身无择行矣，言典狱之事，天实临之，非惟天实临之，吾身即天也。天德克于我，则天之元命自作于我，配天泽，享天心，皆我也。"配享在下"，与尧之"无世在下"对。典狱者，欲"配享在下"不至如苗之"无世在下"，可怵于威富，而不知敬忌乎？念念知有天在上，且知天实在吾心中可也。

## 18. （元）许谦《读书丛说》卷六《周书·吕刑》

（原缺）

## 19. （元）董鼎《书传辑录纂注》卷六《周书·吕刑》

典狱，非讫于威，惟讫于富。敬忌，罔有择言在身。惟克天德，自作元命，配享在下。

讫，尽也。威，权势也。富，贿赂也。当时，典狱之官，非惟得尽法于权势之家，亦惟得尽法于贿赂之人，言不为威屈，不为利诱也。敬忌之至，无有择言在身，大公至正纯乎天德，无毫发不可举以示人者，天德在我，则大命自我作，而配享在下矣。在下者，对天之辞，盖推典狱用刑之极功，而至于与天为一者如此。

纂注：

孔氏曰，言尧时主狱，非绝于威，惟绝于富，世治，货贿不行。

夏氏曰，威不当绝，是汝所当敬而用之者；富不可不绝，是汝所当忌，而不用者，行之汝身，皆可言之于口，不必择而后言，则汝之所为，无瑕可指矣。是能与天合德，则天与以善命，岂私于我，实我自有以致之，故曰"自作元命"，如此则典狱之官，身虽在下，而仰合天德，如所谓"配天其泽"；仰当天意，如所谓"克享天心"，谓之"配享在下"，岂不信哉。

吕氏曰，讫者，不行之谓。典狱，不得行其公者，非为威胁，则为利诱，欲威不能屈，富不能淫，惟在敬忌，无择言在身而已。用刑至是，则功在王室，祭于大烝，配享无穷矣。

张氏曰，穆王戒典狱，谆谆以富货。言当时风俗衰敝可知敬则善心生，忌则恶念灭。

陈氏经曰，天德无私，威富之事绝于外，敬忌之诚存于中，此无私之天德也。死生寿夭之命，乃天以制斯人者。今典狱者，德与天一，则制生人之大命，不在天而在我矣。天能制人之大命，典狱者，亦能制人之大命，岂非在下，而与天配合乎？"自作元命"，犹言"自贻哲命"。

新安陈氏曰，此一节，孔氏以为言尧时主狱者，帝世，安有务富鬻狱事。吕氏以为，穆王戒当时典狱者，良是。敬忌，如《康诰》"文王之敬忌"，畏、忌、敬之一事也。"罔有择言"，口无择言也。言行相表里，罔有择言在身，并身无择行者矣。典狱之事，天实临之，非惟天实临之，吾身即天也。"配享在下"，与苗之"无世在下"对，典狱者，欲"配享在下"，不至如苗之"无世在下"，何怵于富威，而不加之敬忌乎？念念知有天在上，且知天实在吾一心中，斯为得之。

愚谓，穆王谆谆以慎刑谕戒臣，下而五刑皆有赎货，莫甚焉，可谓不揣其本，而齐其末者矣。

## 20.（元）朱祖义《尚书句解》卷十二《周书·吕刑第二十九》

典狱（由是当时之典狱者），非讫于威（非特讫其倚法为虐之威），惟讫于富（又惟绝其依势取货之富）。

## 21. (明) 王樵《尚书日记》卷十六《周书·吕刑》

(归善斋按,见后文"王曰,嗟!四方司政典,狱非尔惟作天牧")

## 22. (清) 库勒纳等撰《日讲书经解义》卷十三《周书·吕刑》

典狱,非讫于威,惟讫于富。敬忌,罔有择言在身,惟克天德,自作元命,配享在下。

此一节书是,言虞廷典狱,能与天合德也。讫,尽也。威,权势也。富,贿赂也。元命,大命也。穆王曰,典狱之官,所以不得其职者有二,有慑于权势之威,为其所胁者;又其甚则有贪于货贿之来,为其所诱者,此皆由其心全无检束,全无畏惮,不能上体天心,而草菅生人之命。其祸固已及人,而亦将自及,不克享有多福也。惟虞廷皋陶之典狱,非但得尽法于权势之家,而不为威屈;亦惟得尽法于贿赂之人,而不为利回。其心常敬谨,而无一毫之或欺,常畏忌而无一息之敢纵,听断之间,至虚至明,在躬无一不可以告人,有不必择而后言者。其德之无私至于如此,夫惟天德无私,能制人死生之大命。今典狱者,亦无私,则为能克天德,而死生人之大命,乃不在天,而在我矣。德自我克,命自我作,则虽在下,而岂不可配享于天哉。此皋陶用刑之极功,能上合天心,而民命其永赖之矣。按,皋陶特理官耳,而亿兆之元命系焉,况人君操生杀予夺之大柄,则元命所系属,又百倍于理官。其仰体天德者,正在于此。而其要亦无他,惟敬忌而已。故《吕刑》言皋陶之敬忌,而《康诰》言文王之敬忌,其义一也。

### (清) 朱鹤龄《尚书埤传》卷十五《周书·吕刑》

讫威讫富;自作元命。

王纲振曰,"讫"字当依《商书》"讫我殷民"解,谓威、福二者尽断绝也(讫,绝也,言当绝威虐之事与货赂之门)。

按,元命注疏皆以寿命言,蔡传无明解,惟金吉甫云,狱者,民之司命,天之所托生杀予夺,上与天对。此说最佳,所谓代天讨也。

王樵曰,"典狱非讫于威"一章,当移置"四方司政典狱"章下,旧接"棐彝"句后,语意不伦。威富夺法,乃末世事,虞廷盖未有此。而讫于威,讫于富,亦未足以言皋陶也。"穆穆在上"章结上文之意已尽,此下更端,欲今之典狱者以伯夷为法,以苗民为戒。法伯夷敬忌,其要也;戒苗民威富,其首也。旧本错简无疑。

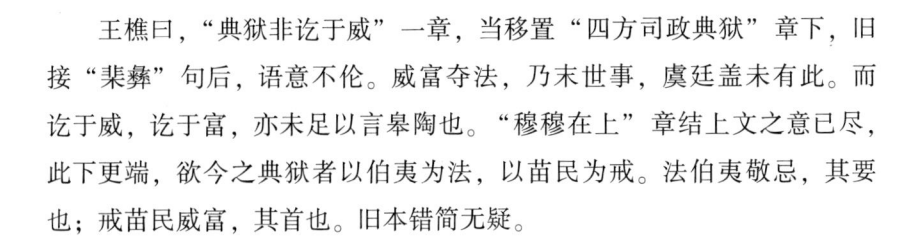

## 敬忌,罔有择言在身

### 1. (汉)孔氏传、(唐)陆德明音义、孔颖达疏《尚书注疏》卷十八《周书·吕刑》

敬忌,罔有择言在身。

传,尧时,典狱皆能敬其职,忌其过,故无有可择之言在其身。

疏,正义曰,尧时,尧时典狱之官,皆能敬其职事,忌其过失,无有可择之言,在于其身。

### 2. (宋)苏轼《书传》卷十九《周书·吕刑第二十九》

敬忌,罔有择言在身。惟克天德,自作元命,配享在下。

修其敬畏,至于口无择言,此盛德之士也。何以贵之于典狱,曰,狱贱事也,而圣人尽心焉,其德入人之深,动天地,感鬼神,无大于狱者,故盛德之士,皆屑为之。皋陶远矣,莫得其详。如汉张释之、于定国,唐徐有功,民皆自以为不冤,其不信之信,几于圣与仁者,岂非口无择言,身无择行之人哉。若斯人者,将与天合德,子孙其必有兴者,非自作元命配享在下而何?汉杨赐辞廷尉之命曰,三后成功,惟殷于民,皋陶不与焉,盖吝之也。书盖以为,惟克天德自作元命者,何吝之?有此俗儒妄论也,或然之,不可以不辨。

### 3. (宋)林之奇《尚书全解》卷三十九《周书·吕刑》

(归善斋按,见"乃命三后,恤功于民。伯夷降典,折民惟刑;禹平水土，主名山川；稷降播种，农殖嘉谷"）

### 4.（宋）史浩《尚书讲义》卷二十《周书·吕刑》

（按，以上讲义《永乐大典》原缺）

### 5.（宋）夏僎《尚书详解》卷二十五《周书·吕刑》

（归善斋按，见"典狱非讫于威，惟讫于富"）

### 6.（宋）时澜《增修东莱书说》卷三十四《周书·吕刑第二十九》

（归善斋按，见"典狱非讫于威，惟讫于富"）

### 7.（宋）黄度《尚书说》卷七《周书·吕刑》

（归善斋按，见"典狱非讫于威，惟讫于富"）

### 8.（宋）袁燮《絜斋家塾书钞》

（归善斋按，无此篇）

### 9.（宋）蔡沈《书经集传》卷六《周书·吕刑》

（归善斋按，见"典狱非讫于威，惟讫于富"）

### 10.（宋）黄伦《尚书精义》卷四十九《周书·吕刑》

（按，以上经解《永乐大典》原缺）

### 11.（宋）陈经《尚书详解》卷四十七《周书·吕刑》

（归善斋按，见"典狱非讫于威，惟讫于富"）

### 12.（宋）钱时《融堂书解》卷二十《周书·吕刑》

（按，以上书解《永乐大典》原缺）

### 13. （宋）魏了翁《尚书要义》卷十九《周书·君牙、冏命、吕刑》

（归善斋按，未引）

### 14. （宋）陈大猷《书集传或问》卷下《周书·吕刑》

（归善斋按，未解）

### 15. （宋）胡士行《尚书详解》卷十二《周书·吕刑第二十九》

（归善斋按，见"典狱非讫于威，惟讫于富"）

### 16. （元）吴澄《书纂言》卷四下《周书·吕刑》

（归善斋按，见"乃命三后，恤功于民。伯夷降典，折民惟刑；禹平水土，主名山川；稷降播种，农殖嘉谷"）

### 17. （元）陈栎《书集传纂疏》卷六《朱子订定蔡氏集传·周书·吕刑》

（归善斋按，见"典狱非讫于威，惟讫于富"）

### 18. （元）许谦《读书丛说》卷六《周书·吕刑》

（原缺）

### 19. （元）董鼎《书传辑录纂注》卷六《周书·吕刑》

（归善斋按，见"典狱非讫于威，惟讫于富"）

### 20. （元）朱祖义《尚书句解》卷十二《周书·吕刑第二十九》

敬忌（莫不致敬于刑之当用，深忌于刑之所不可用），罔有择言在身（然后片言所折，纯是无非，纯得无失；一身浑然无非失可决择）。

## 21. (明)王樵《尚书日记》卷十六《周书·吕刑》

(归善斋按,见后文"王曰,嗟!四方司政典,狱非尔惟作天牧")

## 22. (清)库勒纳等撰《日讲书经解义》卷十三《周书·吕刑》

(归善斋按,见"典狱非讫于威,惟讫于富")

## (清)张英《书经衷论》卷四《周书·吕刑》

敬忌,乃一篇之大旨,亦有周相传之家法也。《康诰》亦曰"惟文王之敬忌,乃由裕民",盖兵刑皆圣人不得已而用之,故虞廷皆统于皋陶,所谓"蛮夷猾夏寇贼奸宄"者是也。敬者,明允之本,非钦,则安能恤?"忌"字,意尤深,畏惮而不敢轻用,避讳而不忍轻言,见民之罹于刑,如赤子之蹈于汤火,入于蹈阱者,然为民父母,休戚痌瘝相关,又安忍喜谈而乐道之哉?如得其情,哀矜勿喜者,民之未能免于刑,一则由于主德之未淳,一则由于民俗之不美,一则由于生业之未遂,一则由于耻心之不存,有此数者,上之人方且愧耻惭悚之,未遑而敢以得情为幸乎?故古人以刑措囹空为盛事。一郡一邑如此,则良有司之福也。天下如此,则天子之福也。后世煅炼深文,以苛察为明,以失入为威,草菅民命,以伤天和者,其亦未明于"敬忌"之道也。

# 惟克天德,自作元命,配享在下

## 1. (汉)孔氏传、(唐)陆德明音义、孔颖达疏《尚书注疏》卷十八《周书·吕刑》

惟克天德,自作元命,配享在下。

传,凡明于刑之中,无择言在身,必是惟能天德,自为大命配享天意,在于天下。

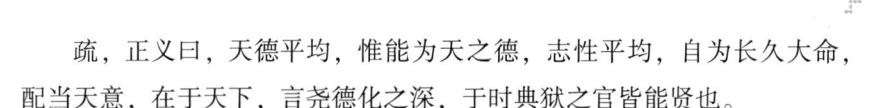

疏,正义曰,天德平均,惟能为天之德,志性平均,自为长久大命,配当天意,在于天下,言尧德化之深,于时典狱之官皆能贤也。

传正义曰,惟克天德,言能效天为德,当谓天德平均,狱官效天为平均。凡能明于刑之中正矣,又能使无可择之言在身者,此人必是惟能为天平均之德,断狱必平矣。皇天无亲,惟德是辅,若能断狱平均者,必寿长久大命。大命由己而来,是自为大命。享,训"当"也,是此人能配当天命,在于天之下。郑云,大命,谓延期长久也。

《尚书注疏》卷十八《考证》

惟克天德。

王应麟曰,舜皋陶曰,钦曰中。苏公曰,敬曰中,此心法之要也。吕刑言敬者七,言中者十,所谓"惟克天德"在此二字。

## 2. （宋）苏轼《书传》卷十九《周书·吕刑第二十九》

（归善斋按,见"敬忌,罔有择言在身"）

## 3. （宋）林之奇《尚书全解》卷三十九《周书·吕刑》

（归善斋按,见"乃命三后,恤功于民。伯夷降典,折民惟刑；禹平水土,主名山川；稷降播种,农殖嘉谷"）

## 4. （宋）史浩《尚书讲义》卷二十《周书·吕刑》

（按,以上讲义《永乐大典》原缺）

## 5. （宋）夏僎《尚书详解》卷二十五《周书·吕刑》

（归善斋按,见"典狱非讫于威,惟讫于富"）

## 6. （宋）时澜《增修东莱书说》卷三十四《周书·吕刑第二十九》

（归善斋按,见"典狱非讫于威,惟讫于富"）

## 7.（宋）黄度《尚书说》卷七《周书·吕刑》

（归善斋按，见"典狱非讫于威，惟讫于富"）

## 8.（宋）袁燮《絜斋家塾书钞》

（归善斋按，无此篇）

## 9.（宋）蔡沈《书经集传》卷六《周书·吕刑》

（归善斋按，见"典狱非讫于威，惟讫于富"）

## 10.（宋）黄伦《尚书精义》卷四十九《周书·吕刑》

（按，以上经解《永乐大典》原缺）

## 11.（宋）陈经《尚书详解》卷四十七《周书·吕刑》

（归善斋按，见"典狱非讫于威，惟讫于富"）

## 12.（宋）钱时《融堂书解》卷二十《周书·吕刑》

（按，以上书解《永乐大典》原缺）

## 13.（宋）魏了翁《尚书要义》卷十九《周书·君牙、冏命、吕刑》

（归善斋按，未引）

## 14.（宋）陈大猷《书集传或问》卷下《周书·吕刑》

（归善斋按，未解）

## 15.（宋）胡士行《尚书详解》卷十二《周书·吕刑第二十九》

（归善斋按，见"典狱非讫于威，惟讫于富"）

### 16.（元）吴澄《书纂言》卷四下《周书·吕刑》

（归善斋按，见"乃命三后，恤功于民。伯夷降典，折民惟刑；禹平水土，主名山川；稷降播种，农殖嘉谷"）

### 17.（元）陈栎《书集传纂疏》卷六《朱子订定蔡氏集传·周书·吕刑》

（归善斋按，见"典狱非讫于威，惟讫于富"）

### 18.（元）许谦《读书丛说》卷六《周书·吕刑》

（原缺）

### 19.（元）董鼎《书传辑录纂注》卷六《周书·吕刑》

（归善斋按，见"典狱非讫于威，惟讫于富"）

### 20.（元）朱祖义《尚书句解》卷十二《周书·吕刑第二十九》

惟克天德（是能体无私之天德），自作元命（明死生寿夭之命乃上天，以是而制生人之大命者，不在天而在我之自作），配享在下（典狱在下而与天为配合）。

### 21.（明）王樵《尚书日记》卷十六《周书·吕刑》

（归善斋按，见后文"王曰，嗟！四方司政典，狱非尔惟作天牧"）

### 22.（清）库勒纳等撰《日讲书经解义》卷十三《周书·吕刑》

（归善斋按，见"典狱非讫于威，惟讫于富"）

### （元）王充耘《读书管见》卷下《吕刑》

惟克天德，自作元命，配享在下。

2155

诸家皆自典狱之人言之,然谓之元命,是国命,与"厥惟废元命"同。谓之"配享在下",是又言人君享国,与天相配,与"克配上帝","配天其泽"之意同。盖谓所用典狱之人,能敬忌之至,用刑悉无冤滥,则是人君德与天合。而"自作元命",犹云"自贻哲命",可以长治久安,而"配享在下"矣。此即司寇苏公"式敬尔由狱,以长我王国"之意耳。

**(清)朱鹤龄《尚书埤传》卷十五《周书·吕刑》**

(归善斋按,见"典狱非讫于威,惟讫于富")

## 王曰,嗟！四方司政典狱,非尔惟作天牧

### 1. (汉)孔氏传、(唐)陆德明音义、孔颖达疏《尚书注疏》卷十八《周书·吕刑》

王曰,嗟！四方司政典狱,非尔惟作天牧。

传,主政典狱,谓诸侯也。非汝惟为天牧民乎？言任重是汝。

音义,为,于伪反。任,而鸩反。重,轻重之重。

疏,正义曰,王呼诸侯戒之曰,咨嗟！汝四方主政事典狱讼者,诸侯之君等,非汝惟为天牧养民乎,言汝等皆为天养民,言任重也。

### 2. (宋)苏轼《书传》卷十九《周书·吕刑第二十九》

王曰,嗟！四方司政典狱,非尔惟作天牧。
为天牧民,非尔而谁。

### 3. (宋)林之奇《尚书全解》卷三十九《周书·吕刑》

(归善斋按,见"乃命三后,恤功于民。伯夷降典,折民惟刑；禹平水土,主名山川；稷降播种,农殖嘉谷")

## 4.（宋）史浩《尚书讲义》卷二十《周书·吕刑》

（按，以上讲义《永乐大典》原缺）

## 5.（宋）夏僎《尚书详解》卷二十五《周书·吕刑》

王曰，嗟！四方司政典狱，非尔惟作天牧。今尔何监，非时伯夷播刑之迪？其今尔何惩，惟时苗民匪察于狱之丽，罔择吉人，观于五刑之中？惟时庶威夺货，断制五刑，以乱无辜。上帝不蠲，降咎于苗。苗民无辞于罚，乃绝厥世。

此吕侯又呼四方侯国掌政事典刑狱之官而告之也。说者，乃以"四方司政"为一句，"典狱非尔"为一句，"惟作天牧"为一句，盖谓，吕侯呼四方主政治之人，谓曰汝为司政，若典狱则非尔之职，惟作天牧，谓为天牧民，而已。此说亦通，但"典狱非尔"，其语似不安耳，故不敢从。吕侯呼四方侯国司政典狱者告之曰，尔典狱之吏，非为天牧养斯民者乎，既为天养民，则当抚摩涵养，不当专以刑诛之，故戒之曰，今尔将何所监视，岂非此伯夷布刑之道乎？盖伯夷典礼，非专于用刑，乃教民以礼，其有怠惰不恭者，则以刑待之，是伯夷之教民以礼，乃布刑之道，非真刑之也。又将何所惩戒乎？惟此苗民不察乎狱之所丽，有犯刑者不论曲直，苟附丽于刑，一切诛之，曾不择吉善之人，以观乎五刑之中。无垢谓，"中"者重者以重，轻者以轻，有罪者刑，无罪者免，所谓"中"也。惟吉人之心，惟恐伤人，故能识刑之"中"。若凶人则志在残忍以快意，又乌知所谓"中"乎？苗民惟不择吉人以观刑之"中"，故所用之人，惟是众逞威，以夺民货贿者，盖所用者皆贪暴之人也。惟用此贪暴之人，以断制五刑，故所加者未必皆有罪；虽无辜者悉以苛法扰乱之也。惟其无馨香德，而发闻者，皆腥秽之虐刑，故上帝皆不洁其所为，降灾咎以罚之。苗民亦自知其恶之不可掩，罪之不可解，故受天之罚，亦无怨辞，而其世遂绝灭而不复育也。张无垢谓，或者以为三苗，尧既绝其世，何为舜时尚有三苗乎？盖向所绝去，绝其本根也，旁求三苗子孙以立之，此圣人仁厚之至也哉。

## 6.（宋）时澜《增修东莱书说》卷三十四《周书·吕刑第二十九》

王曰，嗟！四方司政典狱，非尔惟作天牧，今尔何监，非时伯夷播刑之迪？其今尔何惩，惟时苗民匪察于狱之丽，罔择吉人观于五刑之中？惟时庶威夺货，断制五刑，以乱无辜。上帝不蠲，降咎于苗。苗民无辞于罚，乃绝厥世。

狱，重事也，不察者，或视以为刀笔吏之事，故穆王明告司政典狱，使知其职分之大焉。"五刑五用"，是谓天讨，虽君不得而与焉。司是柄者，非君之臣，乃天之牧也，故曰"非尔惟作天牧"盖呼而警之，使知其任之重如此，将何以居之哉？要必前有所法，后有所戒。遵夷轨而避覆辙，庶几不为天位之辱也。伯夷之监，告之以所当法也；苗民之惩，告之以所当戒也。伯夷播刑，以启迪斯民，特刑之理耳。自典狱者言之，未若皋陶明刑之切，近舍皋陶，而使之监伯夷者，盖三居五服，彼固朝夕之所从事，监于伯夷则所以探其原也。苗民匪察于狱之丽，狱情之轻重所当施者，既漫不加省矣。至于断狱，亦未尝择吉人，俾观五刑之"中"。狱既不得其情，断狱又不得其人，是人与法俱弊也，则所谓庶威者，初无定法，夺于货利相与为市而已。"断制五刑"，无非私意，以乱虐无辜，逆天悖理。此上帝之所不蠲，而咎之所以降也。"苗民无辞于罚，乃绝厥世"，罪大而不可解也。职刑者，天牧也。苗民擅为己有而断制之，其殄灭也，宜哉。

## 7.（宋）黄度《尚书说》卷七《周书·吕刑》

王曰，嗟！四方司政典狱，非尔惟作天牧。今尔何监，非时伯夷播刑之迪？其今尔何惩，惟时苗民匪察于狱之丽，罔择吉人观于五刑之中？惟时庶威夺货，断制五刑，以乱无辜。上帝不蠲，降咎于苗。苗民无辞于罚，乃绝厥世。

主政典狱之官，为天牧民，故曰"天牧"。伯夷布刑，使民迪德，是所当监。其丽于狱，必有当察者，而苗民不察，观，如《易》"观我生"之"观"。不择吉人观之以五刑之中，惟是庶威夺货之人，使断制五刑，

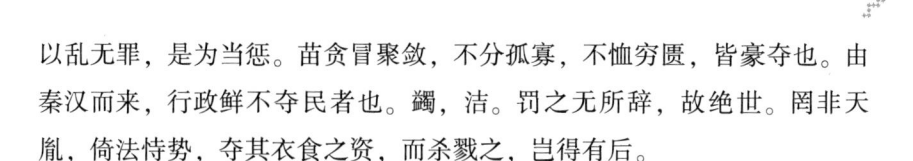

以乱无罪，是为当惩。苗贪冒聚敛，不分孤寡，不恤穷匮，皆豪夺也。由秦汉而来，行政鲜不夺民者也。蠲，洁。罚之无所辞，故绝世。罔非天胤，倚法恃势，夺其衣食之资，而杀戮之，岂得有后。

## 8. (宋) 袁燮《絜斋家塾书钞》

(归善斋按，无此篇)

## 9. (宋) 蔡沈《书经集传》卷六《周书·吕刑》

王曰，嗟! 四方司政典狱，非尔惟作天牧。今尔何监，非时伯夷播刑之迪？其今尔何惩，惟时苗民匪察于狱之丽，罔择吉人观于五刑之中？惟时庶威夺货，断制五刑，以乱无辜。上帝不蠲，降咎于苗。苗民无辞于罚，乃绝厥世。

司政典狱，汉孔氏曰，诸侯也。为诸侯主刑狱而言，非尔诸侯为天牧，养斯民乎？为天牧民，则今尔何所监惩，所当监者，非伯夷乎？所当惩者，非有苗乎？伯夷布刑以启迪斯民，舍皋陶而言伯夷者，探本之论也。丽，附也。苗民不察于狱辞之所丽，又不择吉人，俾观于五刑之"中"，惟是贵者以威乱政；富者以货夺法。断制五刑，乱虐无罪。上帝不蠲贷，而降罚于苗。苗民无所辞其罚，而遂殄灭之也。

## 10. (宋) 黄伦《尚书精义》卷四十九《周书·吕刑》

(按，以上经解《永乐大典》原缺)

## 11. (宋) 陈经《尚书详解》卷四十七《周书·吕刑》

王曰，嗟! 四方司政典狱，非尔惟作天牧。今尔何监，非时伯夷播刑之迪？其今尔何惩，惟时苗民匪察于狱之丽，罔择吉人观于五刑之中。惟时庶威夺货，断制五刑，以乱无辜。上帝不蠲，降咎于苗。苗民无辞于罚，乃绝厥世。

自此以前，既言帝尧之君臣矣，自此以后，穆王遍告当时之司政典狱者。天牧者，代天以牧养民者也。尔政典狱之任，独非天牧乎。天下之事，无非天之事。典，天叙也。礼，天秩也。刑，天罚也。尔惟知职，为天牧，则所以用刑者，当知所取舍矣。伯夷之刑，不可不监。而有苗之刑，不可不以是深为惩戒也。曰何监，曰何惩，不直致其辞而发其问端，以示之，庶几听者之专。今亦何所监，得非在伯夷播刑之道乎？而教民以典礼，如前所云是也。知伯夷之播刑，则民知有愧耻之心，而自趋于典礼之善矣。今尔何所惩戒，得非在有苗所以用刑者乎？苗之刑，上文既详言之矣，此又再述之，惟时苗民所用之刑，不察于狱之所丽。人之丽于狱者，有当重者，有当轻者，有有罪而犯者，有无罪而受诬者。匪察于狱之丽，则是轻重不分，有罪无罪无所分别也。惟吉人，乃良善之人，为能知五刑之有中理。至于庶威夺货者，其心在于货贿，则以威迫胁其民而夺之，安知有五刑之"中"哉？今也，苗民不惟吉人之是择，而惟庶威夺货者，是用谓之庶威，则见其威夺者，非止一人也。风俗之敝，古今一也。正道盛行之时，安有好贿之人。惟风俗败坏，则自有此等人。故在苗民，则有夺货者，在盘庚，商道始衰，则有总于货宝者，在穆王，周道始衰，方有"惟货其吉"，若《冏命》所戒。惟货、惟来，若《吕刑》之所言者。下至春秋之末，世诸侯卿大夫，惟贿赂是求，至刑狱之事，如羊舌鲋之鬻狱，如梗阳人以女乐赂魏献子，皆世道之衰故如此。狱者，人之大命，死生存焉，岂可以贿赂为轻重乎？此尧之典狱，迄于威富，所以异于苗民之典狱，庶威夺祸者也。"断制五刑"者，是虐用其刑，以断制其民也。"以乱无辜"，是无罪者无所分别于有罪者也。上帝不蠲洁其所为，所以降咎于苗。虽有苗亦不得以辞其罪，卒至于绝其世，而不得以有国，岂非汝常戒乎？夫遏绝苗民者，尧也，而皆"上帝弗蠲"，何哉？"天讨有罪，五刑五用"，尧即天也。此与《洪范》舜之殛鲧，不曰舜，而曰帝，乃震怒是也。

## 12. （宋）钱时《融堂书解》卷二十《周书·吕刑》

（按，以上书解《永乐大典》原缺）

## 13. （宋）魏了翁《尚书要义》卷十九《周书·君牙、冏命、吕刑》

廿三、典狱乃天牧，当监伯夷，惩苗民。

"王曰，嗟！四方司政典狱，非尔惟作天牧"，主政典狱，谓诸侯也。非汝惟为天牧民乎？言重任是汝。"今尔何监，非时伯夷播刑之迪"，言当视是伯夷布刑之道而法之。"其今尔何惩，惟时苗民匪察于狱之丽"，其今汝何惩戒乎，所惩戒惟是苗民非察于狱之施刑，以取灭亡。"罔择吉人观于五刑之中。惟时庶威夺货"。言苗民无肯选择善人，使观视五刑之中正，惟是众为威虐者任之，以夺取人货，所以为乱。"断制五刑，以乱无辜，上帝不蠲，降咎于苗"，苗民任夺货奸人，断制五刑，以乱加无罪，天不絜其所为，故下咎罪，谓诛之。"苗民无辞于罚，乃绝厥世"，言罪重无以辞于天罚，故尧绝其世，申言之，为至戒。

## 14. （宋）陈大猷《书集传或问》卷下《周书·吕刑》

（归善斋按，未解）

## 15. （宋）胡士行《尚书详解》卷十二《周书·吕刑第二十九》

王曰，嗟！四方司（掌）政典狱，非尔惟作天牧（天之民牧乎），今尔何监（视法），非时伯夷（不典刑）播刑之迪（理而已，舍皋陶而言伯夷，礼所以折民于未犯刑之先，理也，所以致其原也。刑所以折民于已犯刑之后，法也，所以治其流也）。其今尔何惩（戒），惟时苗民匪（非）察（究）于狱之丽（轻重当施）。罔择吉人，观于五刑之中，惟时庶威（既威虐），夺货（又夺于货利）断制（一切）五刑，以乱（乱虐）无辜。上帝不蠲（洁），降咎于苗（诛之）。苗民无辞（说）于罚，乃绝厥世。

狱，重事也，不察者视为刀笔吏之事。故告以天牧，使知其职分之大，监其厚天叙，如伯夷者；惩其拂天意，如有苗者，则庶乎无负于天之牧矣。

## 16. （元）吴澄《书纂言》卷四下《周书·吕刑》

王曰，嗟！四方司政典狱，非尔惟作天牧。今尔何监，非时伯夷播刑之迪？其今尔何惩，惟时苗民匪察于狱之丽，罔择吉人观于五刑之中？惟时庶威夺货，断制五刑，以乱无辜。上帝不蠲，降咎于苗。苗民无辞于罚，乃绝厥世。

嗟，叹辞。四方司政典狱，谓诸侯也。非尔诸侯为天之牧民者乎？今尔何所监视，何所惩创乎？所当监者，非伯夷乎？所当惩者，惟是苗民也。伯夷以礼教民，使不犯刑，此其布政之迪也。夺货，劫取贿赂也。蠲，贷也。苗民不察狱辞之所丽，盖以不择用吉人审观于五刑之"中"，惟是一众虐者，贪者，断制五刑，妄乱加罪于无罪之人。上帝不贷其恶，而降之殃咎。苗民无所辞于帝之罚，乃至灭亡绝其子孙之传世，不复得为君也。

## 17.（元）陈栎《书集传纂疏》卷六《朱子订定蔡氏集传·周书·吕刑》

王曰，嗟！四方司政典狱，非尔惟作天牧。今尔何监，非时伯夷播刑之迪？其今尔何惩，惟时苗民匪察于狱之丽，罔择吉人观于五刑之中？惟时庶威夺货，断制五刑，以乱无辜。上帝不蠲降咎于苗。苗民无辞于罚，乃绝厥世。

司政典狱，汉孔氏曰，诸侯也。为诸侯主刑狱而言，非尔诸侯为天牧养斯民乎？为天牧民，则今尔何所监惩，所当监者，非伯夷乎？所当惩者，非有苗乎？伯夷布刑以启迪斯民，舍皋陶，而言伯夷者，探本之论也。丽附也。苗民不察于狱辞之所丽，又不择吉人俾观于五刑之"中"。惟是贵者以威乱政；富者以货夺法。断制五刑，乱虐无罪。上帝不蠲贷，而降罚于苗。苗民无所辞其罚，而遂殄灭之也。

纂疏：

陈氏大猷曰，惟吉人能慈祥哀矜，察刑之"中"。察狱，既不得其情，任狱又不得其人，人与法俱弊也。自古酷吏，如郅都，宁成，严延年，王温舒，周兴，来俊臣之流，未有不反中其身，及其子孙者。帝不蠲而绝厥世，古今一律也。

愚谓，此因上章言苗民及虞廷之刑，而欲典狱者监虞而惩苗也。庶威、夺货分说，以与上文讫威、讫富相照应，较优。不蠲，不洁其所为也。

## 18. （元）许谦《读书丛说》卷六《周书·吕刑》

（原缺）

## 19. （元）董鼎《书传辑录纂注》卷六《周书·吕刑》

王曰，嗟，四方司政典狱，非尔惟作天牧。今尔何监，非时伯夷播刑之迪？其今尔何惩，惟时苗民匪察于狱之丽，罔择吉人观于五刑之中？惟时庶威夺货，断制五刑，以乱无辜。上帝不蠲，降咎于苗，苗民无辞于罚，乃绝厥世。

司政典狱，汉孔氏曰，诸侯也。为诸侯主刑狱而言，非尔诸侯为天牧养斯民乎？为天牧民，则今尔何所监惩，所当监者，非伯夷乎？所当惩者，非有苗乎？伯夷播刑以启迪斯民，舍皋陶，而言伯夷者，探本之论也。丽，附也。苗民不察于狱辞之所丽，又不择吉人俾观于五刑之"中"，惟是贵者以威乱政，富者以货夺法，断制五刑，乱虐无罪。上帝不蠲贷，而降罚于苗。苗民无所辞其罚，而遂殄灭之也。

纂注：

陈氏大猷曰，惟吉人能慈祥哀矜察刑之中理，而不妄用。察狱，既不得其情，任狱又不得其人是，人与法俱弊也。

新安陈氏曰，此因上章言苗民及虞廷之刑，而欲典狱者有所监惩也。伯夷典礼，而言播刑之迪，实难强通。或谓，降典以折绝民于刑，是乃伯夷播刑之道，未知是否。庶威、夺货，蔡氏分说，与上文讫威、讫富相照应，优于诸家。不蠲，不蠲洁其所为也。

陈氏大猷曰，自古酷吏如郅都，宁成，严延年，王温舒，周兴，来俊臣之流，未有不反中其身，及其子孙者。上帝不蠲，而绝厥世，古今一律也。

## 20. （元）朱祖义《尚书句解》卷十二《周书·吕刑第二十九》

王曰，嗟！四方司政典狱（嗟叹，四方掌政事典狱之官而告之），非尔惟作天牧（非尔等代天以牧养民乎）。

2163

## 21. (明)王樵《尚书日记》卷十六《周书·吕刑》

王曰，嗟！四方司政典狱，非尔惟作天牧。今尔何监，非时伯夷播刑之迪？其今尔何惩，惟时苗民匪察于狱之丽，罔择吉人观于五刑之中？惟时庶威夺货，断制五刑，以乱无辜。上帝不蠲降咎于苗，苗民无辞于罚，乃绝厥世。典狱非讫于威，惟讫于富。敬忌，罔有择言在身。惟克天德，自作元命，配享在下。

司政典狱，谓诸侯也。非汝惟为天牧乎？今尔何所监视，非是伯夷播刑之迪乎？刑之迪，谓礼也。礼以启迪于刑之先，故谓降典，为布刑之迪。其今何所惩戒，惟是苗民不察于狱之丽。所谓"丽刑并制，罔差有辞"也。"罔择吉人观于五刑之中"，惟是贵者以威乱政，富者以货夺法。"断制五刑"，乱加无罪。上帝不洁其所为，所谓"监民罔有馨香德"也。"降咎于苗，苗民无辞于罚，乃绝厥世"，所谓"报虐以威，遏绝苗民，无世在下"也。既言所当监戒，因言今典狱之道。讫，尽法也。不为威所夺，是谓讫于威；不为货所夺，是谓讫于富，言"非讫于威，惟讫于富"者，非止不畏强御而已，不见可欲斯为尽法之至也。此言所以惩乎苗民者也。彼以威乱政，故此欲讫于威；彼以货夺法，故此欲讫于富。"敬忌，罔有择言在身"，此言所以监乎，伯夷者也。伯夷折民惟刑，皋陶以教祗德，其道无他，敬忌而已。敬则有所不忽，忌则有所不敢。尽心如此，则刑皆得"中"。而"无可择之言在身"，言无毫发之憾，无不可举以示人也。"惟克天德"，言如天德之公平也。"自作元命，配享在下"，郑玄云，大命延期长久也。正义曰，断狱平均者，必寿长久。大命由己而来，是自为大命。享，当也。此人能配当天命在下。按，此对苗民"无世在下"而言。元命，注疏皆以寿命言，蔡传无明说。惟金氏曰，狱者，民之司命，天之所托，生杀予夺，上与天对，此说最佳。所谓代天讨也。蔡氏曰，推用刑之极功，至于与天为一如此。

"典狱非讫于威"一节，旧接"棐彝"之下，语意不伦。威富夺法，乃末世事。虞廷盖未有此，而讫于威，讫于富，亦未足以言皋陶也。"穆穆在上"一节，结上文之意已尽，此下更端，欲今之典狱者，以伯夷为法，以苗民为戒。法伯夷敬忌，其要也；戒苗民威货，其首也。此其语意

血脉甚明。旧本错简无疑。

伯夷，礼官也。降典而折民惟刑，盖以刑戒不如礼也；皋陶，刑官也，制百姓于刑中，以教祗德，盖以刑弼教也。其事相为后先，其功相为表里。盖礼、刑一物，而伯夷、皋陶亦如一人。故此处举伯夷以兼皋陶也。

皋陶之刑，本伯夷降典折民之意，故曰舍皋陶而言伯夷，探本之论也。

## 22.（清）库勒纳等撰《日讲书经解义》卷十三《周书·吕刑》

王曰，嗟！四方司政典狱，非尔惟作天牧。今尔何监，非时伯夷播刑之迪？其今尔何惩，惟时苗民匪察于狱之丽，罔择吉人观于五刑之中。惟时庶威夺货，断制五刑，以乱无辜。上帝不蠲降，咎于苗，苗民无辞于罚，乃绝厥世。

此一节书是，告四方诸侯敬刑之辞也。司政典狱，诸侯也。丽，附也。穆王曰，嗟！尔四方诸侯，有司政典狱之责者，今非尔实为天养民，而作天牧乎？尔既作天牧，则今尔当何所监法，所监法者，非伯夷乎？惟时伯夷制为典礼，折民之入于刑，而开导之者无不至，是所谓"播刑之迪"者，此克作天牧，尔之所当监也。其今尔何所当惩艾，所当惩艾者，非有苗乎？惟时苗民，凡有狱讼，弗能察于其附丽之辞，以得其情，又罔择有德之吉人，使斟酌于五刑之轻重，以协于"中"。惟是贵者以威乱法，而法不讫于威；富者以货乱法，而法不讫于货。任私意以断制五刑，乱虐无罪。于是腥秽发闻。上帝不蠲洁其所为而降罚于苗。舜乃奉行天讨，而殄比之。苗民无所辞其罚，而遂绝其世祀矣。此惟不克作天牧，尔之所当惩也。夫刑之不"中"，至于殄绝厥世，凡为天牧者，莫不皆然。故前世酷吏，如郅都、王温舒、周兴、来俊臣之属，皆就诛灭。而秦任法律，二世而亡。吁可畏哉。

### （明）陈第《尚书疏衍》卷四《周书·吕刑》

四方司政典狱，非尔惟作天牧。

孔读"司政典狱（句），非尔惟作天牧（句）"解曰，主政典狱，谓诸侯也。非汝惟为天牧民乎？理亦可通。然非下一"乎"字作转语，意未明也。宜读"四方司政（句），典狱非尔（句），惟作天牧（句）"。非尔者，如《康诰》所谓"非汝封刑人杀人，无或刑人杀人"是也。不与于己为天牧民，则监惩当矣。

# 今尔何监？非时伯夷播刑之迪

## 1.（汉）孔氏传、（唐）陆德明音义、孔颖达疏《尚书注疏》卷十八《周书·吕刑》

今尔何监？非时伯夷播刑之迪。

传，言当视是伯夷布刑之道而法之。

疏，正义曰，受任既重，当观古成败，今汝何所监视乎？其所视者，非是伯夷布刑之道乎？言当效伯夷善布刑法，受令名也。

传正义曰，伯夷典礼，皋陶主刑。刑礼相成，以为治。不使视皋陶，而令视伯夷者，欲其先礼而后刑，道之以礼，礼不从，乃刑之，则刑亦伯夷之所布，故令视伯夷布刑之道而法之。王肃云，伯夷道之以礼，齐之以刑。

## 2.（宋）苏轼《书传》卷十九《周书·吕刑第二十九》

今尔何监？非时伯夷播刑之迪；其今尔何惩？惟时苗民匪察于狱之丽。

丽于狱，辄刑之不复察也。

## 3.（宋）林之奇《尚书全解》卷三十九《周书·吕刑》

（归善斋按，见"乃命三后，恤功于民。伯夷降典，折民惟刑；禹平水土，主名山川；稷降播种，农殖嘉谷"）

## 4.（宋）史浩《尚书讲义》卷二十《周书·吕刑》

（按，以上讲义《永乐大典》原缺）

## 5.（宋）夏僎《尚书详解》卷二十五《周书·吕刑》

（归善斋按，见"王曰，嗟！四方司政典，狱非尔惟作天牧"）

## 6.（宋）时澜《增修东莱书说》卷三十四《周书·吕刑第二十九》

（归善斋按，见"王曰，嗟！四方司政典，狱非尔惟作天牧"）

## 7.（宋）黄度《尚书说》卷七《周书·吕刑》

（归善斋按，见"王曰，嗟！四方司政典，狱非尔惟作天牧"）

## 8.（宋）袁燮《絜斋家塾书钞》

（归善斋按，无此篇）

## 9.（宋）蔡沈《书经集传》卷六《周书·吕刑》

（归善斋按，见"王曰，嗟！四方司政典，狱非尔惟作天牧"）

## 10.（宋）黄伦《尚书精义》卷四十九《周书·吕刑》

（按，以上经解《永乐大典》原缺）

## 11.（宋）陈经《尚书详解》卷四十七《周书·吕刑》

（归善斋按，见"王曰，嗟！四方司政典，狱非尔惟作天牧"）

## 12.（宋）钱时《融堂书解》卷二十《周书·吕刑》

（按，以上书解《永乐大典》原缺）

### 13.（宋）魏了翁《尚书要义》卷十九《周书·君牙、囧命、吕刑》

（归善斋按，未引）

### 14.（宋）陈大猷《书集传或问》卷下《周书·吕刑》

（归善斋按，未解）

### 15.（宋）胡士行《尚书详解》卷十二《周书·吕刑第二十九》

（归善斋按，见"王曰，嗟！四方司政典，狱非尔惟作天牧"）

### 16.（元）吴澄《书纂言》卷四下《周书·吕刑》

（归善斋按，见"王曰，嗟！四方司政典，狱非尔惟作天牧"）

### 17.（元）陈栎《书集传纂疏》卷六《朱子订定蔡氏集传·周书·吕刑》

（归善斋按，见"王曰，嗟！四方司政典，狱非尔惟作天牧"）

### 18.（元）许谦《读书丛说》卷六《周书·吕刑》

（原缺）

### 19.（元）董鼎《书传辑录纂注》卷六《周书·吕刑》

（归善斋按，见"王曰，嗟！四方司政典，狱非尔惟作天牧"）

### 20.（元）朱祖义《尚书句解》卷十二《周书·吕刑第二十九》

今尔何监（今尔等将何所监视），非时伯夷播刑之迪（非监是伯夷之布刑，以启迪斯民，使归于礼乎）。

## 21. （明）王樵《尚书日记》卷十六《周书·吕刑》

（归善斋按，见"王曰，嗟！四方司政典，狱非尔惟作天牧"）

## 22. （清）库勒纳等撰《日讲书经解义》卷十三《周书·吕刑》

（归善斋按，见"王曰，嗟！四方司政典，狱非尔惟作天牧"）

# 其今尔何惩？惟时苗民匪察于狱之丽

## 1. （汉）孔氏传、（唐）陆德明音义、孔颖达疏《尚书注疏》卷十八《周书·吕刑》

其今尔何惩，惟时苗民匪察于狱之丽。

传，其今汝何惩戒乎？所惩戒，惟是苗民非察于狱之施刑，以取灭亡。

音义，丽，力驰反。

疏，正义曰，其今汝何所惩创乎？其所创者，惟是苗民非察于狱之施刑乎？言当创苗民施刑不当，取灭亡也。

传正义曰，上言"非时"，此言"惟时"，文异者。非时者，言岂非是事也；惟时者言惟当是事也。虽文异而意同。惟是苗民非察于狱之施刑，以取灭亡也。言其正谓察于狱之施刑，不当于罪以取灭亡。

## 2. （宋）苏轼《书传》卷十九《周书·吕刑第二十九》

（归善斋按，见"今尔何监？非时伯夷播刑之迪"）

## 3. （宋）林之奇《尚书全解》卷三十九《周书·吕刑》

（归善斋按，见"乃命三后，恤功于民。伯夷降典，折民惟刑；禹平水土，主名山川；稷降播种，农殖嘉谷"）

2169

### 4. （宋）史浩《尚书讲义》卷二十《周书·吕刑》

（按以上讲义《永乐大典》原缺）

### 5. （宋）夏僎《尚书详解》卷二十五《周书·吕刑》

（归善斋按，见"王曰，嗟！四方司政典，狱非尔惟作天牧"）

### 6. （宋）时澜《增修东莱书说》卷三十四《周书·吕刑第二十九》

（归善斋按，见"王曰，嗟！四方司政典，狱非尔惟作天牧"）

### 7. （宋）黄度《尚书说》卷七《周书·吕刑》

（归善斋按，见"王曰，嗟！四方司政典，狱非尔惟作天牧"）

### 8. （宋）袁燮《絜斋家塾书钞》

（归善斋按，无此篇）

### 9. （宋）蔡沈《书经集传》卷六《周书·吕刑》

（归善斋按，见"王曰，嗟！四方司政典，狱非尔惟作天牧"）

### 10. （宋）黄伦《尚书精义》卷四十九《周书·吕刑》

（按，以上经解《永乐大典》原缺）

### 11. （宋）陈经《尚书详解》卷四十七《周书·吕刑》

（归善斋按，见"王曰，嗟！四方司政典，狱非尔惟作天牧"）

### 12. （宋）钱时《融堂书解》卷二十《周书·吕刑》

（按，以上书解《永乐大典》原缺）

### 13. （宋）魏了翁《尚书要义》卷十九《周书·君牙、冏命、吕刑》

（归善斋按，未引）

### 14. （宋）陈大猷《书集传或问》卷下《周书·吕刑》

（归善斋按，未解）

### 15. （宋）胡士行《尚书详解》卷十二《周书·吕刑第二十九》

（归善斋按，见"王曰，嗟！四方司政典，狱非尔惟作天牧"）

### 16. （元）吴澄《书纂言》卷四下《周书·吕刑》

（归善斋按，见"王曰，嗟！四方司政典，狱非尔惟作天牧"）

### 17. （元）陈栎《书集传纂疏》卷六《朱子订定蔡氏集传·周书·吕刑》

（归善斋按，见"王曰，嗟！四方司政典，狱非尔惟作天牧"）

### 18. （元）许谦《读书丛说》卷六《周书·吕刑》

（原缺）

### 19. （元）董鼎《书传辑录纂注》卷六《周书·吕刑》

（归善斋按，见"王曰，嗟！四方司政典，狱非尔惟作天牧"）

### 20. （元）朱祖义《尚书句解》卷十二《周书·吕刑第二十九》

其今尔何惩（其今尔等将何所惩戒），惟时苗民匪察于狱之丽（惟是苗民不察民之丽于狱者，有轻重一以重刑加之。丽，离）。

### 21. （明）王樵《尚书日记》卷十六《周书·吕刑》

（归善斋按，见"王曰，嗟！四方司政典，狱非尔惟作天牧"）

**22.（清）库勒纳等撰《日讲书经解义》卷十三《周书·吕刑》**

(归善斋按，见"王曰，嗟！四方司政典，狱非尔惟作天牧")

# 罔择吉人，观于五刑之中；惟时庶威夺货

**1.（汉）孔氏传、（唐）陆德明音义、孔颖达疏《尚书注疏》卷十八《周书·吕刑》**

罔择吉人，观于五刑之中；惟时庶威夺货。

传，言苗民无肯选择善人，使观视五刑之中正，惟是众为威虐者任之，以夺取人货，所以为乱。

疏，正义曰，彼苗民之为政也，无肯选择善人，使观视于五刑之中正，惟是众为威虐者任之，以夺取人之货贿。

**2.（宋）苏轼《书传》卷十九《周书·吕刑第二十九》**

罔择吉人，观于五刑之中；惟时庶威夺货。

贵者以威乱政，富者以货夺法。

**3.（宋）林之奇《尚书全解》卷三十九《周书·吕刑》**

(归善斋按，见"乃命三后，恤功于民。伯夷降典，折民惟刑；禹平水土，主名山川；稷降播种，农殖嘉谷")

**4.（宋）史浩《尚书讲义》卷二十《周书·吕刑》**

(按，以上讲义《永乐大典》原缺)

**5.（宋）夏僎《尚书详解》卷二十五《周书·吕刑》**

(归善斋按，见"王曰，嗟！四方司政典，狱非尔惟作天牧")

**6.（宋）时澜《增修东莱书说》卷三十四《周书·吕刑第二十九》**

(归善斋按，见"王曰，嗟！四方司政典，狱非尔惟作天牧")

**7.（宋）黄度《尚书说》卷七《周书·吕刑》**

(归善斋按，见"王曰，嗟！四方司政典，狱非尔惟作天牧")

**8.（宋）袁燮《絜斋家塾书钞》**

(归善斋按，无此篇)

**9.（宋）蔡沈《书经集传》卷六《周书·吕刑》**

(归善斋按，见"王曰，嗟！四方司政典，狱非尔惟作天牧")

**10.（宋）黄伦《尚书精义》卷四十九《周书·吕刑》**

(按，以上经解《永乐大典》原缺)

**11.（宋）陈经《尚书详解》卷四十七《周书·吕刑》**

(归善斋按，见"王曰，嗟！四方司政典，狱非尔惟作天牧")

**12.（宋）钱时《融堂书解》卷二十《周书·吕刑》**

(按，以上书解《永乐大典》原缺)

**13.（宋）魏了翁《尚书要义》卷十九《周书·君牙、冏命、吕刑》**

(归善斋按，未引)

**14.（宋）陈大猷《书集传或问》卷下《周书·吕刑》**

(归善斋按，未解)

## 15.（宋）胡士行《尚书详解》卷十二《周书·吕刑第二十九》

（归善斋按，见"王曰，嗟！四方司政典，狱非尔惟作天牧"）

## 16.（元）吴澄《书纂言》卷四下《周书·吕刑》

（归善斋按，见"王曰，嗟！四方司政典，狱非尔惟作天牧"）

## 17.（元）陈栎《书集传纂疏》卷六《朱子订定蔡氏集传·周书·吕刑》

（归善斋按，见"王曰，嗟！四方司政典，狱非尔惟作天牧"）

## 18.（元）许谦《读书丛说》卷六《周书·吕刑》

（原缺）

## 19.（元）董鼎《书传辑录纂注》卷六《周书·吕刑》

（归善斋按，见"王曰，嗟！四方司政典，狱非尔惟作天牧"）

## 20.（元）朱祖义《尚书句解》卷十二《周书·吕刑第二十九》

罔择吉人（不择吉善之人），观于五刑之中（使观察五刑轻重适中者用之），惟时庶威夺货（惟是众逞威，以夺民货贿者）。

## 21.（明）王樵《尚书日记》卷十六《周书·吕刑》

（归善斋按，见"王曰，嗟！四方司政典，狱非尔惟作天牧"）

## 22.（清）库勒纳等撰《日讲书经解义》卷十三《周书·吕刑》

（归善斋按，见"王曰，嗟！四方司政典，狱非尔惟作天牧"）

## 断制五刑，以乱无辜，上帝不蠲，降咎于苗

### 1. （汉）孔氏传、（唐）陆德明音义、孔颖达疏《尚书注疏》卷十八《周书·吕刑》

断制五刑，以乱无辜，上帝不蠲，降咎于苗。

传，苗民任夺货奸人，断制五刑，以乱加无罪，天不洁其所为，故下咎罪谓诛之。

音义，蠲，吉缘反。咎，其九反。

疏，正义曰，任用此人，使断制五刑以乱加无罪之人。上天不洁其所为，故下咎恶于苗民。

传正义曰，以乱加无罪者，正谓以罪加无罪，是乱也。蠲，训"洁"也。天不洁其所为者，郑玄云，天以苗民所行腥臊不洁，故下祸诛之。

### 2. （宋）苏轼《书传》卷十九《周书·吕刑第二十九》

断制五刑，以乱无辜。上帝不蠲，降咎于苗。苗民无辞于罚，乃绝厥世。

言当以伯夷为监，苗民为戒也。

### 3. （宋）林之奇《尚书全解》卷三十九《周书·吕刑》

(归善斋按，见"乃命三后，恤功于民。伯夷降典，折民惟刑；禹平水土，主名山川；稷降播种，农殖嘉谷")

### 4. （宋）史浩《尚书讲义》卷二十《周书·吕刑》

(按，以上讲义《永乐大典》原缺)

### 5. （宋）夏僎《尚书详解》卷二十五《周书·吕刑》

(归善斋按，见"王曰，嗟！四方司政典，狱非尔惟作天牧")

## 6.（宋）时澜《增修东莱书说》卷三十四《周书·吕刑第二十九》

(归善斋按，见"王曰，嗟！四方司政典，狱非尔惟作天牧")

## 7.（宋）黄度《尚书说》卷七《周书·吕刑》

(归善斋按，见"王曰，嗟！四方司政典，狱非尔惟作天牧")

## 8.（宋）袁燮《絜斋家塾书钞》

(归善斋按，无此篇)

## 9.（宋）蔡沈《书经集传》卷六《周书·吕刑》

(归善斋按，见"王曰，嗟！四方司政典，狱非尔惟作天牧")

## 10.（宋）黄伦《尚书精义》卷四十九《周书·吕刑》

(按，以上经解《永乐大典》原缺)

## 11.（宋）陈经《尚书详解》卷四十七《周书·吕刑》

(归善斋按，见"王曰，嗟！四方司政典，狱非尔惟作天牧")

## 12.（宋）钱时《融堂书解》卷二十《周书·吕刑》

(按，以上书解《永乐大典》原缺)

## 13.（宋）魏了翁《尚书要义》卷十九《周书·君牙、同命、吕刑》

(归善斋按，未引)

## 14.（宋）陈大猷《书集传或问》卷下《周书·吕刑》

(归善斋按，未解)

## 15.（宋）胡士行《尚书详解》卷十二《周书·吕刑第二十九》

（归善斋按，见"王曰，嗟！四方司政典，狱非尔惟作天牧"）

## 16.（元）吴澄《书纂言》卷四下《周书·吕刑》

（归善斋按，见"王曰，嗟！四方司政典，狱非尔惟作天牧"）

## 17.（元）陈栎《书集传纂疏》卷六《朱子订定蔡氏集传·周书·吕刑》

（归善斋按，见"王曰，嗟！四方司政典，狱非尔惟作天牧"）

## 18.（元）许谦《读书丛说》卷六《周书·吕刑》

（原缺）

## 19.（元）董鼎《书传辑录纂注》卷六《周书·吕刑》

（归善斋按，见"王曰，嗟！四方司政典，狱非尔惟作天牧"）

## 20.（元）朱祖义《尚书句解》卷十二《周书·吕刑第二十九》

断制五刑（用以断制五刑），以乱无辜（以扰乱无罪之人）。上帝不蠲（上天不蠲洁其所为），降咎于苗（于是降下殃，咎于苗）。

## 21.（明）王樵《尚书日记》卷十六《周书·吕刑》

（归善斋按，见"王曰，嗟！四方司政典，狱非尔惟作天牧"）

## 22.（清）库勒纳等撰《日讲书经解义》卷十三《周书·吕刑》

（归善斋按，见"王曰，嗟！四方司政典，狱非尔惟作天牧"）

# 苗民无辞于罚，乃绝厥世

**1.（汉）孔氏传、（唐）陆德明音义、孔颖达疏《尚书注疏》卷十八《周书·吕刑》**

苗民无辞于罚，乃绝厥世。

传，言罪重无以辞于天罚，故尧绝其世，申言之为至戒。

疏，正义曰，苗民无以辞于天罚，尧乃绝灭其世，汝等安得不惩创乎？

**2.（宋）苏轼《书传》卷十九《周书·吕刑第二十九》**

(归善斋按，见"断制五刑，以乱无辜，上帝不蠲，降咎于苗")

**3.（宋）林之奇《尚书全解》卷三十九《周书·吕刑》**

(归善斋按，见"乃命三后，恤功于民。伯夷降典，折民惟刑；禹平水土，主名山川；稷降播种，农殖嘉谷")

**4.（宋）史浩《尚书讲义》卷二十《周书·吕刑》**

(按以上讲义《永乐大典》原缺)

**5.（宋）夏僎《尚书详解》卷二十五《周书·吕刑》**

(归善斋按，见"王曰，嗟！四方司政典，狱非尔惟作天牧")

**6.（宋）时澜《增修东莱书说》卷三十四《周书·吕刑第二十九》**

(归善斋按，见"王曰，嗟！四方司政典，狱非尔惟作天牧")

**7.（宋）黄度《尚书说》卷七《周书·吕刑》**

(归善斋按，见"王曰，嗟！四方司政典，狱非尔惟作天牧")

**8.（宋）袁燮《絜斋家塾书钞》**

(归善斋按，无此篇)

**9.（宋）蔡沈《书经集传》卷六《周书·吕刑》**

(归善斋按，见"王曰，嗟！四方司政典，狱非尔惟作天牧")

**10.（宋）黄伦《尚书精义》卷四十九《周书·吕刑》**

(按，以上经解《永乐大典》原缺)

**11.（宋）陈经《尚书详解》卷四十七《周书·吕刑》**

(归善斋按，见"王曰，嗟！四方司政典，狱非尔惟作天牧")

**12.（宋）钱时《融堂书解》卷二十《周书·吕刑》**

(按，以上书解《永乐大典》原缺)

**13.（宋）魏了翁《尚书要义》卷十九《周书·君牙、冏命、吕刑》**

(归善斋按，未引)

**14.（宋）陈大猷《书集传或问》卷下《周书·吕刑》**

(归善斋按，未解)

**15.（宋）胡士行《尚书详解》卷十二《周书·吕刑第二十九》**

(归善斋按，见"王曰，嗟！四方司政典，狱非尔惟作天牧")

## 16.（元）吴澄《书纂言》卷四下《周书·吕刑》

(归善斋按，见"王曰，嗟！四方司政典，狱非尔惟作天牧")

## 17.（元）陈栎《书集传纂疏》卷六《朱子订定蔡氏集传·周书·吕刑》

(归善斋按，见"王曰，嗟！四方司政典，狱非尔惟作天牧")

## 18.（元）许谦《读书丛说》卷六《周书·吕刑》

(原缺)

## 19.（元）董鼎《书传辑录纂注》卷六《周书·吕刑》

(归善斋按，见"王曰，嗟！四方司政典，狱非尔惟作天牧")

## 20.（元）朱祖义《尚书句解》卷十二《周书·吕刑第二十九》

苗民无辞于罚（苗民亦自知其恶之不可掩，其受天之责罚而无怨辞），乃绝厥世（乃防绝其世不复育者）。

## 21.（明）王樵《尚书日记》卷十六《周书·吕刑》

(归善斋按，见"王曰，嗟！四方司政典，狱非尔惟作天牧")

## 22.（清）库勒纳等撰《日讲书经解义》卷十三《周书·吕刑》

(归善斋按，见"王曰，嗟！四方司政典，狱非尔惟作天牧")

## 王曰，呜呼！念之哉

### 1.（汉）孔氏传、（唐）陆德明音义、孔颖达疏《尚书注疏》卷十八《周书·吕刑》

王曰，呜呼！念之哉。

传，念以伯夷为法，苗民为戒。

疏，正义曰，王言而叹曰，呜呼！汝等诸侯其当念之哉，念以伯夷为法，苗民为戒。

### 2.（宋）苏轼《书传》卷十九《周书·吕刑第二十九》

王曰，呜呼！念之哉，伯父、伯兄、仲叔、季弟、幼子、童孙，皆听朕言，庶有格命。

诸侯群臣，自其父行，至于兄弟、子孙，皆听朕言，庶以格天命。

### 3.（宋）林之奇《尚书全解》卷三十九《周书·吕刑》

（归善斋按，见"乃命三后，恤功于民。伯夷降典，折民惟刑；禹平水土，主名山川；稷降播种，农殖嘉谷"）

### 4.（宋）史浩《尚书讲义》卷二十《周书·吕刑》

（按，以上讲义《永乐大典》原缺）

### 5.（宋）夏僎《尚书详解》卷二十五《周书·吕刑》

王曰，呜呼！念之哉。伯父、伯兄、仲叔、季弟、幼子、童孙，皆听朕言，庶有格命。今尔罔不由慰日勤。尔罔或戒不勤。天济于民，俾我一日，非终惟终，在人。尔尚敬逆天命，以奉我一人。虽畏勿畏，虽休勿休。惟敬五刑，以成三德。一人有庆，兆民赖之。其宁惟永。

此又呼同姓诸侯而戒之。伯父、伯兄，同姓属之尊者。仲叔、季弟，

2181

同姓在弟之列者。幼子、童孙，同姓在子孙之列者，皆听我言。"庶有格命"者，谓汝同姓诸侯，若皆听我言，则庶几有格命。格，至也，谓受诸侯之命，至于有终而不中绝也。所听之言，即下文是也。"今尔罔不由慰曰勤尔罔或戒不勤"者，二孔谓，今汝等诸侯无不用安道以自尽，曰，我当勤之哉；无有徒念我戒，许以自勤而身竟不勤者。无垢则谓，今尔诸侯当无不用我慰安之言，而日勤其职事，无或相训戒以盘乐而不勤其职事。少颖则谓，典狱之官，固当日勤其事而无相戒以不勤。此二说，少颖与无垢之意大率相似，但经文本是"曰"字，不当作"日"字解。盖吕侯呼同姓诸侯，谓汝等今日惟用相安慰而言曰，各勤乃职，无有待我再三戒之，而犹不勤者。盖狱者，人之性命所系，当不惮烦细，以悉察之，讵可不勤。倘或不勤，为事卤莽，而无辜者受戮矣。此所以尤贵于勤也。比下遂言所以当勤之意，盖刑戮之用，乃天以是整齐乱民，俾我人君主之。苟典狱之人于一日之间能勤与不能勤，则于断狱之事，有能善其终者，有不能善其终者，此事全在人之能勤与不能勤耳。此所以不可不勤也。断狱之事，所谓善其终，与不善其终者，谓如始蔽此狱，尽心悉力推究，裁决无所不至，及怠心乘之，则其终不卤莽灭裂，而谩不加察矣。此之谓"非终"。若克勤之人，则始乎如是，终乎如是，始终如一，未尝怠慢，此之谓"惟终"。然则，非终与惟终，其事岂不在人乎？东坡则谓，刑狱非所恃以为治也，天以是整齐乱民而已。盖使我为一日之用，非究竟要道也。可恃以终者，惟得人乎。此其意，则以"天齐于民"为一句，"俾我一日非终"为一句，"惟终在人"为一句。其说亦通，故并存之。

　　吕侯上既言天之所以设为刑辟者，其意全在得人，故于是责同姓诸侯，谓尔庶几能敬迎天命，谓天意在此，而汝则敬以迎合其意，故谓之"敬逆"。盖谓尔诸侯惟当敬顺天命而勤于蔽狱之事，以奉承我人君可也。此下遂言所以敬逆天命奉一人之意。盖人之断狱，所以有不当人心者，以其有喜怒之私介乎其心，故有喜则钻皮出羽，有怒则洗垢索瘢者，此岂足以敬逆天命哉。然则今日同姓之诸侯，要当如何？虽其平时所畏者，今不可以畏之，故而重吾之法，虽其平时所与甚休者，今亦不可以休之故，而轻吾之法。惟尽心之所敬，而不敢忽于五刑之法，使当重者重，无愧于三德之刚，而刚不至于太苛；当轻者轻无愧于三德之柔，而柔不至于太纵。不轻不重，而介乎轻重之间者，无愧于三德之正直，而正直不至于首鼠而持两端，如此则是足以敬逆天命矣。无垢则谓，二孔之训，谓行事虽见畏，勿自谓可敬畏；虽见美勿自谓有美德。盖其心欿欿，常若不足者，然后于刑知详审深思。若人见畏，遽自谓我可敬畏；若人美誉，遽自谓我有美德，如此则有轻天下之心，于刑狱必忽略卤莽，而民受其弊矣。此说亦通，但上文不甚贯穿耳，故不敢从。少颖则又谓，此畏与休，为祸与福，所谓"虽畏勿畏"者，言虽有可畏之祸，勿以为畏；所谓"虽休勿休"者，言虽有可美之福，勿以为美。惟当修德以应则五刑之用，不可以不敬。此其意则以今日敬逆天命，不当以祸福介其心，惟当尽吾一心之敬，以不忽于五刑之用，使刑用而德成耳。此说亦可通，故并存之。夫敬用五刑，不为苛酷，以成《洪范》三德，则天下乐事，其有过于此者乎？此所以"一人有庆"也。然刑罚之清，亦岂独人君之乐哉？天下之民为恶者，无所容为善者有所恃，则民亦与共乐矣，此所以兆民赖之也。天子乐于上，万民乐于下，四海九州岛，皆在和气中，此其安宁，岂一朝一夕之故而已，"其宁惟永"，信乎其永矣。此一节，无垢说当哉。

## 6.（宋）时澜《增修东莱书说》卷三十四《周书·吕刑第二十九》

王曰，呜呼！念之哉，伯父、伯兄、仲叔、季弟、幼子、童孙，皆听朕言，庶有格命。今尔罔不由慰日勤，尔罔或戒不勤。天齐于民，俾我一日，非终惟终，在人，尔尚敬逆天命，以奉我一人。虽畏勿畏，虽休勿休。惟敬五刑，以成三德。一人有庆，兆民赖之。其宁惟永。

穆王享国百年矣，视其臣民，耆者犹兄弟，少者犹子孙，呼之来前，庶其感格以从命，不敢必人之己从，意笃情亲，厚之至也。切意之参错，讯鞫之变迁，极天下之劳，莫若狱，苟有须臾厌怠之心，则民或不得其死矣。故必告之以勤。"今尔罔不由慰日勤"，所以安行而自慰，止在乎无日不勤也。慰者，非得其情而喜，盖以不弛其职自慰也。"尔罔或戒不勤"者，必尝惰，然后戒，虽曰知悔，方其惰时，安知无失其平者乎？"天齐于民，俾我一日，非终惟终，在人"者，申告之以不可不日勤也。刑者，天之所以整齐斯民，而典狱者，特承天意以终其事者也。使我一日旷职，不能终天之事，则是柄将改而在它人矣。自君言之，纣之炮烙不能终天之事，而终之者武王也。自臣言之，苗之庶戮不能终天之事，而终之者皋陶也。其可不惧乎？其可不日勤乎？其可不祗敬迎天命以承之乎？穆王以奉天为心者也，司政典狱能奉天命，则为能奉穆王矣。虽人之所畏者，勿畏也；虽人之所休者，勿休也。心不外用，惟敬五刑轻重出入，皆所以成刚、柔、正直之三德，是乃敬逆天命之纲条也。天子以天下为体者也，天下典狱者，皆若是，则"一人有庆"矣，兆民之命寄焉，则固赖之者也。导迎善气，培养根本，国寿其有不延者乎？狱之所系盖如此。

## 7.（宋）黄度《尚书说》卷七《周书·吕刑》

王曰，呜呼！念之哉，伯父、伯兄、仲叔、季弟、幼子、童孙，皆听朕言，庶有格命。今尔罔不由慰日勤，尔罔或戒不勤。天齐于民，俾我一日，非终惟终，在人。尔尚敬逆天命，以奉我一人。虽畏勿畏，虽休勿休，惟敬五刑，以成三德，一人有庆，兆民赖之，其宁惟永。

训刑，严宗族之戒，《记》曰，公族之罪虽亲不以犯有司，正术也，所以体百姓也。夫教化衰而刑法兴，既不能使民不犯于有司，而行法轻重异情，是犹足以言平一之道哉。切戒王族，使作德勿犯。若皆能听吾言，则庶乎其命，可以格天下，还成康之旧俗。穆王耄矣，亲属犹有居其上者，父固有年卑而行尊者，兄则年皆长矣。大抵古人多寿，敬老慈幼，人主不敢废此恩也。父兄率德以训迪其子弟，则诚有望焉。由，用；慰，悦安之，使相歆为善也。尔今罔不用其相慰劳之情，各务修饰偕之大道，日致其勤，而无或戒不勤。天之于民，均平齐矣，岂有贤愚之异哉。使我一日之力，"非终"为不勤，则流而堕于小人矣。"惟终"为勤，则企而趋于君子矣。"非终惟终"，则皆在夫人耳。非终，或作，或辍，不纯一，犹曰不克终日也，是谓"不勤"。惟终，念念相续，自朝至暮，无间断，犹曰穷日之力也，是谓"勤"。夫往日"惟终"，来日犹未可保；往日"非终"，来日岂可期乎？是故勤之当勉，不勤之当戒。古传，"非终"句绝，非"惟终"句绝。果能"由慰日勤"矣，果能日谨一日而于帝之劝矣，如是乃能"敬逆天命，以奉予一人"，由身而家，由家而国，予一人实承其休美，可畏刑也，可美德也。刑虽可畏，畏而弗为则废矣；德虽可

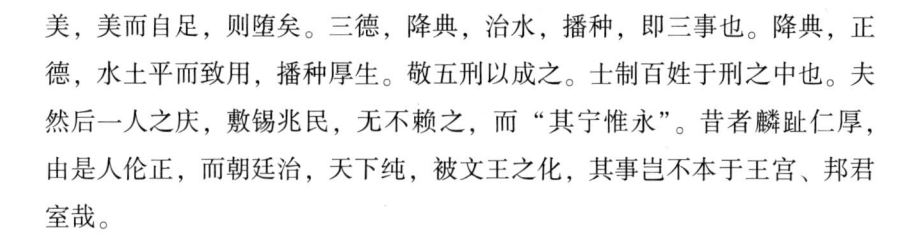

美，美而自足，则堕矣。三德，降典，治水，播种，即三事也。降典，正德，水土平而致用，播种厚生。敬五刑以成之。士制百姓于刑之中也。夫然后一人之庆，敷锡兆民，无不赖之，而"其宁惟永"。昔者麟趾仁厚，由是人伦正，而朝廷治，天下纯，被文王之化，其事岂不本于王宫、邦君室哉。

## 8. （宋）袁燮《絜斋家塾书钞》

（归善斋按，无此篇）

## 9. （宋）蔡沈《书经集传》卷六《周书·吕刑》

王曰，呜呼！念之哉，伯父、伯兄、仲叔、季弟、幼子、童孙，皆听朕言，庶有格命。今尔罔不由慰日勤，尔罔或戒不勤。天齐于民，俾我一日，非终惟终，在人。尔尚敬逆天命，以奉我一人。虽畏勿畏，虽休勿休。惟敬五刑，以成三德。一人有庆，兆民赖之，其宁惟永。

此告同姓诸侯也。格，至也。参错讯鞫，极天下之劳者，莫若狱。苟有毫发怠心，则民有不得其死者矣。"罔不由慰日勤"者，尔所用以自慰者，无不以日勤，故职举而刑当也。"尔罔或戒不勤"者，刑罚之用一成而不可变者也，苟顷刻之不勤，则刑罚失中，虽深戒之而已。施者亦无及矣，戒固善心也，而用刑岂可以或戒也哉。且刑狱，非所恃以为治也，天以是整齐乱民，使我为一日之用而已。"非终"，即《康诰》"大罪非终"之谓，言过之当宥者。"惟终"，即《康诰》"小罪惟终"之谓，言故之当辟者。"非终惟终"，皆非我得轻重，惟在夫人所犯耳。尔当敬逆天命，以承我一人。畏、威，古通用。威，辟之也。休，宥之也。我虽以为辟，尔惟勿辟；我虽以为宥，尔惟勿宥，惟敬乎五刑之用，以成刚、柔、正直之德，则君庆于上，民赖于下，而安宁之福，其永久而不替矣。

## 10. （宋）黄伦《尚书精义》卷四十九《周书·吕刑》

（按，以上经解《永乐大典》原缺）

## 11. （宋）陈经《尚书详解》卷四十七《周书·吕刑》

王曰，呜呼！念之哉，伯父、伯兄、仲叔、季弟、幼子、童孙，皆听朕言，庶有格命。今尔罔不由慰日勤，尔罔或戒不勤。天齐于民，俾我一日，非终惟终，在人，尔尚敬逆天命，以奉我一人。虽畏勿畏，虽休勿休。惟敬五刑以成三德，一人有庆，兆民赖之，其宁惟永。

念者，即上文伯夷之当监，有苗之当惩也。伯父、伯兄、仲叔、季弟，皆同姓诸侯之在父兄、叔弟之列者；幼子、童孙，诸侯之子孙者。"朕言庶有格命"，"皆听"遍告之也。能听我言，庶几至于天命，即前所谓"自作元命"也。"今尔罔不由慰日勤，尔罔或戒不勤"，尔当以勤为安，以不勤为戒，意岂不善才至于戒，不勤则心有作辍，勤之时少，不勤时多，以其出于勉强，非安行于勤者也，故告之曰，"尔当自安日勤"，则此心不以勤为劳，而以勤为当然。刑者，人命所系，勤苟不出于自然，而至于戒，则是不勤之为害也已多矣。刑者，是天以此整齐其民，使民趋于善而不趋于恶。然天之爱民，其心无穷，使我兢兢业业，不可以一日遂终其事，而相与以无穷者，犹有望于人，则敬刑之心，始有所托，是此心无穷已处，即天意也。尔当敬逆上天之命，以奉我一人，用刑之际，人虽我畏，而我犹以为未足畏；人虽称美于我，而我犹以为未足美。若然，则此心常无已，方能顺人君，爱民无穷之心，方能合得上天爱民无穷之心，方能尽在己爱民无穷之心。此岂非安于勤者之所能为哉？敬五刑，敬，即此之不已也，即勤也。敬五刑，则刚、柔、正直之德自成。时乎用中典，则正直之德成；时乎用重典，则刚之德成；时乎用轻典，则柔之德成，如此则其利甚大。人君因之，以享其福；斯民因之，以得其赖；后世因之，以得其宁。刑之为利如此，岂可以轻心用之而不知所以勤哉？

## 12. （宋）钱时《融堂书解》卷二十《周书·吕刑》

（按，以上书解《永乐大典》原缺）

## 13. （宋）魏了翁《尚书要义》卷十九《周书·君牙、冏命、吕刑》

（归善斋按，未引）

## 14. （宋）陈大猷《书集传或问》卷下《周书·吕刑》

（归善斋按，未解）

## 15. （宋）胡士行《尚书详解》卷十二《周书·吕刑第二十九》

王曰，呜呼！念之哉，伯父、伯兄、仲叔、季弟、幼子、童孙（穆王享国百年，其同姓诸侯，尊卑昭穆，如此之多），皆听朕言，庶有格（至）命（有终不中终）。今尔罔不由慰（安行自喜）日（日日也。汪云音曰）勤。尔罔（无）或戒（悔艾）不勤（他事不勤，而能戒可也，刑苟不勤而戒，则伤人矣何可哉）。天（以刑）齐（整）于民，俾（使）我（君，五刑五用），一日（之间）非终（不能终天之事）。惟终（能终天之事）在人（在典狱之人勤与不勤）。尔尚（庶）敬逆（迎奉）天命（齐天之命）。以奉我一人，虽畏（人所畏）勿畏，虽休（人所休）勿休。惟敬（天德）五刑，以成三德（刚、柔、正直，所以权是刑之轻重与轻重之间者），一人有庆（君之福也），兆民赖之（民之幸也），其宁（安王国）惟永。

刑，天讨也。畏之、休之，而上下其手，则非天矣。惟主敬而以天德用之，则德成而君民皆蒙其福，王国之长可必矣。一云，俾我属之君也，君当能一日之间终之哉，所以惟终之者，在典狱得人而已。

## 16. （元）吴澄《书纂言》卷四下《周书·吕刑》

王曰，呜呼！念之哉，伯父、伯兄、仲叔、季弟、幼子、童孙，皆听朕言，庶有格命。今尔罔不由慰日勤，尔罔或戒不勤。天齐于民，俾我一日，非终惟终，在人。尔尚敬逆天命，以奉我一人。虽畏勿畏，虽休勿休，惟敬五刑，以成三德。一人有庆，兆民赖之，其宁惟永。

2187

伯父等，即司正典狱之诸侯。王享国百年矣，诸侯之老者，犹父、兄、弟，少者犹子孙。父兄之列，以伯称；弟之列，以仲叔季称；子孙之列，以童幼称，举同姓诸侯以包异姓也。刑合天心，则天降格而眷命之。尔皆听我言，而谨于刑，庶乎天有格命也。由，用也。刑之中者，用以慰民也。尔无于此而不日勤，刑之失者宜以为戒也。尔无于此而戒不勤，勤于由慰，为其所当为也。不勤于所戒，不为其不当为也。刑者，天之所以齐乎民也。淫刑为天所谴，则必不终于位；祥刑为天所福，则必克终于位，使我在位一日，或不克终，或克终，皆在尔司刑之人。尔能谨于用刑，庶可敬逆天命，而使我克终，所以奉我一人也。畏，与威同。畏，谓刑罚之也；休，谓赦宥之也。虽有所刑罚，苟不当，则勿刑罚之；虽有所赦宥，苟不当，则勿赦宥之。惟当敬谨于五刑，使轻重宽严，各得其当，以成刚、柔、正直之三德。当宽而从轻，柔克也；当严而从重，刚克也；宽严轻重适其平，正直也。天有格命而克终于位，"一人有庆"也；恶无所容，而善有所恃，"兆民赖之"也。上下同享其安，永求无穷矣。穆王惕然以己之克终、不克终，系于诸侯用刑之当不当。诸侯承王之命，其可不谨于刑乎？

## 17.（元）陈栎《书集传纂疏》卷六《朱子订定蔡氏集传·周书·吕刑》

王曰，呜呼！念之哉，伯父、伯兄、仲叔、季弟、幼子、童孙，皆听朕言，庶有格命。今尔罔不由慰日勤，尔罔或戒不勤。天齐于民，俾我一日，非终惟终，在人。尔尚敬逆天命，以奉我一人。虽畏勿畏，虽休勿休，惟敬五刑，以成三德。一人有庆，兆民赖之，其宁惟永。

此告同姓诸侯也。格，至也。参错讯鞫，极天下之劳者，莫若狱。苟有毫发怠心，则民有不得其死者矣。"罔不由慰日勤"者，尔所用以自慰者，无不以日勤，故职举而刑当也。"尔罔或戒不勤"者，刑罚之用，一成而不可变者也。苟顷刻之不勤，则刑罚失中，虽深戒之而已。施者亦无及矣。戒固善心也，而用刑岂可以或戒也哉？且刑狱非所恃以为治也。天以是整齐乱民，使我为一日之用而已。"非终"，即《康诰》"大罪非终"之谓，言过之当宥者；"惟终"，即《康诰》"小罪惟终"之谓，言故之当辟者。"非终惟终"，皆非我得轻重，惟在夫人所犯耳。尔当敬逆天命，以承我一人。畏、威，古通用。威，辟之也。休，宥之也。我虽以为辟，尔惟勿辟；我虽以为宥，尔惟勿宥，惟敬乎五刑之用，以成刚、柔、正直之德，则君庆于上，民赖于下，而安宁之福，其永久而不替矣。

纂疏：

苏氏曰，庶以格天命。

吕氏曰，慰者，非得其情而喜，盖以不弛其职自慰也。"罔或戒"者，必常惰而后戒，虽曰追悔，方其惰时，刑必有失其平者矣。

陈氏曰，尔当以日勤为安，不至以不勤为戒。戒不勤，则心有作辍，而不能日勤，不勤之为害已多矣。天以刑齐民，天不能自为之，故以俾我。然天之爱民其心无穷，我亦不能以一日，遂终其事，相与以终之者，犹有望于人，则吾敬刑之心，始有所托，是此心无穷已处，即天意也。尔当敬迎天命，以奉我一人。用刑之际，人虽畏服，我犹以为未足畏；人虽称美，我犹以为未足美，则此心常无已，方能承人君爱民无穷之心，合上天爱民无穷之心矣。"成三德"者，时乎用中典，则正直之德成；时乎用重典，则刚德成；时乎用轻典，则柔德成。

王氏炎曰，刑当轻而轻，以成柔德，而柔不至于纵弛。当重而重，以成刚德，而刚不至于苛暴；介轻重之间，以成正直，而正直不至于偏倚。

愚谓，下文有"敬逆天命"，则首当云庶几有以感格天命，刑出于天，天俾之我，故望尔迎天命，以奉我所以承天者，勤也，敬。能勤能敬，则刑非刑也，德也。刑非刑也，福也，可不念之哉？

## 18.（元）许谦《读书丛说》卷六《周书·吕刑》

（原缺）

## 19.（元）董鼎《书传辑录纂注》卷六《周书·吕刑》

王曰，呜呼！念之哉，伯父、伯兄、仲叔、季弟、幼子、童孙，皆听朕言，庶有格命。今尔罔不由慰日勤，尔罔或戒不勤。天齐于民，俾我一日，非终惟终，在人。尔尚敬逆天命，以奉我一人。虽畏勿畏，虽休勿休，惟敬五刑，以成三德。一人有庆，兆民赖之，其宁惟永。

2189

此告同姓诸侯也。格，至也。参错讯鞫，极天下之劳者，莫若狱。苟有毫发怠心，则民有不得其死者矣。"罔不由慰曰勤"者，尔所用以自慰者，无不以日勤，故职举而刑当也。"尔罔或戒不勤"者，刑罚之用，一成而不可变者也。苟顷刻之不勤，则刑罚失中，虽深戒之而已，施者亦无及矣。戒固善心也，而用刑岂可以或戒也哉。且刑狱，非所恃以为治也，天以是整齐乱民，使我为一日之用而已。"非终"，即《康诰》"大罪非终"之谓，言过之当宥者。"惟终"，即《康诰》"小罪惟终"之谓，言故之当辟者。"非终惟终"，皆非我得轻重，惟在夫人所犯耳。尔当敬逆天命，以承我一人。畏、威古通用。威，辟之也；休，宥之也。我虽以为辟，尔惟勿辟；我虽以为宥，尔惟勿宥。惟敬乎五刑之用，以成刚、柔、正直之德，则君庆于上，民赖于下，而安宁之福，永久而不替矣。

纂注：

唐孔氏曰，格，训至。至命不知何命。郑云，格，登也，登命谓寿考。

苏氏曰，庶以格天命。

新安胡氏曰，下文有"敬逆天命"此则当云庶几有以感格天命。

陈氏经曰，尔当以日勤为安，不至于以不勤为戒。戒不勤，则心有作辍，而不能日勤矣。天以刑齐民天，不能自为之，故以俾我，然天之爱民其心无穷，我当兢兢业业，不以以一日遂终其事，相与以终之于无穷者，犹有望于人，则吾敬刑之心，始有所托，是此心无穷已处，即天意也。尔尚敬迎天命，以奉我一人。用刑之际，人虽畏服我，犹以为未足畏；人虽称美，我犹以为未足美，若然则此心常无已，方能承人君爱民无穷之心，方能合上天爱民无穷之心。此岂非安于日勤者之所能为哉。

息斋余氏曰，"天齐"至"在人"，且从孔说。"俾我"句，一曰，连下句。

吕氏曰，人所畏勿畏，人所休勿休，心不外用，惟敬五刑。

夏氏曰，于五刑所当重者重，无愧于三德之刚，而刚不至于太苛；所当轻者轻，无愧于三德之柔，而柔不至于太纵；介轻重之间者无愧于三德之正直，而正直不至于偏倚。如是，则足以敬迎天命矣。

新安陈氏曰，此章言刑出于天，天俾之我，故望尔逆天命以奉我，所以承天者，勤也，敬也。能勤能敬，则刑非刑也，德也。刑非刑也，福也，可不念哉？

"非终惟终"，陈氏说，贯穿有味，合备一说。

## 20.（元）朱祖义《尚书句解》卷十二《周书·吕刑第二十九》

王曰，呜呼！念之哉（嗟叹，呼同姓诸侯，戒之，使以刑为念）。

## 21.（明）王樵《尚书日记》卷十六《周书·吕刑》

"王曰，呜呼！念之哉"至"其宁惟永"。

孔氏曰，念以伯夷为法，苗民为戒。王同姓，有父兄、子弟列者，伯仲、叔、季，顺少长也。举同姓包异姓，言不殊也。皆听我言，庶几有至命。按，言庶几有至命，所以起其听也。命，即穆王之命。正义作寿命言，非也。

勤者，事事尽其心之谓"勤"者；无所憾于己之谓"戒"者，有所惩于前之辞。有失，然后有戒，故言刑不可以不勤而或戒，欲其常勤而无所失耳。"罔或戒不勤"，过在不勤，而不在戒。《复》之六三曰"频复厉无咎"。程子曰。与其复而危。其屡失，故云"厉无咎"，不可以频失而戒其复也。频失则为危，屡复何咎，过在失，而不在复也。

论迁善之道，则失而知悔，悔而克戒，是善心。论用刑之道，则此岂可以或戒。盖别事犹可补过，若刑，则死者不可复生，断者不可复续，才说待你戒，彼受错者何辜。虽刑其身以偿之，无补于其人也。宋有错黥了人者，台官劾其就人面上起草。刑，非所恃以为治也。天以是整齐乱民，使我为一日之用而已，其可以不日勤乎？其可以今日不勤，而明日致戒乎？故凡"非终"而当宥，"惟终"而当辟，皆非我得轻重，惟在夫人所犯，是为天讨之公，乃天命所在也。尔尚敬迎天命，以奉我一人，苟非天命，虽我欲畏，尔惟勿畏。畏、威古通用，谓辟也。虽我欲休，尔惟勿休。古以刑为咎，则以开释为休，谓宥之也。惟敬乎五刑之用，以成刚、柔、正直之德。敬者，言畏与休，皆不敢忽也。当畏而畏，所以成刚之德；当休而休，所以成柔之德；畏其所当畏，则民

2191

皆惧于为恶；休其所当休，则民皆乐于为善，不犯于刑，相安于无事，之天所以成正直之德也。至是乃所谓"日勤"者矣。岂但足由以自慰而已邪。"一人有庆"，谓太平之福。"兆民赖之"，谓保其元命。其安宁惟长久，兼上下而言也。

## 22.（清）库勒纳等撰《日讲书经解义》卷十三《周书·吕刑》

王曰，呜呼！念之哉，伯父、伯兄、仲叔、季弟、幼子、童孙，皆听朕言，庶有格命。今尔罔不由慰日勤，尔罔或戒不勤。天齐于民，俾我一日，非终惟终，在人。尔尚敬逆天命，以奉我一人。虽畏勿畏，虽休勿休，惟敬五刑，以成三德。一人有庆，兆民赖之，其宁惟永。

此一节书是，告同姓诸侯敬刑之辞也。格，至也。非终，过之当宥者；惟终，故之当辟者。穆王叹息言曰，凡吾诸侯，其尚克念之哉。凡朕之伯父、伯兄、仲叔、季弟、幼子、童孙，皆当敬听朕言。朕庶有至当之言，以命尔也。盖参错讯鞫，不容有毫发怠心，是极天下之勤者，莫若狱也。"今尔罔不由慰日勤"，尔苟能日勤，即尔心亦用以自慰也。"尔罔或戒不勤"，尔苟一有不勤，即尔悔而思戒，亦已无及也。且刑狱固非恃以为治，特上天欲整齐乱民，俾我为一日之用耳。其中有过之当宥，即大罪而非终者；有故之当辟，即小罪而惟终者，惟在夫人所犯。尔尚勿以一毫私意与乎其间，以敬迎上天之命，以奉事我一人。我虽欲辟，尔惟勿辟；我虽欲宥，尔惟勿宥，惟敬谨于五刑，使或由重而轻，或由轻而重，斟酌于轻重之中，以辅成吾正直、刚、柔之三德，则朕与有庆，而兆民实利赖之，安宁之福永久而不替矣。按，三德本于《洪范》。正直之用一，而刚柔之用四。听狱固其一端，而所系甚巨，盖平康之世，刑罚不用之时也。一以正直治之而已，否则，或以刚克刚，以柔克柔，或以柔克刚，或以刚克柔，在敬用而时宜之。过于刚则苛刻惨急，而必滋欺遁之奸；过于柔则颓惰委靡而卒开淫刑之渐，故用刑必三德全而始谓之中也。

# 伯父、伯兄、仲叔、季弟、幼子、童孙，皆听朕言，庶有格命

**1.（汉）孔氏传、（唐）陆德明音义、孔颖达疏《尚书注疏》卷十八《周书·吕刑》**

伯父，伯兄，仲叔，季弟，幼子，童孙，皆听朕言，庶有格命。

传，皆王同姓，有父兄弟子孙列者，伯、仲、叔、季，顺少长也。举同姓，包异姓，言不殊也。听从我言，庶几有至命。

音义，听，如字，又他经反。少，诗照反。长，丁丈反。

疏，正义曰，既令念此法戒，又呼同姓诸侯曰，伯父，伯兄，仲叔，季弟，幼子，童孙等，汝皆听从我言，依行用之，庶几有至善之命，命必长寿也。

传正义曰，此总告诸侯，不独告同姓，知举同姓包异姓也。格，训"至"也，言庶几有至命。至命当谓至善之命，不知是何命也。郑玄云，格，登也。登命，谓寿考者。传云"至命"，亦谓寿考。

《尚书注疏》卷十八《考证》

幼子童孙。

林之奇曰，穆王享国百年，故诸侯或其子孙也。

**2.（宋）苏轼《书传》卷十九《周书·吕刑第二十九》**

（归善斋按，见"王曰，呜呼！念之哉"）

**3.（宋）林之奇《尚书全解》卷三十九《周书·吕刑》**

（归善斋按，见"乃命三后，恤功于民。伯夷降典，折民惟刑；禹平水土，主名山川；稷降播种，农殖嘉谷"）

**4.（宋）史浩《尚书讲义》卷二十《周书·吕刑》**

（按，以上讲义《永乐大典》原缺）

## 5. （宋）夏僎《尚书详解》卷二十五《周书·吕刑》

（归善斋按，见"王曰，呜呼！念之哉"）

## 6. （宋）时澜《增修东莱书说》卷三十四《周书·吕刑第二十九》

（归善斋按，见"王曰，呜呼！念之哉"）

## 7. （宋）黄度《尚书说》卷七《周书·吕刑》

（归善斋按，见"王曰，呜呼！念之哉"）

## 8. （宋）袁燮《絜斋家塾书钞》

（归善斋按，无此篇）

## 9. （宋）蔡沈《书经集传》卷六《周书·吕刑》

（归善斋按，见"王曰，呜呼！念之哉"）

## 10. （宋）黄伦《尚书精义》卷四十九《周书·吕刑》

（按，以上经解《永乐大典》原缺）

## 11. （宋）陈经《尚书详解》卷四十七《周书·吕刑》

（归善斋按，见"王曰，呜呼！念之哉"）

## 12. （宋）钱时《融堂书解》卷二十《周书·吕刑》

（按，以上书解《永乐大典》原缺）

## 13. （宋）魏了翁《尚书要义》卷十九《周书·君牙、冏命、吕刑》

廿四、言父兄弟子孙，举同姓包异姓。

"王曰，呜呼！念之哉"，念以伯夷为法，苗民为戒。"伯父、伯兄、仲叔、季弟、幼子、童孙，皆听朕言，庶有格命"，皆王同姓，有父兄弟子孙列者，伯、仲、叔、季，顺少长也。举同姓包异姓，言不殊也。听从我言，庶几有致命。

**14.（宋）陈大猷《书集传或问》卷下《周书·吕刑》**

（归善斋按，未解）

**15.（宋）胡士行《尚书详解》卷十二《周书·吕刑第二十九》**

（归善斋按，见"王曰，呜呼！念之哉"）

**16.（元）吴澄《书纂言》卷四下《周书·吕刑》**

（归善斋按，见"王曰，呜呼！念之哉"）

**17.（元）陈栎《书集传纂疏》卷六《朱子订定蔡氏集传·周书·吕刑》**

（归善斋按，见"王曰，呜呼！念之哉"）

**18.（元）许谦《读书丛说》卷六《周书·吕刑》**

（原缺）

**19.（元）董鼎《书传辑录纂注》卷六《周书·吕刑》**

（归善斋按，见"王曰，呜呼！念之哉"）

**20.（元）朱祖义《尚书句解》卷十二《周书·吕刑第二十九》**

伯父、伯兄（同姓尊者）、仲叔、季弟（在弟列者）、幼子、童孙（在子孙之列者），皆听朕言（皆听我言），庶有格命（庶几所受诸侯之命，至于有终而不中绝）。

## 21. (明) 王樵《尚书日记》卷十六《周书·吕刑》

(归善斋按,见"王曰,呜呼!念之哉")

## 22. (清) 库勒纳等撰《日讲书经解义》卷十三《周书·吕刑》

(归善斋按,见"王曰,呜呼!念之哉")

### (元) 陈师凯《蔡氏传旁通》卷六下《吕刑》火正黎

格,至也。

正义云,"格"训至,至命不知何命。新安胡氏曰,下文有"敬逆天命",此则当云,庶几有以感格天命,戒固善心也。而用,岂可以或戒也哉。言欲其无时而不戒也。苟或戒而或不戒,则不勤而刑不当矣。

### (清) 朱鹤龄《尚书埤传》卷十五《周书·吕刑》

格命。

格,孔疏云,至也,谓至善之命,或曰言感格尔心之诰命。

# 今尔罔不由慰日勤,尔罔或戒不勤

## 1. (汉) 孔氏传、(唐) 陆德明音义、孔颖达疏《尚书注疏》卷十八《周书·吕刑》

今尔罔不由慰日勤,尔罔或戒不勤。

传,今汝无不用安自居,曰当勤之;汝无有徒念戒而不勤。

音义,日,人实反,一音曰。

疏,正义曰,今汝等诸侯,无不用安道以自居,曰我当勤之哉。汝已许自勤,即当必勤,汝无有徒念我戒,许欲自勤,而身竟不勤,戒使必自勤也。

传正义曰,由,用也。慰,安也。人之行事,多有始无终,从而不改

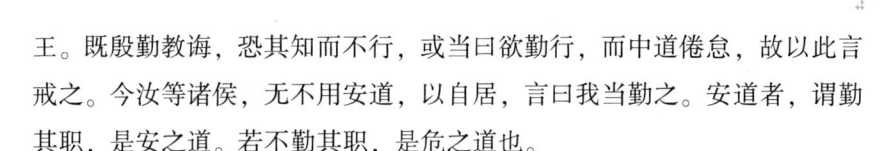

王。既殷勤教诲，恐其知而不行，或当曰欲勤行，而中道倦怠，故以此言戒之。今汝等诸侯，无不用安道，以自居，言曰我当勤之。安道者，谓勤其职，是安之道。若不勤其职，是危之道也。

《尚书注疏》卷十八《考证》

今尔罔不由慰日勤。

臣召南按，孔疏则本文作曰勤，故陆氏音义亦云一音曰也。金履祥，谓孔氏作曰，后儒见下文一日，非终之说，又读为"日"，然陆氏已读作"日"矣。

### 2. （宋）苏轼《书传》卷十九《周书·吕刑第二十九》

今尔罔不由慰日勤，尔罔或戒不勤。

狱非尽心力，不得其实，故无狱不以勤为主。由，用也。尔当用狱吏，慰安之而日愈勤者，不当用戒敕之而终不勤者。

### 3. （宋）林之奇《尚书全解》卷三十九《周书·吕刑》

（归善斋按，见"乃命三后，恤功于民。伯夷降典，折民惟刑；禹平水土，主名山川；稷降播种，农殖嘉谷"）

### 4. （宋）史浩《尚书讲义》卷二十《周书·吕刑》

（按，以上讲义《永乐大典》原缺）

### 5. （宋）夏僎《尚书详解》卷二十五《周书·吕刑》

（归善斋按，见"王曰，呜呼！念之哉"）

### 6. （宋）时澜《增修东莱书说》卷三十四《周书·吕刑第二十九》

（归善斋按，见"王曰，呜呼！念之哉"）

### 7. （宋）黄度《尚书说》卷七《周书·吕刑》

（归善斋按，见"王曰，呜呼！念之哉"）

## 8.（宋）袁燮《絜斋家塾书钞》

（归善斋按，无此篇）

## 9.（宋）蔡沈《书经集传》卷六《周书·吕刑》

（归善斋按，见"王曰，呜呼！念之哉"）

## 10.（宋）黄伦《尚书精义》卷四十九《周书·吕刑》

（按，以上经解《永乐大典》原缺）

## 11.（宋）陈经《尚书详解》卷四十七《周书·吕刑》

（归善斋按，见"王曰，呜呼！念之哉"）

## 12.（宋）钱时《融堂书解》卷二十《周书·吕刑》

（按，以上书解《永乐大典》原缺）

## 13.（宋）魏了翁《尚书要义》卷十九《周书·君牙、冏命、吕刑》

（归善斋按，未引）

## 14.（宋）陈大猷《书集传或问》卷下《周书·吕刑》

（归善斋按，未解）

## 15.（宋）胡士行《尚书详解》卷十二《周书·吕刑第二十九》

（归善斋按，见"王曰，呜呼！念之哉"）

## 16.（元）吴澄《书纂言》卷四下《周书·吕刑》

（归善斋按，见"王曰，呜呼！念之哉"）

**17.（元）陈栎《书集传纂疏》卷六《朱子订定蔡氏集传·周书·吕刑》**

(归善斋按,见"王曰,呜呼!念之哉")

**18.（元）许谦《读书丛说》卷六《周书·吕刑》**

(原缺)

**19.（元）董鼎《书传辑录纂注》卷六《周书·吕刑》**

(归善斋按,见"王曰,呜呼!念之哉")

**20.（元）朱祖义《尚书句解》卷十二《周书·吕刑第二十九》**

今尔罔不由慰日勤(今尔无不自用慰,其能日勤于刑,而不使妄加可也),尔罔或戒不勤(尔无以为有时不勤,尚或可戒。苟不勤于刑至妄加,而后戒之,则已有无辜而受戮者)。

**21.（明）王樵《尚书日记》卷十六《周书·吕刑》**

(归善斋按,见"王曰,呜呼!念之哉")

**22.（清）库勒纳等撰《日讲书经解义》卷十三《周书·吕刑》**

(归善斋按,见"王曰,呜呼!念之哉")

## 天齐于民,俾我一日,非终惟终,在人

**1.（汉）孔氏传、（唐）陆德明音义、孔颖达疏《尚书注疏》卷十八《周书·吕刑》**

天齐于民,俾我一日,非终惟终,在人。

传，天整齐于下民，使我为之一日所行，非为天所终，惟为天所终，在人所行尔。

音义，"天齐于民"绝句，马云，齐，中也。"俾我"绝句，俾，必尔反，马本作矜，矜，哀也。

疏，正义曰，上天欲整齐于下民，使我为之令，我为天子整齐下民也。我一日所行，失其道，非为天所终；一日所行得其理，惟为天所终。此事皆在人所行，言己当慎行以顺天也。

传正义曰，天整齐于下民者，欲使之顺道，依理以性命自终也。以民不能自治，故使我为之，使我为天子，我既受天委付，务欲称天之心，坠失天命是不为天所终；保全禄位，是为天所终。我一日所行善之与恶，非为天所终；惟为天所终，皆在人所行。王言己冀欲使为行称天意也。

《尚书注疏》卷十八《考证》

"天齐于民（句），俾我（句），一日非终（句），惟终在人（句）"。

臣召南按，今文读至"一日"为句，杨赐封事引此文作"天齐乎人，假我一日"可证也。宋儒本之，以"非终惟终"为句，"在人"为句。

## 2. （宋）苏轼《书传》卷十九《周书·吕刑第二十九》

天齐于民，俾我一日，非终惟终，在人。

刑狱，非所恃以为治也。天以是整齐乱民而已。盖使我为一日之用，非究竟要道也，可恃以终者，其惟得人乎？

## 3. （宋）林之奇《尚书全解》卷三十九《周书·吕刑》

（归善斋按，见"乃命三后，恤功于民。伯夷降典，折民惟刑；禹平水土，主名山川；稷降播种，农殖嘉谷"）

## 4. （宋）史浩《尚书讲义》卷二十《周书·吕刑》

（按，以上讲义《永乐大典》原缺）

## 5. （宋）夏僎《尚书详解》卷二十五《周书·吕刑》

（归善斋按，见"王曰，呜呼！念之哉"）

**6.（宋）时澜《增修东莱书说》卷三十四《周书·吕刑第二十九》**

(归善斋按，见"王曰，呜呼！念之哉")

**7.（宋）黄度《尚书说》卷七《周书·吕刑》**

(归善斋按，见"王曰，呜呼！念之哉")

**8.（宋）袁燮《絜斋家塾书钞》**

(归善斋按，无此篇)

**9.（宋）蔡沈《书经集传》卷六《周书·吕刑》**

(归善斋按，见"王曰，呜呼！念之哉")

**10.（宋）黄伦《尚书精义》卷四十九《周书·吕刑》**

(按，以上经解《永乐大典》原缺)

**11.（宋）陈经《尚书详解》卷四十七《周书·吕刑》**

(归善斋按，见"王曰，呜呼！念之哉")

**12.（宋）钱时《融堂书解》卷二十《周书·吕刑》**

(按，以上书解《永乐大典》原缺)

**13.（宋）魏了翁《尚书要义》卷十九《周书·君牙、冏命、吕刑》**

(归善斋按，未引)

**14.（宋）陈大猷《书集传或问》卷下《周书·吕刑》**

(归善斋按，未解)

2201

### 15. （宋）胡士行《尚书详解》卷十二《周书·吕刑第二十九》

(归善斋按，见"王曰，呜呼！念之哉")

### 16. （元）吴澄《书纂言》卷四下《周书·吕刑》

(归善斋按，见"王曰，呜呼！念之哉")

### 17. （元）陈栎《书集传纂疏》卷六《朱子订定蔡氏集传·周书·吕刑》

(归善斋按，见"王曰，呜呼！念之哉")

### 18. （元）许谦《读书丛说》卷六《周书·吕刑》

(原缺)

### 19. （元）董鼎《书传辑录纂注》卷六《周书·吕刑》

(归善斋按，见"王曰，呜呼！念之哉")

### 20. （元）朱祖义《尚书句解》卷十二《周书·吕刑第二十九》

天齐于民，俾我（刑戮之用，乃天以是整齐乱民，使我主之），一日非终（一日之间不可终其事，必详审孰究，如要囚，服念五六日，至于旬时而后可），惟终在人（苟欲善终，其事在于得人）。

### 21. （明）王樵《尚书日记》卷十六《周书·吕刑》

(归善斋按，见"王曰，呜呼！念之哉")

### 22. （清）库勒纳等撰《日讲书经解义》卷十三《周书·吕刑》

(归善斋按，见"王曰，呜呼！念之哉")

### （清）王夫之《尚书稗疏》卷四下《周书·吕刑》

俾我一日非终（句），惟终在人（句）。

上言尔所罔不自慰而克作天牧者，非曰勤乎？尔所无能戒而为上帝所不蠲者，非不勤乎？勤则敬，敬则足迓天命。而日勤者，一日之积也。一日不勤，则不得为勤矣。乃天与人以一日，其为勤不勤者，胥此一日也。能与人以日，而不能使人勤，则终此一日之力以勤者非天也，其惟终者在人也。而可不敬而若勿敬，美而若勿美，以终一日之勤，以逆天命哉。听讼之失，自非鬻狱者，恒因于惰，惰则不详为阅审，而人之情无以自达矣。故穆王深以勤戒之。传注迂折不顺，特为正之如此。

## 尔尚敬逆天命，以奉我一人，虽畏勿畏，虽休勿休

### 1.（汉）孔氏传、（唐）陆德明音义、孔颖达疏《尚书注疏》卷十八《周书·吕刑》

尚敬逆天命，以奉我一人，虽畏勿畏，虽休勿休。

传，汝当庶几敬逆天命，以奉我一人之戒行事，虽见畏，勿自谓可敬畏；虽见美，勿自谓有德美。

疏，正义曰，我已冀欲顺天，汝等当庶几敬逆天命，以奉用我一人之戒。汝所行事，虽见畏，勿自谓可敬畏；虽见美，勿自谓有德美，欲令其谦，而勿自恃也。

传正义曰，逆，迎也。上天授人为主，是下天命也。诸侯上辅天子，是逆天命也，言与天意相迎逆也。汝当庶几敬迎天命，以奉我一人之戒，欲使之顺天意而用己命。凡人被人畏，必当自谓己有可畏敬；被人誉，必自谓己实有美德，故戒之。汝等所行事，虽见畏勿自谓可敬畏，虽见美勿自谓有德美，教之令谦而不自恃也。上句"虽畏勿畏，虽休勿休"是先戒以劳谦之德也。劳谦，《易·谦卦》九三爻辞，谦则心劳，故云"劳

谦"。

## 2.（宋）苏轼《书传》卷十九《周书·吕刑第二十九》

尔尚敬逆天命，以奉我一人。虽畏勿畏，虽休勿休。

休，喜也。典狱者不可以有所畏、喜。

## 3.（宋）林之奇《尚书全解》卷三十九《周书·吕刑》

(归善斋按，见"乃命三后，恤功于民。伯夷降典，折民惟刑；禹平水土，主名山川；稷降播种，农殖嘉谷")

## 4.（宋）史浩《尚书讲义》卷二十《周书·吕刑》

(按以上讲义《永乐大典》原缺)

## 5.（宋）夏僎《尚书详解》卷二十五《周书·吕刑》

(归善斋按，见"王曰，呜呼！念之哉")

## 6.（宋）时澜《增修东莱书说》卷三十四《周书·吕刑第二十九》

(归善斋按，见"王曰，呜呼！念之哉")

## 7.（宋）黄度《尚书说》卷七《周书·吕刑》

(归善斋按，见"王曰，呜呼！念之哉")

## 8.（宋）袁燮《絜斋家塾书钞》

(归善斋按，无此篇)

## 9.（宋）蔡沈《书经集传》卷六《周书·吕刑》

(归善斋按，见"王曰，呜呼！念之哉")

## 10.（宋）黄伦《尚书精义》卷四十九《周书·吕刑》

(按，以上经解《永乐大典》原缺)

### 11.（宋）陈经《尚书详解》卷四十七《周书·吕刑》

(归善斋按，见"王曰，呜呼！念之哉")

### 12.（宋）钱时《融堂书解》卷二十《周书·吕刑》

(按，以上书解《永乐大典》原缺)

### 13.（宋）魏了翁《尚书要义》卷十九《周书·君牙、冏命、吕刑》

廿五、虽畏勿畏，虽休勿休。

凡人，被人畏，必当自谓己有可畏敬；被人誉，必自谓己实有德美，故戒之汝等，所行事，虽见畏，勿自谓可敬畏；虽见美，勿自谓有德美，教之，令谦而不自恃也。

### 14.（宋）陈大猷《书集传或问》卷下《周书·吕刑》

(归善斋按，未解)

### 15.（宋）胡士行《尚书详解》卷十二《周书·吕刑第二十九》

(归善斋按，见"王曰，呜呼！念之哉")

### 16.（元）吴澄《书纂言》卷四下《周书·吕刑》

(归善斋按，见"王曰，呜呼！念之哉")

### 17.（元）陈栎《书集传纂疏》卷六《朱子订定蔡氏集传·周书·吕刑》

(归善斋按，见"王曰，呜呼！念之哉")

### 18.（元）许谦《读书丛说》卷六《周书·吕刑》

(原缺)

## 19. （元）董鼎《书传辑录纂注》卷六《周书·吕刑》

(归善斋按，见"王曰，呜呼！念之哉")

## 20. （元）朱祖义《尚书句解》卷十二《周书·吕刑第二十九》

尔尚敬逆天命（尔诸侯，敬顺天命，谨于用刑），以奉我一人（以奉承我一人也）。虽畏勿畏（虽平时所畏，今不可以畏之，故重吾之法），虽休勿休（虽平时所与甚休者，今不可以休之，故轻吾之法）。

## 21. （明）王樵《尚书日记》卷十六《周书·吕刑》

(归善斋按，见"王曰，呜呼！念之哉")

## 22. （清）库勒纳等撰《日讲书经解义》卷十三《周书·吕刑》

(归善斋按，见"王曰，呜呼！念之哉")

# 惟敬五刑，以成三德，一人有庆，兆民赖之，其宁惟永

## 1. （汉）孔氏传、（唐）陆德明音义、孔颖达疏《尚书注疏》卷十八《周书·吕刑》

惟敬五刑，以成三德，一人有庆，兆民赖之，其宁惟永。

传，先戒以劳谦之德，次教以惟敬五刑，所以成刚、柔、正直之三德也。天子有善，则兆民赖之，其乃安宁长久之道。

疏，正义曰，汝等惟当敬慎，用此五刑，以成刚、柔、正直之三德，以辅我天子，我天子一人，有善事，则亿兆之民蒙赖之，若能如此，其乃安宁，惟久长之道也。

传正义曰，天子有善，以善事教天下，则兆民蒙赖之。

## 2.（宋）苏轼《书传》卷十九《周书·吕刑第二十九》

惟敬五刑，以成三德，一人有庆，兆民赖之，其宁惟永。

三德，《洪范》三德也。以刑成德，王有庆，民有利，则其安长久也。

## 3.（宋）林之奇《尚书全解》卷三十九《周书·吕刑》

（归善斋按，见"乃命三后，恤功于民。伯夷降典，折民惟刑；禹平水土，主名山川；稷降播种，农殖嘉谷"）

## 4.（宋）史浩《尚书讲义》卷二十《周书·吕刑》

（按，以上讲义《永乐大典》原缺）

## 5.（宋）夏僎《尚书详解》卷二十五《周书·吕刑》

（归善斋按，见"王曰，呜呼！念之哉"）

## 6.（宋）时澜《增修东莱书说》卷三十四《周书·吕刑第二十九》

（归善斋按，见"王曰，呜呼！念之哉"）

## 7.（宋）黄度《尚书说》卷七《周书·吕刑》

（归善斋按，见"王曰，呜呼！念之哉"）

## 8.（宋）袁燮《絜斋家塾书钞》

（归善斋按，无此篇）

## 9.（宋）蔡沈《书经集传》卷六《周书·吕刑》

（归善斋按，见"王曰，呜呼！念之哉"）

10. （宋）黄伦《尚书精义》卷四十九《周书·吕刑》

（按，以上经解《永乐大典》原缺）

11. （宋）陈经《尚书详解》卷四十七《周书·吕刑》

（归善斋按，见"王曰，呜呼！念之哉"）

12. （宋）钱时《融堂书解》卷二十《周书·吕刑》

（按，以上书解《永乐大典》原缺）

13. （宋）魏了翁《尚书要义》卷十九《周书·君牙、冏命、吕刑》

（归善斋按，未引）

14. （宋）陈大猷《书集传或问》卷下《周书·吕刑》

（归善斋按，未解）

15. （宋）胡士行《尚书详解》卷十二《周书·吕刑第二十九》

（归善斋按，见"王曰，呜呼！念之哉"）

16. （元）吴澄《书纂言》卷四下《周书·吕刑》

（归善斋按，见"王曰，呜呼！念之哉"）

17. （元）陈栎《书集传纂疏》卷六《朱子订定蔡氏集传·周书·吕刑》

（归善斋按，见"王曰，呜呼！念之哉"）

18. （元）许谦《读书丛说》卷六《周书·吕刑》

（原缺）

## 19.（元）董鼎《书传辑录纂注》卷六《周书·吕刑》

（归善斋按，见"王曰，呜呼！念之哉"）

## 20.（元）朱祖义《尚书句解》卷十二《周书·吕刑第二十九》

惟敬五刑（惟尽敬以用五刑），以成三德（便当重而重，以成其德之刚；当轻而轻，以成其德之柔；不轻不重，以成其德之正直）。一人有庆（人君因之，以享其福），兆民赖之（兆民因之，以赖其福），其宁惟永（天子乐于上，万民乐于下，四海九州皆在和气中，此其安宁，岂朝夕而已）。

## 21.（明）王樵《尚书日记》卷十六《周书·吕刑》

（归善斋按，见"王曰，呜呼！念之哉"）

## 22.（清）库勒纳等撰《日讲书经解义》卷十三《周书·吕刑》

（归善斋按，见"王曰，呜呼！念之哉"）

## （元）王充耘《书义矜式》卷六《周书·吕刑》

惟敬五刑，以成三德，一人有庆，兆民赖之，其宁惟永。

法必谨所施，有以全治道之不及，则君民受其福，可必其效于无穷。夫王者之治以德，为化民之本，而必假刑以辅之，其有关于君民者，为甚重也。故为臣者，能敬谨以为五刑之施，以成刚明正直之三德，则法之所加，盖无不当者矣。如是，则君庆于上，民赖于下，而安宁之休，可以永久而不替。其为国家之福，又岂有终穷也哉？世无刑罚，虽唐虞不能以化天下，以其为治道之所关也。然刑一也，唐虞用之，则足以致隆平；后世因之，或足以基乱，无他敬与不敬而已矣。盖敬者，用刑成德之本也。德者，出治之基；刑者辅世之具。道之以道，而不足，然后用以防之，而非恃之以求逞也。是以，古人慎之、重之。盖知夫死者不可复生，断者不可复续，一失其当，则民无所措手足矣。为民上者，使民无所措其手足，则必并告无辜于上下神祇。灾异之来，虽有善者，亦将无如之何矣。呜呼，刑者民命之所关，亦国命之所系，用之可不慎乎？夫刑有五，墨、劓、剕、宫、辟是也。德有三，刚、柔、正直是也。非三德，不足以制天下；非五刑，不足以成三德。用刑者，如之何而不敬也。刑乱国用重典，所以成三德之刚也。然一有不敬，则或伤于苛暴，而不足以为刚。刑新国用轻典，所以成三德之柔也，一有不敬，则或失于姑息，而不足以为柔。刑平国用中典，所以成三德之正直也，一有不敬，则或失于枉滥，而不足以为正直。惟能审操纵之宜，权轻重之等，使辟以止辟，刑期无刑，则刑之所加，皆德之所寓矣。夫如是，吾见其好生之德，洽于民心，至和之气充塞天地。上则阴阳调而风雨时；下则群生和而万物理。一人垂拱于九重，而天下同跻于寿域矣。建丕基于不敝，有不啻泰山之安；保休命于无疆，有不啻四维之固。安宁之福，夫岂一朝一夕而已哉？吾今而后，知明刑弼教，非圣人之所可废，亦非圣人之所可恃。所可恃者，恃其有德而已矣。盖道之德教，德教洽，而民气乐；驱以法令，法令极，而民风哀。哀乐之感，祸福之应也。昔周之初，纯任德教，而司寇之设，必惟其人，有苏忿生以居之于前，有康叔封以承之于后，"式敬由狱，长我王国"，夫岂偶然。故成康之世，刑措四十余年而不用，而忠厚之泽迄于季世而不衰。穆王继当耄荒之年，而有《吕刑》之训，犹拳拳乎"有德惟刑"，"朕敬惟刑"，与夫"哲人惟刑，无疆之休"之语。其先德后刑之语，盖犹前日兹三代所以为有道之长欤。传曰，泰和在唐虞成周，又曰，周过其历，有由然者矣。

# 王曰，吁！来，有邦有土，告尔祥刑

## 1.（汉）孔氏传、（唐）陆德明音义、孔颖达疏《尚书注疏》卷十八《周书·吕刑》

王曰，吁！来，有邦有土，告尔祥刑。

传，吁，叹也。有国土诸侯，告汝以善用刑之道。

音义，吁，况于反，马作于，于，于也。

疏，正义曰，凡与人言，必呼使来前。吁，叹声也。王叹而呼诸侯曰，吁，来，有邦国有土地诸侯国君等，告汝以善用刑之道。

## 2. （宋）苏轼《书传》卷十九《周书·吕刑第二十九》

王曰，吁！来，有邦有土，告尔祥刑。

祥，善也。

## 3. （宋）林之奇《尚书全解》卷三十九《周书·吕刑》

王曰，吁！来，有邦有土，告尔祥刑。在今尔安百姓，何择，非人？何敬，非刑？何度，非及？两造具备，师听五辞。五辞简孚，正于五刑。五刑不简，正于五罚。五罚不服，正于五过。五过之疵，惟官、惟反、惟内、惟货、惟来。其罪惟均，其审克之；五刑之疑有赦，五罚之疑有赦，其审克之。简孚有众，惟貌有稽，无简不听，具严天威。墨辟疑赦，其罚百锾，阅实其罪；劓辟疑赦，其罚惟倍，阅实其罪；剕辟疑赦，其罚倍差，阅实其罪；宫辟疑赦，其罚六百锾，阅实其罪；大辟疑赦，其罚千锾，阅实其罪。墨罚之属千，劓罚之属千，剕罚之属五百，宫罚之属三百，大辟之罚其属二百，五刑之属三千。

凡言"王曰"者，皆语更端之辞。如《大诰》《康诰》《酒诰》及此篇之类，虽其终篇皆于一人之言，而屡有"王曰"之文，皆以其语更端也。"吁！来"者，叹而呼之，使前也。尧曰"格，汝舜"，格，至也，是亦言来之类。祥，《尔雅》曰，善也。祥刑者，善用刑之道，即上所谓"灵制"以刑。自"两造具备"以下皆是也。王呼有邦有土之诸侯，使来前而告之以善用刑之道。其在于今尔之所以安百姓者，当何所选择乎，所择非吉人乎？言惟吉人在所择也。当何所敬慎乎，所敬非五刑乎？言惟刑在所敬也。当何所谋度乎，所度非及世轻世重所宜乎？言惟及世轻重所宜，而用刑在所度也。下曰"上刑适轻下服，下刑适重上服，轻重诸罚有权，刑罚世轻世重"即此。及，是也。曾博士曰，上既言"苗民匪察于狱之丽"，则非能敬刑也。"罔择吉人，观于五刑之中"，则非能择人也。"断制五刑，以乱无辜"，则非能度刑也。既告之以所惩者如彼，则其所当为者宜若是也。此言尽之。

造，至也。两造，谓囚与证俱至也。唐孔氏曰，凡竞狱，必有两人为敌，将断其罪，必须得证，故两为囚与证也。囚证俱至具在于此，则众狱官听其辞之曲直。曰"五辞"者，五刑之辞，听其辞而审其罪状，当以何刑加之，故谓之"五辞"也。所听之辞简核，其实信为有罪，则正之于五刑，当墨者墨之，当劓者劓之也。苟将正之于五刑，而其辞不可以简核，则其罪为可疑，故但正之于五罚。罚，谓以金赎罪也，言将正以此刑，而其罪未审，则但使出此刑罚金之数而已。有"五刑"，故有"五罚"也。老苏曰，夫罪固有疑，今有人或诬以杀人而不能自明者，有诚杀人而官不能折其实者，是皆不可以诚杀人之法坐，由是而有减罪之律，当死而流。使彼为不能自明者邪，去死而不得流，刑已酷矣；使彼诚为杀人者邪，流而不死，刑已宽矣，是失实也。有失实之弊，则无辜者多怨，而侥幸者亦以免。今欲使不失实，其莫若重赎，彼罪疑者，虽或非其辜，而法亦不至于残溃其肢体；若其有罪，则法虽不刑，而彼固已困于赎金矣。"五刑不简，正于五罚"，此说为尽。盖五刑之疑，各有入罚，不降相因，古之制也。唐孔氏曰，以其所犯疑不能决，故使赎之。次刑非其所犯，故不得降相因，如后世有减罪之律，则非古者不降相因之制矣。苟正之以五罚，而不服则其罪，不应罚，故但正之于五过，以为其过误而赦之也。有"五罚"故有"五过"也。老苏曰，刑者必痛之而使人畏焉。罚者不能痛之，必困之而使人惩焉。则罚者虽不能痛之，倘其罪不可以罚，则亦不可以困之也，故赦其过而已。"五罚"，所谓"金作赎刑"也。"五过"，所谓"眚灾肆赦"也。

疵，病也。"惟官、惟反、惟内、惟货、惟来"，皆刑罚之所病，而特言"五刑"者，带上文而言耳。以此文在五过之下故也。《诗》《书》之言，类多如此。《四牡》之诗三章言"不遑将父"，四章言"不遑将母"，至卒章则特曰"将母来谂"；《板》之诗言"天之牖民，如埙如篪，如璋如圭，如取如携"，而其下则特曰"携无曰益"，皆带上文而言也。惟官，王氏曰，贵势也。惟反，苏氏曰，报旧也。惟内，先儒曰，内亲用事。苏氏曰，女谒。皆通。惟货，行货以鬻狱也。惟来，旧相往来也。夫刑之不简，则降从罚；罚之不服，则降从过。盖"与其杀不辜，宁失不经"，此固先王之仁政，然不可以此五者之故，而遂为之降耳。苟以此五者而为之降，则其罪与犯罪者，均当以其罪罪之也。汝于此当审察之，而后能其事，故曰"审克"。克，能也。昔唐太宗问于刘德威曰，"比刑网浸密，咎安在"？对曰，律，失入者减三，失出者减五。今坐入者无辜，坐出者有罪，所以吏务深入为自安计。"五过之疵，其罪惟均"，此失出者也，特言出而不及于失入者。观一篇之中，其丁宁谆复之意如此，是岂坐入者无辜，而坐出者有罪乎？以意逆志可也。先儒谓，出入人罪得之矣。"五刑之疑有赦"，此即上文"五刑不简正于五罚"，赦而从罚也；"五罚之疑有赦"，此即上文"五罚不服正于五过"，赦而免之也。"五罚之疑"谓之"赦"可也。"五刑之疑"尚不免于罚，而谓之"赦"者，盖虽以金自赎，而幸其不至于残溃其肌体，是亦赦也。下文"墨辟疑赦"之类皆然也。薛博士曰，丽于辟，而疑于无罪则赦。赦，谓释其罪而不问，非谓赦之而从罚也。犯辟而不正当于辟，则非无罪，特不简于正而已，于是从罚，此盖以"五刑""五罚"之下皆有"赦"字，故为此说。下文曰"墨辟疑赦，其罚百锾"，于"疑赦"之下，"罚"字之上言"其"字者，指其上之辞。则百锾之罚，正以疑而赦也，如此则上下之文意方连属。如以"赦"与"罚"异，则曰"墨辟疑赦，其罚百锾"，上下不相贯矣。《舜典》曰"眚灾肆赦"，此曰"五刑之疑有赦""五罚之疑有赦"，盖古之云"赦"者，以疑似之罪，不可以刑辟加，故为之差降，赎罚以宽宥之，所以矜恤善良，非贷免恶人也。后之云"赦"者，不论罪之是否，一切释之而不问。此徒足以惠及恶人而已。唐太宗尝谓群臣曰，吾闻语曰，"一岁再赦，善人喑哑"。吾有天下未尝数赦者，不欲诱民于幸免也。太宗之用刑至于三覆奏，其矜恤如此。则其不赦，非不仁也，不欲以惠及恶人而已。

其听刑也，苟简核其辞，信为有罪，而其可验者众，则若可致之于刑矣。然人情安则乐生，痛则思死。棰楚之下何求而不得，故囚人不胜痛，则饰辞以视之；吏治者利其然，则指道以明之。上奏畏却，则煅炼而周内之。故武后谓，往日，来俊臣等治诏狱，朝臣相逮引，一切承反朕意其枉，更界近臣临问，皆得其手牒不冤，朕无所疑而可其奏。故虽简孚有众，而犹不能无冤，此所以必稽考其貌焉。"惟貌有稽"，《周官》五听之色听是也。盖稽其貌，则其冤枉之状有可得而见者矣。夫"简孚有众"者，尚必稽其貌，苟无简孚之辞，则不当听其狱矣。其听狱，所以如是之审者，以其天威可畏，不可不严敬之也。如严延年在河南，多所诛杀，其母谓之曰，天道神明，人不可多杀。已而，延年果诛死，则天威可不畏哉。

墨者，先刻其额为创，以墨实创孔，令变色也，即所谓黥也。劓，截其鼻也。剕，断其足，即所谓刖也。宫，即所谓椓也。男子则去其势，妇人则幽闭于宫。汉亦谓之腐刑。大辟，死刑也，以其于刑辟为最大也。锾，汉孔氏曰，六两。《周官·考工记》曰，戈戟，重三锊。剑，上制重九锊，中制重七锊，下制重五锊。郑康成《说文》云，锊，锾也。今东莱称，或以太半两为钧，十钧为锾，锊重六两太半两。锾、锊似同矣。惟郑氏之说以锾为六两太半两，故三锊则一斤四两，九锊则三斤十二两，七锊则二斤十四两三分两之二，三锊则二斤一两三分两之一，皆以六两太半两而计之也。太半两者，三分两之二也。郑康成以锊为锾，虽因《说文》之言，然《说文》之所谓锊者，十铢二十五分之十三，又曰北方以二十两为锊。郑氏六两太半两之数，所异于孔氏者，太半两耳。如《说文》之言，一则比之为太轻，一则比之为太重也。老苏谓，一锾之重，当今三百七十斤有奇，盖亦因孔氏六两而计之也。惟倍者，倍于墨。墨百锾，则劓罪二百也。倍差者，倍于劓而又有差。有差，则不啻倍之也。劓二百，剕倍之，则四百。有差者，汉孔氏谓，五百，以宫既六百，故此为五百也。马氏曰，差者，又加四百之三分之一，凡五百三十三锾三分锾之一，又与孔氏不同，然不如孔氏之数简径。孔氏之说，又不如王氏。王氏曰，倍差者，谓以百锾二百四百相倍而为差也，则是以剕为四百锾，或曰惟倍，或曰倍差，驳文也。曰墨，曰劓，曰剕，曰宫，曰大辟，此其轻重之序。然以罚金之多少而观之，则劓重于墨，剕重于劓，宫重于剕，其降杀之数，相较则同。惟大辟为尤重，故其数之重于宫，比之三者之相校为尤多也。言犯此五刑者，疑则赦之。而其赦之也，罚之而已。"阅实其罪"，盖欲罪罚相当也。阅实，则不至于"五罚不服"矣。

属者，条目也，言墨之罚虽百锾，而其条目则千也。其下皆然。《周官》司刑之五刑，共二千五百，均之皆有五百。此则三千，轻者多，而重者少，皆有降杀。惟劓居五刑之中，则与《周官》同。此盖因一时之宜而为之也。自穆王之后至于晚周，皆以此为法，故孔子引三千以为言也。分而言，则曰罚之属；总而言则曰刑之属，先儒谓，互见其义以相备。是也。昔叔向尝有言曰，昔先王议事以制，不为刑辟，惧民之有争心也。民知有辟，则不忌于上，并有争心以征于书而徼幸以成之，弗可为矣。夫所弗为刑辟者，非不设法也，但设其大法而已，其轻重之详，则付之人矣。五刑之属三千，此大法也。至于上刑适轻下服，下刑适重上服，轻重诸罚有权，刑罚世轻世重，此则委之于人。盖人与法并行而后可。苟以此数者而亦豫设之，则是为刑辟矣。

## 4.（宋）史浩《尚书讲义》卷二十《周书·吕刑》

王曰，吁！来，有邦有土，告尔祥刑。在今尔安百姓，何择，非人？何敬，非刑？何度，非及？两造具备，师听五辞；五辞简孚，正于五刑；五刑不简，正于五罚；五罚不服，正于五过。五过之疵：惟官、惟反、惟内、惟货、惟来。其罪惟均，其审克之。五刑之疑有赦，五罚之疑有赦，其审克之。简孚有众，惟貌有稽，无简不听，具严天威。墨辟疑赦，其罚百锾，阅实其罪。劓辟疑赦，其罚惟倍，阅实其罪。剕辟疑赦，其罚倍差，阅实其罪；宫辟疑赦，其罚六百锾，阅实其罪。大辟疑赦，其罚千锾，阅实其罪。墨罚之属千，劓罚之属千，剕罚之属，五百宫罚之属三百，大辟之罚其属二百。五刑之属三千。上下比罪，无僭乱辞，勿用不行。惟察惟法，其审克之。上刑适轻下服，下刑适重上服。轻重诸罚有权，刑罚世轻世重。惟齐非齐，有伦有要。罚惩非死，人极于病。非佞折狱，惟良折狱。罔非在中，察辞于差，非从惟从。哀敬折狱，明启刑书胥占，咸庶中正。其刑其罚，其审克之。狱成而孚，输而孚，其刑上备，有并两刑。

穆王既告牧伯，又告同姓之诸侯。今此所告"凡有邦有土"者，以其小大之臣，均当奉行此法故也。祥刑者，善用其刑也。"在今尔安百姓"者，兆民赖之也，"何择，非人"，用刑在于得人也。"何敬，非刑"，行吾敬，惟在用刑也。"何度，非及"，凡所忖度，惟在刑之所及。及者，

2215

如曰"惧将及"之"及",思其罪之所及也。"两造具备",师,众也,与众共听之也。五辞,讼牒也。其曰五辞者,五方之辞也。简孚者,核实也。乃正于五刑,五刑不简有疑而不实,也乃用五罚,赎刑之议兴矣。五罚不服,不应赎也,乃正于五过。过则听其改,是从赦原也。此舜所以明五刑,以弼五教,而戒其臣,曰在宽之意也。穆王可谓知此道矣。至于五过,则是赦罪之科,弊自此生,故曰"五过之疵",不可不审克之也。曰惟官者,在官之势可挟也;惟反者,反复变诈也;惟内者,内亲用事也;惟货者,官吏受贿也;惟来者,素所往来之私也。此五者,若俗所谓情弊也,故总谓之疵。其罪惟均者,以情弊而故出人之罪,则以其罪罪之也。五刑五罚,皆以疑而赦原,所谓"罪疑惟轻"也。"简孚有众"者,核实而合于众心也。"惟貌有稽"者,《周官·小司寇》以五声听狱讼,求民情,色听、气听之类是也。"无简不听,具严天威"者,敬天之威,不敢轻用刑杀也。墨辟,黥也。劓辟,刃鼻也。剕辟,刖足也。宫辟,奄也。大辟,杀也。凡此五罪,有疑则赦之,因以赎论罚之,各有等差,又当视其初犯如何,故曰"阅实其罪"也。然夏之五刑三千,《周官》司刑所掌墨、劓、刖、宫、杀,则总二千五百,是周之刑简。穆王增之三千矣,将以省刑,而复增之,何哉?盖赎刑重,则正刑轻矣,非穆王增之也。夏之法,当然也。或曰,周有常刑,穆王当不乱旧章,何取乎夏乎。盖以时不同故也。文、武承商纣之虐,比屋可诛,制刑不得不重。禹承尧舜之后,穆王承成康之后,其民好善而不轻犯法,其刑不得不轻。穆王可谓知时变矣。是以《周官·司刑》杀罪五百,《吕刑》大辟止二百也。盖当穆王时,民无犯非礼,况犯法乎。大辟之罪,姑存此条尔。所谓"刑平国,用中典",其以此欤。"上下比罪,无僭乱辞",是其情犯无疑也,当必行之,然犹"惟察惟法",审听其辞,而概之以法也。上刑,重刑也,而"适轻下服","宥过无大"也。下刑,小罪也,而"适重上服","刑故无小"也。刑罚不可执一而不变。故曰"有权",而"世轻世重",不可齐一,以伦要皆有典则也。罚,所以惩恶,非恶而以罚惩,适以病民,是以哀矜勿喜之心,惟循良者有之。下此则得其情,而必喜矣。故凡刑法,莫非率人以中,苟怀是心,安得过差。"察辞于差"者,差,错也。辩诉纷纠,惟从本情,不以伪乱也。如此,则妄诉不行矣。"哀敬以折狱",

则明启刑书而占之。"咸庶中正",若俗所谓"照条"也。条则无不中正也。孚者,信也,如是,则狱成而可信不疑矣。输者,上之也,上之,则君安得而不信乎?"有并两刑",俗所谓二罪俱发也,亦并上之,惟上所断,则臣下之用刑,不得自专矣。穆王告群臣以用刑,凡四曰"其审克之",可见其明谨,而不敢忽矣。

## 5. (宋)夏僎《尚书详解》卷二十五《周书·吕刑》

王曰,吁!来,有邦有土,告尔祥刑。在今尔安百姓,何择,非人?何敬,非刑?何度,非及?两造具备,师听五辞。五辞简孚,正于五刑;五刑不简,正于五罚;五罚不服,正于五过。五过之疵:惟官、惟反、惟内、惟货、惟来。其罪惟均,其审克之。五刑之疑有赦,五罚之疑有赦,其审克之。简孚有众,惟貌有稽,无简不听,具严天威。

此又呼凡有国者有土者而告之,谓并同姓、异姓之诸侯而悉告之也。刑以戮民。安得为祥。而吕侯谓"告尔祥刑"者,盖先王之刑,非志于杀人也。诛无道,所以惠有道;诛凶民,所以保良民,制法之意,未有善于此者,此其所以谓之祥刑也。其下皆祥刑之事。吕侯谓,汝诸侯,欲安百姓,果何所择耶,则所当择者,岂非善用刑之人乎?果何所敬耶,则所当敬者,岂非欲敬五刑之用乎?果何所裁度耶,则所裁度者,岂非欲情与罪相及,罪与法相及乎?盖情或不然,而罪之状乃然;罪或不然,而法之加乃然,皆非所谓"及"也。东坡乃以"及",如秦汉间所谓"逮",谓罪非己造,为人所累者,曰"及"此最当谨,故特立其法,而谓之"及"其说亦通。吕侯欲诸侯敬听其言,故以三"何"字为疑,以激其心;以三"非"字为反辞,而勉其心。大抵此三句,是总以告之也。其下乃详言之,谓凡听狱之道,于两争皆至之辞,悉已具备,无有甲是乙非者,则是两人皆已在庭,两辞皆已在目,非偏至之辞也。如是,则是非可判,而轻重可决矣。然以一人独听,则又恐聪明有所不及,思虑有所不至,故必以"师听五辞"可也。师,众也。五辞,谓此两造之辞,或可以入墨,或可以入劓,或可以入剕、宫、大辟,故其辞有五等也。众既以五刑之法听此罪辞,若辞与五刑果然简孚,则按其罪状,而以墨、劓、剕、宫、大辟之刑正之,谓罪在是,则正以是刑加之也。张无垢谓,简者,得其要辞

2217

也。孚者，信而无可疑者也。谓众以五刑之法，听此罪，辞果得其要辞，无丝毫可疑者，此谓果有罪当刑者也。若听以五辞，已得其要，无可疑者，至欲加以刑，而罪与刑，又有参差不合，龃龉不当，则是若可刑，若不可刑者也，故于是降刑从罚。而正以五罚加之，若墨罚百锾，劓罚惟倍之类是也。虽然是，又刑不简，而降从罚者也。若以罚加之于法，虽可而揆之情，则又若出于枉，从而非其情，罚之有不服者，则又是若可罚，若不可罚者也，故于是又降罚从过。盖先王之法，宥过无大，苟是过误，则直赦之，不复罚金也。夫降刑而罚，降罚而过，至此则不敢刑矣。吕侯之意，非不欲其如此，然刑虽不可苟而妄用，亦不可弛而不用。苟而妄用，则滥及善良；弛而不用，则纵失奸宄。两者皆有所不可。故吕侯于降罚从过之后，又极防其五弊。盖以用刑非不欲从恕，苟容私情而恕正罪，则又不可也，所谓五过之施，有五种之疵病者，官也，反也，内也，货也，来也。官，谓昔曾同官，而今徇私而出其罪者，又谓官吏为请托，为官。反，为犯人旧有恩于断狱之人，今出其罪，以报前恩者，又谓诈反囚辞，而强出之者，为反。内，谓女谒行于内，遂夤缘以出其罪者。货，谓以货赂之，遂出其罪者。来，谓旧相往来，今夤缘出其罪者。故五过之数，虽断狱者慈祥之意，然以此五者，而强出人罪，则又过之病也。故吕侯于是力防之，谓若于五者之中，缘一事出人罪，则罪与犯人同科，谓罪在墨而妄出之，断狱者亦服墨；刑罪在劓，而妄出之，则断狱者亦服劓刑。然欲处此而皆得其当者，惟详审者能之，故终告以"其审克之"。吕侯此一节本论刑疑从罚，罚疑从过，务出人罪，恐又缘五疵而为奸，遂断以"其罪惟均"之言，盖欲其知畏而不敢轻出人罪也。然又虑无知之人，或规于避祸，不肯轻出人罪，至有刑疑而不降以从罚，罚疑不复降以从过者，故又翻明前意，而告之，五刑之疑有赦，五罚之疑有赦。盖谓如前正以五刑，而五刑果不简孚者，是谓五刑之疑，如此者，自应赦而从罚，汝不可谓轻出人罪，而"其罪惟均"，而不为之赦也。如前正以五罚，而五罚果不服者，是谓五罚之疑，如此者自应赦而从过，汝亦不可谓轻出人罪而"其罪惟均"而不赦也。罪疑，而本法自应赦；罚疑而本法，亦自应赦，惟详审者能之，盖所以翻明前意，故又言"审克"也。不言"五过之疑"者，盖罚疑至于赦，则便是过，过即已赦之事无可疑者，故不言也。此下言"简孚有众，惟貌有稽，无简不听"之句，即是教有邦诸侯，以求疑刑、疑罚之说也。谓人之有罪，而典狱者决之，虽已得其囚之要辞，而孚信无可疑者甚众，又未可便加以刑，又当以其貌而考之，此所谓貌稽，即《周官·大司寇》所谓"色听"也。此盖已得其情实，又当稽之貌，而为此色听之举，若无要辞可得者，即是显然可疑之狱，是之谓无简。无简者，即不须如此以色听之，而其情伪已自显然可见，虽即赦之可也，所以如此者，皆以畏天之威故也。盖狱讼之事，性命所系，尤天命所甚介介者，故用之而当，则"自作元命，配享在下"；用之不当，则"降咎于苗"而"乃绝厥世"。祸福报应，如在立谈之间。典狱者安得而不畏哉？然必言"具严"者，具者，皆也。盖上言五刑，五罚，五过之事，不论轻重之罪，皆欲其畏天威，而不敢妄议轻决，故以其严为说也。

## 6.（宋）时澜《增修东莱书说》卷三十四《周书·吕刑第二十九》

　　王曰，吁！来，有邦有土，告尔祥刑。在今尔安百姓，何择，非人？何敬，非刑？何度，非及？两造具备，师听五辞。五辞简孚，正于五刑；五刑不简，正于五罚；五罚不服，正于五过。五过之疵：惟官、惟反、惟内、惟货、惟来。其罪惟均，其审克之。五刑之疑有赦，五罚之疑有赦。其审克之。简孚有众，惟貌有稽，无简不听，具严天威。

　　前数章反复告戒，至此始颁赎刑之令，言之切而不敢易也。刑而谓之祥，好生之德既见于发语之端矣。"在今尔安百姓，何择，非人？何敬，非刑？何度，非及"，三者之审，民之所以安也。何所当择，岂非典狱之人乎？何所当敬，岂非用刑之际乎？何所当度，岂非狱辞之所逮及者乎？不择典狱之人，则有邦有土者，虽有哀敬之心，亦无所施矣。既择其人，然后居敬行简以临之，先后固有序也。狱辞之连逮，古今之通病。酷吏以多杀为功；贪吏以鬻狱为利，惟恐株连枝蔓之不广。汉世诏狱之所逮，盖有至于十余万者矣。苟于追逮之时，审度其必当逮者，然后逮之，刑之所以简也。"两造具备"，两争者，皆造于庭，非偏听也。"师听五辞"，群有司同听其辞，非偏见也。狱辞所及，既欲审度，而两造复欲其具备，盖所不当逮者，不可扰一人；所当逮者，不可阙一人也。"五辞简孚，正于五刑"，狱辞虽众，丽于刑者，不过五，故谓之五辞。群有司同听其辞，简核孚信，随其轻重，而正其刑。此情法相当者也。"五刑不简，正于五罚"，以是辞而求是刑，参差而不可简核，则罪之疑者，于是正五赎之罚以待之，此情法不相当者也。至于罚之犹不服，察其果无辜，则正于五过，宥过无大，盖直贷之而已。古者，因情以求法，故有不可入之刑。后世移情而合法，故无不可加之罪。此古今之异也。刑降而为罚，罚降而为过，每降愈轻矣。刑固欲轻，以私而故纵，则非天讨，此所以严责典狱者，五过之疵，而待以惟均之刑也。故纵而宥以五过，其疵病大率有五：官者，权势也。反者，报德也。内者，女谒也。货者，贿赂也。来者，干请也。既使之与所纵者同罪，复勉以"其审克之"。审者，察之之谓，尽其心也。克者，治之之谓，竭其力也。尽其心，竭其力，则私不能夺，而防微别嫌者，亦无所不至矣。夫然后可免于"五过之疵"也。自此，每条多系之以"审克"，皆丁宁之，使尽心力而为之也。"五刑之疑有赦"，即所谓"正于五罚"。"五罚之疑有赦"，即所谓"正于五过"。观下文"五辞疑赦"而为罚，则"五罚疑赦"而为过从可知也。皆欲"其审克"者，当赦而不赦；不当赦而赦，所害皆不轻也。"简孚有众"，即所谓"师听五辞"。"五辞简孚，惟貌有稽"，教之以"简孚"之法也。辞或可伪，而貌不可掩。不正则眊，有愧则泚，推此而稽之，盖有所不得遁者矣。"无简不听具严天威"者，不经众人之简核，则狱虽成，而上有所不听，所以如是，求详而致严者，盖刑乃天之威，非君之私权也。"天明畏，自我民明威"，众之所简孚，即天威之所在也。

## 7.（宋）黄度《尚书说》卷七《周书·吕刑》

王曰，吁！来有邦有土，告尔祥刑，在今尔安百姓，何择，非人？何敬，非刑？何度，非及？两造具备，师听五辞。五辞简孚，正于五刑；五刑不简，正于五罚；五罚不服，正于五过。五过之疵：惟官、惟反、惟内、惟货、惟来。其罪惟均，其审克之。

有邦，诸侯；有土，都邑大夫。将颁行赎法，故遍告有国有土。刑期无刑，善祥莫大焉。度，量度其情，量度之所不及，则有隐情，是亦不尽其心而已矣。何不及之有，《孟子》曰"物皆然，心为甚，王请度之"。

造，至也。讼者，两至具备，而众听之。《周礼》以两造听民狱，"群士司刑皆在，各丽其法，以议狱讼"是也。因其辞以定刑。故曰五辞简不烦也。辞直不烦而又信，则"正于五刑"，以施墨、劓、剕、宫、大辟。"正于五刑"，而辞不简，有委曲可议之情，则"正于五罚"，使出金赎罪。"正于五罚"，而又不服，则"正于五过"。服，犹当也。舜曰"五刑有服"。五过宥之，《司刺》"三宥不识"。过，失，遗忘。此言五过，谓以五刑定罪，而其过者，为当宥也。"过"对"故"。皋陶曰"宥过刑故"，宥，宽也。自刑而罚，自罚而宥，递降宽之。宥之中有疵焉，病也，谓有司故纵也。官，谓畏其势要；反，谓善恶反复；内，谓内亲结连；货，谓行货讲求；来，谓观望将来。吏有疵，挟私故纵，宽之事虽不同，而"其罪惟均"，必审慎则能之。

## 8.（宋）袁燮《絜斋家塾书钞》

（归善斋按，无此篇）

## 9.（宋）蔡沈《书经集传》卷六《周书·吕刑》

王曰，吁！来，有邦有土，告尔祥刑。在今尔安百姓，何择，非人？何敬，非刑？何度，非及？

有民社者，皆在所告也。夫刑，凶器也，而谓之祥者，"刑期无刑，民协于中"，其祥莫大焉。及，逮也。汉世诏狱，所逮有至数万人者。审度其所当逮者，而后可逮之也。曰何，曰非，问答以发其意，以明三者之决，不可不尽心也。

## 10.（宋）黄伦《尚书精义》卷四十九《周书·吕刑》

（按，以上经解《永乐大典》原缺）

## 11.（宋）陈经《尚书详解》卷四十七《周书·吕刑》

王曰，吁！来，有邦有土，告尔祥刑。在今，尔安百姓，何择，非人？何敬，非刑？何度，非及？两造具备，师听五辞，五辞简孚，正于五刑；五刑不简，正于五罚，五罚不服，正于五过。五过之疵：惟官、惟

2221

反、惟内、惟货、惟来。其罪惟均。其审克之。五刑之疑有赦，五罚之疑有赦，其审克之。

　　刑者，残民之具也，而谓之祥刑，何哉？盖刑，本以率民为善，而用刑者，当以善用之。以善用刑，则慈祥恺悌之意胜，而惨毒酷烈之心衰矣。有邦有土之诸侯，不可不知此意。在今，尔安百姓。何所择，得非在于人者乎？能择吉人以用刑，而庶威夺货者勿用，可也。何所敬得，非在于刑者乎？敬在刑，则能合乎天德，而不以刑为己之私。何所度，得非在于罪相连及者乎？能详审而揣度之，则有罪者因系而不得并及于无罪矣。此三句又当以择人为先，惟得人则能敬，能度，此以其次序言也。"两造具备"，此教之以听刑之法。造，至也。两辞皆至具备，则无一辞不备，然后合众人而听其入五刑之辞。其辞丽于五刑者也，故曰"五辞"。一人之智，不足以尽之，必参于众人之智，若《王制》所谓"疑狱与众共之"，众疑赦之是也。简者，狱之要辞也。五辞既得其要而可信矣，方可正之以五刑，其辞与其法适相当也。苟"五刑不简"，谓正之以五刑而不应夫狱之要辞，是其辞与法不相当也，正之以五罚。出金以赎罪可也。"五罚不服"，谓其情之轻，出于过误，虽罚之金亦有不相当者，则正之以五过，从释之，先王委曲之意至此，惟恐不当人之罪，故如此之详。有此三等，曰五刑，曰五罚，曰五过。在听狱者，原情以为轻重，虽然先王固为是赎刑之法以轻刑，然亦未尝失之姑息以纵释有罪。苟有罪而纵释之，亦与无罪而受戮者均为"不中"也。穆王至此又防听狱者易至于过入，过出。五过之疵病者，惟官，谓以官吏请托也；惟反，谓报复恩怨也；惟内，谓妻妾请求也；惟货，谓贿赂鬻狱也；惟来，谓私相往来也。此五者，皆五过之病。先王之设为过也，正以待其无辜，而陷于刑戮者。尔若有罪，而以官吏请托之故，报复恩怨之故，与夫妻妾请求，贿赂鬻狱，私相往来之故，而遂赦之，则岂不为五过之病。于此五者而有一焉，则其罪与犯者同坐。惟当审之，以致其详克之，以去其私，则罪不出于故出矣。虽然故出人罪不可，故入人罪亦不可。五刑之疑者从赦而为罚，五罚之疑者从赦而为免，既曰疑，则是轻重皆不得其实。圣贤宁过于厚，无过于薄，所谓"罪疑惟轻"，不可以入人之罪，亦当参以致其详，克以去其私，则斯不至于故入矣。详味穆王之言，惟欲当乎人情，合乎中理，不可容一毫私意于其间也。

## 12.（宋）钱时《融堂书解》卷二十《周书·吕刑》

王曰，吁！来，有邦有土，告尔祥刑。在今，尔安百姓，何择，非人？何敬，非刑？何度，非及？两造具备，师听五辞。五辞简孚，正于五刑；五刑不简，正于五罚；五罚不服，正于五过。五过之疵，惟官，惟反，惟内，惟货，惟来。其罪惟均，其审克之。五刑之疑有赦，五罚之疑有赦，其审克之。简孚有众，惟貌有稽。无简不听，具严天威。墨辟疑赦，其罚百锾，阅实其罪。劓辟疑赦，其罚惟倍，阅实其罪。剕辟疑赦，其罚倍差，阅实其罪。宫辟疑赦，其罚六百锾，阅实其罪。大辟疑赦，其罚千锾，阅实其罪。墨罚之属千，劓罚之属千，剕罚之属五百，宫罚之属三百，大辟之罚其属二百。五刑之属三千，上下比罪，无僭乱辞，勿用不行。惟察惟法，其审克之。上刑适轻下服，下刑适重上服。轻重诸罚有权，刑罚世轻世重。惟齐非齐，有伦有要。罚惩非死，人极于病。非佞折狱，惟良折狱。罔非在中，察辞于差。非从惟从，哀敬折狱，明启刑书胥占，咸庶中正。其刑其罚，其审克之。狱成而孚，输而孚，其刑上备，有并两刑。

此节，凡言其审克之者四，然当作两截看。上截概举刑罚节奏，与夫典狱之病，而终之以"简孚有众"而下四语。下截历陈刑罚节目，与夫折狱之理，而终之以"狱成而孚"而下四语。若其大纲，则全在"何择，非人？何敬，非刑？何度，非及"三句上也。"在今，尔安百姓"，祥刑之旨，正要就安百姓上看。言安百姓，莫重于择人，敬刑，度所及也。择人者，择典狱之人，所贵于择人者，正是欲敬刑；所贵于敬刑者，正是欲度其所及。若三事而实相承，故每每曰"其审克之"，审即度也。

《周礼司刑》掌五刑之法，其属各五百共二千五百条，而此三千条，反多，何也？盖墨、劓虽各千，而宫止三百，大辟止二百，是轻者增，而重者减。其条之多，乃所以为宽也。大抵刑贵于中而已，非上下相比，何以酌其"中"，故于三千条下，使之上下比罪，固欲酌"中"。然刑之变，则又不可以一律定也。适者，之也。适轻适重，言其情之所之有轻重也。若但以一律齐之，则非所以为齐矣。是盖有伦而不紊，有要而不烦也。狱

2223

成而信矣。使自输其情款，亦信矣。一人而并坐两刑者，皆奏之，以听天子裁决焉。

## 13. （宋）魏了翁《尚书要义》卷十九《周书·君牙、冏命、吕刑》

（归善斋按，未引）

## 14. （宋）陈大猷《书集传或问》卷下《周书·吕刑》

（归善斋按，未解）

## 15. （宋）胡士行《尚书详解》卷十二《周书·吕刑第二十九》

王曰！吁，来，有邦有土（并异姓、同姓诸侯而并命之），告尔祥（善也，好生之德）刑。在今尔安百姓，何择（当择者），非人（典狱之人乎）？何敬（当敬者），非刑（用刑乎）？何度（当审度者），非及（狱所连及株根枝葛者乎）？两（争）造（造庭）具（皆）备（已在目前），师（群有司公众）听（察断）五辞（两造之辞刑有五等）。五辞简（核实。一云简要辞审之当者也）孚（信），正（加）于五刑；五刑不简（不简则可疑），正于五罚（降为赎金）；五罚不服（疑出于枉），正于五过（降为过则宥之）。五过之疵（病也，谓以私意故纵），惟官（惟势），惟反（报恩），惟内（女谒），惟货（贿赂），惟来（往来干请）。其罪（私纵之罪，与人所犯罪）惟均（同），其审（察之之精）克（能。一云克己私）之。五刑之疑（不简）有赦（正于五罚），五罚之疑（不服）有赦（正于五过），其审克之。简孚有众（师听），惟貌（辞可伪貌不可掩）有稽（考），无简不听（断），具严（畏）天威。

刑降罚，罚降过，固天德也。然苟以私行之，反非天矣。

## 16. （元）吴澄《书纂言》卷四下《周书·吕刑》

王曰，吁！来，有邦有土，告尔祥刑。在今，尔安百姓，何择，非人？何敬，非刑？何度，非及？

邦，言其国；土，言其境内之地。祥，吉，善也。刑者，凶器，而曰祥刑，盖慈良恻怛，详审轻重，主之以不忍，行之以不得已，所以谓之祥也。在今日，尔诸侯欲安百姓，何者当择，非人乎？何者，当敬，非刑乎？何者当揆度，非及乎？人谓用刑之人，及谓刑之所加，犹"罚及尔身"之"及"。

## 17.（元）陈栎《书集传纂疏》卷六《朱子订定蔡氏集传·周书·吕刑》

王曰，吁！来，有邦有土，告尔祥刑。在今，尔安百姓，何择，非人？何敬，非刑？何度，非及？

有民有社者，皆在所告。夫刑，凶器也，而谓之祥，祥者，"刑期无刑民协于中"，其祥莫大焉。及，逮也。汉世诏狱，所逮有至数万人者。审度其所当逮者，而后可逮之也。曰何，曰非，问答以发其意，以明三者之决，不可不尽心也。

纂疏：

张氏曰，此并同姓、异姓诸侯而戒之。

苏氏曰，罪非己造，为人所累，曰及。秦汉谓之逮，狱吏以不遗支党为忠，以多逮广系为利。汉大狱有逮万人者。国之安危，祚之短长，咸寄于此。

愚谓，刑而曰祥，以好生之德寓焉。择人、敬刑而谨所及，则民安矣。民安，则刑可言祥矣。

## 18.（元）许谦《读书丛说》卷六《周书·吕刑》

（原缺）

## 19.（元）董鼎《书传辑录纂注》卷六《周书·吕刑》

王曰，吁！来，有邦有土，告尔祥刑。在今尔安百姓，何择，非人？何敬，非刑？何度，非及？

有民社者，皆在所告也。夫刑，凶器也，而谓之祥者，"刑期无刑，民协于中"，其祥莫大焉。及，逮也。汉世诏狱所逮，有至数万人者。审，

2225

度其所当逮者，而后可逮之也。曰何，曰非，问答以发其意，以明三者之决，不可不尽心也。

纂注：

张氏曰，此并同姓、异姓诸侯而戒之。

苏氏曰，罪非己造，为人所累，曰"及"。秦汉间，谓之逮，狱吏以不遗支党为忠，以多逮广系为利。汉大狱，有逮万人者。国之安危，运祚长短咸寄于此。

新安胡氏曰，刑而曰祥，以好生之德寓焉。择人、敬刑而谨所及，则民安矣。民安则刑可言祥矣。

## 20.（元）朱祖义《尚书句解》卷十二《周书·吕刑第二十九》

王曰，吁！来，有邦有土（又吁嗟呼，来，有国有土诸侯而告之），告尔祥刑（告尔诸侯慈祥之刑。先王之刑，非志于杀人也。诛无道所以惠有道；诛凶民，所以保良民。制法之意，未有善于此者，此所以谓之祥刑也）。

## 21.（明）王樵《尚书日记》卷十六《周书·吕刑》

王曰，吁！来有邦有土，至"何度非及"。

吁，叹辞。来，绝句。有民社者，皆在所告也。有邦，为诸侯；有土则卿大夫有采邑者，皆是。在今尔安百姓，有所当择者焉，有所当敬者焉，有所当度者焉。何择，非人乎？何敬，非刑乎？何度，非及乎？择字，敬字，度字，俱句。断辞所连引曰"及"。度者，度之以己之心，勿惟人言之所指者，即逮之也。度之以彼之情，勿惟己心之所疑者，即逮之也。

## 22.（清）库勒纳等撰《日讲书经解义》卷十三《周书·吕刑》

王曰，吁！来，有邦有土，告尔祥刑。在今，尔安百姓，何择，非人？何敬，非刑？何度，非及？

此一节书是，并同姓、异姓诸侯而戒之也。度，审度也。及，逮也。穆王又叹息言曰，来凡尔有邦有土作天牧者，皆敬听朕言。夫刑虽凶器，然先王制刑，固有恻怛忠厚之心，而用之皆得其当，则可以期于无刑，而成从欲风动之治，非祥刑而何？今告尔以祥刑，在今尔等有安百姓之责者，何所当选择，非理刑之人乎？盖刑官，乃人之元命系焉，不得其人，则夺于威货，故不可以不择也。何所当敬畏，非用刑之事乎？盖刑者，一成而不可变，率意恣睢，则悔戒无及，故不可以不敬也。又何所当筹度，非狱词之所逮及乎？盖狱词，固不能无所连，及然株累者众，则枉滥必多，故不可以不度也。夫必得其人，则异于罔择吉人者矣。必敬其事，则异于匪察于狱者矣。必度其及，则异于乱虐无辜者矣。朕之告尔祥刑者如此，抑斯三者，固以择人为先，诚得其人，则必能敬刑，然而刑之酷滥，莫甚于所及，盖俗吏以苛为能，以刻疾为忠，往往穷极根株，攀缘党类，必至滥及平人，即一朝纵释，而瘐死已众。匹夫匹妇，亦足上干天和，又不必如汉世诏狱，至逮及数万人而后谓之冤也。用刑者，可不致慎于此乎。

## （元）王充耘《读书管见》卷下《吕刑》

有邦有土，告尔祥刑，在今尔安百姓。

有邦有土固常以安百姓为职，果能择人敬刑，而审度其所逮及者，是即所以为祥刑矣。

## （明）梅鷟《尚书考异》卷五《吕刑》

于，有邦有土。

马本如此。于，于也。晋人作"吁"。

## （清）张英《书经衷论》卷四《周书·吕刑》

"祥刑"二字始见于此，以一人言之，君子怀之，则为检身之具；小人畏之，则绝非僻之心，何其祥也？以天下言之，刑一人而惩千万人，杀一人而安千万人，何其祥也？司刑者，常体贴此二字，而使所施者无不祥，则鸾凤止于大理之庭，瑞草生于圜土之户矣。古来五刑之属各五百，穆王制为五刑之属三千，其实增轻刑，而减重刑，其哀矜恻怛之心，缠绵笃挚，真耄年阅历之言，故孔子取之。若赎刑，特书中之一端耳，不足以为之病也。

## 在今尔安百姓，何择，非人？
## 何敬，非刑？何度，非及？

### 1.（汉）孔氏传、（唐）陆德明音义、孔颖达疏《尚书注疏》卷十八《周书·吕刑》

在今尔安百姓，何择，非人？何敬，非刑？何度，非及？

传，在今尔安百姓兆民之道，当何所择，非惟吉人乎？当何所敬，非惟五刑乎？当何所度，非惟及世轻重所宜乎？

音义，度，待洛反，注同。

疏，正义曰，在于今日，汝安百姓兆民之道，何所选择，非惟选择善人乎？何所敬慎，非惟敬慎五刑乎？何所谋度，非惟度及世之用刑轻重所宜乎？

传正义曰，何度非及，其言不明，以论刑事而言，度所及，知所度者，度及世之用刑轻重所宜。王肃云，度，谋也。非当，与主狱者谋虑刑事，度世轻重所宜也。

### 2.（宋）苏轼《书传》卷十九《周书·吕刑第二十九》

在今尔安百姓，何择，非人？何敬，非刑？何度，非及？

罪非己造，为人所累，曰"及"。秦汉之间，谓之"逮"。此最为政者所当慎，故特立此法，谓之"及"。因有大狱，狱吏以多杀为功，以不遗支党为忠，胥史皂隶，以多逮广系为利，故古者大狱有万人者。国之安危，运祚长短，或寄于此，故曰"何度，非及"。度其非同恶者，则勿逮可也。

**3.（宋）林之奇《尚书全解》卷三十九《周书·吕刑》**

(归善斋按，见"王曰，吁！来，有邦有土，告尔祥刑")

**4.（宋）史浩《尚书讲义》卷二十《周书·吕刑》**

(归善斋按，见"王曰，吁！来，有邦有土，告尔祥刑")

**5.（宋）夏僎《尚书详解》卷二十五《周书·吕刑》**

(归善斋按，见"王曰，吁！来，有邦有土，告尔祥刑")

**6.（宋）时澜《增修东莱书说》卷三十四《周书·吕刑第二十九》**

(归善斋按，见"王曰，吁！来，有邦有土，告尔祥刑")

**7.（宋）黄度《尚书说》卷七《周书·吕刑》**

(归善斋按，见"王曰，吁！来，有邦有土，告尔祥刑")

**8.（宋）袁燮《絜斋家塾书钞》**

(归善斋按，无此篇)

**9.（宋）蔡沈《书经集传》卷六《周书·吕刑》**

(归善斋按，见"王曰，吁！来，有邦有土，告尔祥刑")

**10.（宋）黄伦《尚书精义》卷四十九《周书·吕刑》**

(按，以上经解《永乐大典》原缺)

**11.（宋）陈经《尚书详解》卷四十七《周书·吕刑》**

(归善斋按，见"王曰，吁！来，有邦有土，告尔祥刑")

**12.（宋）钱时《融堂书解》卷二十《周书·吕刑》**

(归善斋按，见"王曰，吁！来，有邦有土，告尔祥刑")

2229

**13. (宋)魏了翁《尚书要义》卷十九《周书·君牙、冏命、吕刑》**

(归善斋按,未引)

**14. (宋)陈大猷《书集传或问》卷下《周书·吕刑》**

(归善斋按,未解)

**15. (宋)胡士行《尚书详解》卷十二《周书·吕刑第二十九》**

(归善斋按,见"王曰,吁!来,有邦有土,告尔祥刑")

**16. (元)吴澄《书纂言》卷四下《周书·吕刑》**

(归善斋按,见"王曰,吁!来,有邦有土,告尔祥刑")

**17. (元)陈栎《书集传纂疏》卷六《朱子订定蔡氏集传·周书·吕刑》**

(归善斋按,见"王曰,吁!来,有邦有土,告尔祥刑")

**18. (元)许谦《读书丛说》卷六《周书·吕刑》**

(原缺)

**19. (元)董鼎《书传辑录纂注》卷六《周书·吕刑》**

(归善斋按,见"王曰,吁!来,有邦有土,告尔祥刑")

**20. (元)朱祖义《尚书句解》卷十二《周书·吕刑第二十九》**

在今尔安百姓(在今尔诸侯,欲安宁百姓),何择,非人(何所选择,不在于得人乎)?何敬,非刑(何所谨敬,不在于用刑乎)?何度,非及(何所裁度,岂非欲情与罪相及,罪与法相及乎?盖情或不然,而

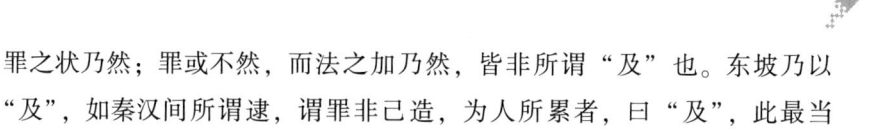

罪之状乃然；罪或不然，而法之加乃然，皆非所谓"及"也。东坡乃以"及"，如秦汉间所谓逮，谓罪非己造，为人所累者，曰"及"，此最当谨，即罪相连及之说）。

### 21.（明）王樵《尚书日记》卷十六《周书·吕刑》

（归善斋按，见"王曰，吁！来，有邦有土，告尔祥刑"）

### 22.（清）库勒纳等撰《日讲书经解义》卷十三《周书·吕刑》

（归善斋按，见"王曰，吁！来，有邦有土，告尔祥刑"）

### （元）陈师凯《蔡氏传旁通》卷六下《吕刑》火正黎

及，逮也。
逮，连捕也。苏氏曰，罪非己造，为人所累曰及，秦汉间谓之逮。

### （元）王充耘《读书管见》卷下《吕刑》

（归善斋按，见"王曰，吁！来，有邦有土，告尔祥刑"）

### （清）朱鹤龄《尚书埤传》卷十五《周书·吕刑》

何度，非及？
苏传，罪非己造，为人所累曰"及"。秦汉间谓之"逮"。狱吏以不遗支党为忠，以多逮广系为利。故大狱有逮万人者，国之安危，位祚长短，咸系于此。

# 两造具备，师听五辞

### 1.（汉）孔氏传、（唐）陆德明音义、孔颖达疏《尚书注疏》卷十八《周书·吕刑》

两造具备，师听五辞。

传,两,谓囚证;造,至也。两至具备,则众狱官,共听其入五刑之辞。

音义,马云,造,谋也。造,七报反,注同。

疏,正义曰,即教诸侯以断狱之法。凡断狱者,必令囚之与证,两皆来至,囚证具备,取其言语,乃与众狱官共听其入五刑之辞。

传正义曰,两,谓两人,谓囚与证也。凡竞狱,必有两人为敌,各言有辞理,或时两皆须证,则囚之与证,非徒两人而已。两人,谓囚与证不为两敌;至者,将断其罪,必须得证,两敌同时在官,不须待至,且两人竞理,或并皆为囚,各自须证,故以两为囚与证也。两至具备,谓囚证具足,各得其辞,乃据辞定罪,与众狱官共听其辞,观其犯状,斟酌入罪,或入墨劓,或入宫刖,故云听其入五刑之辞也。

## 2. (宋)苏轼《书传》卷十九《周书·吕刑第二十九》

两造具备,师听五辞。

讼者两至,则士听其辞。

## 3. (宋)林之奇《尚书全解》卷三十九《周书·吕刑》

(归善斋按,见"王曰,吁!来,有邦有土,告尔祥刑")

## 4. (宋)史浩《尚书讲义》卷二十《周书·吕刑》

(归善斋按,见"王曰,吁!来,有邦有土,告尔祥刑")

## 5. (宋)夏僎《尚书详解》卷二十五《周书·吕刑》

(归善斋按,见"王曰,吁!来,有邦有土,告尔祥刑")

## 6. (宋)时澜《增修东莱书说》卷三十四《周书·吕刑第二十九》

(归善斋按,见"王曰,吁!来,有邦有土,告尔祥刑")

## 7.（宋）黄度《尚书说》卷七《周书·吕刑》

（归善斋按，见"王曰，吁！来，有邦有土，告尔祥刑"）

## 8.（宋）袁燮《絜斋家塾书钞》

（归善斋按，无此篇）

## 9.（宋）蔡沈《书经集传》卷六《周书·吕刑》

两造具备，师听五辞。五辞简孚，正于五刑；五刑不简，正于五罚；五罚不服，正于五过。

两造者，两争者，皆至也。《周官》以两造听民讼。具备者，词证皆在也。师，众也。五辞，丽于五刑之辞也。简，核其实也。孚，无可疑也。正，质也。五辞简核，而可信，乃质于五刑也。不简者，辞与刑参差不应，刑之疑者也。罚，赎也，疑于刑，则质于罚也。不服者，辞与罚又不应也，罚之疑者也。过，误也，疑于罚，则质于过，而宥免之也。

## 10.（宋）黄伦《尚书精义》卷四十九《周书·吕刑》

（按，以上经解《永乐大典》原缺）

## 11.（宋）陈经《尚书详解》卷四十七《周书·吕刑》

（归善斋按，见"王曰，吁！来，有邦有土，告尔祥刑"）

## 12.（宋）钱时《融堂书解》卷二十《周书·吕刑》

（归善斋按，见"王曰，吁！来，有邦有土，告尔祥刑"）

## 13.（宋）魏了翁《尚书要义》卷十九《周书·君牙、冏命、吕刑》

二九、以两造入五辞，应五刑，疑则五罚，无疑则入过。

两，谓两人，谓囚与证也。凡竞狱，必有两人为敌，各言有辞理，或时两皆须证，则因之，与证非徒，两人而已，既得因证。将入五刑之辞，

2233

更复简练核实，知其信有罪状，与刑书正同，则依刑书断之，应墨者墨之，应杀者杀之。覆审囚证之辞，不如简核之状，既囚与证辞不相符合，则是犯状不定，谓不应五刑，不与五刑书同，狱官疑不能决，则当正之于五罚，令其出金赎罪，依准五刑，疑则从罚，故为"五罚"，即下文是也。今律，疑罪各依所犯以赎论。虚实之证等，是非之理均，或事涉疑似，旁无证见，或虽有证见，事非疑似，如此者，皆为疑罪，欲令赎罪，而其人不服，狱官重加简核，无复疑似之状，本情非罪，不可强遣出金，如是者，则正之于五过。虽事涉疑似有罪，乃过失，过则可原，故从赦免。下文惟有五刑、五罚，而无五过，亦称五者，缘五罚为过，故谓之五过，五者之过皆可原也。

五者之所病，皆谓狱吏故出入人罪，应刑不刑，应罚不罚，致之无过而赦免之。故指言五过之疵。于五刑五罚不赦其罪，未有此病，故不言五刑之疵，五罚之疵。应刑而罚，亦是其病，于赦免言病，则赦刑从罚，亦是病可知。损害王道，于正为病，故谓之病。惟官，谓尝同官位，与吏旧同僚也。或诈反囚辞，拒讳实情，不承服也。或内亲用事，因有亲戚在官，吏或望其意而曲笔也。或行货于吏，吏受财枉法也。或囚与吏旧相往来。此五事，皆是病之所在。五者皆是枉法，但枉法多是为货，故于货言枉，余皆枉可知。

廿六、两造、五辞、五刑、五罚、五过、五疵、五疑（疏在后）。

"两造具备，师听五辞"，两，谓囚证。造，至也。两至俱备，则众狱官共听其入五刑之辞。五辞简孚，正于五刑；五辞简核，信有罪验，则正之于五刑。五刑不简，"正于五罚"。不简核，谓不应五刑，当正五罚，出金赎罪。"五罚不服，正于五过"。不服，不应罚也。"正于五过"，从赦免。五过之疵：惟官、惟反、惟内、惟货、惟来。五过之所病，或常同官位；或诈反囚辞，或内亲用事；或行货枉法，或旧相往来，皆病所在，其罪惟均。其蕃克之。以病所在出入人罪，使在五过，罪与犯法者。同其当清察，能使之不行。"五刑之疑有赦，五罚之疑有赦，其审克之"，刑疑赦从罚，罚疑赦从免，其当清察，能得其理。

## 14. （宋）陈大猷《书集传或问》卷下《周书·吕刑》

（归善斋按，未解）

## 15. （宋）胡士行《尚书详解》卷十二《周书·吕刑第二十九》

（归善斋按，见"王曰，吁！来，有邦有土，告尔祥刑"）

## 16. （元）吴澄《书纂言》卷四下《周书·吕刑》

两造具备，师听五辞。五辞简孚，正于五刑；五刑不简，正于五罚；五罚不服，正于五过。五过之疵：惟官、惟反、惟内、惟货、惟来。其罪惟均，其审克之。

两，辞，证也。造，至也。具备，俱完也。师，众也。狱辞不一，丽于刑者，不过五，故曰"五辞"。辞证俱完，则与众有司共听其辞，当丽何刑。简，分别之也。孚，实信无疑也。辞既分辩而无疑，则定其罪而正之于五刑。五辞所丽之刑，分辩不明，是谓"不简"，不简则正之于五罚。五刑所宥之罚，审责不合，是谓不服。不服则正之于五过。刑、罚、过，皆曰"正"者，谓断以公，定以理，各得其正也。然古之所谓罚者，以五流之法宥之而已，今五罚皆以金赎，则与古不同矣。《周官》所谓"过"者，桎梏而坐诸嘉石，役诸司空。今五过，轻于金赎，则与《周官》又或不同矣。夫自刑轻之而为罚，自罚轻之而为过，过则几于免矣。法固欲其轻也，以私而故纵之，则非天讨之公，所以严责五过之疵。官，挟势也；反，报恩也；内，女谒也；货，贿赂也；来，请求也。为是五者，而徇私，所犯非过，而以为过，此故纵之罪，与犯人同，所宜审克之。审克，谓审之，而能得其审也。

## 17. （元）陈栎《书集传纂疏》卷六《朱子订定蔡氏集传·周书·吕刑》

两造具备，师听五辞。五辞简孚，正于五刑，五刑不简，正于五罚；五罚不服，正于五过。

2235

两造者，两争者，皆至也。《周官》以两造听民讼。具备者，词证皆在也。师，众也。五辞，丽于五刑之辞也。简，核其实也。孚，无可疑也。正，质也。五辞简核而可信，乃质于五刑也。不简者，辞与刑参差不应，刑之疑者也。罚，赎也，疑于刑，则质于罚也。不服者，辞与罚又不应也，罚之疑者也。过，误也，疑于罚，则质于过，而宥免之也。

纂疏：

张氏曰，两造非偏辞，师听非偏见。一人独听，恐聪明有不及，思虑有不至，必众听之。

吕氏曰，狱辞所及，固欲审度，而两造词证，复欲具备，盖不当逮者不可扰一人；当逮者，不可缺一人。

又曰，古者因情而求法，故有不可入之刑。后世移情而合法，故无不可加之罪。

## 18.（元）许谦《读书丛说》卷六《周书·吕刑》

（原缺）

## 19.（元）董鼎《书传辑录纂注》卷六《周书·吕刑》

两造具备，师听五辞。五辞简孚，正于五刑。五刑不简，正于五罚；五罚不服，正于五过。

两造者，两争者皆至也。《周官》以两造听民讼。具备者，辞证皆在也。师，众也。五辞，丽于五刑之辞也。简，核其实也。孚，无可疑也。正，质也。五辞简核而可信，乃质于五刑也。不简者，辞与刑参差不应，刑之疑者也。罚，赎也。疑于刑，则质于罚也。不服者，辞与罚又不应也，罚之疑者也。过，误也。疑于罚，则质于过，而宥免之也。

纂注：

张氏曰，两造非偏辞，师听非偏见。一人独听，恐聪明有不及，思虑有不至，必众听之也。

吕氏曰，狱辞所及，固欲审度，而两造词证，复欲具备，盖不当逮者，不可扰一人；当逮者，不可阙一人。

又曰，古者，因情而求法，故有不可入之刑。后世，移情而合法，故无不可加之罪。

## 20.（元）朱祖义《尚书句解》卷十二《周书·吕刑第二十九》

两造具备（两等人之辞皆至，无一辞不具备。造，槽），师听五辞（一人之见，岂能若众见之明；一人之断，岂能若众断之公。命众人之听两造之辞，分为五等）。

## 21.（明）王樵《尚书日记》卷十六《周书·吕刑》

"两造具备"至"正于五过"。

孔氏曰，两，谓囚、证。造，至也。两至具备，则众狱官共听其入五刑之辞。五辞简核信有罪验，则正之于五刑。不简核，谓不应五刑，当正五罚，出金赎罪。不服，不应罚也，正于五过，从赦免也。正义曰，刑疑从罚，罚疑从过，过则免之矣。禹曰"宥过"，《易》曰"赦过"，知"过"，即免之也。

蔡传，辞证皆在，辞如文卷，证是证佐，有辞在而证不在，有证在而辞不在，皆不可以问理。证佐，两争者俱有，或两皆须证，则不可缺。

张氏曰，两造非偏辞，师听非偏见。一人独听，恐聪明有不及，思虑有不至，必众听之也。

按，"五辞简孚"六句，只是相推下去，欲其原情定罪而已。辞，即今之所谓供也。简孚者，不能隐讳，所招是实也。"正于五刑"，议其罪也。"五刑不简"，则情罪不合矣。谓求之五刑之中，而无合其罪之条，则正于五罚，五罚又不服，则正于五过。上言不简，下言不服，盖互言之。正于五罚，即"流宥五刑"；"正于五过"，即"眚灾肆赦"，但穆王新定赎法，罚以赎言，非复古者降等之用矣。

两"正"字最可玩。汉人谓之"当"谓情法相当也。今大理官，评允狱案，必曰"审拟合律"，亦此意也。古者，因情而求法，故有不可入之刑。后世，移情而合法，故无不可加之罪。

## 22.（清）库勒纳等撰《日讲书经解义》卷十三《周书·吕刑》

两造具备，师听五辞。五辞简孚，正于五刑。五刑不简，正于五罚；五罚不服，正于五过。

此一节书是，告诸侯以听狱之法也。两造，两争者皆至也。具备，词证皆在也。师，众也。五辞，丽于五刑之辞也。简，核其实也。孚，无可疑也。正，质也。罚，赎也。过，误也。穆王曰，凡民争讼，必有两人。两者俱至，又必有供词证佐，使之一一具备，然后乃与众狱官共听之，恐一人之见，或有偏也。听之法如何，两造必有附丽于五刑之辞，是谓五辞，听之者，在简核其实，必无有毫发之可疑，然后质正于墨、劓、剕、宫、大辟五等之刑，而各以其罪罪之。其或质之于五刑，而辞与刑参差不应，无简核之实迹，刑之疑者也，则质正于五等之罚，而使之出金以赎罪。其或质之于五罚，而辞与罚又参差不应，终不能使之诎服，又罚之疑者也，则质正于五等之过误，而直赦之。盖听辞必极其简孚，则刑无不当，罚无不服，而过误者亦不至滥入于刑与罚之中矣。听狱之法如此，庶几无失入之害与。

### （元）陈师凯《蔡氏传旁通》卷六下《吕刑》

《周官》以两造听民讼。

《大司寇》云，以两造禁民讼，入束矢于朝，然后听之。

《周礼》所谓"色听"。

《小司寇》以五声听狱讼，求民情，一曰辞听，观其出言不直则烦；二曰色听，观其颜色不直则赧然；三曰气听，观其气息不直则喘；四曰耳听，观其听聆不直则惑；五曰目听，观其眸子视不直则眊然。

### （元）王充耘《读书管见》卷下《吕刑》

两造具备。

两造具备，犹云原告、被论、干证悉完也。师听五辞，犹今团坐，公同推问也。

## 五辞简孚，正于五刑

**1.（汉）孔氏传、（唐）陆德明音义、孔颖达疏《尚书注疏》卷十八《周书·吕刑》**

五辞简孚，正于五刑。

传，五辞简核，信有罪验，则正之于五刑。

音义，核，幸革反。

疏，正义曰，其五刑之辞简核，信实有罪，则正之于五刑。以五刑之罪罪其身也。

传正义曰，既得囚证，将入五刑之辞，更复简练核实，知其信有罪状，与刑书正同，则依刑书断之。应墨者墨之，应杀者杀之。

**2.（宋）苏轼《书传》卷十九《周书·吕刑第二十九》**

五辞简孚，正于五刑。

简，核也。孚，审虑也。简孚而无辞，乃正五刑。

**3.（宋）林之奇《尚书全解》卷三十九《周书·吕刑》**

（归善斋按，见"王曰，吁！来，有邦有土，告尔祥刑"）

**4.（宋）史浩《尚书讲义》卷二十《周书·吕刑》**

（归善斋按，见"王曰，吁！来，有邦有土，告尔祥刑"）

**5.（宋）夏僎《尚书详解》卷二十五《周书·吕刑》**

（归善斋按，见"王曰，吁！来，有邦有土，告尔祥刑"）

**6.（宋）时澜《增修东莱书说》卷三十四《周书·吕刑第二十九》**

（归善斋按，见"王曰，吁！来，有邦有土，告尔祥刑"）

### 7.（宋）黄度《尚书说》卷七《周书·吕刑》

(归善斋按，见"王曰，吁！来，有邦有土，告尔祥刑")

### 8.（宋）袁燮《絜斋家塾书钞》

(归善斋按，无此篇)

### 9.（宋）蔡沈《书经集传》卷六《周书·吕刑》

(归善斋按，见"两造具备，师听五辞")

### 10.（宋）黄伦《尚书精义》卷四十九《周书·吕刑》

(按，以上经解《永乐大典》原缺)

### 11.（宋）陈经《尚书详解》卷四十七《周书·吕刑》

(归善斋按，见"王曰，吁！来，有邦有土，告尔祥刑")

### 12.（宋）钱时《融堂书解》卷二十《周书·吕刑》

(归善斋按，见"王曰，吁！来，有邦有土，告尔祥刑")

### 13.（宋）魏了翁《尚书要义》卷十九《周书·君牙、冏命、吕刑》

(归善斋按，见"两造具备，师听五辞")

### 14.（宋）陈大猷《书集传或问》卷下《周书·吕刑》

(归善斋按，未解)

### 15.（宋）胡士行《尚书详解》卷十二《周书·吕刑第二十九》

(归善斋按，见"王曰，吁！来，有邦有土，告尔祥刑")

**16.（元）吴澄《书纂言》卷四下《周书·吕刑》**

（归善斋按，见"两造具备，师听五辞"）

**17.（元）陈栎《书集传纂疏》卷六《朱子订定蔡氏集传·周书·吕刑》**

（归善斋按，见"两造具备，师听五辞"）

**18.（元）许谦《读书丛说》卷六《周书·吕刑》**

（原缺）

**19.（元）董鼎《书传辑录纂注》卷六《周书·吕刑》**

（归善斋按，见"两造具备，师听五辞"）

**20.（元）朱祖义《尚书句解》卷十二《周书·吕刑第二十九》**

五辞简孚（五辞皆得其要而可信），正于五刑（方可正以五刑，或入墨，或入劓，或入剕、宫、大辟）。

**21.（明）王樵《尚书日记》卷十六《周书·吕刑》**

（归善斋按，见"两造具备，师听五辞"）

**22.（清）库勒纳等撰《日讲书经解义》卷十三《周书·吕刑》**

（归善斋按，见"两造具备，师听五辞"）

# 五刑不简，正于五罚

**1.（汉）孔氏传、（唐）陆德明音义、孔颖达疏《尚书注疏》卷十八《周书·吕刑》**

五刑不简，正于五罚。

传，不简核，谓不应五刑，当正五罚，出金赎罪。

音义，应，应对之"应"，下同。

疏，正义曰，五刑之辞不如众所简核，不合入五刑，则正之于五罚。罚，谓其取赎也。

传正义曰，不简核者，谓覆审囚证之辞，不如简核之状，既因与证辞不相符合，则是犯状不定。谓不应五刑，不与五刑书同，狱官疑不能决，则当正之于五罚，令其出金赎刑。依准五刑，疑则从罚，故为五罚，即下文是也。今律疑罪各依所犯，以赎论，虚实之证等是非之理，均或事涉疑似，旁无证见，或虽有证，见事涉疑似，如此者，皆为疑罪。

## 2.（宋）苏轼《书传》卷十九《周书·吕刑第二十九》

五刑不简，正于五罚。

罚，赎也。

## 3.（宋）林之奇《尚书全解》卷三十九《周书·吕刑》

(归善斋按，见"王曰，吁！来，有邦有土，告尔祥刑")

## 4.（宋）史浩《尚书讲义》卷二十《周书·吕刑》

(归善斋按，见"王曰，吁！来，有邦有土，告尔祥刑")

## 5.（宋）夏僎《尚书详解》卷二十五《周书·吕刑》

(归善斋按，见"王曰，吁！来，有邦有土，告尔祥刑")

## 6.（宋）时澜《增修东莱书说》卷三十四《周书·吕刑第二十九》

(归善斋按，见"王曰，吁！来，有邦有土，告尔祥刑")

## 7.（宋）黄度《尚书说》卷七《周书·吕刑》

(归善斋按，见"王曰，吁！来，有邦有土，告尔祥刑")

## 8.（宋）袁燮《絜斋家塾书钞》

(归善斋按，无此篇)

## 9.（宋）蔡沈《书经集传》卷六《周书·吕刑》

(归善斋按，见"两造具备，师听五辞")

## 10.（宋）黄伦《尚书精义》卷四十九《周书·吕刑》

(按，以上经解《永乐大典》原缺)

## 11.（宋）陈经《尚书详解》卷四十七《周书·吕刑》

(归善斋按，见"王曰，吁！来，有邦有土，告尔祥刑")

## 12.（宋）钱时《融堂书解》卷二十《周书·吕刑》

(归善斋按，见"王曰，吁！来，有邦有土，告尔祥刑")

## 13.（宋）魏了翁《尚书要义》卷十九《周书·君牙、冏命、吕刑》

(归善斋按，见"两造具备，师听五辞")

## 14.（宋）陈大猷《书集传或问》卷下《周书·吕刑》

(归善斋按，未解)

## 15.（宋）胡士行《尚书详解》卷十二《周书·吕刑第二十九》

(归善斋按，见"王曰，吁！来，有邦有土，告尔祥刑")

## 16.（元）吴澄《书纂言》卷四下《周书·吕刑》

(归善斋按，见"两造具备，师听五辞")

2243

## 17. （元）陈栎《书集传纂疏》卷六《朱子订定蔡氏集传·周书·吕刑》

（归善斋按，见"两造具备，师听五辞"）

## 18. （元）许谦《读书丛说》卷六《周书·吕刑》

（原缺）

## 19. （元）董鼎《书传辑录纂注》卷六《周书·吕刑》

（归善斋按，见"两造具备，师听五辞"）

## 20. （元）朱祖义《尚书句解》卷十二《周书·吕刑第二十九》

五刑不简（苟正以五刑不应夫狱之要辞，是辞与法不相当也），正于五罚（则正以五罚，使出金赎罪，罪实而加以法，谓之刑；罪疑而赎以金，谓之罚）。

## 21. （明）王樵《尚书日记》卷十六《周书·吕刑》

（归善斋按，见"两造具备，师听五辞"）

## 22. （清）库勒纳等撰《日讲书经解义》卷十三《周书·吕刑》

（归善斋按，见"两造具备，师听五辞"）

### （清）朱鹤龄《尚书埤传》卷十五《周书·吕刑》

正于五罚，正于五过。

王樵曰，正于五罚，即流宥五刑；正于五过，即眚灾肆赦。但穆王新定赎法，罚以赎言，非复古者降等之用矣。

按，《吕刑》所谓"正"，汉人谓之"当"，言情法相当也。东莱曰，古者因情而求法，故有不可入之刑；后世移情而合法，故无不可加之罪。

## 五罚不服，正于五过

### 1. （汉）孔氏传、（唐）陆德明音义、孔颖达疏《尚书注疏》卷十八《周书·吕刑》

五罚不服，正于五过。

传，不服，不应罚也。正于五过，从赦免。

疏，正义曰，于五罚论之，又有辞不服，则正之于五过。过失可宥，则赦宥之。

传正义曰，不服不应罚者，欲令赎罪而其人不服，狱官重加简核，无服疑似之状，本情非罪，不可强遣出金，如是者，则正之于五过。虽事涉疑似有罪，乃是过失，过则可原，故从赦免。下文惟有五刑五罚，而无五过，亦称五者，缘五罚为过，故谓之五过。五者之过皆可原也。

### 2. （宋）苏轼《书传》卷十九《周书·吕刑第二十九》

五罚不服，正于五过。

过失，则当宥也。

### 3. （宋）林之奇《尚书全解》卷三十九《周书·吕刑》

(归善斋按，见"王曰，吁！来，有邦有土，告尔祥刑")

### 4. （宋）史浩《尚书讲义》卷二十《周书·吕刑》

(归善斋按，见"王曰，吁！来，有邦有土，告尔祥刑")

### 5. （宋）夏僎《尚书详解》卷二十五《周书·吕刑》

(归善斋按，见"王曰，吁！来，有邦有土，告尔祥刑")

### 6.（宋）时澜《增修东莱书说》卷三十四《周书·吕刑第二十九》

（归善斋按，见"王曰，吁！来，有邦有土，告尔祥刑"）

### 7.（宋）黄度《尚书说》卷七《周书·吕刑》

（归善斋按，见"王曰，吁！来，有邦有土，告尔祥刑"）

### 8.（宋）袁燮《絜斋家塾书钞》

（归善斋按，无此篇）

### 9.（宋）蔡沈《书经集传》卷六《周书·吕刑》

（归善斋按，见"两造具备，师听五辞"）

### 10.（宋）黄伦《尚书精义》卷四十九《周书·吕刑》

（按，以上经解《永乐大典》原缺）

### 11.（宋）陈经《尚书详解》卷四十七《周书·吕刑》

（归善斋按，见"王曰，吁！来，有邦有土，告尔祥刑"）

### 12.（宋）钱时《融堂书解》卷二十《周书·吕刑》

（归善斋按，见"王曰，吁！来，有邦有土，告尔祥刑"）

### 13.（宋）魏了翁《尚书要义》卷十九《周书·君牙、冏命、吕刑》

（归善斋按，见"两造具备，师听五辞"）

### 14.（宋）陈大猷《书集传或问》卷下《周书·吕刑》

（归善斋按，未解）

**15.（宋）胡士行《尚书详解》卷十二《周书·吕刑第二十九》**

(归善斋按，见"王曰，吁！来，有邦有土，告尔祥刑")

**16.（元）吴澄《书纂言》卷四下《周书·吕刑》**

(归善斋按，见"两造具备，师听五辞")

**17.（元）陈栎《书集传纂疏》卷六《朱子订定蔡氏集传·周书·吕刑》**

(归善斋按，见"两造具备，师听五辞")

**18.（元）许谦《读书丛说》卷六《周书·吕刑》**

(原缺)

**19.（元）董鼎《书传辑录纂注》卷六《周书·吕刑》**

(归善斋按，见"两造具备，师听五辞")

**20.（元）朱祖义《尚书句解》卷十二《周书·吕刑第二十九》**

五罚不服（苟情之轻，出于过惧，虽罚之金，彼亦不肯服从），正于五过（则正以五过，从赦可也）。

**21.（明）王樵《尚书日记》卷十六《周书·吕刑》**

(归善斋按，见"两造具备，师听五辞")

**22.（清）库勒纳等撰《日讲书经解义》卷十三《周书·吕刑》**

(归善斋按，见"两造具备，师听五辞")

2247

**（清）朱鹤龄《尚书埤传》卷十五《周书·吕刑》**

（归善斋按，见"五刑不简，正于五罚"）

# 五过之疵：惟官，惟反，惟内，惟货，惟来

## 1.（汉）孔氏传、（唐）陆德明音义、孔颖达疏《尚书注疏》卷十八《周书·吕刑》

五过之疵：惟官、惟反、惟内、惟货、惟来。

传，五过之所病，或尝同官位，或诈反囚辞，或内亲用事，或行货枉法，或旧相往来，皆病所在。

音义，疵，才斯反。来，马本作求，云有求，请赇也。

疏，正义曰，从刑入罚，从罚入过，此五过之所病者，惟尝同官位，惟诈反囚辞，惟内亲用事，惟行货枉法，惟旧相往来。

传正义曰，《释诂》云，疵，病也。此五过之所病，皆谓狱吏故出入人罪，应刑不刑，应罚不罚，致之五过而赦免之，故指言五过之疵。于五刑五罚，不赦其罪，未有此病，故不言五刑之疵，五罚之疵。应刑而罚，亦是其病，于赦免言病，则赦刑从罚，亦是病可知。损害王道，于政为病，故谓之病。惟官，谓尝同官位，与吏旧同僚也；或诈反囚辞，拒讳实情，不承服也；或内亲用事，囚有亲戚在官吏；或望其意而曲笔也，或行货于吏，吏受财枉法也；或囚与吏旧相往来。此五事皆是病之所在，五事皆是枉法，但枉法多是为货，故于货言枉，余皆枉可知之。

## 2.（宋）苏轼《书传》卷十九《周书·吕刑第二十九》

五过之疵：惟官，惟反，惟内，惟货，惟来。其罪惟均，其审克之。

刑之而不服，则赎；赎之而不服，则宥，无不可者。但恐其有疵弊

耳。官者，更为请求也。反者，报也，报德怨也。内，女谒也。货，鬻狱也。来，亲友往来者为言也。法当同坐，故曰"其罪惟均"。克，胜也，胜其非也。

### 3. （宋）林之奇《尚书全解》卷三十九《周书·吕刑》

（归善斋按，见"王曰，吁！来，有邦有土，告尔祥刑"）

### 4. （宋）史浩《尚书讲义》卷二十《周书·吕刑》

（归善斋按，见"王曰，吁！来，有邦有土，告尔祥刑"）

### 5. （宋）夏僎《尚书详解》卷二十五《周书·吕刑》

（归善斋按，见"王曰，吁！来，有邦有土，告尔祥刑"）

### 6. （宋）时澜《增修东莱书说》卷三十四《周书·吕刑第二十九》

（归善斋按，见"王曰，吁！来，有邦有土，告尔祥刑"）

### 7. （宋）黄度《尚书说》卷七《周书·吕刑》

（归善斋按，见"王曰，吁！来，有邦有土，告尔祥刑"）

### 8. （宋）袁燮《絜斋家塾书钞》

（归善斋按，无此篇）

### 9. （宋）蔡沈《书经集传》卷六《周书·吕刑》

五过之疵：惟官、惟反、惟内、惟货、惟来。其罪惟均，其审克之。疵，病也。官，威势也；反，报德怨也；内，女谒也；货，贿赂也；来，干请也。惟此五者之病，以出入人罪，则以人之所犯坐之也。审克者，察之详而尽其能也。下文屡言，以见其丁宁忠厚之至。疵于刑罚亦然，但言于五过者，举轻以见重也。

2249

### 10. (宋)黄伦《尚书精义》卷四十九《周书·吕刑》

(按,以上经解《永乐大典》原缺)

### 11. (宋)陈经《尚书详解》卷四十七《周书·吕刑》

(归善斋按,见"王曰,吁!来,有邦有土,告尔祥刑")

### 12. (宋)钱时《融堂书解》卷二十《周书·吕刑》

(归善斋按,见"王曰,吁!来,有邦有土,告尔祥刑")

### 13. (宋)魏了翁《尚书要义》卷十九《周书·君牙、冏命、吕刑》

(归善斋按,见"两造具备,师听五辞")

### 14. (宋)陈大猷《书集传或问》卷下《周书·吕刑》

(归善斋按,未解)

### 15. (宋)胡士行《尚书详解》卷十二《周书·吕刑第二十九》

(归善斋按,见"王曰,吁!来,有邦有土,告尔祥刑")

### 16. (元)吴澄《书纂言》卷四下《周书·吕刑》

(归善斋按,见"两造具备,师听五辞")

### 17. (元)陈栎《书集传纂疏》卷六《朱子订定蔡氏集传·周书·吕刑》

五过之疵:惟官、惟反、惟内、惟货、惟来。其罪惟均,其审克之。

疵,病也。官,威势也;反,报德怨也;内,女谒也;货,贿赂也;来,干请也。惟此五者之病,以出入人罪,则以人之所犯坐之也。审克者,察之详而尽其能也。下文屡言,以见其丁宁忠厚之至。疵于刑罚亦然，但言于五过者，举轻以见重也。

纂疏：

孔氏曰，或尝同官位，或诈反囚辞，或旧相往来。

吕氏曰，刑降而为罚，罚降而为过，然以私而故纵，则又非天讨也，故纵之病有五。审者，察之尽其心；克者，治之尽其力。

陈氏曰，此之"审克"，恐故出人罪；下之"审克"，恐故入人罪也。

## 18.（元）许谦《读书丛说》卷六《周书·吕刑》

（原缺）

## 19.（元）董鼎《书传辑录纂注》卷六《周书·吕刑》

五过之疵：惟官，惟反，惟内，惟货，惟来。其罪惟均，其审克之。

疵，病也。官，威势也；反，报德怨也；内，女谒也；货，贿赂也；来，干请也。惟此五者之病，以出入人罪，则以人之所犯坐之也。审克者，察之详而尽其能也。下文屡言，以见其丁宁忠厚之至。疵于刑罚亦然，但言于五过者，举轻以见重也。

纂注：

孔氏曰，五过之病，或尝同官位，或诈反囚辞，或内亲用事，或行货枉法，或旧相往来，皆病所在，出入人罪，使在五过，罪与犯法者同。

吕氏曰，刑降而为罚，罚降而为过，然以私而故纵，则又非天讨也。故纵之疵病有此五者。

又曰，审者，察之尽其心。克者，治之尽其力。

## 20.（元）朱祖义《尚书句解》卷十二《周书·吕刑第二十九》

五过之疵（然有人实犯法，而吾私纵之，置于五过之地，是五过之病。其病为何）：惟官（有以官吏请托，而赦之者）、惟反（有以报复私恩而赦之者）、惟内（有以妻妾请求而赦之者）、惟货（有以贿赂鬻狱而赦之者）、惟来（有以私相往来而赦之者）。

## 21. (明)王樵《尚书日记》卷十六《周书·吕刑》

五过之疵：惟官、惟反、惟内、惟货、惟来。其罪惟均，其审克之。

孔氏曰，五过之病，或尝同官位，或诈反囚辞，或内亲用事，或行货枉法，或旧相往来，皆病所在。以病所在出入人罪，使在五过，罪与犯法者同，其当清察，能使之不行。

蔡氏曰，官，威势也；反，报德怨也；内，女谒也；来，干请也。审克者，察之尽其能也。

舍五刑、五罚，而专言五过者，当以为过而不以为过，乃入之于刑；是不当以为过，而以为过，乃出之于刑罚，皆疵也。故言五过之疵，则五刑、五罚之疵在其中矣。今律有故出入、失出入人罪，此经不言，意多主故而言也。治狱之道，不审则疏略。不尽其能，亦非审也。故篇中多言"审克"。东莱分"察之尽其心，治之尽其力"，非是。

## 22. (清)库勒纳等撰《日讲书经解义》卷十三《周书·吕刑》

五过之疵：惟官、惟反、惟内、惟货、惟来。其罪惟均，其审克之。

此一节书是，举听狱之弊而戒之也。疵，病也。官，威势也；反，报德怨也；内，女谒也；货，贿赂也；来，干请也。穆王曰，五刑、五罚之疑而递正之于五过，本欲开释无辜，以协于祥刑。然典狱之官，多有借此营私徇情，舞文玩法者。其疵病有五，或畏他人之权势，而不敢争执，一疵也；或报复己之恩怨，而不本公平，二疵也；或听受女谒之言，三疵也；或广开货贿之门，四疵也；或凡有干求请嘱，不能谢绝，五疵也。有此五疵，以出入人罪，或止于过，而故入之于刑罚之条，或罪不止于过，而故出之于赦免之律。若此颠倒，任意坏法乱纪，其罪与犯人同当，即以其人之所犯罪之，不尔赦也。然则尔等，可不详审精察，务尽其听断之能哉。夫五过，狱之最轻者，其疵病犹如此，又况五罚、五刑，狱之大者，则人之营求必愈甚。典狱者听断之权，亦愈重，其疵更当何？如此尤宜深致戒者也。

### （明）梅鷟《尚书考异》卷五《吕刑》

惟货惟求。

马云，有求请赇也，晋人作"来"。

### （清）朱鹤龄《尚书埤传》卷十五《周书·吕刑》

五过之疵。

此病在惟出人罪，孔、蔡二传以为出入人罪，盖有罪而妄出，则必无罪而妄入也。

### （清）张英《书经衷论》卷四《周书·吕刑》

"惟官、惟反、惟内、惟货、惟来"，五者尽后世听讼之弊。五者之中，惟货尤甚故，后特举而详言之。曰"无或私家于狱之两辞，狱货非宝，惟府辜功，报以庶尤，永畏惟罚"，言断狱而受货，惟聚敛罪状而已，将来必有殃祸之罚，其可畏如此。盖狱关人之生死，析之以明哲，处之以哀矜，犹恐不得其情，乃敢有私家之意乎？单辞较两辞尤难，故必曰明清，能持法公平，则可以配天而有无疆之誉；私家两辞，则报以庶尤而有无穷之祸，安得不慎之又慎哉？

### （清）王夫之《尚书稗疏》卷四下《周书·吕刑》

五过之疵。

过失则在所赦，而有不在赦例者，于刑非不简，于罚非不服，乃曲引过误之条以赦之，是为"五过之疵"。无心而误出者，听于平反。疵，则有故而纵之者，其故凡五：一、官位相联，惧相干涉，而故出之以自便；二、前之听狱者，与己不协，立意欲与相反，则不论曲直，而但翻驳其成案，以出非所出；三、托于女谒以求请；四、受货而疑之；五、旧与往来，或嘱托所与往来者。缘此五者，因非过谓过，入于赦宥，皆为法病。病法，则纵有罪，虐无辜，必审实其罪，而故出者亦均坐焉。此皆言故出人罪者，蔡氏兼言故入人罪，失之。"惟反"之释，孔蔡皆未审。"惟来"之释，孔蔡各得其偏，当以事理求之自见。

## 其罪惟均，其审克之

### 1.（汉）孔氏传、（唐）陆德明音义、孔颖达疏《尚书注疏》卷十八《周书·吕刑》

其罪惟均，其审克之。

传，以病所在出入人罪，使在五过罪与犯法者，同其当，清察能使之不行。

疏，正义曰，以此五病出入人罪，其罪与犯法者均其当，清证审察，能使五者不行，乃为能耳。

传正义曰，以五病所在出入人罪，不罚，不刑，使得在于五过妄赦免之，此狱吏之罪，与犯法者同。诸侯国君，清证审察，能使之不行，乃为善也。此以病所在惟出人罪耳，而传并言入者，有罪而妄出，与无罪而妄入，狱吏之罪等，故以出入言之。今律故出入者与同罪，即此是也。

《尚书注疏》卷十八《考证》

其审克之。

吕祖谦曰，审者，察之尽其心；克者；治之尽其力。臣召南按，审，即《虞书》所谓"明"也。"克"，即《虞书》所谓"允"也。

### 2.（宋）苏轼《书传》卷十九《周书·吕刑第二十九》

(归善斋按，见"五过之疵，惟官，惟反，惟内，惟货，惟来")

### 3.（宋）林之奇《尚书全解》卷三十九《周书·吕刑》

(归善斋按，见"王曰，吁！来，有邦有土，告尔祥刑")

### 4.（宋）史浩《尚书讲义》卷二十《周书·吕刑》

(归善斋按，见"王曰，吁！来，有邦有土，告尔祥刑")

**5.（宋）夏僎《尚书详解》卷二十五《周书·吕刑》**

（归善斋按，见"王曰，吁！来，有邦有土，告尔祥刑"）

**6.（宋）时澜《增修东莱书说》卷三十四《周书·吕刑第二十九》**

（归善斋按，见"王曰，吁！来，有邦有土，告尔祥刑"）

**7.（宋）黄度《尚书说》卷七《周书·吕刑》**

（归善斋按，见"王曰，吁！来，有邦有土，告尔祥刑"）

**8.（宋）袁燮《絜斋家塾书钞》**

（归善斋按，无此篇）

**9.（宋）蔡沈《书经集传》卷六《周书·吕刑》**

（归善斋按，见"五过之疵，惟官，惟反，惟内，惟货，惟来"）

**10.（宋）黄伦《尚书精义》卷四十九《周书·吕刑》**

（按，以上经解《永乐大典》原缺）

**11.（宋）陈经《尚书详解》卷四十七《周书·吕刑》**

（归善斋按，见"王曰，吁！来，有邦有土，告尔祥刑"）

**12.（宋）钱时《融堂书解》卷二十《周书·吕刑》**

（归善斋按，见"王曰，吁！来，有邦有土，告尔祥刑"）

**13.（宋）魏了翁《尚书要义》卷十九《周书·君牙、冏命、吕刑》**

卅一、五过之疵，惟出罪，而并言入，犹今律出入同罪。

不罚，不刑，使得在于五过，妄赦免之，此狱吏之罪，与犯法者同。

惟出人罪尔，而传并言入者，有罪而妄出，与无罪而妄入，狱吏之罪等，故以出入言之。今律故出入者，与同罪也。

（归善斋按，另见"两造具备，师听五辞"）

### 14. （宋）陈大猷《书集传或问》卷下《周书·吕刑》

（归善斋按，未解）

### 15. （宋）胡士行《尚书详解》卷十二《周书·吕刑第二十九》

（归善斋按，见"王曰，吁！来，有邦有土，告尔祥刑"）

### 16. （元）吴澄《书纂言》卷四下《周书·吕刑》

（归善斋按，见"两造具备，师听五辞"）

### 17. （元）陈栎《书集传纂疏》卷六《朱子订定蔡氏集传·周书·吕刑》

（归善斋按，见"五过之疵，惟官，惟反，惟内，惟货，惟来"）

### 18. （元）许谦《读书丛说》卷六《周书·吕刑》

（原缺）

### 19. （元）董鼎《书传辑录纂注》卷六《周书·吕刑》

（归善斋按，见"五过之疵，惟官，惟反，惟内，惟货，惟来"）

### 20. （元）朱祖义《尚书句解》卷十二《周书·吕刑第二十九》

其罪惟均（于此五者有一焉，其罪与犯者同），其审克之（惟审之致其详，斯能不至故出人罪。审则究人之罪，克则胜己之私。刑罚之事，惟能究人情，胜己意者，可以无失，故曰"审克"）。

## 21. （明）王樵《尚书日记》卷十六《周书·吕刑》

（归善斋按，见"五过之疵，惟官，惟反，惟内，惟货，惟来"）

## 22. （清）库勒纳等撰《日讲书经解义》卷十三《周书·吕刑》

（归善斋按，见"五过之疵，惟官，惟反，惟内，惟货，惟来"）

## （元）陈师凯《蔡氏传旁通》卷六下《吕刑》火正黎

审克者，察之详而尽其能也。

吕氏云，审者，察之尽其心；克者，治之尽其力。

# 五刑之疑有赦，五罚之疑有赦，其审克之

## 1. （汉）孔氏传、（唐）陆德明音义、孔颖达疏《尚书注疏》卷十八《周书·吕刑》

五刑之疑有赦，五罚之疑有赦，其审克之。

传，刑疑赦从罚，罚疑赦从免，其当清察，能得其理。

疏，正义曰，五刑之疑有赦，赦从罚也；五罚之疑有赦，赦从过也；过则赦之矣。其当清证审察，使能之，勿使妄入人罪，妄得赦免。

传正义曰，刑疑有赦，赦从罚也。罚疑有赦，赦从免也。上云五罚不服，正于五过，即是免之也。不言五过之疑有赦者，知过则赦之，不得疑也。其当清察，能得其理，不使应刑妄得罚，应罚妄得免也。《舜典》云"眚灾肆赦"，《大禹谟》云"宥过无大"，《易·解卦象》云"君子以赦过宥罪"，《论语》云"赦小过"，是过失之罪皆当赦放，故知过即是赦之。郑玄云，不言五过之疑有赦者，过不赦也。《礼记》云，"凡执禁以齐众者，不赦过"。如郑此言，五罚不服，正于五过者，五过皆当罪之也。五刑之疑赦，刑取赎；五罚疑者反使服刑，是刑疑而输赎，罚疑而受刑，

2257

不疑而更轻，可疑而益重，事之颠倒一至此乎？谓之祥刑，岂当若是。然则不赦过者，复何所谓"执禁以齐众"，非谓平常之过失也。人君故设禁约，将以齐整大众，小事易犯，人必轻之。过犯悉皆赦之，众人不可复禁，是故不赦小过，所以齐整众人，令其不敢犯也。今律，和合御药，误不如本方；御幸舟船，误不牢固，罪皆死之；军兴者斩，故失等，皆是不赦过也。

## 2. （宋）苏轼《书传》卷十九《周书·吕刑第二十九》

五刑之疑有赦，五罚之疑有赦，其审克之。简孚有众，惟貌有稽。既简且孚众证之矣。口服而貌不服，此必有故，不可以不稽也。

## 3. （宋）林之奇《尚书全解》卷三十九《周书·吕刑》

（归善斋按，见"王曰，吁！来，有邦有土，告尔祥刑"）

## 4. （宋）史浩《尚书讲义》卷二十《周书·吕刑》

（归善斋按，见"王曰，吁！来，有邦有土，告尔祥刑"）

## 5. （宋）夏僎《尚书详解》卷二十五《周书·吕刑》

（归善斋按，见"王曰，吁！来，有邦有土，告尔祥刑"）

## 6. （宋）时澜《增修东莱书说》卷三十四《周书·吕刑第二十九》

（归善斋按，见"王曰，吁！来，有邦有土，告尔祥刑"）

## 7. （宋）黄度《尚书说》卷七《周书·吕刑》

五刑之疑有赦，五罚之疑有赦，其审克之。

赦，直免之。刑罚之疑，皆直免之，故别出。孔氏曰，刑疑，赦从罚；罚疑，赦从免，非也。上不简不服，皆谓有不尽之情，非疑也。疑则直免耳，与《周礼》三赦不同。皋陶"功疑惟重，罪疑惟轻"，亦别出。

## 8.（宋）袁燮《絜斋家塾书钞》

（归善斋按，无此篇）

## 9.（宋）蔡沈《书经集传》卷六《周书·吕刑》

五刑之疑有赦，五罚之疑有赦，其审克之。简孚有众，惟貌有稽。无简不听，具严天威。

刑疑有赦，正于五罚也；罚疑有赦，正于五过也。简核情实可信者众，亦惟考察其容貌，《周礼》所谓"色听"是也。然听狱以简核为本。苟无情实，在所不听，上帝临汝，不敢有毫发之不尽也。

## 10.（宋）黄伦《尚书精义》卷四十九《周书·吕刑》

（按，以上经解《永乐大典》原缺）

## 11.（宋）陈经《尚书详解》卷四十七《周书·吕刑》

（归善斋按，见"王曰，吁！来，有邦有土，告尔祥刑"）

## 12.（宋）钱时《融堂书解》卷二十《周书·吕刑》

（归善斋按，见"王曰，吁！来，有邦有土，告尔祥刑"）

## 13.（宋）魏了翁《尚书要义》卷十九《周书·君牙、冏命、吕刑》

（归善斋按，见"两造具备，师听五辞"）

## 14.（宋）陈大猷《书集传或问》卷下《周书·吕刑》

或问，孔氏谓，五刑之疑则赦而从罚，诸儒所共遵，而老泉之论，尤近人情。老泉曰，大罪固有疑。今有人或诬以杀人之罪，而不能以自明者。有今乃取王说，何也？曰，五简，正于五罚；不简，谓罪不当于五刑，若今世有罪而情理可悯，则与之从轻者是也，故从恕而用罚，非谓疑其无罪，而姑罚之也。若夫疑狱，则疑而不可知者也。若为盗而无赃证，杀人而无明验，是为疑狱。疑则不可知其人为有罪矣。不可知其为有罪，虽轻罚犹不加，况加以重罚乎？故今世，疑狱，虽杀人之罪，而不敢遽加以刑，盖不知其为果杀人故也。其以为重罪之疑，而加以重罚，受罚者果何辜哉。先王之制，必不尔也。故曰"五刑之疑有赦"，赦，则释之而已。若更有罚，何足以为赦，新安王氏辨之详矣。且老泉谓，或有诬以杀人而不能自明者，有诚杀人而官不能折其实者，所以必贵于赎，且不能自明与不能折其实，皆据他人之知者，言之耳。诚杀人而官不能折其实者，是皆不可以诚杀人之罪坐之，由是有减罪之律，当死而流。使彼为不能自明者邪，去死而得流刑已酷矣。使彼为诚杀人者邪，流而不死刑已宽矣，是皆失其实。则无辜者多怨，侥幸者易免。今欲彼不失实，则莫若重赎，彼罪疑者，虽或非辜，亦不至残其支体。若其有罪，则虽不受刑，固已苦于赎金矣。

彼或不能自明，官或不能折其实，上之人又安能知其为疑哉。使果知其为不能自明者邪，则是已知其非罪矣，非所谓疑也，罚乌可加乎？果知其为杀人而不能折其实邪，则是杀人无可疑，特吾未能折其实耳。天下之理，固未有为其事，而果无实者，特患听狱者不能详推之耳。果无实之可折，是真可疑者也，又乌可复加以罚哉？兼诸儒多谓"五刑之疑有赦"，即所谓"正于五罚"；"五罚之疑有赦"，即所谓"正于五过"，经文不应若是重复。盖五刑、五罚、五过，皆所以治之，故皆以正言，是皆明知其罪之所止者也。至于五刑之疑，则是不知其为有罪者也，则直赦之而已，非惟合于人情、法意，而上下文，支派脉络，亦皆晓然矣。

或曰五刑不简，正于五罚，若五刑之疑者，既已竟赦之矣，则又安得有所谓五罚之疑者哉？曰，刑不见简，而正之五罚，盖明知其罪不当于刑而罚之也。其有罪不当于刑，而宜罚者，而其所以致此罚。罪之由或疑而无证，则为五罚之疑，亦赦之也。

或曰罪不当于大辟，何不减为宫罪；不当于宫，何不减为荆，乃从罚，何邪？曰，此先王所以制为赎刑，以代其伤残支体之惨，而寓其仁以全民生者，正在是也。汉孔氏亦谓不降相因，乃古之制。唐孔氏亦谓次刑非所犯，故不得降相因。如后世减降之律，斯言得之矣。

五辞简孚，正于五刑，盖情罪灼然，当刑而不可出脱者也，五刑不简，正于五罚，如有墨罪于此而不简，欲竟加以墨，又似失之重；欲舍之，则又不可纵。盖有罪而情理可悯，所谓不当于刑者也，故恕之而从罚。如今世之徒罪，条目多矣。折肢损眼者当徒，而刃伤者亦当徒。刃伤比之折肢损目，其犯之轻重不等矣。喻如折肢损目，则使之受徒刑；而刃伤者，则恕而受徒罚。刃多而伤深者受徒刑；刃少而伤浅者，受徒罚，是所谓五刑不简，而正于五罚也。刃少而伤浅者，固当罚，然所以刃而伤之者，或出于彼迫我，而我不得已应之，或本无意，而偶加之，则其情理又轻矣，故罚之不服，而又正于五过，皆是明知其情罪之所止者也。疑则不能知其人之为罪也，故直赦之。

蔡氏曰：此篇专训赎刑，盖本《舜典》"金作赎刑"之语。然《舜典》所谓赎者，官府、学校鞭扑之刑尔。若五刑，则固未尝赎也。五刑之宽，惟处以流。今穆王赎法，虽大辟亦与其赎免也矣。汉张敞以讨羌，兵食不继，建为入谷赎罪之法，初亦未尝及夫杀人及盗之罪，而萧望之等犹以为，如此则富者得生，贫者独死，恐开利路以伤治化。曾谓唐虞之世，而有是赎法哉？蔡氏之说，出于晦庵，学者所当知。要之穆王之赎，虽非尽合古制，而所赎止及于不简者，非明知其罪而使之赎，如张敞之法也。

## 15. （宋）胡士行《尚书详解》卷十二《周书·吕刑第二十九》

（归善斋按，见"王曰，吁！来，有邦有土，告尔祥刑"）

## 16. （元）吴澄《书纂言》卷四下《周书·吕刑》

五刑之疑有赦，五罚之疑有赦，其审克之。

"五刑不简，正于五罚"者，虽不刑之，而犹入于罚也。若五刑有疑则直赦之，而不复入于罚矣。"五罚不服，正于五过"者，虽不罚之而犹治其过也。若五罚有疑则直赦之，而不复治其过矣。有疑而当赦者，所宜审克之。

2261

## 17.（元）陈栎《书集传纂疏》卷六《朱子订定蔡氏集传·周书·吕刑》

五刑之疑有赦，五罚之疑有赦，其审克之。简孚有众，惟貌有稽，无简不听，具严天威。

刑疑有赦，正于五罚也；罚疑有赦，正于五过也。简核情实，可信者众，亦惟考察其容貌，《周礼》所谓"色听"是也。然听讼以简核为本，苟无情实，在所不听，上帝临汝，不敢有毫发之不尽也。

纂疏：

夏氏曰，辞或可伪，而貌不可掩。不正则眊，有愧则泚。于此稽之，不得遁矣。苟无可简核，则疑狱明矣。此在所不听，竟舍之可也。

张氏曰，具，俱也，谓上所言皆敬天威也。

## 18.（元）许谦《读书丛说》卷六《周书·吕刑》

（原缺）

## 19.（元）董鼎《书传辑录纂注》卷六《周书·吕刑》

五刑之疑有赦，五罚之疑有赦，其审克之。简孚有众，惟貌有稽，无简不听，具严天威。

刑疑有赦，正于五罚也；罚疑有赦，正于五过也。简核情实可信者众，亦惟考察其容貌。《周礼》所谓"色听"是也。然听狱以简核为本。苟无情实。在所不听。上帝临汝。不敢有毫发之不尽也。

纂注：

夏氏曰，简孚有众，即前"师听五辞，五辞简孚"之意。而此简孚之法，又当"惟貌有稽"，辞或可伪，而貌不可掩。不正则眊，有愧则泚，于此稽之，不得遁矣。苟无可简核，则疑狱明矣。此在所不必听，竟舍之可也。

张氏曰，具，俱也，谓上所言皆敬天威也。

## 20. （元）朱祖义《尚书句解》卷十二《周书·吕刑第二十九》

五刑之疑有赦（又不可惩故出人罪之弊，至于故入人罪重，而五刑不得其实而有疑，则赦而从罚），五罚之疑有赦（轻而五罚不得其实而有疑，则赦而为免），其审克之（惟审之致其详，斯能不至故入人罪）。

## 21. （明）王樵《尚书日记》卷十六《周书·吕刑》

"五刑之疑有赦"至"具严天威"。

此专言察疑之道。疑则当赦，赦之而是，则为慎罚；赦之而非，则为长奸。两言有赦，见其不可轻也，其审克之，则有以得其情，而疑赦与不赦可决矣。两"赦"字不同。正义曰，五刑之疑有赦，赦从罚也；五罚之疑有赦，赦从过也。过则免之矣。"简孚"以下，正所以"审克之"者，言简核信验虽众，未可臆断，盖曰可信者众，则不无未信者存，犹当以疑待之。彼言或不足以尽意，而貌最不可以伪。为不正则眊，有忸则泚。惟于是，而有稽，庶几得其情乎？曰有稽，亦止用以参验考合，而非专恃乎？此《周礼》五听之法，则其遗意也。然此为疑者言之，若无简不疑，不疑当赦，不听可也。简与不简，听与不听，上帝临汝，不敢有毫发之不尽也。

## 22. （清）库勒纳等撰《日讲书经解义》卷十三《周书·吕刑》

五刑之疑有赦，五罚之疑有赦，其审克之。简孚有众，惟貌有稽。无简不听，具严天威。

此一节书是，言听断疑狱之法也。稽，稽考也。严，敬畏也。穆王曰，五刑之不简者，是刑之疑者也。疑则当赦其所丽之刑，而正于五罚矣。五罚之不服者，是罚之疑者也，疑则当赦其所丽之罚，而正于五过矣。尔等当察之详，而尽其能，既不滥及无辜，亦不宽纵有罪而后可也。然而狱之无可疑者，则如何？夫其情与法相应，亦既简核实迹，可

2263

信者众，则可以加刑罚矣。然犹必稽其貌焉。盖人之真情，或有不能自达，而发见于形色之间者。苟察之，而犹有可疑，犹当议赦以宽之也。若本无情实可以推究，则疑狱显然，当直赦之，不必复听之矣。夫狱之无可疑者，则不惮反复而周详。狱之有可疑者，则不必深文而苛刻。诚以天之爱民，倘虐及非辜，必上干天威，尔等可不战战兢兢，常若上帝之监临在上哉？

**（清）朱鹤龄《尚书埤传》卷十五《周书·吕刑》**

五刑之疑有赦，五罚之疑有赦；惟貌有稽。

黄度曰，赦者，直免之。刑罚之疑，皆直免之，故别出。孔传，刑疑赦从罚，罚疑赦从免，非也。上文不简、不服，皆谓有不尽之情，非疑也。疑，则直免耳。

《周礼》以五辞听狱讼，辞听，色听，气听，耳听，目听也。郑注，辞听，观其出言，不直则烦；色听，观其颜色，不直则赧然；气听，观其气息，不直则喘；耳听，观其听聆，不直则惑；目听，观其眸子视，不直则眊。王樵曰，经文"貌"字，该气色耳目，盖以询鞫核其言，因察之于视听气息之间也，心在辞，则情在貌，不暇相顾。

# 简孚有众，惟貌有稽

## 1.（汉）孔氏传、（唐）陆德明音义、孔颖达疏《尚书注疏》卷十八《周书·吕刑》

简孚有众，惟貌有稽。

传，简核诚信，有合众心，惟察其貌，有所考，合重刑之至。

疏，正义曰，既得囚辞简核，诚信有合众心，或皆可刑，或皆可放，虽云合罪，惟更审察其貌，有所考合，谓貌又当罪，乃决断之。

传正义曰，简核诚信，有合众心，或皆以为可刑，或皆以为可赦，未得即断之，惟当察其囚貌，更有所考合，考合复同，乃从众议断之，重刑之至也。察其貌者，即《周礼》五听：辞听，色听，气听，耳听，目听也。郑玄以为辞听，观其出言，不直则烦；色听，观其颜色，不直则赧然；气听，观其气息，不直则喘；耳听，观其听聆，不直则惑；目听，观其眸子视，不直则眊然。是察其貌，有所考合也。传正义曰，无简核诚信者，谓简核之于罪，无诚信效验可简核，即是无罪之人，当赦。

## 2.（宋）苏轼《书传》卷十九《周书·吕刑第二十九》

（归善斋按，见"五刑之疑有赦，五罚之疑有赦，其审克之"）

## 3.（宋）林之奇《尚书全解》卷三十九《周书·吕刑》

（归善斋按，见"王曰，吁！来，有邦有土，告尔祥刑"）

## 4.（宋）史浩《尚书讲义》卷二十《周书·吕刑》

（归善斋按，见"王曰，吁！来，有邦有土，告尔祥刑"）

## 5.（宋）夏僎《尚书详解》卷二十五《周书·吕刑》

（归善斋按，见"王曰，吁！来，有邦有土，告尔祥刑"）

## 6.（宋）时澜《增修东莱书说》卷三十四《周书·吕刑第二十九》

（归善斋按，见"王曰，吁！来，有邦有土，告尔祥刑"）

## 7.（宋）黄度《尚书说》卷七《周书·吕刑》

简孚有众，惟貌有稽，无简不听，具严天威。

虽简孚当正刑，而又有听法，《小司寇》"五听"是也。一曰辞听，二曰色听，三曰气听，四曰耳听，五曰目听。"惟貌有稽"，出辞吐气，耳听目观，皆其貌之可验者也。稽，验也。五听最难，故合众智，虽简而听之，容有可生之理也，故戒之无有简而不听者。殆若今狱录问款，虽简不听，犹为不尽其心，代天讨罪而不尽其心，则为不严天威。下将出罚法，故先出此刑之当正者。

## 8.（宋）袁燮《絜斋家塾书钞》

(归善斋按，无此篇)

## 9.（宋）蔡沈《书经集传》卷六《周书·吕刑》

(归善斋按，见"五刑之疑有赦，五罚之疑有赦，其审克之")

## 10.（宋）黄伦《尚书精义》卷四十九《周书·吕刑》

(按，以上经解《永乐大典》原缺)

## 11.（宋）陈经《尚书详解》卷四十七《周书·吕刑》

简孚有众，惟貌有稽，无简不听，具严天威。

此言以狱之要辞，书之于简者，当以人之貌而参之也。狱辞既与众共听之，众人以为信矣，又当稽之于貌，盖理直者，其颜色自如；而有愧于中者，必有赧然于色。《周官》所谓辞听、色听、气听是也。惟貌既有稽，又当参之于简。盖巧者能饰其容；怯者或适然而合，则貌又不可专恃。无简者又不当听之。所以然者，正欲具严天威而已。刑者，天讨有罪，至公而无私。具者，皆也，无所不致其严故也。在我有一毫之未至，在狱有一毫之不得其情，则为有愧于天，岂所以严天威哉？

## 12.（宋）钱时《融堂书解》卷二十《周书·吕刑》

(归善斋按，见"王曰，吁！来，有邦有土，告尔祥刑")

## 13.（宋）魏了翁《尚书要义》卷十九《周书·君牙、冏命、吕刑》

三二、惟貌有稽，即《周礼》五听。

察其貌者，即《周礼》五听，辞听、色听、气听、耳听、目听也。郑玄以为，辞听，观其出言，不直则烦；色听，观其颜色，不直则赧然；气听，观其气息，不直则喘；耳听，观其听聆，不直则惑；目听，观其眸子视，不直则眊然。

## 14.（宋）陈大猷《书集传或问》卷下《周书·吕刑》

（归善斋按，未解）

## 15.（宋）胡士行《尚书详解》卷十二《周书·吕刑第二十九》

（归善斋按，见"王曰，吁！来，有邦有土，告尔祥刑"）

## 16.（元）吴澄《书纂言》卷四下《周书·吕刑》

简孚有众，惟貌有稽。无简不听，具严天威。墨辟疑赦，其罚百锾，阅实其罪。劓辟疑赦，其罚惟倍，阅实其罪。剕辟疑赦，其罚倍差，阅实其罪。宫辟疑赦，其罚六百锾，阅实其罪。大辟疑赦，其罚千锾，阅实其罪。墨罚之属千，劓罚之属千，剕罚之属五百，宫罚之属三百，大辟之罚，其属二百。五刑之属三千。上下比罪，无僭乱辞，勿用不行。惟察惟法，其审克之。

推究得实者罪之，当刑者也。虽有众人同听，惟当更于其容貌有所考察，《周官》所谓色听是也。众皆曰然，而犹必察焉，慎之至也。无可推究者，疑而当赦者也。疑狱难明不复再听，盖过于寻求，或至误入，必受天谴。天威俱所当畏，故疑者不问，而赦之也。刑施于人曰辟。五辟之疑，皆赦其罚，谓或有不赦而罚赎者也。六两曰锾。锾，黄铁也。倍，谓倍百，为二百锾。倍差，谓倍二百，为四百，而差之，少进为五百锾。阅，察也，察数而得其实，曰阅实。五罚之金多寡不同，皆必阅实其罪，果当其罚而后罚也。属，类也。三千，总计之也。别言罚属，合言刑属者。刑、罚同属，互见之也。《周官》司刑所掌五刑之属二千五百，今此虽增其旧，然轻罪比旧为多，重罪比旧为少。三千属者，法之正条。若罪无正条，则取上下条比附其罪，但比附之例，有不可误者，有不可用者。僭，差误也，谓当比此一例，乃比彼一例，所比不当，则与辞不相应，是乱其辞也。虽有比附之例，其法不可行者，勿用之。汉长安贾人坐与浑邪王市者，五百余人当死。汲黯曰，愚民安知所市贾长安中，而文吏以为出财物如边关乎？若此之类，是以不可行者。比，附也，法无正条，尤当详谨，内致其察，外比以法，所宜审克也。

## 17.（元）陈栎《书集传纂疏》卷六《朱子订定蔡氏集传·周书·吕刑》

(归善斋按，见"五刑之疑有赦，五罚之疑有赦，其审克之")

## 18.（元）许谦《读书丛说》卷六《周书·吕刑》

(原缺)

## 19.（元）董鼎《书传辑录纂注》卷六《周书·吕刑》

(归善斋按，见"五刑之疑有赦，五罚之疑有赦，其审克之")

## 20.（元）朱祖义《尚书句解》卷十二《周书·吕刑第二十九》

简孚有众（虽得狱辞之要而可信，尤当与众共听之），惟貌有稽（众人以为可信矣，又当考之于貌，理直者颜色自如；有愧于中者，必赧然于色。《周礼》谓辞听、色听、气听是也）。

## 21.（明）王樵《尚书日记》卷十六《周书·吕刑》

(归善斋按，见"五刑之疑有赦，五罚之疑有赦，其审克之")

## 22.（清）库勒纳等撰《日讲书经解义》卷十三《周书·吕刑》

(归善斋按，见"五刑之疑有赦，五罚之疑有赦，其审克之")

## （清）朱鹤龄《尚书埤传》卷十五《周书·吕刑》

(归善斋按，见"五刑之疑有赦，五罚之疑有赦，其审克之")

# 无简不听,具严天威

**1. (汉)孔氏传、(唐)陆德明音义、孔颖达疏《尚书注疏》卷十八《周书·吕刑》**

无简不听,具严天威。

传,无简核诚信,不听理其狱,皆当严敬天威,无轻用刑。

疏,正义曰,无简不听者,谓虽似罪状,无可简核诚信合罪者,则不听理其狱,当放赦之,皆当严敬天威,勿轻听用刑也。

**2. (宋)苏轼《书传》卷十九《周书·吕刑第二十九》**

无简不听。

初无核实之状,则此狱不当听也。

具严天威。

所以如此者,畏天威也。

**3. (宋)林之奇《尚书全解》卷三十九《周书·吕刑》**

(归善斋按,见"王曰,吁!来,有邦有土,告尔祥刑")

**4. (宋)史浩《尚书讲义》卷二十《周书·吕刑》**

(归善斋按,见"王曰,吁!来,有邦有土,告尔祥刑")

**5. (宋)夏僎《尚书详解》卷二十五《周书·吕刑》**

(归善斋按,见"王曰,吁!来,有邦有土,告尔祥刑")

**6. (宋)时澜《增修东莱书说》卷三十四《周书·吕刑第二十九》**

(归善斋按,见"王曰,吁!来,有邦有土,告尔祥刑")

### 7.（宋）黄度《尚书说》卷七《周书·吕刑》

(归善斋按，见"简孚有众，惟貌有稽")

### 8.（宋）袁燮《絜斋家塾书钞》

(归善斋按，无此篇)

### 9.（宋）蔡沈《书经集传》卷六《周书·吕刑》

(归善斋按，见"五刑之疑有赦，五罚之疑有赦，其审克之")

### 10.（宋）黄伦《尚书精义》卷四十九《周书·吕刑》

(按，以上经解《永乐大典》原缺)

### 11.（宋）陈经《尚书详解》卷四十七《周书·吕刑》

(归善斋按，见"简孚有众，惟貌有稽")

### 12.（宋）钱时《融堂书解》卷二十《周书·吕刑》

(归善斋按，见"王曰，吁！来，有邦有土，告尔祥刑")

### 13.（宋）魏了翁《尚书要义》卷十九《周书·君牙、冏命、吕刑》

(归善斋按，未引)

### 14.（宋）陈大猷《书集传或问》卷下《周书·吕刑》

(归善斋按，未解)

### 15.（宋）胡士行《尚书详解》卷十二《周书·吕刑第二十九》

(归善斋按，见"王曰，吁！来，有邦有土，告尔祥刑")

### 16.（元）吴澄《书纂言》卷四下《周书·吕刑》

(归善斋按,见"简孚有众,惟貌有稽")

### 17.（元）陈栎《书集传纂疏》卷六《朱子订定蔡氏集传·周书·吕刑》

(归善斋按,见"五刑之疑有赦,五罚之疑有赦,其审克之")

### 18.（元）许谦《读书丛说》卷六《周书·吕刑》

(原缺)

### 19.（元）董鼎《书传辑录纂注》卷六《周书·吕刑》

(归善斋按,见"五刑之疑有赦,五罚之疑有赦,其审克之")

### 20.（元）朱祖义《尚书句解》卷十二《周书·吕刑第二十九》

无简不听（苟不得其简要之辞,又不可徒以貌而听）,具严天威（刑者,天讨有罪,所以委曲如此者,亦严敬天威而已）。

### 21.（明）王樵《尚书日记》卷十六《周书·吕刑》

(归善斋按,见"五刑之疑有赦,五罚之疑有赦,其审克之")

### 22.（清）库勒纳等撰《日讲书经解义》卷十三《周书·吕刑》

(归善斋按,见"五刑之疑有赦,五罚之疑有赦,其审克之")

# 墨辟疑赦，其罚百锾，阅实其罪

## 1.（汉）孔氏传、（唐）陆德明音义、孔颖达疏《尚书注疏》卷十八《周书·吕刑》

墨辟疑赦，其罚百锾，阅实其罪。

传，刻其颡而涅之，曰墨。刑疑，则赦从罚。六两曰锾，锾，黄铁也。阅实其罪，使与罚各相当。

音义，辟，婢亦反。锾，徐户关反，六两也。郑及《尔雅》同。《说文》云六锊也。锊，十一铢二十五分，铢之十三也，马同。又云，贾逵说俗儒以锊重六两，周官剑重九锊，俗儒近是。阅，音悦。颡，素党反。涅，乃结反。

疏，传正义曰，五刑之名见于经传，唐虞已来皆有之矣，未知上古起在何时也。汉文帝始除肉刑，其刻颡、截鼻、刖足、割势，皆法传于先代，孔君亲见之。《说文》云颡额也墨，一名黥。郑玄《周礼》注云，墨，黥也。先刻其面，以墨窒之，言刻额为疮，以墨塞疮孔，令变色也。六两曰锾，盖古语存于当时，未必有明文也。《考工记》云"戈矛重三锊"，马融云，锊，量名，当与《吕刑》锾同，俗儒云，锊六两，为一川不知所出耳。郑玄云，锾称轻重之名。今代东莱称，或以大半两为钧，十钧为锾，锾重六两大半两。锾、锊似同也。或有存行之者，十钧为锾，二锾四钧，而当一斤。然则，锾重六两三分两之二。《周礼》谓锾为锊，如郑玄之言。一锾之重六两，多于孔王所说。惟校十六铢尔。《舜典》云"金作赎刑"，传以金为黄金，此言黄铁者，古者金银铜铁总号为金，今别之以为四名，此传言黄铁，《舜典》传言黄金，皆是今之铜也。古人赎罪，悉皆用铜，而传或称黄金，或言黄铁，谓铜为金，为铁尔。阅实其罪，捡阅核实其所犯之罪，使与罚名相当，然后收取其赎。此既罪疑而取赎，疑罪不定，恐受赎参差，故五罚之下皆言"阅实其罪"，虑其不相当故也。

2272

## 2. （宋）苏轼《书传》卷十九《周书·吕刑第二十九》

墨辟疑赦，其罚百锾，阅实其罪。
刻其颡而涅之，曰"墨"。六两曰"锾"。

## 3. （宋）林之奇《尚书全解》卷三十九《周书·吕刑》

（归善斋按，见"王曰，吁！来，有邦有土，告尔祥刑"）

## 4. （宋）史浩《尚书讲义》卷二十《周书·吕刑》

（归善斋按，见"王曰，吁！来，有邦有土，告尔祥刑"）

## 5. （宋）夏僎《尚书详解》卷二十五《周书·吕刑》

墨辟疑赦，其罚百锾，阅实其罪。劓辟疑赦，其罚惟倍，阅实其罪。剕辟疑赦，其罚倍差，阅实其罪。宫辟疑赦，其罚六百锾，阅实其罪。大辟疑赦，其罚千锾，阅实其罪。墨罚之属千，劓罚之属千，剕罚之属五百，宫罚之属三百，大辟之罚，其属二百。五刑之属三千。上下比罪，无僭乱辞，勿用不行。惟察惟法，其审克之。

吕侯上既言刑疑当从罚，故此遂陈疑罪之轻重，与其罚金之多少也。辟，罪也。墨罪者，谓刺其颡而涅之以墨，如今黥配也，谓人若犯墨罪而疑者，谓若可墨若不可墨者，是之谓墨辟之疑。墨辟若疑而欲赦以从罚，则其罚也，出金百锾。安国谓，六两为锾，百锾则六百两也。安国解此金，以为是黄铁。至《舜典》之金，则以为黄金。颖达谓皆是。今之铜，古者，金、银、铜、铁，总号为金，此说极然。然墨辟之疑，既欲罚金六百两，又不可轻易，当检阅核实其罪，当罚则罚之可也，故继之以"阅实其罪"。劓罪，谓截鼻之刑也。劓罪若疑而欲赦以从罚，则其罚当出金二百锾，谓重一千二百两，故经言"惟倍"，谓倍于百锾也，然亦须检阅，核实其罪而后罚，不可轻易罚之，故亦继以"阅实其罪"剕罪，谓刖足之刑。刖者，绝也，谓绝其足也。剕罪若疑，而欲从罚当出罚金五百锾，谓三千两也，故经言"倍差"，谓倍二百锾而为四百锾，又差倍二百锾，即一百也，四百加一百，即是五百也，是出金三千两。然亦须检阅核实其罪而后可，故亦继以核实其罪。宫罪，谓淫刑，男子则割势，妇人则幽闭者是也。宫罪若疑而欲从罚，则其罚金当出六百锾，谓三千六百两也。然亦须检阅核实其罪而后可，故亦继以"阅实其罪"。大辟，谓大罪，盖死刑也，罪莫大于死，故死刑谓之大辟也。大辟若疑而欲从罚，其罚金当出千锾，谓六千两也，然亦须检阅核实其罪而后可，故又继之以"阅实其罪"。吕侯每一条，即言"阅实其罪"，不敢并言于后者，盖恐听者或不详其意，止阅实其一，而忽其它，故不嫌其费辞，而为是特言也。呜呼！仁矣哉。

此序谓之"训夏赎刑"，而赎刑之法，独言于有邦有土，而他不闻者，非止告有邦有土，而不及其它也。盖是时，内而百揆，外而诸侯，尊而群臣，微而群吏，莫不咸在。吕侯或呼彼人告之，或呼此人告之，虽所呼异人，而所告异辞，其实皆同听之也。吕侯上既列五刑之疑，与五罚之金，此下遂言其法条目之数，所谓墨罚之属，劓罚之属，属，谓类，类即法之条目也。墨之罪虽一，而其为墨之法则有一千条。劓之罪虽一，而其为劓之法亦有一千条。剕之罪虽一，而其为剕之法，则有五百条。宫之罪虽一，而其为宫之法，则有三百条。大辟之罪虽一，而其为大辟之法，则有二百条。故吕侯所以言"墨罚之属千，劓罚之属千，剕罚之属五百，宫罚之属三百，大辟之罚，其属二百。五刑之属三千"，盖总计五刑之条，凡有三千也。上言罚，而下言刑者，盖罪实而加以法，谓之刑；罪疑而赎以金者，谓之罚。其刑书于每条之下，有刑，有罚，故以刑属、罚属，各有三千，上别言五属，而各言其数者，谓罚属也。下合言其属，而总云三千者，谓刑属也。盖互见其义，以明刑罚之条，其数则同也。孔颖达谓，《周礼·司刑》掌五刑之法。墨罪五百，劓罪五百，宫罪五百，剕罪五百，杀罪五百。五刑惟有二千五百条。此言"五刑之属三千"，按刑数，乃多于《周礼》，而云变重从轻者，《周礼》五刑皆五百，轻刑少，而重刑多。此经言墨、劓皆千，剕刑五百，宫刑三百，大辟二百，轻刑多，而重刑少。变周用夏，是改重从轻也。然则，周公相时制法，而使刑罚太重，今穆王改易之者，穆王远取夏法，商制必重于夏。夏承尧舜之后，民淳易治，故制刑近轻。轻则民慢，故商刑稍重。自汤以后，世渐苛酷，纣作炮烙之刑。明知刑法益重，周承暴虐之后，不可损使太轻，虽减之，犹重于夏。成、康之间，刑措不用，下及穆王，民犹易治。吕侯度时制宜，改从夏法。周公圣人之法，非不善也，而不以经远；吕侯之智非能高也，而法可适时。苟适时，事即可为善，亦不可谓吕侯才高于周公，法胜于前代也。此论极然。故特录之上。既列五刑条目项数，然又虑罪条虽有多数，然犯者又未必尽能当条数，故或有罪在是，而于条偶无，如后世造刑者。故吕侯则又欲其上下比罪，谓于法偶无此条，则上比重罪，下比轻罪，上下相比，观其所犯，当与谁同，然后定其轻重之法。如今律无明文，则许用例也。然当此上下比罪之时，乃是律无正条，而典狱者以意权其轻重，故奸吏多因缘为奸，僭差纷乱，实由此生，故又告以无僭乱辞，谓用意定罪，不可用私意而僭差其辞，用私意而纷乱其辞。僭者，差也，谓辞在此乃差而之彼。乱，谓辞本直，乃乱而为曲也。凡此，皆断狱之大弊也。典狱者岂宜如此苟于条，偶无裁决不行，虽勿用之可也，岂可强生分别，而至于僭乱哉。吕侯知此是断狱之大弊，故又教之曰，断狱不幸而至此，诚不可轻易，惟内察之以情，外合之以法，内外两尽，情法两推，惟详审者，乃能之，故又继之以"其审克之"也。

## 6.（宋）时澜《增修东莱书说》卷三十四《周书·吕刑第二十九》

墨辟疑赦，其罚百锾，阅实其罪。劓辟疑赦，其罚惟倍，阅实其罪。剕辟疑赦，其罚倍差，阅实其罪。宫辟疑赦，其罚六百锾，阅实其罪。大辟疑赦，其罚千锾，阅实其罪。墨罚之属千，劓罚之属千，剕罚之属五百，宫罚之属三百，大辟之罚，其属二百。五刑之属三千。

此赎刑之令也，载于法谓之刑，加于人谓之辟。六两曰锾，自百至千，称其辟之轻重，而为金之多寡也。五辟之疑既赦而从赎矣，每条必继之以"阅实其罪"，言之屡，辞之复者，出死入生，轻重固大不等，毁支体之与捐财货，轻重亦大不等也。死生、刑赎定于俄顷，安得不皆阅其实乎？《司刑》所掌五刑之属二千五百，穆王之三千虽增于旧，然枚数之，则墨、劓所增者各五百，皆轻刑也。宫所损者二百，大辟所损者三百，皆重刑也。剕不增不损，居轻重之间者也。轻罪则多于前，重罪则损于旧。观其目，则哀矜之意，固可见。观其凡，则文胜俗弊，亦可推矣。

2275

## 7.（宋）黄度《尚书说》卷七《周书·吕刑》

墨辟疑赦，其罚百锾，阅实其罪。劓辟疑赦，其罚惟倍，阅实其罪。剕辟疑赦，其罚倍差，阅实其罪。宫辟疑赦，其罚六百锾，阅实其罪。大辟疑赦，其罚千锾，阅实其罪。

辟，正刑也。《礼记》"君曰宥，有司曰辟"，当罪则辟，疑则赦，罚则使出罚。六两曰锾，墨百，劓倍，为二百。剕刖足倍而差之，为五百。刑赦罚，皆当阅实。

## 8.（宋）袁燮《絜斋家塾书钞》

（归善斋按，无此篇）

## 9.（宋）蔡沈《书经集传》卷六《周书·吕刑》

墨辟疑赦，其罚百锾，阅实其罪。劓辟疑赦，其罚惟倍，阅实其罪。剕辟疑赦，其罚倍差，阅实其罪。宫辟疑赦，其罚六百锾，阅实其罪。大辟疑赦，其罚千锾，阅实其罪。墨罚之属千，劓罚之属千，剕罚之属五百，宫罚之属三百，大辟之罚其属二百。五刑之属三千。上下比罪，无僭乱辞，勿用不行。惟察惟法，其审克之。

锾，胡关反。墨，刻颡而涅之也。劓，割鼻也。剕，刖足也。宫，淫刑也，男子割势，妇人幽闭。大辟，死刑也。六两曰锾。阅，视也。倍，二百锾也。倍差，倍而又差，五百锾也。属，类也。三千总计之也。《周礼·司刑》所掌五刑之属二千五百刑，虽增旧，然轻罪比旧为多，而重罪比旧为减也。比，附也。罪无正律，则以上下刑而比附其罪也。"无僭乱辞，勿用不行"未详，或曰乱辞，辞之不可听者；不行，旧有是法而今不行者，戒其无差误于僭乱之辞，勿用今所不行之法，惟详明法意，而审克之也。

今按皋陶所谓"罪疑惟轻"者降一等而罪之耳。今五刑疑赦。而直罚之以金。是大辟、宫、剕、劓、墨皆不复降等用矣。苏氏谓，五刑疑，各入罚，不降当因古制，非也，舜之赎刑官府学校鞭扑之刑耳。夫刑莫轻于鞭扑，入于鞭扑之刑，而又情法犹有可议者，则是无法以治之，故使之赎，特不欲遽释之也。而穆王之所谓赎，虽大辟亦赎也，舜岂有是制哉？详见篇题。

## 10.（宋）黄伦《尚书精义》卷四十九《周书·吕刑》

（按，以上经解《永乐大典》原缺）

## 11.（宋）陈经《尚书详解》卷四十七《周书·吕刑》

墨辟疑赦，其罚百锾，阅实其罪。劓辟疑赦，其罚唯倍，阅实其罪。剕辟疑赦，其罚倍差，阅实其罪。宫辟疑赦，其罚六百锾，阅实其罪。大辟疑赦，其罚千锾，阅实其罪。

此即刑之疑者，赦而从罚也。六两曰锾，百锾六百两也。锾，黄铁也。五刑之中，惟墨为轻，故罚则百锾。劓重于墨也，故其罚惟倍，二百锾也。剕重于劓者也，故其罚倍差，既倍，二百则为四百矣，又差以一百，共为五百锾。宫重于剕者也，故其罚六百锾。大辟，死刑，五刑之至重者也，其罚千锾。五刑之中，虽有轻重不等，重者至于大辟，轻者至于墨，然皆当阅视审实，使其罪与其罚相当。圣人爱民之心，无有穷已也。五刑之罪，既不断其肢体，伤其肌肤，赦而从罚，则其仁至矣。而罚人之金，圣人亦恐伤民财，苟罚与罪不相当，亦非所以仁民之意。

## 12.（宋）钱时《融堂书解》卷二十《周书·吕刑》

（归善斋按，见"王曰，吁！来，有邦有土，告尔祥刑"）

## 13.（宋）魏了翁《尚书要义》卷十九《周书·君牙、冏命、吕刑》

卅三、唐虞以来有五刑，汉文始除肉刑。

五刑之名，见于经传，唐虞已来，皆有之矣。未知上古起在何时也。汉文帝始除肉刑，其刻颡、截鼻、刖足、割势，皆法传于先代，孔君亲见之。《说文》云，颡额也墨，一名黥。郑玄注云，墨，黥也，先刻其面，以墨窒之。

卅四、锾之轻重诸儒小异。

六两曰锾,盖古语,存于当时,未必有明文也。《考工记》云,戈矛重三锊,马融云,锊,量名,当与《吕刑》锾同。俗儒云,锊,六两为一川不知所出耳。郑玄云,锾,称轻重之名。今代东莱称,或以太半两为钧,十钧为锾,锾重六两太半两。锾、锊似同也。或有存行之者。十钧为锾,二锾四钧,而当一斤。然则,锾重六两三分两之二,《周礼》谓锾为锊,如郑玄之言,一锾之重六两,多于孔、王所说,惟校十六铢尔。

卅五、传,或言黄金,或黄铁,皆铜。

《舜典》云"金作赎刑",传以金为黄金,此言黄铁者,古者,金、银、铜、铁总号为金,今别之以为四名。此传言黄铁,《舜典》传言黄金,皆是今之铜也。古人赎罪,悉皆用铜,而传或称黄金,或言黄铁,谓铜为金,为铁尔。阅实其罪,检阅核实其所犯之罪,使与罚名相当,然后收取其赎(详见舜典)。

卅七、五辟疑赦,各入罚,不降。

"墨辟疑赦,其罚百锾,阅实其罪",刻其颡而涅之曰墨刑,疑则赦从罚。六两曰锾。锾黄铁也。阅实其罪,使与罚各相当。劓辟疑赦,其罚惟倍,阅实其罪。截鼻曰劓刑,倍百为二百锾。"剕辟疑赦,其罚倍差,阅实其罪",刖足曰剕,倍差谓倍之又半,为五百锾。"宫辟疑赦,其罚六百锾,阅实其罪",宫,淫刑也,男子割势,妇人幽闭,次死之刑。序五刑,先轻转至重者,事之宜。"大辟疑赦其罚千锾阅实其罪",死刑也。五刑疑,各入罚,不降相因,古之制也。

## 14. (宋)陈大猷《书集传或问》卷下《周书·吕刑》

(归善斋按,未解)

## 15. (宋)胡士行《尚书详解》卷十二《周书·吕刑第二十九》

墨(涅颡)辟(刑)疑赦(从轻),其罚(赎金)百锾(六两曰锾),阅(检)实(核)其罪(罚虽轻亦不可滥);劓(截鼻)辟疑赦,其罚惟倍(二百),阅实其罪;剕(刖足)辟疑赦,其罚倍(倍二百为四百)差(又加一半,为百锾,通五百锾),阅实其罪;宫(男割势,女幽

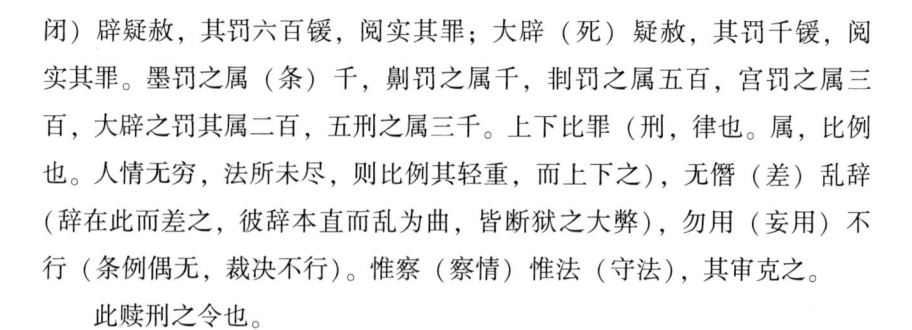

闭）辟疑赦，其罚六百锾，阅实其罪；大辟（死）疑赦，其罚千锾，阅实其罪。墨罚之属（条）千，劓罚之属千，剕罚之属五百，宫罚之属三百，大辟之罚其属二百，五刑之属三千。上下比罪（刑，律也。属，比例也。人情无穷，法所未尽，则比例其轻重，而上下之），无僭（差）乱辞（辞在此而差之，彼辞本直而乱为曲，皆断狱之大弊），勿用（妄用）不行（条例偶无，裁决不行）。惟察（察情）惟法（守法），其审克之。

此赎刑之令也。

## 16.（元）吴澄《书纂言》卷四下《周书·吕刑》

（归善斋按，见"简孚有众，惟貌有稽"）

## 17.（元）陈栎《书集传纂疏》卷六《朱子订定蔡氏集传·周书·吕刑》

墨辟疑赦，其罚百锾，阅实其罪。劓辟疑赦，其罚惟倍，阅实其罪。剕辟疑赦，其罚倍差，阅实其罪。宫辟疑赦，其罚六百锾，阅实其罪。大辟疑赦，其罚千锾，阅实其罪。墨罚之属千，劓罚之属千，剕罚之属五百，宫罚之属三百，大辟之罚，其属二百。五刑之属三千。上下比罪，无僭乱辞，勿用不行，惟察惟法，其审克之。

墨，刻颡而涅之也。劓，割鼻也。剕，刖足也。宫，淫刑也，男子割势，妇人幽闭。大辟，死刑也。六两曰锾。阅，视也。倍，二百锾也。倍差，倍而又差，五百锾也。属，类也。三千，总计之也。《周礼·司刑》所掌五刑之属二千五百，刑虽增旧，然轻罪比旧为多，而重罪比旧为减也。比，附也，罪无正律，则以上下刑而比附其罪。"无僭乱辞，勿用不行"，未详。或曰，乱辞，辞之不可听者；不行，旧有是法，而今不行者。戒其无差误于僭乱之辞，勿用今所不行之法，惟详明法意，而"审克之"也。

今案皋陶所谓"罪疑惟轻"者。降一等而罪之耳，今五刑疑赦。而直罚之以金，是大辟、宫、剕、劓、墨，皆不复降等用矣。苏氏谓，五刑疑，各入罚不降，当因古制，非也。舜之赎刑，官府学校鞭扑之刑耳。夫刑莫轻于鞭扑，入于鞭扑之刑，而又情法犹有可议者，则是无法以治之，故使之赎，特不欲遽释之也。而穆王之所谓赎，虽大辟亦赎也，舜岂有是制哉（详见篇题）。

纂疏：

陈氏曰，载于法曰刑，加于人曰辟。犯墨辟，而情罪可疑者，则赦之，使赎罚，则罚之纳赎也。然必检阅核实其罪，使与罚相当，不可苟也。下仿此。

夏氏曰，每条必"阅实其罪"，恐阅实其一，而忽其他，故不嫌费辞也。

孔氏曰，别言罚属，合言刑属，明刑罚同属，互见其义。

吕氏曰，轻罪多于前，重罪损于旧，观其目，哀矜之意，固可见。观其凡，文胜之弊，亦可推矣。

夏氏曰，罪实而加以法，谓之刑；罪疑而赎以金，谓之罚。上下比罪，谓于法无此条，则上比重罪，下比轻罪，上下相比，观其所犯当与谁同，然后定其轻重之法。如今律无明文，则许用例也。然当上下比罪之时，吏或因缘为奸，故又戒以不可用私意，而僭差妄乱其辞。僭，谓辞在此，乃差而之彼；乱，谓辞本平直，乃乱而为曲也。惟内察以心，外合以法，内外两尽，惟详审者能之。

陈氏曰，三千者已定之法，载之刑书者也。天下之情无穷，刑书所载有限，不可以有限之法，求尽无穷之情。又在用法者，斟酌损益之。古者任人，不任法。法所载者，任法；法不载者，参以人，上下比罪是也。以其罪而比附之上刑，则见其重；以其罪而比附之下刑，则见其轻。故于轻重之间，裁酌之，然必以辞为主。辞若僭乱，情与罪不相合，是不可行者也，当勿用其不可行之法。惟当察其情，求之法，二者合而后允当乎人情法意，是乃可行者也，在"审克之"而已。

陈氏大猷曰，三千者，法之正条，载之刑书者。刑如律，比如例。法有限，情无穷。三千之属，众矣，犹不能尽天下之情罪，以此知人情无穷，而法不可独任也。既无正律，复僭乱而无定辞，将安所据依乎？且又有此例，昔尝有之，而今不可行者矣，必无差乱其辞而妄比附，勿用今不可行之法，而强比附。如汉长安贾人与浑邪王市者，罪当死，凡五百余人。汲黯曰，愚民安所知市贾长安中，而文吏以为阑出财物如边关乎。此类乃以不可行者。比，附也。

唐孔氏曰，古者，金、银、铜、铁，总号为金。孔以此为黄铁。《舜典》金赎，则以为黄金，盖古人赎罪，悉皆用铜，或称黄铁，或称黄金。

## 18.（元）许谦《读书丛说》卷六《周书·吕刑》

（原缺）

## 19.（元）董鼎《书传辑录纂注》卷六《周书·吕刑》

墨辟疑赦，其罚百锾，阅实其罪。劓辟疑赦，其罚惟倍，阅实其罪。剕辟疑赦，其罚倍差，阅实其罪。宫辟疑赦，其罚六百锾，阅实其罪。大辟疑赦，其罚千锾，阅实其罪。墨罚之属千，劓罚之属千，剕罚之属五百，宫罚之属三百，大辟之罚，其属二百。五刑之属三千。上下比罪，无僭乱辞，勿用不行。惟察惟法，其审克之。

墨，刻颡而涅之也。劓，割鼻也。剕，刖足也。宫，淫刑也，男子割势，妇人幽闭。大辟，死刑也。六两曰锾。阅，视也。倍，二百锾也。倍差，倍而又差，五百锾也。属，类也。三千，总计之也。《周礼·司刑》所掌五刑之属二千五百，刑虽增旧，然轻罪比旧为多，而重罪比旧为减也。比，附也。罪无正律，则以上下刑而比附其罪也。"无僭乱辞，勿用不行"，未详。或曰，乱辞，辞之不可听者；不行，旧有是法，而今不行者，戒其无差误于僭乱之辞，勿用今所不行之法，惟详明法意，而"审克之"也。

今案皋陶所谓"罪疑惟轻"者，降一等而罪之耳。今五刑疑赦，而直罚之以金，是大辟、宫、剕、劓、墨，皆不复降等用矣。苏氏谓，五刑疑各入罚不降，相因古制，非也。舜之赎刑，官府学校鞭扑之刑耳。夫刑，莫轻于鞭扑，入于鞭扑之刑，而又情法犹有可议者，则是无法以治之，故使之赎，特不欲遽释之也。而穆王之所谓赎，虽大辟亦赎也，舜岂有是制哉（详见篇题）。

纂注：

陈氏曰，此下言赎法，载于法，谓之刑；加于人，谓之辟。犯墨辟。

而情罪之可疑者，则赦之，使赎其罚，则罚之纳赎也。然必检阅核实其罪，使与罚相当，不可苟也。下仿此。

夏氏曰，每条必言"阅实其罪"，恐听者或不详其意，止阅实其一，而忽其他，故不嫌其费辞也。

孔氏曰，序五刑，先轻转至重者，事之宜。五刑疑，各入罚，不降相因，古之制也。别言罚属，合言刑属，明刑罚同属，互见其义。

吕氏曰，墨、劓所增皆轻刑，宫所损二百，大辟所损三百，皆重刑也。剕无增损，居轻重之间者也。轻罪则多于前，重罪则损于旧。观其目，则哀矜之意固可见，观其凡，则文胜俗弊，亦可推矣。

夏氏曰，上言罚，下言刑者，罪实而加以法，谓之刑；罪疑而赎以金，谓之罚，互见其义，以明刑罚之条，其数一同也。上下比罪，谓于法无此条，则上比重罪，下比轻罪，上下相比，观其所犯当与谁同，然后定其轻重之法。如今律无明文，则许用例也。然当上下比罪之时，吏多因缘为奸，差错妄乱，实由以生，故又戒以不可用私意而僭差妄乱其辞。僭，谓辞在此，乃差而之彼；乱，谓辞本直，乃乱而为曲也。惟内察以情，外合以法，内外两尽，情法相推，惟详审者能之。

陈氏大猷曰，三千者，法之正条，载之刑书者也。刑如律，比如例。法有限，情无穷。三千之属，众矣，犹不能尽天下之情罪，以此知人情无穷，而法不可独任也。既无正律，复僭乱而无定辞，将安所据依乎？且又有此例，昔尝有之，而今不可行者矣，必无差乱其辞，而妄比附，勿用今不可行之法，而强比附。如汉长安贾人与浑邪王市者，罪当死，凡五百余人。汲黯曰，愚民安所知市贾长安中，而文吏以为阑出财物如边关乎？此类乃以不可行者。比，附也。

苏氏曰，察，我心也。法，国法也。内合我心，外合国法，乃为得之。

唐孔氏曰，古者，金、银、铜、铁，总号为金。孔以此为黄铁。《舜典》"金作赎刑"者，则以为黄金，盖古人赎罪，悉皆用铜，或称黄金，或称黄铁。

## 20.（元）朱祖义《尚书句解》卷十二《周书·吕刑第二十九》

墨辟疑赦（此即刑之疑者，赦而从罚。墨，刺其额而涅之以墨，如今黥配也。墨刑有疑，则赦之。辟，辟）。其罚百锾（其罚出金百锾。六两为锾。百锾六百两所罚之金即今之铜古者金银铜铁皆谓金实其罪而后罚锾还）阅实其罪（必检阅核实其罪而后罚之）

## 21.（明）王樵《尚书日记》卷十六《周书·吕刑》

"墨辟疑赦"至"惟察惟法其审克之"。

孔氏曰，刻其颡而涅之曰墨。六两曰锾。锾，黄铁也。阅实其罪，使与罚各相当。截鼻曰劓。倍百，为二百锾。刖足曰剕。倍差谓倍之又半，为五百锾。宫，淫刑也，男子割势，妇人幽闭，次死之刑。正义曰，此传言黄铁，《舜典》传言黄金，皆铜也。古人赎罪，悉皆用铜。

三千者，法之正条，载之刑书者也。法有限，情无穷，上下比罪，此以有限，待无穷之道也。即今之比依何律是也。乱辞，辞之不可听者也。不行，旧有是法，而今不行者也。"勿差僭于乱辞，勿用所不行"，惟详察法意，而审克之。一说，惟察，察于所当比也。惟法，合于所当比也。

乱辞难比，故戒其"无僭不行"；不可比，故戒其"勿用"。

上言罚，下言刑者，罪实而加以法谓之刑；罪疑而赎以金，谓之罚。

马端临曰，《吕刑》一书，蔡氏谓，《舜典》赎刑施于官府学校尔。五刑未尝赎也。穆王赎及大辟，盖巡游无度，财匮民劳，为此一切敛财之计。夫子录之，盖以示戒。愚以为未然。熟读此书，哀矜恻怛之意，千载之下，犹使人感动，且拳拳乎富货之戒，则其不为敛财设也，审矣。鬻狱，末世暴君污吏之所为，而谓穆王为之夫子取之乎？且其所为赎者，意自有在。学者惟不详考之尔。其曰，墨辟疑赦，其罚百锾，盖谓犯墨法之中，疑其可赦者，不遽赦之，而姑取其百锾，以示罚尔。继之曰"阅实其罪"，盖言罪之无疑，则刑可疑则赎，皆当阅其实也。其所谓疑者，何也？盖唐虞之时，刑清法简，是以赎金之法，止及鞭朴。至于周，而文繁俗弊矣。五刑之属至于三千，若一按之法而刑之，则举足触阱矣，是以穆王哀

2283

之。而五刑之疑，各以赎论，姑以大辟言之，夫所犯至死，而听其赎金以免，诚不可也。然大辟之属二百，岂无疑赦而在可议之列者。如汉世，将帅出师，失期之类，于法皆死，而赎为庶人，亦其遗意也。

或曰，罪疑则降等施行可矣，何必赎乎？曰，古之议疑罪者，降等，一法也；罚赎，亦一法也。《虞书》罪疑惟轻，此书上下比罪，上刑适轻下服，降等法也。《虞书》"金作赎刑"，此书五刑之赎罚，赎法也，固并行而不悖也。

## 22.（清）库勒纳等撰《日讲书经解义》卷十三《周书·吕刑》

墨辟疑赦，其罚百锾，阅实其罪。劓辟疑赦，其罚惟倍，阅实其罪。剕辟疑赦，其罚倍差，阅实其罪。宫辟疑赦，其罚六百锾，阅实其罪。大辟疑赦，其罚千锾，阅实其罪。墨罚之属千，劓罚之属千，剕罚之属五百，宫罚之属三百，大辟之罚，其属二百。五刑之属三千。上下比罪，无僭乱辞，勿用不行。惟察惟法，其审克之。

此一节书是，详言赎刑之法，乃穆王本意，即所谓"度作刑，以诘四方"也。六两曰锾。阅，视也。倍二百锾也。倍差，五百锾也。属，类也。比，附也。穆王曰，五刑之疑者，固有五罚以赦之，但罪有轻重，则罚有多寡，不可不审也。如墨刑疑而当赦罚之，使出铜百锾，然必详视核实其罪，使其罚必当也。劓刑重于墨，有疑而当赦，其罚加倍，至二百锾，亦必详视核实其罪，使其罚必当也。剕刑又重于劓，其疑而赦者，其罚倍二百，而又有差，使出五百锾，亦必审实其罪。而后罚之宫刑，又重于剕。其疑而赦者，其罚使出六百锾，亦必审实其罪而后罚之。至大辟之刑，五刑之极重者，或疑而应赦，其罚至一千锾，尤不可不审实其罪，而使罚与罪或有不相当也。罚之多寡如此，而五刑之条目，则如何？墨刑旧五百，劓刑旧五百，今各增其罚之属为一千。墨、劓罚轻，不嫌增也。剕刑，旧五百，今罚之属仍五百。剕在轻重之间，不必更也。宫刑，旧五百，大辟旧五百，今减其罚之属为三百，为二百。宫与大辟罚重，不嫌减也。凡此五刑之正条，共有三千，然法之所定有限，而人之所犯无穷。其有犯无正律者，则以上下刑而比附其罪，如罪疑于重，则以上刑比之；罪疑于轻，则以下刑比之。惟此比罪之时，律无一定，奸弊滋生，或有僭乱不可听之辞，必裁度可否，勿致误听，或有往昔不可行之法，必斟酌时宜，勿致误用。惟内察于心，则不惑于僭乱之辞矣。惟外合于法，则自不泥于不行之法矣。然则，尔于比罪之时，盖尤不可不审之详，而尽其能哉。夫五刑之属三千，所谓律也；上下比罪，即今所谓例也。古者律之外，不预为例，人得以无例为奸，故穆王有"惟察惟法"之训。后世律之外，多为之例，至例之外，又有比例，人益缘例为奸，而出入上下之间，弊盖有不可胜言者。然后知古者，只有比而无例，其虑审矣。

## （元）陈师凯《蔡氏传旁通》卷六下《吕刑》

墨，刻颡而涅之也。劓，割鼻也。剕，刖足也。宫，淫刑也，男子割势，妇人幽闭。大辟，死刑也。

正义云，五刑之名见于经传，唐虞以来皆有之矣，未知上古起在何时也。汉文帝始除肉刑，其刻颡、截鼻、刖足、割势，皆法，传于先代，孔君亲见之。《说文》云颡额也，墨，一名黥，先刻其额为疮，以墨塞疮孔，令变色也。伏生《书传》云男女不以义交者，其刑宫。是宫刑为淫刑也。男子之阴名为势，割去其势，椓去其阴，事亦同也。妇人幽闭，闭于宫，使不得出也。本制宫刑主为淫者，后人被此罪者，未必尽皆为淫。昭五年《左传》楚子以羊舌肸为司宫，非坐淫也。汉除肉刑，除墨、劓、剕耳，宫刑犹在。隋开皇之初，始除男子宫刑，妇人犹闭于宫。辟，罪也。死是罪之大者，故谓死刑为大辟。《周礼》注云，丈夫割其势，女子闭于宫中，若今宦男女也。刖，断足也。周改"膑"作"刖"。《周礼》音义云，涅，乃结反。

六两曰锾。百锾，六百两也；倍，二百锾，一千二百两也；倍差，五百锾，三千两也；六百锾，三千六百两也；千锾，六千两也。

正义云，古人赎罪，皆用铜，或称黄金，或称黄铁。

## （明）陈第《尚书疏衍》卷四《周书·吕刑》

其罚百锾。

古者，金银铜铁，皆谓之金。传曰，此所罚黄铁。黄铁，铜也。锾六两,千锾三百七十五斤,其价亦廉,以疑故也。疑而即赦之,恐过轻,故令其赎,又曰"阅实其罪",则亦非纵矣。古之赎皆用铜,汉始改用黄金,但少其斤两,令与铜相敌。

## (清)朱鹤龄《尚书埤传》卷十五《周书·吕刑》

罚锾;阅实其罪;宫辟;五刑之属三千;上下比罪(至)不行;惟察惟法。

《尔雅》锾六两,所罚皆铜。大辟千锾,为铜三百七十五斤。

马端临曰,阅实其罪,盖言罪之无刑则疑,可疑则赎,皆当阅其实也。所谓疑者,何也?唐虞之时,刑清法简,是以赎金之法,止及鞭扑。至周而文繁俗敝,五刑之属至于三千。若一按之法而刑之,则举足入阱矣。是以穆王哀之。而五刑之疑,各以赎论。即以大辟言之,其属二百,岂无疑赦,而在可议之列者。如汉世出师失期之类,于法当死,而赎为庶人,亦其遗意也。或曰,罪疑则降等施刑可矣,何必赎也?曰古之议疑罪者,降等一法也。罚赎,亦一法也。《虞书》罪疑惟轻,此书上刑适轻下服,降等法也。《虞书》"金作赎刑",此书五刑有赎,罚赎法也,固并行而不悖也。

孔疏,宫刑,本制为淫者,后人蒙此罪未必皆为淫,如《小雅·巷伯》以被谗,太史公以救李陵,非坐淫也。

王应麟曰,崔浩汉律序,文帝除肉刑,而宫刑不易。书正义,隋开皇之初始除宫刑。按《通鉴》,西魏大统十三年三月除宫刑,非隋也(按疏云,近代反逆缘坐,男子十五以下不应死者,皆宫之。隋开皇初,始除男子宫刑,妇人犹幽闭于宫。孔仲达,唐初人,其言必核)。

《三礼考注》,《书大传》决关梁、逾城郭而略盗者,其刑膑(即剕刑,《周礼》作"刖");男女不以义交者,其刑宫;触易君命、革舆服制度、奸宄盗攘伤人者,其刑劓;非其事而事之出入,不以道义而诵不祥之辞者,其刑墨;降叛、盗贼、劫略、攘夺、矫虔者,其刑死。

吕祖谦曰,《周礼》五刑之属二千五百,穆王虽多五百章,而轻刑增,重刑减。墨劓所增皆轻;刖宫所损二百,大辟所损三百,皆重刑;剕无增减居轻重之间也。

陈师凯曰，天下之情无穷，刑书所载有限，不可以有限之法，而尽无穷之情，又在用法者斟酌而损益之。盖古者任人不任法，法所载者任法，法不载者参以人，"上下比罪"是也。陈大猷曰，当"上下比罪"之时，吏多因缘为奸，故戒以无差乱其辞，而妄比附，用今所不行之而强比附。不行，谓昔尝有此例，今不可行。如汉长安贾人与浑邪王市者罪当死，汲黯曰，愚民安所知市贾长安中，而文吏以为阑出财物如边关乎？此乃以不可行者比附也。

苏传，察我心也。法，国法也，内合我心，外合国法，乃为得之。

### （清）王夫之《尚书稗疏》卷四下《周书·吕刑》

锾。

许慎曰，锾，锊也。锊者，十铢二十五分铢之十三。慎又曰，此方以二十两为锊，以十铢有奇，则太少；以二十两则又多。孔氏六两之说，为得其中。然又不知其所本。且此所罚者，不知何经。孔氏谓，为黄铁。乃黄铁之名，他不经见，则亦铜而已矣。铜有赤，有黄。古以铸兵，亦以铸钟鼎。乃此所罚者，或不应须铜如此之多，则当以铸泉货耳。则虽名为罚金，而六百两之铜，当五铢钱五千有奇，盖所罚者，泉布而计其重，以为多少也。旧注未悉。

## 劓辟疑赦，其罪惟倍，阅实其罪

### 1.（汉）孔氏传、（唐）陆德明音义、孔颖达疏《尚书注疏》卷十八《周书·吕刑》

劓辟疑赦，其罚惟倍，阅实其罪。

传，截鼻曰劓刑，倍百为二百锾。

音义，劓，扶谓反。倍差，侧加反，下同。传云五百锾也。马云，倍二百为四百，差者又加四百之三分之一，凡五百三十二锾三分锾之一也。

2287

## 2.（宋）苏轼《书传》卷十九《周书·吕刑第二十九》

劓辟疑赦，其罚惟倍，阅实其罪。

截鼻为劓，倍之为二百锾。

## 3.（宋）林之奇《尚书全解》卷三十九《周书·吕刑》

(归善斋按，见"王曰，吁！来，有邦有土，告尔祥刑")

## 4.（宋）史浩《尚书讲义》卷二十《周书·吕刑》

(归善斋按，见"王曰，吁！来，有邦有土，告尔祥刑")

## 5.（宋）夏僎《尚书详解》卷二十五《周书·吕刑》

(归善斋按，见"墨辟疑赦，其罚百锾，阅实其罪")

## 6.（宋）时澜《增修东莱书说》卷三十四《周书·吕刑第二十九》

(归善斋按，见"墨辟疑赦，其罚百锾，阅实其罪")

## 7.（宋）黄度《尚书说》卷七《周书·吕刑》

(归善斋按，见"墨辟疑赦，其罚百锾，阅实其罪")

## 8.（宋）袁燮《絜斋家塾书钞》

(归善斋按，无此篇)

## 9.（宋）蔡沈《书经集传》卷六《周书·吕刑》

(归善斋按，见"墨辟疑赦，其罚百锾，阅实其罪")

## 10.（宋）黄伦《尚书精义》卷四十九《周书·吕刑》

(按，以上经解《永乐大典》原缺)

**11.（宋）陈经《尚书详解》卷四十七《周书·吕刑》**

(归善斋按，见"墨辟疑赦，其罚百锾，阅实其罪")

**12.（宋）钱时《融堂书解》卷二十《周书·吕刑》**

(归善斋按，见"王曰，呼！来，有邦有土，告尔祥刑")

**13.（宋）魏了翁《尚书要义》卷十九《周书·君牙、冏命、吕刑》**

(归善斋按，见"墨辟疑赦，其罚百锾，阅实其罪")

**14.（宋）陈大猷《书集传或问》卷下《周书·吕刑》**

(归善斋按，未解)

**15.（宋）胡士行《尚书详解》卷十二《周书·吕刑第二十九》**

(归善斋按，见"墨辟疑赦，其罚百锾，阅实其罪")

**16.（元）吴澄《书纂言》卷四下《周书·吕刑》**

(归善斋按，见"简孚有众，惟貌有稽")

**17.（元）陈栎《书集传纂疏》卷六《朱子订定蔡氏集传·周书·吕刑》**

(归善斋按，见"墨辟疑赦，其罚百锾，阅实其罪")

**18.（元）许谦《读书丛说》卷六《周书·吕刑》**

(原缺)

**19.（元）董鼎《书传辑录纂注》卷六《周书·吕刑》**

(归善斋按，见"墨辟疑赦，其罚百锾，阅实其罪")

2289

## 20.（元）朱祖义《尚书句解》卷十二《周书·吕刑第二十九》

劓辟疑赦（劓，截鼻之刑，有疑则赦之），其罚惟倍（倍于墨罚，出金二百锾，重一千二百两），阅实其罪（检阅核实其罪后赦）。

## 21.（明）王樵《尚书日记》卷十六《周书·吕刑》

（归善斋按，见"墨辟疑赦，其罚百锾，阅实其罪"）

## 22.（清）库勒纳等撰《日讲书经解义》卷十三《周书·吕刑》

（归善斋按，见"墨辟疑赦，其罚百锾，阅实其罪"）

## （元）陈师凯《蔡氏传旁通》卷六下《吕刑》

（归善斋按，见"墨辟疑赦，其罚百锾，阅实其罪"）

# 剕辟疑赦，其罚倍差，阅实其罪

## 1.（汉）孔氏传、（唐）陆德明音义、孔颖达疏《尚书注疏》卷十八《周书·吕刑》

剕辟疑赦，其罚倍差，阅实其罪。
传，刖足曰剕。倍差，谓倍之又半，为五百锾。
音义，剕，音月，又五割反，绝也。
疏，传正义曰，《释诂》云，剕，刖也。李巡云，断足曰刖。《说文》云，刖，绝也，是则者断绝之名，故刖足曰剕。赎，劓倍墨，剕应倍劓，而云"倍差"，倍之又有差，则不啻一倍也。下句赎宫六百锾，知倍之又半之，为五百锾也。截鼻重于黥额，相校犹少；刖足重于截鼻，所校则多。刖足之罪，近于宫刑，故使赎剕，不啻倍劓，而多少近于赎宫也。

## 2.（宋）苏轼《书传》卷十九《周书·吕刑第二十九》

剕辟疑赦,其罚倍差,阅实其罪。

刖足曰剕。倍之又半之,为五百锾。

## 3.（宋）林之奇《尚书全解》卷三十九《周书·吕刑》

(归善斋按,见"王曰,吁！来,有邦有土,告尔祥刑")

## 4.（宋）史浩《尚书讲义》卷二十《周书·吕刑》

(归善斋按,见"王曰,吁！来,有邦有土,告尔祥刑")

## 5.（宋）夏僎《尚书详解》卷二十五《周书·吕刑》

(归善斋按,见"墨辟疑赦,其罚百锾,阅实其罪")

## 6.（宋）时澜《增修东莱书说》卷三十四《周书·吕刑第二十九》

(归善斋按,见"墨辟疑赦,其罚百锾,阅实其罪")

## 7.（宋）黄度《尚书说》卷七《周书·吕刑》

(归善斋按,见"墨辟疑赦,其罚百锾,阅实其罪")

## 8.（宋）袁燮《絜斋家塾书钞》

(归善斋按,无此篇)

## 9.（宋）蔡沈《书经集传》卷六《周书·吕刑》

(归善斋按,见"墨辟疑赦,其罚百锾,阅实其罪")

## 10.（宋）黄伦《尚书精义》卷四十九《周书·吕刑》

(按,以上经解《永乐大典》原缺)

2291

### 11.（宋）陈经《尚书详解》卷四十七《周书·吕刑》

(归善斋按，见"墨辟疑赦，其罚百锾，阅实其罪")

### 12.（宋）钱时《融堂书解》卷二十《周书·吕刑》

(归善斋按，见"王曰，吁！来，有邦有土，告尔祥刑")

### 13.（宋）魏了翁《尚书要义》卷十九《周书·君牙、冏命、吕刑》

(归善斋按，见"墨辟疑赦，其罚百锾，阅实其罪")

### 14.（宋）陈大猷《书集传或问》卷下《周书·吕刑》

(归善斋按，未解)

### 15.（宋）胡士行《尚书详解》卷十二《周书·吕刑第二十九》

(归善斋按，见"墨辟疑赦，其罚百锾，阅实其罪")

### 16.（元）吴澄《书纂言》卷四下《周书·吕刑》

(归善斋按，见"简孚有众，惟貌有稽")

### 17.（元）陈栎《书集传纂疏》卷六《朱子订定蔡氏集传·周书·吕刑》

(归善斋按，见"墨辟疑赦，其罚百锾，阅实其罪")

### 18.（元）许谦《读书丛说》卷六《周书·吕刑》

(原缺)

### 19.（元）董鼎《书传辑录纂注》卷六《周书·吕刑》

(归善斋按，见"墨辟疑赦，其罚百锾，阅实其罪")

## 20.（元）朱祖义《尚书句解》卷十二《周书·吕刑第二十九》

剕辟疑赦（剕，刖足之刑，有疑则赦之。剕，翡），其罚倍差（其罚倍二百锾，为四百锾，又差倍二百锾，即一百锾，四百加一百，即是五百锾，出金三千两），阅实其罪（解同上）。

## 21.（明）王樵《尚书日记》卷十六《周书·吕刑》

（归善斋按，见"墨辟疑赦，其罚百锾，阅实其罪"）

## 22.（清）库勒纳等撰《日讲书经解义》卷十三《周书·吕刑》

（归善斋按，见"墨辟疑赦，其罚百锾，阅实其罪"）

# 宫辟疑赦，其罚六百锾，阅实其罪

## 1.（汉）孔氏传、（唐）陆德明音义、孔颖达疏《尚书注疏》卷十八《周书·吕刑》

宫辟疑赦，其罚六百锾，阅实其罪。

传，宫，淫刑也。男子割势，妇人幽闭，次死之刑。序五刑，先轻转至重者，事之宜。

疏，传正义曰，伏生《书传》云，男女不以义交者，其刑宫，是宫刑为淫刑也。男子之阴名为势，割去其势与椓去其阴，事亦同也。妇人幽闭，闭于宫，使不得出也。本制宫刑主为淫者，后人被此罪者，未必尽皆为淫。昭五年《左传》，楚子以羊舌肸为司宫，非坐淫也。汉除肉刑，除墨、劓、剕耳，宫刑犹在。近代反逆缘坐，男子十五以下不应死者，皆宫之。大隋开皇之初，始除男子宫刑。妇人犹闭于宫。宫是次死之刑。宫于四刑为最重也。人犯轻刑者多，犯重刑者少，又以锾数以倍相加，序五刑

2293

先轻后重,取事之宜。

## 2. (宋)苏轼《书传》卷十九《周书·吕刑第二十九》

宫辟疑赦,其罚六百锾,阅实其罪。
宫,淫刑也。男子腐,妇人闭。

## 3. (宋)林之奇《尚书全解》卷三十九《周书·吕刑》

(归善斋按,见"王曰,吁!来,有邦有土,告尔祥刑")

## 4. (宋)史浩《尚书讲义》卷二十《周书·吕刑》

(归善斋按,见"王曰,吁!来,有邦有土,告尔祥刑")

## 5. (宋)夏僎《尚书详解》卷二十五《周书·吕刑》

(归善斋按,见"墨辟疑赦,其罚百锾,阅实其罪")

## 6. (宋)时澜《增修东莱书说》卷三十四《周书·吕刑第二十九》

(归善斋按,见"墨辟疑赦,其罚百锾,阅实其罪")

## 7. (宋)黄度《尚书说》卷七《周书·吕刑》

(归善斋按,见"墨辟疑赦,其罚百锾,阅实其罪")

## 8. (宋)袁燮《絜斋家塾书钞》

(归善斋按,无此篇)

## 9. (宋)蔡沈《书经集传》卷六《周书·吕刑》

(归善斋按,见"墨辟疑赦,其罚百锾,阅实其罪")

## 10. （宋）黄伦《尚书精义》卷四十九《周书·吕刑》

(按，以上经解《永乐大典》原缺)

## 11. （宋）陈经《尚书详解》卷四十七《周书·吕刑》

(归善斋按，见"墨辟疑赦，其罚百锾，阅实其罪")

## 12. （宋）钱时《融堂书解》卷二十《周书·吕刑》

(归善斋按，见"王曰，吁！来，有邦有土，告尔祥刑")

## 13. （宋）魏了翁《尚书要义》卷十九《周书·君牙、囧命、吕刑》

卅六、汉惟除墨、劓、刵。隋始除宫刑，妇人犹闭。

伏生书传云，男女不以义交者，其刑宫，是宫刑为淫刑也。本制宫刑主为淫者，后人被此罪者，未必尽皆为淫。昭五年《左传》楚子以羊舌肸为司宫，非坐淫也。汉除肉刑，除墨、劓、刵耳，宫刑犹在。近代反逆缘坐，男子十五以下不应死者，皆宫之。大隋开皇之初，始除男子宫刑，妇人犹闭于宫。宫是次死之刑，宫于四刑，为最重也。

(归善斋按，另见"墨辟疑赦，其罚百锾，阅实其罪")

## 14. （宋）陈大猷《书集传或问》卷下《周书·吕刑》

(归善斋按，未解)

## 15. （宋）胡士行《尚书详解》卷十二《周书·吕刑第二十九》

(归善斋按，见"墨辟疑赦，其罚百锾，阅实其罪")

## 16. （元）吴澄《书纂言》卷四下《周书·吕刑》

(归善斋按，见"简孚有众，惟貌有稽")

## 17.（元）陈栎《书集传纂疏》卷六《朱子订定蔡氏集传·周书·吕刑》

(归善斋按，见"墨辟疑赦，其罚百锾，阅实其罪")

## 18.（元）许谦《读书丛说》卷六《周书·吕刑》

(原缺)

## 19.（元）董鼎《书传辑录纂注》卷六《周书·吕刑》

(归善斋按，见"墨辟疑赦，其罚百锾，阅实其罪")

## 20.（元）朱祖义《尚书句解》卷十二《周书·吕刑第二十九》

宫辟疑赦（宫，淫刑也，男子则割势，妇人则幽闭。宫刑有疑，则赦之），其罚六百锾（其罪当出金六百锾，重三千六百两），阅实其罪（见上）。

## 21.（明）王樵《尚书日记》卷十六《周书·吕刑》

(归善斋按，见"墨辟疑赦，其罚百锾，阅实其罪")

## 22.（清）库勒纳等撰《日讲书经解义》卷十三《周书·吕刑》

(归善斋按，见"墨辟疑赦，其罚百锾，阅实其罪")

## （元）陈师凯《蔡氏传旁通》卷六下《吕刑》

(归善斋按，见"墨辟疑赦，其罚百锾，阅实其罪")

## （清）朱鹤龄《尚书埤传》卷十五《周书·吕刑》

(归善斋按，见"墨辟疑赦，其罚百锾，阅实其罪")

## 大辟疑赦，其罚千锾，阅实其罪

**1.（汉）孔氏传、（唐）陆德明音义、孔颖达疏《尚书注疏》卷十八《周书·吕刑》**

大辟疑赦，其罚千锾，阅实其罪。

传，死刑也。五刑疑，各入罚，不降相因，古之制也。

疏，传正义曰，《释诂》云辟，罪也。死是罪之大者，故谓死罪为大辟。疏，传正义曰，经历陈罚之锾数，五刑之疑，各自入罚，不降相因，不令死疑入宫，宫疑入剕者，是古之制也。所以然者，以其所犯疑不能决，故使赎之。次刑非其所犯，故不得降相因。

**2.（宋）苏轼《书传》卷十九《周书·吕刑第二十九》**

大辟疑赦，其罚千锾，阅实其罪。

大辟，死刑也。五刑疑则入罚，不降相因，古之制也。所谓疑者，其罪既阅实矣，而于用法疑耳。

**3.（宋）林之奇《尚书全解》卷三十九《周书·吕刑》**

（归善斋按，见"王曰，吁！来，有邦有土，告尔祥刑"）

**4.（宋）史浩《尚书讲义》卷二十《周书·吕刑》**

（归善斋按，见"王曰，吁！来，有邦有土，告尔祥刑"）

**5.（宋）夏僎《尚书详解》卷二十五《周书·吕刑》**

（归善斋按，见"墨辟疑赦，其罚百锾，阅实其罪"）

## 6.（宋）时澜《增修东莱书说》卷三十四《周书·吕刑第二十九》

（归善斋按，见"墨辟疑赦，其罚百锾，阅实其罪"）

## 7.（宋）黄度《尚书说》卷七《周书·吕刑》

（归善斋按，见"墨辟疑赦，其罚百锾，阅实其罪"）

## 8.（宋）袁燮《絜斋家塾书钞》

（归善斋按，无此篇）

## 9.（宋）蔡沈《书经集传》卷六《周书·吕刑》

（归善斋按，见"墨辟疑赦，其罚百锾，阅实其罪"）

## 10.（宋）黄伦《尚书精义》卷四十九《周书·吕刑》

（按，以上经解《永乐大典》原缺）

## 11.（宋）陈经《尚书详解》卷四十七《周书·吕刑》

（归善斋按，见"墨辟疑赦，其罚百锾，阅实其罪"）

## 12.（宋）钱时《融堂书解》卷二十《周书·吕刑》

（归善斋按，见"王曰，吁！来，有邦有土，告尔祥刑"）

## 13.（宋）魏了翁《尚书要义》卷十九《周书·君牙、冏命、吕刑》

（归善斋按，见"墨辟疑赦，其罚百锾，阅实其罪"）

## 14.（宋）陈大猷《书集传或问》卷下《周书·吕刑》

（归善斋按，未解）

### 15. （宋）胡士行《尚书详解》卷十二《周书·吕刑第二十九》

(归善斋按，见"墨辟疑赦，其罚百锾，阅实其罪")

### 16. （元）吴澄《书纂言》卷四下《周书·吕刑》

(归善斋按，见"简孚有众，惟貌有稽")

### 17. （元）陈栎《书集传纂疏》卷六《朱子订定蔡氏集传·周书·吕刑》

(归善斋按，见"墨辟疑赦，其罚百锾，阅实其罪")

### 18. （元）许谦《读书丛说》卷六《周书·吕刑》

(原缺)

### 19. （元）董鼎《书传辑录纂注》卷六《周书·吕刑》

(归善斋按，见"墨辟疑赦，其罚百锾，阅实其罪")

### 20. （元）朱祖义《尚书句解》卷十二《周书·吕刑第二十九》

大辟疑赦（大辟死刑，有疑则赦），其罚千锾（其罚金当出千锾，六千两），阅实其罪（见上）。

### 21. （明）王樵《尚书日记》卷十六《周书·吕刑》

(归善斋按，见"墨辟疑赦，其罚百锾，阅实其罪")

### 22. （清）库勒纳等撰《日讲书经解义》卷十三《周书·吕刑》

(归善斋按，见"墨辟疑赦，其罚百锾，阅实其罪")

### （元）陈师凯《蔡氏传旁通》卷六下《吕刑》

（归善斋按，见"墨辟疑赦，其罚百锾，阅实其罪"）

### （明）袁仁《尚书砭蔡编》

大辟疑赦，其罚千锾，阅实其罪。

按《舜典》"金作赎刑"，古人五金皆谓之金，非必黄金也。故注疏以为铜。《吕刑》之"千锾"，注疏以为黄铁皆谓铜也。正义谓，古之赎罪者，皆用铜。汉始用黄金，但少其斤两令，与铜相敌，故郑玄驳异义，言赎死罪千锾，锾六两，为三百七十五斤，故知为铜也。汉及后魏，赎罪皆用黄金，后魏以金难得，令金一两收绢十匹，今律用谷及铜钱，亦是此意。蔡以舜止赎轻刑，而此五刑皆赎，遂著论非之，不知疑赦而后赎，又欲阅实其罪，则亦非淫刑矣。

## 墨罚之属千，劓罚之属千，剕罚之属五百，宫罚之属三百，大辟之罚其属二百，五刑之属三千

### 1.（汉）孔氏传、（唐）陆德明音义、孔颖达疏《尚书注疏》卷十八《周书·吕刑》

墨罚之属千，劓罚之属千，剕罚之属五百，宫罚之属三百，大辟之罚其属二百，五刑之属三千。

传，别言罚属，合言刑属，明刑罚同属，互见其义以相备。

音义，见，贤遍反。

疏，传正义曰，此经历言二百、三百、五百者，各自刑之条也。每于其条有犯者，实则刑之，疑则罚之，刑属、罚属其数同也。别言罚属，五者各言其数，合言刑属，但总云三千，明刑罚同其属数，互见其义，以相备也。经云"大辟之罚其属二百"，文异于上四罚者，以"大辟"二字，

不可云"大辟罚之属",故分为二句,以其二字,足使成文。

## 2. (宋)苏轼《书传》卷十九《周书·吕刑第二十九》

墨罚之属千,劓罚之属千,剕罚之属五百,宫罚之属三百,大辟之罚其属二百。墨、劓、剕、宫、辟,皆真刑也。罚者,罚应赎者也。属,类也。凡五刑、五罚之罪,皆分门而类别之也。

五刑之属三千。

周礼五刑之属二千五百,而此三千,《孝经》据而用之,是孔子以夏刑为正也。

## 3. (宋)林之奇《尚书全解》卷三十九《周书·吕刑》

(归善斋按,见"王曰,吁!来,有邦有土,告尔祥刑")

## 4. (宋)史浩《尚书讲义》卷二十《周书·吕刑》

(归善斋按,见"王曰,吁!来,有邦有土,告尔祥刑")

## 5. (宋)夏僎《尚书详解》卷二十五《周书·吕刑》

(归善斋按,见"墨辟疑赦,其罚百锾,阅实其罪")

## 6. (宋)时澜《增修东莱书说》卷三十四《周书·吕刑第二十九》

(归善斋按,见"墨辟疑赦,其罚百锾,阅实其罪")

## 7. (宋)黄度《尚书说》卷七《周书·吕刑》

墨罚之属千,劓罚之属千,剕罚之属五百,宫罚之属三百,大辟之罚,其属二百。五刑之属三千。上下比罪,无僭乱辞,勿用不行。惟察惟法,其审克之。

《司刑》五刑之属各五百,总二千五百。《吕刑》五刑之属三千。墨、劓增于旧,宫、大辟减其半。刑措之风衰,民始犯有司。详其小而宽其大,所谓"度作刑"也。上下相比,不使轻重相悬绝也。僭,怒也。无愆于伪乱之辞，不行理之不可行者也，勿用不可行之理。惟察之详，惟法之从，必审乃能之，为上下比罪，容可出入故戒之。

## 8.（宋）袁燮《絜斋家塾书钞》

（归善斋按，无此篇）

## 9.（宋）蔡沈《书经集传》卷六《周书·吕刑》

（归善斋按，见"墨辟疑赦，其罚百锾，阅实其罪"）

## 10.（宋）黄伦《尚书精义》卷四十九《周书·吕刑》

（按，以上经解《永乐大典》原缺）

## 11.（宋）陈经《尚书详解》卷四十七《周书·吕刑》

墨罚之属千，劓罚之属千，剕罚之属五百，宫罚之属三百，大辟之罚，其属二百。五刑之属三千。上下比罪，无僭乱辞，勿用不行。惟察惟法，其审克之。上刑适轻下服，下刑适重上服。轻重诸罚有权，刑罚世轻世重。惟齐非齐，有伦有要。

属者，类也。凡五刑、五罚，皆有其属类。《周礼·司刑》掌五刑之书，即此是也。《周官》二千五百，至穆王时于《周官》之重刑，则减之；于《周官》之轻刑则增之，共为三千。圣贤观时会通之宜，以立法不拘一定也。孔安国曰，别言罚属，合言刑属，明刑、罚同属，互见其义以相备。"上下比罪，无僭乱辞，勿用不行"，上文言五刑之属三千者已定之法，载之刑书者也，然天下之情无穷，而刑书之所载者有限，不可以有限之法，而求尽无穷之情，则又在夫用法者斟酌损益之。盖古者，任人而不任法。如唐虞之时，条目未多，惟有"五刑有服，五服三就；五流有宅，五宅三居"，皆在明刑者随宜而处之也。至周穆王之时，时变已异于古，其条目至有三千，其法渐烦矣。然犹人与法并行。法之所载者，则以其罪而断之；法之所不载者，则以其罪而参之以人，若上下比罪是也。比，附也，以其罪而附之上刑，而见其为重；以其罪而附之下刑，而见其为轻，则于轻重之间而裁酌之。然亦以其辞为主。盖罪人之情，皆见乎辞。僣，差也。乱，纷也。若辞至于差，而乱其辞，其情与其罪皆不相合，是不可行刑者也。听狱者，当无用其不可行之法，惟当有以察其情，又当求之以法，二者合而后允当乎人情、法意，是乃可行者也。其在详审而克去其私意，则有以得之。"上刑适轻下服"，谓所犯者上刑，而情适轻，则当下服，"宥过无大"是也。"下刑适重上服"，谓所犯者下刑而情适重，则当上服，"刑故无小"是也。不特刑之用也。原情以为轻重。而罚之用也，亦必有轻重之权，此法之原人情者也。"刑罚世轻世重"，如刑平国用中典，乱国用重典，新国用轻典。此法之因乎时者也。"惟齐非齐"，吾欲其齐者，乃非所以为齐，谓如上罪服上刑，下罪服下刑。前世刑轻，吾亦从轻前世，刑重吾亦从重，此惟齐也。殊不知情有轻重，时有治乱，安得而一之。吾欲齐之，乃所以为不齐，则不若归之于伦要而已。伦，理也。要者，理之要会也。天下之情，与天下之时，皆无一定，惟是理则无有不定者，知所谓伦要，则知所谓理，知所谓理，则知所谓权变矣。

## 12.（宋）钱时《融堂书解》卷二十《周书·吕刑》

（归善斋按，见"王曰，吁！来，有邦有土，告尔祥刑"）

## 13.（宋）魏了翁《尚书要义》卷十九《周书·君牙、冏命、吕刑》

廿八、别言五罚之属，合言刑属，三千互见。

墨罚之属千，劓罚之属千，剕罚之属五百，宫罚之属三百，大辟之罚，其属二百。五刑之属三千。别言罚，属合言刑属，明刑、罚同属，互见其义以相备。

卅七、实则刑之，疑则罚之，故刑、罚同属。

此经历言二百、三百、五百者，各是刑之条也。每于其条有犯者，实则刑之，疑则罚之，刑属、罚属其数同也。别言罚属，五者各言其数合言刑属，但总云三千，明刑、罚同其属数，互见其义以相备也。经云"大辟之属其罚二百"，文异于上四罚者，以"大辟"二字不可云"大辟罚之属"，故分为二句，以其二字足使成文。

2303

## 14. (宋)陈大猷《书集传或问》卷下《周书·吕刑》

(归善斋按,未解)

## 15. (宋)胡士行《尚书详解》卷十二《周书·吕刑第二十九》

(归善斋按,见"墨辟疑赦,其罚百锾,阅实其罪")

## 16. (元)吴澄《书纂言》卷四下《周书·吕刑》

(归善斋按,见"简孚有众,惟貌有稽")

## 17. (元)陈栎《书集传纂疏》卷六《朱子订定蔡氏集传·周书·吕刑》

(归善斋按,见"墨辟疑赦,其罚百锾,阅实其罪")

## 18. (元)许谦《读书丛说》卷六《周书·吕刑》

(原缺)

## 19. (元)董鼎《书传辑录纂注》卷六《周书·吕刑》

(归善斋按,见"墨辟疑赦,其罚百锾,阅实其罪")

## 20. (元)朱祖义《尚书句解》卷十二《周书·吕刑第二十九》

墨罚之属千(墨罚虽一,而其类有一千条),劓罚之属千(劓罚虽一,而其类有一千条),剕罚之属五百(剕罚虽一,而其类有五百条),宫罚之属三百(宫罚虽一,而其类有三百条),大辟之罚,其属二百(大辟之罚虽一,其类有二百条)。五刑之属三千(五刑条类,凡有三千)。

## 21. (明)王樵《尚书日记》卷十六《周书·吕刑》

(归善斋按,见"墨辟疑赦,其罚百锾,阅实其罪")

## 22. （清）库勒纳等撰《日讲书经解义》卷十三《周书·吕刑》

（归善斋按，见"墨辟疑赦，其罚百锾，阅实其罪"）

## （元）陈师凯《蔡氏传旁通》卷六下《吕刑》

属，类也。三千总计之也，《周礼》司刑所掌五刑之属二千五百，刑虽增旧，然轻罪比旧为多，而重罪比旧为减也。

《秋官·司刑》云，掌五刑之法，以丽万民之罪。墨罪五百，劓罪五百，宫罪五百，剕罪五百，杀罪五百。注云，书传曰，决关梁，逾城郭，而略盗者，其刑膑；男女不以义交者，其刑宫；触易君命，革舆服制度，奸轨盗攘伤人者，其刑劓；非事而事之，出入不以其道义，而诵不详之辞者，其刑墨；降叛寇贼，劫略夺攘矫虔者，其刑死。此二千五百罪之目略也。轻罪比旧为多者，墨、劓，旧五百，今一千，各多五百也；重罪比旧为减者，宫、大辟，旧各五百，今宫减二百，大辟减三百也。

## （清）朱鹤龄《尚书埤传》卷十五《周书·吕刑》

（归善斋按，见"墨辟疑赦，其罚百锾，阅实其罪"）

# 上下比罪，无僭乱辞，勿用不行

## 1. （汉）孔氏传、（唐）陆德明音义、孔颖达疏《尚书注疏》卷十八《周书·吕刑》

上下比罪，无僭乱辞，勿用不行。
传，上下比方其罪，无听僭乱之辞以自疑，勿用折狱不可行。
音义，僭，子念反。
疏，正义曰，此又述断狱之法。将断狱讼，当上下比方其罪之轻重，乃与狱官众议断之。其囚有僭乱之虚辞者，无得听之，勿用此辞断狱。此

2305

僭乱之辞，言不可行也。

传正义曰，罪条虽有多数，犯者未必当，条当取故事，并之上下比方其罪之轻重。上比重罪，下比轻罪，观其所犯，当与谁同。狱官不能尽贤，其间或有阿曲，宜预防之。僭，不信也。狱官与囚等，或作不信之辞，以惑乱。在上人君，无得听此僭乱之辞，以自疑惑。勿即用此僭乱之辞，以之断狱。此僭乱之言，不可行用也。

## 2.（宋）苏轼《书传》卷十九《周书·吕刑第二十九》

上下比罪。

比，例也，以上下罪参验而立例也。

无僭乱辞。

僭，差也。乱辞，辞与情违者也。

勿用不行。

立法，必用众人所能者，然后法行。若责人以所不能，则是以不可行者为法也。

## 3.（宋）林之奇《尚书全解》卷三十九《周书·吕刑》

上下比罪，无僭乱辞，勿用不行。惟察惟法，其审克之。上刑适轻下服；下刑适重上服；轻重诸罚有权；刑罚世轻世重。惟齐非齐，有伦有要。罚惩非死，人极于病。非佞折狱，惟良折狱，罔非在中。察辞于差，非从惟从。哀敬折狱，明启刑书胥占，咸庶中正。其刑其罚，其审克之。狱成而孚，输而孚。其刑上备，有并两刑。王曰，呜呼！敬之哉，官伯族姓，朕言多惧。朕敬于刑，有德惟刑。今天相民作配在下，明清于单辞。民之乱，罔不中听狱之两辞。无或私家于狱之两辞。狱货非宝，惟府辜功，报以庶尤。永畏惟罚，非天不中。惟人在命，天罚不极，庶民罔有令政在于天下。王曰，呜呼！嗣孙，今往何监，非德于民之中，尚明听之哉。哲人惟刑，无疆之辞属于五极，咸中有庆，受王嘉师，监于兹祥刑。

老苏尝曰，古之法简，今之法繁。先王之作法也，法举其略，而刑制其详。杀人者死，伤人者刑，则以字于法，使民知天子之法，不欲我杀人伤人耳。若其轻重出入，求其情而服其心者，则以之属吏，任吏而不任法，故其法简。今之法纤悉毕备，不执于一左右前后，四顾而不可逃，是以轻重其罪，出入其情，皆可以求之法，任法而不任吏，故其法繁。盖法简者，虽若不可以革奸，而天下乃或无一人之狱；法繁者，虽若可以止奸，而狱讼尝至于滋丰。诚以"铢铢而称之，至石必差；寸寸而度之，至丈必过，石称丈量，径而寡失"。后世之所谓律令者，烦曲周尽，惟恐有所漏略。凡轻重上下，一听于律，而有司不得一奉手，虽其繁积，而律之用已有所穷，故吏胥得以旁缘出入，欺卖有司，以逃其奸。盖欲其无所不备者，乃所以为大不备也。如穆王之刑，五刑之属三千，此律文也。至于曰上下相比；曰上刑适轻下服下刑，适重上服；轻重诸罚有权；刑罚世轻世重，此数者则在有司量情斟酌而施之。故其律虽三千，而其用之为不穷径而寡失，盖谓是也。"上下比罪"者，言听狱之法，必当上下比方其罪之轻重而参验之也。"无僭乱辞"者，陈少南曰"无以狱辞之乱，而至有僭差"是也。夫讼于心者，孰不以为彼曲而我直。其辞苟乱，则用刑有僭差者矣，汝当审之也。"勿用不行"，王氏曰，谓责人以恕，所不可行者勿用也。《庄子》曰"重其任而罚不胜，远其途而诛不至"。此皆不可行，而先王之所不用也，是也。汉魏尚为云中守，坐法免。冯唐曰，士卒尽家人子，起田中从军，安知尺籍伍符，上功幕府，一言不应，文吏以法绳之。长安贾人与浑邪王市者，坐当死五百余人。汲黯曰，愚民安所知市买长安中，而文吏以为阑出财物如边关乎？若此之类皆是所不可行而用之也。所不可行者而用之，则民无所措手足矣。惟察者，察其情也；惟法者，正其法也。察其情，正其法，则法与吏交相为用，而不偏废。盖用刑，如用药焉。夫药之君臣佐使，甘苦寒热，某可以治某疾，某可以已某病，此固在于方书，至于视脉，观色，听其声音，而审其病之所由，起必以己意参之而后可。惟察者审其病之所由起也。惟法者，按方书而视之也。汝诸侯其审于此，而后能其事也。

"上刑适轻下服，下刑适重上服"，苏氏破世俗之说，而设为窃盗二人以发其意，说固善矣，而不如陈少南之为明白，曰世之言罪重者，莫如杀人；罪轻者，莫如诟骂。杀人固重矣，然今所杀者奴婢也。奴婢而杀之，非适轻乎？故且服下刑也。诟骂固轻矣，然今所以诟骂者父兄也。父兄而诟骂之，非适重乎？故宜服上刑也。事不止于杀人及诟骂人者，姑设二事以准之,所谓"轻重诸罚有权"也。所谓"下服"者,非即服最下刑也,比之上刑为减尔。此言尽之。"刑罚世轻世重",盖承上文而言。凡此诸刑罚,皆当权其轻重也。《孟子》曰"权然后知轻重",君子之心若权衡,然不可以铢两欺之,故轻重无不得其平也。"刑罚世轻世重"者,《周礼》"刑新国用轻典,刑平国用中典,刑乱国用重典"。一轻一重,各因其世之宜而已。因世之宜而轻重不同,固不齐矣,是乃所以齐之也。如《周官》五刑二千五百,穆王五刑三千,或少而重,或多而轻,其不齐如此,而其禁奸止慝,以期于无刑,则一也。若乃胶柱调瑟者,则不能因世而为轻重,徒执一法以齐之,适所以为不齐也。如唐虞象刑,而王莽亦象刑是也。王氏曰,上言"刑罚轻重有权"者,权一人而为轻重也;此言"世轻世重"者,权一世而为轻重也。是也。"世轻世重",言刑、罚可也。至于上服、下服,则特言刑。而于下文承之,则言诸罚,亦犹五刑。分数则曰罚,总数则曰刑,互见其义也。"有伦有要",苏氏谓,伦,其例也。要,其辞也,则读与《康诰》"要囚"之"要"同。惟有伦,则当惟法;惟有要,则当惟察。"罚惩非死,人极于病",此即老苏曰,刑者必痛之而使人畏焉;罚者不能痛之,必困之而后惩焉。盖言罚之所惩,虽不至于死,而其困于重赎,已极于病,亦可以使之迁善远罪也。

"非佞折狱",口给也。佞者御人以口给,则人不得以尽其情也。如周亚夫诣廷尉,责问曰,君侯欲反何?亚夫曰,臣所谓买器乃葬器也,何谓反乎?吏曰,君纵不欲反地上,即反地下矣。如此者,是御人以口给也。皋陶喑而为大理,天下无冤民;子路无宿诺,片言可以折狱。则何以佞为哉?故惟良可以折狱。良者,王氏谓,有仁心是也。孔子曰,今之听狱者,求所以杀之;古之听狱者,求所以生之。良者求所以生之也。良之可以折狱者,盖其所用无不在于刑之中也。如秦以任刀笔之吏,争以亟疾苛察相高,则佞者安能明于刑之中哉?"察辞于差",苏氏曰,事之真者不谋而同,从其差者诘之,多得其情,是也。"非从惟从"者,棰楚之下,何求而不得,人不胜痛,则诬服者多矣。故因惟吏之从而自诬者,皆非所当从,当有以辨明之也。

孟氏使阳肤为士师,问于曾子。曾子曰,如得其情,则哀矜而勿喜。哀矜,即此"哀敬"也。其所以"哀敬"者,惟以刑书而明启之,相与占考其所以然，众狱官以为然，狱因亦以为然，虽丽于刑杀而无怨。言如此，则庶几得其中正而无冤滥矣。如秦之任赵高，汉之任张汤、赵禹、减宣、义纵；唐之任来俊臣、侯思止，刑书未尝明启，亦未尝胥占，惟意之所杀，则舞文巧诋如此，则何中正之有？然则其刑其罚，不可以不审克也。

"狱成而孚"者，言狱辞之成，而得其情实，信为有罪，而其输之于上，亦当得其情实，信为有罪，然后断之。其刑之输于上，皆当具备，不可隐漏。其有一人之身，轻重二罪俱发，亦当并以两刑而上之也。盖恐其有司得以欺卖，出入以为奸，故以此戒之也。《王制》曰，成狱辞，史以狱成告于正，正听之；正以狱成，告于大司寇；大司寇听之棘木之下；大司寇以狱之成告于王，王命三公参听之；三公以狱之成告于王，王三宥，然后制刑。此正所谓"狱成而孚输而孚"也。王之有司，输之于王如此，则有邦有土之臣，输之于其君亦然。薛博士曰，凡称上者，各指其上也。此告有邦有土，则国之士师，指其君曰"上"；推而及王朝，则王之士师指天子曰上。孔氏止名为上王府，则于告"有邦有土"之文戾矣。是也。

"官伯族姓"，苏氏曰，呼其大官大族而戒之。先儒即以官伯为诸侯，族同族，姓异姓，其说凿矣。王氏以姓为诸侯，族为群臣，亦无以异于先儒。盖既戒其君以敬刑，今又戒其臣也。刑者人命所系，死者不可复生，断者不可复续。此朕之言，所以多惧，孔子曰"为之难，言之得无讱乎"，言之多惧，以其难也。朕之所敬，惟在于刑，则以有德者，惟哀敬于刑，我安得而不谨哉？今天相助此民而生育长养之，临民者必当有不忍之心，然后能为天之配于下。盖天爱民是配之也。所以配天者，惟"明清于单辞"而已。"单辞"有二说，皆通。先儒曰，单辞特难听，故言之。唐孔氏因引子路片言可以折狱。片言即单辞也。子路行直闻天下，不肯自道己长，妄称彼短。得其单辞即可以断狱者，惟子路耳。凡人少能然，故难听也。薛博士则曰，单，尽也，与"单厥心"之"单"同。明清而使民得尽其辞也，皆可用以为说。"明清"者，听之审也。民之所以治者，以其听狱之两辞，而无不中，则曲直得其当。无辜者不至于枉滥，而有罪者不至于侥幸而免也。穿封戍与公子围争郑囚，正于伯州犁。伯州犁，则上下其手。此听两辞而不中者也。苗民之"泯泯棼棼"，以其"罔差有辞"，则民之治，岂不自于中听两辞乎？不可以狱之两辞，而为私家。以狱为家，则惟货是视，不复问乎两家之曲直也。夫以狱得货者，非所以为宝也，惟聚其罪耳。府，聚也，言必将败露而获罪也。功者，言罪积于身，而自以为功耳，则必将报汝以众罪而诛殛之也。报者，亦如"报虐以威"，有是恶则必有是报，皆是出乎尔者反乎尔者也。狱货者，必报以庶尤，则所长可畏者，惟是天罚也。天之罚之也，非天之不中，惟人取之尔。人取之者，在其教命之不中也。教命不中，则非所谓制百姓于刑之中，以教祇德。天之罚不中，则庶民必无有善政在于天下矣。盖以其无有善政，故以不中而罚之也。无有善政者，君也。而以为庶民者，政虽出于君，而布于庶民。三苗之民"泯泯棼棼"，此所谓"庶民无有令政在于天下"也。

"嗣孙"者，王享国百年，故诸侯或其孙也。上言"伯父、伯兄、仲叔、季弟、幼子、童孙"，此特言"嗣孙"举其略也。继世而立，故曰"嗣"，言自今以往，当何所监，非是施德于民，以为之中乎？言惟是在所监也，德于民之中，盖指伯夷以为言尔。庶几明听我言而行之，不可忽也。自古之称哲人者，惟在于用刑耳。如皋陶以智称于后世，是盖"惟哲"则能"明清于单辞"也。五极，五刑之得其中也。先儒以为五常，误矣。言有无穷之美誉者，由五刑之得中。刑得中，则有余庆矣。既有美誉，又有余庆，天人之所共予也。属，连也，言美辞由于用刑，故以属言之。嘉师，善众也，犹言良民也。汝受之于王，而有邦有土者，其所临莅无非良民，则如此上文所言"祥刑"，不可不监也。刑所以禁奸，民既善矣，惟此祥刑可也。吕侯之告诸侯，虽出于王命，而其言则吕侯之言，故虽曰"王曰"，而又曰"受王嘉师"，亦犹《梓材》之篇，周公以王命告康叔，虽以"王曰"为言，而又曰"王启监，厥乱为民"之类，从而为之说则不可。

## 4.（宋）史浩《尚书讲义》卷二十《周书·吕刑》

（归善斋按，见"王曰，吁！来，有邦有土，告尔祥刑"）

## 5. （宋）夏僎《尚书详解》卷二十五《周书·吕刑》

（归善斋按，见"墨辟疑赦，其罚百锾，阅实其罪"）

## 6. （宋）时澜《增修东莱书说》卷三十四《周书·吕刑第二十九》

上下比罪，无僭乱辞，勿用不行。惟察惟法，其审克之。上刑适轻下服，下刑适重上服。轻重诸罚有权，刑罚世轻世重。惟齐非齐，有伦有要。罚惩非死，人极于病。非佞折狱，惟良折狱，罔非在中。察辞于差，非从惟从。哀敬折狱，明启刑书胥占，咸庶中正。其刑其罚，其审克之。狱成而孚，输而孚。其刑上备，有并两刑。

刑者，律也；比者，例也。罪无正律，举轻以明重，举重以明轻，所谓"上下比罪"也。三千之刑，可谓众矣，犹不能尽天下之罪，不免于上下以求其比，以是知天下之情无穷，而法不可独任也。"无僭乱辞"者，既无正律所恃，以为依据者，独其狱辞耳，苟又僭差而乱其辞，既无定法，复无定辞，将何所依据乎？此例固有昔尝有之，而今不行者矣，故戒之以"勿用不行"也。"惟察惟法，其审克之"，盖以既无正律，察其法尤不可不致详也。"上刑适轻下服，下刑适重上服，轻重诸罚有权"者，法重情轻，法轻情重，斟酌升降，要必有以权之也。是权也，一毫私意未尽，犹不能皆得其平，惟克天德，然后能与乎此也。"刑罚世轻世重。惟齐非齐。有伦有要"者，有一人之轻重，前所谓"轻重诸罚有权"是也；有一代之轻重，此所谓"刑罚世轻世重"是也。刑乱国者，欲齐乎，新国之轻则非齐也；刑新国者欲齐乎，平国之中则非齐也。惟通其伦类，识其要会，然后知"不齐之齐"也。"罚惩非死。人极于病"者，赎罚之所惩，虽非死伤，然殚其资财，人固已极于病矣。此穆王哀矜之无穷也，此心不厚者，必谓免汝之死，始取汝之财为惠己，多方为德色宁，有犹忧其病民者邪。穆王于人之输财，悯之犹若此，况于真用五刑，此心又可知矣。"非佞折狱，惟良折狱，罔非在中"者，穆王悯斯民之笃，故于治狱者，独识其真佞口才者，世俗所谓能折狱者也，穆王乃舍之而属意于温良长者，盖深知区区辩慧之不足任，惟温良长者，视民如伤，心诚求

2311

之，不中不远，故其所折之狱，无不在中也。"察辞于差非从惟从"者，虽得长者以折狱，而治狱之法不可偏废，理、事要当并举，非如后世，以頺然土木为长者也。辞之实者，屡讯屡鞫，前后如一，欺罔文饰者，虽巧于对狱，其辞要必有差，因其差而察之，不从其伪辞，乃所以从其真情也。"哀敬折狱，明启刑书胥占，咸庶中正。其刑其罚，其审克之"者，以哀敬之心折狱，既有其本，至于议法之时，必澄定其精神，澡雪其耳目，然后启法律与众占度，裁其轻重，则咸庶几协乎中正。当启刑书之际，民命所系，岂容有少昏惰，亦岂容不博尽众议乎？盖过此则其刑之矣，过此则其辟之矣。于此时，固不可不审克也。"狱成而孚，输而孚。其刑上备，有并两刑"者，论刑既终，申之以奏狱之戒也。狱辞之成，既得其孚信，输之于上，不可变易，情实必如其本辞，然后谓之孚也。一人而有数罪，一罪而有数法，奏其刑于上，必皆备载，而上之人断狱，则并两刑，而从其一重者以断之焉。陈其数者，有司也，制其义者人主也。

### 7. （宋）黄度《尚书说》卷七《周书·吕刑》

（归善斋按，见"墨罚之属千，劓罚之属千，剕罚之属五百，宫罚之属三百，大辟之罚其属二百，五刑之属三千"）

### 8. （宋）袁燮《絜斋家塾书钞》

（归善斋按，无此篇）

### 9. （宋）蔡沈《书经集传》卷六《周书·吕刑》

（归善斋按，见"墨辟疑赦，其罚百锾，阅实其罪"）

### 10. （宋）黄伦《尚书精义》卷四十九《周书·吕刑》

（按，以上经解《永乐大典》原缺）

### 11. （宋）陈经《尚书详解》卷四十七《周书·吕刑》

（归善斋按，见"墨罚之属千，劓罚之属千，剕罚之属五百，宫罚之属三百，大辟之罚其属二百，五刑之属三千"）

### 12.（宋）钱时《融堂书解》卷二十《周书·吕刑》

(归善斋按，见"王曰，吁！来，有邦有土，告尔祥刑")

### 13.（宋）魏了翁《尚书要义》卷十九《周书·君牙、冏命、吕刑》

(归善斋按，未引)

### 14.（宋）陈大猷《书集传或问》卷下《周书·吕刑》

(归善斋按，未解)

### 15.（宋）胡士行《尚书详解》卷十二《周书·吕刑第二十九》

(归善斋按，见"墨辟疑赦，其罚百锾，阅实其罪")

### 16.（元）吴澄《书纂言》卷四下《周书·吕刑》

(归善斋按，见"简孚有众，惟貌有稽")

### 17.（元）陈栎《书集传纂疏》卷六《朱子订定蔡氏集传·周书·吕刑》

(归善斋按，见"墨辟疑赦，其罚百锾，阅实其罪")

### 18.（元）许谦《读书丛说》卷六《周书·吕刑》

(原缺)

### 19.（元）董鼎《书传辑录纂注》卷六《周书·吕刑》

(归善斋按，见"墨辟疑赦，其罚百锾，阅实其罪")

### 20.（元）朱祖义《尚书句解》卷十二《周书·吕刑第二十九》

上下比罪（然法有定条，人无定情，以情见之。于法下无此条，则上比重罪，下比轻罪，观所犯当与谁同，然后定其轻重之法，如今律无明文，则许用例也），无僭乱辞（不可纷乱僭差罪人之辞，盖情以辞而见），勿用不行（苟于条例无裁决，不行，虽勿用之可也）。

### 21. （明）王樵《尚书日记》卷十六《周书·吕刑》

（归善斋按，见"墨辟疑赦，其罚百锾，阅实其罪"）

### 22. （清）库勒纳等撰《日讲书经解义》卷十三《周书·吕刑》

（归善斋按，见"墨辟疑赦，其罚百锾，阅实其罪"）

### （清）朱鹤龄《尚书埤传》卷十五《周书·吕刑》

（归善斋按，见"墨辟疑赦，其罚百锾，阅实其罪"）

## 惟察惟法，其审克之

### 1. （汉）孔氏传、（唐）陆德明音义、孔颖达疏《尚书注疏》卷十八《周书·吕刑》

惟察惟法，其审克之。
传，惟当清察罪人之辞，附以法理，其当详审能之。
疏，正义曰，惟当清察罪人之辞，惟当附以法理，其当详审使能之，勿使僭失为不能也。

### 2. （宋）苏轼《书传》卷十九《周书·吕刑第二十九》

惟察惟法，其审克之。
察，我心也。法，国法也。内合我心，外合国法，乃为得之。

### 3.（宋）林之奇《尚书全解》卷三十九《周书·吕刑》

（归善斋按，见"上下比罪，无僭乱辞，勿用不行"）

### 4.（宋）史浩《尚书讲义》卷二十《周书·吕刑》

（归善斋按，见"王曰，吁！来，有邦有土，告尔祥刑"）

### 5.（宋）夏僎《尚书详解》卷二十五《周书·吕刑》

（归善斋按，见"墨辟疑赦，其罚百锾，阅实其罪"）

### 6.（宋）时澜《增修东莱书说》卷三十四《周书·吕刑第二十九》

（归善斋按，见"上下比罪，无僭乱辞，勿用不行"）

### 7.（宋）黄度《尚书说》卷七《周书·吕刑》

（归善斋按，见"墨罚之属千，劓罚之属千，剕罚之属五百，宫罚之属三百，大辟之罚其属二百，五刑之属三千"）

### 8.（宋）袁燮《絜斋家塾书钞》

（归善斋按，无此篇）

### 9.（宋）蔡沈《书经集传》卷六《周书·吕刑》

（归善斋按，见"墨辟疑赦，其罚百锾，阅实其罪"）

### 10.（宋）黄伦《尚书精义》卷四十九《周书·吕刑》

（按，以上经解《永乐大典》原缺）

### 11.（宋）陈经《尚书详解》卷四十七《周书·吕刑》

（归善斋按，见"墨罚之属千，劓罚之属千，剕罚之属五百，宫罚之属三百，大辟之罚其属二百，五刑之属三千"）

## 12.（宋）钱时《融堂书解》卷二十《周书·吕刑》

(归善斋按，见"王曰，吁！来，有邦有土，告尔祥刑")

## 13.（宋）魏了翁《尚书要义》卷十九《周书·君牙、冏命、吕刑》

(归善斋按，未引)

## 14.（宋）陈大猷《书集传或问》卷下《周书·吕刑》

(归善斋按，未解)

## 15.（宋）胡士行《尚书详解》卷十二《周书·吕刑第二十九》

(归善斋按，见"墨辟疑赦，其罚百锾，阅实其罪")

## 16.（元）吴澄《书纂言》卷四下《周书·吕刑》

(归善斋按，见"简孚有众，惟貌有稽")

## 17.（元）陈栎《书集传纂疏》卷六《朱子订定蔡氏集传·周书·吕刑》

(归善斋按，见"墨辟疑赦，其罚百锾，阅实其罪")

## 18.（元）许谦《读书丛说》卷六《周书·吕刑》

(原缺)

## 19.（元）董鼎《书传辑录纂注》卷六《周书·吕刑》

(归善斋按，见"墨辟疑赦，其罚百锾，阅实其罪")

## 20.（元）朱祖义《尚书句解》卷十二《周书·吕刑第二十九》

惟察惟法（惟欲内察其情，外合其法，内外两尽，情法两推），其审克之（其详审者乃能之）。

## 21.（明）王樵《尚书日记》卷十六《周书·吕刑》

（归善斋按，见"墨辟疑赦，其罚百锾，阅实其罪"）

## 22.（清）库勒纳等撰《日讲书经解义》卷十三《周书·吕刑》

（归善斋按，见"墨辟疑赦，其罚百锾，阅实其罪"）

## （清）朱鹤龄《尚书埤传》卷十五《周书·吕刑》

（归善斋按，见"墨辟疑赦，其罚百锾，阅实其罪"）

# 上刑适轻，下服

## 1.（汉）孔氏传、（唐）陆德明音义、孔颖达疏《尚书注疏》卷十八《周书·吕刑》

上刑适轻，下服。

传，重刑有可以亏减，则之轻服下罪。

疏，正义曰，上刑适轻者，谓一人虽犯一罪，状当轻重两条，据重条之上有可以亏减者，则之轻条，服下罪也。

## 2.（宋）苏轼《书传》卷十九《周书·吕刑第二十九》

上刑适轻，下服；下刑适重，上服。

世或谓，大罪法重而情轻，则服下刑，此犹可也，不失为仁。若小罪法轻情重，而服上刑，则不可。古之用刑者，有出于法内，无入于法外。与其杀不辜，宁失不经，故知此说之非也。请设为甲乙，以解此二言，甲初欲为强盗，既至其所，则不强而窃，当以窃法坐之。此之谓"上刑适轻，下服"。乙初欲窃尔，既至其所，则强，当以强法坐之。此之谓"下刑适重，上服"。刑贵称罪，报其所犯之功，不报其所犯之意也。

## 3．（宋）林之奇《尚书全解》卷三十九《周书·吕刑》

（归善斋按，见"上下比罪，无僭乱辞，勿用不行"）

## 4．（宋）史浩《尚书讲义》卷二十《周书·吕刑》

（归善斋按，见"王曰，吁！来，有邦有土，告尔祥刑"）

## 5．（宋）夏僎《尚书详解》卷二十五《周书·吕刑》

上刑适轻下服，下刑适重上服。轻重诸罚有权，刑罚世轻世重。惟齐非齐，有伦有要。罚惩非死，人极于病。非佞折狱，惟良折狱。罔非在中，察辞于差，非从惟从。哀敬折狱，明启刑书胥占，咸庶中正，其刑其罚，其审克之。狱成而孚，输而孚。其刑上备，有并两刑。

吕侯上所言刑罚轻重之序，皆是重轻之正理，又未能通轻重之变，盖狱有情轻罪重，情重罪轻者，倘断狱者徒知简孚者，则正以刑，不服者则正以罚，如此，则知刑而已，不知刑之中，又有轻重之变也；知罚而已，不知罚之中亦有轻重之变也。故吕侯又告以"上刑适轻下服，下刑适重上服"，与"轻重诸罚有权"之说，其意盖谓，人有罪状甚重，合服上刑者，于刑诚当重矣，然原其情，则适然而轻，谓如杀人已死，而非其本谋者，此罪重，而情则轻也，如此者，则罪虽在大辟，推而使服下刑可也。或有罪状甚轻，合服下刑者，于刑诚当轻矣，然原其情，则适然而重，谓如杀人不死，而乃其本谋者，此罪轻而情则重者也。如此者，则罪虽在小辟，引而使服上刑可也。至于墨、劓、剕、宫、大辟诸等之罚，其或轻或重，则亦各有其权，亦谓罚当重，而情乃轻；罚当轻，而情乃重，此亦当因权制变，不可谓墨疑从罚，凡在墨者，皆百锾；宫疑从罚，凡在宫者，皆六百锾，又当有轻重之权可也。凡此皆是教有邦有土以制刑罚之变也。然此特缘情定罪者也。然时世又有不同，刑平国用中典，刑新国用轻典，刑乱国用重典，或轻或重，或轻重之中，又有情当如此，而时或不可如此者，则又当相时用法也，故又继以"刑罚世轻世重"是又欲其因时以为轻重也。呜呼！吕侯慈祥忠厚，至此极矣。前告以如是者则刑，如是者则罚，是告以刑罚之正条也。既又虑其徒知刑之当刑，而不知刑之中，有时而不可刑；徒知其当罚，而罚不知罚之中，有时而不止于罚，于是又有原情定罪之说。然原情定罪，曲折已极矣，又虑其于情可刑，而或遭时为新国，有时而不可用重典；于情可罚，而或遭时为乱国，有时而不可用轻典，于是又有相时用法之说。进退筹度，抑扬审虑，吕侯之心诚忠厚慈祥之至哉。

吕侯上既反复陈刑罚之说，此下又总其枢要之处，而晓之曰，如前一节言刑罚之正条者，是"惟齐"者也，盖罪在是，情在是，而刑罚亦当在是，适然均齐，是之谓"惟齐"；如后一节言刑罚之变例者，是"非齐"者也。盖罪在是，或情不在是。或情虽在是，而于时世不可以如是，纷然不齐，是之谓"非齐"。或惟齐，或非齐，其未易审处如此，然善断狱者处此，亦未尝无其伦也，亦未尝无其要也。盖或在正条，或合变例，虽各不同，然或当因罪，或当原情，或当相时，固自有伦序也。或泛观其罪状，或反观其心迹，或远观其时宜，亦自有当处也，故曰"惟齐非齐，有伦有要"。一说谓，"上刑适轻下服，下刑适重上服，轻重诸罚有权，刑罚世轻世重"，参差不齐如此，惟齐以不齐，则或刑或罚，必有伦理而不乱，必有枢要而不烦。其说亦通，故两存之。吕侯上既极言刑罚之不可不审也如此，此下遂又言刑罚之关民休戚如此之甚，且罚则不刑特使之出金赎罪，未尝置之死地也，今也或百，或倍，或倍差，或六百，或千，因罪出金，人已极病苦，此重敛有所不堪，况刑加其体，或黥，或割，或刖，或椓，或置之死地，其为病也可胜言哉，此尤断狱者所宜矜也，故吕侯遂勉之曰，所贵于断折狱讼，非取其口才，能声色服人，使其不敢辨也，惟良善之人，其心忠厚，哀矜惨怛，不敢妄加人以刑，则其刑也必无不合乎五刑之中矣，故曰"非佞折狱，惟良折狱"，则"罔非在中"。

此下又言察民囚辞，有不幸而至于参错纷乱者，尤不可不察。盖囚辞自初鞫至于狱成，其辞始终如一，是之谓不差。若初鞫时其云然，至录问则又变而为他；录问时虽则云然，至狱按既成则又变而为他；狱成虽则云然，至将以法加之，则又并与前说而背之，或呼冤或翻悔，如今因所谓翻按者是之谓"差"。察民囚辞，至于参错纷更如此，岂不可畏也哉。故凡囚辞至于如此，则其间必有果负冤枉而妄承罪名者，至狱成，则知其不可

2319

复生，遂有呼冤反悔，而至于参差者如此，则其所差之辞，惟当从。亦有初非冤枉，乃玩弄文法，而不肯轻招罪名者，至狱成，则不复自顾其不可以苟生，遂亦呼冤反悔，而至于参差者，如此则所差之辞，惟不当从。是囚辞至于参差纷乱之时，则其间必有不可从其言，而轻恕者，是之谓"非从"；亦有不可不从其言而轻恕者，是之谓"惟从"。然则，察辞而至于如此者，断狱者将何处之，惟在我者，先以哀敬处之。盖哀，则不忍；敬则不忽。不忍则不至苛用其法；不忽则不至轻用其法，故曰"哀敬折狱"。然在我者。虽以哀敬而折其狱。而一人之见，岂能若众见之明；一人之断，岂能若众断之公。故必昭然开发刑书，如今律文是也，以此之书与众决之。如此，则前所谓非可从者，与惟可从者，此二事可以皆庶几合刑之中，得罪之正矣，故曰"咸庶中正"。

吕侯自前至此，皆是反复言用刑用罚二事其难如此，故又结之曰，如前所陈其刑也，其罚也，虽难处也，然亦惟详审者能之，故又曰"其审克之"。此经言"审克"者四，余皆以谓为详审者能之说。又"审克"作二意解，谓审则究人之罪，克则胜己之私。刑罚之事，惟能究人情胜己意者，可以无失，故言"审克"。此说亦通。

吕侯训刑惟有邦有土，言之特详反复绸缪，其意尤切。如审克，如哀敬之类，皆有邦有土一节言之，非私于有土之君，当时百官列侯，大小臣庶，无不在庭悉同听之，特有邦诸侯得专诛杀威柄，此尤所当戒，故特呼其人而告之。

吕侯上既反复言刑罚之事已尽，然囚辞尚在有司，皆折狱所当尽心，其事未关达于君。古者狱案既成，则大司寇以其成告于天子，天子听之，然尤三宥始行诛戮，故吕侯于此又告诸侯以狱成上闻于天子之法。狱成，谓讯鞫囚辞，其案已成者也。"狱成而孚"，谓所成之狱，皆是囚者诚确之辞，非是苛法鞫就之语，此是以其言，书之简牍者也，故谓之狱成。然寻常鞫囚，案牍既成，临欲结解，又须引囚再问，使自书写情实，若至此时，而语无反悔，则始可谓之圆毕。今囚辞载之案牍者，既孚见于口，自输写者又孚，则是有定罪无冤情可以上告于天子矣，故其刑所上之备，谓备录前后辞语情款，悉奏于天子也。然当此之时，断狱者又不敢专断，谓其罪止可如此加刑，又须并载轻重两节，使天子更加详审，或欲降重从轻，故吕侯又告之曰"其刑上备，有并两刑"，所谓轻重两刑，谓如某罪，今法当如此，然从恕言之，则有时又未可以如此，或轻或重，更取圣断！呜呼，穆王之时，周道衰矣，不谓乃有哀矜惨怛如吕侯者，岂非去成康不试之时尚未远，故犹有遗风余韵也欤。

## 6.（宋）时澜《增修东莱书说》卷三十四《周书·吕刑第二十九》

（归善斋按，见"上下比罪，无僭乱辞，勿用不行"）

## 7.（宋）黄度《尚书说》卷七《周书·吕刑》

上刑适轻下服，下刑适重上服。轻重诸罚有权，刑罚世轻世重。惟齐非齐，有伦有要。

本上刑，适有当轻，则下服；本下刑，适有当重，则上服。刑随事不同，故轻重诸罚亦有权。大抵罚与刑相表里也。此其事耳，而又有世焉。《大司寇》掌建邦之三典，刑新国用轻典，刑平国用中典，刑乱国用重典。"世轻世重"，亦若斯乎。画一之法，何有不齐，其情不同，岂可执一，必有伦理，必有节要，不当其理，不中其节，是乌可与权哉。

## 8.（宋）袁燮《絜斋家塾书钞》

（归善斋按，无此篇）

## 9.（宋）蔡沈《书经集传》卷六《周书·吕刑》

上刑适轻下服，下刑适重上服。轻重诸罚有权，刑罚世轻世重。惟齐非齐，有伦有要。

事在上刑，而情适轻，则服下刑，舜之"宥过无大"，《康诰》所谓"大罪非终"者是也。事在下刑，而情适重，则服上刑。舜之"刑故无小"，《康诰》所谓"小罪非眚"者是也。若诸罚之轻重，亦皆有权焉。权者，进退推移，以求其轻重之宜也。"刑罚世轻世重"者，《周官》刑新国用轻典，刑乱国用重典，刑平国用中典，随世而为轻重者也。"轻重诸罚有权"者，权一人之轻重也；"刑罚世轻世重"者，权一世之轻重也。"惟齐非齐"者，法之权也。"有伦有要"者，法之经也。言刑罚虽惟权变是适，而齐之以不齐焉。至其伦要所在，盖有截然而不可紊者矣，此两句总结上意。

### 10.（宋）黄伦《尚书精义》卷四十九《周书·吕刑》

上刑适轻下服，下刑适重上服，轻重诸罚有权。

无垢曰，上刑适轻者，如同是杀人也，杀人者死，此上刑也，然其间有误杀者，此在杀人中适轻也，适轻则服下刑矣。下刑适重者，如斗殴不死，此下刑也，然其间有谋杀而适不死焉，此适重也。适重则服上刑而死矣。用刑者，岂可以杀人斗殴，不问情之轻重而行刑哉？情轻，则罚亦轻；情重，则罚亦重，以情为权，而论疑罪之轻重，则其刑罚为当矣。刑权轻重，以为上下；罚权轻重，以为多少，则先王之用刑罚，其大指亦简要矣。

史氏曰，以法而用法，不若以权而用法。法者一定之制，权者一时之宜。任法，则罪有时而不合，任权，则罪无往而不当。法无轻重，因罪而为之轻重，非圣人善用其权，则法有时而不恕矣。当服上刑矣，而情适于轻，使之下服，则必无滥狱；当服下刑矣，而情适于重，使之上服，则必无隐情。轻重以权，不以法也。

### 11.（宋）陈经《尚书详解》卷四十七《周书·吕刑》

（归善斋按，见"墨罚之属千，劓罚之属千，剕罚之属五百，宫罚之属三百，大辟之罚其属二百，五刑之属三千"）

### 12.（宋）钱时《融堂书解》卷二十《周书·吕刑》

（归善斋按，见"王曰，吁！来，有邦有土，告尔祥刑"）

### 13.（宋）魏了翁《尚书要义》卷十九《周书·君牙、冏命、吕刑》

（归善斋按，未引）

## 14.（宋）陈大猷《书集传或问》卷下《周书·吕刑》

（归善斋按，未解）

## 15.（宋）胡士行《尚书详解》卷十二《周书·吕刑第二十九》

上刑（罪重）适轻（情轻），下服（服下刑）；下刑（罪轻）适重（情重），上服（服上刑）。轻重诸罚有权（权其情加刑），刑罚世轻（新国用轻典）世重（乱国用重典），惟齐（均齐）非齐（适轻适重，世轻世重，若非齐也，乃所以均齐），有伦（伦数）有要（会要）。

适轻适重，一人（情）之轻重也。世轻世重，一代（世）之轻重也。斟酌升降，不拘于一。若不齐而乃所以为齐，此中也，权也，时也，非有伦要者能之乎？

## 16.（元）吴澄《书纂言》卷四下《周书·吕刑》

上刑适轻下服，下刑适重上服。轻重诸罚有权，刑罚世轻世重。惟齐非齐，有伦有要。罚惩非死，人极于病。非佞折狱，惟良折狱，罔非在中。察辞于差，非从惟从。哀敬折狱，明启刑书胥占，咸庶中正。其刑其罚。其审克之。

刑在上，而情适轻，则减一等而下服；刑在下，而情适重，则加一等而上服，用刑之权也。诸罚亦然，或减轻一等，或加重一等，轻之重之，如衡之有权，然此特随一事而轻重耳。亦有随一世而轻重者，若刑新国用轻典，刑乱国用重典，刑平国用中典之类是也。刑罚之权，或同或不同，然有其伦叙，则不可紊；有其要归，则不可易。"惟齐非齐"者，权也；"有伦有要"者，经也。罚赎，聊以惩之，虽非至死，然殚其资财，人已极于病矣。输财者犹悯之，况刑加其身乎。此穆王哀矜之甚也。佞，口才也。狱者，欲尽人之情，实以口辩折人，使人无所措其辞，易至诬枉。良者，慈祥岂弟之人。治狱之法，虽不可过，亦不可不及，无非在于得其中而已。察狱之辞参差不齐，有不从顺者，有从顺者。从，谓得其情理也。当以哀敬之心折狱，哀，谓矜怜其人；敬，谓谨重于己。狱辞既定，当得何罪，则明白开读律法之书，与众有司共相推度，如卜筮之旅占，咸欲庶几乎中正，其刑必如是，其罚亦必如是，所宜审克也。

## 17.（元）陈栎《书集传纂疏》卷六《朱子订定蔡氏集传·周书·吕刑》

上刑适轻下服，下刑适重上服。轻重诸罚有权，刑罚世轻世重。惟齐非齐，有伦有要。

事在上刑，而情适轻，则服下刑，舜之"宥过无大"，《康诰》所谓"大罪非终"者是也。事在下刑，而情适重，则服上刑，舜之"刑故无小"，《康诰》所谓"小罪非眚"者是也。若诸罚之轻重，亦皆有权焉，权者，进退推移以求其轻重之宜也。"刑罚世轻世重"者，《周官》刑新国用轻典，刑乱国用重典，刑平国用中典，随世而为轻重者也。"轻重诸罚有权"者，权一人之轻重也；"刑罚世轻世重"者，权一世之轻重也。"惟齐非齐"者，法之权也；"有伦有要"者，法之经也，言刑罚虽惟权变是适，而齐之以不齐焉。至其伦要所在，盖有截然而不可紊者矣。此两句总结上意。

纂疏：

张氏曰，杀人者死，上刑也。然有误杀，此适轻也，则服下刑。斗殴不死，下刑也，然有谋杀而适不死，此适重也，则服上刑。刑权轻重，以为上下；罚，权轻重以为多少。

陈氏曰，罪重莫如杀人，然所杀奴婢，非适轻乎？罪轻莫如诟骂，然所骂父兄，非适重乎？上刑非服，最上刑，比之下刑为重耳。故以为齐非齐也，如上刑服上，下刑服下，前世刑轻今亦轻，前世刑重今亦重，此"惟齐"也。殊不知情有轻重，时有治乱，安得而齐之，乃所以为不齐耳。不若归之伦理要会，知伦要，则知权变矣。

陈氏大猷曰，"刑罚有权"，权人情而为轻重也；"世轻世重"，权世变而为轻重也。

王氏曰，欲为一法以齐之，则其齐也不齐，以不齐齐之，则齐矣。"惟齐非齐"，以不齐齐之之谓也，先后有序，谓之伦，众体所会，谓之要。

## 18.（元）许谦《读书丛说》卷六《周书·吕刑》

（原缺）

## 19.（元）董鼎《书传辑录纂注》卷六《周书·吕刑》

上刑适轻下服，下刑适重上服。轻重诸罚有权，刑罚世轻世重。惟齐非齐，有伦有要。

事在上刑，而情适轻，则服下刑，舜之"宥过无大"，《康诰》所谓"大罪非终"者是也。事在下刑，而情适重，则服上刑，舜之"刑故无小"，《康诰》所谓"小罪非眚"者是也。若诸罚之轻重，亦皆有权焉。权者，进退推移以求其轻重之宜也。"刑罚世轻世重"者，《周官》刑新国用轻典，刑乱国用重典，刑平国用中典，随世而为轻重者也。"轻重诸罚有权"者，权一人之轻重也；"刑罚世轻世重"者，权一世之轻重也。"惟齐非齐"者，法之权也。"有伦有要"者，法之经也，言刑罚虽惟权变是适，而齐之以不齐焉。至其伦要所在，盖有截然而不可紊者矣。此两句总结上意。

纂注：

张氏曰，杀人者死，此上刑也，然有误杀者，此适轻也，则服下刑矣。斗殴不死，此下刑也，然有谋杀而适不死者，此适重也，则服上刑矣。用刑岂可不问情之轻重哉？至于用罚亦当权其轻重。情轻，则罚亦轻；情重，则罚亦重。以情为权，而论疑罪之轻重，则罚亦当矣。刑权轻重以为上下；罚权轻重以为多少。

陈氏曰，罪重莫如杀人，然所杀奴婢也，非适轻乎？罪轻莫如诟骂，然所骂父兄也，非适重乎？上服非服最上刑，比之下刑为重耳。

陈氏大猷曰，"刑罚有权"，权人情而为轻重也。"世轻世重"，权世变而为轻重也。

王氏曰，情之轻重，世之治乱不同，则刑罚之用当异，而欲为一法以齐之，则其齐也不齐，以不齐齐之，则齐矣。"惟齐非齐"，以不齐齐之之谓也。先后有序，谓之伦；众体所会，谓之要。

2325

## 20.（元）朱祖义《尚书句解》卷十二《周书·吕刑第二十九》

上刑适轻下服（人所犯者上刑而情适轻则使服从下刑）

## 21.（明）王樵《尚书日记》卷十六《周书·吕刑》

"上刑适轻下服"至"有伦有要"。

此言用法之权也。夫情有轻重，故法有轻重，无权则轻重差矣，何言乎权也，有权乎人情者，有权乎世变者。故上罪而服上刑，人所知也，然有事在上刑，而情适轻者矣，则当权之，以下服；下罪而服下刑，人所知也，然有事在下刑，而情适重者矣，则当权之以上服，岂惟轻重诸刑有权哉？刑疑从罚，轻重诸罚，亦视此以为之权，则无不中矣。刑权轻重以为上下，罚权轻重以为多少，此刑罚轻重以情者也。然情犹不足以尽之，又有轻重以世者矣。道有升降，俗有污隆，此世变之不同也。"世轻世重"，惟其变之所适而权焉，斯尽权之道者也。然谓之权，则有若不齐而无常，而不知是乃所以致齐而有常也。人情世变之不同，而君子之所以权乎其间者，理而已矣。理之所在，虽不为一法以齐之，而要为合乎人情，宜乎世变，其不齐，乃所以为齐也。惟齐之以非齐，则中乎先后轻重之序，而不错施，岂不有伦乎？归于至当，岂不有要乎？兹权也，乃所以为经也与。

伦要只在定理上说，理既有定，则虽或轻重以情，轻重以世，而非错施，故曰"有伦"，此心之权衡素定，而物不能欺，以轻重各得其分，归于至一，故曰"有要"。

## 22.（清）库勒纳等撰《日讲书经解义》卷十三《周书·吕刑》

上刑适轻下服，下刑适重上服。轻重诸罚有权，刑罚世轻世重。惟齐非齐，有伦有要。

此一节书是，言刑罚当用权，而不失乎经也。服，受刑也。伦，伦序也。要，体要也。穆王曰，刑罚固有一定之律，然先王立法，必缘乎人情，通乎世变，则上下轻重之间，尤有权焉。盖人固有罪在上刑，而情适

2326

轻，如出于过误，而为眚灾之类，则其罪虽大，而止使之服下刑。人亦有罪在下刑，而情适重，如出于故犯，而为怙终之类，则其罪虽小，而必使之服上刑。非独用刑为然也，即罚亦然，或罪应重罚，而情适轻，则罚从轻。或罪应轻罚，而情适重，则罚从重，此刑罚之缘乎人情，而权一人之轻重者也。至于刑罚所以维世，尤当随时，而不可执一。惟平治之时，刑罚不可过轻、过重。若世当更新之会，法度初立，人心未附，则刑罚悉从轻。世当衰乱之余，纪纲废弛，人心不肃，刑罚悉从重。此刑罚之通乎世变，而权一世之轻重者也。夫刑罚本以为整齐万民之具，而轻重之不齐，至于如此，则是齐之以不齐也。而其不齐者仍是人情世变之固然，轻非故出，重非故入，盖秩然有伦序，而不可乱，确乎有体要，而不可易，何尝用权而有戾乎经哉。

# 下刑适重，上服，轻重诸罚有权

## 1.（汉）孔氏传、（唐）陆德明音义、孔颖达疏《尚书注疏》卷十八《周书·吕刑》

下刑适重，上服，轻重诸罚有权。

传，一人有二罪，则之重。而轻并数。轻重诸刑罚，各有权宜。

音义，并，必政反。数，色住反。

疏，正义曰，下刑适重者，谓一人之身，轻重二罪俱发，则以重罪而从上服，令之服上罪。或轻或重，诸所罪罚皆有权宜，当临时斟酌其状，不得雷同加罪。

传正义曰，一人有二罪，则之重，而轻并数者，谓若一人有二罪，则应两罪俱治。今惟断狱以重条，而轻者不更别数，与重并数为一。刘君以为上刑适轻，下刑适重，皆以为一人有二罪。上刑适轻者，若今律重罪应赎，轻罪应居作官当者，以居作官当为重，是为上刑适轻，下刑适重者，谓若二者俱是赃罪，罪从重科，轻赃亦备，是为而轻并数也。知不然者，按轻既言下刑适重上服，则是重上服而已，何得为轻赃亦备。又今律云重

2327

罪应赎，轻罪应居作官当者，以居作官当为重者，此即是下刑适重之条，而以为上刑适轻之例，实为未允。且孔传下经始云"一人有二罪"，则上经所云非一人有二罪者也。刘君妄为其说，故今不从。

## 2. （宋）苏轼《书传》卷十九《周书·吕刑第二十九》

（归善斋按，另见"上刑适轻，下服"）

轻重诸罚有权，一人同时而犯二罪，一罪应剕，一罪应劓。劓、剕不并论，当以一重剕之而已。然是人所犯剕罪应刑，劓罪应赎，则刑之欤，抑赎之欤？盖当其剕罪，而赎其余。何谓"余"，曰劓之罚二百锾，既刑之矣，则又赎三百锾，以足剕罚五百锾之数，以此为率，如权石之推移，以求轻重之详，故曰"轻重诸罚有权"。

## 3. （宋）林之奇《尚书全解》卷三十九《周书·吕刑》

（归善斋按，见"上下比罪，无僭乱辞，勿用不行"）

## 4. （宋）史浩《尚书讲义》卷二十《周书·吕刑》

（归善斋按，见"王曰，呼！来，有邦有土，告尔祥刑"）

## 5. （宋）夏僎《尚书详解》卷二十五《周书·吕刑》

（归善斋按，见"上刑适轻，下服"）

## 6. （宋）时澜《增修东莱书说》卷三十四《周书·吕刑第二十九》

（归善斋按，见"上下比罪，无僭乱辞，勿用不行"）

## 7. （宋）黄度《尚书说》卷七《周书·吕刑》

（归善斋按，见"上刑适轻，下服"）

## 8. （宋）袁燮《絜斋家塾书钞》

（归善斋按，无此篇）

## 9.（宋）蔡沈《书经集传》卷六《周书·吕刑》

（归善斋按，见"上刑适轻，下服"）

## 10.（宋）黄伦《尚书精义》卷四十九《周书·吕刑》

（归善斋按，见"上刑适轻，下服"）

## 11.（宋）陈经《尚书详解》卷四十七《周书·吕刑》

（归善斋按，见"墨罚之属千，劓罚之属千，剕罚之属五百，宫罚之属三百，大辟之罚其属二百，五刑之属三千"）

## 12.（宋）钱时《融堂书解》卷二十《周书·吕刑》

（归善斋按，见"王曰，吁！来，有邦有土，告尔祥刑"）

## 13.（宋）魏了翁《尚书要义》卷十九《周书·君牙、冏命、吕刑》

卅八、一罪当二条适轻，二罪俱发适重。

上刑适轻者，谓一人虽犯一罪，状当轻重两条，据重条之上，有可以亏减者，则之轻条，服下罪也。下刑适重者，谓一人之身，轻重二罪俱发，则以重罪而从上服，令之服上罪。

卅九、世轻世重，视世所宜，权而行之。

或轻或重，诸所罪罚皆有权宜，当临时斟酌其状，不得雷同加罪。刑罚有"世轻世重"，当视世所宜，权而行之。行罚者，所以齐非齐者，有伦理，有要善戒令。

四十、刘君以为，适轻适重，皆一人有二罪。

一人有二罪，则之重而轻并数者，谓若一人有二罪，则应两俱治，今惟断狱，以重条，而轻者不更别数，与重并数为一。刘君以为，上刑适轻，下刑适重，皆以为一人有二罪。上刑适轻者，若今律重罪应赎，轻罪应居作官当者，以居作官当为重，是为上刑适轻，下刑适重者。谓若二者俱是赃罪，罪从重科赃，轻亦备是，为而轻并数也。知不然者，按经既言

2329

下刑适重上服，则是重上服而已，何得云轻赃亦备。又今律云重罪应赎，轻罪应居作官当者，以居作官当为重者，此即是下刑适重之条，而以为上刑适轻之例，实为未允。且孔传下经始云，一人有二罪，则上经所云非一人有二罪者也。刘君妄为其说，故今不从。

## 14. （宋）陈大猷《书集传或问》卷下《周书·吕刑》

（归善斋按，未解）

## 15. （宋）胡士行《尚书详解》卷十二《周书·吕刑第二十九》

（归善斋按，见"上刑适轻，下服"）

## 16. （元）吴澄《书纂言》卷四下《周书·吕刑》

（归善斋按，见"上刑适轻，下服"）

## 17. （元）陈栎《书集传纂疏》卷六《朱子订定蔡氏集传·周书·吕刑》

（归善斋按，见"上刑适轻，下服"）

## 18. （元）许谦《读书丛说》卷六《周书·吕刑》

（原缺）

## 19. （元）董鼎《书传辑录纂注》卷六《周书·吕刑》

（归善斋按，见"上刑适轻，下服"）

## 20. （元）朱祖义《尚书句解》卷十二《周书·吕刑第二十九》

下刑适重上服（人所犯者下刑，而情适重，则使服从上刑）。轻重诸罚有权（至诸罚之用，亦当原人情以权轻重之宜）。

## 21. (明) 王樵《尚书日记》卷十六《周书·吕刑》

(归善斋按,见"上刑适轻,下服")

## 22. (清) 库勒纳等撰《日讲书经解义》卷十三《周书·吕刑》

(归善斋按,见"上刑适轻,下服")

# 刑罚世轻世重,惟齐非齐,有伦有要

## 1. (汉) 孔氏传、(唐) 陆德明音义、孔颖达疏《尚书注疏》卷十八《周书·吕刑》

刑罚世轻世重,惟齐非齐,有伦有要。

传,言刑罚随世轻重也。刑新国用轻典,刑乱国用重典,刑平国用中典。凡刑所以齐非齐,各有伦理,有要善。

疏,正义曰,刑罚有世轻世重,当视世所宜,权而行之。刑罚者所以齐非齐者,有伦理,有要善,戒令审量之。

传正义曰,刑罚随世轻重,言观世而制刑也。刑新国用轻典,刑乱国用重典,刑平国用中典。《周礼·大司寇》文也。郑玄云,新国者,新辟地立君之国,用轻法者,为其民未习于教也。平国,承平守成之国,用中典者,常行之法也。乱国,篡弑叛逆之国,用重典者,以其化恶,伐灭之也。

## 2. (宋) 苏轼《书传》卷十九《周书·吕刑第二十九》

刑罚世轻世重,惟齐非齐,有伦有要。

穆王复古而不是古,变今而不非今,厚之至也。曰,各随世轻重而已。民有犯罪于改法之前,而论法于今日者,可复齐于一乎?旧法轻,则从旧;今法轻,则从今。任其不齐,所以为齐也。伦者,其例也。要者,其辞也。辞例相参,必有以处之矣。

### 3. （宋）林之奇《尚书全解》卷三十九《周书·吕刑》

(归善斋按，见"上下比罪，无僭乱辞，勿用不行")

### 4. （宋）史浩《尚书讲义》卷二十《周书·吕刑》

(归善斋按，见"王曰，吁！来，有邦有土，告尔祥刑")

### 5. （宋）夏僎《尚书详解》卷二十五《周书·吕刑》

(归善斋按，见"上刑适轻，下服")

### 6. （宋）时澜《增修东莱书说》卷三十四《周书·吕刑第二十九》

(归善斋按，见"上下比罪，无僭乱辞，勿用不行")

### 7. （宋）黄度《尚书说》卷七《周书·吕刑》

(归善斋按，见"上刑适轻，下服")

### 8. （宋）袁燮《絜斋家塾书钞》

(归善斋按，无此篇)

### 9. （宋）蔡沈《书经集传》卷六《周书·吕刑》

(归善斋按，见"上刑适轻，下服")

### 10. （宋）黄伦《尚书精义》卷四十九《周书·吕刑》

刑罚世轻世重。惟齐非齐，有伦有要。

东坡曰，穆王复古，而不是古，变今而不非今，厚之至也。曰各随世轻重矣。民有犯罪于改法之前，而论法于今日者，可复齐于一乎旧法，轻则从旧法，今法轻则从今法，其不齐所以为齐也。伦者，其例也；要者，其辞也。辞、例相参考，必有以处之矣。

张氏曰，商人群饮而赦之，不害其为轻；周人群饮而杀之，不害其为重。或轻或重，因世而已。若夫不能随世为之轻重，欲为一法以齐之，则非所以为齐也。惟齐以非齐，则其齐也，齐矣。有伦者，言或先或后，不失其序也。有要者，言或因或革，不失其统也。

### 11.（宋）陈经《尚书详解》卷四十七《周书·吕刑》

（归善斋按，见"墨罚之属千，劓罚之属千，剕罚之属五百，宫罚之属三百，大辟之罚其属二百，五刑之属三千"）

### 12.（宋）钱时《融堂书解》卷二十《周书·吕刑》

（归善斋按，见"王曰，吁！来，有邦有土，告尔祥刑"）

### 13.（宋）魏了翁《尚书要义》卷十九《周书·君牙、冏命、吕刑》

（归善斋按，未引）

### 14.（宋）陈大猷《书集传或问》卷下《周书·吕刑》

（归善斋按，未解）

### 15.（宋）胡士行《尚书详解》卷十二《周书·吕刑第二十九》

（归善斋按，见"上刑适轻，下服"）

### 16.（元）吴澄《书纂言》卷四下《周书·吕刑》

（归善斋按，见"上刑适轻，下服"）

### 17.（元）陈栎《书集传纂疏》卷六《朱子订定蔡氏集传·周书·吕刑》

（归善斋按，见"上刑适轻，下服"）

### 18.（元）许谦《读书丛说》卷六《周书·吕刑》

（原缺）

2333

### 19.（元）董鼎《书传辑录纂注》卷六《周书·吕刑》

（归善斋按，见"上刑适轻，下服"）

### 20.（元）朱祖义《尚书句解》卷十二《周书·吕刑第二十九》

刑罚世轻世重（平国用中典，乱国用重典，新国用轻典，是刑罚之用，必因乎时，以为轻重）。惟齐非齐（情既有轻重，时既有治乱，安得齐一其法，吾惟欲齐其非可齐之法），有伦有要（自有伦理而不乱，自有枢要而不烦，知所以权变之说，则知所谓伦要矣）。

### 21.（明）王樵《尚书日记》卷十六《周书·吕刑》

（归善斋按，见"上刑适轻，下服"）

### 22.（清）库勒纳等撰《日讲书经解义》卷十三《周书·吕刑》

（归善斋按，见"上刑适轻，下服"）

### （元）王充耘《读书管见》卷下《吕刑》

惟齐非齐，有伦有要。

言刑罚或轻或重，以不齐齐之，然其间自有伦理，自有机要，未尝杂然而无统，任意而为之进退也，所谓权也，而实不离乎经焉。

## 罚惩非死，人极于病

### 1.（汉）孔氏传、（唐）陆德明音义、孔颖达疏《尚书注疏》卷十八《周书·吕刑》

罚惩非死，人极于病。

传，刑罚所以惩过，非杀人，欲使恶人极于病苦，莫敢犯者。

疏，正义曰，言圣人之制刑罚，所以惩创罪过，非要使人死也，欲使恶人极于病苦，莫敢犯之而已。

## 2. （宋）苏轼《书传》卷十九《周书·吕刑第二十九》

罚惩非死，人极于病。

时有议新法之轻，多罚而少刑，恐不足以惩奸者，故王言，罚之所惩，虽非杀之也，而民出重赎已极于病，言如是亦足矣。

## 3. （宋）林之奇《尚书全解》卷三十九《周书·吕刑》

（归善斋按，见"上下比罪，无僭乱辞，勿用不行"）

## 4. （宋）史浩《尚书讲义》卷二十《周书·吕刑》

（归善斋按，见"王曰，吁！来，有邦有土，告尔祥刑"）

## 5. （宋）夏僎《尚书详解》卷二十五《周书·吕刑》

（归善斋按，见"上刑适轻，下服"）

## 6. （宋）时澜《增修东莱书说》卷三十四《周书·吕刑第二十九》

（归善斋按，见"上下比罪，无僭乱辞，勿用不行"）

## 7. （宋）黄度《尚书说》卷七《周书·吕刑》

罚惩非死，人极于病。

罚惩之耳，非死也，使人蒙其耻而极病之，有甚于死者，则不待刀锯鞭扑，而皆知耻矣，此赎刑之所为用也，不然惠奸多矣。苟非先王之泽，犹在奚能至此。舜流宥大略不死矣，故虽四凶亦流，穆王罚赎亦然，故告之以用权之理如此。舜流宥，刑期无刑；穆王罚赎自刑措，于是始用刑，其事不同。

## 8. （宋）袁燮《絜斋家塾书钞》

（归善斋按，无此篇）

## 9. （宋）蔡沈《书经集传》卷六《周书·吕刑》

罚惩非死，人极于病。非佞折狱，惟良折狱，罔非在中。察辞于差，非从惟从。哀敬折狱，明启刑书胥占，咸庶中正。其刑其罚，其审克之。狱成而孚，输而孚，其刑上备，有并两刑。

罚，以惩过，虽非致人于死，然民重出赎，亦甚病矣。佞，口才也。非口才辩给之人可以折狱，惟温良长者，视民如伤者，能折狱而无不在中也。此言听狱者，当择其人也。"察辞于差"者，辞非情实，终必有差。听狱之要，必于其差而察之。"非从惟从"者，察辞不可偏主，犹曰不然而然，所以审轻重而取中也。"哀敬折狱"者，恻怛敬畏，以求其情也。"明启刑书胥占"者，言详明法律，而与众占度也。"咸庶中正"者，皆庶几其无过忒也。于是，刑之罚之，又当"审克之"也，此言听狱者，当尽其心也。若是则狱成于下，而民信之；狱输于上，而君信之。"其刑上备，有并两刑者"，言上其断狱之书，当备情节，一人而犯两事，罪虽从重，亦并两刑而上之也。此言谳狱者，当备其辞也。

## 10. （宋）黄伦《尚书精义》卷四十九《周书·吕刑》

罚惩非死，人极于病。非佞折狱，惟良折狱。罔非在中，察辞于差，非从惟从。

林氏曰，夫刑者侀也，一成而不变，君子宜尽心焉。罚之，惩人非致之死，然人已极于病矣，刑人有至死者可不慎乎？言刑之，当谨也如此。然不可以才而折狱也，惟内有仁心者，乃可折狱也。佞者，才也，如《左传》云"寡人不佞"是也。以才折狱，则失之纵；以仁折狱则失之柔，两者皆非中道也。凡察囚辞之差者，使不得尽其情，则彼虽非心服而从，亦屈而从矣。

吕氏曰，治狱之道，要察罪辞冤枉于差误处，若不于差误处察，无缘知得他实情。如他有理，他十次说，十次无差错；若无理，十次说，是十

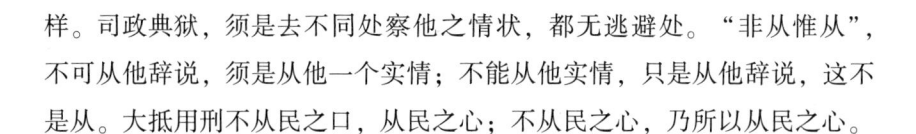

样。司政典狱,须是去不同处察他之情状,都无逃避处。"非从惟从",不可从他辞说,须是从他一个实情;不能从他实情,只是从他辞说,这不是从。大抵用刑不从民之口,从民之心;不从民之心,乃所以从民之心。

## 11. (宋) 陈经《尚书详解》卷四十七《周书·吕刑》

罚惩非死,人极于病,非佞折狱,惟良折狱。罔非在中。察辞于差,非从惟从。哀敬折狱,明启刑书胥占,咸庶中正。其刑其罚,其审克之。

此欲用刑者,哀矜恻怛,以求其情。曾子曰,上失其道,民散久矣。如得其情,则哀矜而勿喜。既曰一成而不可变,故君子尽心焉,且罚人之金,特所以惩戒之,而未至于死。然人之出财也,已极于困病。罚且如此,而况刑乎?典狱之君子,当以此存之心恻怛之念动于中,谓伤民之财,且不可,而况于伤民之体,则以"惟良折狱"可也;佞折狱不可也。佞,口才也。良者,慈祥恺悌之心也。自常情观之,必以口才之人,其词锋捷,出足以折人之罪,而慈祥恺悌者,以迟钝不快人意,殊不知狱者,惟要尽人之情实,以口辨而折人,使犯罪者无所容其辞,是吾有求胜之心矣,何以得其实。惟良善人,有哀矜恻怛之意,惟务诚实,所以得人之情。《易》于贲卦"无敢折狱"者。狱欲得其实,用明之道,则惟有贲饰而已,非其实也。故君子戒之。"罔非在中",折狱既不以佞而以良,则心诚求之,虽不中不远矣,自然合于中理,不至于过。"察辞于差",盖欲得人之情实者,惟于辞之差互处察之,则有不能逃者矣。事之真者,不谋而同,而其不实者,则今日之辞如此,而明日之辞乃不如此;明日之辞如此,而后日之辞又不如此。在断狱者,于其差而诘之,则无不得其情。"非从惟从",谓不从其伪辞者,乃所以从其本心也。人之辞,或有诈伪者,能文饰其辞,或有苦于囹圄之囚,刻木之吏,而姑为之辞,若便以其辞而从之,则失其本心之实矣。"非从惟从"者,是不从其口,而从其心也。此在典狱者,以哀敬之心折之。哀敬则得其情,而勿喜也。在己者既尽其哀敬恻怛,又明启刑书,与众人同共占度之如此。咸,皆也。则五刑、五罚皆庶几乎中正矣。刑罚之要,惟其中正,而中正之理,苟在己者,皆哀敬之心与乎。刑书而不知所以胥占,则中正奚自而见。不曰咸中正,而曰"咸庶中正",则见中正之为难。典狱者,不当自足以为己得其

2337

中正。"虽畏勿畏，虽休勿休"，亦此意也。再丁宁而言曰，其刑其罚，皆当审克之，以刑则伤民之肌肤，罚则伤民之财，断狱者不可以不加哀矜恻怛之意而审克也。言"阅实"至于五，言"审克"至于四，此皆丁宁谆复之意，重其事，故详其戒也。

## 12.（宋）钱时《融堂书解》卷二十《周书·吕刑》

（归善斋按，见"王曰，吁！来，有邦有土，告尔祥刑"）

## 13.（宋）魏了翁《尚书要义》卷十九《周书·君牙、冏命、吕刑》

（归善斋按，未引）

## 14.（宋）陈大猷《书集传或问》卷下《周书·吕刑》

（归善斋按，未解）

## 15.（宋）胡士行《尚书详解》卷十二《周书·吕刑第二十九》

罚（金）惩（小惩）非（不至）死，人（犹）极于病（殚人财力，亦不可差）。非佞（口）折（断）狱，惟良（温良长者，视民如伤）折狱。罔非在中（中，则轻重不差）察辞（辞有情伪）于差（前后异同处，真情可见），非从（伪辞）惟从（真情）。哀矜（敬谨）折狱，明（澄定精神，澡雪耳目）启（问）刑书（法），胥（众相胥占）占（度裁），咸（皆）庶（庶几）中正。其刑其罚，其审克之。狱成（狱词成）而孚（得其情实），输（奏之上）而孚（如其本情）。其刑上备（一人数罪，一罪数法，奏于上，必备载之），有并两刑（并两刑，则从一重者断；备其载者，有司；制其义者，人主也）。

此狱成而闻于上也。

## 16.（元）吴澄《书纂言》卷四下《周书·吕刑》

（归善斋按，见"上刑适轻，下服"）

## 17.（元）陈栎《书集传纂疏》卷六《朱子订定蔡氏集传·周书·吕刑》

罚惩非死，人极于病。非佞折狱，惟良折狱，罔非在中。察辞于差，非从惟从。哀敬折狱，明启刑书胥占，咸庶中正。其刑其罚，其审克之。狱成而孚，输而孚。其刑上备，有并两刑。

罚以惩过，虽非致人于死，然民重出赎，亦甚病矣。佞，口才也，非才口辩给之人可以折狱，惟温良长者，视民如伤者能折狱，而无不在中也。此言听狱者当择其人也。"察辞于差"者，辞非情实，中必有差。听狱之要必于其差而察之。"非从惟从"者，察辞不可偏主，犹曰不然而然，所以审轻重而取中也。"哀敬折狱"者，恻怛敬畏以求其情也。"明启刑书胥占"者，言详明法律而与众占度也。"咸庶中正"者，皆庶几其无过忒也。于是刑之，罚之，又当"审克之"也。此言听狱者，当尽其心也。若是则狱成于下，而民信之；狱输于上，而君信之。"其刑上备，有并两刑"者，言上其断狱之书，当备情节，一人而犯两事，罪虽从重，亦并两刑而上之也。此言谳狱者，当备其辞也。

纂疏：

苏氏曰，佞折狱，服其口，不服其心。囹圄之中，何求不获，囚辞惟吏是从者，不可从也。

林氏曰，佞人，御人以口给。如周亚夫诣廷尉责问，曰，君侯欲反，何也？答曰，臣所买器乃葬器也，何谓反乎？吏曰，君纵不反地上，即反地下矣，所谓佞折狱也。哀敬，哀矜勿喜也。哀，则不忍，敬则不忽。

张氏曰，惟良所以能折狱，以其无不在中也。

孔氏曰，察囚辞，其难在于差错。非从其伪辞，惟从其本情。

王氏曰，以辩穷之，彼非心服而从，惟屈而从耳。

吕氏曰，理直者，屡问无差；理不直者，十次说，作十样。从其差而察之，不从民口之伪辞，乃所以从民心之真情也。

陈氏大猷曰，从，犹"服"也。因其差而察之，则真情毕见，虽巧辨不服从者，亦服从矣。

愚谓，"非从惟从"，诸说皆意之，合缺。

陈氏曰，曰"庶"者，见中正之为难。典狱者不当自足，以为已得中正也。输之于上，备载罪法之轻重，事情之本末，不可缺略。两刑，谓一人有两罪，一罪有二法，并具上之，以听命于上，不敢专也。

陈氏大猷曰，此章首云"告尔祥刑"至"安百姓"，言制刑之本意也。"何择"至"非及"，言用刑之纲领也。"两造"至"天威"，言听狱之节奏也。"墨辟"至"三千"，言赎法及刑书之定目也。"上刑"至"有要"，言用刑之权变也。"罚惩"至"克之"，言折狱而用法也。"狱成"至"两刑"言结狱而奏案也，反覆丁宁备矣。

## 18.（元）许谦《读书丛说》卷六《周书·吕刑》

（原缺）

## 19.（元）董鼎《书传辑录纂注》卷六《周书·吕刑》

罚惩非死，人极于病。非佞折狱，惟良折狱，罔非在中。察辞于差，非从惟从。哀敬折狱，明启刑书胥占，咸庶中正。其刑其罚，其审克之。狱成而孚，输而孚，其刑上备，有并两刑。

罚，以惩过，虽非致人于死，然民重出赎，亦甚病矣。佞，口才也。非口才辩给之人可以折狱，惟温良长者，视民如伤者能折狱，而无不在中也。此言听狱者，当择其人也。"察辞于差"者，辞非情实，终必有差。听狱之要，必于其差而察之。"非从惟从"者，察辞不可偏主，犹曰不然而然，所以审轻重而取中也。"哀敬折狱"者，恻怛敬畏以求其情也。"明启刑书胥占"者，言详明法律而与众占度也。"咸庶中正"者，皆庶几其无过忒也。于是，刑之、罚之，又当"审克之"也。此言听狱者，当尽其心也。若是，则狱成于下而民信之；狱输于上，而君信之。"其刑上备，有并两刑"者，言上其断狱之书，当备情节。一人而犯两事，罪虽从重，亦并两刑而上之也。此言谳狱者，当备其辞也。

纂注：

苏氏曰，佞，口给也。口辩者，服其口，不服其心也。从其差者，察之，多得其情。囹圄之中，何求不获，囚之言，惟吏是从者，不可从也。

林氏曰，佞人，御人以口给。如周亚夫诣廷尉责问，曰，君侯欲反，何也？答曰，臣所买器乃葬器也，何谓反乎？吏曰，君纵不反地上，即反地下矣，所谓佞折狱也。

吕氏曰，理直者，虽屡问无差错；理不直者，十次说，作十样。"非从惟从"，谓不从民之口，乃所以从民之心，因其差而察之，不从其伪辞，所以从其真情也。

陈氏大猷曰，从，犹"服"也，因其差而察之，则真情毕见，虽巧辩不服从者，亦服从矣。

新安胡氏曰，"非从惟从"诸说皆不甚通，不如阙之。

林氏曰，"哀矜勿喜"，即此"哀敬"也。哀，则不忍；敬，则不忽。

陈氏曰，曰"庶"者，见中正之为难。典狱者，不当自足以为已得中正也。输之于上，备载罪法之轻重，事情之本末，不可阙略。两刑，谓一人有两罪，一罪有二法，并具上之，以听命于上，不敢专也。

陈氏大猷曰，此章首云"告尔祥刑"至"安百姓"，言制刑之本意也。"何择"至"非及"言，用刑之纲领也。自"两造"至"天威"，言听狱之节奏也。自"墨辟"至"三千"，言赎法及刑书之定目也。自"上刑"至"有要"，言用刑之权变也。自"罚惩"至"克之"言，折狱而用法也。自"狱成"至"两刑"言，结狱而奏案也，反覆丁宁备矣。

## 20.（元）朱祖义《尚书句解》卷十二《周书·吕刑第二十九》

罚惩非死（罚人之金，特以惩戒，非至于死），人极于病（人尚极于病困，况于刑乎）。

## 21.（明）王樵《尚书日记》卷十六《周书·吕刑》

"罚惩非死"至"有并两刑"。

承上文论罚而言，穆王恐有司以论罚为轻，而不加审，故言罚以惩创罪人，非五刑躯命所关，然民重出赎，亦甚病矣。前世盖有因肉刑而死者，故穆王自谓罚之足惩，而非死。然不原先王刑人正法之意，而徒以轻减为德，故止知悯罚之病，而不知其不足以惩也。其言谨罚当择人，而以"非佞折狱"为言，则诚格言也。中间尽心一段。问鞫拟罪。结绝节次咸备，辞意尤恳切，而以备辞终焉，其于治狱之道可谓尽矣。罚终非惩民正法。汉文帝悯肉刑残人之体肤，曰何其痛而不德也，遂除之，而代以笞。穆王以肉刑为苗民之法，正为改赎张本。既改赎矣，又悯之曰，嘻！民亦病矣。故愚尝谓，周穆王，汉文帝皆黄老之学也，谓其好小仁，而不知先王之大道，则可谓其为巡游敛财之计，则未然也。齐景公时，踊贵屦贱，穆王之训未尝行也。

穆王述唐虞之德，哀矜之意，与汉文帝所谓"训道不纯，而愚民陷焉"。又谓今人有过教未施而刑已加焉，或欲改行为善而道无由，朕甚怜之，皆恻然足以为世训，君子所以有取也。循其本，杀人亦仁也；沿其流，笞杖亦滥矣，况肉刑乎。

"非佞折狱"以下，又申明折狱之方。佞，口才也，以佞折狱，屈人以言，不能求情其弊，将有如路温舒，所谓囚不胜痛，则饰辞以视之。吏治者利其然，则指道以明之，上奏畏却，则锻炼而周纳之者矣。此酷吏之弊，佞者未至是，而其流易至，故佞为圣人所恶，而折狱以佞尤所深恶也。温良长者，其心厚厚，则为能听不偏；其心恝恝，则为能断合理，而"罔非在中"焉。辞非情实，终必有差，察辞于差，"亦惟貌有稽"之意也。夫小人厚貌深情，口才辩给，能欺其上者不少矣。稽貌察辞，穆王以为听狱之要在此。何也？盖以小人对小人，则窨者得藏其机，密者得弥其隙，佞者得伸其辨矣。以君子临小人，则公明之坐，照邪伪如扁鹊之见垣一方。人是以貌可稽，而辞可察也。君子似不能言，而人之情恒得者，非以言也。大抵折狱，哀敬为本。"非从惟从"又是一意，言察辞不可偏主，盖上之人一有偏主之心，则情不可得矣。既得其情，则当以哀矜之心，敬谨之意，剖而决之。明启刑书与众有司共占视之，则庶几皆得其中正焉。其当入于刑者，与其当降而罚者，"其审克之"，言罪拟即定，刑罚将加之人，非察之尽其能不可也。若是，则狱成于下而民孚焉。狱成，是结案时孚者，两争者皆心服，而众人皆以为是也。狱输于上而君孚焉，输，是奏案时孚者，情法允，合君上，无所违异也。然输当备其情辞，一人而犯两事，一罪而有二法，并上之，以听于君可也。两刑，蔡传以为一人而犯两罪，罪虽从重，亦并两刑而上之。金氏以为两造之人，各有罪，如今之原被告，俱有不合是也。

此章节次，察辞者，问理时也；启刑书者，拟罪时也；狱成是一时，

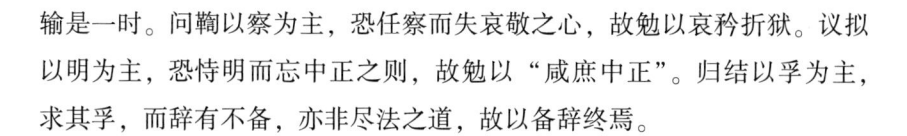

输是一时。问鞫以察为主，恐任察而失哀敬之心，故勉以哀矜折狱。议拟以明为主，恐恃明而忘中正之则，故勉以"咸庶中正"。归结以孚为主，求其孚，而辞有不备，亦非尽法之道，故以备辞终焉。

## 22.（清）库勒纳等撰《日讲书经解义》卷十三《周书·吕刑》

罚惩非死，人极于病。非佞折狱，惟良折狱，罔非在中。察辞于差，非从惟从。哀敬折狱，明启刑书胥占，咸庶中正。其刑其罚，其审克之。狱成而孚，输而孚。其刑上备，有并两刑。

此一节书是，详示以谨刑罚之道也。佞，口才也。良，良善也。胥占，与众商度也。穆王曰，狱之有罚非轻也。罚以示惩，虽非致人于死，然使之出赎，亦甚病矣。故听狱必在得人。彼口才辩给之人，似乎可以折狱。然此等人，决不可任。惟得温良和易之人，有恻怛慈爱之意，方能折狱，而轻重出入不失乎中也。折狱之当择人如此，至于听断之时，凡人之辞，苟非情实，纵极其巧饰，自有差错，须就此掩护不及之处察之，然又不可先执己见，或始以为不可从，或终又有可从。惟在常存哀悯之心，勿有一毫之惨刻；常存敬畏之心，勿有一毫之怠玩，而狱情自无不得矣。然又不可独任己见，须明启五刑之成书，与众共占度之，使皆庶协于中正之则，而无一冤滥。当刑者刑，当罚者罚。及加刑罚之时，又须再加审察，而竭尽其能。折狱之当尽心如此，由是狱成于下，而孚于人；狱输于上，而孚于君。然狱辞又不可遗漏，当其上奏，须备载其情辞，或一人而犯两刑，虽从重问，拟亦必将轻罪开列，取自上裁，方见精详谨慎之意。谳狱者之当备其辞又如此。

按此节意分三截，要以择人为主，"非佞折狱惟良折狱"，实万世择刑官之龟鉴也。后世酷吏，如张汤者，乃佞之尤。酷易见，而佞难知也。张释之、于定国，皆号称长者，一则无冤民，一则民自不冤，此亦"惟良折狱"之效，故慎刑先在用人。

## （元）陈师凯《蔡氏传旁通》卷六下《吕刑》

谳狱。

2343

谳,逆结反,《说文》云,议罪也。

# 非佞折狱,惟良折狱,罔非在中

## 1. (汉)孔氏传、(唐)陆德明音义、孔颖达疏《尚书注疏》卷十八《周书·吕刑》

非佞折狱,惟良折狱,罔非在中。

传,非口才可以断狱,惟平良可以断狱,无不在中正。

疏,正义曰,言非口才辩佞之人可以断,狱惟良善之人乃可以断狱,言断狱无非在其中正。佞人即不能然也。

## 2. (宋)苏轼《书传》卷十九《周书·吕刑第二十九》

非佞折狱,惟良折狱,罔非在中。

佞,口给也。良,精也。辩者,服其口,不服其心也。

## 3. (宋)林之奇《尚书全解》卷三十九《周书·吕刑》

(归善斋按,见"上下比罪,无僭乱辞,勿用不行")

## 4. (宋)史浩《尚书讲义》卷二十《周书·吕刑》

(归善斋按,见"王曰,吁!来,有邦有土,告尔祥刑")

## 5. (宋)夏僎《尚书详解》卷二十五《周书·吕刑》

(归善斋按,见"上刑适轻,下服")

## 6. (宋)时澜《增修东莱书说》卷三十四《周书·吕刑第二十九》

(归善斋按,见"上下比罪,无僭乱辞,勿用不行")

### 7. (宋) 黄度《尚书说》卷七《周书·吕刑》

非佞折狱,惟良折狱,罔非在中。察辞于差,非从惟从。哀敬折狱,明启刑书胥占,咸庶中正。其刑其罚,其审克之。

佞、良之所以异,佞恃辩,良推情。佞可以屈人之口,良足以服人之心。佞者,常薄;良者,必厚也。佞,多迁就故不中;良务平实,故无不中。辞之差毫厘间耳,而从违绝异,是故必察焉。"哀敬折狱",而又明启刑书胥占之。胥,相,人与书相为用也。占,犹验也。如此乃能咸庶几于中正。其当刑,其当罚,无所差忒,其审乃克之。审克凡四,一宥,二赦,三罚,四用。刑有权,与折狱恶佞。

### 8. (宋) 袁燮《絜斋家塾书钞》

(归善斋按,无此篇)

### 9. (宋) 蔡沈《书经集传》卷六《周书·吕刑》

(归善斋按,见"罚惩非死,人极于病")

### 10. (宋) 黄伦《尚书精义》卷四十九《周书·吕刑》

(归善斋按,见"罚惩非死,人极于病")

### 11. (宋) 陈经《尚书详解》卷四十七《周书·吕刑》

(归善斋按,见"罚惩非死,人极于病")

### 12. (宋) 钱时《融堂书解》卷二十《周书·吕刑》

(归善斋按,见"王曰,吁!来,有邦有土,告尔祥刑")

### 13. (宋) 魏了翁《尚书要义》卷十九《周书·君牙、冏命、吕刑》

(归善斋按,未引)

## 14. （宋）陈大猷《书集传或问》卷下《周书·吕刑》

(归善斋按，未解)

## 15. （宋）胡士行《尚书详解》卷十二《周书·吕刑第二十九》

(归善斋按，见"罚惩非死，人极于病")

## 16. （元）吴澄《书纂言》卷四下《周书·吕刑》

(归善斋按，见"上刑适轻，下服")

## 17. （元）陈栎《书集传纂疏》卷六《朱子订定蔡氏集传·周书·吕刑》

(归善斋按，见"罚惩非死，人极于病")

## 18. （元）许谦《读书丛说》卷六《周书·吕刑》

(原缺)

## 19. （元）董鼎《书传辑录纂注》卷六《周书·吕刑》

(归善斋按，见"罚惩非死，人极于病")

## 20. （元）朱祖义《尚书句解》卷十二《周书·吕刑第二十九》

非佞折狱（非谄佞可折断刑狱），惟良折狱（惟良善可折断刑狱），罔非在中（然后轻重无不合于中理）。

## 21. （明）王樵《尚书日记》卷十六《周书·吕刑》

(归善斋按，见"罚惩非死，人极于病")

## 22.（清）库勒纳等撰《日讲书经解义》卷十三《周书·吕刑》

（归善斋按，见"罚惩非死，人极于病"）

### （清）朱鹤龄《尚书埤传》卷十五《周书·吕刑》

非佞折狱；有并两刑。

王樵曰，口给者屈人以言，不能求情，其弊将有如路温舒所云，囚不胜痛，则饰辞以视之，吏利其然，则指道以明之，上奏畏，却则锻炼而周纳之。此酷吏之弊也。然以佞折狱。其流必至于是。

陈师凯曰，两刑谓一人有两罪，一罪有二法，并具上之，以听命于上，不敢专也。蔡传欠详。

### （清）张英《书经衷论》卷四《周书·吕刑》

"非佞折狱，惟良折狱"，盖佞者，恃其聪明，逞其口辨，用其击断，任其逆亿，往往不得狱情，而自以为得情。其为害可胜言哉？如周兴、来俊臣辈，皆所谓以佞折狱也。惟良者，忠厚存心，明睿内照，不尚推测，不用严酷，如张释之、于定国辈，皆所谓"惟良折狱"也。盖惟明睿，则人不敢欺；惟忠厚，则人不忍欺。观《舜典》之言曰"罪疑惟轻"，又曰"与其杀不辜，宁失不经"，则知圣人如天好生之心，断不忍后世以弼教之具，为嘉师之陷阱也。

# 察辞于差，非从惟从

## 1.（汉）孔氏传、（唐）陆德明音义、孔颖达疏《尚书注疏》卷十八《周书·吕刑》

察辞于差，非从惟从。

传，察囚辞，其难在于差错，非从其伪辞，惟从其本情。

疏，正义曰，言察囚之辞，其难在于言辞差错，断狱者非从其伪辞，惟从其本情。

## 2. （宋）苏轼《书传》卷十九《周书·吕刑第二十九》

察辞于差。

事之真者，不谋而同。从其差者而诘之，多得其情。

非从惟从。

囹圄之中，何求而不得，固有畏吏，甚者宁死而不辩，故囚之言，惟吏是从者，皆非其实，不可用也。

## 3. （宋）林之奇《尚书全解》卷三十九《周书·吕刑》

(归善斋按，见"上下比罪，无僭乱辞，勿用不行")

## 4. （宋）史浩《尚书讲义》卷二十《周书·吕刑》

(归善斋按，见"王曰，呼！来，有邦有土，告尔祥刑")

## 5. （宋）夏僎《尚书详解》卷二十五《周书·吕刑》

(归善斋按，见"上刑适轻，下服")

## 6. （宋）时澜《增修东莱书说》卷三十四《周书·吕刑第二十九》

(归善斋按，见"上下比罪，无僭乱辞，勿用不行")

## 7. （宋）黄度《尚书说》卷七《周书·吕刑》

(归善斋按，见"非佞折狱，惟良折狱，罔非在中")

## 8. （宋）袁燮《絜斋家塾书钞》

(归善斋按，无此篇)

## 9. （宋）蔡沈《书经集传》卷六《周书·吕刑》

(归善斋按，见"罚惩非死，人极于病")

## 10.（宋）黄伦《尚书精义》卷四十九《周书·吕刑》

(归善斋按，见"罚惩非死，人极于病")

## 11.（宋）陈经《尚书详解》卷四十七《周书·吕刑》

(归善斋按，见"罚惩非死，人极于病")

## 12.（宋）钱时《融堂书解》卷二十《周书·吕刑》

(归善斋按，见"王曰，吁！来，有邦有土，告尔祥刑")

## 13.（宋）魏了翁《尚书要义》卷十九《周书·君牙、囧命、吕刑》

(归善斋按，未引)

## 14.（宋）陈大猷《书集传或问》卷下《周书·吕刑》

(归善斋按，未解)

## 15.（宋）胡士行《尚书详解》卷十二《周书·吕刑第二十九》

(归善斋按，见"罚惩非死，人极于病")

## 16.（元）吴澄《书纂言》卷四下《周书·吕刑》

(归善斋按，见"上刑适轻，下服")

## 17.（元）陈栎《书集传纂疏》卷六《朱子订定蔡氏集传·周书·吕刑》

(归善斋按，见"罚惩非死，人极于病")

## 18.（元）许谦《读书丛说》卷六《周书·吕刑》

(原缺)

### 19.（元）董鼎《书传辑录纂注》卷六《周书·吕刑》

(归善斋按，见"罚惩非死，人极于病")

### 20.（元）朱祖义《尚书句解》卷十二《周书·吕刑第二十九》

察辞于差（情以辞见前后之辞差，断狱者能审必得其情），非从惟从（既得其情，不从其为辞，惟从其本情）。

### 21.（明）王樵《尚书日记》卷十六《周书·吕刑》

(归善斋按，见"罚惩非死，人极于病")

### 22.（清）库勒纳等撰《日讲书经解义》卷十三《周书·吕刑》

(归善斋按，见"罚惩非死，人极于病")

## 哀敬折狱，明启刑书胥占，咸庶中正

### 1.（汉）孔氏传、（唐）陆德明音义、孔颖达疏《尚书注疏》卷十八《周书·吕刑》

哀敬折狱，明启刑书胥占，咸庶中正。

传，当怜下人之犯法，敬断狱之害人，明开刑书相与占之，使刑当其罪，皆庶几必得中正之道。

音义，当，丁浪反。

疏，正义曰言，断狱之时，当哀怜之下民之犯法，敬慎断狱之害人，勿得轻耳。断之，必令典狱诸官，明开刑书相与占之，皆庶几得中正之道。

传正义曰，《论语》云"阳肤为士师，曾子戒之云，如得其情，则哀矜而勿喜",是断狱者于断之时,当怜下民之犯法也。死者不可复生,断者不可复续,当须敬慎断狱之害人,勿得轻耳。即决之,五刑之属三千,皆着在刑书,使断狱者,依按用之,宜令断狱诸官明开刑书,相与占之,使刑书当其罪,令人之所犯,不必当条,须探测刑书之意,比附以断其罪,若卜筮之占然,故称占也。皆庶几必得中正之道,令狱官同心思使中也。此言"明启刑书",而《左传》云"昔先王议事以制,不为刑辟"者,彼铸刑书以宣示百姓,故云临事时宜,不预明刑辟,人有犯罪,原其情之善恶,断定其轻重,乃于刑书比附而罪之,故彼此各据其一义,不相违也。

《尚书注疏》卷十八《考证》

哀敬折狱。

王应麟曰,《大传》作"哀矜哲狱",《汉书·于定国传》作"哀鳏哲狱"。

## 2. (宋)苏轼《书传》卷十九《周书·吕刑第二十九》

哀敬折狱,明启刑书,胥占,咸庶中正。

律令,当令狱囚及僚吏明见,相与占考之,庶几共得其中正也。

## 3. (宋)林之奇《尚书全解》卷三十九《周书·吕刑》

(归善斋按,见"上下比罪,无僭乱辞,勿用不行")

## 4. (宋)史浩《尚书讲义》卷二十《周书·吕刑》

(归善斋按,见"王曰,呼!来,有邦有土,告尔祥刑")

## 5. (宋)夏僎《尚书详解》卷二十五《周书·吕刑》

(归善斋按,见"上刑适轻,下服")

## 6. (宋)时澜《增修东莱书说》卷三十四《周书·吕刑第二十九》

(归善斋按,见"上下比罪,无僭乱辞,勿用不行")

## 7. （宋）黄度《尚书说》卷七《周书·吕刑》

(归善斋按，见"非佞折狱，惟良折狱，罔非在中")

## 8. （宋）袁燮《絜斋家塾书钞》

(归善斋按，无此篇)

## 9. （宋）蔡沈《书经集传》卷六《周书·吕刑》

(归善斋按，见"罚惩非死，人极于病")

## 10. （宋）黄伦《尚书精义》卷四十九《周书·吕刑》

哀敬折狱，明启刑书胥占，咸庶中正，其刑其罚，其审克之。狱成而孚，输而孚。其刑上备，有并两刑。

吕氏曰，折狱之人，如得其情，则哀矜而勿喜，以哀敬之心折狱，这是治狱之本。后世折狱之官，却以折狱为能事，才得其情，便自喜了。盖治狱之官，是代天行罚，须是哀敬，明启刑书，所谓载在象魏，无不详备。须是明启了，又须众人相与占度，方能"咸庶中正"，不可以己意自占。若以己意自占，便不能中正。何故？狱不是等闲事才出，不是刑，便是罚。其刑便伤人肌肤；其罚便伤人财货，到这里须是审克之。

又曰，大抵狱最要看人输情，须是看初输情时节。若不是看初输情时节，看他已成狱，则已成者皆是深文煅炼得成，这不可信。所谓输者，是初款，看他初款输辞无冤枉时，方可信。如汉杜周，深刻煅炼。皋陶有所不为。以此见得须是看他吐露情实时，方信无冤枉。

又曰，奏狱于上，须尽备许多条目，"有并两刑"者，有一人兼犯两罪，合得两刑，圣人则并两刑为一刑，就其重者刑之，所谓"其刑上备"者，见得圣人不欲遗漏；"有并两刑"者，见得圣人不多罪。

## 11. （宋）陈经《尚书详解》卷四十七《周书·吕刑》

(归善斋按，见"罚惩非死，人极于病")

## 12.（宋）钱时《融堂书解》卷二十《周书·吕刑》

(归善斋按，见"王曰，吁！来，有邦有土，告尔祥刑")

## 13.（宋）魏了翁《尚书要义》卷十九《周书·君牙、冏命、吕刑》

四一、哀敬，胥占，审克，输孚，备刑。

"哀敬折狱，明启刑书胥占，咸庶中正"，当怜下人之犯法，敬断狱之害人，明开刑书，相与占之，使刑当其罪，皆庶几以得中正之道。"其刑其罚其审克之"，其所刑，其所罚，其当详审，能行之，无失中正。"狱成而孚输而孚"，断狱成辞而信，当输汝信于王，谓上其鞫劾之辞。"其刑上备有并两刑"其断刑文书，上王府，皆当具备，"有并两刑"，亦具上之。

四二、此言"明启刑书"，《左传》"不为刑辟"，各一义。

五刑之属三千，皆着在刑书，使断狱者，依案用之，宜令断狱诸官，明开刑书，相与占之，使刑书当其罪。今人之所犯，不必当条，须操测刑书之意，比附以断其罪，若卜筮之占然，故称占也。皆庶几必待中正之道，令狱官同心思，使中也。此言"明启刑书"，而《左传》云，昔先王议事以制，不为刑辟者，彼铸刑书以宣示百姓，故云临事制宜，不预明刑辟。人有犯罪原其情之善恶，断定其轻重，乃于刑书比附而罪之，故彼此各据其一义，不相违。

## 14.（宋）陈大猷《书集传或问》卷下《周书·吕刑》

(归善斋按，未解)

## 15.（宋）胡士行《尚书详解》卷十二《周书·吕刑第二十九》

(归善斋按，见"罚惩非死，人极于病")

2353

## 16.（元）吴澄《书纂言》卷四下《周书·吕刑》

(归善斋按，见"上刑适轻，下服")

## 17.（元）陈栎《书集传纂疏》卷六《朱子订定蔡氏集传·周书·吕刑》

(归善斋按，见"罚惩非死，人极于病")

## 18.（元）许谦《读书丛说》卷六《周书·吕刑》

(原缺)

## 19.（元）董鼎《书传辑录纂注》卷六《周书·吕刑》

(归善斋按，见"罚惩非死，人极于病")

## 20.（元）朱祖义《尚书句解》卷十二《周书·吕刑第二十九》

哀敬折狱（哀，则不忍；敬则不忽。不忍，则不至苛用其法；不忽则不至酷用其法。惟以哀矜敬谨听断刑狱而勿喜），明启刑书（于是尽己之明以开启法书）胥占（相与众人占考之），咸庶中正（则刑罚庶几合刑之中，得罪之正）。

## 21.（明）王樵《尚书日记》卷十六《周书·吕刑》

(归善斋按，见"罚惩非死，人极于病")

## 22.（清）库勒纳等撰《日讲书经解义》卷十三《周书·吕刑》

(归善斋按，见"罚惩非死，人极于病")

## 其刑其罚，其审克之

**1.（汉）孔氏传、（唐）陆德明音义、孔颖达疏《尚书注疏》卷十八《周书·吕刑》**

其刑其罚，其审克之。

传，其所刑，其所罚，其当详审能之，无失中正。

疏，正义曰，言其所刑罚，其当详审能之，勿使失中。

**2.（宋）苏轼《书传》卷十九《周书·吕刑第二十九》**

其刑其罚，其审克之。狱成而孚，输而孚。

输，不成也。囚无罪，如倾泻出之也。孚，审虑也。成与不成，皆当与众审虑也。

**3.（宋）林之奇《尚书全解》卷三十九《周书·吕刑》**

（归善斋按，见"上下比罪，无僭乱辞，勿用不行"）

**4.（宋）史浩《尚书讲义》卷二十《周书·吕刑》**

（归善斋按，见"王曰，吁！来，有邦有土，告尔祥刑"）

**5.（宋）夏僎《尚书详解》卷二十五《周书·吕刑》**

（归善斋按，见"上刑适轻，下服"）

**6.（宋）时澜《增修东莱书说》卷三十四《周书·吕刑第二十九》**

（归善斋按，见"上下比罪，无僭乱辞，勿用不行"）

2355

### 7. （宋）黄度《尚书说》卷七《周书·吕刑》

(归善斋按，见"非佞折狱，惟良折狱，罔非在中")

### 8. （宋）袁燮《絜斋家塾书钞》

(归善斋按，无此篇)

### 9. （宋）蔡沈《书经集传》卷六《周书·吕刑》

(归善斋按，见"罚惩非死，人极于病")

### 10. （宋）黄伦《尚书精义》卷四十九《周书·吕刑》

(归善斋按，见"哀敬折狱，明启刑书，胥占，咸庶中正")

### 11. （宋）陈经《尚书详解》卷四十七《周书·吕刑》

(归善斋按，见"罚惩非死，人极于病")

### 12. （宋）钱时《融堂书解》卷二十《周书·吕刑》

(归善斋按，见"王曰，吁！来，有邦有土，告尔祥刑")

### 13. （宋）魏了翁《尚书要义》卷十九《周书·君牙、冏命、吕刑》

(归善斋按，未引)

### 14. （宋）陈大猷《书集传或问》卷下《周书·吕刑》

(归善斋按，未解)

### 15. （宋）胡士行《尚书详解》卷十二《周书·吕刑第二十九》

(归善斋按，见"罚惩非死，人极于病")

### 16. (元)吴澄《书纂言》卷四下《周书·吕刑》

(归善斋按,见"上刑适轻,下服")

### 17. (元)陈栎《书集传纂疏》卷六《朱子订定蔡氏集传·周书·吕刑》

(归善斋按,见"罚惩非死,人极于病")

### 18. (元)许谦《读书丛说》卷六《周书·吕刑》

(原缺)

### 19. (元)董鼎《书传辑录纂注》卷六《周书·吕刑》

(归善斋按,见"罚惩非死,人极于病")

### 20. (元)朱祖义《尚书句解》卷十二《周书·吕刑第二十九》

其刑其罚,其审克之(刑罚信乎难处,惟详审者能之),狱成而孚(及讯鞫囚辞,其案已成,而可信)。

### 21. (明)王樵《尚书日记》卷十六《周书·吕刑》

(归善斋按,见"罚惩非死,人极于病")

### 21. (明)王樵《尚书日记》卷十六《周书·吕刑》

(归善斋按,见"罚惩非死,人极于病")

### 22. (清)库勒纳等撰《日讲书经解义》卷十三《周书·吕刑》

(归善斋按,见"罚惩非死,人极于病")

2357

# 狱成而孚，输而孚

## 1. （汉）孔氏传、（唐）陆德明音义、孔颖达疏《尚书注疏》卷十八《周书·吕刑》

狱成而孚，输而孚。

传，断狱成辞而信，当输汝信于王，谓上其鞫劾文辞。

音义，上，时掌反，下注同。鞫，九六反。劾，亥代反，《玉篇》胡得反。

疏，正义曰，言其断狱成辞，得其信实，又当输汝信实之状而告于王。其断刑文书上于王府，皆使备具，勿有疏漏。

传正义曰，孚，信也；输，写也。下而为"汝"也。断狱成辞，而得信实当输写汝之信实，以告于王，勿藏隐其情，不告王也。曲必隐情，直则无隐，令其不隐情者，欲使之无阿曲也。汉世问罪谓之鞫鉴狱，谓之劾，谓上其鞫劾文辞也。

## 2. （宋）苏轼《书传》卷十九《周书·吕刑第二十九》

（归善斋按，见"其刑其罚，其审克之"）

## 3. （宋）林之奇《尚书全解》卷三十九《周书·吕刑》

（归善斋按，见"上下比罪，无僭乱辞，勿用不行"）

## 4. （宋）史浩《尚书讲义》卷二十《周书·吕刑》

（归善斋按，见"王曰，吁！来，有邦有土，告尔祥刑"）

## 5. （宋）夏僎《尚书详解》卷二十五《周书·吕刑》

（归善斋按，见"上刑适轻，下服"）

### 6.（宋）时澜《增修东莱书说》卷三十四《周书·吕刑第二十九》

（归善斋按,见"上下比罪,无僭乱辞,勿用不行"）

### 7.（宋）黄度《尚书说》卷七《周书·吕刑》

狱成而孚,输而孚。其刑上备,有并两刑。

而汝也,狱始成于汝之信,终又当输汝之信。其刑之上备其辞理,有并两刑皆上之,以俟裁决。

### 8.（宋）袁燮《絜斋家塾书钞》

（归善斋按,无此篇）

### 9.（宋）蔡沈《书经集传》卷六《周书·吕刑》

（归善斋按,见"罚惩非死,人极于病"）

### 10.（宋）黄伦《尚书精义》卷四十九《周书·吕刑》

（归善斋按,见"哀敬折狱,明启刑书,胥占,咸庶中正"）

### 11.（宋）陈经《尚书详解》卷四十七《周书·吕刑》

狱成而孚,输而孚,其刑上备,有并两刑。

《记》曰,正以狱之成告于大司寇,大司寇以狱之成告于王,是狱之已成者,未有不以告于君。"狱成而孚"者,是在我者。既得其实,而有所信矣,则必以其信于己者而输之于君,使其君亦有所信。然而告于王之时,又当无一不致其详。"其刑上备"者,上之于君,而其辞备具,有并两刑者,亦具上之,如此则人君知其犯之因,所谓有并两刑者,如今律云,二罪俱发从重者论是也。

### 12.（宋）钱时《融堂书解》卷二十《周书·吕刑》

（归善斋按,见"王曰,吁! 来,有邦有土,告尔祥刑"）

2359

## 13.（宋）魏了翁《尚书要义》卷十九《周书·君牙、冏命、吕刑》

四四、汉世问罪为鞫，断狱为劾。

汉世，问罪谓之鞫，断狱谓之劾，谓上其鞫劾文辞也（又见下）。

## 14.（宋）陈大猷《书集传或问》卷下《周书·吕刑》

（归善斋按，未解）

## 15.（宋）胡士行《尚书详解》卷十二《周书·吕刑第二十九》

（归善斋按，见"罚惩非死，人极于病"）

## 16.（元）吴澄《书纂言》卷四下《周书·吕刑》

狱成而孚，输而孚，其刑上备，有并两刑。

狱既成，于下而无疑，输于上而无疑，治狱有司其刑达上之时，必备载其情节，有可轻可重者，并载两刑，听君国者之自裁，不敢专决也。

## 17.（元）陈栎《书集传纂疏》卷六《朱子订定蔡氏集传·周书·吕刑》

（归善斋按，见"罚惩非死，人极于病"）

## 18.（元）许谦《读书丛说》卷六《周书·吕刑》

（原缺）

## 19.（元）董鼎《书传辑录纂注》卷六《周书·吕刑》

（归善斋按，见"罚惩非死，人极于病"）

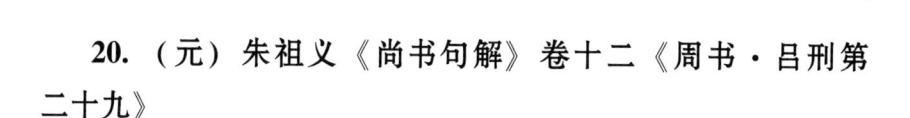

## 20.（元）朱祖义《尚书句解》卷十二《周书·吕刑第二十九》

输而孚（复以信于己者输于君，使君亦有所信。《记》曰，正以狱之成告于大司寇，大司寇以狱之成告于王是也）。

## 21.（明）王樵《尚书日记》卷十六《周书·吕刑》

（归善斋按，见"罚惩非死，人极于病"）

## 22.（清）库勒纳等撰《日讲书经解义》卷十三《周书·吕刑》

（归善斋按，见"罚惩非死，人极于病"）

# 其刑上备，有并两刑

## 1.（汉）孔氏传、（唐）陆德明音义、孔颖达疏《尚书注疏》卷十八《周书·吕刑》

其刑上备，有并两刑。
传，其断刑文书，上王府皆当备具，有并两刑，亦具上之。
疏，正义曰，其囚若犯二事，罪虽从重，有并两刑上之者，言有两刑，亦具上之，恐狱官有所隐没，故戒之。
传正义曰，其断刑文书上王府皆当备具，若今曹司，写按申尚书省也。有并两刑，谓人犯两事，刑有上下，虽罪从重，断有两刑者，亦并具上之，使王知其事，王或时以下刑为重，改下之上，故并亦上之。

## 2.（宋）苏轼《书传》卷十九《周书·吕刑第二十九》

其刑上备，有并两刑。
其上刑已有余罪矣，则并两刑，从一重论。

**3.（宋）林之奇《尚书全解》卷三十九《周书·吕刑》**

（归善斋按，见"上下比罪，无僭乱辞，勿用不行"）

**4.（宋）史浩《尚书讲义》卷二十《周书·吕刑》**

（归善斋按，见"王曰，吁！来，有邦有土，告尔祥刑"）

**5.（宋）夏僎《尚书详解》卷二十五《周书·吕刑》**

（归善斋按，见"上刑适轻，下服"）

**6.（宋）时澜《增修东莱书说》卷三十四《周书·吕刑第二十九》**

（归善斋按，见"上下比罪，无僭乱辞，勿用不行"）

**7.（宋）黄度《尚书说》卷七《周书·吕刑》**

（归善斋按，见"狱成而孚，输而孚"）

**8.（宋）袁燮《絜斋家塾书钞》**

（归善斋按，无此篇）

**9.（宋）蔡沈《书经集传》卷六《周书·吕刑》**

（归善斋按，见"罚惩非死，人极于病"）

**10.（宋）黄伦《尚书精义》卷四十九《周书·吕刑》**

（归善斋按，见"哀敬折狱，明启刑书，胥占，咸庶中正"）

**11.（宋）陈经《尚书详解》卷四十七《周书·吕刑》**

（归善斋按，见"狱成而孚，输而孚"）

**12.（宋）钱时《融堂书解》卷二十《周书·吕刑》**

（归善斋按，见"王曰，吁！来，有邦有土，告尔祥刑"）

## 13.（宋）魏了翁《尚书要义》卷十九《周书·君牙、囧命、吕刑》

四三、"其刑上备"，若今申省，"并两刑"，谓轻重具上之。

其断刑文书，上王府皆当备具，若今曹司写案，申尚书省也。"有并两刑"，谓人犯两事，刑有上下，虽罪从重断，有两刑者，亦具上之，使王知其事，王或时以下刑为上，故并亦上之。

## 14.（宋）陈大猷《书集传或问》卷下《周书·吕刑》

（归善斋按，未解）

## 15.（宋）胡士行《尚书详解》卷十二《周书·吕刑第二十九》

（归善斋按，见"罚惩非死，人极于病"）

## 16.（元）吴澄《书纂言》卷四下《周书·吕刑》

（归善斋按，见"狱成而孚，输而孚"）

## 17.（元）陈栎《书集传纂疏》卷六《朱子订定蔡氏集传·周书·吕刑》

（归善斋按，见"罚惩非死，人极于病"）

## 18.（元）许谦《读书丛说》卷六《周书·吕刑》

（原缺）

## 19.（元）董鼎《书传辑录纂注》卷六《周书·吕刑》

（归善斋按，见"罚惩非死，人极于病"）

## 20.（元）朱祖义《尚书句解》卷十二《周书·吕刑第二十九》

其刑上备（既以其刑上之于君，必须备录前后辞语情款），有并两刑（又须并有轻重两端之刑，使天子更加详审，或降重从轻。并，并）。

## 21.（明）王樵《尚书日记》卷十六《周书·吕刑》

（归善斋按，见"罚惩非死，人极于病"）

## 22.（清）库勒纳等撰《日讲书经解义》卷十三《周书·吕刑》

（归善斋按，见"罚惩非死，人极于病"）

### （清）朱鹤龄《尚书埤传》卷十五《周书·吕刑》

（归善斋按，见"非佞折狱，惟良折狱，罔非在中"）


# 王曰，呜呼！敬之哉！官伯族姓，朕言多惧

## 1.（汉）孔氏传、（唐）陆德明音义、孔颖达疏《尚书注疏》卷十八《周书·吕刑》

王曰，呜呼！敬之哉，官伯族姓，朕言多惧。

传，敬之哉，告使敬刑。官伯，官长诸侯。族，同族；姓，异姓也。我言多可戒惧，以儆之。

音义，儆，音景。

疏，正义曰，王叹而呼诸侯曰，呜呼！刑罚，事重，汝当敬之哉，谓诸侯官之长，此同族、异姓等，我言多可戒惧。

传正义曰，此篇主多戒诸侯百官之长，故知官长即诸侯也。襄十二年《左传》哭诸侯之例云"异姓临于外"，"同族于祢庙"，是相对，则族为

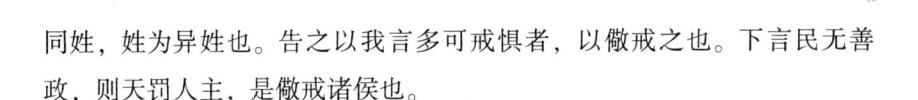

同姓，姓为异姓也。告之以我言多可戒惧者，以儆戒之也。下言民无善政，则天罚人主，是儆戒诸侯也。

## 2.（宋）苏轼《书传》卷十九《周书·吕刑第二十九》

王曰，呜呼！敬之哉。官伯族姓。

呼其大官大族而戒之。

朕言多惧。

民命之存亡，天意之喜怒，国本之安危在焉，不得不惧。

## 3.（宋）林之奇《尚书全解》卷三十九《周书·吕刑》

（归善斋按，见"上下比罪，无僭乱辞，勿用不行"）

## 4.（宋）史浩《尚书讲义》卷二十《周书·吕刑》

王曰，呜呼！敬之哉，官伯族姓，朕言多惧。朕敬于刑，有德惟刑，今，天相民，作配在下，明清于单辞。民之乱，罔不中听狱之两辞，无或私家于狱之两辞。狱货非宝，惟府辜功，报以庶尤。永畏惟罚，非天不中，惟人在命，天罚不极，庶民罔有令政在于天下。

穆王又告官伯族姓。官伯，官之长；族姓，族之尊。此告同姓异姓之大臣也。"朕言多惧"，言刑不可以易，言战战兢兢以言之。敬刑，故有德以将之则为刑，若无其德是酷虐也。德者何，中也。今天相民以生圣君，又生贤佐以佑斯民。前已言"配享在下"，今又言"作配在下"，表夫皇天之生圣贤，皆欲配天之德以谨刑也。然则，重、黎、三后之生，非皇天命之乎？惟其用中，故明清于单辞。单辞，一人之言也。不待质证而得其情，非夫得中之人，则安有不惑乎？苟得中矣，虽事物纷至而沓来，不待诘问，情伪不得而逃，非明清则不能也。盖以民之治，罔不以中，中则两辞必有折衷，岂复有私家之患乎？私家者，非公而忘私，国而忘家之人也。既曰私家，必总于货，必辜有功。总货则悖，辜功则诬。刑安得平乎？天实报人，庶尤交作，罪丛一身，可不惧哉？是以圣贤之人，苟知用中，则所永畏者，刑罚也。天之罚之，非天不中，惟人在命自取也。"天罚不极"，极，中也。"庶民罔有令政在于天下"夫既不中，天下皆恶政也,呼! 可畏哉。

## 5. (宋)夏僎《尚书详解》卷二十五《周书·吕刑》

王曰,呜呼! 敬之哉,官伯族姓,朕言多惧。朕敬于刑,有德惟刑。今天相民,作配在下。明清于单辞。民之乱,罔不中听狱之两辞,无或私家于狱之两辞。狱货非宝,惟府辜功,报以庶尤,永畏惟罚。非天不中,惟人在命。天罚不极,庶民罔有令政在于天下。

此吕侯又呼百官之长,及与王同族姓者而告之也。"朕言多惧","朕敬于刑"者,盖谓前所言所以委曲绸缪如是者,以刑狱为性命所系,用之不当,上则天怒,下则人怨,我实敬之不敢轻易,故其言多有畏惧也。"有德惟刑",盖以刑狱之事,不可付之贪吏。付之贪吏,则因缘为奸;亦不可付之暴吏,付之暴吏,则穷极惨毒。惟有德者,其心慈祥,故其刑忠恕。此吕侯所以必有取于"有德惟刑"也。"今天相民,作配在下,明清于单辞"者,吕侯谓天之设刑,非期于用刑也。民之所为,或有偏陂不中者,天乃以刑而辅相之,使不中者归于中也。然天虽有相民之心,而不能自致于民,故作为配合天心,而承其意以从事,如人君,如典狱者,在天之下,以遂上天欲相之心,则配天而在民上者,其可忽哉? 惟当"明清于单辞"可也,盖"单辞"者,偏辞也。两造之辞,则曲直易分,一偏之辞,则誉或过实,毁或损真,任一人之自陈,无众佐之辨白,此尤听狱者之所难决也。故惟明不容蔽,清不容奸者,可以听之。此《吕刑》所以有取于"明清于单辞"。"民之乱罔不中听于狱之两辞"者,吕侯上既言"单辞"当明清以听之,此又言"单辞",虽不可轻听,而两辞不可不察。两辞,即前所谓两造之辞也。吕侯谓,民有两家争,执曲直不分,则纷纷淆乱,无由自定。惟得典狱者执中道以听之,不偏于彼,亦不偏于此,则中。其情当其罪,枉者得以曲,恶者无所逃,民安得而不治哉? 此所以谓之"民之乱,罔不中听于狱之两辞"也。"无或私家于狱之两辞"者,谓狱所以有两辞,由曲直不能决,故求决于典狱之官,今乃不循公理,不别是非,而乃私于其家而黩货以鬻狱,遂至以曲为直,认非作是,岂足以致民之治哉。此吕侯所以惟欲其中听,而不欲私于家也。吕侯既言两辞不可以私于家,而至于黩货以妄决,于是遂戒之曰,缘狱得货,虽足以致一时之富，实非以为宝也，但积聚罪恶，至于罪大而为功，则天必报之以众祸。此言"辜功"，如经言凶德、暴德一同。凶暴。岂德也哉？自凶暴者言之，则自以为德；聚罪，自黩货者言之，则以此为功耳。然则官伯族姓所当长久深畏者，果何事哉？惟此天罚而已。然天之所以降此罚者。又非天不以中道待人。而过为此酷罚以毒夫人也。惟以人之为人，在乎性命。今私家鬻狱，不循公理，灭人性命，自贻天罚。岂诚天之不中哉？然则天罚，所以有时过暴，不适其中，以加于庶民，如苗民之"遏绝无世"，皆天罚之不极者，非天之私也，皆在我自无善政在乎天下。如苗民以虐，而天则报威耳。此又吕侯以祸福之说，恐官伯族姓也。

## 6.（宋）时澜《增修东莱书说》卷三十四《周书·吕刑第二十九》

　　王曰，呜呼！敬之哉，官伯族姓，朕言多惧，朕敬于刑，有德惟刑。今天相民，作配在下，明清于单辞。民之乱，罔不中听狱之两辞。无或私家于狱之两辞。狱货非宝，惟府辜功，报以庶尤，永畏惟罚。非天不中，惟人在命。天罚不极，庶民罔有令政在于天下。

　　履之而后难，及之而后知。穆王临御之久，饱于世故，此其言所以多惧也。"朕敬于刑，有德惟刑"，盖真知刑之所当敬，非有德者诚不可以付此责也。五刑，天所以左右斯民，而司刑者代天行罚，"作配在下"，奈何其不敬哉？"明清于单辞"以下，告之以敬天之实也。狱辞，有单，有两。无证佐者，谓之"单辞"，听之为尤难。曰明，而复曰清，盖笃敬之至，澄之又澄，表里洞彻，然后能不待证佐而坐照其情也。单辞固难听，然不常值。凡日之所听者，无非两辞也。故复戒之民之所以治，罔不由中，听讼之两辞，而有偏仄，是将无所措手足矣。其可用私意而家于狱之两辞乎？家云者，出没变化于两辞之中，以为囊橐窟穴者也。其所以如此者，盖必有所利而然，故戒之以"狱货非宝惟府辜功报以庶尤"，使之知狱货非所以为宝货，积而罪亦积，乃所以聚汝辜罪之功状，终有时而偿。取货之时，固欲其多。至报以庶尤之时。众罪交至，岂汝所能胜乎？受货为富，若可喜，计货为罪诚可惧也。"永畏惟罚，非天不中，惟人在命"者，人之于用罚，固有时而知惧矣。然或警，或肆，非所以为永畏也。固有时而偶合矣，然臆度揣摩，非所谓天德也，未至乎永畏，未造乎天德。我有须臾之间，而民已有死生之差矣。"惟人在命"，畏若之何而不永，德若之何而不天也。苟用刑失中，不协于极，则干天之罚，播于庶民者，亦略无令善可称之政，于天下流恶为无穷矣。穆王此章，告官伯族姓，高则望之以天，卑则防之以货，其语若不伦者，盖克念、罔念，特一息之间耳。

## 7.（宋）黄度《尚书说》卷七《周书·吕刑》

王曰，呜呼！敬之哉，官伯族姓，朕言多惧。朕敬于刑，有德惟刑。今天相民，作配在下，明清于单辞。民之乱，罔不中听狱之两辞，无或私家于狱之两辞。狱货非宝，惟府辜功，报以庶尤，永畏惟罚，非天不中，惟人在命。天罚不极，庶民罔有令政在于天下。

官伯，师长；族姓，大家。其气力皆足以挠狱讼，故特戒之。《吕刑》首戒典狱，次戒王之宗属，次戒邦国都邑，次戒官伯族姓，皆有次序。有德，则为天讨；无德，则为民贼。安敢不惧且敬乎？君配天者也，天佑助斯民，置君作配于其下，夫岂使贼之哉？狱必比两辞而听之，不比两辞，是为单辞。明照清涤，使曲直各得其所，民之治，无不由中于听狱之两辞者。衔冤抱枉，无所赴愬，而能为治平。私家，谓位临势迫，货赂请求，狱之两辞皆徇其志，而私家之也。单辞，无对耳，犹未变乱，私家两辞则不复可信矣。以狱受货，何能为宝，惟聚其罪而成之耳。府，聚也。善不积不足以成名；恶不积不足以灭身。善恶必积而后成名、灭身，皆有其效焉。报以庶尤，不有人祸，必有天殃，言其事非一也。其永可畏者，惟罚乎？穆王将以赎法惩天下，故因其羞恶之心，而表异之，以为庶尤之最可畏者在此。天岂有不中哉？其命吉凶惟人耳，天降罚不中，由今庶民无善政在天下，则虽人主犹将不得蒙天之佑，而况官伯族姓，其能与国同休哉？穆王之训伯冏，曰"惟货其吉"，其训赎刑曰"狱货非宝"。然则货赂行于其世矣。

## 8.（宋）袁燮《絜斋家塾书钞》

（归善斋按，无此篇）

## 9. （宋）蔡沈《书经集传》卷六《周书·吕刑》

王曰，呜呼！敬之哉，官伯族姓，朕言多惧，朕敬于刑，有德惟刑。今天相民，作配在下，明清于单辞。民之乱，罔不中听狱之两辞，无或私家于狱之两辞。狱货非宝，惟府辜功，报以庶尤。永畏惟罚，非天不中，惟人在命天罚不极，庶民罔有令政在于天下。

此总告之也，官，典狱之官也；伯，诸侯也。族，同族姓异姓也。朕之于刑，言且多惧，况用之乎？"朕敬于刑"者，畏之至也；"有德惟刑"厚之至也。今天以刑相治斯民，汝实任责，作配在下可也。"明清"以下，"敬刑"之事也。狱辞，有单，有两。单辞者，无证之辞也，听之为尤难。明者，无一毫之蔽；清者，无一点之污。曰明，曰清，诚敬笃至表里，洞彻无少私曲，然后能察其情也。乱，治也。狱货，鬻狱而得货也。府，聚也。辜功，犹云罪状也。"报以庶尤"者降之百殃也。"非天不中，惟人在命"者，非天不以中道待人，惟人自取其殃祸之命尔。此章文有未详者，姑缺之。

## 10. （宋）黄伦《尚书精义》卷四十九《周书·吕刑》

王曰，呜呼！敬之哉，官伯族姓，朕言多惧，朕敬于刑，有德惟刑。今天相民，作配在下，明清于单辞。

林氏曰，钦而畏法者，人君所以望天下之民；喜于用刑者，人君所以遗天下之毒。何则，刑者，先王为天下沮恶表善之具也，使其乐于用刑，而无戒惧之心，则民将轻于犯法，则善者无所劝，而恶者无所沮矣。惟其哀之怜之，则天下之民畏法自重，而无自弃于善之域，岂不嘉哉？虽然犯法者，天下之民；典法者，有司之责，使其典法者不以上天之心为心，不知人君所以戒敕于我者，非惟上负皇天人君之委托，则民将必有所不服矣。

又曰，夫两造具备，则易以折断。单辞无主，则难于审听。为有司者其可不明听之哉。

吕氏曰，今天之相助下民，无非以天讨，正民之罪。"作配在下"是司政典狱，代天行罚，与天作配，有对天之功，此岂可容易。何故？天能死生人，司政典狱亦能死生人，须是对越在天，心与天对，无一毫私曲，方可用刑，"明清于单辞"。所谓单辞，最难察。有两辞者，却是有对头。单辞无对头，无证佐，又无主家。今若欲识得，如一人杀一人，那一人已死，只有杀人者在，又无对头。狱辞，都由这一人说。此之谓单辞。明清，须是自家知虑澄清，初无私昵，方始能仔细察得他。若不是十分知虑清明，如何察得单辞。单辞察了，两辞不足道。

## 11. （宋）陈经《尚书详解》卷四十七《周书·吕刑》

王曰，呜呼！敬之哉，官伯族姓，朕言多惧。朕敬于刑，有德惟刑。今天相民，作配在下。明清于单辞。民之乱，罔不中听狱之两辞，无或私家于狱之两辞。狱货非宝，惟府辜功，报以庶尤，永畏惟罚，非天不中，惟人在命。天罚不极，庶民罔有令政在于天下。

穆王以敬而戒其臣曰，官伯，即庶官之长；族者，王之同姓；姓者，王之异姓也。"朕言多惧"，此穆王仁爱恤刑之本心也。吾之所以告汝者，皆出于忧惧，盖刑乃人命所系，死者不复生，断者不复续，安得不惧。穆王之所谓多惧，即虞舜"钦恤"之意也，典狱宜有以体此心。"朕敬于刑，有德惟刑"，朕之所敬者，在刑，故不敢轻以付人。惟有德者，方可使之为明刑之官。穆王实见得刑，乃天之讨罪。今天相下民而爱之，故以刑整齐其民，使善者有所恃，恶者无所肆，此岂非天之爱民乎？天有爱民之心，而司政典狱者，实代天以养民，故曰"作配在下"，既为天之配合，当有以察其难察之情可也。情之难察，莫如单辞，谓之辞之偏，而非有两造也。在典狱者，明此心，如火之照物，然无所不见。清此心如水，然无一毫之累，如此然后可以听单词，苟不明不清，是在己之心，未免有私蔽之，不足以为天之配矣。既曰单辞矣，又言其两辞，天下之民所以得其治者。无不在夫典狱者，能以中道而听夫狱之两辞。讼者之辞，有直，则必有曲；有是，则必有非。直其所直。而不直其所曲；是其所是，而不是其所非。非则曲，而非者不敢怨；是则直，而是者无所冤民，安得不治乎？如其不然，则是非曲直不当，民奚赖焉。"无或私家于狱之两辞"，苟或容私其间，则两辞必不得其正，直者未必有曲，曲者反得直矣。"狱货非宝，惟府辜功，报以庶尤"，此深言鬻狱之祸。以狱而得人之货贿

2370

者，不足以为宝，适以聚其罪之功尔。一时之间，得利，则人情皆以为益，而不知其实有祸害，其报应也，必以庶尤言，百殃俱至也。"永畏惟罚"，天道福善祸淫之罚可畏，当永畏之，不可暂畏之而暂止也。"非天不中惟人在命"，天之于人，何尝不中哉，人自取之，所谓"自贻伊戚"也。天不惟有福善之命，亦有祸淫之命，"惟人在命"，是自取其祸淫之命也。"天罚不极，庶民罔有令政在于天下"，庶民之为不中，惟司典狱者为能令之正也。司政典狱者，以私心听狱，民至于有冤不得伸，则极之，民人不罚之，而天罚之。至于此，则安有令政在天下乎。此章言天罚之可畏，用刑者当去其私心，以合天之心。

## 12.（宋）钱时《融堂书解》卷二十《周书·吕刑》

王曰，呜呼！敬之哉，官伯族姓，朕言多惧。朕敬于刑，有德惟刑。今天相民，作配在下，明清于单辞。民之乱，罔不中听狱之两辞，无或私家于狱之两辞。狱货非宝，惟府辜功，报以庶尤，永畏惟罚，非天不中，惟人在命，天罚不极，庶民罔有令政在于天。

官伯，先儒谓诸侯也。族姓者，诸侯之同姓也。穆王既以赎刑训有邦有土矣，此后遂特戒诸侯之同姓，盖恐分国于外，各居南面之尊，为其宗族者，或依凭以乱法，此与告伯父、伯兄、仲叔、季弟、幼子、童孙之意正同，王之同姓先告之，而专警之以天命，诸侯之同姓，则后告之，而专惧之以天罚，此万世之通患，穆王之深虑也。

## 13.（宋）魏了翁《尚书要义》卷十九《周书·君牙、冏命、吕刑》

四七、伯为官长；族为同姓；姓为异姓。

此篇主多戒诸侯百官之长，故知官长，即诸侯也。襄十二年《左传》哭诸侯之例云，异姓临于外，同族于祢庙，是相对。则族为同姓，姓为异姓也。

## 14.（宋）陈大猷《书集传或问》卷下《周书·吕刑》

（归善斋按，未解）

## 15.（宋）胡士行《尚书详解》卷十二《周书·吕刑第二十九》

王曰，呜呼！敬之哉，官伯（长）族（同）姓，朕言多惧（非谙于世故，不及此）。朕敬于刑，有德（之人）惟刑。今天相（辅）民，作（立司刑者）配（命天）在下。明清（明而又清表里洞彻）于单（偏）辞（两造之辞，曲直易分，一偏之辞，毁誉难辨）。民之乱（争竞纷纭），罔不中（执中道）听（于）狱之两辞（不偏徇于一），无或私家（私于其家黩货鬻狱）于狱之两辞。狱货（贿赂）非宝，惟府（聚）辜（罪）功，报以庶（众）尤（祸），永（当长）畏惟罚（天罚），非天不中（天之罚非天不中也），惟人在命（人所为善恶，即天命祸福）。天（所以）罚不极（不协于极），庶民罔有令（善）政在于天下（不极者，不罚而待天罚，是我私家而故纵之也。其无令政甚矣，爽惟天其罚殛我，我之罪乎，天之不中乎）。

此可以观世变矣。《虞书》训刑无此事可戒也。

## 16.（元）吴澄《书纂言》卷四下《周书·吕刑》

王曰，呜呼！敬之哉，官伯族姓，朕言多惧。朕敬于刑，有德惟刑。今天相民，作配在下，明清于单辞，民之乱，罔不中听狱之两辞，无或私家于狱之两辞。狱货非宝，惟府辜功，报以庶尤，永畏惟罚。非天不中，惟人在命。天罚不极，庶民罔有令政在于天下。

卿大夫从诸侯而来朝，故又呼其大官大姓而戒之。穆王惟恐用刑之或误，故言之而多惧，惟其敬于刑，故欲有德者司刑。今天相佑斯民，有四方司政典狱之诸侯，为天牧民，作天子之配而在下。单辞，无佐证者，听之尤难其明之所照，当如清水之照影，表里洞彻，无毫发之不见，故曰"明清于单辞"。民之所以治。由典狱者之无偏私。中听，听之不偏也。家者，人之所私。私家，谓私之如家然。府，主案牍者；辜功，以入人之罪为功也。报，如"报虐以威"之"报"。庶，众言之也。尤，殃咎也。不中听狱者，所见之偏尔，私家于狱者，必受货赂也。然狱之所以私，亦有非以财宝为货者，惟主吏欲以人之罪为己之功，则故以陷人。治狱而

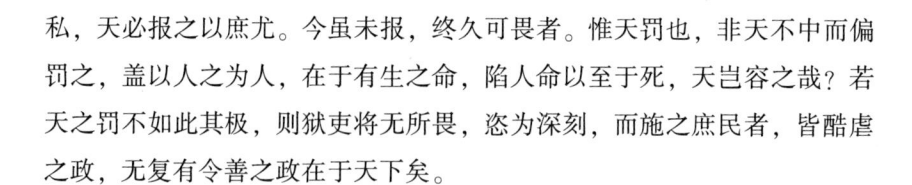

私，天必报之以庶尤。今虽未报，终久可畏者。惟天罚也，非天不中而偏罚之，盖以人之为人，在于有生之命，陷人命以至于死，天岂容之哉？若天之罚不如此其极，则狱吏将无所畏，恣为深刻，而施之庶民者，皆酷虐之政，无复有令善之政在于天下矣。

## 17. （元）陈栎《书集传纂疏》卷六《朱子订定蔡氏集传·周书·吕刑》

　　王曰，呜呼！敬之哉，官伯族姓，朕言多惧。朕敬于刑，有德惟刑。今天相民，作配在下，明清于单辞。民之乱，罔不中听狱之两辞，无或私家于狱之两辞。狱货非宝，惟府辜功，报以庶尤，永畏惟罚。非天不中，惟人在命。天罚不极，庶民罔有令政在于天下。

　　此总告之也。官，典狱之官也。伯，诸侯也。族，同族；姓，异姓也。朕之于刑，言且多惧，况用之乎？"朕敬于刑"者，畏之至也。"有德惟刑"，厚之至也。今天以刑相治斯民，汝实任责，作配在下可也。"明清"以下，敬刑之事也。狱辞，有单有两。单辞者，无证之辞也，听之为尤难。明者，无一毫之蔽；清者，无一点之污。曰明，曰清，诚敬笃至，表里洞彻，无少私曲，然后能察其情也。乱，治也。狱货，鬻狱而得货也。府，聚也。辜功，犹云罪状也。"报以庶尤"者，降之百殃也。"非天不中惟人在命"者，非天不以中道待人，惟人自取其殃祸之命。尔此章文有未详者，姑缺之。

　　纂疏：

　　张氏曰，官伯，官之长也。前云"配享在下"，此云"作配在下"，见狱官之重，与天配也。

　　孔氏曰，今天治民，人君为配天在下。

　　唐孔氏曰，《左传》襄十二年，异姓临于外，同族于祢庙。故族为同族，姓为异姓。狱官致富成私家，故欲无成私家于狱之两辞。

　　叶氏曰，私家，私其家也。

　　吕氏曰，不可用私意，而家于狱之两辞。家云者，出没变化于两辞之中，以为囊橐窟穴者也。货积而罪亦积，乃所以聚汝辜罪之功状。

　　陈氏大猷曰，明清以听单辞，以中而听两辞。鬻狱而降罚，非天道不

2373

中，以狱之于人，乃性命生死之所在故也。苟用刑不中，而天罚不至，则典狱者无所惩戒，自此庶民无有蒙善政而在于天下者矣。任刑之大，本在敬与中。用心，以敬为主；用法，以中为主，前已论之，此复提"敬"与"中"训之，后章复申以"中"焉。

愚谓，"有德惟刑"，谓有德于民者，惟此刑耳。民之所以治，无不在于以中而听狱之两辞耳。两辞之狱，每可容私家于狱，如"君子不家于丧之家"，无或以私，永可畏也。

## 18.（元）许谦《读书丛说》卷六《周书·吕刑》

（原缺）

## 19.（元）董鼎《书传辑录纂注》卷六《周书·吕刑》

王曰，呜呼！敬之哉，官伯族姓，朕言多惧。朕敬于刑，有德惟刑。今天相民，作配在下，明清于单辞。民之乱，罔不中听狱之两辞，无或私家于狱之两辞。狱货非宝，惟府辜功，报以庶尤，永畏惟罚。非天不中，惟人在命。天罚不极，庶民罔有令政在于天下。

此总告之也。官，典狱之官也。伯，诸侯也。族，同族；姓，异姓也。朕之于刑，言且多惧，况用之乎。"朕敬于刑"者，畏之至也。"有德惟刑"厚之至也。今天以刑相治斯民，汝实任责，作配在下可也。"明清"以下，敬刑之事也。狱辞，有单有两。单辞者，无证之辞也，听之为尤难。明者，无一毫之蔽；清者，无一点之污。曰明，曰清，诚敬笃至，表里洞彻，无少私曲，然后能察其情也。乱，治也。狱货，鬻狱而得货也。府，聚也。辜功，犹云罪状也。"报以庶尤"者，降之百殃也。"非天不中惟人在命"者，非天不以中道待人，惟人自取其殃祸之命尔。此章文有未详者，姑阙之。

纂注：

张氏曰，官伯，官之长。前曰"自作元命，配享在下"，今曰"今天相民，作配在下"，则狱官乃配天者也。

孔氏曰，今天治民，人君为配天在下，当承天意，无敢有受货听诈，成私家于狱之两辞。

唐孔氏曰，襄十二年《左传》云，异姓临于外，同族于祢庙。故族为同族，姓为异姓。狱官致富成私家，故欲无成私家于狱之两辞。

叶氏曰，私家，私其家也。

吕氏曰，不可用私意而家于狱之两辞。家云者，出没变化于两辞之中，以为囊橐窟穴者也。货积，而罪亦积，乃所以聚汝辜罪之功状。

陈氏大猷曰，明清，以听单辞；以中，而听两辞。鸷狱而降罚，非天道不中，以狱乃人命生死之所在故也。苟用刑不中，而天罚不极至，则典无所惩戒，自此庶民无复蒙善政而在于天下矣。任刑之大，本在敬与中。用心，以敬为主；用法，以中为主。前已论之，此复提"敬"与"中"训之，后章复申以"中"焉。

新安陈氏曰，"有德惟刑"，谓有德于民者，惟此刑耳。两辞之狱，每可容私家于狱，如"君子不家于丧之家"，无或以私意而求成家于狱之两辞，天报之以庶罪。受货而富，若可喜；计货为罪，永可畏也。"惟人在命"，大概谓，狱之于人乃性命之所在，关系匪轻也。

## 20.（元）朱祖义《尚书句解》卷十二《周书·吕刑第二十九》

王曰，呜呼！敬之哉（王叹当以敬而用刑者），官伯族姓（其百官之长，与王同族姓者乎），朕言多惧（刑者姓命所系，朕虽言之，亦多忧惧，不敢轻言）。

## 21.（明）王樵《尚书日记》卷十六《周书·吕刑》

"王曰，呜呼！敬之哉，官伯族姓"至"令政在于天下"。

官，典狱之官；伯，长也。族，同姓；姓，异姓，谓诸侯也。朕之于刑。言且多惧。况行之乎？"朕敬于刑"，言畏之至。"有德惟刑"，言厚之至。重"敬"字上，与"钦恤"一般。敬之至，所以为厚之至也。叙其心如此，欲群臣以己之心为心也。今天相佑斯民。立之司牧。当知所以为民司命，"作配在下"可焉。

蔡氏曰，"明清"以下敬刑之事也。

金氏曰，单辞，无证之辞也。两辞，两造之辞也。家，如"不家于丧之家"。府，藏也。辜功，罪状也。穆王享国之久，老于世故，晚复哀矜，故其言多惧，欲人知所重而听之也。"朕敬于刑惟有德"者，可以用刑，盖天相佑下民，立典狱之官，为民司命，上与天配。单辞，人所难决，惟有德者，其心明且清，则能得单辞之实。两辞，虽人所易决，而一有偏徇之心，则偏矣。惟有德者，其心中而不偏，则能分两辞之争，此民之所以治也。然两辞之易偏者，或不能讫于富而然也，故戒以"无或私家于狱之两辞"。因狱取货，此货非宝，适以藏诸罪状耳。罪状既多，报以百殃，理之必然。则一时之得，有永久可畏之罚。非天偏治鬻狱之人，惟人自取其祸殃之命尔。使天罚不极，则狱吏皆得以行其私，斯民无复被善政于天下矣。

丘文庄公曰，狱辞之初造者必单。单者，一人之情也。及夫两造具备，则狱有两辞矣。按两者原告被告，而干证亦有两边之人，故谓之两辞。明者，无一毫之蔽；清者，无一点之污。此二字却从一"敬"字来，故传曰，诚敬笃至，表里洞彻，无少私曲，然后能察其情也。

## 22.（清）库勒纳等撰《日讲书经解义》卷十三《周书·吕刑》

王曰，呜呼！敬之哉，官伯族姓，朕言多惧。朕敬于刑，有德惟刑。今天相民，作配在下。明清于单辞。民之乱，罔不中听狱之两辞，无或私家于狱之两辞。狱货非宝，惟府辜功，报以庶尤，永畏惟罚。非天不中，惟人在命，天罚不极，庶民罔有令政在于天下。

此一节书是，合同姓异姓诸侯而告以敬刑也。官，典狱之官；伯，诸侯；族，同族；姓，异姓。单辞，无证之辞；府，聚也。辜功，犹云罪状；庶尤，百殃也。穆王又叹息言曰，尔等其敬慎之哉？凡我典狱之官，牧伯之长，或同族，或异姓，皆当知刑狱为天下之大命。朕今言之犹且多惧，况用之乎？朕今惟敬慎于刑，而不敢怠忽，诚以刑为不得已而用。先王所以教民祗德者，是有德惟刑，而不当以刑视刑也。夫五刑，皆谓之天刑。天非以刑虐民，而实以刑相助斯民。尔等有代天理刑之责，是"作配在下"者，则听狱，可不敬乎？夫狱辞有二，有单辞，有两辞。其无证者，是单辞也。单辞易于眩惑，听之必极其明，而无一毫之蔽；必极其清，而无一点之污，则单辞之情得矣。其两造具备者，是两辞也。两辞易于偏听，苟一失其中，而民不可治矣。今民之治，正由典狱之官能以中正之心听断两家之辞。尔等慎勿借此两家之辞，为私家囊橐之计，纳货鞫狱，而失其平也。以狱得货，不足为宝，实为罪状之府，必将报之百殃，而岂可不永畏。此天罚乎，非天不以中道待人而偏罚之，惟人自殄绝厥命。若使天罚不如是之极，则庶民全被虐政，岂复有令善之政在于天下哉？是可见天之制刑，本所以相民，而用刑一有不当，即上逆天心，而自及于祸，故不可以不敬也。

# 朕敬于刑，有德惟刑

## 1.（汉）孔氏传、（唐）陆德明音义、孔颖达疏《尚书注疏》卷十八《周书·吕刑》

朕敬于刑，有德惟刑。

传，我敬于刑，当使有德者，惟典刑。

疏，正义曰，我敬于刑，当敬命有德者，惟典刑事。

传正义曰，当使有德者惟典刑，言将选有德之人，使为刑官。刑官不用无德之人也。

## 2.（宋）苏轼《书传》卷十九《周书·吕刑第二十九》

朕敬于刑，有德惟刑。今天相民，作配在下，明清于单辞。民之乱，罔不中听狱之两辞。

欲济民于险难者，当竭其中，以听两辞也。

## 3.（宋）林之奇《尚书全解》卷三十九《周书·吕刑》

（归善斋按，见"上下比罪，无僭乱辞，勿用不行"）

**4.（宋）史浩《尚书讲义》卷二十《周书·吕刑》**

(归善斋按，见"王曰，呜呼！敬之哉。官伯族姓，朕言多惧")

**5.（宋）夏僎《尚书详解》卷二十五《周书·吕刑》**

(归善斋按，见"王曰，呜呼！敬之哉。官伯族姓，朕言多惧")

**6.（宋）时澜《增修东莱书说》卷三十四《周书·吕刑第二十九》**

(归善斋按，见"王曰，呜呼！敬之哉。官伯族姓，朕言多惧")

**7.（宋）黄度《尚书说》卷七《周书·吕刑》**

(归善斋按，见"王曰，呜呼！敬之哉。官伯族姓，朕言多惧")

**8.（宋）袁燮《絜斋家塾书钞》**

(归善斋按，无此篇)

**9.（宋）蔡沈《书经集传》卷六《周书·吕刑》**

(归善斋按，见"王曰，呜呼！敬之哉。官伯族姓，朕言多惧")

**10.（宋）黄伦《尚书精义》卷四十九《周书·吕刑》**

(归善斋按，见"王曰，呜呼！敬之哉。官伯族姓，朕言多惧")

**11.（宋）陈经《尚书详解》卷四十七《周书·吕刑》**

(归善斋按，见"王曰，呜呼！敬之哉。官伯族姓，朕言多惧")

**12.（宋）钱时《融堂书解》卷二十《周书·吕刑》**

(归善斋按，见"王曰，呜呼！敬之哉。官伯族姓，朕言多惧")

### 13.（宋）魏了翁《尚书要义》卷十九《周书·君牙、冏命、吕刑》

（归善斋按，未引）

### 14.（宋）陈大猷《书集传或问》卷下《周书·吕刑》

（归善斋按，未解）

### 15.（宋）胡士行《尚书详解》卷十二《周书·吕刑第二十九》

（归善斋按，见"王曰，呜呼！敬之哉。官伯族姓，朕言多惧"）

### 16.（元）吴澄《书纂言》卷四下《周书·吕刑》

（归善斋按，见"王曰，呜呼！敬之哉。官伯族姓，朕言多惧"）

### 17.（元）陈栎《书集传纂疏》卷六《朱子订定蔡氏集传·周书·吕刑》

（归善斋按，见"王曰，呜呼！敬之哉。官伯族姓，朕言多惧"）

### 18.（元）许谦《读书丛说》卷六《周书·吕刑》

（原缺）

### 19.（元）董鼎《书传辑录纂注》卷六《周书·吕刑》

（归善斋按，见"王曰，呜呼！敬之哉。官伯族姓，朕言多惧"）

### 20.（元）朱祖义《尚书句解》卷十二《周书·吕刑第二十九》

朕敬于刑（惟朕心敬谨于刑，是以发之言多惧也），有德惟刑（必有德，方可使为明刑之官）。

## 21. (明)王樵《尚书日记》卷十六《周书·吕刑》

(归善斋按,见"王曰,呜呼!敬之哉。官伯族姓,朕言多惧")

## 22. (清)库勒纳等撰《日讲书经解义》卷十三《周书·吕刑》

(归善斋按,见"王曰,呜呼!敬之哉。官伯族姓,朕言多惧")

# 今天相民,作配在下,明清于单辞

## 1. (汉)孔氏传、(唐)陆德明音义、孔颖达疏《尚书注疏》卷十八《周书·吕刑》

今天相民,作配在下,明清于单辞。

传,今天治民,人君为配天在下,当承天意,听讼当清审单辞。单辞特难听,故言之。

音义,相,如字,马息浪反,助也。治,直吏反。令,力呈反。

疏,正义曰,今上天治民,命人君为天子,配天在于下,承天之意,为事甚重。其听狱讼,当明白清审于狱之单辞。

传正义曰,传以"相"为"治"。今天治民者,天有意治民,而天不自治,使人治之。人君为配天在下,当承天意治民,治之当使称天心也。欲称天心,听狱当清审单辞。单辞,谓一人独言,未有与对之人。讼者多直己以曲彼,构辞以诬人。单辞特难听,故言之也。孔子美子路云"片言可以折狱者,其由也与",片言,即单辞也。子路行直闻于天下,不肯自道己长,妄称彼短。得其单辞即可以断狱者,惟子路尔。凡人少能然,故难听也。

## 2. (宋)苏轼《书传》卷十九《周书·吕刑第二十九》

(归善斋按,见"朕敬于刑,有德惟刑")

### 3.（宋）林之奇《尚书全解》卷三十九《周书·吕刑》

(归善斋按，见"上下比罪，无僭乱辞，勿用不行")

### 4.（宋）史浩《尚书讲义》卷二十《周书·吕刑》

(归善斋按，见"王曰，呜呼！敬之哉。官伯族姓，朕言多惧")

### 5.（宋）夏僎《尚书详解》卷二十五《周书·吕刑》

(归善斋按，见"王曰，呜呼！敬之哉。官伯族姓，朕言多惧")

### 6.（宋）时澜《增修东莱书说》卷三十四《周书·吕刑第二十九》

(归善斋按，见"王曰，呜呼！敬之哉。官伯族姓，朕言多惧")

### 7.（宋）黄度《尚书说》卷七《周书·吕刑》

(归善斋按，见"王曰，呜呼！敬之哉。官伯族姓，朕言多惧")

### 8.（宋）袁燮《絜斋家塾书钞》

(归善斋按，无此篇)

### 9.（宋）蔡沈《书经集传》卷六《周书·吕刑》

(归善斋按，见"王曰，呜呼！敬之哉。官伯族姓，朕言多惧")

### 10.（宋）黄伦《尚书精义》卷四十九《周书·吕刑》

(归善斋按，见"王曰，呜呼！敬之哉。官伯族姓，朕言多惧")

### 11.（宋）陈经《尚书详解》卷四十七《周书·吕刑》

(归善斋按，见"王曰，呜呼！敬之哉。官伯族姓，朕言多惧")

### 12.（宋）钱时《融堂书解》卷二十《周书·吕刑》

(归善斋按，见"王曰，呜呼！敬之哉。官伯族姓，朕言多惧")

## 13.（宋）魏了翁《尚书要义》卷十九《周书·君牙、冏命、吕刑》

四五、人君配天治民，当明清于单辞。

"今天相民，作配在下，明清于单辞"，今天治民，人君为配天在，当承天意。听讼当清审单辞。单辞特难听，故言之。

## 14.（宋）陈大猷《书集传或问》卷下《周书·吕刑》

（归善斋按，未解）

## 15.（宋）胡士行《尚书详解》卷十二《周书·吕刑第二十九》

（归善斋按，见"王曰，呜呼！敬之哉。官伯族姓，朕言多惧"）

## 16.（元）吴澄《书纂言》卷四下《周书·吕刑》

（归善斋按，见"王曰，呜呼！敬之哉。官伯族姓，朕言多惧"）

## 17.（元）陈栎《书集传纂疏》卷六《朱子订定蔡氏集传·周书·吕刑》

（归善斋按，见"王曰，呜呼！敬之哉。官伯族姓，朕言多惧"）

## 18.（元）许谦《读书丛说》卷六《周书·吕刑》

（原缺）

## 19.（元）董鼎《书传辑录纂注》卷六《周书·吕刑》

（归善斋按，见"王曰，呜呼！敬之哉。官伯族姓，朕言多惧"）

## 20.（元）朱祖义《尚书句解》卷十二《周书·吕刑第二十九》

今天相民（今天以刑辅相其民，使归于善），作配在下（典狱者为天之配合于下，亦当以刑弼教），明清于单辞（当明此心如烛，清此心如水以听。偏辞，尽一人之自陈，无众佐辨白，尤难听也）。

### 21.（明）王樵《尚书日记》卷十六《周书·吕刑》

（归善斋按，见"王曰，呜呼！敬之哉。官伯族姓，朕言多惧"）

### 22.（清）库勒纳等撰《日讲书经解义》卷十三《周书·吕刑》

（归善斋按，见"王曰，呜呼！敬之哉。官伯族姓，朕言多惧"）

### （元）王充耘《读书管见》卷下《吕刑》

今天相民。

"今天相民"，犹云"天佑下民"相似。"作配在下"，言汝官伯族姓有邦有土，皆配天在下，以相民者也。传云天以刑相治斯民者，非。

# 民之乱，罔不中听狱之两辞

### 1.（汉）孔氏传、（唐）陆德明音义、孔颖达疏《尚书注疏》卷十八《周书·吕刑》

民之乱，罔不中听狱之两辞。

传，民之所以治，由典狱之无不以中正听狱之两辞。两辞弃虚从实，刑狱清，则民治。

疏，正义曰，民之所以治者，由狱官无有不用中正听讼之两辞，由以中正之故，下民得治。

传正义曰，狱之两辞，谓两人竞理，一虚一实。实者枉屈，虚者得理，则此民之所以不得治也。民之所以得治者，由典狱之官，其无不以有中正之心，听狱之两辞，弃虚从实，实者得理，虚者受刑，虚者不敢更讼，则刑狱清而民治矣。孔子称"必也，使无讼乎"，谓此也。

2383

## 2.（宋）苏轼《书传》卷十九《周书·吕刑第二十九》

(归善斋按，见"朕敬于刑，有德惟刑")

## 3.（宋）林之奇《尚书全解》卷三十九《周书·吕刑》

(归善斋按，见"上下比罪，无僭乱辞，勿用不行")

## 4.（宋）史浩《尚书讲义》卷二十《周书·吕刑》

(归善斋按，见"王曰，呜呼！敬之哉。官伯族姓，朕言多惧")

## 5.（宋）夏僎《尚书详解》卷二十五《周书·吕刑》

(归善斋按，见"王曰，呜呼！敬之哉。官伯族姓，朕言多惧")

## 6.（宋）时澜《增修东莱书说》卷三十四《周书·吕刑第二十九》

(归善斋按，见"王曰，呜呼！敬之哉。官伯族姓，朕言多惧")

## 7.（宋）黄度《尚书说》卷七《周书·吕刑》

(归善斋按，见"王曰，呜呼！敬之哉。官伯族姓，朕言多惧")

## 8.（宋）袁燮《絜斋家塾书钞》

(归善斋按，无此篇)

## 9.（宋）蔡沈《书经集传》卷六《周书·吕刑》

(归善斋按，见"王曰，呜呼！敬之哉。官伯族姓，朕言多惧")

## 10.（宋）黄伦《尚书精义》卷四十九《周书·吕刑》

民之乱，罔不中听狱之两辞，无或私家于狱之两辞。狱货非宝，惟府辜功，报以庶尤，永畏惟罚。非天不中，惟人在命。天罚不极，庶民罔有令政在于天下。

无垢曰,夫民之所以治者,以典狱之官先得理之中,无私喜,无私怒,以此听狱之两辞,则直者得理,曲者服刑。曲直在彼,而我无一毫私心变动于其间焉,所以君子有所怙,小人有所惧。

又曰,不能分两辞之曲直者,多由私家乱之也。私家云者,私喜私怒。其下至于纳赂受贿,以乱曲直者皆是也。可不以私家为戒乎?

又曰,鬻狱得货,人见其为宝耳,非宝也,乃聚罪状耳。东坡云,辜功犹罪状也。古者论罪有功,其迹状也。此意犹昔人作假山,其傅曰,此非假山也,乃血山耳,以言狱货非宝也,乃聚众祸耳。取祸入门,稍知利害者,为之乎?而贪吏见金,不见祸,其亦可哀也。故穆王指狱货为祸,使知所警焉。

又曰,作善,降之百祥;作不善,降之百殃。此天理之自然者。人以冤枉求正于我,而我受人货赂,变是为非,乱曲为直,此正作不善者也。"报以庶尤",即降之百殃之谓也。天罚昭然如此,自古及今所不昧者也,其可不长久畏之乎?永畏云者,非一朝一夕之畏也。

又曰,鬻狱而变是非,乱曲直,天乃降之殃祸,此必然之理也岂天不以中道待人哉,惟人自取其殃祸耳。《召诰》曰"今天其命哲,命吉凶,命历年",是哲命,吉命,凶命,历年之命,天何容心,惟人自取之耳。"在"者,谓人自取,正在殃祸之命也。

又曰,人君代天者也,庶人为不中之行,以强凌弱,以众暴寡,以智诈愚,以勇苦怯,人君当行天命以罚之。今人君失职,使典狱者变是非,乱曲直,天乃自降殃祸,以罚不中之民,事至于此,是人君纪纲大坏,无有善政在于天下者也。何谓善政,无辜者得理,有罪者服刑,此善政也。

## 11. (宋)陈经《尚书详解》卷四十七《周书·吕刑》

(归善斋按,见"王曰,呜呼!敬之哉。官伯族姓,朕言多惧")

## 12. (宋)钱时《融堂书解》卷二十《周书·吕刑》

(归善斋按,见"王曰,呜呼!敬之哉。官伯族姓,朕言多惧")

## 13.（宋）魏了翁《尚书要义》卷十九《周书·君牙、冏命、吕刑》

四八、单辞，一人独言；两辞一虚一实。

传以相为治。今天治民者，天有意治民，而天不自治，使人治之。人君为配天在下，当成天意治民，治之当使称天心也。欲称天心，听狱当清审单辞。单辞，谓一人独言，未有与对之人。讼者多直己，以曲彼，构辞以诬人。单辞特难听，故言之也。狱之两辞，谓两人竞理，一虚一实。

## 14.（宋）陈大猷《书集传或问》卷下《周书·吕刑》

（归善斋按，未解）

## 15.（宋）胡士行《尚书详解》卷十二《周书·吕刑第二十九》

（归善斋按，见"王曰，呜呼！敬之哉。官伯族姓，朕言多惧"）

## 16.（元）吴澄《书纂言》卷四下《周书·吕刑》

（归善斋按，见"王曰，呜呼！敬之哉。官伯族姓，朕言多惧"）

## 17.（元）陈栎《书集传纂疏》卷六《朱子订定蔡氏集传·周书·吕刑》

（归善斋按，见"王曰，呜呼！敬之哉。官伯族姓，朕言多惧"）

## 18.（元）许谦《读书丛说》卷六《周书·吕刑》

（原缺）

## 19.（元）董鼎《书传辑录纂注》卷六《周书·吕刑》

（归善斋按，见"王曰，呜呼！敬之哉。官伯族姓，朕言多惧"）

## 20. （元）朱祖义《尚书句解》卷十二《周书·吕刑第二十九》

民之乱（民所以治也），罔不中听狱之两辞（又本于臣，无不以中道听两家在狱争竞之辞）。

## 21. （明）王樵《尚书日记》卷十六《周书·吕刑》

（归善斋按，见"王曰，呜呼！敬之哉。官伯族姓，朕言多惧"）

## 22. （清）库勒纳等撰《日讲书经解义》卷十三《周书·吕刑》

（归善斋按，见"王曰，呜呼！敬之哉。官伯族姓，朕言多惧"）

## （元）陈师凯《蔡氏传旁通》卷六下《吕刑》

此章文有未详者，姑阙之。

愚以意详之，云"民之乱，罔不中听狱之两辞"者，谓治民之道，惟在于听其两辞，而得刑之中也。"无或私家于狱之两辞"者，不可以私意鬻狱而图利其家于两争之人也。"狱货非宝，惟府辜功"者，谓舞文得货，非所为宝，不过自积其枉法之罪状也。"报以庶尤"者，言罪恶贯盈，则天必降之百殃也。"永畏惟罚"者，言深长思之所可畏者，惟刑罚之事也。"非天不中，惟人在命"者，言非天不以中道待人，惟人自取殃祸，惟天所命也。"天罚不极庶民罔有令政在于天下"者，谓狱货之人，天若不极罚之，则庶民不得蒙令善之政于天下也。此章盖言有忠厚之德，而后可以听讼。舞文弄法，刻剥以取货者，亦必自受其祸也。

## （元）王充耘《读书管见》卷下《吕刑》

民之乱，罔不中听狱之两辞。

乱者，治也。言治民之道，"无不中听狱之两辞，无或私家于狱之两辞"，盖单辞者只是一面辞，惟当明清以听之；两辞则各执一说，非单辞之比。主于中以听之，未可有所偏主。私家者，偏有所主之谓也。盖以私意而主于原告，则被告虽有理，亦不肯听矣；主于被告，则原告虽得实，亦不肯信矣。如此，则安得为中。"狱货非宝，惟府辜功"，言鬻狱而得货，岂足以为宝，不过聚蓄辜罪之显迹耳，他日受报，将报以庶尤，殆降之百殃也。前言"朕敬于刑"，后言"永畏惟罚"，以刑罚对言，而以敬畏互言也。"罚惩非死，人极于病"，刑固当敬也，罚独不可畏乎？"非天不中"以下，又申言"报以庶尤"之意，言用刑失当者，受报如此，此岂天有不中，而妄加人祸哉？"惟人在命"，只人自造命，而有以致之耳，犹云"自贻哲命"，"自作元命"之意。天之所罚者，为其不极，"庶民惟其罔有令政在于天下"。极，即"原于皇极"之"极"。"不极庶民"，只是刑罚失中，不协于极耳。传谓此章文多未详，以意逆志，当如此释之，似得其旨。

# 无或私家于狱之两辞

## 1. （汉）孔氏传、（唐）陆德明音义、孔颖达疏《尚书注疏》卷十八《周书·吕刑》

无或私家于狱之两辞。

传，典狱无敢有受货，听诈成私家于狱之两辞。

疏，正义曰，汝狱官，无有敢受货赂，成私家于狱之两辞，勿于狱之两家，受货致富。

传正义曰，典狱知其虚，受其货而听其诈，诈者虚而得理，狱官致富，成私家，此民之所以乱也，故戒诸侯，无使狱官成私家于狱之两辞。

## 2. （宋）苏轼《书传》卷十九《周书·吕刑第二十九》

无或私家于狱之两辞。狱货非宝，惟府辜功，报以庶尤，永畏惟罚，非天不中，惟人在命。天罚不极。庶民罔有令政在于天下。

府，聚也。辜功，犹言罪状也。古者论罪，有功意，功其迹状也。言狱货非所以为宝也，但与汝典狱者聚罪状耳。我报汝以众罪，而所当长畏

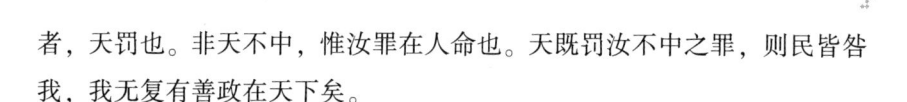

者，天罚也。非天不中，惟汝罪在人命也。天既罚汝不中之罪，则民皆咎我，我无复有善政在天下矣。

### 3.（宋）林之奇《尚书全解》卷三十九《周书·吕刑》

(归善斋按，见"上下比罪，无僭乱辞，勿用不行")

### 4.（宋）史浩《尚书讲义》卷二十《周书·吕刑》

(归善斋按，见"王曰，呜呼！敬之哉。官伯族姓，朕言多惧")

### 5.（宋）夏僎《尚书详解》卷二十五《周书·吕刑》

(归善斋按，见"王曰，呜呼！敬之哉。官伯族姓，朕言多惧")

### 6.（宋）时澜《增修东莱书说》卷三十四《周书·吕刑第二十九》

(归善斋按，见"王曰，呜呼！敬之哉。官伯族姓，朕言多惧")

### 7.（宋）黄度《尚书说》卷七《周书·吕刑》

(归善斋按，见"王曰，呜呼！敬之哉。官伯族姓，朕言多惧")

### 8.（宋）袁燮《絜斋家塾书钞》

(归善斋按，无此篇)

### 9.（宋）蔡沈《书经集传》卷六《周书·吕刑》

(归善斋按，见"王曰，呜呼！敬之哉。官伯族姓，朕言多惧")

### 10.（宋）黄伦《尚书精义》卷四十九《周书·吕刑》

(归善斋按，见"民之乱，罔不中听狱之两辞")

### 11.（宋）陈经《尚书详解》卷四十七《周书·吕刑》

(归善斋按，见"王曰，呜呼！敬之哉。官伯族姓，朕言多惧")

## 12.（宋）钱时《融堂书解》卷二十《周书·吕刑》

（归善斋按，见"王曰，呜呼！敬之哉。官伯族姓，朕言多惧"）

## 13.（宋）魏了翁《尚书要义》卷十九《周书·君牙、冏命、吕刑》

（归善斋按，未引）

## 14.（宋）陈大猷《书集传或问》卷下《周书·吕刑》

（归善斋按，未解）

## 15.（宋）胡士行《尚书详解》卷十二《周书·吕刑第二十九》

（归善斋按，见"王曰，呜呼！敬之哉。官伯族姓，朕言多惧"）

## 16.（元）吴澄《书纂言》卷四下《周书·吕刑》

（归善斋按，见"王曰，呜呼！敬之哉。官伯族姓，朕言多惧"）

## 17.（元）陈栎《书集传纂疏》卷六《朱子订定蔡氏集传·周书·吕刑》

（归善斋按，见"王曰，呜呼！敬之哉。官伯族姓，朕言多惧"）

## 18.（元）许谦《读书丛说》卷六《周书·吕刑》

（原缺）

## 19.（元）董鼎《书传辑录纂注》卷六《周书·吕刑》

（归善斋按，见"王曰，呜呼！敬之哉。官伯族姓，朕言多惧"）

## 20.（元）朱祖义《尚书句解》卷十二《周书·吕刑第二十九》

无或私家于狱之两辞（无或私于其家而黩货，妄决狱之两辞）。

### 21. （明）王樵《尚书日记》卷十六《周书·吕刑》

(归善斋按，见"王曰，呜呼！敬之哉。官伯族姓，朕言多惧")

### 22. （清）库勒纳等撰《日讲书经解义》卷十三《周书·吕刑》

(归善斋按，见"王曰，呜呼！敬之哉。官伯族姓，朕言多惧")

### （元）陈师凯《蔡氏传旁通》卷六下《吕刑》

(归善斋按，见"民之乱，罔不中听狱之两辞")

### （元）王充耘《读书管见》卷下《吕刑》

(归善斋按，见"民之乱，罔不中听狱之两辞")

### （清）朱鹤龄《尚书埤传》卷十五《周书·吕刑》

私家。

吕祖谦曰，以私意而家于狱，谓出没变化于狱词之中，以为囊橐窟穴也。陈师凯曰，私家，如《礼记》君子不家于丧之家。

### （清）张英《书经衷论》卷四《周书·吕刑》

(归善斋按，见"五过之疵：惟官，惟反，惟内，惟货，惟来")

# 狱货非宝，惟府辜功，报以庶尤

### 1. （汉）孔氏传、（唐）陆德明音义、孔颖达疏《尚书注疏》卷十八《周书·吕刑》

狱货非宝，惟府辜功，报以庶尤。

传，受狱货，非家宝也，惟聚罪之事，其报，则以众人见罪。

2391

疏，正义曰，治狱受货，非家宝也。惟是聚罪之事，言汝身多违，则不达虚言，戒行急恶，疏非虚论矣。多聚罪，则天报汝，以众人见被尤怨而罚责之。汝当长畏。

传正义曰，府，聚也；功，事也。受狱货，非是家之宝也。惟最聚近罪之事，尔罪多，必有恶报。其报，则以众人见罪也。众人见罪者多，天必报以祸罚。故下句戒令畏天罚之，众人见罪者多，天必报以祸罚汝。诸侯等当长畏惧。

《尚书注疏》卷十八《考证》

"惟府辜功"疏言"汝身多违，则不达虚言，戒行急恶，疏非虚论矣"。数句不可解，疑有脱误，各本并同，仍之。

## 2.（宋）苏轼《书传》卷十九《周书·吕刑第二十九》

（归善斋按，见"无或私家于狱之两辞"）

## 3.（宋）林之奇《尚书全解》卷三十九《周书·吕刑》

（归善斋按，见"上下比罪，无僭乱辞，勿用不行"）

## 4.（宋）史浩《尚书讲义》卷二十《周书·吕刑》

（归善斋按，见"王曰，呜呼！敬之哉。官伯族姓，朕言多惧"）

## 5.（宋）夏僎《尚书详解》卷二十五《周书·吕刑》

（归善斋按，见"王曰，呜呼！敬之哉。官伯族姓，朕言多惧"）

## 6.（宋）时澜《增修东莱书说》卷三十四《周书·吕刑第二十九》

（归善斋按，见"王曰，呜呼！敬之哉。官伯族姓，朕言多惧"）

## 7.（宋）黄度《尚书说》卷七《周书·吕刑》

（归善斋按，见"王曰，呜呼！敬之哉。官伯族姓，朕言多惧"）

## 8.（宋）袁燮《絜斋家塾书钞》

（归善斋按，无此篇）

## 9.（宋）蔡沈《书经集传》卷六《周书·吕刑》

（归善斋按，见"王曰，呜呼！敬之哉。官伯族姓，朕言多惧"）

## 10.（宋）黄伦《尚书精义》卷四十九《周书·吕刑》

（归善斋按，见"民之乱，罔不中听狱之两辞"）

## 11.（宋）陈经《尚书详解》卷四十七《周书·吕刑》

（归善斋按，见"王曰，呜呼！敬之哉。官伯族姓，朕言多惧"）

## 12.（宋）钱时《融堂书解》卷二十《周书·吕刑》

（归善斋按，见"王曰，呜呼！敬之哉。官伯族姓，朕言多惧"）

## 13.（宋）魏了翁《尚书要义》卷十九《周书·君牙、冏命、吕刑》

四六、无或私家于狱辞。狱货非宝。

"无或私家于狱之两辞"，典狱无敢有受货听诈，或私家于狱之两辞。"狱货非宝惟府辜功报以庶尤"，受狱货，非家宝也，惟聚罪之事，其报则以众人见罪。

四九、私家，谓典狱受货。

典狱，知其虚，受其货，而听其诈。诈者，虚而得理；狱者，致富成私家，此民之所以乱也。

五十、府，聚罪；辜之事，则报以众尤。

府，聚也。功，事也。受狱货，非是家之宝也。惟是聚近罪之事耳。罪多必有恶报，其报则以众人见罪也。众人见罪也，众人见罪也多，天必报以祸罚。

## 14. （宋）陈大猷《书集传或问》卷下《周书·吕刑》

（归善斋按，未解）

## 15. （宋）胡士行《尚书详解》卷十二《周书·吕刑第二十九》

（归善斋按，见"王曰，呜呼！敬之哉。官伯族姓，朕言多惧"）

## 16. （元）吴澄《书纂言》卷四下《周书·吕刑》

（归善斋按，见"王曰，呜呼！敬之哉。官伯族姓，朕言多惧"）

## 17. （元）陈栎《书集传纂疏》卷六《朱子订定蔡氏集传·周书·吕刑》

（归善斋按，见"王曰，呜呼！敬之哉。官伯族姓，朕言多惧"）

## 18. （元）许谦《读书丛说》卷六《周书·吕刑》

（原缺）

## 19. （元）董鼎《书传辑录纂注》卷六《周书·吕刑》

（归善斋按，见"王曰，呜呼！敬之哉。官伯族姓，朕言多惧"）

## 20. （元）朱祖义《尚书句解》卷十二《周书·吕刑第二十九》

狱货非宝（以折狱得人货贿，不足以为宝），惟府辜功（但如府库聚财，以聚罪恶于一身，反以罪人为功耳），报以庶尤（天于是报应，以庶尤百殃俱至）。

## 21. （明）王樵《尚书日记》卷十六《周书·吕刑》

（归善斋按，见"王曰，呜呼！敬之哉。官伯族姓，朕言多惧"）

## 22.（清）库勒纳等撰《日讲书经解义》卷十三《周书·吕刑》

（归善斋按，见"王曰，呜呼！敬之哉。官伯族姓，朕言多惧"）

## （元）陈师凯《蔡氏传旁通》卷六下《吕刑》

（归善斋按，见"民之乱，罔不中听狱之两辞"）

## （元）王充耘《读书管见》卷下《吕刑》

（归善斋按，见"民之乱，罔不中听狱之两辞"）

## （清）张英《书经衷论》卷四《周书·吕刑》

（归善斋按，见"五过之疵，惟官，惟反，惟内，惟货，惟来"）

# 永畏惟罚，非天不中，惟人在命

## 1.（汉）孔氏传、（唐）陆德明音义、孔颖达疏《尚书注疏》卷十八《周书·吕刑》

永畏惟罚，非天不中，惟人在命。

传，当长畏惧，惟为天所罚，非天道不中，惟人在教命使不中，不中则天罚之。

疏，正义曰，惟天所罚，天罚汝者，非是天道不中，惟人在于自作教命，使不中尔。

传正义曰，为天所罚，天之罚人，非天道不得其中，惟人在其教命，自使不中。教命不中，则天罚之。诸侯一国之君，施教命于民者也，故戒以施教命中否也。

**2.（宋）苏轼《书传》卷十九《周书·吕刑第二十九》**

(归善斋按，见"无或私家于狱之两辞")

**3.（宋）林之奇《尚书全解》卷三十九《周书·吕刑》**

(归善斋按，见"上下比罪，无僭乱辞，勿用不行")

**4.（宋）史浩《尚书讲义》卷二十《周书·吕刑》**

(归善斋按，见"王曰，呜呼！敬之哉。官伯族姓，朕言多惧")

**5.（宋）夏僎《尚书详解》卷二十五《周书·吕刑》**

(归善斋按，见"王曰，呜呼！敬之哉。官伯族姓，朕言多惧")

**6.（宋）时澜《增修东莱书说》卷三十四《周书·吕刑第二十九》**

(归善斋按，见"王曰，呜呼！敬之哉。官伯族姓，朕言多惧")

**7.（宋）黄度《尚书说》卷七《周书·吕刑》**

(归善斋按，见"王曰，呜呼！敬之哉。官伯族姓，朕言多惧")

**8.（宋）袁燮《絜斋家塾书钞》**

(归善斋按，无此篇)

**9.（宋）蔡沈《书经集传》卷六《周书·吕刑》**

(归善斋按，见"王曰，呜呼！敬之哉。官伯族姓，朕言多惧")

**10.（宋）黄伦《尚书精义》卷四十九《周书·吕刑》**

(归善斋按，见"民之乱，罔不中听狱之两辞")

**11.（宋）陈经《尚书详解》卷四十七《周书·吕刑》**

(归善斋按，见"王曰，呜呼！敬之哉。官伯族姓，朕言多惧")

## 12.（宋）钱时《融堂书解》卷二十《周书·吕刑》

(归善斋按，见"王曰，呜呼！敬之哉。官伯族姓，朕言多惧")

## 13.（宋）魏了翁《尚书要义》卷十九《周书·君牙、冏命、吕刑》

(归善斋按，未引)

## 14.（宋）陈大猷《书集传或问》卷下《周书·吕刑》

(归善斋按，未解)

## 15.（宋）胡士行《尚书详解》卷十二《周书·吕刑第二十九》

(归善斋按，见"王曰，呜呼！敬之哉。官伯族姓，朕言多惧")

## 16.（元）吴澄《书纂言》卷四下《周书·吕刑》

(归善斋按，见"王曰，呜呼！敬之哉。官伯族姓，朕言多惧")

## 17.（元）陈栎《书集传纂疏》卷六《朱子订定蔡氏集传·周书·吕刑》

(归善斋按，见"王曰，呜呼！敬之哉。官伯族姓，朕言多惧")

## 18.（元）许谦《读书丛说》卷六《周书·吕刑》

(原缺)

## 19.（元）董鼎《书传辑录纂注》卷六《周书·吕刑》

(归善斋按，见"王曰，呜呼！敬之哉。官伯族姓，朕言多惧")

## 20.（元）朱祖义《尚书句解》卷十二《周书·吕刑第二十九》

永畏惟罚（用刑者可不长畏天罚，所当长久深畏者，惟此天罚），非天不中（非天不以中道待夫人，而过为酷罚以毒夫人），惟人在命（惟以人之为人，在乎性命。今私家鬻狱，不徇公理，灭人性命，是自贻天罚）。

### 21.（明）王樵《尚书日记》卷十六《周书·吕刑》

(归善斋按，见"王曰，呜呼！敬之哉。官伯族姓，朕言多惧")

### 22.（清）库勒纳等撰《日讲书经解义》卷十三《周书·吕刑》

(归善斋按，见"王曰，呜呼！敬之哉。官伯族姓，朕言多惧")

### （元）陈师凯《蔡氏传旁通》卷六下《吕刑》

(归善斋按，见"民之乱，罔不中听狱之两辞")

### （元）王充耘《读书管见》卷下《吕刑》

(归善斋按，见"民之乱，罔不中听狱之两辞")

### （清）张英《书经衷论》卷四《周书·吕刑》

(归善斋按，见"五过之疵，惟官，惟反，惟内，惟货，惟来")

## 天罚不极，庶民罔有令政在于天下

### 1.（汉）孔氏传、（唐）陆德明音义、孔颖达疏《尚书注疏》卷十八《周书·吕刑》

天罚不极，庶民罔有令政在于天下。

传，天道罚不中，令众民无有善政在于天下，由人主不中，将亦罚之。

疏，正义曰，教命不中，则天罚汝，天道罚不中也。若令众民无有善政在于天下，则是人主不中，天亦将罚人主。诸侯为民之主，故以天罚惧之。

传正义曰，天道下罚，罚不中者。令使众民无有善政在于天下，由人主不中，为人主不中，故无善政，天将亦罚人主，人主谓诸侯，此言戒诸侯也。

## 2. （宋）苏轼《书传》卷十九《周书·吕刑第二十九》

(归善斋按，见"无或私家于狱之两辞")

## 3. （宋）林之奇《尚书全解》卷三十九《周书·吕刑》

(归善斋按，见"上下比罪，无僭乱辞，勿用不行")

## 4. （宋）史浩《尚书讲义》卷二十《周书·吕刑》

(归善斋按，见"王曰，呜呼！敬之哉。官伯族姓，朕言多惧")

## 5. （宋）夏僎《尚书详解》卷二十五《周书·吕刑》

(归善斋按，见"王曰，呜呼！敬之哉。官伯族姓，朕言多惧")

## 6. （宋）时澜《增修东莱书说》卷三十四《周书·吕刑第二十九》

(归善斋按，见"王曰，呜呼！敬之哉。官伯族姓，朕言多惧")

## 7. （宋）黄度《尚书说》卷七《周书·吕刑》

(归善斋按，见"王曰，呜呼！敬之哉。官伯族姓，朕言多惧")

## 8. （宋）袁燮《絜斋家塾书钞》

(归善斋按，无此篇)

## 9. （宋）蔡沈《书经集传》卷六《周书·吕刑》

(归善斋按，见"王曰，呜呼！敬之哉。官伯族姓，朕言多惧")

## 10. (宋)黄伦《尚书精义》卷四十九《周书·吕刑》

(归善斋按,见"民之乱,罔不中听狱之两辞")

## 11. (宋)陈经《尚书详解》卷四十七《周书·吕刑》

(归善斋按,见"王曰,呜呼!敬之哉。官伯族姓,朕言多惧")

## 12. (宋)钱时《融堂书解》卷二十《周书·吕刑》

(归善斋按,见"王曰,呜呼!敬之哉。官伯族姓,朕言多惧")

## 13. (宋)魏了翁《尚书要义》卷十九《周书·君牙、冏命、吕刑》

(归善斋按,未引)

## 14. (宋)陈大猷《书集传或问》卷下《周书·吕刑》

(归善斋按,未解)

## 15. (宋)胡士行《尚书详解》卷十二《周书·吕刑第二十九》

(归善斋按,见"王曰,呜呼!敬之哉。官伯族姓,朕言多惧")

## 16. (元)吴澄《书纂言》卷四下《周书·吕刑》

(归善斋按,见"王曰,呜呼!敬之哉。官伯族姓,朕言多惧")

## 17. (元)陈栎《书集传纂疏》卷六《朱子订定蔡氏集传·周书·吕刑》

(归善斋按,见"王曰,呜呼!敬之哉。官伯族姓,朕言多惧")

## 18. (元)许谦《读书丛说》卷六《周书·吕刑》

(原缺)

**19. （元）董鼎《书传辑录纂注》卷六《周书·吕刑》**

（归善斋按，见"王曰，呜呼！敬之哉。官伯族姓，朕言多惧"）

**20. （元）朱祖义《尚书句解》卷十二《周书·吕刑第二十九》**

天罚不极，庶民（天罚有时过暴，不适其中，以加于庶民非天之私也），罔有令政在于天下（亦在我无有善政在乎天下，而使归于善）。

**21. （明）王樵《尚书日记》卷十六《周书·吕刑》**

（归善斋按，见"王曰，呜呼！敬之哉。官伯族姓，朕言多惧"）

**22. （清）库勒纳等撰《日讲书经解义》卷十三《周书·吕刑》**

（归善斋按，见"王曰，呜呼！敬之哉。官伯族姓，朕言多惧"）

**（元）陈师凯《蔡氏传旁通》卷六下《吕刑》**

（归善斋按，见"民之乱，罔不中听狱之两辞"）

**（元）王充耘《读书管见》卷下《吕刑》**

（归善斋按，见"民之乱，罔不中听狱之两辞"）


# 王曰，呜呼！嗣孙，今往何监？
# 非德于民之中，尚明听之哉

**1.（汉）孔氏传、（唐）陆德明音义、孔颖达疏《尚书注疏》卷十八《周书·吕刑》**

王曰，呜呼！嗣孙，今往何监？非德于民之中，尚明听之哉。

传，嗣孙，诸侯嗣世子孙，非一世，自今已往。当何监视，非当立德于民为之中正乎，庶几明听我言而行之哉。

疏，正义曰，戒之既终，王又言而叹曰，呜呼！汝诸侯嗣世子孙等，从自今已往，当何所监视？非当视立德于民而为之中正乎，言诸侯并嗣世，惟当视此立德于民，为之中正之事，汝必视此，庶几明听我言而行之哉。

## 2. (宋) 苏轼《书传》卷十九《周书·吕刑第二十九》

王曰，呜呼！嗣孙，今往何监？非德于民之中，尚明听之哉。

王耄矣，诸侯多其孙矣。自今当安所监，非以此德为民中乎？

## 3. (宋) 林之奇《尚书全解》卷三十九《周书·吕刑》

(归善斋按，见"上下比罪，无僭乱辞，勿用不行")

## 4. (宋) 史浩《尚书讲义》卷二十《周书·吕刑》

王曰，呜呼！嗣孙，今往何监，非德于民之中，尚明听之哉？哲人惟刑，无疆之辞，属于五极，咸中有庆，受王嘉师，监于兹祥刑。

穆王既告伯父、伯兄、仲叔、季弟、幼子、童孙矣。兹又告嗣孙，何哉？盖前告童孙，王族之裔也。行法之人也。今告嗣孙，王之嫡孙也。故其所言皆君道。"何监，非德"，以明道之以德，则民有耻且格，觌德，则民皆归中，所谓"民心罔中，惟尔之中"也。"哲人惟刑，无疆之辞"，永有令闻也。五刑既皆得中有庆，必受王之善众，而缵承之。"监于兹祥刑"者，皆因谨刑而致也。尝谓周之有天下，文、武、成、康之下，惟穆王可为贤圣之君。观孔子定书，取其三篇。《君牙》之教民；《伯冏》之御下；《吕刑》之治罚，皆眷眷不忘为君之道，而其卒也，明章圣人之用中，此与尧、舜"惟精惟一"相授受者，无以异也，乃知其心深得此道，可以袭尧、舜三代之传也。

而耄期倦勤，思欲脱屣万乘，为逍遥游，周行天下，使天下皆有车辙马迹焉。后世有列御寇者，摭其遗说，以谓穆王尝驾八骏，至于巨搜氏之国，觞西王母于瑶池。汉儒信其荒唐之言，遂鄙其人，谓"耄荒"为耄乱荒忽，后人祖述其意，和为一谈，至有作《穆天子传》以附会者，遂使穆王堕于昏君之域。殊不知穆王，虽起是念，一闻祭公、谋父《祈招》之诗，遂止不行，此亦从谏如流善，补过者也。传曰，一言之违驷马莫追，穆王是也。胡不观孔子之意乎？孔子定书，取是三篇示人主，以轨范，必其人之可师也。则不信孔子，而信列御寇郭璞者，亦爱奇之过也，故于此不可不辩。

## 5.（宋）夏僎《尚书详解》卷二十五《周书·吕刑》

王曰，呜呼！嗣孙，今往何监，非德于民之中？尚明听之哉。哲人惟刑，无疆之辞，属于五极，咸中有庆，受王嘉师，监于兹祥刑。

前此，皆是吕侯告当时在庭之人，乃为当时虑也。此呼嗣孙，乃谓内而百执事，外而众诸侯，凡为嗣世之子孙者，是吕侯乃为后世虑也。呜呼！吕侯之虑及乎此，则吕侯之心，天地之心也。其忠厚慈祥之意，形于长虑，却顾者如此，其意果有穷已哉？此吾所以益敬吕侯之为人也。

吕侯谓，凡诸嗣世之子孙，自今日已往，将何所监，观所监者，岂非德与民之中乎？盖德与中理，便是受衷所得于天者。初无二义，但吕侯欲嗣孙尽其在我，与其在民者，故分德与中而言之。盖典狱之人，所以黩刑者，由其无德；而民之所以犯刑者，以其失本然之中，故颠倒错谬，陷于刑戮而不自知。使典狱者，在我，能监于德，则忠厚慈祥之人也，岂至于黩刑；于民，能知其性之本中，刑于其陷于刑也，必知其为不幸，而求有以生之，使之改过自新。此又吕侯推原措刑之所自者而告嗣孙也。嗣孙岂可不庶几明听此训哉？故继以"尚明听之哉"。

此下遂言，任是刑事者，惟哲人能之。盖哲，即德与中所发见者。人惟私欲横生，昏蒙其天资，故为愚，为暗。若天理浑然，本无亏缺，则此德，此中，凝然湛然，如水如月，物来能明，事至能断，其为哲也，孰甚焉。是故，哲人之断刑，则能照是非，别邪正，重轻高下，洞然无遗。故囚辞之来，虽纷纷之众多，无有疆界，无有穷尽，而哲人处之，皆附着于五刑之极处。所谓极者，乃总要之地。盖极虽多，泛观约取，其中必有总要纲领之地。若昧者当之，则有后世文书盈几，格典者不能遍观之患。若哲人处此，则如设镜于堂，妍丑立辨，澄水于江，星斗自陈，总要纲领，岂逃监观之下哉？则其于人也，故用法，咸得其中。于己，则自天阴袭其庆，故曰"咸中有庆"。吕侯告嗣孙至此而止。

其下二句，总结一篇之意。凡同姓、异姓诸侯，及官伯族姓，无不遍及之也。所谓"受王嘉师监于慈祥刑"者，盖谓凡尔同姓、异姓诸侯，及官伯族姓，皆受人君之善众者，岂可不监观我此祥刑之书。盖民受中以生，未尝不善。其陷于罪，乃其不幸，故民曰"嘉师"。刑，虽主于刑人，然刑奸宄，所以扶良善，虽曰不祥，乃所以为祥也。近世有识者，尝为之说，曰，刑本不祥之器也，而谓之祥刑，民之犯刑，无非恶也，而谓之嘉师，夫能以不祥为祥，以恶为嘉，而后知用刑之道矣。善哉言乎。

## 6.（宋）时澜《增修东莱书说》卷三十四《周书·吕刑第二十九》

王曰，呜呼！嗣孙，今往何监，非德于民之中？尚明听之哉，哲人惟刑，无疆之辞。属于五极，咸中有庆，受王嘉师，监于兹祥刑。

刑中者，吕刑之纲领也。苗民罔是中者也，皋陶明是中者也，穆王之告司政典狱，勉是中者也。至于末章之所训迪，自中之外，亦无它说焉。今尔何所当监，岂非德于民之中乎？用刑者，有意干誉，或上，或下，欲以德名，而实不足以为德，所以为德者，必于民之中而后可也。其施无心，其行无事，本非作德，而德莫加焉。此所谓德于民之中，典狱者之大法也。哲人。惟刑待之尊也；无疆之辞，期之远也。"属于五极，咸中有庆"，教之以密察之工也。属者，系属之谓。以罪系法，各协其极，然后谓之咸中有庆。九中而一偏，则犹有所憾，不得为庆矣。又总而结之曰，"受王嘉师，监于兹祥刑"，言汝诸侯，汝司政典狱，受我嘉美之众，蔼然郁然，无一损缺，当共护养，其可不监于此祥刑，而忍轻戕虐之乎？呜呼！穆王之心，千载犹可见也。

## 7.（宋）黄度《尚书说》卷七《周书·吕刑》

王曰，呜呼！嗣孙，今往何监，非德于民之中？尚明听之哉。哲人惟刑，无疆之辞。属于五极，咸中有庆，受王嘉师，监于兹祥刑。

嗣孙，嗣其祖者也，言传袭之远也，穆王属亦尊矣。自今而往，其将何监，岂不在于作德于民之中乎？智哲之人，惟刑立无疆之名，伯夷、皋陶是也。属，附。于五常之极，立我烝民，莫匪尔极也，皆协于中，乃有善庆。嘉，善；师，众。民无有不善，凡临民上，治其狱讼者，皆受王之善众，必监于此善祥之刑，一纳之于仁寿之域可也。

夫子定《书》录穆王三书，何也？《吕刑》制作沿革，固当录。周策命卿大夫多矣，何独取于《君牙》《伯冏》哉？曰，穆王三书，周之衰也。周衰，何以录其书，以为文、武、周公之法度纪纲犹在也。周公作《立政》以教成王，固以为常得人以守其法度，则天下可以常安，王室可以常尊。《立政》大要，在于任准牧而已。穆王《君牙》岂非所谓常任者欤？《冏命》岂非所谓准人者欤？《吕刑》岂非所谓"勿误于庶狱，惟有司之牧"。夫推其本，则自司寇苏公"式敬由狱"者欤。然求其实，则周道衰矣，何以言之，主德多违，人材衰息，风俗浇漓，固皆异于文、武、成、康之世矣，而不至于遂乱者，则犹凭藉于周公之纪纲法度而已矣。夫子录其书，着盛衰之变焉。《吕刑》训刑，与皋陶言德刑之叙，何如？曰，绝不同。禹、皋陶专推明君德，有司听断岂足言哉。《吕刑》儆戒司政典狱，可谓曲尽人情之变，而于君德略矣。

## 8．（宋）袁燮《絜斋家塾书钞》

（归善斋按，无此篇）

## 9．（宋）蔡沈《书经集传》卷六《周书·吕刑》

王曰，呜呼！嗣孙，今往何监，非德于民之中？尚明听之哉。哲人惟刑，无疆之辞。属于五极，咸中有庆，受王嘉师，监于兹祥刑。

此诏来世也。嗣孙，嗣世子孙也。言今往何所监视，非用刑成德，而能全民所受之中者乎？下文哲人，即所当监者。五极，五刑也。明哲之人，用刑而有无穷之誉，盖由五刑咸得其中，所以有庆也。嘉，善；师，众也。诸侯受天子良民善众，当监视于此祥刑，申言以结之也。

## 10．（宋）黄伦《尚书精义》卷四十九《周书·吕刑》

王曰，呜呼！嗣孙，今往何监，非德于民之中？尚明听之哉。哲人惟

2405

刑，无疆之辞。属于五极，咸中有庆，受王嘉师，监于兹祥刑。

无垢曰，此篇大抵多主于"中"，如曰"士制百姓于刑之中"，曰"故乃明于刑之中"，曰"观于五刑之中"，曰"咸庶中正"，曰"民之乱，罔不中"，曰"非天不中"，而终曰"咸中有庆"。今又曰，今汝嗣孙，自今以往何监法乎？非立德以启发民之中乎？庶几，汝嗣孙，明听我言哉。盖民各有中，得此中，则上下贵贱、老少长幼，各安其分，不相陵犯，有和睦之风，无乖争之俗，安得陷于刑辟哉？顾惟此中，其何能自发见乎？惟在上者行德以启发之耳。昔尧以"穆穆"在上，而群后以"明明在下"，君臣合德，酝酿造化，灼于四方，故乃明于刑之中，率乂于民棐彝，则民之中，果在上立德以启发之耳。

又曰，知人则哲，哲者，知人之谓也。有知人之哲，而以断刑，则人之是非曲直，何所逃哉？是非明辩，曲直昭然，善人怙焉，恶人惧焉，万口一音，称颂赞美者，此自然之理也。然则，孰为而哲，曰自知。孰为自知，曰三省。三省，则自知一心之是非曲直矣。自知一心之是非曲直，则天下之是非曲直，皆影见于吾一心矣，犹悬镜于堂，妍丑皆入；澄水于江，星斗自见。哲，盖自于此。

又曰，哲人何以有无疆之誉哉？以其断，狱皆属于五刑之中故也，不轻以用刑，有罪者无所逃；不重以用刑，无罪者无所虑，一以中断刑而已矣。吾何容心哉，大而大辟，小而墨辟，皆得其中，所以有无疆之庆誉也。哲人岂求名于人哉？鼓钟于宫，其声自闻于外；兰生于林，其馨自达于远。

林氏曰，本之以德者，人君爱天下之诚；辅之以刑者，人君治天下之术，使其本之以德，则施为仁政，发为仁术，而跻民于仁寿之域，又非爵赏劝乎其前，刑罚驱乎其后，民皆狃于为善，则虽有刑法，亦将措而不用，卷而怀之。此人君爱天下之诚然也。惟其辅之以刑，则不专以刻薄为心，锻炼为利。立德之极，享天之福，法得其情，情当其罪，放僻邪侈之心，无自而生，迁善远罪之风油然而起，此人君治天下之术然也。

## 11. (宋) 陈经《尚书详解》卷四十七《周书·吕刑》

王曰，呜呼！嗣孙，今往何监，非德于民之中？尚明听之哉。哲人惟刑，无疆之辞。属于五极，咸中。有庆，受王嘉师，监于兹祥刑。

嗣孙者，诸侯嗣世之子孙也。穆王之戒，不特及于官伯族姓，又有及于嗣世之子孙，不惟有望于今日，而犹有望于来世。庶几皆知穆王此心之恤刑。今往何监，谓自今以往，奚所法哉？得非在于以德而发民之中乎？民受天地之中以生，皆有此中。惟化民者，有德足以启迪之。尚明听我之言。"哲人惟刑无疆之辞"，哲智之人，为能用刑。盖其所见者明，所察者审，不至妄用，则自然有无穷之美名，所以然者，盖刑之中，自有庆之理存。惟使刑皆属于极，则五刑无一而不中，斯有庆矣。所谓庆者，即上文所言"自作元命无疆之辞"，皆庆也。"受王嘉师，监于兹祥刑"，刑之可以获福如此，则民未可以不善，而遽纳之。刑未可以杀戮之事，而轻视之也，何者？民心本善，岂非嘉师？刑本所以使民为善，岂非祥刑？曰无疆之辞，曰有庆，曰喜，曰祥，皆以至美之言，而劝勉之，使典狱知夫用刑之不当，则其罚不可逃。如上文所谓"庶尤"也，"罔有政令"也，皆所以为罚也。知夫用刑之得其当，则其福亦不可辞。知庆也，嘉也，祥也，皆所以为福。皋陶之刑，至于"四方风动，惟乃之休"，而后世于定国为廷尉，且谓吾治狱多阴德，子孙必有兴者，则祸福之说，岂诬也哉。详考《吕刑》之书，有以见先王仁心之所寓。盖深恩厚泽，酺赏庆赐，未足以见人君之仁，惟于惨酷杀戮之事，与夫甲兵争战之事，方有以见人君之仁，盖于不得已之中，而有慈祥恺悌之意，则圣人之心见矣。大夏长育，未足以尽天地之大，而穷冬霜雪之余，一阳之复，有以见天地之心。天地之大德，曰生；而圣人之德，亦惟好生而已。

## 12.（宋）钱时《融堂书解》卷二十《周书·吕刑》

王曰，呜呼！嗣孙，今往何监，非德于民之中？尚明听之哉。哲人惟刑，无疆之辞。属于五极，咸中有庆，受王嘉师，监于兹祥刑。

极者，究极情理，无所不尽其至之谓。嗣孙，承官伯族姓而言，盖诸侯之嗣孙也。穆王是时，年已耄荒矣，既告诸侯，又告官伯族姓，又告其嗣孙，为深长之虑也。所以王之同姓，亦及幼子童孙，此数语虽系嗣孙之下，其实普告有邦有土，与前"祥刑"相应。

2407

## 13. (宋) 魏了翁《尚书要义》卷十九《周书·君牙、冏命、吕刑》

五一、德于民之中，属于五极，嘉师，祥刑。

"王曰，呜呼！嗣孙，今往何监，非德于民之中？尚明听之哉"。嗣孙，诸侯嗣世子孙，非一世。自今已往，当何监视，非当立德于民，为之中正乎？庶几，明听我言而行之哉。"哲人惟刑，无疆之辞。属于五极，咸中有庆"，言智人惟用刑，乃有无穷之善辞，名闻于后世，以其折狱属五常之中正，皆中有善，所以然也。"受王嘉师监于兹祥刑"，有邦有土，受王之善众而治之者，视于此善刑，欲其勤而法之，为无疆之辞。

## 14. (宋) 陈大猷《书集传或问》卷下《周书·吕刑》

（归善斋按，未解）

## 15. (宋) 胡士行《尚书详解》卷十二《周书·吕刑第二十九》

王曰，呜呼！嗣孙（诸侯嗣世子孙），今往（以往）何监（视法），非德（实德）于（与）民之中（乎）？尚（庶）明听之哉。哲人惟刑，无疆（穷）之辞（狱辞），属（附）于（于）五（五刑）极（各协于极），咸（皆）中（凡中，一偏不可言咸）有庆（中则有福），受王嘉（善）师（众），监于兹祥刑。

降于民为中，得于己为德。中、德一也。用刑者无德，则犯刑者失其中矣。然则，典狱之当监者，非以德而体民之中乎？为嗣孙者，可不明听此训乎？是训也，惟哲人能尽之。哲则天理明，其于听刑之际，虽伪辞纷纷无穷，而各附之极，刑无不中而庆，岂外至乎。故断之曰，受王嘉师。"嘉"之一字，以见民之性，本中，本善，其陷于罪者，非其本心也。民嘉矣，而吾之刑其可不祥也邪。一云，明听，听刑也。无疆之辞，无穷之誉也。

## 16. （元）吴澄《书纂言》卷四下《周书·吕刑》

王曰，呜呼！嗣孙，今往何监，非德于民之中？尚明听之哉。哲人惟刑，无疆之辞。属于五极，咸中有庆，受王嘉师，监于兹祥刑。

嗣孙，诸侯嗣世之子孙。盖诸侯，或有世子代君来朝者。自今以往，将何所监视，岂非德于民之中乎？谓以德用刑于民，而得其中也。我之言如此，汝尚明听之哉。属，犹附着也。哲人，明理审法，其于用刑也，虽两造之辞纷纷无有穷尽，皆使附着于五刑之极处。极，谓得其至当，故刑咸适中而已，亦有福庆也。凡受王之良民而治之者，不可虐之以不祥之刑，当监视于此之祥刑。祥刑者，以德为刑也。

## 17. （元）陈栎《书集传纂疏》卷六《朱子订定蔡氏集传·周书·吕刑》

王曰，呜呼！嗣孙，今往何监，非德于民之中？尚明听之哉。哲人惟刑，无疆之辞。属于五极，咸中有庆，受王嘉师，监于兹祥刑。

此诏来世也。嗣孙，嗣世子孙也，言今往何所监视，非用刑成德，而能全民所受之中者乎？下文哲人，即所当监者。五极，五刑也。明哲之人，用刑而有无穷之誉，盖由五刑咸得其中，所以有庆也。嘉，善；师，众也。诸侯受天子良民善众，当监视于此祥刑，申言以结之也。

纂疏：

苏氏曰，王耄矣，诸侯多其孙。

孔氏曰，当何监视，非当立德于民为之中正乎。

吕氏曰，中者，《吕刑》之纲领。苗民，罔中者也；皋陶，明是中者也；穆王之告司政典狱，勉是中者也。末章训迪中外无他说焉。"今尔何所监，非德于民之中乎"，用刑者干誉，欲以为德，而不足以为德，所以为德者，必于民之中而后可也。

或曰，非有德于民所受之中乎？民失其受中之性，我以德导之，使复其性，是有德于民所受之中也。

陈氏大猷曰，此句疑有缺文。

夏氏曰，"属于五极"，附着于五刑之极处也。极，乃总要纲领之地。

末二句，总结一篇之意。民受中以生，未尝不善，陷于罪恶，非本然也。故民曰嘉师。刑，虽主于刑人，然刑奸宄，所以扶善良，虽曰不祥，乃所以为祥也，故刑曰祥刑。民犯刑无非恶也，而云嘉师；刑不祥器也，而云祥刑，能以恶为嘉，以不祥为祥，斯知用刑之道矣。

愚谓，极者，标准之名。折狱能系属于五刑之标准，所以皆合乎中理，而有福庆也。或训"极"为"中"，固非；径指五极为五刑，亦非。嘉师，良民也。祥刑，良法也。此申明前"告尔祥刑"之意，而欲其监观于所告之祥刑也。

毅斋沈氏曰，尝读《冏命》《吕刑》二书，窃有感于人心之无常，操存之不易。盖穆王一人之身，而此心凡三变焉。方其命伯冏也，既以"怵惕惟厉"自儆，复以格其非心，责臣"罔有不钦"之训。"呜呼！钦哉"之辞，其忧思深且长矣。此心不继，血气方盛，驭八骏而略四方，几至亡国。前日预知儆戒者，不免躬自蹈之逮。其期颐笃老之际，度作刑，以训四方，而"敬忌""敬五刑""敬之哉"之说，三四致意焉，虽周道自此衰，然《冏命》之书，专主乎"钦"，《吕刑》之书，专主乎"敬"，心法之传，千载犹可想也。吁！人心操舍存亡之变，如此哉。

滕氏曰，《书》之大意，一"中"字而已。"允执厥中"，《书》所以始，"咸中有庆"，《书》所以终。

董氏鼎曰，穆王命君牙、伯冏，皆言文、武、成、康，独《吕刑》无一语及先王，意其以赎刑，非家法所有，故远取金作赎刑以为据。孔子未定书以前，《舜典》犹曰《夏书》。序谓"训夏赎刑"，疑本诸此。然不见斥于孔子，则犹拳拳于哀矜畏惧，虽非良法，而尚存美意欤。

## 18.（元）许谦《读书丛说》卷六《周书·吕刑》

（原缺）

## 19.（元）董鼎《书传辑录纂注》卷六《周书·吕刑》

王曰，呜呼！嗣孙，今往何监，非德于民之中？尚明听之哉。哲人惟刑，无疆之辞。属于五极，咸中有庆，受王嘉师，监于兹祥刑。

此诏来世也。嗣孙，嗣世子孙也。言今往何所监而视之，非用刑成德

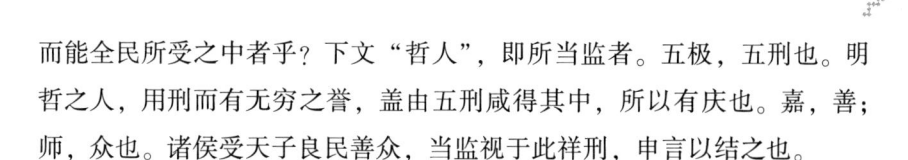

而能全民所受之中者乎？下文"哲人"，即所当监者。五极，五刑也。明哲之人，用刑而有无穷之誉，盖由五刑咸得其中，所以有庆也。嘉，善；师，众也。诸侯受天子良民善众，当监视于此祥刑，申言以结之也。

纂注：

苏氏曰，王耄矣，诸侯多其嗣孙。

孔氏曰，当何监视，非当立德于民，为之中正乎？智人用刑，有无穷之善名。

吕氏曰，中者，《吕刑》之纲领也。苗民罔是中者也，皋陶明是中者也。穆王之告司政典狱，勉是中者也。末章训迪，自"中"之外，亦无他说焉。今尔何所当监，岂非德于民之中乎？用刑者有意干誉，欲以德名，而不足以为德，所以为德者，必于民之中，而后可也。

或曰，非有德于民所受之中乎？民失其受中之性，我以德导之，使复其性，是我有德于民所受之中也。

陈氏大猷曰，此句疑有阙文。

夏氏曰，属于五极，附着于五刑之极处也。极者，乃总要纲领之地。末二句，总结一篇之意，民受天地之中以生，未尝不善，其陷于罪恶，非其本然也。故民曰嘉师。刑，虽主于刑人，然刑奸宄，所以扶善良，虽曰不祥，乃所以为祥也，故刑曰祥刑，尝为之说曰，民之犯刑，无非恶也，而谓之嘉师；刑本不祥之器也，而谓之祥，刑能以恶为嘉，以不祥为祥，而后知用刑之道矣。

新安陈氏曰，折狱能系属于五刑之准，则所以皆合乎中理，而有福庆也。五极，或训"极"为"中"，恐非，决不曰"极"，又曰"咸中"也。径指五极为五刑，亦恐未可。师，曰嘉师，良民也；刑，曰祥刑，良法也。此申明前"告尔祥刑"之，意而欲其鉴观于所告之祥刑也。

毅斋沈氏曰，尝读《冏命》《吕刑》二书，窃有感于人心之无常，操存之不易。盖穆王一人之身，而此心凡三变焉。方其命伯冏也，既以"怵惕惟厉"自儆，复以格其非心，责臣"罔有不钦"之训。"呜呼！钦哉"之辞，其忧思深且长矣。此心不继，血气方盛，驭八骏而略四方，几至亡国。前日预知儆戒者，不免躬自蹈之逮。其期颐笃老之际，"度作刑"以训四方，而"敬忌，罔有择言在身"，"惟敬五刑，以成三德"，与夫"呜呼！敬哉"之说，三四致意焉，虽周道自是而衰，然《囧命》之书，专主乎"钦"，《吕刑》之书专主乎"敬"，心法之传，千载犹可想也。吁人心操舍，存亡之变，抑可畏哉。

滕氏曰，《书》之大意，一"中"字而已。"允执厥中"，《书》所以始，"咸中有庆"，《书》所以终，以此一字，读此一书，迎刃而解矣。

愚案，《周书》未有舍文武成康而不言者，穆王命君牙、伯囧既然矣。独于训刑之作，无一语及之，岂耄荒而遂忘其祖欤？窃意，其重于赎刑，则非其家法所有，故远取"金作赎刑"以为据。孔子未定书以前，《舜典》犹曰《夏书》，序者谓训夏赎刑，盖本诸此，则知书序，决非孔子作，赎刑亦非禹刑，明矣。且舜，既以五流而宥五刑矣，鞭扑之轻者，乃许以金赎，所以养其愧耻之心，而开以自新之路。曰"眚灾肆赦"，则直赦之而已。穆王乃以刑为致罪；以罚为赎金。既谓"五刑之疑有赦"，而又曰其罚若干锾，则虽在刑赦，皆不免于罚赎，五刑尽赎，非鬻狱乎？自是，有金者，虽杀人可以无死，而刑者相半于道，必皆无金者也，"中正"安在哉？然不见斥于孔子，则犹拳拳于哀矜畏惧，虽越先王之良法，而美意尚存欤。

## 20.（元）朱祖义《尚书句解》卷十二《周书·吕刑第二十九》

王曰，呜呼！嗣孙（又叹呼诸侯继世之孙而告之），今往何监（自今以往，汝何所监法），非德于民之中（得非在于以德而发民之乎？民受天地之中以生，皆有此中，惟资于有德，以启迪之耳），尚明听之哉（尔嗣孙庶几明听我之言）。

## 21.（明）王樵《尚书日记》卷十六《周书·吕刑》

"王曰，呜呼！嗣孙，今往何监"至"监于兹祥刑"。

嗣孙，诸侯嗣世子孙也。今往，自今以往也。前言"今尔何监"，告当时也；此言"今往何监"，诏来世也。今往何所监视，非用刑成德，而能全民所受之中乎？我观古哲人，若伯夷、皋陶之属，其所司者刑，刑施于人非可愿之事，宜不足以致誉，而皆有无疆之誉，由于五刑无一而不尽其心，则无一而不得其中，所以有庆，而致无疆之辞也。以刑之中，全民之中，此所以有德于民之中也。有德于民之中，则刑非凶器，而乃祥刑矣。尔受王之嘉师，其尚监视乎此可焉。按，"民之中"，蔡传以为"民所受之中"，恐非经意。曰德，曰中，乃一篇之纲领。前曰中听，下曰咸中，不应独"民之中"为"受中"之"中"也。德，即"有德惟刑"之"德"；中，即所谓"刑之中"也。刑皆得中，而有德于民，所以为祥刑也。德作用，刑成德，似牵强。

"民协于中"，乃"刑期无刑"所致，是刑有德于民之中也，此亦一说。

"咸中"，所谓"罔不由慰日勤，罔有择言在身"也。

## 22.（清）库勒纳等撰《日讲书经解义》卷十三《周书·吕刑》

王曰，呜呼！嗣孙，今往何监，非德？于民之中，尚明听之哉。哲人惟刑，无疆之辞，属于五极，咸中有庆，受王嘉师，监于兹祥刑。

此一节书是，又并典狱诸侯之子孙而告之也。辞，誉也。五极，五刑也。嘉，善；师，众也。穆王又叹息言曰，凡我所言不独，为今日官伯族姓发也，其嗣世子孙，自今以往，当何所监法，非古之能敬五刑，以教祗德，能全斯民所受之中者乎？我试言之，其明听之可也。盖古之人，如伯夷、皋陶，皆是明哲之人，一则"折民惟刑"，一则"明于五刑以弼五教"，皆有无穷之誉者，何哉？诚由其明清敬慎所丽属于五刑者，咸得其中，当重而重，宜轻而轻，故能"配享在下"，而有无穷之庆也。夫五刑咸得其中。非祥刑乎？自今嗣孙，继世为民牧，勿以民为不可教，当知民受天地之中以生，其性本善，即有不善，而非其本然，是真嘉师也。受之于王，而抚此嘉师，其可不监于古者之祥刑，以收无疆之誉哉？

《吕刑》一篇，在上则为罚赎之条，在下则有夺货之病。史臣于篇首即以"耄荒"发其端，以见其为衰世之书，然篇中反复言德，言中，有敬刑之意，故孔子有取焉。

### （元）王充耘《读书管见》卷下《吕刑》

今往何监，非德于民之中。

此与"今尔何监，非时伯夷播刑之迪"相似。德，即"有德惟刑"之"德"。"中"只是刑之中。篇中"中"字不一，皆是主刑言，谓为民所受之中，恐未然。

## 哲人惟刑，无疆之辞，属于五极，咸中有庆

### 1.（汉）孔氏传、（唐）陆德明音义、孔颖达疏《尚书注疏》卷十八《周书·吕刑》

哲人惟刑，无疆之辞，属于五极，咸中有庆。

传，言智人惟用刑，乃有无穷之善辞，名闻于后世，以其折狱，属五常之中正，皆中有善，所以然也。

音义，属，音烛。

疏，正义曰，有智之人，惟能用刑，乃有无疆境之善辞。得有无疆善辞者，以其折狱能属于五常之中正，皆中其理而法有善政故也。

传正义曰，属，谓属著也。极，中也。庆，善也。五常，谓仁、义、礼、智、信，人所常行之道也，言得有善辞，名闻于后世者，以其断狱能属着于五常之中正，皆得其理，而法之有善，所以得然也。知五，是五常者，以人所常行，惟有五事，知是五常也。

### 2.（宋）苏轼《书传》卷十九《周书·吕刑第二十九》

哲人惟刑。

古之哲人，无不以刑作德者。

无疆之辞，属于五极，咸中有庆。

无穷之闻，必由五刑咸得其，中则有庆。五极，五常也。

**3. （宋）林之奇《尚书全解》卷三十九《周书·吕刑》**

(归善斋按，见"上下比罪，无僭乱辞，勿用不行")

**4. （宋）史浩《尚书讲义》卷二十《周书·吕刑》**

(归善斋按，见"今往何监？非德于民之中，尚明听之哉")

**5. （宋）夏僎《尚书详解》卷二十五《周书·吕刑》**

(归善斋按，见"今往何监？非德于民之中，尚明听之哉")

**6. （宋）时澜《增修东莱书说》卷三十四《周书·吕刑第二十九》**

(归善斋按，见"今往何监？非德于民之中，尚明听之哉")

**7. （宋）黄度《尚书说》卷七《周书·吕刑》**

(归善斋按，见"今往何监？非德于民之中，尚明听之哉")

**8. （宋）袁燮《絜斋家塾书钞》**

(归善斋按，无此篇)

**9. （宋）蔡沈《书经集传》卷六《周书·吕刑》**

(归善斋按，见"今往何监？非德于民之中，尚明听之哉")

**10. （宋）黄伦《尚书精义》卷四十九《周书·吕刑》**

(归善斋按，见"今往何监？非德于民之中，尚明听之哉")

**11. （宋）陈经《尚书详解》卷四十七《周书·吕刑》**

(归善斋按，见"今往何监？非德于民之中，尚明听之哉")

**12. （宋）钱时《融堂书解》卷二十《周书·吕刑》**

(归善斋按，见"今往何监？非德于民之中，尚明听之哉")

### 13.（宋）魏了翁《尚书要义》卷十九《周书·君牙、冏命、吕刑》

(归善斋按，见"今往何监？非德于民之中，尚明听之哉")

### 14.（宋）陈大猷《书集传或问》卷下《周书·吕刑》

(归善斋按，未解)

### 15.（宋）胡士行《尚书详解》卷十二《周书·吕刑第二十九》

(归善斋按，见"今往何监？非德于民之中，尚明听之哉")

### 16.（元）吴澄《书纂言》卷四下《周书·吕刑》

(归善斋按，见"今往何监？非德于民之中，尚明听之哉")

### 17.（元）陈栎《书集传纂疏》卷六《朱子订定蔡氏集传·周书·吕刑》

(归善斋按，见"今往何监？非德于民之中，尚明听之哉")

### 18.（元）许谦《读书丛说》卷六《周书·吕刑》

(原缺)

### 19.（元）董鼎《书传辑录纂注》卷六《周书·吕刑》

(归善斋按，见"今往何监？非德于民之中，尚明听之哉")

### 20.（元）朱祖义《尚书句解》卷十二《周书·吕刑第二十九》

哲人惟刑（知哲之人，能用刑者，以其所见之明，不至妄用），无疆之辞（自然有无穷之美誉）。属于五极（岂非明于用刑，皆附着于五刑之极处，所谓极，乃总要之地。属，祝），咸中有庆（用法咸得其中，则自天阴袭其庆）。

### 21.（明）王樵《尚书日记》卷十六《周书·吕刑》

（归善斋按，见"今往何监？非德于民之中，尚明听之哉"）

### 22.（清）库勒纳等撰《日讲书经解义》卷十三《周书·吕刑》

（归善斋按，见"今往何监？非德于民之中，尚明听之哉"）

### （元）王充耘《读书管见》卷下《吕刑》

属于五极。

谓五刑，各臻其极，于事理无有少不当之谓。

### （清）朱鹤龄《尚书埤传》卷十五《周书·吕刑》

五极。

不曰五刑，曰五极者，刑乃毒民之具，即《洪范》"六极"之"极"。

# 受王嘉师，监于兹祥刑

### 1.（汉）孔氏传、（唐）陆德明音义、孔颖达疏《尚书注疏》卷十八《周书·吕刑》

受王嘉师，监于兹祥刑。

传，有邦有土，受王之善众而治之者，视于此善刑，欲其勤而法之，为无疆之辞。

疏，正义曰，汝有邦有土之君，受王之善众而治之，当视于此善刑，从上已来，举善刑以告之，欲其勤而法之，使有无穷之美誉。

## 2. (宋)苏轼《书传》卷十九《周书·吕刑第二十九》

受王嘉师,监于兹祥刑。嘉,善也。王所以能轻刑者,以民善故也。

## 3. (宋)林之奇《尚书全解》卷三十九《周书·吕刑》

(归善斋按,见"上下比罪,无僭乱辞,勿用不行")

## 4. (宋)史浩《尚书讲义》卷二十《周书·吕刑》

(归善斋按,见"今往何监?非德于民之中,尚明听之哉")

## 5. (宋)夏僎《尚书详解》卷二十五《周书·吕刑》

(归善斋按,见"今往何监?非德于民之中,尚明听之哉")

## 6. (宋)时澜《增修东莱书说》卷三十四《周书·吕刑第二十九》

(归善斋按,见"今往何监?非德于民之中,尚明听之哉")

## 7. (宋)黄度《尚书说》卷七《周书·吕刑》

(归善斋按,见"今往何监?非德于民之中,尚明听之哉")

## 8. (宋)袁燮《絜斋家塾书钞》

(归善斋按,无此篇)

## 9. (宋)蔡沈《书经集传》卷六《周书·吕刑》

(归善斋按,见"今往何监?非德于民之中,尚明听之哉")

## 10. (宋)黄伦《尚书精义》卷四十九《周书·吕刑》

(归善斋按,见"今往何监?非德于民之中,尚明听之哉")

## 11. (宋)陈经《尚书详解》卷四十七《周书·吕刑》

(归善斋按,见"今往何监?非德于民之中,尚明听之哉")

## 12.（宋）钱时《融堂书解》卷二十《周书·吕刑》

(归善斋按，见"今往何监？非德于民之中，尚明听之哉")

## 13.（宋）魏了翁《尚书要义》卷十九《周书·君牙、冏命、吕刑》

(归善斋按，见"今往何监？非德于民之中，尚明听之哉")

## 14.（宋）陈大猷《书集传或问》卷下《周书·吕刑》

(归善斋按，未解)

## 15.（宋）胡士行《尚书详解》卷十二《周书·吕刑第二十九》

(归善斋按，见"今往何监？非德于民之中，尚明听之哉")

## 16.（元）吴澄《书纂言》卷四下《周书·吕刑》

(归善斋按，见"今往何监？非德于民之中，尚明听之哉")

## 17.（元）陈栎《书集传纂疏》卷六《朱子订定蔡氏集传·周书·吕刑》

(归善斋按，见"今往何监？非德于民之中，尚明听之哉")

## 18.（元）许谦《读书丛说》卷六《周书·吕刑》

(原缺)

## 19.（元）董鼎《书传辑录纂注》卷六《周书·吕刑》

(归善斋按，见"今往何监？非德于民之中，尚明听之哉")

## 20.（元）朱祖义《尚书句解》卷十二《周书·吕刑第二十九》

受王嘉师（民心本善，故曰嘉师。尔嗣孙，受人君之善众以治者），监于兹祥刑（可不监观我此慈祥之刑之训乎？刑本使民以为善，故曰祥刑）。

## 21.（明）王樵《尚书日记》卷十六《周书·吕刑》

（归善斋按，见"今往何监？非德于民之中，尚明听之哉"）

## 22.（清）库勒纳等撰《日讲书经解义》卷十三《周书·吕刑》

（归善斋按，见"今往何监？非德于民之中，尚明听之哉"）

# 后　　记

　　特别鸣谢韩延龙老师对《尚书》研究的支持。曾在韩老师主编的《法律史论集》发表论文多篇，其中，《象刑歧义考》载于第 3 卷（法律出版社 2000 年 10 月版），《尚书》研究以此起点。韩老师撰写了《归善斋〈尚书〉章句集解》第一、二、三册申报推荐意见书，还出席了 2015 年《归善斋〈尚书〉章句集解》第一册的出版发布会，对《归善斋〈尚书〉章句集解》编纂极力鞭策。溯及昔日，初就学京城，韩老师曾是根据地法制史课任老师，多次进出张志忠路韩老师寓所，聆听教诲。每授课完毕，韩老师均下厨掌勺款待，俾使脑腹双益而归。毕业后数年，重归中国社会科学院迄今。韩老师时任研究室主任，关怀有加。然出于愚钝，不堪受教，偶有逆忤之举，今日思及，有愧于心。本书出版合同签订，正欲告知，却惊闻斯人驾鹤仙去。不徒痛惜，些许文字，以寄追思，无忘厚冀。愿逝者天上快乐，庇佑亲朋后辈。